2015

THE YEARBOOK OF
HUAQIAO UNIVERSITY

华侨大学年鉴

《华侨大学年鉴》编辑部 ◎ 编

社会科学文献出版社
SOCIAL SCIENCES ACADEMIC PRESS (CHINA)

4月17日，全国政协主席俞正声会见出席政协双周协商座谈会的贾益民校长。

11月21日，原中共中央政治局委员、第十一届全国政协副主席、华侨大学第七届董事会董事长王刚视察华侨大学。

  11 月 22 日，华侨大学第七届董事会第一次会议在泉州举行。原中共中央政治局委员、第十一届全国政协副主席王刚出任董事长。

  11 月 6 日，泰国前上议长素春·差里科一行 8 人访问我校，党委书记关一凡、副校长曾路在厦门校区接待客人。

8 月 30 日，全国政协副主席、华侨大学名誉董事长何厚铧会见华侨大学校长贾益民一行。

1 月 10 日，国务院侨办主任裘援平会见校长贾益民、副校长徐西鹏，祝贺我校首获国家科学技术进步奖二等奖。

9 月 13 日，华侨大学外国政府官员中文学习班第 10 期开学典礼在华侨大学举行，中国国务院侨办主任裘援平出席并致辞。

9 月 13 日，中国国务院侨办主任裘援平在华侨大学会见了泰王国泰中文化经济协会会长颇欣率领的代表团一行。

9 月 13 日，中国国务院侨办主任裘援平在华侨大学会见了安哥拉教育部青年训练局局长路易萨女士。

9 月 13 日，华侨大学安哥拉政府青年科技人才班第一期开学典礼在华侨大学举行。

　　9月14日，"21世纪海上丝绸之路高端论坛"在陈嘉庚纪念堂科学厅举办。国务院侨办裘援平主任出席并作主旨演讲。同时，由华侨大学、中国新闻社、福建省侨办、福建社会科学院、福建省社会科学界联合会合作共建的"海上丝绸之路研究院"正式揭牌成立。

　　11月24日，中国社会科学院院长王伟光，副院长李扬、李培林一行莅校考察。

2月27日，国务院侨办副主任马儒沛视察华侨大学在建工地。

10月16日，国务院侨办副主任任启亮视察华侨大学。

　　1月16日，华侨华人蓝皮书《华侨华人研究报告（2013）》发布会在北京举行。国侨办副主任何亚非，社会科学文献出版社社长谢寿光，华侨大学校长贾益民，华侨华人蓝皮书主编丘进，清华大学华商研究中心主任龙登高等有关领导和专家学者出席发布会。

　　10月21日，国务院侨办副主任庄荣文莅临华侨大学视察。

11 月 22 日，华侨大学第七届董事会第一次会议在泉州举行。

5 月 26 日，华侨大学国际关系研究院在厦门校区揭牌，外交部原部长李肇星任名誉院长，国务院侨办副主任何亚非任院长。

　　5月8日，厦门市市长刘可清一行到华侨大学考察并现场办公，推动解决华大厦门校区校园建设用地问题。

华侨大学机电及自动化学院徐西鹏团队荣获 2013 年度国家科学技术进步奖二等奖。1 月 10 日，徐西鹏教授作为获奖代表出席在人民大会堂召开的 2013 年度国家科学技术奖励大会。

11 月 20 日，由中国大学生体育协会、厦门市集美区人民政府、华侨大学联合主办的 2014 年世界华侨华人篮球赛在厦门集美杏林体育馆开幕，来自世界五大洲多个国家及地区的 8 支侨华人球队参赛。

6月，华侨大学校长贾益民教授主持编撰的《世界华文教育年鉴（2013）》由社会科学文献出版社出版发行，该书是我国海外华文教育领域的首部年鉴，也是华侨大学海外华文教育与中华文化传播协同创新中心所取得的阶段性成果。

9月8日，央视中文国际频道中秋节当天推出大型直播特别节目"传奇中国节——中秋节"，节目对中国境内外的中秋节习俗进行直播报道。华侨大学作为全球首个直播连线点出现在特别节目中。

12月28日，土木工程学院（系）举行成立五十周年庆典大会，关一凡书记致辞。

（宣传部供稿）

编辑说明

    《华侨大学年鉴（2015）》是资料性综合性汇编，旨在反映华侨大学年度教育教学、学科建设、科学研究、对外交流、社会服务等各方面的发展进程和最新成就，供全校各单位及海内外社会各界了解和研究学校现状与发展情况时参考使用，同时也是华侨大学发展概况的历史记载。

    《华侨大学年鉴（2015）》是华侨大学组织编撰的第三部综合性年鉴。本卷年鉴采用分类编辑法，主体内容设栏目、类目、条目三个结构层次，以栏目划分整体框架，下分类目，又以条目为基本内容构成，均以文章为基本体例。

    《华侨大学年鉴（2015）》主要设置17个栏目，分别是特载，专文，重要文件，华侨大学概况，机构与干部，学院、研究院概况，教育教学，科学研究，学生工作，行政管理与服务，党建与思想政治工作，人物，表彰与奖励，2014届毕业生，统计资料，2014年大事记，附录。另外，年鉴在卷首还设有彩色图片专辑，生动展示学校年度重要事件和工作。

    2014年又是华侨大学发展史上重要的一年。本年度，原中共中央政治局委员王刚视察华侨大学、全国政协副主席何厚铧会见校长贾益民、华侨大学第七届董事会第一次会议召开、校长贾益民应邀出席全国政协召开的双周协商座谈会并发言、华侨大学首捧国家科学技术奖、华侨大学成立海上丝绸之路研究院等。本卷年鉴设置特载一栏，收录了与这些大事相关的文献材料。

    《华侨大学年鉴（2015）》主要收录了各单位2014年1月1日至2014年12月31日发生的重要事件和活动，部分内容依据实际情况在时限上略有延伸。因教育统计的特殊性，"统计资料"栏目中的数据截止时间为2014年12月。本卷年鉴所刊内容由学校各单位负责提供，并经单位负责人审定，各条目的作者不作一一署名，均于所在分类文章末尾署供稿单位的名称。

    《华侨大学年鉴（2015）》由《华侨大学年鉴》编辑部组织编写，在编写过程中，得到了学校各单位的大力支持，在此谨表深深的谢意。

《华侨大学年鉴》编辑部

2018 年 5 月

目录
Contents

重要文件

华侨大学概况

机构与干部

学院、研究院概况

教育教学

科学研究

学生工作

行政管理与服务

党建与思想政治工作

人物

表彰与奖励

2014届毕业生

统计资料

2014年大事记

附录

华侨大学年鉴
2015

特　载

原中共中央政治局委员王刚视察华侨大学

11月21日，原中共中央政治局委员、十一届全国政协副主席、华侨大学第七届董事会董事长王刚视察华侨大学。

在华侨大学，王刚董事长参观校史馆，观看办学成果展，听取校长贾益民关于学校历史及办学成果的汇报。他不停地点头赞许，还不时发问："国家级特色专业如何评的？""国际化合作的最有名的学校是哪所？""林丹、李雪芮是华大校友吧？"……

王刚还与在华大北区一号楼中庭排练海上丝绸之路艺术节开幕式节目的西班牙、印尼、缅甸等国家和地区的境外生亲切交流，关切地询问他们："来华大多长时间了？""语言关怎么过？""是不是每次放假都回家？""回去之后是不是想搞旅游做国际贸易？"……在境外生的邀请下，王刚欣然与他们合影留念。

王刚高度肯定华侨大学在教学成果、华文教育、国际化办学、服务地方等方面取得的突出成果，肯定华侨大学为我国社会主义现代化建设、为国家侨务事业发展、为港澳地区的繁荣稳定和国家统一大业作出的积极贡献，称赞华侨大学拥有特殊的历史地位、丰富的侨务资源、难得的区位优势、鲜明的办学特色和广泛的世界影响。他说："这些年，我去过清华、北大等高校，这些学校都各有特色。但相比较而言，华大更有特点，尽管建校历史不长，但其侨务资源优势、侨校特点和在海外的影响等都非常大。"

王刚表示："今天我看了华侨大学的校区，看了教学成果展，看了校史，觉得能担任华侨大学的董事长很荣幸。"

王刚说："当了华大董事长后，我就是华大的一员了，是华大的主人了。我会尽职尽责，在国务院侨办和福建省委省政府等的领导下，为华大的建设与发展尽一点心力。"

王刚还说："以后华大男篮如果在北京打CUBA比赛，我一定去看，不管输赢。董事长去看自己学校的比赛，我很愿意。"

国务院侨办主任裘援平、副主任任启亮，福建省副省长李红，华侨大学校长贾益民、党委书记关一凡等陪同考察。

全国政协副主席何厚铧会见校长贾益民

8月30日，全国政协副主席、华侨大学名誉董事长何厚铧会见了赴澳访问的华侨大学校长贾益民一行。

何厚铧副主席对华侨大学为澳门经济社会发展作出的贡献以及近几年取得的办学

成绩给予充分肯定。他表示，华侨大学为澳门特区培养了许多优秀的人才，历届毕业生在澳门特区政府和社会各领域都作出了很大的贡献。

贾益民向何厚铧副主席汇报了学校近期办学的新发展，着重介绍了学校在海外办学、华文教育、教学科研、国际交流等方面取得的成绩。他希望何厚铧副主席能一如既往地关心和支持学校的发展，华大也定将全力以赴，为澳门经济社会的发展和人才的培养作出更大的贡献。

会见中，双方还就华文教育的现状及未来发展进行了广泛深入的交流。

在澳门期间，贾益民还分别拜访了华侨大学董事会副秘书长唐志坚、董事马有礼、刘晓航、李沛霖、梁维特、王彬成和马志成，以及澳门大学校长赵伟、华侨大学澳门校友会会长林辉莲等。

中国国务院侨办主任裘援平会见泰王国 泰中文化经济协会会长颇欣一行

9月13日，中国国务院侨办主任裘援平在华侨大学厦门校区会见了前来出席第十期外国政府官员中文学习班开学典礼的泰王国泰中文化经济协会会长颇欣率领的代表团一行。

裘援平表示，中国与东盟国家是近邻，是传统的朋友，现在又是非常亲密的伙伴。中国－东盟自贸区已建了十年，取得了非常重大的成果，既有利于各自所在国家的发展，也带动了整个东南亚地区的快速发展。目前，我们正在迎来中国与东盟的钻石十年，靠这些国家的共同努力，我相信这个地区的发展未来无可限量。

她说，中国政府提出了建设21世纪海上丝绸之路倡议，这不仅是中国的"丝路"，也是我们大家共同的路，因为我们的先邻就是通过这条路开始了国际贸易，互惠互利，合作共赢。要做这些事，当然需要人，而首先需要的就是语言的沟通。所以我觉得，举办外国政府官员中文学习班，具有非常重要的意义而且十分及时。

裘援平说，中国是世界第二大经济体，世界上五分之一以上的人讲中文，中文成为仅次于英文的世界第二大国际通用语言，"懂英文和中文走遍天下都不怕"。而华侨大学是中国非常独特的大学，也是一所开放型国际化的大学，在港澳台同胞和海外侨胞，特别是东南亚地区人才的培养方面尤其经验丰富。"学校从教学到生活方面给予学习班学员做了周到的考虑，把学员交到华侨大学手上你们可以放心。"她笑着对颇欣会长称。

颇欣代表泰王国泰中文化经济协会及外国政府官员中文学习班学员向中国国务院侨办及裘援平主任，以及华侨大学表示衷心感谢，并期待将来把学习班项目做得更加圆满，泰中文化经济协会也将继续致力于中文在泰国的推广。

泰王国泰中文化经济协会副会长兼教育委员会主任威七、驻厦门总领事馆总领事帕晨，中国国务院侨办文化司司长雷振刚，福建省侨务办公室主任杨辉，华侨大学校长贾益民、党委书记关一凡等会见时在座。

"华大讲堂"在京召开五周年座谈会

8月22日，"华大讲堂"五周年座谈会在京举办。"华大讲堂"是由泉州市委、泉州市人民政府和华侨大学联袂打造的公益性高端学术文化讲坛，自2009年创办以来已举办45场高水平报告会。目前，已发展成为集思想性、文化性、公益性、开放性于一体的高端讲座平台。

当日，泉州市委、市政府与华侨大学在北京国务院侨办二楼多功能厅召开座谈会，近50位领导、嘉宾或学者出席，共贺"华大讲堂"启动五周年。

国务院侨办副主任任启亮、何亚非，中共中央候补委员、中国社会科学院副院长李培林，十二届全国人大常委会委员、中国社科院副院长、学部委员蔡昉，中国科学院院士何祚庥，中共中央党校副教育长、科学社会主义教研部主任王怀超，中国社科院学部委员、文化研究中心主任李景源，社会科学文献出版社社长谢寿光，国家行政学院应急管理培训中心主任龚维斌、电子政务专家委员会副主任汪玉凯，中国社科院经济研究所所长裴长洪、城市发展与环境研究所副所长魏后凯，北京大学文化产业研究院副院长陈少峰，国侨办有关司局及在京直属单位负责人董传杰、雷振刚、刘继坤、朱慧玲、左志强、张永文、章新新、张蔚、王萍、李国红、夏付东、张兵义、岳骁昆、于晓，华侨大学校长贾益民，中共泉州市委常委、宣传部长、教育工委书记陈庆宗，华侨大学副校长徐西鹏、老领导丘进等出席座谈会。华侨大学副校长张禹东主持座谈会。

与会嘉宾不仅对"华大讲堂"五年来取得的成果给予高度评价和肯定，更为讲堂的未来发展之路建言献策。任启亮建议今后讲堂要更加切合国家及当地经济社会发展需要，坚持发扬高端品位，并围绕侨务工作大局，结合地方与高校实际，使之更有生命力。李培林希望泉州与华侨大学借国家打造"21世纪海上丝绸之路"之机，发挥地缘优势，将讲堂办得更好。蔡昉提出，"'华大讲堂'应该在教育年轻人方面发挥更大作用，在保持现有风格的基础上，提高乐趣和可听性，着眼于总结中国经验，讲好中国故事"。何祚庥希望"华大讲堂"应该办成一个为福建省、为中国寻求发展路线的讲堂。魏后凯建议"华大讲堂"把前沿思想和华大特色结合起来，使"华大讲堂"品牌走向国际化。

作为泉州市与华侨大学合作共建、联袂打造的公益性高端学术文化讲坛，2009年3月启动的"华大讲堂"至今已举办了45场高水平报告会，成为大学与城市、高校与地方、侨校与侨乡合作共赢的典型案例和成功模式。五年来，共有44名来自中共中央党校、中国科学院、中国社科院、中国工程院等知名智库、一流高校、政府部门的学者、官员担任主讲嘉宾，围绕诸多专题进行了深度解读和生动讲解，提供前沿信息和理论观点，内容涵盖经济、政治、社会、文化、生态文明等诸多热点、焦点、难点问题。

校长贾益民表示，华大将围绕国家和地方战略需求，继续邀请学界、政界、文化界名流登临"华大讲堂"作专题报告，提高引领社会文化、提供决策参谋、涵养理论素质的深度和广度。

学校召开教育实践活动总结大会

作为第一批参加党的群众路线教育实践活动的单位，华侨大学于2月27日在厦门校区王源兴国际会议中心召开教育实践活动总结大会。国务院侨办副主任马儒沛、人事司司长刘继坤出席会议，华侨大学全体校领导、校长助理、老领导、全体中层干部，各民主党派、群众团体负责人，无党派人士代表，各级人大代表、政协委员等参加会议。会议由校长贾益民主持。

校党委书记关一凡代表学校党委作教育实践活动总结，从基本情况和主要做法、主要成效、主要特点和今后努力方向等四个方面全面总结了华侨大学教育实践活动的开展情况。

马儒沛副主任在会上作重要讲话。他表示，开展教育实践活动是新时代条件下，弘扬党的光荣传统和优良作风，贯彻党的群众路线的一个生动实践。

马儒沛充分肯定华侨大学在开展教育实践活动方面取得的成绩。他认为，华侨大学教育实践活动的开展，有四个特点值得认真总结：一是积极贯彻中央以及国侨办党组的指示精神，把握正确的方向；二是坚持领导带头，做到率先垂范；三是突出实践特色，着力解决干部职工反映强烈的突出问题；四是充分发扬民主，坚持开门搞活动，自始至终请群众参与；五是坚持统筹兼顾，教育实践活动和业务开展"两不误、两促进"。

马儒沛表示，第一批教育实践活动集中开展的阶段已进入尾声，"但收尾不是收场"，践行教育实践活动进入了新阶段。为此，马儒沛希望学校：第一，学习、提高必须做到始终不渝，要进一步深化学习，注重党的群众路线的思想理论、观点的再学习、再认识、再提高。第二，对待问题必须"一抓到底"，要以问题为导向。第三，要按照现在整改方案的要求，进一步落实整改工作。要做好学校的建章立制工作，以利于学校持续、健康地发展，利于学校更加规范化的管理。对于作风的养成要坚持不懈，要经常抓、长期抓。第四，制度的落实必须做到持之以恒，要坚持于法周延、于事简便的原则，建立务实、管用的长效机制。

校长贾益民要求全校认真学习、深刻领会马儒沛副主任重要讲话精神，并在今后的工作中加以贯彻和落实。他表示，全面贯彻落实党的群众路线是一项长期的工作，希望学校、各级党委和广大党员干部按照习近平总书记"群众路线没有休止符，作风建设永远在路上"的指示，按照中央和国务院侨办党组的要求，认真做好整改工作，在今后的工作实践中不断巩固和扩大教育实践活动的成果，以更高的政治热情、更加振奋的精神状态、更加扎实的工作举措，为学校各项事业再谋新发展、再上新台阶作出新的更大的贡献。

莅校期间，马儒沛副主任还视察了厦门校区音乐舞蹈学院大楼、土木学科实验大楼等在建工地，听取相关负责人对工程项目基本情况的汇报，详细了解工程建设的进展情况。他还实地走访本学期新启用的紫荆餐厅，了解餐厅的用餐环境、饭菜供应、饭菜质量等，并在紫荆二餐厅体验了教工自助午餐。

华侨大学第七届董事会第一次会议召开

11月22日，华侨大学第七届董事会第一次会议在泉州举行。原中共中央政治局委员、十一届全国政协副主席王刚出任董事长，十二届全国政协副主席何厚铧连任名誉董事长。

华侨大学第七届董事会由海内外114名社会贤达组成，分别来自菲律宾、印度尼西亚、加拿大、泰国、新加坡、马来西亚、日本、澳大利亚、西班牙、美国等国和中国香港、澳门以及中国内地。

王刚表示，作为华侨大学新一届董事会董事长，将与董事会全体成员一道，尽职尽责，为华侨大学的美好未来、为推动华侨高等教育事业的发展作出自己的努力！他指出，华侨大学是在周恩来总理直接关心下创立的"华侨高等学府"，为我国社会主义现代化建设、为国家侨务事业发展、为港澳地区的繁荣稳定和国家统一大业作出了积极贡献。他希望华侨大学紧紧抓住机遇，勇于开拓创新，立足于服务国家现代化建设、服务侨务事业发展、服务传播中华优秀文化、服务祖国统一大业，进一步办出特色、办出水平，努力争当一流大学、培养一流人才、创造一流成果，切实把华侨大学建设成为在海内外有着重要影响的综合性大学，为实现中华民族伟大复兴的中国梦作出更大的贡献。

国务院侨办主任裘援平出席会议。她在致辞中代表国务院侨办向王刚董事长，向福建省、泉州市、厦门市和中央驻港联络办、中央驻澳联络办，以及所有关心、支持和帮助华侨大学建设和发展的各位董事、港澳台同胞、海外侨胞和社会各界表示衷心的感谢。裘援平希望各位校董特别是新一届校董继续为华侨大学的建设和发展献计献策，为学校的新发展提供更多的支持，作出更大的贡献。她相信在新一届董事会特别是王刚董事长的大力支持和悉心指导下，华侨大学一定会紧扣国家和地方经济社会发展需要，紧扣国家侨务事业发展需要，坚持科研强校，深化教育改革，推进协同创新，优化师资队伍，全面提升人才培养质量，努力把学校建设成基础雄厚、特色鲜明、海内外著名的华侨高等学府，为实现"两个一百年"的奋斗目标和中华民族伟大复兴"中国梦"作出新的更大贡献。

受福建省委书记尤权委托，副省长李红代表省委、省政府致辞。她在讲话中高度肯定华侨大学在福建省经济社会发展大局中极为重要的地位和作用，希望华侨大学更加积极融入国家战略，更加积极融入福建地方经济和社会发展，更加有效地凝聚各方合力，充分发挥侨的优势，做足侨的文章，把华大建设成为一所全球华人华侨向往的、著名的华侨高等学府。李红表示，福建将一如既往地关心支持华侨大学的发展，进一步与国侨办共建华侨大学，推动华侨大学在新起点上加快发展。

香港中联办副主任王志民，国务院侨办副主任任启亮，泉州市委书记黄少萍，华侨大学校长贾益民、党委书记关一凡等领导和嘉宾出席会议。

华侨大学校长贾益民在会上代表学校感谢各位董事和海内外各界人士对华侨大学的关爱和支持，并作学校工作报告，向与会董事汇报了学校近四年来的办学成绩，以及今后建设和发展的主要思路。他表示，在新的历史时期，华侨大学将在国务院侨办的领导下，在中共福建省委、省政府的支持下，在广大校董的帮助下，进一步坚持方向，强化特色，提升质量，协同创新，建好队伍，推动发展，全面提高学校整体办学水平和综合实力，早日实现"基础雄厚、特色鲜明、海内外著名的高水平大学"的建设目标。

副董事长李碧葱代表华侨大学董事会作第六届董事会工作报告。与会董事讨论审议了学校工作报告和董事会工作报告，为推动华大进一步的建设与发展积极建言献策。

会上同时举行了董事长、副董事长及董事聘书颁发仪式。

据了解，华侨大学是改革开放后中国内地最早实行董事会领导下的校长负责制的大学之一。华侨大学董事会成立于1980年，以"为把华侨大学办出特色，办出水平，使之适应海外和港澳台地区的需要，协助政府办好华侨大学，对华侨大学的建设和发展提供实质性的支持，对学校重大事务起决策和审议的作用"为宗旨，庄希泉、胡平、贾庆林、陈明义、宋德福等先后担任董事长。

成立近35年来，华侨大学董事会在扩大学校海外影响、开拓海外生源，奖励或资助优秀学生，资助教师海外学术交流、开展科学研究，支持学校加强对外交流与合作、开展海外华文教育以及改善教学生活硬件设施等方面贡献卓著。据不完全统计，

35 年来，广大董事广泛联络海内外华侨华人，累计为学校筹款近 5 亿元人民币，其中建设侨捐工程 79 项，设立各类奖教、奖学、助学、助研基金等近百个。

校长贾益民应邀出席全国政协双周协商座谈会并发言

2014 年 4 月 17 日，全国政协在京召开双周协商座谈会，就推进海外华文教育发展座谈交流。全国政协主席俞正声主持会议并讲话。全国政协副主席杜青林、张庆黎出席座谈会，全国政协副主席万钢、何厚铧、李海峰在座谈会上发言。

国务院侨务办公室主任裘援平介绍了海外华文教育工作情况。全国政协委员杨崇汇、李崴、曹鸿鸣、赵阳、陈寒枫、许琳、高杰、蔡建国、吴晶、黄文平、李卓彬、贾益民、林文肯、雷振刚、郭熙、章新胜等专家学者在座谈会上发言。

委员们认为，海外华文教育是面向广大华侨华人，特别是华裔青少年群体系统开展民族语言学习和中华文化传承的一项重要工作，对于增强中华民族凝聚力、促进中外文化交流、增进友好关系、保持华侨华人的民族特性、提升国家软实力等具有深远意义。委员们围绕加强领导、建立健全支持海外华文教育的工作机制、按照华文教育自身特点和规律进行专项设计和规划、编写教材、培训师资、办好国际学校等发表意见，提出建议。座谈会气氛活跃，大家发言踊跃，思考深入。

外交部、教育部、中国侨联有关负责同志出席会议，与委员、专家学者们交流互动。

多年来，全国政协港澳台侨委员会和中国致公党多次就海外华文教育问题开展专门调研，持续不断地推动海外华文教育事业的发展。

双周座谈会是人民政协的优良传统，最早可以溯源到第一届全国政协。十二届全国政协在继承的基础上有所创新，建立双周协商座谈会制度，通过定期邀请各界别委员主要是民主党派成员、无党派人士座谈交流，听取意见和建议，使双周协商座谈会成为沟通思想、增进共识、协调关系、凝心聚力的协商平台。

华侨大学首捧国家科学技术奖
——徐西鹏团队成果荣获国家科学技术进步奖二等奖

华侨大学在科研工作方面取得历史性突破：机电及自动化学院徐西鹏团队成果荣获 2013 年度国家科学技术进步奖二等奖。这是华侨大学自建校以来获得的首个国家级科研成果奖，实现在该奖项上零的突破。

由华侨大学机电及自动化学院教授、博士生导师、脆性材料加工技术教育部工程研究中心主任徐西鹏副校长领衔，华侨大学作为第一完成单位，福建万龙金刚石工具有限公司等四家企业共同参与申报的"石材高效加工用金刚石磨粒工具关键技术及应用"成果，荣获国家科学技术进步奖二等奖。

2014年1月10日，中共中央、国务院在北京人民大会堂隆重召开2013年度国家科学技术奖励大会。党和国家领导人习近平、李克强、刘云山、张高丽出席并为获奖代表颁奖。徐西鹏作为获奖代表出席大会。

据了解，徐西鹏团队的"石材高效加工用金刚石磨粒工具关键技术及应用"成果属于机械工程中的工具、工艺与装备制造技术领域。该项目从基础研究出发，寻找到石材加工中金刚石磨粒失效的主要根源和解决方法，以保证单颗磨粒最佳切削载荷为约束，研发了一系列具有自主知识产权的金刚石磨粒工具制备新技术，开发成功一系列基于新型金刚石工具的石材加工新工艺与新技术。项目成果在国内外石材加工领域得到广泛应用，实现了石材的高效率、低成本、低岩屑排放和低能耗加工，推动了中国石材加工整体技术水平的提升。

国家科学技术奖是中国科学技术的最高奖项，每年评审一次，包括国家最高科学技术奖、国家自然科学奖、国家技术发明奖、国家科学技术进步奖和中华人民共和国国际科学技术合作奖。中共中央和国务院每年召开国家科学技术奖励大会，表彰和奖励在科技进步活动中作出突出贡献的公民、组织。

为此，国务院侨办专门发文，通报表彰华侨大学徐西鹏教授团队。文件指出：在2013年国家科学技术奖评选中，由华侨大学副校长、机电及自动化学院教授和博士生导师、脆性材料加工技术教育部工程研究中心主任徐西鹏领衔，华侨大学作为第一完成单位申报的"石材高效加工用金刚石磨粒工具关键技术及应用"成果，荣获国家科学技术进步奖二等奖，这是国侨办所属院校首次获得国家级科学技术奖项。徐西鹏教授领军的项目荣获国家科技进步二等奖，实现了华侨大学科技创新国家奖项零的突破，为华侨大学及国务院侨办赢得了荣誉。为嘉奖徐西鹏教授及其团队在技术创新、校企合作上取得的成就并发挥其带动效应，决定对徐西鹏教授及其科研团队予以通报表彰。

华侨大学徐西鹏教授团队是一支在国内外石材加工领域具有较大影响的科研团队。团队先后入选教育部"长江学者和创新团队发展计划"创新团队、福建省海西产业人才高地创新团队以及福建省高等学校创新团队；徐西鹏以及其团队成员先后获得"国家杰出青年科学基金"、"新世纪百千万人才工程"国家级人选、"教育部新世纪优秀人才""福建省杰出科技人才""福建省百千万人才工程""全国优秀博士学位论文提名奖"等多项学术荣誉。

在创建团队的同时，徐西鹏教授还注重研究平台的建设，先后建成和获准成立"脆性材料加工技术教育部工程研究中心""福建省脆性材料加工工程技术研究中心""石材加工福建省高校重点实验室""福建省石材加工行业技术开发基地""'石材产业加工技术与装备'福建省 2011 协同创新中心"以及首批"福建省高校自然科学类优秀科研创新平台"。

华侨大学外国政府官员中文学习班
举行第十期开学典礼

9 月 13 日，来自泰国国防部、皇家警察总署、商务部、农业与合作社部、财政部、海关总署、司法部、卫生部、内政部，印尼工业部、商务部、警察部、旅游部、财政部和菲律宾警察总署等部门的 100 名学员正式入读华侨大学，成为该校外国政府官员中文学习班的新一届成员。

这是国务院侨办和中国海外交流协会 2005 年启动的华侨大学外国政府高级汉语人才培训项目的第十届。近十年来，该项目历经"泰国国防部军官中文学习班"、"泰国政府官员中文学习班"和"外国政府官员中文学习班"的演变和拓展，已为泰国、菲律宾和印尼政府培养了 400 多名高级汉语人才，为促进东南亚与中国的友好交流合作发挥了积极的作用，逐渐打造成为华侨大学在海内外具有重要影响的华文教育知名品牌和侨务公共外交品牌。

9 月 13 日，在厦门校区王源兴国际会议中心举行的开学典礼上，中国国务院侨办主任裘援平表示，中国国务院侨办高度重视中文学习班的举办，始终支持和促进中文学习班的发展。她称赞"各位学员暂时放下熟悉的工作，远离祖国和家人，到异国他乡学习中文难能可贵，令人敬佩"，并对他们提出希望：珍惜学习机会，充分合理利用一年的时间，努力学习和掌握中文这门美丽的语言，将来更好地服务自己的国家与中国的交流合作；利用在中国的这段美好岁月，除学习语言外，更多地接触中国人民，更好地了解这个国家，更深地领悟中国文化，成为中华文化的传递者和中外友好的使者。裘援平同时希望华侨大学在教学、生活等各方面周到服务，为学员们全身心投入学习创造良好的环境。

泰王国泰中文化经济协会会长颇欣在致辞中介绍了协会的基本情况，回顾了学习班项目十年的发展。他感谢中国国务院侨办、华侨大学及泰国各部委给予项目的大力支持与帮助，特别感谢华侨大学老校长吴承业、华文学院老院长金宁，以及华侨大学现任校长贾益民、副校长张禹东和华文教育处处长赵明光等为该项目所作的努力。他代表协会祝愿泰中关系越走越远，祝愿外国政府官员中文学习班项目越办越好，并希望每一个人都亲力亲为，为项目的长远发展，为泰中人民的友谊作出重大贡献。

泰王国驻厦门总领事馆总领事帕晨代表泰国政府给予外国政府官员中文学习班项

目高度评价。她表示，习近平主席提出了建设海上丝绸之路的构想，这是一条和平与友谊的发展之路。泰国政府愿意在其中给予大力支持与合作，发挥重要作用。为此，她特别感谢中国国务院侨办和华侨大学提供东盟国家政府公务员学习中文的机会，特别是为泰国培养了很多懂中文的人才。

"华侨大学制定了详尽的培训计划，选派学术水平及知识层次优秀的对外汉语教师承担培训任务"，"我们将尽最大努力为学员们提供良好的教学、生活服务。"华侨大学校长贾益民表示。他代表学校向关心支持外国政府官员中文学习班项目的中国国务院侨办，泰国、印尼、菲律宾等国家的各个政府有关部门表示最衷心的感谢，并欢迎来自泰国、印尼、菲律宾等国家的100名政府官员加入华侨大学这个大家庭。贾益民同时希望学员们努力学习好中文，积极参加学校组织的社会实践，掌握博大精深的中华文化，成为华侨大学的优秀学生；希望他们在华侨大学学有所成、学以致用，为所在国的经济、文化和社会发展，为促进中国与所在国间的友谊做出应有的积极贡献，成为华侨大学杰出校友的代表。

泰王国泰中文化经济协会副会长兼教育委员会主任威七、中国国务院侨办文化司司长雷振刚、福建省侨务办公室主任杨辉、华侨大学党委书记关一凡、泰王国驻厦门总领事馆副总领事孟坤、华侨大学副校长吴季怀、泰王国泰中文化经济协会教育委员会成员单迪、泰王国驻厦门总领事馆领事谢婉玲、泰王国泰中文化经济协会副会长王志民等出席开学典礼。华侨大学副校长张禹东主持开学典礼。与会领导和嘉宾并为学习班学员代表佩戴华侨大学校徽。

"相信在华侨大学领导、老师和同学的帮助下，我们的汉语水平一定会有很大的提高。"泰国御林军空军大校赵鹏程在开学典礼上代表学员发言。他用不太熟悉的、两字两字一顿的中文表示"请大家放心，一定珍惜机会，勤奋生活，努力学习，用学到的知识为泰中友好交流做出自己的贡献"。

华侨大学成立海上丝绸之路研究院

由华侨大学、中国新闻社、福建省侨办、福建省社会科学院、福建省社会科学联合会合作共建的华侨大学海上丝绸之路研究院，9月14日在华侨大学陈嘉庚纪念堂科学厅揭牌。作为研究院的主要活动之一，"21世纪海上丝绸之路高端论坛"同时在此间举行。

国务院侨办主任裘援平出席论坛暨研究院揭牌仪式，出任海上丝绸之路研究院名誉院长，并作论坛主旨演讲。

国务院侨办文化司司长雷振刚，中共福建省委宣传部常务副部长林辉，福建省侨办主任杨辉，泉州市市长郑新聪，中国社科院亚太与全球战略研究院院长李向阳，福建省社科联党组书记、副主席冯潮华，福建省社科院副院长陈文章，中新社副总编辑夏春平，广东省社科院广东海洋史研究中心主任李庆新，中新社福建分社社长徐德金、华侨大学校长贾益民、党委书记关一凡，华侨大学讲座教授、华侨华人研究院、国际关系学院副院长庄国土，校领导朱琦环、吴季怀、刘塨、刘斌等出席论坛暨研究院揭牌仪式，华侨大学副校长张禹东主持仪式。

贾益民兼任海上丝绸之路研究院院长，中新社总编辑章新新、福建省侨办副主任林泽春、省社科联党组书记冯潮华、福建省社科院副院长李鸿阶任研究院副院长。

"华侨大学敏锐把握时机，成立海上丝绸之路研究院，组织开展有针对性的研究，为丝路建设贡献力量，十分必要，也很有意义。"出席揭牌仪式的裘援平表示，作为主管部门，国务院侨办将全力支持研究院的发展建设，力争将其办成丝绸之路理论研究的学术高地和丝绸之路战略决策的重要智库。

"丝绸之路，路在脚下。"身为名誉院长，裘援平也对新成立的华侨大学海上丝绸之路研究院提出两点希望。

华侨大学地处著名侨乡福建，这里既是海上丝绸之路的起点，也是陆上丝绸之路的重要节点，在中国对外交流史上发挥过重要作用。华侨大学是海内外知名侨校，5万多海外校友遍及世界各地特别是东南亚国家，还与数以万计的海外侨团、侨报、侨校保持密切联系。"华侨大学身为侨校、地处侨乡、面对侨胞，拥有丰富的人脉资源，在开展海上丝绸之路研究方面有得天独厚的条件。"裘援平希望研究院发挥"侨"的优势，围绕"侨"字作文章，深入挖掘如何在新丝路建设中用足用好华侨华人资源，突出研究的特色。

"丝绸之路研究领域涵盖历史、政治、经济、文化、社会、科技等方方面面，研究对象和内容更是十分庞大。"裘援平也希望，研究院的工作一定要理论联系实际，紧紧围绕"一带一路"倡议的重大理论和现实问题，突出国家和福建省在战略实施中遇到的热点、难点和要点，发挥多学科综合集成优势，深入开展基础调查研究，集中内外力量攻关论证，快出成果、多出精品，为中国推进新丝路建设提供具有较高参考价值的决策建议，彰显研究理论的实践价值。

"古老的海陆丝绸之路，为中外交流和世界文明作出了重要贡献，在历史上留下了浓墨重彩的一笔。21世纪的丝绸之路，同样是人类历史上的一项伟大事业。"裘援平寄语华侨大学海上丝绸之路研究院，继承和发扬古丝绸之路精神，与时俱进，开拓创新，为"一带一路"建设作出应有的贡献。

在"21世纪海上丝绸之路高端论坛"的主旨演讲中，国务院侨办主任裘援平指出，"要多讲丝绸之路历史与文化，赋予其睦邻友好、互利共赢新内涵"。

裘援平指出，数百年来中国东南沿海大量移民东南亚，在这个方向聚居着80%以上的海外侨胞，中华文化圈催生出以华人为主导、华资为引擎的"华商经济圈"，无疑为以文化为纽带，开展广泛深入的地区合作创造了优良的物质条件。

她称，经过多年努力，东亚地区形成的"梯度传递型"区域分工体系，特别是中国—东盟自贸区及某些次区域合作，深化了中国与东南亚和南亚国家间的经贸联系，提升了区域经济一体化程度，为未来各领域合作提供了基础条件、机制保障和先期经验。

谈及如何顺利有效地建设海上丝绸之路，裘援平认为，"必须要有宽广视野、整体规划、科学论证、统筹推进"。

她说，要按照政策沟通、道路连通、贸易畅通、货币流通、民心相通的"五通"要求，细化为基础设施、贸易交往、产业合作、金融合作、能源资源、生态保护、海上合作、人文交流八个方面，立足周边实际和现有基础，由近及远、先易后难、循序渐进，形成国际协调、各国参与、政府搭台、企业唱戏、民间配合的格局。

裘援平指出，要与沿线国家多沟通多合作，加强人文交流，共同举办风情旅游和文化活动，增设友好城市和对口交流。重视发挥华侨华人参与建设、协助攻关等作用，引导沿线国家侨胞侨商积极投身，在促进丝路建设的同时有利侨胞自身发展。

裘援平说，"福建与东盟国家渊源深厚，与东南亚侨胞血缘相连，有丰富的海上丝路文化积淀，在新丝路建设中有独特优势，完全能够成为海上丝绸之路互联互通的重要枢纽、经贸合作的前沿平台、人文交流的重要纽带"。

揭牌仪式上，华侨大学校长贾益民表示，"一带一路"倡议的实施，为华侨大学更好地履行使命提供了高端平台和绝佳时机。他相信，华大海丝研究院一定能在服务国家战略、凝聚世界华侨华人参与新丝路建设、促进海丝沿线国家经济文化的交流互动和共同繁荣等方面大有作为。

中国新闻社副总编辑夏春平指出，创立于泉州的华侨大学成立海上丝绸之路研究院，具有"天时、地利、人和"的多方条件。"中新社一定会按照签订的共建协议要求，认真履行职责，共同把研究院建成具有权威性和影响力的智库。"

"福建作为海上丝绸之路的重要起点，海外华侨、华人众多，融入21世纪海上丝绸之路建设优势明显，潜力巨大。"福建省委宣传部常务副部长林辉表示，深化海丝战略研究是福建社会科学工作者义不容辞的责任。"海丝研究院的成立对于福建进一步发挥自身优势，打造21世纪海上丝绸之路的桥头堡具有重要意义。"

泉州市市长郑新聪指出，改革开放以后，依托全国重点侨乡优势，包括居住在海上丝绸之路沿线国家和地区近800万华侨、华人的资金、市场、人脉和资源，泉州民营经济迅速崛起，成为全国十八个改革开放典型地区之一。"海上丝绸之路研究院的成立，为进一步整合侨务、学科等优势资源，推动泉州'21世纪海上丝绸之路'先行区的建设具有重要的意义"。

福建省社科联党组书记冯潮华、福建省社科院副院长陈文章亦表示，将通过整合优势资源，提升研究的战略层次，为参与共建的海上丝绸之路研究院提升学术研究水平作贡献。

除国务院侨办主任裘援平作"21世纪海上丝绸之路高端论坛"主旨演讲外，中国社科院亚太与全球战略研究院院长李向阳，广东省社科院广东海洋史研究中心主任李庆新，华侨大学讲座教授、华侨大学华侨华人研究院、国际关系学院副院长庄国土也先后在论坛上作主题发言。

在题为《未来海上丝绸之路的机制与定位》的发言中，李向阳阐述了他对新时期海上丝绸之路战略的理解。他认为，海上丝绸之路是中国新时期经济外交的重要平台，也是中国新一轮对外开放的重要举措。在分析对比了亚太地区各种政治经济合作机制后，李向阳提出多元与开放是亚洲发展和区域合作的特点，"必须让真正意义上的开放性和多元性成为海上丝绸之路的特征，这既是海上丝绸之路充当中国崛起新平台的必然要求，也是亚洲多元发展的必然结果。也只有这样，中国所倡导的海上丝绸之路才能在未来的国际合作框架竞争中获得一席之地"。

李庆新发言的主题是"历史视野下国家、地方、社会与海上丝绸之路"。在分析了历史上中国与海丝诸国所构成的"贸易—文化圈"后，他提出21世纪海上新丝绸之路建设的长远目标也应该是中国与沿线国家共建在经济上互补互利、文化上互信互鉴、理念上包容认同的命运共同体。李庆新分析说，从国家之间的关系出发，海丝战略意味着开明、开放、宽松的政策；从中央与地方的关系来说，沿海省份就要承担部分外交和外贸管理职能；从政府与社会的关系来说，民间力量才是海上丝绸之路发展生生不息的内在动力。他建议国家应做好顶层设计、海陆统筹，地方和社会应该主动对接，积极作为，"多管齐下，才能做好海洋文章"。

庄国土做了题为《新世纪的海上丝绸之路回顾和展望——兼论福建在海上丝绸之路的地位》的发言。他提出，海上丝绸之路本质上是中外交往之路，它既是贸易之路，也是文明交流之路。海上丝绸之路带给我们的最大遗产，是在国内繁衍生息的外国移民后代，以及遍布世界各地的华侨华人。通过举例，庄国土指出，海外华侨华人拥有巨大的经济和政治潜力，打造21世纪的海上丝绸之路，能够进一步扩展中国的地缘经济纵深、强化中国地缘政治利益，构建稳定的"中国—东盟命运共同体"，丰富中外文化和人员交流。庄国土建议继续发挥福建人的海洋和商业意识、网络闽侨关系，发挥福建在东南亚和东北亚之间特殊的地理位置，抓住海丝战略带来的机遇。

安哥拉政府青年科技人才班第一期开学

由安哥拉总统基金会选拔，高中阶段在数学等方面较为优秀的20名青年学子，9月13日起佩戴上华侨大学校徽，成为这个大家庭的一员。

这 20 位学子，是由华侨大学和安哥拉总统基金会共同举办的安哥拉政府青年科技人才班的首批学生。依据商定，2014 年至 2019 年，华大每年接受不超过 30 名安哥拉籍优秀高中毕业生来校就读，学制为"2+4"模式，即前 2 年学习汉语言专业，后 4 年学习理学、工学等专业，为安哥拉的战后重建培养大批急需的懂中文、懂技术、会管理的青年人才。

华大校长贾益民称，人才班的举办，是华侨大学和安哥拉总统基金会落实今年 5 月中国总理李克强和安哥拉总统多斯桑托斯会谈结果的重要举措，其启动具有划时代的意义，"不仅为华侨大学打开了一扇通向非洲合作交流的窗口，也为安哥拉青年创造见证中国经济社会发展的机会"。

华侨大学安哥拉政府青年科技人才班第一期开学典礼当日在厦门校区举行，中国国务院侨办主任裘援平、安哥拉教育部青年训练局局长路易萨、国侨办文化司司长雷振刚、福建省侨办主任杨辉、安哥拉总统基金会法律部部长阿维利诺，华大领导贾益民、关一凡、吴季怀等出席。副校长张禹东主持开学典礼。

裘援平在致辞中代表国务院侨办感谢安哥拉总统基金会和教育部选择华大。她希望安哥拉同学在华大学习中文，了解中国文化，走近中国人民，努力学习国家建设需要的专业知识，为安哥拉未来的发展和中安关系的发展作贡献；希望华大积极探索培养兼具语言和专业优势人才的方式方法，培养出更适应安哥拉建设、发展需要的人才；希望华大和安哥拉总统基金会、教育部精诚合作，把青年科技人才班项目办成典范。

贾益民表示，"华侨大学将全力以赴为同学们提供良好的学习、生活服务，尽心尽力帮助同学们解决学习、生活中遇到的困难和问题"。他希望同学们珍惜在华大的每一天，踏踏实实学习中文和科学知识，掌握服务安哥拉国家和人民的真本领，将来回馈安哥拉、建设安哥拉；希望同学们主动加强与中国学生、各国留学生的交流互动，认识中国、认识世界，成为具有宽广国际视野的高素质人才；希望同学们增进华大与安哥拉的交流合作，努力成为推动中国和安哥拉更加密切交流合作的友好使者。

据了解，中国是安哥拉的第一大贸易伙伴，安哥拉也是中国在非洲的第一大贸易伙伴，安哥拉总统基金会由多斯桑托斯总统于 1996 年创办。

华侨大学年鉴

2015

专　文

做社会主义核心价值观的践行者和引领者

——校长贾益民在华侨大学教师节表彰大会上的讲话

（2014 年 9 月 16 日）

尊敬老师们、同学们：

新学期伊始，我们在此隆重集会，庆祝第 30 个教师节，表彰先进，传递祝福。首先，我代表学校并以我个人的名义向受表彰的个人表示热烈的祝贺和崇高的敬意，向全校教职员工致以诚挚的问候和良好的祝愿！

一年来，在广大教师共同努力下，学校办学事业有了新的飞跃。学校本科生培养质量不断提升，毕业生受到用人单位广泛好评；学科综合实力逐步增强，学科优势特色日益鲜明；科研项目取得新的突破，科技服务能力得到广泛认可；研究生培养体系逐步完善，培养质量不断提高；国际化办学战略扎实推进，与世界发达国家的诸多高校合作办学进展顺利；华文教育领先优势日益巩固，传播中华文化及服务国家侨务工作大局的智库作用日益凸显。

在学校发展过程中，广大教师充分发挥了办学主体作用，自觉贯彻党的教育方针，立足三尺讲台，潜心教书育人，很好地承担起了人才培养、科学研究、社会服务、文化传承创新等重任，以自己淡泊名利、爱岗敬业、甘为人梯、乐于奉献的优良师德师风、渊博的知识和开阔的眼界，教育、感染、影响了一大批学子，为学校事业发展和地方经济社会建设作出了重要贡献，赢得了社会的广泛赞誉和尊重，留下许多感人的事迹。例如：机电与自动化学院徐西鹏教授所率领的科研团队专注于石材加工技术二十余载，攻坚克难，百折不挠，终获国家科技进步二等奖，使学校科研事业取得突破性进展。生物医学学院许瑞安教授领衔的创新团队创建七年多来，以勇于探索科学真理的正气、扎根故乡不畏艰难的底气与不折不挠创业中华的勇气，在分子医学（基因工程药物）与海洋药物两大研究方向上取得了重大进展，荣获 2014 年度中国侨联"中国侨界贡献奖"。文学院蒋晓光博士淡泊宁静、专心治学，在 7 平方米的斗室之中钻研先秦文学，他关于赋体文学和古代礼仪的研究成果发表于《中国社会科学》等高水平期刊。心理教育中心主任赵冰洁教授从事心理咨询三十多年，积累了上万小时个案咨询及上千小时团体治疗临床经验。她以爱化人，以情动人，以理导人，为无数华大学生解决了学业、感情以及工作方面的困惑，她温暖而又真诚的笑容是许多华大学生前进的动力等等，他们是学校的骄傲，是时代的楷模，他们无愧于优秀教师的称号。在此，我要再次向以他们为代表的优秀教师群体表示祝贺，向过去两年里与他们一道辛勤奋战在一线的全体教职员工表示感谢！我为华大能够涌现出一批又一批无私奉献的教师感到欣慰，为能够和你们一道坚守在教育战线感到自豪。

当前，人类社会的发展已进入综合国力竞争的新时代，精神文化生产愈加成为决定一国盛衰的主导性因素。一个国家如果没有强大的精神文化生产和提升能力，如果不能形成高度的自我价值认同和文化自信，则很难在国际竞争中立于不败之地和引领时代潮流。在整个精神文化生产系统工程中，核心价值观起着基础性和统领性作用。党的十八大报告指出要"倡导富强、民主、文明、和谐，倡导自由、平等、公正、法治，倡导爱国、敬业、诚信、友善，积极培育和践行社会主义核心价值观"。这是扎实推进社会主义文化强国建设的重大部署和必然要求。今年"五四"期间，习近平同志在北京大学又专门就社会主义核心价值观问题做了重要讲话，全面阐述了社会主义核心价值观的深刻内涵，就如何践行社会主义核心价值观提出了明确要求，我们一定要认真学习和贯彻落实。

大学作为人才的聚集地、知识的生产区和思想观念的辐射源，对于在全社会不同群体中培育和践行社会主义核心价值观，具有典型示范的标杆作用。广大教师是大学发展的主体力量，因此广大教师们更应该明确使命，坚定信念，勇担重任，静心治学，潜心育人，积极践行社会主义核心价值观，在社会主义核心价值观的指导下用淡泊抵御浮躁、用理想对抗欲望，培育爱岗、敬业、诚信、友善的未来人才，倡导自由、平等、公正、法制的社会风气，建设富强、民主、文明、和谐的伟大国家。下面，我就人民教师践行和引领社会主义核心价值观谈一点儿个人体会，与大家共勉，并请大家指正。我认为，作为一名人民教师，要带头践行、引领社会主义核心价值观，就应该努力做到：

第一，修身立德，为人师表。核心价值观，其实就是一种德，既是个人的德，也是一种大德，就是国家的德、社会的德。国无德不兴，人无德不立。师之高者，唯德唯善。师德是教师的生命，是教师立业之根本。广大教师要在治学育人的过程中自觉按照社会主义核心价值观的要求修身立德，将社会主义核心价值观内化为自身的道德品质和行为规范。

修身立德，首先要修无私之德。不慕虚名、不逐私利，不计得失、不生怨念，不争位，肯让位，善补位，想方设法提升教育质量，全心全意引导学生成才；其次要修仁爱之德。"爱是教育的灵魂，没有爱就没有教育"。要乐于发现学生的优点包容学生的缺点，乐于想学生之所想、急学生之所急，乐于理解学生、尊重学生，乐于关心学生冷暖、倾听学生心声，以无尽的热心、无限的耐心和无边的爱心对待每一个学生；再次要修公正之德。"目贵明，听贵聪，心贵公。"公则无怨、正则无忧。不要因学生外貌、性格、品行、成绩、家世等因素的影响而减损丝毫公正之心；最后要修诚信之德。以赤诚之心干事，以虔诚之心治学、以真诚之心待人、以精诚之心育才，不装模作样、不弄虚作假、不虚情假意。让我们广大教师"以高尚的人格感染人，以整洁的仪表影响人，以和蔼的态度对待人，以丰富的学识引导人，以博大的胸怀爱护人"，修身立德，用自己的模范行动，为学生树起前进的旗帜，指明前进的方向，点燃他们心中的希望之火。

第二，勤学善思。苏联著名教育家苏霍姆林斯基在《给教师的建议》中说："怎样做到终身备课？这就是读书，每日不间断地读书，跟书籍结下终生的友谊。""给学生一碗水，自己要有一桶水"。我们教师只有不断学习新知识，充实自己，给自己增添"营养"，才能迎接新世纪的挑战，才能更好地教好新时代的学生，促进学生素质的全面提高。希望广大教师要从优秀作品中汲取营养，开阔视野，丰富知识，提高自己的文化底蕴和文化修养，使自己成为"有思想的教育者"。学习教育经典理论，更新教育观念，丰富教育智慧，促进教育创新。实现教师专业水平和学校办学水平同步提升。以教师的学习行为引领学生形成良好的学习习惯。只有下得真功夫，求得真学问，才能真正将社会主义核心价值观内化于心，外化于行。

同时，希望广大教师在培养和践行社会主义核心价值观时，不能仅将自己定位在被动的理论接受者和践行者的角色上，而应该主动地进行深入思考，加强相关研究，按照人民教师的定位，集中思考和探索社会主义核心价值观在国家、社会、个人三个层面的丰富内涵、实践原则、现实要求，在扎实深入的思考与实践中把握社会主义核心价值观的时代性、民族性、创新性。

第三，躬身笃行。习近平同志指出："道不可坐论，德不能空谈。于实处用力，从知行合一上下功夫，核心价值观才能内化为人们的精神追求，外化为人们的自觉行动。"治学于点滴间见功夫，育人于细微处见真情。无论治学育人还是践行社会主义核心价值观都需要笃行求实，积小成大。我们坚决反对学习和工作中的"空对空"。在践行社会主义核心价值观上，希望广大教师要发扬理论联系实际的马克思主义学风，带着问题学，做到学以致用，用以促学，学用相长，千万不能夸夸其谈，陷于"客里空"。希望全校上下要切实做到校园文化建设贯彻社会主义核心价值观，课堂教学传递社会主义核心价值观，科学研究丰富社会主义核心价值观，管理服务践行社会主义核心价值观，日常生活彰显社会主义核心价值观。让社会主义核心价值观融化在学校的每一个角落，存在于学校发展的每一个阶段，体现在师生每一天的行动中，真正与学校、与师生融为一体。

老师们、同志们：

国家的希望在教育，教育的希望在教师。没有广大人民教师积极践行社会主义核心价值观就没有高等学校的特色发展和高水平发展，也就不可能有国家和民族的美好明天。诚如李克强同志所言："喊破嗓子，不如甩开膀子"。让我们一道静心治学，潜心育人，积极践行社会主义核心价值观，力争不辱教师美誉，不负国家重托，不忘社会责任，不误学生青春年华！

最后，祝愿老师们在新的学年里身体健康，工作顺利，万事顺遂！祝愿同学们新的学年学习进步，前程似锦！祝愿华侨大学明天更美好！

信念

——校长贾益民在 2014 届毕业典礼暨学位授予仪式上的讲话

（2014 年 6 月 29 日）

泉城六月，凤凰盛放；华园仲夏，俊才云集。今天我们隆重举行 2014 年毕业典礼，送别 2014 届 5645 名毕业生。在此我代表全校师生员工向全体毕业生表示热烈的祝贺，向为毕业生的成长默默付出的家长们表示衷心的感谢，向出席典礼的嘉宾以及新闻媒体的朋友们表示热烈的欢迎！

同学们，今天我们就要离别。你们在最美好的青春年华和华大相遇，同样把你们的青春记忆留在美丽的华大校园。我想，你们一定忘不掉白云清源山（天马山）下曾经的誓言，忘不掉秋中湖（白鹭湖）畔牵手的浪漫；忘不掉华园的石板路、柠檬桉，忘不掉华园春天里的木棉与刺桐，夏日里的紫荆、秋天里的桂花香和冬天里的蝴蝶兰。所有华园里的忘不掉，都将伴随你我一同藏在心灵深处。

同学们，你们是学校发展的见证者，更是推进学校发展的参与者，你们与学校一同走过的这几年，正是学校各项事业快速发展、蒸蒸日上的时期。你们亲历了五十周年校庆、研究生院成立、首获国家科技进步二等奖等一系列学校发展进程中的大事，你们的成长和学校发展成为相互的见证。过去几年，你们坚定信念，执着奋进，在华园留下了无数精彩。你们在"宽容为本，和而不同"的校园精神指引下激扬青春、碰撞思想、交流文化，使得"一元主导，多元交融"的校园文化内涵更加丰富，活力更加充沛，特色更加鲜明；你们坚定理想，发奋学习，追求卓越，在国内外一系列学科竞赛上连创佳绩；你们全情投入，见证学校两夺 CUBA 总冠军，加冕八冠王；你们热爱华大，为母校正名而据理力争。你们的坚持增强了学校发展的动力，你们的信念坚定了学校变革的决心。你们没有虚度大学的美好时光，没有辜负自己的青春年华，向国家、向学校、向家庭交出了合格答卷。我代表华侨大学全体师生员工向你们表示衷心的感谢！

四年前，在"寒窗苦读，改变命运"的信念指引下，你们走进华园，用努力成就梦想；四年间，"坚持不懈，学有所成"的信念指引你们走过青葱岁月，从迷茫走向无悔。今天，我相信"青春无悔，梦想成就未来"的信念将指引你们走出华园、走向明天，在国家经济转型和政治改革的大局中准确定位，在经济全球化的浪潮中崭露头角，在助推中华民族伟大复兴的历程中建功立业。

信念是人生的火把。回顾历史，信念塑造圣人君子，给予中华民族道德的指引，使中华民族风骨不朽、文明不绝；信念培育中华民族不屈的精神，在灾难中给予中华民族希望的指引，使中华民族在忧患中得以生存；信念赋予中国大学担当的品格，筑就大学精神的堡垒，指引民族在挫折和磨难中悲慨前行。千载往事汇成了一首荡气回肠的信念之歌。

今天，新工业革命和信息化时代给全球带来前所未有的挑战，使我们的物质生活和精神生活都发生了巨变。新工业革命使质量优势取代规模优势，智能优势取代体能优势，创新创造成为新的财富生长点。信息化时代追求速度、个性和简便，变化越来越迅速、价值观念越来越多元、呈现方式越来越简化。人们开始为了速度用变化取代执着，为了个性用新奇取代经典，为了简便用低俗取代高雅，悠久的底蕴不得不为多变的潮流让步，深刻的精神不得不让位于简单的口号。同时，我们国家的经济已经持续 30 年高速发展，社会保持着充分的活力。但是，经济社会发展即将面临巨大的转型，给我们提出了许多新的挑战。所以今天我们的同学们走出校园或许要面对理想与现实的冲突，面对工作和生活的压力，面对社会的浮躁、现实和冷漠，面对人生的挫折和困难，面对人性的复杂等等。但是，作为华侨大学的毕业生，我相信你们一定不惧怕这些挑战，你们在种种危机和挑战下，一定能坚守信念、担当使命、创造未来。泰戈尔说："信念，这强烈的精神搜索之光，照亮了道路，虽然凶险的环境在阴影中潜行，信念是鸟，它在黎明仍然黑暗之际，感觉到了光明，唱出了歌。"我坚信正值青年的你们步入社会之后能够再创人生新的辉煌，再次赢得光荣。不过"欲戴王冠，必承其重"，要赢得光荣，就必须担当责任、承受重压，非有坚定信念的指引不能浴火重生。

因此，我希望你们坚守对善的信念，锤炼自身品德，提高自我修养。

信念是一汪清水，泽被万物，不争名利。希望同学们以社会主义核心价值观和中华民族优秀道德文化充实自我、陶冶自我，坚守对善良人性的信念，担当弘扬道德的使命，彰显人性的真善美，杜绝社会的假恶丑。要修炼一颗仁爱心，面对倒地的老人少一些信不信、扶不扶的纠结，多一些尽力而为的行动；要保持一颗公德心，面对不公现象和不良行为少一些视若无睹的淡漠，多一些仗义执言的热忱；要保持一颗宽容心，面对他人的错误和冒犯，少一些咄咄逼人的凌厉，多一些宽容忠恕的洒脱；要保持一颗赤诚心，为人处事少一些算计，多一些光明磊落的坦诚；要保持一颗勇者心，面对世间暴行少一些退缩自保的怯懦，多一些挺身而出的勇气，用大仁、大爱、大义、大勇弘扬道德、升华人性，努力使这个时代因自己而美好。

希望你们坚守对理想的信念，坚持理想，勇往直前。

信念是一粒种子，有信念就有希望。希望同学们淡泊明志、宁静致远，坚守对理想的信念，坚持人生的理想。切·格瓦拉说过"让我们面对现实，让我们忠于理想"。坚持理想一方面要相信理想、敬畏理想、热爱理想、忠于理想，将心思专注于理想、将才华投入于理想、将人生寄托于理想，真正将理想视为毕生所求，至死不渝；另一方面还要面对现实，在现实的冲击中坚守理想，不因他人的质疑而改变理想、不因一时的委屈而否定理想、不因外在的诱惑而放弃理想，无论遭遇多大的阻力、面临多大的风险、经历多少失败，只要自己认定了，就百折不挠，勇往直前，不达理想决不罢休！

希望你们坚守对责任的信念，履行人生责任，助推民族复兴。

信念是一座山峰，虽饱经风雨，仍屹立于天地之间。责任在肩，坚定前行，才能将自己塑成一座山峰，愈经人世风雨的洗礼，愈加苍翠伟岸。希望同学们树立责任意识，认真履行人生的责任。首先要孝敬父母、团结手足、挚爱妻小，做一个好儿女，好同胞，好父母，用责任承载家庭的幸福。其次要积极主动、乐于奉献，迅速适应工作岗位；热心开朗、善于沟通，顺利融入工作集体；努力学习、勤于思考，切实提升任务执行能力和工作创新能力，用责任扬起事业的风帆；最后要坚持理论自信、道路自信和制度自信，以昂扬的斗志、饱满的热情，积极的态度追求伟大中国梦，用责任点燃民族复兴的希望。

希望你们坚守对真理的信念，用真理促进创新，用创新改变世界。

信念是一根火柴，可以产生智慧的火花，燃起创新的火焰。希望同学们热爱真理、追求真理、捍卫真理，从而培养创新能力、塑造创新精神、开展创新实践。首先要勤奋好学，通过自主学习、探究学习、混合学习和MOOC学习等形式掌握科学理论知识和科学研究方法，持续提升创新能力；其次要不唯师，不唯书，不唯上，不唯权，敢于批判现有知识，打破常规和固定思维，向权威发出挑战，不断塑造创新精神；最后要通过知识交叉、跨界合作、协同创新等方式开展创新实践，坚持知识与产业的融合，坚持科学技术与创意理念的融合，坚持质量、潮流与感受的融合，研发创新产品和创新技术，进而通过创新改变世界。

罗曼·罗兰曾说过，人生最可怕的敌人就是没有坚强的信念。人生的道路固然布满荆棘，充满坎坷。但只要有坚定的信念，就会看到希望，见到曙光。即使前方的风浪再大，道路再艰难，也会执着追求，无怨无悔。面对未来，同学们，我相信你们定当以坚韧不拔的毅力，毅然决然选择"自信人生二百年，会当水击三千里"，坚定而又自信的步入社会，再创人生新的辉煌！

亲爱的同学们，你们的明天即将开启，荣耀在等待你们、功业在召唤你们，愿你们把不舍和回忆化作拼搏的动力，坚守信念、履行使命，像苍鹰搏击长空，展翅翱翔！华园是你们永远的精神家园，并永远鼓舞着你们，支持你们不断前行，去创造美好的明天！

亲爱的同学们，毕业虽易，生活不易，人生路上且行且珍惜！

谢谢大家！

培育大学精神　塑造绚丽人生

——校长贾益民在华侨大学 2014 级新生开学典礼上的讲话

（2014 年 9 月 21 日）

亲爱的老师们、同学们，敬爱的学生家长们：

今天，我们在这里隆重举行华侨大学 2014 年新生开学典礼。首先，我代表全校师生员工，向来自世界 40 多个国家和地区的 6600 余名新同学表示热烈的欢迎！向敬爱的学生家长们表示衷心的感谢和崇高的敬意！

华侨大学是中国政府唯一一所以"华侨"命名的综合性高等学校。在华侨大学古朴厚重的泉州校区和气势恢宏的厦门校区里，汇聚了一大批潜心从教、立德树人的优秀教师；有着"让优秀成为习惯，让先进成为个性"锐意进取的良好校风；有着"一元主导、多元融合、和而不同"、异域风情尽显魅力的校园文化；有着花开四季、芒果飘香的秀丽环境；吸引了海内外一批又一批的优秀学子，迄今培养了 17 余万优秀校友，他们在华侨大学"会通中外，并育德才"校训的润泽下，为世界各国、祖国各地的社会发展做出了巨大贡献！

同学们，大学是人类文明的堡垒，是知识的发源地，是科学的殿堂；她推动着国家和民族的崛起，引领着社会前进的方向，以其独特的大学精神卓立于世，特显于世，并滋养着人的理想与人格，孕育着人的精神与智慧，塑造着人的灵魂与人生，成为一代代学子的精神家园。大学精神包括追求真理的科学精神、以人为本的人文精神、追求卓越的创新精神、兼容并蓄的开放精神等。在此，我想就大学生培育大学精神简要谈谈个人的体会和认识，与大家共勉：

1. 培育追求真理的科学精神。追求真理是大学的本质。大学为真理而生。从中世纪开始，高扬真理的大旗，播种人类文明之火，弘扬人类智慧之光，一直是大学的不懈追求。19 世纪英国著名教育家纽曼认为，大学是人们追求真理的中心。哈佛大学的校训就是："与柏拉图为友，与亚里士多德为友，更要与真理为友"。当前，在知识经济的世纪里，大学已经进入了"社会的中心"，担负着更加重要的使命。大学已经成为知识生产和创新的基地，成为新思想新文化的发生地，成为经济和社会发展的动力源。大学要传承文明，创新知识，发展先进文化，引领社会前进，她的所有使命，都体现在追求真理的恒久价值。追求真理不仅是一种目标，也是一种行为方式。追求真理需要一种实事求是的态度，需要实践，需要实干。只有这样，科学的理论、正确的认识、美好的理想，才能逐步变为现实。

要塑造追求真理的科学精神，就要抱定为科学而科学、为学问而学问的宗旨，心无旁骛，甘于寂寞，勤学苦思，善于学，乐于学，安贫乐道，学而不厌；要坚持在学习中不断创新思维方式，锻炼思维能力，培养批判精神，不唯上，不唯师，不唯书，不崇洋媚外，不为现成的结论所束缚，不断打破权威、打破成见、打破一切思维禁区；学问必求其真、求其深、求其新、求其用，努力培养自己追求真理的科学精神。

2. 培育以人为本的人文精神。爱因斯坦指出：科学需要不断发展，但是科学的发展不能以牺牲人文精神为代价，科学精神的发扬不能背离人文精神。人文精神是指大学所倡导的在处理人与自然、人与社会、人与他人、人与自己关系时的价值观，以及建立在这种价值观基础上的行为规范。人文精神是大学的脊梁。大学塑造人的精神世界，凸显人的主体性，关注人的生存与发展，探讨人的本质，追寻人的意义，体现人的价值。大学主张以人的发展为出发点，不以"具体的任务或技术方面的训练"为教育目的，而是"唤醒对人类生活可能前景的认识，引发或培养人性意识，激发无限的理智力和创造潜力"。

大学生要培育以人为本的人文精神，促进自身发展，必须首先要明德修身。"人无德不立，国无德不兴。"树立科学、积极的世界观、人生观、价值观，对于人文精神的培育和人的发展至关重要；要弘扬大爱精神，行无言之大爱，心里时刻装着家国天下，忧心他人冷暖；要修身立德，时刻检察自己的身心言行，择善而从，用真诚、仁爱、正直祛除思想中的杂质；要择善而交，与良师益友互勉来提高品性修养；要择善而行，慎独慎微，"勿以恶小而为之，勿以善小而不为"，从日常生活中的点点滴滴做起，努力把自己培养成为一个具有人文精神的大写的"人"。

3. 培育追求卓越的创新精神。大学的本质是趋向未来的，大学的功能在于创造生机勃勃的未来。竺可桢曾说："大学犹海上之灯塔。"大学以国家、民族、人类的进步为己任，以真理之光、文明之火照耀世界未来，引领社会前进。大学通过优秀教育、卓越教育、创新教育，使得学生自觉追求优秀、追求卓越、追求创新。牛津大学在800多年的历史长河中，一直坚持追求卓越的办学目标。2000年，牛津大学陈述自己新的使命：在教学和科研的每一个领域都达到和保持卓越；保持和发展作为一所世界一流大学的历史地位；通过科研成果和毕业生的技能而造福于国际社会、国家和地方。因此，大学不仅仅是研究高深学问之场所，更是以卓越意识引领创新，以创新为天职，以创新思维追求真理，发展知识，使大学成为人类追求卓越、追求理想、追求完美的精神乐园。所以，大学生要自觉培育追求卓越的创新精神。

追求卓越，追求创新，首先要在对国家前途和民族命运的关切中找寻自己的终极理想，而后听从它的指引，一往无前；追求卓越，追求创新，必须要有吃苦精神，必须要有献身精神。一个不能吃苦的人，是永远不会成功的。"一个没有受到献身精神所鼓舞的人，永远不会做出伟大的事情来"；追求卓越，追求创新，必须以一种永不满足的态度面对自我和人生，不断否定自我，不断超越自我，精益求精，苛求极致，永不止步，同时还要敢于离经叛道，敢于与众不同，特立独行，塑造独立人格，追求高尚品格。"夫唯大雅，卓尔不群"。真正的卓越不是物质的成功，而是精神的超脱，是超然于物外，而不是与世同俗。

4.培育兼容并蓄的开放精神。兼容并蓄就是一种包容和开放的精神，这也是大学的精神传统。著名学者纽曼认为："大学理应来者不拒，没有忧虑，没有偏见，没有妥协，只要他们是冲着真理而来。"蔡元培先生曾说过："大学者，'囊括大典，网罗众家'之学府也。"并用"万物并育而不相害，道并行而不相悖"来形容大学应有的开放、包容之大境界。正因如此，蔡元培先生在就任北大校长期间，奠定和熔铸了北大"兼容并蓄、学术独立、思想自由"的大学精神，并彪炳史册。另外，大学以其宽容的精神，包纳不同学术见解，宽容错误和失败。例如，普林斯顿大学允许患有精神病的天才数学家约翰·纳什静心地生活在校园内，并给予极大的关爱，终于使他在与疾病搏斗30年后获得了诺贝尔经济学奖。

可见，大学之大，不在于校园之大，而在于其有大师大学问家的同时，还在于其心胸之博大。华侨大学正是这样一所海纳百川、兼容并包的高等学府。这里有来自世界50多个国家和地区的师生，在今后的大学生活中，你们不仅会遇到不同国家、不同地域、不同肤色、不同文化背景的老师与同学，更会经历来自世界各地的各种不同的思想和观点的争鸣与交锋。正是因为这些"不同"的存在与交融，华侨大学才日益彰显兼容并包的开放精神，才真正成就了其创新发展的使命。所以，你们在独立思考的同时，也要开放自己，懂得兼容并包，接纳不同，更要学会彼此欣赏，取长补短，相互支撑，携手并进。修心为上，乃成其大。你的胸怀有多宽广，未来的路就有多宽广。

同学们，大学总能传播智慧之光，指引我们的灵魂前行；大学总能开启质疑之门，引领我们去追寻真理的宝藏；大学总能拼接起所有失败的碎片，让我们看到未来真实的成功景象。大学是这个时代最美好的所在，你们正经过繁花似锦的青春，在这里起步，走向光辉灿烂的未来！

同学们，请带上学校的期望与祝愿，带上社会和家人的期望与祝愿，带上你们自己的热情和梦想，去开启属于你们自己的大学时代吧！

最后，祝福新同学们学业精进，健康快乐，心想事成！

谢谢大家。

华侨大学年鉴

2015

重要文件

国务院侨办关于对华侨大学徐西鹏教授团队予以表彰的通报
国侨文发〔2014〕35 号

华侨大学：

在 2013 年国家科学技术奖评选中，由你校副校长、机电及自动化学院教授和博士生导师、脆性材料加工技术教育部工程研究中心主任徐西鹏领衔，你校作为第一完成单位申报的"石材高效加工用金刚石磨粒工具关键技术及应用"成果，荣获国家科学技术进步二等奖，这是国务院侨办所属院校首次获得国家级科学技术奖项。

徐西鹏教授领军的项目荣获国家科技进步二等奖，实现了华侨大学科技创新国家奖项零的突破，为华侨大学及我办赢得了荣誉。为嘉奖徐西鹏教授及其团队在技术创新、校企合作上取得的成就并发挥其带动效应，经办领导批准，决定对徐西鹏教授及其科研团队予以通报表彰。

希望华侨大学以此次获奖为契机，加大人才培养和科研创新力度，再接再厉，争取新的更大的进步。

特此通报。

国务院侨务办公室
2014 年 3 月 14 日

国务院侨办关于曾路彭霈同志任职的通知
国侨人发〔2014〕167 号

华侨大学：

经研究决定：

任命曾路、彭霈同志为华侨大学副校长、党委常委，任职时间自 2014 年 7 月算起，试用期一年。

特此通知。

国务院侨务办公室
2014 年 9 月 30 日

国务院侨办关于张禹东同志免职的通知

国侨人发〔2014〕168号

华侨大学：

经研究决定：

免去张禹东同志华侨大学副校长、党委常委、党委委员职务。

特此通知。

国务院侨务办公室

2014年10月9日

关于印发华侨大学全面加强和推进华侨华人研究
若干意见的通知

（华大科〔2014〕6号）

学校各单位：

《华侨大学关于全面加强和推进华侨华人研究的若干意见》经校长办公会讨论通过，现予以印发，请遵照执行。

华侨大学

2014年2月18日

华侨大学关于全面加强和推进
华侨华人研究的若干意见

为进一步突出侨校办学特色，提升为侨服务的能力和水平，根据《国家侨务工作发展纲要（2011~2015年）》（国发〔2011〕27号），结合学校实际，现就全面加强和推进我校华侨华人研究提出如下意见。

一 认清发展形势，统一思想认识

1.要充分认识到全面加强和推进华侨华人研究是突出办学特色、提升为侨服务和为国家大局服务水平的必然要求。

随着全球化进程的不断加快，中国改革开放的全面推进，中华文化国际影响力的日益扩大，华侨华人在推动中国与世界各国的交流合作，促进中国的繁荣发展，实现中华民族民族的伟大复兴中的重要作用日益凸显，侨务工作在国家发展大局中的重要地位日益凸显。国务院侨办领导高度重视华侨华人研究、侨情和侨务理论研究。华侨大学作为国侨办直属高校，要树立强烈的时代责任感和历史使命感，全校要统一认识，从服务国家发展大局和国家大侨务发展格局的高度、从突出侨的特色和优势是立校之本的高度来认识华侨华人研究的定位，举全校之力全面加强和推进华侨华人研究。

2. 要充分认识到全面加强和推进华侨华人研究是服务海峡西岸经济区建设，促进海峡两岸和平发展的现实需要。

福建地处海峡西岸经济区的前沿，更是海外华侨华人和台湾同胞的主要祖籍地。全面加强和推进华侨华人研究，对于涵养侨务资源、发挥侨务优势在海峡西岸经济区建设中的作用具有积极意义；对于发挥福建独特的区位优势，开展侨务对台工作，反独促统，促进两岸的和平发展具有重要意义。

3. 要清醒认识到我校的华侨华人研究既面临着重要的机遇也面临着严峻的挑战。

经过多年的发展，我校的华侨华人研究已形成一定的规模和基础：设立了一批涉侨研究机构，建立了一支专兼职的研究队伍，承担了一批重要科研项目，建立了若干省部级研究平台，发表和出版了一批论著，举办了一系列重要的论坛和学术活动等，在国内外的影响力逐渐扩大。但是，我们也应该清醒看到我校华侨华人研究存在的问题与不足：学科基础比较薄弱，研究资源配置不足且比较分散，研究特色凸显不够，专职研究队伍规模偏小，研究团队比较松散，学科学术带头人匮乏，标志性成果偏少，研究机构之间缺乏有效协作，整体学术影响力有待于进一步增强，为国家侨务工作服务的水平有待于进一步提高。因此，亟须采取有力措施，整合资源，协同创新，全面加强和推进华侨华人研究，以适应新形势下国家大侨务发展和世情、国情、侨情变化的需要。

二　明确发展目标，加强顶层设计

4. 发挥优势，整合资源，扩大我校华侨华人研究的影响力。

加强华侨华人研究是彰显办学特色、践行办学宗旨的内在要求。要积极发挥侨校优势，整合校内外资源，夯实学科基础，凸显研究特色，着力研究重大理论和现实问题，积极主动服务国家侨务工作、服务华侨华人和归侨侨眷；要积极创新体制机制，建立资源统筹协调机制，形成整体合力，使我校的华侨华人研究在国内外的学术影响力和话语权有显著提高，在国家侨务工作决策咨询方面的影响力有显著提高。

5. 建设华侨华人研究学科支撑体系，凝练特色研究方向。

华侨华人研究涉及经济、政治、社会、文化等领域，具有多学科、多层面、多视角的特点。因此，要建立共享共建的多学科支撑体系。要充分利用学校现有的学科资源，以大协作的高度，大格局的视野，建立与华侨华人研究密切相关的学科支撑体系；要重点加强国际关系、专门史、侨务政策与理论等涉侨学科的建设；要积极发展与华侨华人研究密切相关的硕士和博士学位点；要鼓励相关的硕士、博士学位点和博士后流动站开设涉侨研究方向；要重点凝练华人社团、华文教育、华文媒体、侨务公共外交、海外华商经济与管理、侨务理论与政策、华侨华人历史与文化、国际移民与新侨等研究方向，努力凸显研究特色。

6.加强涉侨基础研究和应用研究，推出一批具有影响力的科研成果。

要根据重点研究方向和国家侨务工作需要，统一策划涉侨研究项目，制定实施方案，整合全校涉侨研究力量，全方位推进华侨华人研究。既要重视加强涉侨基础研究，也要注重应用研究，要主动对接国侨办和国家相关部门的对策研究需求，动态把握世情、侨情的新变化，即时分析热点问题，有任务、有目标地开展侨务信息研究和报送，将我校的华侨华人研究机构打造成服务国家侨务工作、服务国家安全和发展战略以及服务地方经济社会发展的重要智库。

要在科研项目、论文发表、著作出版、成果获奖、咨询报告等方面产出标志性的涉侨研究成果。积极鼓励申报国家和省部级涉侨研究课题，鼓励在高级别刊物发表涉侨研究论文，鼓励将涉侨研究成果申报"国家哲学社会科学成果文库"等重点出版资助项目，鼓励申报省部级及以上的社科优秀成果奖项；重点鼓励向国侨办的《侨务简报》、《专报信息》和《侨情》等报送咨询报告，并分别给予一类B、二类B和三类A的成果认定；着力打造《华侨华人蓝皮书》品牌，其成果按二类A给予认定；在华侨大学文库中设立"华侨华人研究系列"，推出一批重要研究成果。

7. 加强华侨华人研究科研平台的整合与建设，促进交流与合作。

要进一步加强"国务院侨办侨务理论研究基地"和福建省"海外华文教育与中华文化传播协同创新中心"的建设，积极培育与发展校级华侨华人研究基地，每年提供配套经费支持，争取3年内增加1个省部级华侨华人研究基地，3~5年实现教育部人文社会科学重点研究基地或国别研究基地的突破，形成部、省、校三级研究基地平台体系；要加强涉侨科研机构的建设和管理。

有序安排有关华侨华人研究的学术活动，形成系列化、制度化的学术研讨机制。加大高水平涉侨研究国际学术会议的支持力度，进一步办好中泰战略研讨会等高层次学术会议，支持华侨华人研究机构开展国内外学术合作与交流。

8.加快涉侨研究人才的引进和培养，推动研究团队建设。

要采取更积极和灵活的措施，加大华侨华人研究和东南亚研究人才的引进力度和进度，使涉侨研究队伍的规模逐步扩大，要重视引进国内外一流的华侨华人研究领军人才；要根据研究方向，进一步优化华侨华人研究的人才队伍结构；要加大涉侨师资的培养力度，在国内外访学、进修等人才培养计划中对涉侨研究人才给予倾斜支持；要按照华侨华人研究的领域或特色方向进行团队建设；实施"华侨华人研究学术带头人支持计划"，充分发挥兼职教授、特聘教授和学科带头人的"传、帮、带"作用，培育华侨华人研究的骨干力量。

9. 加强华侨华人研究人才培养体系建设，提高人才培养的国际化水平。

要积极争取汉语国际教育专业硕士学位点的设立，积极创造条件申报涉侨本科专业，完善涉侨人才培养体系；要在华侨华人研究机构的研究生招生名额上给予保证和倾斜；要重点加强海外涉侨研究人才的培养，支持华侨华人研究单位的境外招生、办学以及调研基地的设立，加大对境外学生的奖助学金资助力度；要鼓励涉侨研究专业的国际交流，积极筹设涉侨专业基础课、专业课的英语和双语授课课程，增加对国际学生的吸引力，提高涉侨人才培养的国际化水平。

三 创新体制机制，落实保障措施

10. 加强组织领导，建立华侨华人研究的统筹协调机制。

为全面加强和推进华侨华人研究，学校成立"华侨大学华侨华人研究工作领导小组"，负责全校华侨华人研究工作的内外统筹、协调，制定统一的发展规划和政策措施，审定涉侨研究项目和成果，提供相关的保障。领导小组下设办公室，挂靠华侨华人研究院，并设专职秘书一名。

全校各相关单位要树立大局观念和整体意识，按照学校的统一部署开展和落实华侨华人研究的相关工作。要统一思想，树立高度的责任感，在全校营造重视和支持华侨华人研究的氛围和环境。

要加强对华侨华人研究的宣传和成果推介。学校相关部门要有意识地通过网络、报纸和电视等媒介加强对华侨华人研究专家和研究成果的宣传和推介，努力提升学校华侨华人研究的影响力和辐射力。

11. 加大人财物投入，建立涉侨研究的优先保障机制。

要进一步加大对华侨华人研究的人力、物力和财力投入，同时，注意提高人力、物力、财力的使用效率。切实落实华侨华人研究人才的引进和培养，在各类人才计划中对涉侨研究人才给予重点支持；优先保证校属涉侨研究机构的人员编制，支持涉侨研究机构建立人才引进和灵活聘用的机制。

要加大对华侨华人研究的经费投入和统筹，在原有涉侨研究各项拨款的基础上，每年增加拨款 200 万元，由领导小组根据研究规划，在全校统筹、协调和管理，并实施研究经费投入与产出评估机制，确保经费高效使用。要充分利用各级政府、社会贤达和校董校友等社会资源，积极筹设华侨华人研究基金，支持华侨华人研究。

要加强华侨华人研究的基础建设。要协调校内外各种资源加快华侨华人信息中心建设，推进华侨华人资讯普查工作的进度，尽快完成华侨华人数据库建设，实现信息资源共享。加强华侨华人研究图书文献资料建设。

要在华侨大学《哲学社会科学繁荣计划》《华文教育拓展和提升计划》以及其他相关计划和项目中进一步加强和落实对华侨华人研究的支持。

12. 构建协同创新机制，完善涉侨研究评价体系。

要进一步探索协同创新的新机制，以科研项目为载体，以团队建设为基础，以研究平台为支撑，推进不同学院、不同学科、不同科研机构研究人员的整合与协同，建立有利于促进校内外研究人员流动的体制，增强学校华侨华人研究的整体力量。

要根据华侨华人研究的特点，完善华侨华人研究的评价体系。根据华侨华人研究规划和任务，制定华侨华人研究业绩的考核评价体系和管理办法，做到目标监控和常态管理相结合、动态评估和跟踪检查相结合。全校各涉侨研究的单位和机构要细化目标责任，强化权责平衡，加强监管考核；要积极鼓励各相关学院和学科学术带头人和学术骨干重视对华侨华人研究的投入，共同推动我校华侨华人研究的全面和深入发展。

关于印发华侨大学关于加强学科建设的
若干意见的通知

华大综〔2014〕84 号

学校各单位：

经第九届学术委员会讨论及校长办公会议审议通过，现将《华侨大学关于加强学科建设的若干意见》印发给你们，请遵照执行。

华侨大学

2014 年 8 月 26 日

华侨大学关于加强学科建设的若干意见

为深入贯彻党的十八届三中全会精神，适应当前高等教育改革的新形势，提高学校学科建设的整体水平，促进学校全面发展，现就进一步加强华侨大学学科建设提出以下意见。

一 加强学科建设是一项长期而重大的战略任务

1. 学科建设是高等学校建设和发展的核心，也是高等学校必须始终抓住并努力做好的长期而艰巨的任务。学科建设水平是学校学术地位、办学水平、综合实力和发展潜力的重要标志，也是高校内涵建设的核心。加强学科建设，可以促进教学改革、人才培养，提高科研和服务社会能力，带动和促进学校育人质量、科研水平、社会声誉等整体实力提升。

2. 加强学科建设是学校加快发展、赢得未来的重要举措。国家及省中长期教育改革发展规划纲要明确了学校当前和今后发展的重要发展机遇，要求我校必须增强机遇意识、发展意识，切实加大学科建设力度，注重学科内涵建设，以学科建设为龙头，推动学校实现科学发展、快速发展，实现办学水平和办学层次的新提升与新飞跃。

3. 加强学科建设是校院两级更好履行大学使命的根本要求。面对目前教育创新改革的发展，高等学校更要切实加强学科建设，稳步提升学科水平，形成优势特色的学科着力点，以更好地适应经济社会发展需要。校院两级必须转变观念，树立强烈的忧患意识，从学科立校的战略高度来重视和加强学科建设。

4. 加强学科建设是提升师资整体水平和打造高层次创新团队的迫切需要。建设高水平师资队伍和高层次创新团队是学校科学发展、快速发展的根本保证。高水平的学科平台，是培育高层次人才的必要环境和基础。建设高水平学科平台，有利于引导广大教师树立强烈的学科意识，有利于教学科研队伍的锻炼成长和教育教学质量的提升，有利于凝聚队伍和建设高水平科研创新团队。

5. 面对新形势、新情况，学校学科建设工作还存在不少薄弱环节，还有需要进一步拓展完善的空间。学校、学院和各职能部门对学科建设工作重要性的认识需要进一步加强，全校加强学科建设的合力尚未形成，学科建设的思路和视野也有待不断拓展。高层次人才引进需求与学科建设发展方向结合不够；一些科研团队的研究特色和优势还不突出，研究方向比较分散；一些学院没有把学科建设工作摆在首位，学科建设在提升教学科研水平中的龙头作用还没有完全发挥出来。加强学科建设仍是学校今后必须加强并且极为重要和紧迫的任务。

二 加强学科建设的指导思想和基本思路

6. 加强学科建设的指导思想是以学科建设统领学校发展全局，致力于建设以华文教育为特色，以工程学科为优势，形成文理渗透、理工结合、工管相济、协调发展的学科体系，瞄准国家科技前沿，围绕国家经济社会发展、国家侨务工作和海峡西岸经济区建设重大需求，不断优化学科结构，大力增强学科优势，为我校建设"基础雄厚、特色鲜明、海内外著名的高水平大学"奠定更加坚实的基础。

7. 加强学科建设必须理清发展思路，明确目标任务。要理清学校、学院、学科三个层次的发展重点，优化学科结构，突出学科优势，彰显学科特色，不断提升学校自主创新能力和办学综合实力，争取在重点学科、重点人才、重大平台、重大项目、重大成果和奖项等五个方面取得重大突破，推动学校科学发展、快速发展。通过持续支持、引导和加强学科建设，促进学校人才培养质量显著提高，科技创新能力显著增强，服务社会水平显著提升。

8. 加强学科建设的基本思路是以重点学科建设为主线，以一级学科建设为口径，以人才队伍建设为根本，以提升科研创新能力为重点，以学位点内涵建设为支撑，积极构建在国内外有较大影响力的学科群，充分发挥和凸显优势学科，加大整合和支持新兴学科发展。

分类部署，突出重点：坚持有所为、有所不为的原则，加强学科建设顶层规划设计，在科学分析各个学科发展优势和潜力的基础上，按照国家重点学科、省部级重点学科、新兴交叉学科、基础学科等不同类型，分类建设，明确各个学科建设的重点领域、重点方向与重点任务。

强化特色，增强能力：突出"侨"字特色，坚持"侨校＋名校"发展战略，充分发挥侨校优势，集中有限资源，重点建设一批独具特色、竞争优势明显的学科。着力凝练学科方向，培育突显学科特色，强化突出学科核心竞争力，使学校学科在可比指标上能够凸显更强的实力与优势。

优化结构，协调发展：在现有学科门类基础上，积极调整学科结构和布局。要继续巩固、强化机械制造及其自动化、信息光电技术、材料与生物化工、生物医学及分子药物等学科群的优势地位，大力提高土木与建筑工程学科群的发展水平，促进人文社会科学学科群的振兴与发展，积极培育和发展基础学科及新兴交叉学科，形成主干学科与支撑学科相得益彰、互相支持、协调发展的学科体系。

整合资源，创新机制：要充分发挥学校统一规划管理职能，发挥学院自主建设作用，发挥学校、学院、学科带头人、学术骨干四个层面的积极性，在人才引进、组织管理、资源分配等体制机制上不断改革创新，在校院两级学科建设运行管理上不断完善，保障学科建设顺利推进。

三 加强学科建设的主要任务和目标

9. 分类部署，明确学科建设层次和水平，分别制定发展计划，分步实施。根据学科建设的总体目标，有重点、分层次抓好学科建设，以学校现有的国家重点学科、国家、省部级 2011 协同创新中心、教育部工程研究中心、省部级重点学科等为建设重点，逐步调整形成优先发展学科、重点发展学科、培育发展学科三个层次相互支撑、互相补充、有所侧重、协调发展的学科建设格局。

以哲学、应用经济学、中国语言文学、机械工程、材料科学与工程、土木工程、化学工程与技术、生物医学工程、工商管理等 9 个学科作为优先发展学科建设。

以法学、政治学、马克思主义理论、化学、统计学、光学工程、仪器科学与技术、电子科学与技术、信息与通信工程、计算机科学与技术、建筑学、城乡规划学、软件工程、管理科学与工程等 14 个学科作为重点发展学科建设。

以社会学、体育学、外国语言文学、新闻传播学、中国史、数学、环境科学与工程、药学、公共管理、音乐与舞蹈学、美术学、设计学等 12 个学科作为培育发展学科建设。

10. 突出重点，明确目标，分层次抓好学科建设。

鼓励和支持优先发展学科通过强化优势、突出特色，加强原始创新，优化人才队伍，完善条件保障，努力形成完整的国家级学科建设基础平台，力争若干学科进入国内外知名学科前列；

鼓励和支持重点发展学科继续保持在省内乃至全国的学科竞争力，努力形成完整的省部级学科建设基础平台，力争若干学科在国内具有一定知名度和影响力，在省内处于领先地位；

鼓励和支持培育发展学科尽快形成自身特色和优势，在省内乃至国内具有一定知名度，尽快具备冲击省部级学科建设相关基础平台等的能力。

11. 构建合理完善的学科结构。逐步调整学科研究方向，优化学科专业布局。加强应用，重视基础，突出特色，构建以优势特色学科为龙头、以应用学科为重点、以基础学科为支撑、多学科协调发展的学科建设模式。在学科结构的调整中，要逐步改变一些学科分散、重置的现象，通过校内资源整合，进一步挖掘潜力，逐步实现学科的交叉与融合。

12. 推进学科交叉渗透和学科群建设。积极推进国家、省、校级"协同创新中心"建设。推进不同学科的交叉、渗透、融合及同一学科的内部整合，培育与学科发展前沿及经济社会发展需要相适应的新的学科增长点，实现学科的巩固和提升。积极探索学科群建设模式，重点围绕解决重大理论问题和重大技术及实践问题，调整、整合或新建若干个能较好体现学校特色和优势的学科群，并通过成立入选国家或省部级协同创新中心、研究中心、研究院和实施重大项目研究，搭建学科集成平台，组建跨领域团队，形成学科发展的规模效应和协同效应，切实提升学科的综合水平和持续发展的能力。

四　加强学科建设的保障措施

13. 更新管理观念，为学科建设提供组织领导保障。全校上下要进一步加强对学科建设重要性的认识，将学科建设切实摆在校院工作的核心地位。学校要进一步加强对学科建设的统筹规划和科学管理，强化学校各部门在学科建设管理中的指导协调、服务保障和检查评估作用。充分发挥院系及各学科团队在学科建设不同层面的主体作用，激发其在学科建设上的积极性与主动性。完善相关制度，充分发挥学术委员会在学校学科建设发展中的指导、监督和咨询作用。

14. 创新学科建设模式。重点学科建设实行项目管理制，以任务管理为核心，实现从计划、立项、启动、执行直至结束和验收全过程的项目管理模式，通过将各重点学科总体目标分解为可执行的具体项目，并对各项目进行合理的人员、信息、资源和进度的分配集成，实现将项目任务传达安排给每一个项目成员，并通过监督项目团队工作任务的执行情况来完成项目执行的总体推进与管控。组织实施"华侨大学哲学社会科学繁荣计划""华侨大学科技创新能力提升计划"和"华侨大学本科教学质量提升计划"，通过落实三个计划的相关配套方案，保障和促进学科建设目标的完成。

15. 探索完善学科建设的"学科带头人负责制"和"学科建设负责人负责制"。制定相关办法，遴选学科带头人（学科建设负责人），明确其责权利，并加强对学科带头人（学科建设负责人）和其所在学科团队的工作进行绩效考核和奖励激励。

16. 深化落实"人才强校"战略，为学科建设提供人才保障。坚持人才资源是第一资源的战略理念，采取"引进、培养"并举的方针，切实加强人才队伍建设。以培养学科带头人为重点，以教师队伍整体素质全面提高和创新能力培养为中心，尽快造就一支德才兼备、整体优化、能担重任的学科建设师资队伍。积极采取措施，争取招聘更多高层次人才充实到师资队伍中来。主动寻求、吸引海外优秀人才和国内知名专家来校任教，争取采取兼职、双聘、互派等多种形式，广纳贤才。创新机制，建立"人才特区"，面向海内外公开招聘学科带头人，整体引进在海内外具有一定影响力的学术团队。对学校已有学科带头人和骨干教师，本着"精选、培养、重用、厚待"的原则，加速其成长成为能参与国际、国内一线竞争的学术科研骨干。

17. 多渠道筹措经费保障学科建设。学校每年安排学科建设综合经费不少于 3 亿元，用于人才引进、培养、奖励、科研资助、配套奖励，实验室和平台建设，学科基础条件建设等。争取通过国家、省部级重点实验室或工程中心项目，扩大和增加学科基础设施投入；鼓励和支持重点学科积极争取纵向和横向重大科研项目，通过科技立项、技术转让、人才培养、共建实验室等多种途径，争取政府、企业和其他社会力量的资金投入，试行建立学科发展基金，实现学科建设经费投入与科研经费资助的联动效应。

18. 加强对外合作与交流，为学科建设提供国际化平台保障。积极开展国内外学术交流，努力申报建立国际合作重点实验室，与海内外知名高校和科研机构开展导师互聘、科研合作等，不断提升学科建设的质量和层次；通过举办国际国内高端学术会议，邀请国内外知名专家学者来校访学和科研交流，鼓励和支持我校科研人员参加国内外高端学术会议、考察、讲学、研修等，拓展学科建设视野，提升学术研究水平，扩大学校的影响力与知名度。

19. 强化学术氛围，为学科建设提供软环境保障。学科建设的内涵和深度离不开校园学术氛围的营造。在全校积极倡导实事求是、追求真理的学术风气；发扬学术民主，鼓励学术创新；遵循学术规律，保证学术质量；严格规范学术行为，保障学术自由；促进学术交流、学术积累与学术创新。努力营造学术繁荣、民主宽容、团结和谐的学术氛围，为学科建设提供强有力的文化保障。

20. 推行学科建设绩效考核管理。委托第三方中介机构实施学科评估，加强对学科建设水平动态跟踪。学校将依据各学科建设的项目任务书，加强目标管理，定期跟踪检查，组织中期目标和终期目标绩效评估。完善专项立项申报制度，形成学科建设的竞争激励机制，探索推进不同学科优胜劣汰的公开申报论证、竞争立项、动态管理、滚动建设等机制。

21. 以校院两级管理模式探索创新为契机，鼓励支持学院领导加大对学科建设的规划、引导、服务和监督力度。学院每年要发布学科建设年度分析报告，认真落实学校学科建设规划，把控和促进学院学科建设的整体稳步发展。要探索营造促进学科发展的必要机制和氛围，促使学院领导与学科带头人各尽其职、各负其责，沟通协调好教学科研资源的分配、使用与管理，保证学科团队成员潜心研究。

华侨大学概况

华侨大学是中国著名华侨高等学府，国家重点建设大学。学校创办于1960年，校区分别坐落于福建省泉州市和厦门市。1983年，中共中央颁布文件《关于进一步办好暨南大学和华侨大学的意见》，将华侨大学"列为国家重点扶植大学"。习近平、胡锦涛、贾庆林、李长春等中央领导多次对华侨大学办学作出重要批示。

学校直属国务院侨务办公室领导，由国务院侨务办公室与福建省和厦门市泉州市共建，学校设有董事会，实行校长负责制。国家领导人廖承志、叶飞亲自担任首任、次任校长，教育部副部长、知名文字学家韦悫曾担任华侨大学常务副校长，现任校长为华文教育专家、博士生导师贾益民教授。

学校坚持"面向海外、面向港澳台"的办学方针，秉承"为侨服务，传播中华文化"的办学宗旨，贯彻"会通中外，并育德才"的办学理念和国际化办学战略。创校以来，已为海内外社会培养了15万余名各类人才，校友遍布世界各地。学校海内外学生并存，是东西方文化汇聚碰撞交流的场所，形成"一元主导、多元融合、和而不同"的校园文化。

学校秉承"以服务求支持，以贡献促发展"的理念，积极服务地方经济发展。充分发挥学科、人才、科研资源优势，在石材加工，机械制造，工程建筑，材料化工，医药研发，旅游经贸，人文社科等领域提供支持与咨询服务，形成一批校企深度合作平台和人才培养基地。

今后，华侨大学将坚定不移地走内涵建设之路、特色兴校之路、人才强校之路、国际发展之路，全面提高人才培养质量和整体办学水平，致力于建设成为基础雄厚、特色鲜明、海内外著名的高水平大学。

学校现有本科、硕士、博士研究生等各类学生3万余人。学校以"重视基础、拓宽专业、增强能力、提高素质"为人才培养目标，努力造就专业基础理论扎实、富有创新精神和实践能力、适应境内外经济社会发展需要的高级专门人才。

学校教学基础设施完善，实验室设备先进，共有学校建制实验室40个，其中国家级及省级实验教学示范中心9个，7个省级"大学生校外实践教育基地"。图书馆现有馆藏图书201.3万册，中外现刊近4000种，中外文数据库资源70多种，电子图书150万册。

近年来，华大学生在国内外各类比赛中成绩骄人，在全球建筑毕业设计大赛、全国大学生数学建模竞赛、全国大学生结构设计大赛、全国大学生工业设计大赛、全国大学生电子创新设计竞赛、全国大学生混凝土材料设计大赛、泛长三角模拟联合国大会、第五届"四校辩论邀请赛"、第三届全国漆画展、全国大学生羽毛球超级赛等赛事中，华大代表队连获大奖，学生男子篮球队在中国大学生篮球联赛（CUBA）十五届赛事中获得8次总冠军。

华侨大学秉承"为侨服务，传播中华文化"的办学宗旨，坚持和加强以华文教育为特色、工程学科为优势，推进多学科协同创新，结合国家经济社会发展需要，成立了"海外华文教育与中华文化传播"协同创新中心。学校现拥有1个国家重点学科（数量经济学）、10个国务院侨务办公室重点学科、1个福建省高校优势学科创新平台、1个福建省高校优势学科创新平台培育项目、6个福建省特色重点学科、22个福建省省级重点学科，并孕育扶持了一批具有发展潜力的新兴学科；学校现有3个一级学科博士学位授权点、20个二级学科博士学位授权点、5个博士后流动站、21个一级学科硕士学位授权点、106个二级学科硕士学位授权点、18个硕士专业学位授权点、81个本科专业。

华侨大学已培养和造就了一支品德高尚、学术造诣精深、结构优化、创新能力强、团结奋进的学术创新团队，有专任教师1308名，其中高级职称人员574人，占专任教师总数的43.88%，具有博士学位教师有559人，占专任教师总数的42.74%，遴选并聘任57名博士生导师，522名硕士生导师，历年享受国务院政府特殊津贴专家48人。学校现有双聘院士4名，国家引进海外高层次人才"青年千人计划"1名，"国家杰出青年科学基金"获得者1人，列入国家级"新世纪百千万人才工程"2人，教育部"新世纪优秀人才支持计划"入选者12人，闽江学者22人，福建省"杰出科技人才"1人，福建省"百千万人才工程"人选17人，福建省"高校新世纪优秀人才支持计划"入选者38人，福建省"高校杰出青年科研人才培育计划"入选者19人，福建省高等学校教学名师奖14人；构建了在海内外有突出影响力的人才培养和学科建设创新平台，推进国务院侨办侨务理论研究基地、国务院侨办华文教育基地、"脆性材料加工技术教育部工程研究中心""环境友好功能材料教育部工程研究中心""分子药物教育部工程研究中心"等基地和平台建设。

华侨大学是国家面向海外开展华文教育的重要基地。学校积极开展全方位的华文教育，在美国、泰国、印尼、菲律宾等国家及香港、澳门特别行政区设有办事机构，在国外办有孔子学院和孔子课堂，在海外打造华文教育优势品牌，取得了深远影响。泰国诗琳通公主、众议院议长多次到访华侨大学。学校拥有来自38个国家和地区的华侨华人、港澳台及其他外国学生4000余人，是全国境外学生最多的大学之一。建校以来共培养海内外各类人才近15万人，他们已经成为居住地经济社会发展与中华文化传播的重要力量。

华侨大学积极贯彻对外开放方针，坚持国际化办学道路，全方位开展国际学术交流与科技合作。多年来，学校致力于拓展与世界各地大学、学术机构、研究单位的学术、教育和科技合作与交流，先后与美国、加拿大、德国、英国、澳大利亚、新西兰、日本、泰国等国家和港澳台地区开展形式多样的学术交流和互访活动。目前已与美国德保罗大学、英国格拉斯哥大学等20余个国家和地区的100余所教育机构签署学术交流协议或合作备忘录130余项，扎实推进"1+2+1中美人才培养计划"双学位项目（本科、硕士）、英国名校硕士预备项目（MPP）等两大国际交流核心项目，以及"1+2+1"中美联合培养班项目、日本2所高校交换生项目、中国台湾辅仁大学等12所高校交换生项目、英国名校暑期夏令营项目、台湾中原大学等高校暑期实验营（设计营）项目、教师赴美进修项目、教师赴英进修项目等，为学校师生提供了多元化的对外交流平台，数百名师生相继赴国外名校攻读学位。学校在西班牙、奥地利、意大利、丹麦、瑞典、南非、巴西、阿根廷、澳大利亚及东南亚国家、港澳台地区设立了40个招生处或代表处。面向日本、印尼、马来西亚、泰国、菲律宾、缅甸、中国的澳门等地开设研究生培养项目和华文教育本科生培养项目。深化全方位国际合作办学内涵，推动双向交流交换和联合培养，开设全英文课程。努力开拓对台交流工作，在推动两岸教育交流和侨务对台方面先行先试。自2009年以来，学校与辅仁大学、中原大学、东海大学、暨南国际大学、台中教育大学、台湾艺术大学、台南大学等20余所台湾高校签署学术交流协议或合作备忘录。

华侨大学是国家大学生文化素质教育基地。作为国际化华侨高等学府，学校根据"一校两生"特点，以优秀中华传统文化为主导，全面推行素质教育，构建了"一元主导、多元融合、和而不同"的校园文化，形成了具有浓郁侨校特色、国际化、高品位的校园文化。

多年来，学校坚持以弘扬中华文化为重点，以展示各国、各地区民族文化为特色的校园文化活动模式，取得了丰硕成果。境内外学生交流互动日益活跃，形成了一批在学校、福建省及全国均有一定影响力的品牌活动，多次获得全国、福建省高校校园文化建设最高奖项。

华侨大学年鉴
2015

机构与干部

华侨大学校级领导干部名单

校领导

贾益民　校长

关一凡　党委书记

朱琦环　党委副书记　纪委书记

吴季怀　副校长

徐西鹏　副校长

刘　塨　副校长

张禹东　副校长（2014 年 10 月 9 日免）

刘　斌　副校长

曾　路　副校长（2014 年 9 月 30 日任）

彭　霈　副校长（2014 年 9 月 30 日任）

校长助理

张云波

中共华侨大学第五届委员会委员名单
（25 人）

王士斌　王丽霞　王秀勇　毕明强　朱琦环　刘　斌　关一凡　江开勇　李　辉

李庭志　吴季怀　何纯正　张云波　张向前　张禹东（2014 年 10 月免）

陈卫峰　陈明森　郑黎鸽　胡日东　贾益民　徐西鹏　郭子雄　彭　霈　曾　路

曾志兴

中共华侨大学第五届纪律检查委员会委员名单

毕明强　朱琦环　庄志辉　衣长军　陈荣美　武玉洁　钟伟丽　洪若霞　骆景川

黄青山　黄锦辉

华侨大学第九届届学术委员会名单

主任委员：贾益民

副主任委员：徐西鹏　张禹东

委　员：（以姓氏笔画为序）

王士斌　王四达　龙　元　许斗斗　许少波　许瑞安　孙　锐　孙汝建　孙道进
庄国土　江开勇　杜志卿　杨　楹　吴季怀　张认成　张向前　陈国华　陈旋波
陈锻生　宋振镇　苑宝玲　林志勇　郑向敏　郑锦扬　赵昕东　胡日东　郭子雄
黄心中　董毓利　傅心家　童　昕　蒲继雄

华侨大学第九届学术委员会下设理工科分委员会、文科分委员会和学术道德委员会，组成如下：

理工科分委员会：

主任委员：徐西鹏

副主任委员：江开勇　郭子雄

委　员：（以姓氏笔画为序）

王士斌　龙　元　许瑞安　吴季怀　张认成　陈国华　陈锻生　苑宝玲　林志勇
黄心中　董毓利　傅心家　童　昕　蒲继雄

文科分委员会：

主任委员：张禹东

副主任委员：杨　楹　胡日东

委　员：（以姓氏笔画为序）

王四达　许斗斗　许少波　孙　锐　孙汝建　孙道进　庄国土　杜志卿　张向前
陈旋波　宋振镇　郑向敏　郑锦扬　赵昕东　贾益民

学术道德委员会：

主任委员：吴季怀

委　员：（以姓氏笔画为序）

王士斌　许少波　孙道进　赵昕东　董毓利　蒲继雄

华侨大学第十届学位评定委员会组成名单

主　席：贾益民

副主席：吴季怀　徐西鹏

委　员（25人，按姓氏笔画排列）：

王士斌　王加贤　王丽霞　王建设　龙　元　许少波　刘　斌　刘　塨　池　进
江开勇　孙德明　吴季怀　郭子雄　张禹东　陈金龙　陈维斌　林志勇　郑向敏
杨　楹　胡日东　贾益民　徐西鹏　高轩能　黄心中　童　昕

学校行政机构负责人名单

1. 校长办公室 / 党委办公室

主　任：彭　霈（2014 年 10 月 20 日不再兼任）

　　　　张云波（2014 年 10 月 20 日兼任）

常务副主任：卓高鸿

副主任：陈世卿（2014 年 7 月 10 日免）

　　　　钟炎生

　　　　陈　中（2014 年 7 月 10 日任）

信访办公室主任：郑　莉

北京办事处主任：卓高鸿（兼）

董事会香港办事处主任：林晖平（2014 年 7 月 11 日免）

澳门联络处主任：陈　中（2014 年 7 月 11 日免）

　　　　　　　　林晖平（2014 年 7 月 11 日任）

2. 董事会办公室 / 校友工作办公室

主　　任：项士敏

副主任：王　强

3. 国际交流合作处 / 港澳台侨事务办公室

处长 / 主任：曾　路（2014 年 10 月 20 日不再兼任）

　　　　　　赵新城（2014 年 10 月 20 日任）

副处长 / 副主任：曾珊妮

4. 发展规划处

处　长：张向前

副处长：薛秀军　缑　锦

5. 人事处

处　长：王秀勇

副处长：侯丽京　孙辉轩

6. 财务处

处　长：黄种杰

副处长：苏菁菁　王志红　詹儒章

7. 研究生院

院长：徐西鹏（2014 年 10 月 20 日不再兼任）

　　　王丽霞（2014 年 10 月 20 日任）

副院长：林诗锋　李勇泉　黄富贵

8. 教务处

处　长：曾志兴

副处长：黄永琴　翁文旋　吴　荣

9. 华文教育处 / 汉语国际教育办公室

处长 / 主任：赵明光

10. 学生工作处 / 党委学生工作部

处长 / 部长：陈国柱

副部长：李庭志（兼）

副处长 / 副部长：黄建烽　高炳亮　李振跃　王　晶

11. 招生处

处　长：吴春安

副处长：洪雪辉

12. 科学技术研究处

处　长：江开勇

副处长：高轩能

　　　　林继志

13. 社会科学研究处

处　长：杨　楹（2014 年 12 月 16 日免）

副处长：侯志强　陈巧玲

14. 实验室与设备管理处

处　长：伍　扬

副处长：李斯怡　何哲青

15. 信息化建设与管理处

处　长：王　锋

副处长：陈　勇　陈　江

16. 后勤与资产管理处

处　长：何纯正

党委书记兼副处长：许国玺

调研员：谢焕枢

副处长：魏立新　岑永光　刘志雄

17. 基建处

处　长：何碰成

副处长：林赞生　詹朝曦　项剑平

18. 保卫处 / 党委政治保卫部

处长 / 部长：骆景川

副处长 / 副部长：谢俊荣　王顺添

副调研员：林伯新

19. 审计处

处　长：林丽雪

副处长：陈秋金

20. 离退休工作处

处　长：林朝晖

党委书记兼副处长：黄青山

副处长：龚永寿

学校党群机构负责人名单

1. 党委组织部 / 机关党委

机关党委书记：关一凡（2014年11月12日不再兼任）

　　　　　　　刘　斌（2014年11月12日兼任）

组织部部长：陈明森

机关党委常务副书记 / 组织部副部长：武玉洁

调研员：林士明

2. 党委宣传部 / 新闻中心

部　长：李　辉

副部长兼新闻中心主任：赵小波

副部长：张　彬

3. 党委统战部

部　长：杨存泉

副部长：杨建云

4. 纪检监察办公室

纪委副书记、纪检监察办公室主任：毕明强

纪检监察员：张芬芳　黄建进

5. 教育工会

主　席：朱琦环（兼）

常务副主席：张　旭

副主席：马丽芳

6. 共青团华侨大学委员会

书　记：李庭志

副书记：叶荔辉

学校教学科研单位负责人名单

1. 国际学院

院　　长：曾　路（2014 年 10 月 20 日不再兼任）

　　　　　池　进（2014 年 10 月 20 日任）

副院长：刘向晖

2. 哲学与社会发展学院

院　　长：李景源

常务副院长：周世兴

副院长：罗建平　王福民

党委副书记：张　灯

3. 经济与金融学院

院　　长：胡日东

党委书记：钟伟丽

副院长：林俊国　许培源

4. 法学院

院　　长：许少波

党委书记：曾佳扬

副院长：戴仲川　张国安　白晓东

5. 马克思主义学院 / 通识教育学院

院长 / 党委书记：许斗斗

副院长：王　辉

6. 文学院

院　　长：孙汝建

党委副书记：陈英文

副院长：徐　华　王　琰

7. 华文学院

院　　长：陈旋波

党委书记兼副院长：纪秀生

副院长：李晓洁　胡培安　李善邦

党委副书记：王　坚

8. 外国语学院

院　　长：黄小萍

党委书记：谢友福

副院长：潘锡清　黄文溥

党委副书记：林庆祥

9. 美术学院

院　　长：孙德明

党委书记：吕少蓬

副院长：陈　清

　　　　　杨学太（2014年11月2日兼任）

10. 音乐舞蹈学院

名誉院长：杨洪基

院　　长：梁　宁（2014年4月22日任）

党委书记：陈雪琴

常务副院长：马海生（2014年11月2日任）

副院长：余幸平

11. 数学科学学院

院　　长：张金顺

党委书记：黄锦辉

副院长：陈铭新　黄建新

党委副书记：陈天年

12. 机电及自动化学院

院　　长：张认成

党委书记：洪若霞

副院长：沈剑云　刘　斌

　　　　　黄　辉（2014年6月6日兼任）

13. 材料科学与工程学院

院　　长：林志勇

党委书记：季　娜

副院长：林金清　王森林

14. 信息科学与工程学院

院　　长：蒲继雄

党委书记：陈荣美

副院长：冯　桂　凌朝东

15. 计算机科学与技术学院

院　　长：陈维斌

党委书记：陈卫峰

副院长：陈锻生　潘孝铭

16. 建筑学院

名誉院长：边经卫（2014年1月18日任）

院　　长：龙　元

党委书记兼副院长：彭晋媛

副院长：陈志宏　费迎庆

党委副书记：侯艳茹

17. 土木工程学院

院　　长：郭子雄

党委书记：陈　捷

副院长：周克民　秦　旋

18. 化工学院

院　　长：王士斌

党委书记：杨　进

副院长：许绿丝　翁连进

19. 生物医学学院 / 分子药物研究院

院　　长：许瑞安

党委书记兼副院长：刁　勇

副院长：崔秀灵　林俊生

党委副书记：李永松

20. 工学院

院　　长：郑力新

党委书记：郑黎鸽

副院长：庄铭杰

21. 工商管理学院

院　　长：孙　锐

党委书记：姚培生

副院长：陈金龙　衣长军

22. 旅游学院 / 高尔夫学院

院　　长：黄远水

党委书记：邱志荣

副院长：陈金华　谢朝武

23. 公共管理学院

名誉院长：娄成武（2014 年 9 月 25 日任）

党委书记：庄志辉

副院长（主持工作）：林怀艺

副院长：蔡振翔　连朝毅

党委副书记：李璐岚

24. 体育学院

院　长：程一辉

党委副书记：赖志淮

副院长：王　振　吴桂宁

25. 泛华学院 / 厦航学院

泛华学院名誉院长：林昌华

泛华院长：陈庆俊

泛华副院长：武　毅

　　　　　　　陈世卿（2014 年 7 月 11 日任）

厦航学院院长：陈庆俊

厦航学院副院长：陈世卿（2014 年 7 月 11 日任）

26. 继续教育学院

院　长：庄培章

党委书记兼副院长：王维德

副院长：刘以榕

27. 美国中文学院

院　长：赵新城

28. 华侨华人研究院 / 国际关系研究院

华侨华人研究院名誉院长：丘　进

华侨华人研究院院长：张禹东

华侨华人研究院副院长：庄国土　李　勇

华侨华人研究院行政副院长：陈巧贞

国际关系研究院名誉院长：李肇星（2014 年 5 月 30 日任）

国际关系研究院院长：何亚非（2014 年 5 月 14 日任）

国际关系研究院副院长：张禹东（2014 年 5 月 14 日兼任）

　　　　　　　　　　　　庄国土（2014 年 5 月 14 日兼任）

29. 华文教育研究院
院　　长：贾益民（兼）

副院长：胡培安　胡建刚

30. 数量经济研究院
名誉院长：吴承业

副院长：赵昕东

31. 城市建设与经济发展研究院
院　　长：丁国炎

常务副院长：黄安民

副院长：王唯山　徐祥清

32. 厦门工程技术研究院
院　　长：张云波（兼）

常务副院长：李钟慎

副院长：侯志强（兼）

33. 泉州科学技术与社会发展研究院 / 海上丝绸之路研究院
泉州科学技术与社会发展研究院院长：张云波（兼）

泉州科学技术与社会发展研究院副院长：侯祥朝　侯志强（兼）

海上丝绸之路研究院名誉院长：裴援平（2014 年 9 月 12 日任）

海上丝绸之路研究院院长：贾益民（2014 年 9 月 12 日兼任）

海上丝绸之路研究院副院长：许培源（2014 年 7 月 11 日兼任）

章新新（2014 年 9 月 12 日任）

林泽春（2014 年 9 月 12 日任）

冯潮华（2014 年 9 月 12 日任）

李鸿阶（2014 年 9 月 12 日任）

34. 制造工程研究院
院　　长：徐西鹏（2014 年 6 月 6 日兼任）

副院长：郭　桦（2014 年 6 月 6 日任）

黄　辉（2014 年 6 月 6 日任）

35. 工业设计研究院
院　　长：孙德明（2014 年 11 月 2 日兼任）

副院长：杨学太（2014 年 11 月 2 日任）

沈剑云（2014 年 11 月 2 日兼任）

36. 华侨华人信息中心
主　　任：骆克任

37.华侨大学厦门工学院党委

党委书记：吴季怀（兼）

党委常务副书记：陈克明

学校直属单位负责人名单

1.图书馆

馆　长：顾立志

副馆长：黄自强　蔡　聪

2.档案馆

馆　长：卫　红

3.学报编辑部

《华侨大学学报》（自然科学版、哲学社会科学版）主编：

乌东峰（2014年7月16日任）

副主编：黄仲一　龚桂明

4.建筑设计院

院　长：龙元（兼）

常务副院长：苏世灼

副院长：孙永青

5.资产经营有限公司

总经理：涂　伟

6.校医院

院　长：陈庆煌

7.附属中学

校　长：颜乃新

学校机构设立和调整情况

2014年2月，学校后勤"校园物业管理与维修服务中心"更名为"校园绿化与维修服务中心"。

2014年3月，学校成立华侨大学分析测试中心，暂挂靠实验室与设备管理处。学校成立华侨大学国际关系研究院，作为校属科研机构，与华侨华人研究院合署办公，一套人马，两块牌子。学校成立华侨大学海上丝绸之路研究院，作为校属科研机构。

2014年3月，学校在学生人数2000人以下的学院也设置学生工作办公室，作为学院内设科级机构。学院学生工作办公室与学院团委合署办公，负责本学院的学生工作。

2014年4月，学校成立华侨大学制造工程研究院，作为学校直属科研机构，正处级单位，统筹建设"石材产业加工技术与装备"福建省2011协同创新中心、脆性材料加工技术教育部工程研究中心等相关省部级科研创新平台。

2014年5月，学校成立华侨大学科技查新中心，挂靠图书馆。

2014年6月，学校成立华侨大学工业设计研究院，作为校属科研机构，暂时挂靠美术学院。

2014年7月，厦航学院和泛华学院合署办公，一套人马，两块牌子。

2014年8月，学校成立华侨大学基因组学研究所，作为校属科研机构，暂时挂靠生物医学学院。

2014年9月，学校成立华侨大学中国海外发展研究中心，作为校属科研机构，与华侨华人信息中心合署办公，一套人马，两块牌子。

2014年10月，根据《华侨大学科研机构管理办法》（华大综〔2014〕15号），经各单位申报、相关职能部门审核并组织专家论证、校科研机构管理领导小组审核、校长办公会议研究，华侨大学科研机构（不含独立设置的校属科研机构）设置情况如下：

一　哲学与社会发展学院

	机构类型	机构名称
1	院属	华侨大学马克思主义经典文献研究中心
2	院属	华侨大学宗教文化研究所
3	院属	华侨大学生活哲学研究中心
4	院属	华侨大学海外华人宗教与闽台宗教研究中心

二　经济与金融学院

	机构类型	机构名称
1	校属挂靠	华侨大学经济与发展改革研究院
2	院属	华侨大学台湾经济研究所
3	院属	华侨大学电子商务研究中心
4	院属	华侨大学大宗商品现货交易研究所
5	院属	华侨大学国际经济研究所
6	院属	华侨大学数量经济研究中心

三　法学院

	机构类型	机构名称
1	院属	华侨大学东亚法律文化研究中心
2	院属	华侨大学侨务法研究中心

四 马克思主义学院 / 通识教育学院

	机构类型	机构名称
1	院属	华侨大学当代国外马克思主义研究中心
2	院属	华侨大学马克思主义与当代社会发展研究中心
3	院属	华侨大学通识教育研究中心

五 文学院

	机构类型	机构名称
1	院属	华侨大学口语传播艺术研究中心
2	院属	华侨大学海峡传媒研究中心
3	院属	华侨大学闽南文化研究中心
4	院属	华侨大学海外华文媒体研究中心
5	院属	华侨大学中国传统文化研究中心
6	院属	华侨大学中国语言文字研究中心
7	院属	华侨大学海外华人文学暨台港文学研究中心
8	院属	华侨大学文化创意产业研究中心

六 外国语学院

	机构类型	机构名称
1	院属	华侨大学外国文学研究中心
2	院属	华侨大学翻译研究中心
3	院属	华侨大学外国语言学与应用语言学研究所
4	院属	华侨大学日本研究所

七 美术学院

	机构类型	机构名称
1	校属挂靠	华侨大学工业设计研究院

八 音乐舞蹈学院

	机构类型	机构名称
1	院属	华侨大学中华乐舞海外传承研究中心
2	院属	华侨大学闽台戏曲音乐研究所
3	院属	华侨大学艺术学研究所

九 数学科学学院

	机构类型	机构名称
1	院属	华侨大学应用数学研究中心

十　机电及自动化学院

	机构类型	机构名称
1	院属	华侨大学先进装备智能驱动与控制研究所
2	院属	华侨大学机电系统健康监测技术研究中心
3	院属	华侨大学精密测量技术及仪器研究中心
4	院属	华侨大学数字化设计与快速制造研究中心
5	院属	华侨大学产品创新设计研究所
6	联合设立	华侨大学—绮韵交互设计联合研究中心

十一　材料科学与工程学院

	机构类型	机构名称
1	校属挂靠	华侨大学材料物理化学研究所
2	院属	华侨大学高分子材料研究中心
3	院属	华侨大学应用化学研究所
4	院属	华侨大学聚合物与纳米新材料研究所

十二　信息科学与工程学院

	机构类型	机构名称
1	校属挂靠	华侨大学视觉信息处理研究所
2	院属	华侨大学光学与光子学研究中心
3	院属	华侨大学通信技术研究中心
4	院属	华侨大学专用集成电路系统研究中心

十三　计算机科学与技术学院

	机构类型	机构名称
1	院属	华侨大学网络信息安全研究中心
2	院属	华侨大学嵌入式技术及其系统集成研究中心
3	联合设立	华侨大学—亚尔迪智能电子商务联合研究中心

十四　建筑学院

	机构类型	机构名称
1	校属挂靠	华侨大学城乡建设与环境保护研究院
2	院属	华侨大学澳门城市与建筑研究中心
3	院属	华侨大学生态建筑技术及设计研究中心
4	院属	华侨大学建筑历史研究中心
5	院属	华侨大学雕塑与建筑空间艺术研究中心
6	院属	华侨大学城市更新研究中心
7	院属	华侨大学闽台地域建筑研究中心

十五　土木工程学院

	机构类型	机构名称
1	院属	华侨大学土木与环境工程研究中心
2	院属	华侨大学钢结构研究中心
3	院属	华侨大学工程结构诊断与防灾研究所
4	院属	华侨大学岩土工程研究所
5	院属	华侨大学新型建筑材料研究所
6	院属	华侨大学市政与环境工程研究所
7	院属	华侨大学计算力学研究中心
8	院属	华侨大学新型结构体系研究中心
9	院属	华侨大学土木工程检测中心
10	院属	华侨大学土木建筑安全分析与评估研究所
11	院属	华侨大学建设管理与房地产研究所
12	院属	华侨大学文化古建筑保护研究中心
13	联合设立	华侨大学—中泰联合研究中心
14	联合设立	华侨大学—特房建工联合研究中心

十六　化工学院

	机构类型	机构名称
1	校属挂靠	华侨大学新一代物质转化研究所
2	院属	华侨大学海洋生物资源开发研究中心
3	院属	华侨大学制药工程研究所
4	院属	华侨大学环境工程研究所
5	院属	华侨大学生物材料与组织工程研究所
6	院属	华侨大学环境与资源技术研究所
7	院属	华侨大学油脂及天然产物研究所
8	院属	华侨大学园艺科学与工程研究所
9	院属	华侨大学茶科技与文化研究所
10	院属	华侨大学工业生物技术研究所

十七　生物医学学院／分子药物研究院

	机构类型	机构名称
1	校属挂靠	华侨大学基因组学研究所
2	院属	华侨大学海峡两岸天然药物与食品研究所
3	院属	华侨大学干细胞研究所
4	院属	华侨大学基因治疗研究所
5	院属	华侨大学海洋生物科技研究所

十八　工学院

	机构类型	机构名称
1	院属	华侨大学信息安全技术研究中心
2	院属	华侨大学物联网技术应用研究所
3	联合设立	华大光微研究院

十九　工商管理学院

	机构类型	机构名称
1	校属挂靠	华侨大学华商研究院
2	院属	华侨大学财税政策与管理研究中心
3	院属	华侨大学人力资源管理研究中心
4	院属	华侨大学信息化应用研究中心
5	院属	华侨大学物流系统工程研究中心
6	院属	华侨大学企业发展研究中心
7	院属	华侨大学东方企业管理研究中心
8	院属	华侨大学营销管理研究中心

二十　旅游学院／高尔夫学院

	机构类型	机构名称
1	校属挂靠	华侨大学闽澳研究所
2	校属挂靠	华侨大学海峡旅游发展研究院
3	院属	华侨大学旅游规划与景区发展研究中心
4	院属	华侨大学酒店管理国际研究中心
5	院属	华侨大学旅游与服务管理研究中心
6	院属	华侨大学旅游科学研究所
7	院属	华侨大学景观规划设计中心
8	院属	华侨大学旅游安全与风险研究中心

二十一　公共管理学院

	机构类型	机构名称
1	院属	华侨大学国际政治与公共政策研究中心
2	院属	华侨大学政治科学研究中心
3	院属	华侨大学海西公共治理研究中心
4	院属	华侨大学科学社会主义研究中心

二十二　体育学院

	机构类型	机构名称
1	院属	华侨大学体育与健康科学研究中心
2	院属	华侨大学运动休闲研究中心
3	院属	华侨大学体育产业发展研究中心

二十三　华侨华人研究院 / 国际关系研究院

	机构类型	机构名称
1	校属挂靠	华侨大学侨务公共外交研究所
2	院属	华侨大学华侨华人研究院华侨华人历史研究中心
3	院属	华侨大学华侨华人研究院华侨华人社会文化研究中心
4	院属	华侨大学华侨华人研究院侨乡研究中心
5	院属	华侨大学华侨华人研究院侨情与侨务理论研究中心
6	院属	华侨大学华侨华人研究院国际移民研究中心
7	院属	华侨大学华侨华人文献中心
8	联合设立	华侨大学新侨研究中心

二十四　华文教育研究院

	机构类型	机构名称
1	院属	华侨大学华文教育研究院华文教师发展研究中心
2	院属	华侨大学华文教育研究院华文教育调查研究中心
3	院属	华侨大学华文教育研究院华文教育资源研发中心
4	院属	华侨大学华文教育研究院华文教育理论研究中心

二十五　数量经济研究院

	机构类型	机构名称
1	校属挂靠	华侨大学现代应用统计与大数据研究中心

学院、研究院概况

学　院

国际学院

　　国际学院承担着统筹全校学生对外交流项目的管理职能，是一个兼有教学单位和行政管理职能的特殊部门。自 2013 年 9 月开始，设置国际商务专业（英文教学）和中美联合培养 121 国际班，实行普通高考统一招生，学制四年，学生毕业后获颁管理学学士学位。2014 年学院已招收 2 届学生，共有 164 名。

　　商务专业（英文教学）培养学生具备国际商务知识技能、兼具人文素质和心理素质的高级复合型国际商务人才。中美联合培养 121 国际班是华侨大学与（教育部）中教国际教育交流中心及美方大学共同合作设立、作为"中美人才培养计划"121 双学位项目的子项目，其主要形式是第一学年学生在华侨大学学习时，中教国际教育交流中心和美国州立大学与学院协会负责联系美方合作大学和华侨大学一起作为共同教学单位，部分课程由美方合作大学教师承担。第二学年学生可申请参加"中美人才培养计划"121 双学位项目的任何美方合作大学的招生专业（但必须是华侨大学同时开设的相同或相近专业且符合项目要求）赴美进行第二、三学年的学习，第四学年返回华侨大学并按在美方合作大学所学专业进入华侨大学相同或相近专业学习，学生可在四年内同时获得中美两所大学的本科毕业证书和学士学位。

　　该专业根据国际先进经验及社会发展要求，不断开拓创新，与时俱进，大力推进教育创新与教学改革。优化整合专业课程设置，注重培养学生的人文素质和外语能力，帮助学生全面掌握相关专业知识，拓宽学生从事国际经营与管理的知识面。建立鼓励学生积极进取的竞争机制，因材施教，注重实效。通过系统学习，学生将全面掌握国际商务的基本理论与技能，熟悉国际经贸金融规则和惯例，能熟练运用英语、计算机等工具从事国际商务活动，能胜任企业或非营利组织的国际经营投资业务活动，同时也能从事一般企业管理工作，还能从事政府外事、外经贸部门的管理工作。国际学院的工作主要分为两个部分：一是围绕全英文教学专业建设，做好学生的招收和培养工作；二是维护和拓展学生对外交流合作项目。

　　学院根据既定的教学目的、培养目标以及"中美人才培养计划"121 双学位项目的新变化、新要求，不断优化国际商务专业（英文教学）和中美联合培养 121 国际班的学生培养方案和教学计划，努力提升国际化办学的教学管理水平。

　　根据《华侨大学党政领导干部选拔任用工作规定》，2014 年 10 月 20 日经学校党委常委会研究决定，聘任池进任学院院长，主持学院工作。2014 年 10 月 8 日学院团委正式成立，主要负责国际学院学生的思想政治工作，学风、班风建设，培养学生干部队伍，以及日常管理相关事务性工作，以适应学生教育管理工作。

学院在教学实践的过程中，在总结办学经验的基础上和全英文教学的特点，加强师资队伍的建设。一是在全校内选拔全英文授课兼职教师；二是在境外学生交流项目合作的院校聘请兼职教师。

2014年4月，学院协助人事处、教务处在全校范围内开展了第三批全英文授课教师选拔工作，经过严格的试讲评比、复核等程序，有23位教师获得全英文授课教师资格，学院形成了63人组成的全英文授课师资队伍。

国际学院重视对全英文授课教师的培养工作。2014年，通过"中美人才培养计划"及1+2+1双学位项目配套的专业师资定向培养项目，学院于2014年秋季，推荐全英文授课教师许雪梅、杨敏敏分别赴美国塞勒姆州立大学、北亚利桑那大学、乔治·梅森大学、特洛伊大学进修学习半年或一年。

学院还聘请了外国语学院外籍教师凯文·特雷弗（Kevin Trevor）讲授国际商务专业（英文教学）的部分课程；聘请"中美人才培养计划"1+2+1双学位项目合作高校乔治·梅森大学教师杰梅因·琼斯（Charles J. Jones）担任专业课程教师，为学生开设"演讲与对话""学习及研究方法""英语阅读与写作"等三门核心专业课程；聘请英国名校硕士预备项目（MPP）合作高校英国华威大学毕业生杰夫·格拉哈姆（Geoff Graham）担任专业课程教师；聘请台湾交流生项目合作高校台湾中国文化大学教授甘露泽担任经济学、微观经济学等专业基础课程的授课教师，以提高外聘师资队伍中境外教师的比例，强化师资队伍建设，也给学生带来了国际化的视野，受到学生的欢迎。

在学生对外交流合作项目方面。学院以"中美人才培养计划"1+2+1双学位项目、英国名校硕士预备项目（MPP）等两大核心国际交流项目，及台湾高校交换生项目、日本高校合作项目等依然是学生出国（境）交流学习的主要载体。2014年7~8月，学院共有27名学生通过第四届"中美人才培养计划"1+2+1双学位项目赴美国合作高校交流学习。学生多数来自学院招收的第一届2013级国际商务专业（英文教学）和中美联合培养1+2+1国际班学生。学院学生赴美后在课程对接和学分转换方面较之明显优势，基本实现了国际学院直接招生的预期目标。

根据项目发展的需要，学院还会同中教国际教育交流中心、华侨大学教务处共同制定了《华侨大学〈中美人才培养计划〉1+2+1双学位项目学生延期申请办法》。2014年华侨大学第一届"中美人才培养计划"1+2+1双学位项目有3位学生完成学业，获得双学位。其中王子月赴美国亚利桑那州立大学继续攻读社会学硕士学位；田佳茹赴美国马凯特大学攻读人力资源专业硕士学位；戴苏珊任职于中粮集团。学院第二届"中美人才培养计划"1+2+1双学位项目7名学生顺利返回华侨大学继续学习第四学年的学业。2014年华侨大学共有26名学生通过英国名校硕士预备项目（MPP）获得英国名校预录取通知书。自2011年启动该项目以来，总计有64名学生通过该项目赴英国名校攻读硕士学位，其中 27 名学生还获得不同额度（1.5 万～2.5 万元）的奖学金。

华侨大学与台湾辅仁大学、东海大学、淡江大学等 31 所台湾高校签署校际合作协议书，学院与其中 22 所台湾高校启动了交流生项目。与台湾合作高校的数量及赴台湾高校交流的学生人数继续增加，合作层次也略有提升。2014 年华侨大学共有 286 名学生赴台湾合作高校交流学习。2014 年华侨大学选派 3 名学生赴日本长崎县立大学攻读经济学硕士学位；选派 1 名硕士研究生赴日本岐阜大学交流学习，并与该校续签了校际合作协议书；选派 7 名学生赴日本新潟大学交流学习。

在 2014 年学院选派了 26 名学生分别参加英国巴斯大学、阿斯顿大学、曼彻斯特大学暑期学术讲堂，参加台湾高校暑期营等短期交流项目。华侨大学在选派学生出国（境）交流学习的同时，还积极接收合作高校的学生来校交流学习，实现学生联合培养方面的双向交流。2014 年，华侨大学接收了第三批来自台湾台中教育大学和金门大学共有 3 名台湾高校交换生来校学习；首次接收了 7 名分别来自美国关岛大学、美国乔治·梅森大学、美国西肯塔基大学、荷兰温德斯海姆应用科技大学、德国杜赛尔多夫大学的交换生来校学习，开创了华侨大学接收欧美高校来校交流生的先例。

哲学与社会发展学院

华侨大学哲学与社会发展学院成立于 2009 年 9 月，前身是 1993 年成立的社会科学研究所、2005 年成立的马克思主义哲学研究所、2007 年成立的哲学研究所。哲学与社会发展学院设有哲学系、社会学系、马克思主义经典文献研究中心、生活哲学研究中心、海外华人宗教研究中心、闽台宗教文化研究中心、社会问题调查研究中心、宗教文化研究所等教研机构。截至 2014 年 12 月，全院专业教师 28 人，其中教授 8 人，副教授 13 人，讲师 7 人；具有博士学位教师 23 人，占学院教师的 82%。2014 年学院招收本科生 52 人，其中社会学专业 40 人，哲学专业 12 人；研究生 26 人，其中博士生 6 人，硕士生 20 人。全院在校本科生共 176 名，其中港澳台侨学生 27 人；在校研究生共 98 人，其中博士生 18 人，硕士生 80 人。

学院拥有哲学一级学科博士后流动站、马克思主义哲学博士点、哲学一级学科硕士点，以及社会学、哲学两个本科专业。哲学一级学科被列为国务院侨办重点学科、福建省特色重点学科。学科建设以马克思主义哲学为龙头、中国哲学和伦理学为两翼、宗教学为特色，在研究基地和科研团队建设方面成就卓著，各二级学科的学科建设均有不同程度发展，不同学科之间的交流融合不断增强，学科方向凝练成效显著。

学院坚持走国际化办学之路，各学历层次均面向港澳台招生，不断拓宽海外生源。学院加大"请进来""走出去"力度，扩展与海外名校、社会团体合作办学路径，与德国慕尼黑大学、海德堡大学，美国西北大学和我国台湾多所高校都有合作，建立定期学术交流机制。学院有 10 余位同学前往美国亚利桑那大学和台湾东海大学、辅仁大学、台中教育大学等进行为期一年或半年的交流学习。

学院坚定不移地走"学术立院、科研强院"之路，大力倡导高端学术交流活动，坚持和完善"鹭岛哲谭""哲学社会学沙龙""周末读书沙龙"等品牌学术活动项目。2014 年，学院新增福建省人文社科研究基地"生活哲学研究中心"1 个，新增"福建省新世纪优秀人才"1 名，取得国家社科基金项目 2 项、教育部课题 1 项、福建省重大项目 3 项、福建省一般项目 4 项，发表三类以上学术论文 20 余篇，出版专著 2 部。学院承办了"第三届国际东西方研究论坛暨 2014 年国际东西方研究学会年会""中国价值哲学学会第 16 届年会""全面深化改革与社会学学科建设高层论坛"，与武汉大学哲学院合作举办了"哲学与现实学术研讨会"等国际、国内学术会议。学院邀请德国海德堡大学 A.F. 科赫（Anton F. Koch）教授来学院做为期两周的学术访问，先后邀请美国西北大学杨克勤教授、中国社科院李培林研究员等国内外知名学者来院讲学 10 余人（次）。

学院认真贯彻落实立德树人工程、金质文化工程、阳光资助工程、圆梦就业工程、境外生培养工程、心韵辅导工程等方面工作，以思想育人为引领、以学术育人为特色、学习育人为基础、以文化育人为内涵、以实践育人为补充、以服务育人为定向，努力构建全方位的育人体系，始终坚持"十分关注学生成长、时刻把握学生状况、重点解决学生难题"的指导思想，形成了以学术研究为核心、以提升学生学术科研能力和综合素质为目标的学生工作模式。学院在学生工作方面取得了较为扎实的成效。在学生活动方面，学院团委学生会策划组织的阅读月系列活动获校"学术社区奖"；学院青年志愿者协会在厦门校区候车亭设立"鸟巢图书馆"，在全校各网络媒体中掀起热议，闽南网、海峡都市报等争相报道。在创新创业工作方面，学院学生获得福建省第三届大学生"科创之星提名奖"，并获得扶持奖金 2 万元；3 件作品分别获得校级"挑战杯"一、二、三等奖，1 件作品获康桥学生科技创新基金重点项目立项，1 件作品获国家级大学生创新创业训练项目立项。

2014 年，学院党委紧密围绕贯彻十八大精神、深入开展党的群众路线教育实践活动。认真学习贯彻党的十八届三中、四中全会精神及习近平总书记系列重要讲话精神，坚持加大党建工作力度，提高了党建工作精细化水平，充分发挥党组织的政治、组织优势，凝心聚力，不断增强党委的凝聚力和战斗力，促进学院发展。2014 年共发展党员 19 人，预备党员转正 9 人，新确立入党积极分子 17 人。

经济与金融学院

经济与金融学院，设有国际经济与贸易系、金融学系、经济学系、电子商务系等 4 个系，设有国际经济与贸易、金融学、经济学、电子商务和物流管理 5 个本科专业。

截至 2014 年底，学院有学生 2193 人，其中境内生 1892 人（境内本科生 1757 人，境内研究生 135 人），境外生 301 人。学院党委有党支部 18 个，其中教工党支部 4 个，学生党支部 14 个；党员 324 人，其中教工党员 56 人，学生党员 268 人；民主党派人士 5 人，无党派人士 16 人。

经济与金融学院积极引进人才，认真制定年师资培养和补充计划，重视培养优秀中青年教师，已取得较大成效。学院截至 2014 年底有教职工 82 人，专职教师 65 人。教师中有教授 13 人，副教授 13 人，其中具有博士学位者 44 人，博士生导师 4 人。2014 年学院引进博士 2 人。引进著名经济学家郭克莎教授，新增福建省"高校新世纪优秀人才支持计划"人选 1 人，福建省"高校杰出青年科研人才培育计划"人选 1 人，新增泉州市桐江学者特聘教授 1 人，新增华侨大学人文社科"百人计划"第三层次人选 1 人。

学院本科专业有国际经济与贸易、金融学、电子商务、经济学、投资学。学术型硕士点有数量经济学、金融学、区域经济学、国际贸易学、产业经济学、信息经济学。学院已有授予专业学位硕士点金融专业硕士；博士点有数量经济学；博士后流动站有应用经济学。

2014 年申报投资学本科专业；2014 年 6 月成立东南大宗商品现货交易研究所；11 月成立华侨大学经济发展与改革研究院。组建应用经济学的科研团队——数量经济学、金融学、国际贸易学、产业经济学、区域经济学，并确定了各研究方向学术带头人，他们分别为李拉亚、胡日东、许培源、肖曙光、赵昕东等，初步确立了研究团队成员及研究目标和任务。

在全院教职员工的共同努力下，2014 年学院教学工作取得了明显的进步。学院的国际化工作取得了重要的进展，成功招收了第一届国际经济与贸易全英文班，并筹办金融学全英文班；成功开办了投资学专业。研讨学院的各项教学管理和教学改革问题，如专业基础课的教学改革、境外生教学改革、毕业论文查重，等等，为学院进行全面教学改革做好准备。

严抓课堂教学秩序和期末考试秩序，学院的学风教风出现明显的好转。筹备学院第一届 PPT 大赛，做好学校第四届青年教师"精彩一堂课"大赛及第二届教师 PPT 大赛的推进选拔工作。教学实践工作取得了新的进展，新增了一批教学实习基地。

学院以现有的国际经贸系、金融学系、经济学系和电子商务系为单元，深入调研各单元中每个教师的研究方向和主题，围绕学院申报应用经济学一级学科博士点的四个方向（数经、金融、国贸、产经），组建科研团队，通过专题研讨、课题申报等形式凝练研究方向，形成研究特色。

学院召开国家社科基金申报宣讲会，邀请国家社科基金评审专家，对社科基金选题、申请书撰写、活页论证等方面进行深入剖析；邀请国家自然基金项目评审专家，对自然基金选题、申请书撰写等方面进行深入讲解，通过互评、预审、修正等程序，提高申报质量。

学院重视理论研究。举办青年经济学者论坛10次，使论坛逐渐成为青年学者学术研讨、争鸣和提升的重要平台；组织金融系青年教师开展金融研究方法系列讲座，通过学习前沿方法来提升学术研究水平。同时邀请钱国骐（澳大利亚墨尔本大学）、余士迪（台湾清华大学）等知名学者来校讲学，拓展学院教师和研究生的研究视野、跟踪学术动态、把握研究焦点和热点。

学院党委以"三严三实"专题教育为契机，紧密结合院党建工作和思想政治教育工作实际，以党建带团建，以团建促党建，统筹推进学习型、服务型、创新型"三型"党组织建设和新形势下大学生思想政治教育工作，着力发挥好党委的政治核心作用、支部的战斗堡垒作用、党员的先锋模范作用，为凝聚人心促和谐、服务师生谋发展提供坚强有力的政治保证和温馨和谐的发展氛围。

2014年6月学院党委被评为福建省高校先进基层党组织；2014年7月金融学系教工党支部获得校级立项活动优秀成果；学院在华侨大学第三十七届运动会获得男女团体总分第四名，学生体育道德风尚奖等优异成绩。

法学院

学院现拥有法学一级学科硕士学位授权点，下设诉讼法学、经济法学、民商法学、国际经济法学、刑法学和理论法学6个法学二级学科硕士学位授权点，1个法律硕士专业学位授权点。学院法学学科于2012年11月被确定为福建省省级重点学科。

学院设有理论法学、经济法学、刑法学、民商法学、国际法学和诉讼法学6个教研室，经过整合，法学院现有东亚法律文化研究中心和侨务法研究中心2个研究机构，并独立创办、组织、编辑、出版和公开发行法学专业类连续出版物《华侨大学法学论丛》。学院现已初步形成以诉讼法学、经济法学、民商法学、国际法学、刑法学和法学理论研究为重点，以侨务法、体育法、知识产权法研究为特色的学术研究团队。

学院现有在职教工56人，其中教学科研人员46人，是一支年青的队伍。教学科研人员中，获得博士学位者31人，在读博士5人，获得硕士学位者10人；硕士生导师19人；正高职称2人，副教授28人，中级职称15人，具有海外学术背景的教师13人，约占师资总数的28%；"双师型"（律师、仲裁员）教师37人，"双语型"教师10人，分别占师资总数的80%和20%；专职党政管理人员10人，其中副研究员（教育管理）2人，中级职称5人（讲师3人，助理研究员1人，实验师1人）。

2014年，学院招收本科生166人，学术型硕士研究生26人，全日制法律硕士研究生27人，在职法律硕士研究生111人。学院现有在校学生总数991人，其中校本部本科生 805 人、研究生 186（含全日制法硕）人。不含在职法律硕士研究生 319 人，不含澳门专科、本科生、在职法律硕士研究生共计 61 人。

2014 年，学院教师承担省部级以上的科研课题 9 项，陈斌彬副教授的"后危机时代我国'影子银行'监管的法律制度构建研究"课题获国家社会基金一般项目资助；叶小兰副教授的"关系契约视野下的劳动关系研究"课题获国家社科基金后期资助项目资助；林伟明副教授的"侨民侨资在中国企业境外投资中的独特作用及其法律规范研究"课题获国务院侨办基地资助；彭春莲副教授的"可持续发展视角下福建省'海上丝绸之路'文化遗产保护的法治进路"课题，陈斯彬副教授的"新形势下发挥委员主体作用的研究"课题，白晓东副教授的"生态犯罪治理的'补偿修复'实践之制度规范与理论创新研究"课题，蔡文灿讲师的"从单向管制走向合作治理：福建生态省建设战略背景下的环境治理变革研究"课题，陈慰星副教授的"风险社会下邪教活动的法律规制研究"课题等获福建省社会规划项目立项；刘超副教授的"页岩气开发利用中的环境风险法律规制制度研究"课题获福建省中青年教师教育科研项目（杰青项目）立项资助。至此，学院共有国家级课题 7 项，省部级项目 50 项，厅地级 21 余项，其中，省级重点项目一项。2014 年，学院教师在《法律科学》《法学评论》《现代法学》等刊物发表高水平学术论文 37 篇，出版学术专著 2 部，多项科研成果获得奖励。法学院近 5 年来共出版专著 25 部。陈斌彬副教授的学术论文《WTO"蓝箱"规则改革的新进展及我国的对策》获安子介国际贸易研究奖，这是学校首次获该项奖。

2014 年，法学院在教育教学改革方面迈出重大步伐，在人才培养上效果明显，教育教学质量显著提高。由刘超副教授指导、2012 级本科学生赵梦蝶同学带领的团队（团队成员：郑怡、赵越、陈慧、杨佳容）获得省级大学生创新训练项目立项，课题名称是"集体林权抵押现状及法律问题研究——以福建龙岩、三明、屏南为考察地区"，资助经费 1 万元。这是学院首次获得省级大学生创新创业训练计划项目立项，显示出学院本科学生在学术科技创新方面的实力有了进一步提升。

学院在法学教育教学中始终坚持"理论与实践相结合，基础学科与应用学科相结合"的教育理念，将法学实践教育作为培养"复合型、高素质法律职业人才"的重要环节，在实践教学基地建设上取得突破。2014 年，福建省高级人民法院与华侨大学签订共同建设"法学教育实践基地"协议。按照协议内容，作为华侨大学法学教育实践基地，福建省高院通过为法学教学研究提供案例支持、参与法学教育研究、接收学生开展社会实践和毕业实习、安排学生观摩庭审、指派业务骨干参与指导开展模拟法庭等多种形式支持华侨大学开展法学实践教学。除此之外，福建省高院还把华侨大学作为福建省法院审判人才教育培养基地，华侨大学则为福建省高院培养高层次的法官人才在师资和场地等方面提供支持；双方将互派人员讲学授课，并共同开展专题调研。

5 月 9 日，福建省法学会诉讼法学研究会年会暨"深化司法改革与完善诉讼制度"

研讨会在华侨大校陈嘉庚纪念堂二层会议室举行。

法学院校友林广场、陈展垣分别连任华侨大校第七届董事会副董事长、董事。2010 级校友吴燕妃获福建省"创业之星提名奖"。

2014 年，法学院学生工作坚持立德树人、全面育人的理念，注重思想引领，加强理想信念教育，开展形势与政策、主题团日、全国两会精神学习等教育活动 70 余次。依托专业优势，创建机制平台，重视学生学术科技创新与实践，力促优良学风形成。学院辩论队喜获第八届"厦门仲裁杯"大学生辩论赛冠军。法学院团委书记陈颖获评为福建省优秀共青团干部称号，2011 级法学 2 班朱俊琪同学获评福建省优秀共青团员称号，2012 级法学 4 班王丹凝同学获评福建省大中专学生志愿者暑期"三下乡"社会实践活动先进个人称号。

马克思主义学院 / 通识教育学院

马克思主义学院 / 通识教育学院为华侨大学思政理论课和通识课的教学管理部门。其中马克思主义学院是马克思主义理论研究机构和马克思主义理论学科点的依托单位，负责全校思想政治理论教学、科研、社会服务和相关管理工作，同时负责马克思主义理论学科建设、人才培养和教学科研梯队建设等工作。通识教育学院是通识教育研究管理机构，负责全校通识教育课程体系的开发和建设及通识教育课程的教学管理。

学院下设 6 个教学研究机构：马克思主义基本原理概论教研部、马克思主义中国化教研部、中国近现代史教研部、思想道德修养与法律基础教研部、通识教育教学教研部、研究生教学与学科发展教研部。设有 2 个校级研究机构：华侨大学马克思主义与当代中国发展研究中心、华侨大学当代国外马克思主义研究中心。1 个省级基地：马克思主义理论（马克思主义理论与侨乡社会建设）研究生教育创新基地。

学院师资力量雄厚，教师结构合理。学院现有教职员工 34 人，其中专任教师 31 人，教授 5 人，副教授 14 人，讲师 12 人；教师中具有博士学位的 19 人，硕士学位的 7 人；教师中博士生导师 2 人，硕士生导师 9 人。2014 年 5 月 5 日，马克思主义学院林怀艺教授荣获由教育部社会科学司指导、教育部高校思想政治理论课教学指导委员会和《思想理论教育导刊》主办评选的"高校思想政治理论课教师 2013 年度影响力人物"殊荣。

学院确定了教学质量建设、通识课程建设、教辅资源建设的具体目标，加强教学过程管理，启动了各门课程教学方法和考试方式的改革。2014 年，马克思主义学院教师教学任务重，全体教师克服困难，圆满地完成了两个校区从本科到博士研究生的思政课教学任务和本院两个年级研究生的教学任务。

学院大力推进科研工作，2014 年度学院教师出版学术专著 4 部；获得国家社科基金项目重点课题 1 项，获得国家社科基金项目一般课题 1 项，获得省部级一般项目 3 项，获得市厅级项目 3 项；在各类优秀期刊上发表学术论文 16 篇。2014 年 6 月 19 日全国哲学社会科学规划办公室公布了 2014 年度国家社科基金重点项目评审结果，学院马克思主义基本原理概论教研部副主任刘卫卫老师申报的"全球非执政共产党的现状及发展趋势研究"重点项目获准立项。

为了提高学院的师资教学、科研水平，扩大学术视野，学院采取"请进来"和"走出去"的策略，针对马克思主义理论教学研究及通识教育分别组织了多次外出调研交流，出访的学校包括：香港科技大学、清华大学、北京大学、浙江大学、广州中山大学等。另外邀请了众多专家学者到学院开展专题讲座，包括：中国政法大学人文学院院长李德顺教授、《学术研究》杂志社研究员何蔚荣博士、江夏学院研究生导师徐刚教授等。同时，学院也有 10 多人次带着学术论文参加了国内外各种类型学术会议，取得了优异的成绩。此外，省委宣传部及教工委专题调研小组、浙江大学、福建农林大学、西华师范大学等单位和院校教师来院调研交流。

文学院

文学院是华侨大学 1960 年建校时最早成立的院系之一，中国语言文学学科为福建省重点学科、福建省重点特色学科。文学院下设中国语言文学系、新闻与传播学系（含新闻影像实验中心）、大学语文教学部 3 个系级教学科研单位，其中新闻影像实验中心为福建省省级示范实验中心。

文学院现有中国语言文学一级学科硕士点，设有语言文字理论与应用、现代文学及文艺学、古代文学及古典文献学、国际文化传播、海外华文文学理论与批评 5 个方向，有海内外研究生 99 人。目前有汉语言文学、广播电视学、广告学、新闻学四个本科专业。有本科生 1200 多人，其中海外学生近 300 人，海外生比例在全国本科院校中名列前茅。文学院有华侨大学口语传播艺术研究中心、华侨大学海峡传媒研究中心、华侨大学闽南文化研究中心、华侨大学海外华文媒体研究中心、华侨大学中国传统文化研究中心、华侨大学中国语言文字研究中心、华侨大学海外华人文学暨台港文学研究中心、华侨大学文化创意产业研究中心 8 个研究机构。

文学院拥有一支学术水平较高、年龄结构和职称结构较合理的师资队伍。现有教职工 72 人，其中专任教师 59 人，实验室教师 5 人，行政人员 8 人；全院具有硕士（含）以上学历的专任教师 50 人，为总人数的 90%。学院拥有福建省教学名师、"五一劳动奖章"获得者、福建省优秀教师、福建省师德之星、侨务系统优秀教师等。

近五年来，文学院教师共承担各类课题 70 余项，其中国家级课题 10 项，省部级课题 20 多项，在《中国社会科学》《中国语文》《文学评论》《文艺研究》《世界宗教研究》《文学遗产》《新华文摘》等重要学术刊物发表或文摘的学术论文有 900 多篇，出版学术著作 50 多部，主编教材 10 余部，7 项科研成果获省部级哲学社会科学优秀成果奖，在海内外具有一定影响。

文学院是国家大学生素质教育基地之一，针对"一院两生"的学生组成，思想教育工作"一元为主，多元兼容"，特色鲜明，卓有成效，先后荣获"全国五四红旗团委"、福建省"校学生工作先进院系""五四红旗团总支""高校先进基层党组织"等称号。学生先后获得第九届全国新概念作文大赛一等奖、第二届中国影视"学院奖"一等奖、中国广播电视学会城市电视新闻节目一等奖、中国新闻奖电视消息类三等奖等。

文学院在学校指导下，研制了文学院领导班子四年任期目标责任书，实行任务分解，学院讨论确定了管理工作细则，并与每位教职工签订四年目标责任书。学院组织党委委员认真拟定学院党委目标责任书，按责任书要求阶段性的完成其中内容；进一步完善学院党政联席会和党委会议相关制度。2014 学年，学院集中讨论并通过了学科建设统筹分配方案。文学院目前共计有学科建设经费 100 万元，预计以三个学年为期，投入学院各学科建设中去，促进学科发展。学院努力加强学科建设，打造科研平台，优化科研机构设置；调整教学科研机构，增强学院可持续发展能力；加大人才引进力度，着力引进学科建设急需的高素质人才；加大对年轻教师的培养力度，为年轻教师在职读博、进修、申报课题创造条件；增加教学实验投入，提高学生创新创业能力；坚持服务育人，推进大学生素质教育；凝聚力量，加强海外华文媒体研究力度。同时进一步推动教师参与服务社会、服务学生、服务第二课堂活动，提高教师服务意识。加强学生社会主义意识形态的教育引导工作和基层党组织建设，重视党员的发展与培养，优化设置基层党组织。

2014 年度，文学院共进行 4 次师资引进的面试，达成签约意向并报学校审核通过的有 2 位教授、1 位副教授、2 位青年博士。进一步提升了师资水平，降低了生师比，保证了教学活动的开展和教学质量的提升。此外，学院聘任新华社高级编辑汤华为华大兼职教授，进一步促进了文学院新闻传播学科的发展。

学院重新梳理、整顿了科研机构，强化以研究所、研究中心为主体的科研基层组织建设，更改和明确了科研机构负责人和科研任务，初步形成先唐文学文献团队、语言学团队、台港澳暨海外华人文学团队、新闻学团队等几个研究方向明确的科研团体，凸显研究特色。在科研项目方面，2014 年度学院获得国家社科基金项目 2 项、省部级项目 7 项、在二类以上学术期刊发表论文 22 篇。

在以往中国古代文学和现代汉语等课程先后被评为"福建省精品课程"的基础上，2014 年学院新增国家"十二五"规划教材 1 部，马华祥教授获评国家级精品视频课程，郭艳梅副教授荣获省级教学成果二等奖。推动大学语文教学部教学和考试方式的改革，初见成效。

2014 年度，学院先后邀请了北京大学中文系谢冕教授、教育部语言文字应用研究所苏金智研究员、中国现代文学研究会理事陈方竞教授、南京大学原新闻传播学院院长方延明教授、福建省社科院院长张帆教授、凤凰卫视中文台副总编黄海波先生、凤凰卫视评论员李炜先生、凤凰卫视中文台副台长程鹤麟先生、香港亚太第一卫视台长陈笈女士、泉州市社科联主席吴少锋先生、南京大学中文系王希杰教授、澳门科技大学孙建荣教授、中国戏曲学院赵景勃教授、中山大学康保成教授、福建师范大学席扬教授、《东南学术》杂志社社长杨建民研究员、香港作联执行会长陶然先生与马来西亚著名作家朵拉女士、校董蔡素玉等许多海内外知名学者、专家来院讲学与座谈，进一步提升了学院的科研氛围，拓宽了师生的学术思维和视野。

2014 年 12 月 22 日~31 日，由文学院下设的华侨大学文化创意产业研究中心和华侨大学文明办联合主办的首届泉州文化遗产摄影作品暨"承志文艺奖"摄影作品展在金川学生活动中心文化长廊举行，此次活动共征集到来自澳门、上海、苏州、广东、福州、厦门等地 200 余位作者的 668 幅摄影作品。

2014 年度，根据学院学生工作"立德树人"的总体目标，分别贯穿以时效和德情为特点的思想引领和情感实践两条主线，把思想教育与人文关怀、精神需求结合起来，以实践育人和情感育人推动文院学生的整体思想引领。学院广泛开展"我的中国梦"主题实践，先后举办了"中国梦·青年说"走进青年论坛、"追梦赤子心"支部好声音活动、"华园情·大学梦"2014 级新生座谈会，并依托学生品牌活动"觞鼎"中华文化节开展"文化""仁爱""孝道""善行""和合""修身"方面的情感实践。获得 2014 年华侨大学"五四红旗团委"称号及 2014 年新生军训校"先进连"称号。

2014 年度，学院在印尼招生文学本科专业自学考试班和中国语言文学一级学科硕士研究生班；在泰国开班硕士研究生班，修订印尼、泰国研究生班培养方案，探索联合培养在职研究生的模式。

2014 年 5 月 17 日，由学院和华文学院、华文教育研究院联合举办的首届学术沙龙在华文学院召开。文学院领导孙汝建、陈英文、徐华以及 10 余名教师参加会议。参加本届沙龙的有来自各学院的领导、老师以及华文学院研究生共 50 余人。"三院学术沙龙"旨在增进学院之间学术上的协同创新，营造良好的学术研究氛围。

2014 年度文学院教工支部项目"实践教学中的基层党建工作"获立项。新成立的新一届工会领导班子，在加强自身建设等方面做了许多扎实有效的工作，如参加学院组织的趣味体育比赛、排球赛、全院师生乒乓球团体赛，组织全院教师联欢晚会，到兄弟院校学习交流等。

文学院青年讲师蒋晓光博士作为第一作者在国家重要学术期刊《中国社会科学》2014 年第 5 期发表学术论文《宾祭之礼与赋体文本的构建及演变》，实现了华侨大学建校以来本校教师在《中国社会科学》发表论文零的突破。

2014 年 11 月 15 日，由文学院下设的华侨大学文化创意产业研究中心策划、泉州市永春县人民政府主办的"奥运冠军永春佛手茶文化推介大会"在永春县人民会堂如期举行。中国首位击剑奥运冠军仲满、首位射箭奥运冠军张娟娟、首位帆船板奥运冠军殷剑等十位奥运冠军应邀出席推介大会，共同助推永春佛手茶文化走向世界，飘香万里。大会引来了福建日报、福建电视台、新华网、中新网、新浪网、腾讯网等二十余家媒体的广泛关注。

学院学生在 2014 学年各级各类文体活动中取得了较为显著的成绩：由学生代表队获得了 2014 两岸大学生汉字听写大赛三等奖；国家级大学生创新创业项目"开拓大学生影视工作室为华大海外项目服务"入选了第七届全国大学生创新创业年会；两部摄影作品获第三届"中华美·海峡情"两岸大学生摄影大赛奖；纪录片《川藏千里行》先后获得 2014 年第三届国际大学生微电影盛典纪录片二等奖、首届深圳青年影像节优秀奖；纪录片《南音雅艺》获第三届国际大学生新媒体文化节特等奖和最佳人文奖；纪录片《再见曼谷》先后获得 2014 年第三届国际大学生微电影盛典三等奖、第五届中国影视"学院奖"一等奖；微电影 Shoes Will Tell 获"向上·向善"福建省首届大学生微电影比赛"最佳创意奖"；作品《给孩子一片天》在由教育部新闻办和教育部思政司发起并指导、教育部中国大学生在线主办的以"传递正能量、践行中国梦"为主题的 2014 年全国大学生公益广告大赛中获得优秀奖。

此外，学院举行了大学生科创项目申报动员大会，积极推动本科生科创项目的申报，2014 年度省级校级立项达到 9 项，国家级 5 项，全面提高了学生的科技创新活动水平，在学生中形成了良好的科创氛围。文学院穿越话剧社代表华侨大学参加首届福建省大学生戏剧节，改编并演出了赖声川导演同名话剧《十三角关系》；合唱队在华侨大学"我与中国梦"纪念五四运动 95 周年暨澳门回归 15 周年合唱比赛中获得了第二名；女子篮球队获得校运会亚军；辩论队获得了华侨大学第 27 届校园辩论赛暨精英辩手选拔赛第三名。

华文学院

2014 年，华文学院设学院办公室、教学科研办公室、学生工作办公室、后勤办公室、招生办公室、财务办公室等 6 个党政管理机构和汉语国际教育系、华文教育系、汉语言系、预科部、培训部等 5 个教学机构。有"华语与华文教育"硕士点和"汉语国际教育"（原对外汉语专业）、"华文教育"和"汉语言"3 个本科专业，同时开设非学历汉语言、汉语言专科、大学预备教育、短期华文师资培训、海外学生冬（夏）令营，形成了多层次多形式的办学体系。学院教职工 120 人，其中专任教师 66 人，正高职称 6 人、副高职称 24 人，拥有博士 16 人、硕士 24 人。学院学生 1500 多人，分别来自印度尼西亚、泰国、菲律宾、老挝等 40 多个国家和地区。

2014 年，华文学院学科建设实现新的突破，成功申报汉语国际教育硕士专业学位授权点。2014 年 10 月接受全国研究生统一入学考试报名，拟于 2015 年开始招收培养汉语国际教育专业硕士研究生。这是学院研究生教育继"华语与华文教育"学术学位硕士点之后第一个硕士专业学位授权点，是学院学科建设和研究生教育发展中的重大突破。

2014 年 9 月 13 日，来自泰国国防部、皇家警察总署、商务部、农业与合作社部、财政部、海关总署、司法部、卫生部、内政部，印尼工业部、商务部、警察部、旅游部、财政部和菲律宾警察总署等部门的 100 名学员入读华侨大学，成为华侨大学外国政府官员中文学习班的新一届成员。

国务院侨办主任裘援平、泰王国泰中文化经济协会会长颇欣、泰王国驻厦门总领事馆总领事帕晨、华侨大学校长贾益民等出席开学典礼并致辞。泰王国泰中文化经济协会副会长兼教育委员会主任威七、中国国务院侨办文化司司长雷振刚、福建省侨务办公室主任杨辉、华侨大学党委书记关一凡、泰王国驻厦门总领事馆副总领事孟坤、华侨大学副校长吴季怀、泰王国泰中文化经济协会教育委员会成员单迪、泰王国驻厦门总领事馆领事谢婉玲、泰王国泰中文化经济协会副会长王志民等出席开学典礼。

这是国务院侨办和中国海外交流协会 2005 年启动的华侨大学外国政府高级汉语人才培训项目的第十届。近十年来，该项目历经"泰国国防部军官中文学习班"、"泰国政府官员中文学习班"和"外国政府官员中文学习班"的演变和拓展，已为泰国、菲律宾和印尼政府培养了 400 多名高级汉语人才，为促进东南亚与中国的友好交流合作发挥了积极的作用，逐渐打造成为华侨大学在海内外具有重要影响的华文教育知名品牌和侨务公共外交品牌。

2014 年，华侨大学安哥拉政府青年科技人才班正式启动，该项目是华侨大学和安哥拉总统基金会落实中国国务院总理李克强和安哥拉总统多斯桑托斯会谈结果的重要举措，由华侨大学和安哥拉总统基金会共同举办。首批学员 20 人，是由安哥拉总统基金会选拔的来自安哥拉不同地区，高中阶段在数学、工科等方面较为优秀的青年学子。

依据商定，2014 年至 2019 年，华侨大学接受安哥拉国籍优秀高中毕业生来校就读，学制为"2+4"模式，为安哥拉的战后重建培养大批急需的懂科学、懂技术的青年人才。华文学院主要负责承担教学培养任务。

海外研究生办学方面，2014 年 10 月，华文学院 2014 级昆明海外研究生班顺利开办，本届招收学员 44 名，分别来自泰国、缅甸、越南，其中 35 名学生获得中国华文教育基金会完美奖学金，奖励总金额达 21.5 万元。这是华侨大学与昆明华文学校合作举办华侨大学昆明教学部以来，该教学部招收的第二批硕士研究生。

本科办学方面，2014 年，华侨大学与菲律宾侨中学院合作，采取"1+2+1"办学形式，开办"菲律宾本土华文师资本科学历班"，华文学院承担教学培养任务，现有学员33人。

2014年，学院先后由纪秀生书记率团赴越南、缅甸；王坚副书记率团赴印尼；招生办郑雪芳主任赴蒙古国；学院王坚副书记率招生办、院办负责人赴泰国等国家分别开展交流宣传、参加教育展等，境外招生有了明显增长，达1045人，为历年来最多。生源国新增奥地利、乌兹别克斯坦、玻利维亚、摩洛哥、苏里南、冰岛、卢旺达等七个国家，在校生生源国达到四十多个国家和地区。

学院承办2014年华侨大学菲律宾华裔青少年学中文夏令营141名学员培训任务，"中文学习乐园—完美华侨大学营"泰国的100多名学员，美国怀俄明大学团组，澳门大专学生"拥'普'福建语言文化课程"活动，海外华裔青少年"中国寻根之旅"冬令营福建营，2014年华文学院海外华裔青少年"中国寻根之旅"夏令营——肯尼亚营、柬埔寨华裔青少年"闽南文化寻根之旅"夏令营，2014年海外华裔青少年"中国寻根之旅"冬令营（厦门营），菲律宾宿务亚典耀圣心学校冬令营，菲律宾光启学校学生冬令营等。同时，还承办了由福建省侨办主办的海外华文教育暨夏令营网络平台应用培训班。国务院侨务办公室文化司副司长周虹，福建省侨办党组成员、纪检组长闵慧君，暨南大学网络与教育技术中心软件研发部部长陈少涌，以及来自福建28个县市30余位侨务干部参加了本次培训。

2014年7月19日，第九届中文教学现代化国际研讨会在华侨大学厦门校区王源兴国际会议中心召开。来自中国、英国、新加坡、加拿大等国家和地区的近百位专家学者会聚一堂，共同探讨大数据时代中文教学的理论与实践等问题。此次研讨会由中文教学现代化学会主办，华侨大学华文学院、华文教育研究院、海外华文教育与中华文化传播协同创新中心共同承办。

2014年，华文学院承办厦门市首届国际大学生汉语大赛，活动系厦门市第十届社会科学普及活动周系列活动之一，由厦门市语言学会和华侨大学华文学院主办，厦门大学海外教育学院、集美大学和闽南师范大学联合协办。华文院印尼留学生黎玟君摘得桂冠，印尼留学生张兵、陆美佳、陈政源还分获二、三等奖。此外，还联合厦门市语言学会成功举办了厦门市语言学年会。

2014年，学院积极扩大对外交流合作。泰国国防部外事办公室主任Noppong Painupong莅临学院，看望在学院学习的外国政府官员中文学习班泰国国防部学员；泰国宋卡市市长颂萨·丹迪协拉尼先生率宋卡市政府代表团一行就奖学金申请、短期培训课程及时间安排及外派汉语教师等问题来院洽谈合作。

外国语学院

外国语学院前身为成立于1964年的华侨大学外语系，开设过印尼语、英语、日语等专业。1989 年外语系开始招收四年制英、日语本科学生。2000 年 9 月，在原外语系和大学英语部的基础上成立外国语学院。学院下设英语系、日语系、翻译系、大学英语部 4 个教学单位。学院拥有英语语言文学硕士点和英语、日语、翻译三个本科专业，并承担全校公共外语教学任务。挂靠学院的研究机构有"外国语言学与应用语言学研究所""日本研究所""外国文学研究中心""翻译研究中心"4 个。学院现有教职工 125 人，其中教学科研人员 113 人，具有博士学位教师 13 人，在读博士 4 人，具有硕士学位者 81 人；教授 6 人，副教授 33 人，讲师 69 人，助教 5 人；行政管理及教辅人员 12 人；另有 15 位来自英、美、日等国的外籍教师。外国语学院现有本科学生 796 人，研究生 29 人，其中境外学生 94 人。学院现拥有 12 套芬兰进口的 Sanako 语言实验室，新建同声传译实验室 1 间；设有英、日语资料室，藏书三万多册。外国语学院获准设有英国剑桥商务英语证书（BEC）考试中心，负责报考和主考 BEC 工作。2010 年 12 月经学校批准成立"外国语学院外语教育中心"。2014 年，学院秉持"脚踏实地，和合有为"的精神，开拓进取，励精图治，为推动学院更高、更快的发展作出不懈的努力。

在教学方面，黄小萍、陈海蛟、谢友福、潘锡清、郭琦 5 位老师的"基于多媒体网络环境下的大学英语教学模式改革与实践"项目获福建省第七届高等教育教学成果奖一等奖；黄娟娟获华侨大学第二届青年教师"精彩一堂课"竞赛三等奖；曾琦欣获华侨大学首届专业教师教学课件制作大赛一等奖；许春翎获华侨大学首届专业教师教学课件制作大赛优秀奖。在学院教师指导下学生获得的奖项有：第五届海峡两岸口译大赛华南赛区决赛三等奖 1 项和优胜奖 1 项；2014 年全国大学生英语竞赛全国特等奖 5 项和全国一等奖 8 项；2014 年"外研社杯"全国英语演讲大赛福建赛区特等奖 1 项，二等奖 1 项；2014 年"外研社杯"全国英语演讲大赛福建赛区一等奖 1 项；2014 年"外研社杯"全国英语写作大赛福建赛区特等奖 1 项，二等奖 2 项，三等奖 1 项；2014"外研社杯"全国大学生英语写作大赛全国二等奖 1 项；"外研社杯"全国大学生英语演讲大赛全国三等奖 1 项；2014 年福建省高校暨"卡西欧杯"日语朗读赛一等奖 1 项和演讲赛二等奖 1 项；第十一届中国模拟联合国大会 Best Organization Award 最佳组织奖（团体）和 Best Communication Award 最佳沟通奖（个人）。另外，在学院教师指导下学生获"2014 年国家级大学生创新创业训练计划项目"和"2014 年福建省大学生创新创业训练计划项目"立项各 1 项。英、日语专业学生参加全国高校专业等级考试成绩突出：日语专业四级考试通过率 77.58%（全国平均 45.44%），日语专业八级考试通过率 62.22%（全国平均 49.5%），英语专业四级考试通过率 81.37%（全国平均 50.43%），英语专业八级考试通过率 79.55%（全国平均 42.76%）。

在科研方面，2014 年学院教师获科研立项 12 项，其中郭木兰获国家社科基金项目立项，万婉获福建省社会科学规划项目立项，陈瑜明、郭莉获福建省中青年教师教育科研项目立项，陈秀兰获福建省教育科学"十二五"规划课题资助，叶惠珍、林婷婷、黄娟娟和王静获泉州市社会科学研究课题资助，陈历明获华侨大学高级引进人才资助项目资助，黄小萍和陈海蛟获企事业单位委托项目立项，经费总额48万元；万婉、杜志卿、黄小萍、陈历明等在SSCI收录期刊和外语类核心刊物 *Journal of Second Language Writing*、《外国文学》、《中国社会科学报》、《文艺理论研究》等上发表学术论文。侯国金出版学术专著《语用学精要：语用能力对阵语用失误》，陈历明出版学术专著《新诗的生成：作为翻译的现代性》，黄文溥出版译著《由汉文训读传下来的日语语法》，陈恒汉出版译著《深海的珍珠——英语诗歌译鉴99篇》，陈恒汉出版一般著作《东南亚文化交融》和《为了忘却的记录》。黄小萍、陈历明、万婉、胡连成和郭木兰5位老师赴香港、意大利和日本等境外参加了国际学术会议，潘锡清、杜志卿、陈历明、孙飞凤、黎林和万婉等13人次参加在国内举行的全国性学术会议。另外，学院邀请国际国内的业界专家成功举办23场学术讲座，校内专家成功举办了7场讲座。

在师资队伍建设方面，从四川外国语大学引进侯国金教授，澳门大学引进阎喜博士。曾阳萍前往美国德保罗大学访学，方向为应用语言学；林惠珍前往加拿大萨省大学访学，方向为应用语言学；杨敏敏前往美国北亚利桑那大学访学，方向为亚洲研究及英语语言学；陈一平前往日本武藏野大学访学，方向为商务日语。陈天然到厦门大学攻读博士学位。

在党务工作方面，林庆祥同志荣获"福建省高校优秀党务工作者"荣誉表彰。在2014~2015学年党支部工作"立项活动"中，学院有三个支部获得校级支部立项；完成了对学院党委下设党支部的换届工作，进一步增强了党支部的战斗力；成立"外国语学院党委中心组"并制订了2014~2015学年党委中心组学习计划，进一步加强了学院领导班子的政治理论学习；为党委各支部制定了《2014~2015学年外国语学院党委各支部学习活动指导意见》，指导支部有计划地开展政治理论学习和活动；完成了院党委兼职组织员的聘任工作，进一步加强了对入党积极分子、预备党员、党员的教育管理；认真按照校党委组织部统一部署和要求，扎实开展了对不合格党员的处置工作；严格按照校纪委、校党委组织部的部署和要求，认真开好2014年度党员领导干部民主生活会，开展党风廉政月教育活动。

在校友工作方面，2014年4月25日，学院厦门校友会捐款10万元作为外国语院教育发展基金，用于支持学院学科建设、申报增设新专业与学位点等相关支出。6月22日，华侨大学广州校友会外国语学院分会成立。学院校友许文立、吴琳琳伉俪慷慨捐资100万元人民币和500万元港币，分别设立"华侨大学康桥学生科技创新基金"和"华侨大学康桥教育基金"。

在国际交流合作方面，与美国德保罗大学写作修辞与语篇系保持友好往来与合作，选派教师一人到该校访学交流，探讨了从该校选派教师到外国语学院任教的意向。积极拓展与境外高校的交流合作合作，先后邀请了日本中央大学、英国剑桥大学、韩国蔚山大学、香港理工大学、美国德保罗大学、菲律宾大学等高校知名学者到学院开展学术讲座和交流活动。院长黄小萍随同副校长刘塨带领的访问团出访澳大利亚，与澳大利亚迪肯大学商谈"0.5+1"TESOL和教育硕士联合培养项目。

此外，外国语学院主办了第六届海峡西岸模拟联合国大会和2014年福建省高校暨"卡西欧杯"日语演讲和朗读比赛。2014年6月5日，学院大楼装修改造工程通过竣工验收。在外语楼装修改造工程结束后，对外语楼的配套设施和环境进行精心布置，营造独具特色、温馨浓厚的外语氛围，为学院师生创造温馨愉悦的学习、工作和办公环境。

美术学院

美术学院现有美术学、视觉传达设计（含动画专业方向）、环境设计、产品设计4个本科专业，在读本科生1017人，其中境外生246人，境外生与境内生比例约为1∶4。学院在职教工63人，其中专业教师55人，专业教师中具有高级职称者11人，中级职称34人，多数毕业于鲁迅美术学院、四川美术学院、广州美术学院等国内各大知名美术院校。学院艺术设计实验中心下设三创实验室、视觉传达设计实验室、数码动画与数字化产品设计实验室，并于2009年被评为省级实验教学示范中心。学院拥有艺术硕士专业学位硕士点一个，于2014年正式开始招生。学院拥有艺术设计（动漫专业）业余专升本学历班一个，于2014年正式开课。

在对外学术交流方面。2014年11月25~26日CCTV书画系列公益活动走进华侨大学美术学院。活动由中国美协党组副书记、秘书长徐里担任活动召集人，学院邀请海内外名家莅临讲学。新加坡南洋理工大学梁荣基副教授为美术学院师生作了"书法与水墨画"主题讲学；禅画大师严一觉为学院师生做"在绘画中受教感悟"的专题讲座；中央美院曹力教授为学院师生做"曹力绘画三十年及教学理念'线构成'"专题讲座；中央音乐学院宋瑾教授为学院师生做"艺术与美学"专题讲座，不仅开拓了师生的学术视野，同时也扩大了学院学术影响力。

2014年，学院加大学科建设步伐，将提高办学层次作为首要工作来抓。根据学校相关文件精神，积极做好艺术硕士研究生招生工作，通过推免及入学考试，确保艺术硕士第一届生源质量合格。为配合研究生教学工作的开展，学院积极进行教学改革和立项工作，不断探索专业教学的管理模式和运行机制，使教学管理工作规范化、科学化、信息化。此外，艺术设计（动漫）专业业余专科学历班（澳门）2010级的教学工作已经圆满结束，在澳门地区取得了较大的影响，赢得了良好的口碑。与此同时，艺术设计（动漫）专业函授专升本学历班（澳门）2013级已经正式启动，并于2014年

1月开始正式上课。

2014年，学院教师在完成教学任务的同时，根据自身情况，选定专业领域，形成各自的研究方向，并取得了丰硕的成果。特别是在第十二届全国美术作品展览上，美术学院师生共有七件作品入选，是学院参加全国美展入选作品最多的一次。学院举办了青年教师作品展、校友作品展、优秀师生作品展等活动。

2014年，学院继续加大师资建设力度，把师资队伍建设作为学院的重点工程来抓，师资队伍结构不断优化，整体素质进一步提高。一方面，学院积极引进相关专业旗帜性人才，打造成熟的教学科研梯队，带动学院教学科研进一步提高，2014年度学院接收教学科研人员5人，其中博士1人，硕士4人；另一方面，学院积极鼓励青年教师在职攻读博士学位，同时创造条件推动教师到境内外著名高校访学，2014年度学院有2位老师在境外访学，1位老师在境内访学；1位老师在国外读博，1位老师在国内读硕。此外，学院派遣3位老师赴泰国、菲律宾参加中华文化大乐园项目活动。学院通过引进与培养相结合，形成了充满活力的学科专业发展梯队。

2014年，学院新成立的动画电脑后期制作室已经投入使用。该项目以动画专业方向为主要服务对象，兼顾其他专业的上课需求，以满足角色设计、场景设计、动画制作技法、网页动画设计等课程所需硬件设施为主要目标，配备电脑工作站、电脑桌、投影仪、幕布、音箱、空调等设备，结合实验中心原有摄像机、非编、线拍仪、手绘板等动画专业基础设备，合理搭配，资源互补，使动画专业学生课堂教学质量得到有效保障，推动学院动画方向发展，保证教学实验开出率，充分融入先进的实验教学理念，实现多样化的教学模式，从而完善学院学科建设，有效地激发学生的创造能力、逐步构建现代化、高层次的动画专业设计实验教学科研服务平台。

在学生工作方面，以"与学生一起快乐成长"为宗旨，以"一切为了学生，为了学生一切，为了一切学生"为理念，以党建团建、日常事务、学生活动、专业竞赛等为有力的抓手，全面提升学生工作的水平。2014年5月，开展了"我的中国梦"主题作品征集大赛，从120件作品中选取了30件优秀作品进行主题作品展览教育；创办"阳光书屋"，4月23~30日设立"全院青年党团员读书周"；关心关爱家庭经济困难学生成长，发放返乡补助、临时困补等共计14450元。学院积极发展地方资源，先后与石狮市富贵鸟集团有限公司等23家企业达成了合作共识，签订新的专业实习基地4家；积极引导学生参加课外作品大赛，通过艺术论坛、优秀作品展、参观学习等形式营造浓厚的学术氛围；2014年第十三届艺术节共征集作品450幅，累积发放奖金26800元；青年志愿者协会获"福建青年志愿者优秀组织"，学院获陕西首届原创手机动漫大赛优秀组织奖。学生的作品获靳埭强全球华人设计比赛"未来设计师大奖"、意大利A'设计大赛室内空间和展览设计类的银奖等。

音乐舞蹈学院

音乐舞蹈学院设有音乐系和舞蹈系。现有艺术学研究中心、海外中华乐舞传承研究中心、闽台戏曲音乐研究中心等教研机构。2014年4月，国际著名华人女中音歌唱家梁宁任音乐舞蹈学院院长，著名男中音歌唱艺术家杨洪基任名誉院长。学院专任教师35名，其中教授5名、副教授4名；兼职教授有蓝金钟、刘晓静、郭祖荣、刘燕燕、杨积强、黄豆豆、郑咏7名海内外知名专家学者，不定期来校开设大师课和专题讲座。学院拥有享受国务院政府特殊津贴者1名，福建省高校新世纪优秀人才支持计划1名。

学院拥有艺术专业硕士学位点及音乐学、音乐表演、舞蹈学、舞蹈表演本科专业；是国务院侨务办公室直属的全国唯一的"中华才艺（音乐·舞蹈）培训基地"。2014年7月10日至27日，第32期海外华人文化社团中华才艺（户外文化）培训班在华侨大学举行，有20多个国家的华人社团文艺骨干参加培训；8月12日至23日，中华文化大乐园——优秀才艺学生交流团赴印尼雅加达、万隆、泗水共举办了5场正式演出和多次交流活动，受到国务院侨务办公室的表扬。

学院国际化办学战略进一步得到落实，国际交流内容更加丰富。2014年3月17日，美籍华人著名钢琴家孙梅庭再次应邀来院指导钢琴大师课；6月27日，罗马音乐学院歌剧系主任、声乐大师卡洛·德希德（CARLO DESIDERI）来院，为师生开设了为期三天的声乐大师课，反响热烈；7月3日，英国伯明翰音乐学院钢琴系主任亲临学院，为师生举办钢琴大师课；10月20日，英国伯明翰音乐学院著名钢琴家大卫·奎格利（David Qulgley）来院指导钢琴大师课；12月30日，菲律宾侨中学院艺术团一行60人，来院进行交流访问。12月2日，在校党委副书记朱琦环的带领下，学院副院长余幸平、国际交流秘书周苑媛随同赴英国、法国、意大利访问，与英国伯明翰音乐学院、西伦敦大学，法国瑞尼维埃音乐舞蹈学院、梅特纳音乐舞蹈学院等欧洲知名艺术院校进行交流，探讨今后进一步合作的意向，取得了良好的效果。学院首次派出4名优秀学生赴英国伯明翰音乐学院进行了一学期的免费交换学习，学生专业技能及专业视野有较大的提升，受益匪浅。

学院加强招生宣传和考评纪律制度建设。学院出台《华侨大学音乐舞蹈学院招生考试纪律承诺书》，制作华侨大学音乐舞蹈学院专题片；沿袭专业校考和联考两种招生考试办法，先后在福建、湖南、河北和北京设立专业校考的考点；积极争取扩大自主招生范围，顺利完成2014年音乐舞蹈各专业自主招生的初评和复评工作，提高招生条件，努力营造公平、公正的招生环境，招生质量明显提高。2014年，学院在校本科生285名，其中音乐学专业学生156名，舞蹈专业学生129名；境内学生248名，来自9个省（区、市），境外学生37名，来自我国港、澳、台和马来西亚、菲律宾5个国家和地区；男生61名，女生224名；少数民族学生20名，来自8个民族。

学院的教风学风不断巩固，师生参与校院教学实践活动的积极性进一步提高。周苑媛老师获校第三届青年教师"精彩一堂课"三等奖；12名师生（为历年来最多）赴泰国、菲律宾等国进行"中华文化大乐园"海外教学活动；10名优秀毕业生赴马来西亚华人中学等5所华校进行海外教育实习。学院经过一年试行的大三专业选修课制度改革正式投入运行，鼓励师生教学手段创新，积极教学探索实践，于6月份分别在厦门大学和华侨大学先后成功举办了"非作曲专业学生原创作品音乐会"，获得了很好的反响。

学院以国务院侨务办公室"闽南传统乐舞传承与创新"项目为契机，开展一系列活动。邀请校内外专家开设专题讲座；主办海洋音乐会和学术讲座。学院指导教师论文撰写、课题申报等活动；2014年共获得4项科研立项，论文17篇。"闽南传统乐舞传承与创新"项目活动中，全院教师撰写论文和创编作品28篇，采用报告10份，参与人数34人。学院对表现突出的集体和个人给予资助和奖励，不断提升学术活动和学术氛围。

学院重视艺术实践，积极承担校内外的演出任务，扩大校院知名度。2014年9月，民乐团应邀赴菲律宾参加菲律宾侨中学院民乐团建团50周年庆典演出；组织师生参加厦门"2014年海峡两岸龙舟赛"开幕闭幕文艺演出、厦门市宣传部团市委"厦门市纪念五·四运动95周年暨五四青年表彰颁奖文艺晚会"、承办"2015华侨大学新年音乐舞蹈晚会"；继续承办"华园艺苑"——音乐舞蹈系列活动；坚持每月一场的艺术实践汇报演出，《"华园艺苑"——用专业品格引领青春节拍》荣获校党委学工部、宣传部评选的华侨大学校园文化建设成果优秀奖。

学院立足本专业特色及优势，着力在校地合作服务实践方面有所突破。2014年4月，学院与滨水学校签署志愿服务协议，校外志愿服务实践基地增至4个；与湖里社区共建主题晚会共计10余场次，艺术巡演服务基层数千社区居民观众。5月，学院成立"舞乐花开"大学生艺术志愿服务团队，厦门市湖里区向团队授旗；"舞乐进校园，留守不孤单"沙县暑期社会实践团队连续第二年获得华侨大学学生暑期社会实践优秀汇报团队。在福建省第四届大学生艺术节专业组比赛中多项获大奖；学院合唱团荣获"福建省第四届大学生艺术节"专业组一等奖；"第七届海峡两岸合唱节"铜奖；"第十二届（北京）国际合唱节"优秀表演奖，取得了历史最好成绩。

学院音乐舞蹈实验教学中心被评为省级实验教学示范中心，获得建设经费50万元，对实验室建设项目进行了跟踪落实。11月25日，学院为音乐舞蹈大楼落成多次组织教师讨论装修方案，广泛采纳教师意见，提出专业要求和修改论证建议，创造性地提出建设"教师音乐工作站"的设想，为每个教师琴房提供一台多媒体电脑，配置专业声卡和专业音箱，完善配置教师音乐工作站，提供学校组织论证，进一步优化学院办学条件和工作环境。

数学科学学院

华侨大学数学科学学院的前身是华侨大学数学系。2014 年以来，数学科学学院遵照学校的发展战略和办学理念，以"一心一意谋发展，全心全意为师生"为目标，加强班子建设，团结全院教职员工，齐心协力，努力工作，顺利完成了学校安排的研究生、本科生、全校公共数学基础课的教学任务，并在师资队伍建设、科学研究等方面也取得一定的成绩。

2014 年，数学科学学院有数学与应用数学专业、数学与计算科学两个本科专业及金融数学的本科辅修专业；拥有基础数学硕士点。在课程设置方面，严格遵照国家教委、福建省教育厅及学校教务处的要求，开设实用性强的专业课程，并开设相关的通识教育课程。围绕深化教学改革，提高教学质量，培养学生创新创业能力这条主线，着力提高青年教师教学水平，开展"精彩一堂课"活动，韩雪老师在福建省"青年教师精彩一堂课"竞赛中获得二等奖；邀请了厦门大学国家教学名师林亚南教授进行了有关"如何上好一堂课"的讲座；举办了青年教师公开授课活动；邀请了学校教学专家顾问王章聘老师进行点评，规范教学档案；开展公共数学教学提升计划，进行分层次教学；学院教师在首届全国公共数学微课竞赛中获得华东赛区一等奖 1 个，二等奖 1 个。

在数学建模方面，数学科学学院研究生在 2014 年美国大学生数学建模竞赛中获得了 1 项国际二等奖。学院本科生在 2014 年全国大学生数学建模竞赛中获得了 1 项全国一等奖，4 项全国二等奖，在全国研究生数学建模竞赛中获得了 1 项全国二等奖。

在科学研究工作方面， 2014 年，学院教师共获得 1 项国家自然科学基金面上项目、4 项国家自然科学基金青年项目、1 项数学天元项目以及 1 项福建省科技厅项目，省面上项目 6 项，经费总额达 160 万元，提前实现了国家自然科学基金面上项目零的突破。同时，2014 年学院教工共发表科研论文 94 篇，其中 SCI 二区 16 篇，三区 3 篇；学院教师陈少伟成功解决了非线性泛函分析中一个重要的公开问题，并由美国科学院院士推荐发表在该领域重要的国际刊物《变分学》杂志上。

在引进人才方面，2014 年数学科学学院从中科院、意大利罗马第一大学等知名学府引进 10 位优秀博士，师资力量获得了明显的补充，学院专职教师人数上升到 80 人，提高了教师中博士学位的比例，改善了生师比较高的局面。

在学术交流方面，2014 年 5 月承办了福建省第二届《数学分析》课程建设研讨会；2014 年 10 月，承办了第二届全国复分析会议。有来自海峡两岸的近 200 位专家学者参加了此次会议，期间举办了 45 分钟和 20 分钟报告共 78 场，报告者展示和分享了近两年来复分析高质量的学术成果，还提出许多有意义、待研究复分析研究问题。会议的学术水平、会务准备工作和后勤服务得到本次大会主席、中国科学院数学与系统科学研究院院长王跃飞先生的极高评价，本次会议还涌现出一大批青年学者，他们的学术报告水平高，研究问题新颖，结果精深；他们代表复分析的新兴力量，将推动复分析进一步蓬勃发展；获得了2015年海峡两岸孤立子会议和2016年国际代数表示论的举办权。这些国际学术会议的举办将进一步推动学院学科建设和科学研究工作更上一层楼，也将进一步扩大华侨大学在全国和国际上的影响，为实现学校成为国际知名大学的宏伟目标做出应有的贡献；为进一步提高侨生公共数学教学工作，学院组织教师于2014年10月分别到闽南师范大学、宁波大学等兄弟院校进行有关公共数学、侨生数学教育的交流。

在实验室工作方面，为完善实验室环境，数学科学学院的实验室"移动互联网开发平台"获得了学校立项。在实验室使用过程中，数学科学学院实验室规范实验教学大纲，实验室设备利用率达到100%，加强消防安全工作，保证实验室零安全事故。

为了提高学生的实践能力，数学科学学院与厦门市亿唐科技公司建立了长久的合作机制，共同举办了关于手机软件开发设计的"亿唐杯"软件设计大赛；与福建省天伦之美有限公司和华福证券有限公司泉州分公司签约建立了实习基地。

机电及自动化学院

2014年，机电及自动化学院（以下简称机电学院）设有5系1部，分别为机械制造工程系、机械电子工程系、车辆工程系、测控技术与仪器系、工业设计系及工程图学基础部。全院有教职工130人，其中专任教学科研人员99人。专任教师中，博士生导师6人、教授21人、副教授35人，具有博士学位60人。拥有中国工程院双聘院士1人，"国家杰出青年基金"获得者1人，"新世纪百千万人才工程"国家级人选1人，教育部"优秀青年教师资助计划"入选者1人，教育部"新世纪优秀人才支持计划"入选者4人，"海西产业领军人才"1人，"闽江学者"4人，另外还有1个"脆性材料加工技术与装备"教育部创新团队。学院在校全日制各类学生共计2201人，其中博士生23人，硕士生224人，本科生1954人。

2014年4月，学校成立制造工程研究院，作为学校直属科研机构，统筹建设"石材产业加工技术与装备"福建省2011协同创新中心、脆性材料加工技术教育部工程研究中心等相关省部级科研创新平台。副校长徐西鹏兼任院长，郭桦、黄辉任副院长。制造工程研究院人员编制单列，首批5名教学科研人员从机电学院调入，但其相关重点学科、学位点与机电学院共享。

2014年，学院领导班子为：张认成担任院长，洪若霞担任党委书记，沈剑云、刘斌担任副院长。6月，黄辉任制造工程研究院副院长兼机电学院副院长。

学院学科横跨机械工程、仪器科学与技术、控制科学与技术3个一级学科，拥有机械工程一级学科博士后流动站，机械工程一级学科博士学位授予权，机械工程、仪器科学与技术 2 个一级学科硕士学位授予权，检测技术与自动化装置、材料加工工程 2 个二级学科硕士学位授予权，机械工程领域工程硕士学位授予权，学院设机械工程、机械设计制造及其自动化（2014 年恢复招生）、测控技术及仪器、工业设计、材料成型与控制工程及车辆工程 6 个本科专业。在"硬脆材料加工""光电材料加工""数字化制造技术""快速成型技术""电磁流变技术""精密加工技术""机械系统动力特性分析""机电系统状态监测技术及仪器"等领域形成富有特色的研究方向。

学院拥有"机械工程"福建省和国务院侨办重点学科、"仪器科学与技术"福建省重点学科，"脆性材料加工技术"教育部工程研究中心、"高端装备制造"福建省高校优势学科创新平台、"石材产业加工技术与装备"福建省 2011 协同创新中心、"脆性材料加工"福建省海西产业人才高地、"石材加工研究"福建省高校重点（开放）实验室、"高效精密加工及快速制造与装备"福建省高校重点实验室、"机械基础"与"仪器科学与技术"福建省实验教学示范中心等研究机构。2014 年，"机械基础教学实验中心"获国家级示范中心和省级虚拟仿真实验中心建设单位立项。

2014 年，学院对院属科研机构进行调整清理，由原来的 8 个调整为 6 个，清理无法顺畅运行的机构，增加实际需要的机构，并对部分原有的机构进行更名。调整后的科研机构名称分别为华侨大学先进装备智能驱动与控制研究所、华侨大学机电系统健康监测技术研究中心、华侨大学精密测量技术及仪器研究中心、华侨大学数字化设计与快速制造研究中心、华侨大学产品创新设计研究所及华侨大学—绮韵交互设计联合研究中心（联合设立）。

2014 年，学院教师在各类荣誉、科研获奖、人才项目等方面收获颇丰。1 月，由机电学院教授、博士生导师、脆性材料加工技术教育部工程研究中心主任徐西鹏副校长领衔，华侨大学作为第一完成单位，福建万龙金刚石工具有限公司等四家企业共同参与申报的"石材高效加工用金刚石磨粒工具关键技术及应用"成果，荣获国家科学技术进步奖二等奖，这是华侨大学自建校以来获得的首个国家级科研成果奖，实现在该奖项上零的突破，国务院侨办专门发文，通报表彰徐西鹏教授团队；特聘教授苏春翌入选福建省第三批引进高层次创业创新人才（"百人计划"）人选名单；王霏获得华侨大学第二届青年教师"精彩一堂课"比赛一等奖，并在 7 月举行的第二届福建省高校青年教师教学竞赛中获得三等奖。2 月，杨建红副教授入选第十二届福建青年科技奖。4 月，"脆性材料加工技术"及"数字化制造及装备"两个团队分别入选 2014 年"华侨大学科技创新团队和领军人才支持计划"引领型和发展型创新团队；余桦入选厦门市十佳优秀共青团干部。5 月，特聘教授如明·萨德加蒂（Ramin Sedaghati）获得国家外专局 2014 高端外国专家（文教类）项目资助；杨帆教授入选泉州市"海纳百川"高端人才项目之"泉州市引进高层次创业创新人才"；徐西鹏教授荣获全国"五一劳动奖章"等荣誉。6 月，有 2 名教授入选 2013 年度"福建省高校领军人才"

资助人选名单，徐西鹏教授获"现有高端人才"项目资助，苏春翌教授获"引进领军人才"项目资助，这是华侨大学教师首次入选该项目；林添良副教授入选"福建省高等学校新世纪优秀人才支持计划"，姜峰副教授入选"福建省高校杰出青年科研人才培育计划"；林添良、陆静两位副教授入选华侨大学科技创新能力提升计划"中青年教师科技创新资助计划"（2015）优秀青年科技创新人才，张勇、路平、胡中伟三位老师入选培育型青年科技创新人才。10月，黄辉教授入选第一批福建省特支人才计划之百千万工程领军人才项目。11月，特聘教授章明入选厦门市首批台湾特聘专家；艾小群主编的《立体构成——空间形态构成》入选"十二五"普通高等教育本科国家级规划教材并获2014华侨大学优秀教材一等奖。12月，特聘教授易定容入选福建省"闽江学者"特聘教授，特聘教授张丹入选"闽江学者"讲座教授。5月，学院党建工作获得一系列荣誉称号：教工第五党支部获"福建省优秀基层党组织"称号，测控技术及仪器研究中心获第十一届"福建青年'五四'奖章"（集体）称号，黄国钦获第十一届"福建青年'五四'奖章"（个人）称号，杨建红荣获泉州市优秀共产党员称号。学院学生工作也获得一系列荣誉，包括福建省社会实践先进个人称号、福建省高校青年志愿者优秀组织称号、华侨大学就业先进单位称号、华侨大学体育工作先进单位称号、志愿服务先进单位等称号。

2014年，学院在研的省部级及以上科研项目共44个，其中，国家自然科学基金项目23个，福建省科技重大项目4个，福建省科技重点项目5个，福建省自然科学基金项目12个。2014年新获批设立省部级及以上科研项目共14个；其中，国家自然科学基金项目7个（重点项目1个，面上项目3个，青年项目3个），科研经费计615万元；福建省科学基金重大项目2个，福建省科学基金重点项目2个，福建省自然科学基金项目3个，科研经费计划拨款298万元。2014年，申报发明和实用新型专利153个，授权发明专利3个，实用新型专利33个；发表论文120篇，SCI\EI收录30篇。

2014年，学院学生科技创新工作取得良好的成绩。在德国 iF 设计奖中获 iF 概念设计特别奖"汉斯格雅节水设计奖"1项；在德国 Red Dot 设计概念大奖中获"Red-Dot Honourable Mention Award"红点设计概念优异奖2项；在全国大学生数学建模竞赛中获全国二等奖1项，福建赛区二等奖2项；在2014中国（国际）传感器创新大赛中获全国三等奖1项，华南赛区一等奖1项，三等奖1项；在创青春第八届挑战杯福建省大学生创业计划竞赛中，获本科组银奖1项；在福建省第八届大学生机械创新竞赛中，共获得二等奖5项，三等奖2项；在2014两岸高校大学生文化与创意设计大赛中，共获得金奖1项，银奖1项；在全国大学生工业设计大赛中，获全国三等奖1项，福建赛区一等奖5项，福建赛区二等奖6项，三等奖7项。此外，学院工业设计主题展还亮相第七届海峡两岸（厦门）文博会，并在高校设计展中获最具发展潜力奖（工业产品设计）1 项，最具创意奖（工业产品设计）1 项，最具发展潜力奖（工艺品设计）1 项；承志车队在第四届全国大学生方程式汽车大赛实现突破，获得总成绩排名第 16 名、轻量化大奖冠军。

2014 年，学院共邀请国内外著名专家、学者到校开展学术交流、讲座十余场，其中包括台湾中原大学章明教授，台湾大同大学吴志富、李福源教授，澳大利亚昆士兰大学黄含教授，加拿大肯考迪娅大学苏比哈什·如凯迦（Subhash Rakheja）教授，日本群马大学林伟民教授，南京航空航天大学徐家文教授，长安大学张维峰教授等。学院共有 4 名教师在海外著名高等学府进修、访学超过半年，有 9 人次出境参加国际学术会议，有 1 名教师开设双语专业课程，1 名教师开设全英文专业课程。学院主办第四届海峡两岸高校文化与创意论坛，承办第十一届车辆工程领域工程硕士培养工作研讨会、第十七届海峡两岸机械工程技术交流会。学院共派出 35 名优秀学生（以工业设计学生为主）到西安交通大学，台湾大同大学、辅仁大学、东海大学等境内外知名高校进行短期交流学习。

材料科学与工程学院

材料科学与工程学院的前身为 1961 年创办的化学系，在几代材料人的努力下，经过几次学科整合和开拓进取，学院现已形成具有专业特色的、高层次和多层次办学条件的新局面。学院现设有 3 个系：材料科学与工程系、应用化学系、高分子科学与工程系。学院拥有“材料科学与工程”福建省高校优势学科创新平台培育项目和福建省特色重点学科建设项目，材料科学与工程、化学 2 个福建省重点学科建设项目，材料学 1 个国务院侨办重点学科，材料科学与工程 1 个一级学科博士点，材料科学与工程、化学 2 个一级学科硕士点，材料学、材料物理与化学、材料加工、高分子化学与物理、无机化学、有机化学、物理化学、分析化学和应用化学等 9 个二级学科硕士点，学院拥有“环境友好材料”教育部工程研究中心，“功能材料”福建省重点实验室，“高分子与电子功能材料”厦门市重点实验室，其中“基础化学化工实验中心”和“材料学专业实验教学中心”被评为福建省高等学校省级实验教学示范中心，“材料科学与工程学科”入选福建省研究生创新建设基地。学院设有应用化学、材料科学与工程、高分子材料与工程、功能材料、材料化学 5 个本科专业。现有本科生 976 人，硕士生 181 人，博士生 12 人。

学院注重师资队伍建设，2014 年，吴季怀入选福建省第一批“科技创新领军人才”，殷澍入选福建省“闽江学者”讲座教授，范乐庆入选福建省高等学校“新世纪优秀人才支持计划”，李明春入选泉州市“高端海洋人才”引进资助项目，陈国华荣获第四届福建省优秀科技工作者。吴季怀及其团队的《新能源材料化学》入选校“引领型科技创新团队和领军人才支持计划”；陈国华及其团队的《高分子与功能新材料》

入选校"发展型科技创新团队和领军人才支持计划"；陈亦琳、高碧芬、魏月琳入选"华侨大学培育型青年科技创新人才"资助计划。李东旭、高碧芬通过评审晋升为副教授。2014 年，学院教职工 74 人，其中，专任教师 49 人，实验室管理人员 16 人，行政管理人员 9 人。在专任教师中，教授 20 人，副教授 22 人，具有博士学位 42 人，占专任教师的 84%；硕士生导师 35 人，博士生导师 11 人，形成了一支实力雄厚、结构合理、教学科研经验丰富的师资队伍。

2014 年，学院进一步明确学科方向与布局，细化学科发展目标。学科建设工作围绕材料科学与工程一级博士点建设展开，明确了学院一级博士点建设的学科方向和相应的学术建设方向。

2014 年，学院完善聘任任务与分配原则，核心改革教学环节，理顺理论教学与实验、实践教学任务与教学质量管理，为全力投入科研与学科建设打下坚实基础。理顺了学科建设、教学、服务、科研任务、实验室面积等方面相互间的关系，进行了半定量化分配原则。鼓励方向优先原则，明确了有所为与有所先为的学科建设目标与分配原则。

学院坚持科研与教学并重，不断提高教学质量和科研水平。2014 年，吴季怀等的《杂多酸基新型光催化纳米材料》荣获福建省自然科学奖二等奖；吴季怀等的"聚丙烯酸钠 / 高岭土超吸水性复合材料的制造方法"获福建省专利奖三等奖；全志龙荣获2014 年度泉州市专利奖优秀奖。2014 年，学院获批各类科技项目 15 项，批准科研经费 702 万元，其中国家自然科学基金项目 7 项（吴季怀参与国家自然科学基金重大项目 1 项，吴季怀、程琳、杨卫华、兰章 4 人获得国家自然科学基金面上项目，于亚明、林昶旭 2 人获得国家自然科学基金青年项目），批准科研经费 470 万；省部级项目 4 项，批准科研经费 64 万；地厅级（校级）项 7 项，批准科研经费 168 万。横向开发项目 7项，到款金额 79 万。申请专利 19 项，授权发明专利 2 项。林建明的《基于工程教育认证背景下的材料科学与工程专业教学改革探索》获 2014 年福建省高等学校教学改革研究项目立项（人才培养模式类），熊兴泉荣获校"精彩一堂课"三等奖，杨卫华荣获校首届教师教学课件制作大赛二等奖。

学院以"育人"为导向，坚持"打造特色团建，服务青年发展"，不断创新学生工作载体，加强学生素质教育平台建设，把大学生思想政治教育工作"做深、做实"，在学生组织建设、社会实践、志愿服务、综合素质等方面收获了累累硕果。2014 年，学院获得福建省"五四"红旗团委、福建省大中专学生志愿者暑期"三下乡"社会实践优秀团队。学生相继荣获大学生数学建模竞赛全国二等奖、"外研社杯"全国大学生英语演讲决赛全国三等奖、福建省创青春大学生创业大赛铜奖、第六届福建省学生规范汉字书写大赛高校组软笔三等奖、高校组硬笔二等奖、福建省第四届大学生艺术节 DV 作品获得甲组优秀奖。

学院党委以深入学习贯彻习近平总书记系列重要讲话精神和党的十八届三中、四中全会精神为主线，坚持"围绕中心抓党建，抓好党建促发展"的工作思路，充分发挥政治核心和保证监督作用，凝心聚力，为学院发展提供有力的思想、组织和制度保障。2014年，学院党委《构建4S工作体系，打造先锋样板支部》获福建省教育工委2012~2014学年福建省高校党支部工作"立项活动"优秀成果奖，学院获得第37届校运会教工组体育道德风尚奖，学院工会获得2014年度党政工共建"教工小家"立项活动一等奖，3人获得华侨大学"2012~2014学年先进个人"荣誉称号，1人获得华侨大学"2012~2014学年优秀教育工作者"荣誉称号。

信息科学与工程学院

华侨大学信息科学与工程学院于2000年6月在泉州成立，其前身是电子工程系、电气工程系和计算机系，2008年6月计算机应用、软件工程、网络工程等专业从学院分离出去成立计算机科学与技术学院。2010年7月学院全部搬迁到厦门校区，从此结束了两地办学的局面，开启了学院全部在厦门校区办学的新时期。

信息科学与工程学院现有电子信息工程、通信工程、电子科学与技术、电气工程及其自动化、自动化、集成电路设计与集成系统和应用物理学7个本科专业；有信息与通信工程、电子科学与技术、光学工程3个一级学科硕士点，有光学、电工理论与新技术、模式识别与智能系统3个二级学科硕士点；有电子与通信、电气工程2个专业硕士点；其中信息与通信工程、电子科学与技术、光学工程等专业是福建省重点建设学科。

信息科学与工程学院现有教职工149名，其中专任教师109名，教授18名，副教授36名，高级职称教师占49.5%；具有博士学位的教师71名，占专任教师比例65.1%；具有海外留学经历的教师31名。现有福建省"百千万人才工程"人选2人，"闽江学者"2人，"桐江学者"2人，福建省"百人计划"1人，福建省"杰青"1人，福建省"新世纪优秀人才支持计划"人选2人，厦门市"双百计划"1人。

为全面提升学院教学科研水平，在教学改革和人才培养上，学院始终坚持以学科建设为龙头，不断深化招生教学改革，采取多项措施进一步加强本科教学工作、提高人才培养质量。2014年，学院认真贯彻实施《信息科学与工程学院教授委员会章程》《信息学院关于鼓励各系部开展教学科研活动的相关规定》《信息学院关于规范邀请校外专家来院讲学的相关规定》《信息学院关于本科生课程缓考申请的实施细则》《关于修订信息学院重新学习相关规定的通知》《应用物理学专业院内转专业实施方案》《华侨大学信息学院关于本科生缓考申请的实施细则》《信息学院关于重修的相关通知》《信息学院关于本科生重新学习课程认定的实施细则》等教学管理制度，充分发挥"教授委员会"的作用，协助院领导班子管理学院、指导教师的教学过程。

学院积极坚持国际化的办学视野，以培养创新型人才为目标，通过"教授委员会""导师制"助阵学院治学治教，取得了显著成绩。2014年，学院科研成果显著，其中国家级项目9项，省部级18项，其他纵向1项，市厅级4项，校级6项共计38项，总经费945万；横向项目：共计19项，总经费241万；在获奖方面，省部级1项，厅局级1项，其他5项，共计7项；专利方面，实用新型专利申请10项，发明专利申请26项，获实用新型专利授权17项。

良好的教育平台，极大增强了学院学生的综合素质，学院学生多次在全国、福建省电子设计竞赛等各类科技竞赛中屡获大奖，表现出良好的创新、创造能力。2014年，学院学生获得国家级、省级、校级各类奖励和表彰共266人次；获得院级各类奖励和表彰576人次；获得省级和校级奖励和表彰的班级共5个，获得院级奖励和表彰的班级共7个。2014年福建省大学生电子设计竞赛获一等奖6组、二等奖5组、三等奖6组；第三届福建省大学生光电设计竞赛获省三等奖2组；第四届全国大学生光电设计竞赛或全国三等奖1组；第九届"飞思卡尔"杯全国大学生智能汽车竞赛华南赛区二等奖1组、华南赛区三等奖5组；第二十二届"挑战杯"华侨大学学生课外学术科技作品竞赛获特等奖1组、一等奖1组、二等奖1组、三等奖1组。

除了专业教育外，学院非常重视学生工作和党建工作。学院本着"稳定、创新、发展"的定位，建成了以"强团队、抓学风、促科创、提就业、保稳定"为重点的学生工作体系，学生的学风不断好转，科技和创新活动成果显著。在思想政治教育方面，坚持以育人为本、德育为先为原则，大力加强学生的思想道德素质，积极通过思想政治课、党组织、团组织和社区组织的合力教育来引导大学生形成积极向上的精神品质和道德追求；在党建工作方面，充分发挥学院党委的核心引领作用、基层组织的战斗堡垒作用和广大党员的先锋模范作用，并通过建立和完善党建工作班级党建联系人制度、入党积极分子培养联系人工作职责、预备党员培养联系人工作职责、党员量化考核制度、支部书记培训制度，提升党员质量；除此之外，学院继续做好与其他校外单位的合作共建工作，2014年，信息学院党委继续做好与集美区图书馆、厦门市行政服务中心的共建活动，学院学生党员以优质高效的服务得到了广大群众和省市领导的高度赞许。

良好的专业技能和良好的道德素质，极大增强了学院学生在就业中的竞争力，使得学院近年来的就业率年年攀升，2014年信息学院毕业生就业率达到95%以上，位居全校前列。

信息学院正在沿着新一届领导班子的整体工作思路阔步前行，在教学、科研、师资队伍、实验室、党建和学生工作等方面都取得了诸多成就。在党的十八大、十八届三中、四中会精神的引领下，学院将继续秉承改革创新、与时俱进、求真务实的工作作风，进一步推动学院各项事业蓬勃发展。

计算机科学与技术学院

华侨大学计算机专业创办于 1980 年，是福建省最早创办的计算机专业之一。1982 年成立计算机（电脑）系，2008 年成立计算机科学与技术学院。学院现任院长为陈维斌，党委书记为陈卫峰。

在科研平台方面，学院目前拥有"计算机视觉与模式识别"厦门市重点实验室、"企业互操作与商务智能"厦门市工程技术研究中心以及"图像处理与模式识别"部级重点实验室，同时还是福建省"绿色通信及其智能信息服务"工程技术研究中心建设单位。作为科技服务窗口，学院在厦门软件园建立了产学研基地、软件技术研发中心以及厦门市嵌入式技术开放实验室。2014 年，投入 220 万新建"计算机学院毕业实践与毕业设计实验室"。

在教学平台方面，学院拥有福建省计算机综合实验教学示范中心；福建省网络工程人才培养模式创新实验区；学院拥有 3 门省级精品课程，分别是编译原理、面向对象程序设计和数据结构。

学院现有教职工 87 名，其中专任教师 69 人，教授 6 名、副教授 21 名，38 名教师具有博士学位。9 名实验人员中，高级实验师 3 名。在人才队伍建设方面，学院目前拥有"闽江学者"特聘教授 1 名，"闽江学者"讲座教授 2 名以及数字媒体技术方向台湾特聘教授 1 名；在青年教师中，杜吉祥入选"教育部新世纪优秀人才支持计划"，并获得福建省杰出青年基金、"福建省青年'五四奖章'"、第十一届福建省青年科技奖；缑锦获得"厦门市青年'五四'奖章"；杜吉祥、王靖、缑锦、钟必能入选"福建省高校杰出青年科研人才培育计划"，王靖、骆翔宇、陈永红入选"福建省新世纪优秀人才支持计划"。

2014 年，学院招收本科生 287 名，研究生 38 名。现有全日制在校本科生与研究生 1292 人（含港澳台侨学生 65 人），其中本科生 1168 人，研究生 124 人，另有工程硕士近百名。

在科学研究与科技研发上，学院坚持面向地区重大需求和国际科技前沿，凝练科技目标，整合科研力量。2014 年，学院获得地厅级以上项目 15 项，其中国家基金 2 项（青年基金项目），作为合作单位参与申报海峡联合基金 1 项，省科技计划项目 1 项，省基金 7 项（面上项目 5 项，青年基金项目 2 项），地厅级项目 2 项，发表 SCI/EI 论文 30 余篇。学院 3 位教师入选华侨大学中青年教师资助计划，2 个科研团队获华侨大学科技创新团队和领军人才支持计划资助。

学院学生工作紧紧围绕"与学生快乐成长"的理念，本着"稳定、创新、发展"的工作思路，以育人为中心，以安全稳定、学风建设、党建工作、素质拓展和就业导向为重点的学生工作格局展开，在不断推动学生工作制度化、规范化和科学化建设的同时，打造学风浓厚、思想教育得力、党团工作扎实、管理制度健全、学生综合素质稳步提高、师生满意率高的学生工作局面。学院曾先后获学生工作先进单位、学风建设工作单项奖、就业工作先进单位等荣誉称号。2014年5月，2011级数字媒体技术团支部获"福建省'五四'红旗团支部"。

学院以改革创新精神推进党支部建设。根据学院系部的设置和学生党员人数的变化，以有利于党的工作促进业务工作、有利于加强支部建设为原则，学院党委总设14个党支部，其中教工党支部2个，学生党支部12个。学院共有党员249人，其中教工党员42人，学生党员207人。学生党员占学生总数的比例为16.02%。

为了适应计算机技术引领的信息技术迅猛发展所带来的人才需求，学院致力于培养理论基础扎实、知识面广、素质全面、实践动手能力强的高水平应用型人才，在专业建设、学生培养、教学内容、教学环境和实验室建设等方面实施了一系列改革措施，为广大学生提供了良好的学习环境。

建筑学院

学院设有建筑系、城乡规划系、风景园林系。2014年度，学院招收本科生148人（其中风景园林专业首次招生，招收本科生28名，学制五年）；建筑学和城乡规划两个一级硕士学位点招收研究生55人。学院引进风景园林学学科带头人董靓教授和3位博士，专任教师达到78人，博士占比26.9%。

学院以"加强基础、拓宽专业、重视实践、培养能力"为原则，强化通识教育，精心建构实践教学体系，高度重视建筑教育、科学研究与生产实践的整体性关系。在科研上长期着眼于闽南地域城市与建筑研究；积极加强与海内外的联系，将地域研究与国际视野有机结合，科研总体水平稳居福建省前列。

学院继续推进教学改革，推动建筑教育国际化。先后与日本、挪威、我国港澳台等地开展了一系列教学交流活动，学生作业在高水平竞赛和展评活动中屡获佳绩，取得了较为显著的成果。在"2014年中国建筑院校境外交流学生作业展"评比中，建筑学院选送10份年度境外交流、联合设计作业参评，其中9份获得优秀作业。在2014年度全国大学生城乡规划作业评选中，建筑学院选送的学生作业共获5个奖项，其中城乡规划社会调研类一等奖1个、二等奖2个；城市设计类二等奖2个（一等奖空缺）；在获奖级别、获奖数量上均位居全国高校前列。

2014年5月，学院城乡规划专业本科评估获得国家住房和城乡建设部全国高等教育城乡规划专业评估委员会全票通过，有效期四年。标志着学院城乡规划专业办学水平迈上新的台阶，将对后续招生、学生就业、人才引进、服务社会、教学改革、科研提升等方面产生深远影响。

学院通过承办全国高等学校风景园林学科专业指导委员会中南片区专业规范（厦

门）宣贯会，和"2014MARA MARA 城市与建筑系列国际论坛"，为新开设的风景园林专业构建与发展打下基础。

2014 年，学院教师获得 3 项国家自然科学基金项目（其中面上项目 1 项），福建省自然科学基金项目 2 项，福建省社会科学规划项目立项 1 项，横向课题 1 个，发表论文 12 篇。姚波教授的水彩画作品《矛盾空间 2：古城异筑》获福建省第七届百花文艺奖二等奖，是华侨大学目前在百花文艺奖上获得的最高荣誉。学院两个研究团队入选学校培育型科技创新团队，顺利完成首个境外大型纵向课题——澳门内港城市设计研究。

学院在实验室建设方面，局限于建筑学科实验大楼二次装修尚未完成，仅城乡规划专业实验室（2 间）先期投入使用：2014 年成功申请 2 项 2015 年改善基本办学条件专项资金项目，经费 936.23 万元，主要用于学院虚拟仿真实验中心和实验大楼配套设备仪器购置项目。

学院师生积极参加建筑设计系列实践活动。2014 年 4 月海峡两岸高校建筑类学生专业实践联盟成立暨揭牌仪式在学校厦门校区举行。副校长刘塨为两岸高校联合设计工作营代表授旗。该联盟由建筑学院学生联合台湾中国文化大学学生自主发起，旨在更好地推进两岸大学生创意设计实践的交流，推进中华文化的传承和发展，促进两岸师生共同探索一条具有"专业自信、社会担当、团队精神"建筑师的实践之路。这是两岸高校建筑类学生首次成立的组织。学院团队在"第二届海峡两岸实体建构竞赛"、"海峡两岸文化剧场设计工作营"、第二届海峡青年节"青春创想秀"暨第二届两岸大学生公益社团活动策划大赛中，两个项目分别荣获总决赛一等奖和三等奖。在 6 月，受福建省住房和城乡建设厅、福建省文化厅委托，组建福建省历史特色建筑历史风貌区普查华侨大学实践团，针对三明、泉州地区历史建筑、特色建筑、历史风貌区现状等开展普查，旨在保护与传承。首届海峡两岸光明之城实体建构创意竞赛以"环保、节能"为主题，在华侨大学厦门校区进行决赛。两岸学生共同组成 15 个小组，用纸板在一个不超过 9 平方米的面积内进行设计及建造活动。学生构思图纸、亲手搭建，并在自己建造的纸板建筑里生活体验。经专家评审意见，以《方城》为名的创意设计作品荣膺大赛一等奖，《别有洞天》《activation》获得二等奖，《Cube》《光穹》《甜筒》获得三等奖。学院台湾籍学生刘冠伶二年级学生团队创作的《光穹》，以"美丽厦门，绿色建构"为主题的厦门市第四届大学生实体建构竞赛决赛中荣获特等奖，实现了在厦门市大学生实体建构竞赛的"四连冠"。

8 月 29 日下午，华侨大学建筑学院毕业生设计"澳门城市活化"专题展在澳门科学馆开幕，展出世遗、内港、离岛和北区、澳门历史建筑保护以及澳门城市休闲吧等澳门城市活化专题。澳门中联办副主任陈斯喜、文化教育部部长刘晓航，华侨大学校长贾益民，澳门基金会行政委员钟怡，澳门特区土地工务运输局城市规划厅代厅长梁耀鸿、文化局文化财产厅代厅长梁惠敏、教育暨青年局代表张敏辉、高等教育辅助办公室高级技术员许冬梅、华大董事会副秘书长唐志坚、董事王彬成，华侨大学澳门校友会会长林辉莲等出席开幕式并为毕设展剪彩。

2014年9月，刘塨教授长期从事建筑教育工作，荣获第六届中国建筑学会建筑教育奖，是我国建筑教育工作者授予的最高荣誉。

土木工程学院

土木工程学院的办学始于1964年创办的土木建筑系，是华侨大学创办初期兴办的教学科研单位之一。2004年10月，华侨大学在土木工程系基础上成立土木工程学院。2005年，学院迁往厦门校区办学。走过半个世纪的土木工程学院，已逐渐形成了工程学科与管理学科相结合，本、硕、博层次完整的育人体系，拥有福建省特色重点学科、福建省重点学科、福建省重点实验室、博士后科研流动站等优势平台，是海峡西岸经济区和港澳地区土木工程领域重要的高层次人才培养基地。

学院现辖土木工程系、工程管理系、市政工程系、岩土与地下工程系、土木工程学院实验中心5个系级教学单位，拥有华侨大学工程结构诊断与防灾研究所、华侨大学岩土工程研究所、华侨大学市政与环境工程研究所、华侨大学土木建筑安全分析与评估研究所、华侨大学土木工程检测中心（CMA计量认证）等14个院属科研机构。

2014年12月，土木工程学科实验大楼竣工。现有实验用房建筑面积约1.3万平方米，拥有福建省最大的结构实验厂房和反力系统、多通道拟动力试验系统、多功能电液伺服结构疲劳试验系统、长柱压剪加载系统、岩石三轴试验系统等大型先进实验仪器。

学院拥有结构工程博士学位点，土木工程、管理科学与工程2个一级学科硕士学位点，岩土工程、市政工程等7个二级学科硕士学位点，建筑与土木工程等3个专业硕士学位点。2014年，学院在土木工程、工程管理、给排水科学与工程3个本科专业的基础上，新增城市地下空间工程本科专业。

学院现有教职员工101人，专任教师78人，其中教授20人，副教授25人，具有博士学位教师57人，教师博士率达73.1%。博士生导师6人，"闽江学者"特聘教授1人，"桐江学者"特聘教授1人。近年来，入选福建省"首批科技创新领军人才"1人，教育部"新世纪优秀人才支持计划"2人，福建省"百千万人才工程"2人，全国模范教师1人，福建省教学名师2人，福建省优秀教师1人，享受国务院政府特殊津贴专家1人。

学院现有在校生2013人，其中本科生1824人（含境外学生155人）、硕士生178人、博士生11人；澳门硕士研究生班21人。

学院致力于工程结构抗震防灾、结构抗火、大跨结构计算理论、结构抗风、软土地基处理、地下结构、新型建筑材料、加固改造技术、结构耐久性、桥梁结构、绿色工程、水污染控制、房地产策划和项目管理等领域开展创新研发，成果丰富。2014年，学院获批国家自然科学基金8项，其中面上项目1项；福建省科技重大项目1项，福建省自然基金项目9项。学院作为第一单位获全国商业科技进步奖一等奖1项，作为参与单位获得福建省科技进步二等奖1项，山东省科技进步三等奖1项，获福建省自然科学优秀学术论文奖三等奖4项，获得授权的发明和实用新型专利15项。在学术期刊和国际国内会议上发表论文98篇，其中SCI收录18篇，EI收录33篇。

学院重视对外交流和学术创新。学院邀请美国辛辛那提大学巴赫拉姆·沙赫鲁兹（Bahram M. Shahrooz）教授来校学术交流，商议国际合作事宜；举办土木工程学科创办50周年学术交流论坛，邀请中国工程院谢礼立、龚晓南院士，长江学者特聘教授肖岩、任伟新、朱宏平、李宏男、马宏伟、高玉峰等国内外土木工程领域知名专家莅校讲学交流。8位教师赴美国伊利诺伊大学香槟分校、澳大利亚新南威尔士大学、英国伦敦大学、香港大学、香港科技大学等著名学府访学；4位研究生赴美国辛辛那提大学、台湾成功大学等知名学府联合培养。

学院党委下设19个党支部，其中4个教工党支部（2个党支部建在创新团队上）、9个本科生党支部和6个研究生党支部，15个学生党支部中有13个建在班级，班级党支部比例达87%。2014年共发展党员151人，其中教师党员1人；转正党员130人；培养入党积极分子445人。3个党支部立项活动获校级立项资助。1位同志获福建省委优秀党务工作者，1位同志获福建省优秀基层党组织书记。学院有党员373人，其中在职教工党员48人，党员比例51%；学生党员325人，党员比例17.5%。

学院重视培养学生创造、创新和实践能力，积极营造参与创新活动的良好氛围，努力培养应用型人才和各类专门人才。2014年，举办第六届"土木年华"科技文化节，获全国大学生结构设计竞赛一等奖1项，全国大学生混凝土材料设计大赛三等奖1项、设计创意奖1项，全国混凝土设计大赛三等奖1项，华东地区高校结构设计邀请赛三等奖1项，中南地区大学生结构设计竞赛二等奖1项，福建省大学生结构设计竞赛三等奖1项、优秀组织奖1项，"挑战杯"华侨大学学生课外学术科技作品竞赛二等奖3项、三等奖1项。学生获国家级大学生创新创业训练计划项目立项5项，省级大学生创新创业训练计划项目立项6项，校级大学生创新创业训练计划项目立项9项。

化工学院

化工学院的前身是1964年在泉州创办的化工系，1998年由化工与生化工程系、应用化学系和材料物理化学研究所合并成立化工学院。2000年原化工学院更名为材料科学与工程学院，2008年由化学工程与工艺系、生物工程与技术系、环境科学与工程系整合，成立化工学院。

化工学院下设化工与制药工程系、生物工程与技术系、环境科学与工程系和观赏园艺与园林系4个系，工业生物技术研究所、生物材料与组织工程研究所、制药工程研究所、生物工程研究所、环境工程研究所、环境与资源技术研究所、茶科技与文化研究所7个研究所，油脂及天然产物研发中心和海洋生物资源开发研究中心，涵盖工、理、农3大学科。

学院现有1个一级学科博士授权点：化学工程与技术（含5个二级学科博士点：化学工程、化学工艺、生物化工、应用化学、工业催化）；9个二级硕士点：化学工程、化学工艺、生物化工、应用化学、工业催化、生物化学与分子生物学、微生物学、环境工程、环境科学；3个工程硕士领域：化学工程、环境工程、生物工程。其中，化学工程与技术是福建省特色重点学科，生物化工是福建省重点学科和国务院侨办重点学科。设有7个本科专业：化学工程与工艺、制药工程、生物工程、生物技术、环境工程、环境科学、园艺，在生物工程与技术系开设双语教学或全英语教学课程。

学院拥有"化学工程与工艺"一级学科博士后科研流动站、"福建省高校工业生物技术重点实验室""福建省基础化学化工实验中心""省级基础化学化工教学示范中心""厦门市工业废水生化处理工程技术研究中心"。在教学实践环节方面，学院与10余家企事业单位共建校外实习基地。

学院现有教职工87人，其中，专任教师67人，实验室管理人员10人，行政管理人员10人。专任教师中，有教授19人，副教授24人，讲师24人；专任教师中有博士学位的56人；学院拥有博士生导师7人，硕士生导师40人；实验管理人员中有高级实验师4人，助理实验师6人。

学院现共计学生1509人，8个专业，41个班级，其中，本科生1312人（境内生1270人，境外生42人，女生783人），硕士研究生183人，博士研究生14人，少数民族学生共92人。

在学科建设方面，夯实基础、培育特色，形成了若干课题组。开展学术交流，加强团队建设，讨论化学工程与技术一级学科发展，生物材料与化工技术、物质转化两个团队入选华侨大学创新与领军人才计划。申请国家自然科学基金4项（经费171万元），福建省科技计划平台一项（经费250万元），教育部博士点基金博导类项目一项（经费12万元），福建省自然科学基金重点项目2项（经费20万元），省基金面上和青年项目9项（经费34万元），合计纵向国家省部级项目经费约500万。国际化办学方面，2014年与瑞典乌普萨拉大学生物教育中心签署合作备忘录。学院期待以本次瑞典乌普萨拉大学生物教育中心来访为开端，将双方合作向更广的领域扎实向前推进。

在教学工作方面，学院积极组织开展"本科教学质量提升计划"的实施工作。学院针对工程教育认证计划我院组织了两个专业申报：分别是化学工程、环境工程，其中化学工程获准，环境工程作为培育项目。组织部分骨干教师参加教育部高等教育评估中心举办的工程教育专业认证培训研讨班，以及中国高等教育教师发展研究会举办的"高等学校慕课、微课教学开发与应用骨干教师"培训会。

学院支持学生课外创新科技实验活动，完成 2013 项目结题及 2014 项目中期检查工作。在 2014"恒逸—三井化学杯"第八届全国大学生化工设计竞赛获得二个二等奖。学校第二十二届"挑战杯"竞赛中获一等奖一项、二等奖三项、三等奖二项。

学院完成了 2014 年财政专项本科教学仪器设备采购与验收工作。对本科教学实验室进行了优化，为学院大学生科创平台建设腾出一定的空间，也为学院大型贵重仪器平台建设创造了实验室空间条件。进行省级实验教学示范中心建设，仪器采购进入招投标阶段。2014 年，学院完成新一轮的本科实验教学大纲修订。

学院党建工作紧密围绕科技创新这一龙头，以增强学生的科技创新意识和提高其能力为目的，通过各类实践大赛、学术讲座等形式为学生搭建锻炼平台、培养学生科学创新精神。2014~2015 学年学院学生科技创工作蓬勃发展：大学生科技创新创业计划项目顺利完成结题的有 13 项，2014 年大学生科技创新创业项目申请项目数达到 16 项。学院院获得 2013 年"五四"红旗团委称号；在第 37 届校运会上以总成绩第一获得了体育道德风尚奖，同时取得了学生男子团体总分第四名、学生女子团体总分第二名的好成绩；在"我与中国梦"纪念五四运动 95 周年暨澳门回归 15 周年合唱比赛中，学院蝉联华侨大学厦门校区冠军，获得"三连冠"，并在福建省第四届大学生艺术节合唱比赛中荣获福建省甲组一等奖。

2014 年 10 月 25 日化工学院在厦门校区林广场学术交流中心举办了 50 周年院庆。邀请了美国著名教授江绍毅，华中科大化工学院院长解孝林，福建省其他学校化工学院院长等嘉宾，姚元坤、陈志华、郭振辉等杰出校友出席了院庆并致辞。

生物医学学院

2014 年，学院在职教职工 39 人，其中专任教师 24 人全部拥有国内外知名大学授予的博士学位。专任教师中教授（研究员）8 人，主任医师 1 人，主任药师 1 人，副教授（副研究员）8 人；博士生导师 6 人，硕士生导师 13 人。专任教师中有国家"外专千人"1 人，国家科技部科技发展战略专家 / 国际科技合作管理专家 1 人，国家外专局专家 1 人，国家科技进步二等奖获得者 1 人，教育部学位中心评审专家 1 人，"青年千人"2 人，福建省百人计划"许瑞安创新团队"1 个，福建省人民政府生物医药创新专家、顾问 1 人，"闽江学者"1 人，"桐江学者"2 人。学院还拥有阵容强大的名誉教授、兼职教授、客座教授团队，其中包括：1991 年诺贝尔生理医学奖得主、德国马普生物物理化学研究所所长、德国哥廷根大学教授厄温·内尔（Erwin Neher）、

1988 年诺贝尔化学奖得主、德国马普生化研究所所长罗伯特·胡贝尔（Robert Huber）等一批在科研第一线的国际级学术大师。

2014 年，学院在科研团队建设与人才培养成绩卓著，何春艳教授入选中组部"青年千人"计划，是生物医学学院第二位正式以华侨大学为申报单位的"青年千人"，顺利实现了为学校每年引进一名千人计划成员的目标。

2014 年"许瑞安创新团队"获得中国侨界"创新团队奖"，颁奖在北京京西宾馆隆重举行，全国政协副主席李海峰、中国侨联主席林军给获奖者颁奖。同年，崔秀灵教授荣获福建省第十二届青年科技奖与泉州市引进高层次创业创新人才称号，"许瑞安创新团队"入选华侨大学三大引领型创新团队之一。程国林入选"福建省杰出青年"培育计划、程国林和邱飞入选"华侨大学中青年教师科技创新"资助计划（培育型科技创新人才）。

学院现设有分子医学、医用化学、药物制剂、基础医学、转化医学、中医药学 6 个教研室，另有隶属教育部工程中心的分子医学、药物制剂、海洋药物 3 大研究平台。在此基础上，建设了福建省生物医药研究生创新培养基地、厦门市海洋与基因工程药物重点实验室、厦门市生物医学国际科技合作基地等省部级、市级科研机构。

2014 年"许瑞安创新团队"获得厦门市资助 400 万创建"厦门市海洋药物与功能食品科技创新公共服务平台"。2014 年经学校批准，新成立了刁勇教授领军的"华侨大学海峡两岸天然药物与功能食品研究所"，崔秀灵教授领军的"华侨大学海洋生物科技研究所"，林俊生教授领军的"华侨大学肝细胞研究所"，菲利普卡帕诺夫（Kapranov）教授领军的"华侨大学基因组学研究所"，许瑞安教授领军的"华侨大学基因编辑与基因治疗研究所"等科研机构，进一步完善了生物医学学院的整体学科建设和科研体系布局。学院与 180 医院，泉州市第三医院，晋江市医院，德化县医院等单位签订的附属医院协议，为学校临床医学本科专业的复办添砖加瓦。与澳大利亚弗林德斯大学签署了学分互认协议，为华侨大学在国际化办学进程中，又迈出了坚实的一步。

2014 年，全院获得科研经费近 3000 万元，居全校首位，其中国家级项目 10 项，包括崔秀灵教授获得海洋公益项目 1 项，许瑞安教授获得"国家科学技术学术著作出版基金委资金"项目 1 项。2014 年度共发表专著 1 部，申请专利 3 个，授权专利 1 个，发表学术论文 70 余篇，其中 SCI/SCIE/EI 类文章 30 篇；主办了中国药学学报编委年会与首届全球华侨华人有机化学学术会议。

学院现设有生物医学材料、生物化工两个二级博士点，高分子化学与物理、生物化学与分子生物学、微生物学、生物工程（专业硕士）硕士点，教育部国家高校骨干教师访问学者进修基地；拟设置分子医学（基因药物与基因治疗方向）、医学、药学、医学检测、中药学、生物医学工程、医学生物信息学 7 个本科专业。学院现有在校博士生 11 人，全日制硕士生 103 人，在职工程硕士 7 人，药学专业本科生 120 人。

2014 年仅办 2 年的药学本科参加全国 136 所药学院的药学一级学科重点学科评估名列全国第 43 名好成绩。

在药学本科生培养过程中，为学校探索本科生全英、双语、远程教学等教学新手段、新模式，引进外教为本科生授课，取得了一定的成效并积累了经验。同时，结合学院高水平科研工作，积极开展科创活动，第二十二届大学生课外学术科技作品竞赛获得特等奖；在第十二届"挑战杯"华侨大学创业计划竞赛获得金奖，三个项目入选 2014 年春季福建省大学生创新创业训练计划。2014 暑期社会实践项目"长寿村"团队晋级复审，获得 2014 年福建省大中专院校暑期"三下乡"先进个人荣誉称号。余浩同学在全国大学生英语竞赛福建赛区决赛 A 类（公共英语研究生组）摘得唯一的特等奖。

工学院

工学院成立于 2010 年，是学校为服务泉州地方经济建设、优化学科布局成立的学院。"术业专攻、崇德尚信"为工学院院训。工学院现任院长郑力新、院党委书记郑黎鸽、副院长庄铭杰。

截至 2014 年 12 月，学院有在职教职工 25 人，其中专任教师 22 人，专任教师中教授 3 人，副教授 3 人，讲师 16 人；专任教师中具有博士学位 20 人；硕士生导师 3 人。教师中福建省自动化学会常务理事 1 人、厦门自动化学会副理事长 1 人、福建省电源学会理事 1 人、福建省系统工程学会常务理事 1 人、中国人工智能学会神经网络与计算智能专业委员会秘书长 1 人、国家权威学术期刊《电波科学学报》特邀审稿专家 1 人，IEEE 会员 1 人，厦门市通信学会会员 1 人。

学院 2014 年招收本科生 172 人，硕士研究生 10 人，截至 2014 年 12 月学院共有本科生 603 人，研究生 10 人。学院设有本科专业信息工程（移动通信技术方向）、光电信息科学与工程和物联网工程，硕士研究生专业物联网工程和计算机技术。学院现下设信息科学系、物联网工程系 2 个系和华侨大学信息安全技术研究中心、华侨大学物联网技术应用研究所、华大光微研究院 3 个科研机构。张育钊任信息科学系主任、王佳斌任物联网工程系主任，郑力新兼华侨大学信息安全技术研究中心所长，王佳斌任华侨大学物联网技术应用研究所所长，庄昆杰任华大光微研究院院长。学院共有高频技术实验室、通用机房、通信原理实验室、光电实验室一、光电实验室二、数据通信实验室、物联网技术应用综合实验室、EDA 实验室、嵌入式实验室、单片机实验室、开放实验室、大学物理实验室、电子基础实验室，信号与系统及高清视频处理实验室，DSP 实验室，传感器与检测技术实验室，云计算教学实验平台，移动通信实验室等实验室。学院"雷克光微大学生校外实践教育基地"为福建省大学生省级示范基地。

2014年学院学科建设和教学科研工作稳步推进。2014年3月制订《工学院五年建设发展规划（2014~2018年）》，着力打造"物联网工程"的学科方向，下设光电信息检测处理与智能计算、网络信息安全、物联网通信3个方向，有效地融合3个专业的师资力量，争取在学科建设上取得更大突破；同月制定《华侨大学工学院科研创新团队建设管理条例》。2014年学院教师获得省部级科研课题3项、地厅级科研课题4项。

2014年5月，郑力新主持的泉州市科技计划项目"基于机器视觉的智能纺织验布设备的研究与开发"在泉州德信织造有限公司完成验收工作。王怀谦获2014年福建省新世纪优秀人才项目、第八届泉州市自然科学优秀学术论文二等奖。黄德天和唐加能获泉州市优秀人才培养专项资助，各2万元。张维纬荣获华侨大学首届专业教师教学课件制作大赛理工组二等奖。2014年3月王佳斌受聘福建省安全防范技术专家。2014年7月王佳斌获2012~2014学年华侨大学优秀教师称号、杨应强获2012~2014学年"华侨大学优秀教育工作者"称号。学院积极引导和支持广大教师申报各类教学研究项目、撰写教学研究论文和出版专业教材，全面提升学院教学研究工作水平，教研工作进展顺利。

2014年学院校企合作方面进展重大。在已有产学研合作平台上，学院继续深化产学研基地建设，贯彻"高等学校创新能力提升计划"面向区域发展的协同创新，以切实服务地方经济和社会发展为重点，充分利用学院专业与社会广泛接触的有利条件，2014年陆续开展一系列调研和对外交流活动，分别到广东珠海等地考察工业机器人生产企业，到泉州台商投资区和谐光电科技有限公司、泉州市数控一代科技创新中心参观调研并进行交流；接待台湾绿谷育成中心、台湾电力电子学会参访团访问工学院，同上述单位在专业课程设置、人才培养方案、科研合作和大学生研习基地建设等方面确定初步框架。

2014年4月，工学院同企业共同申报泉州宏泰科技电子有限公司和海西电子产业育成基地有限公司两家研究生工作站，积极构筑研究生实践教学平台、培养研究生解决实际问题的能力，促进研究生创新能力的提高，满足社会对高层次应用型人才的需要。2014年4月福建省光微电子科技有限公司捐资设立"光微奖/助学基金"15万元到位。

2014年实验室建设工作迈上新台阶。对省移动联合实验室进行设备调试，该实验室设备总价值3000多万元，服务于工学院的三个专业，提升工学院的教学、实验、科研和研究生教育水平，方便毕业生的实习和进行卓越工程师的培养。福建省科技创新平台——物联网云计算平台项目总投资500万，2014年正在积极建设、研发和调试，该平台可以支撑与物联网云计算相关的本科生和研究生课程实验和实训，并可以提供在校教师从事云计算相关的研究工作，与合作企业申报国家级和省部级的重大重点项目，提高科研的层次和水平，更好为地方经济服务。2014年新招两名实验员，有力促进实验室管理和建设的力度。

2014年院党委紧密围绕学院中心工作不断加强党建与思想政治工作。工学院党委下设5个党支部，其中教工党支部1个。教职工中，党员18人，教工党员比例60%。学生中，党员80名，学生党员比例13%。学生中入党积极分子404人，占学生总数67%。通过党的群众路线教育实践活动，形成学院领导班子定期专题研究师生问题的工作机制，努力推动学院各项事业科学发展、跨越发展。2014年学院学生党支部"师生共建科技创新平台"等2个项目获得校党委组织部立项。

2014年学院学生工作不断完善和深化"实践、服务、科创"三位一体的育人体系。2014年福建省校外实践教学基地第一期建设初步完成；深入开展暑期社会实践和服务学习活动；继续完善华大街道浔美社区共建志愿服务示范站，新建法华美社区志愿服务站；组织开展电子设计竞赛、"挑战杯"大学生课外学术作品及创业大赛、大学生创新创业训练计划立项申报和数学建模等活动，拓展工学院"光微"科技节竞赛内容，新增智能家居竞赛环节。2014年来，学生科技创新获得各项资助和荣誉共计33项。其中，大学生创新创业训练计划国家级立项资助3项，省级立项资助2项，校级1项；获得2014年福建省电子设计竞赛省二等奖1项，福建赛区三等奖2项，成功参赛奖10项。

2014年进一步推进工学院学生素质教育体系，开展丰富多彩的第二课堂文体活动。工学院艺术团下属工学院阳光合唱团和光微传奇舞蹈团获2014年迎新文艺汇演三等奖及最佳编剧奖。

2014年学生工作中涌现一大批先进个人和先进集体。陈月等6人获得国家奖学金，19人获国家励志奖学金，6人获校一等奖学金，15人获校二等奖学金，2人获得"匹克"奖学金，1人获得"轩辕种子基金"奖学金。11人获得华侨大学"三好学生"，4人获得华侨大学"优秀学生干部"。2013级信息班获得"华侨大学优秀班级"荣誉称号。

工商管理学院

工商管理学院现有6个系，拥有管理博士点1个；工商管理、管理科学与工程一级学科硕士点2个；企业管理、技术经济及管理、会计学、物流工程二级学科硕士点4个；工商管理硕士（MBA）、项目管理、物流工程专业硕士点3个；工商管理、财务管理、人力资源管理、市场营销、信息管理与信息系统、会计学、物流管理、国际商务本科专业8个。工商管理学院有省部级重点学科1个，福建省高校人文社会科学研究基地（华侨大学东方企业管理研究中心）1个，省级经管实验示范中心1个。研究机构有华侨大学华商研究院、华侨大学财税政策与管理研究中心、华侨大学人力资源管理研究中心、华侨大学信息化应用研究中心、华侨大学物流系统工程研究中心、华侨大学企业发展研究中心、华侨大学东方企业管理研究中心、华侨大学营销管理研究中心。

截至2014年12月，工商管理学院各层次全日制在校学生2703人，其中博士研究生23名，硕士研究生126名，本科生2554名。此外，在读工商管理硕士（MBA）学员591人，项目管理硕士学员106人。工商管理学院有境外本科生440人，分别来自中国香港、澳门、台湾以及马来西亚等19个国家和地区。

根据学校发展规划要求，制订工商管理学院"十三五"发展规划，明确学院学科建设目标。结合学科建设，开展华商特色研究，获批华侨大学校人文社科研究基地"华商管理研究基地"，参与《华侨华人蓝皮书（2014）》的撰写并于2014年12月在北京发行，引起海内外华侨华人的强烈反响，在蓝皮书10篇报告中，工商管理学院共有6篇研究报告入选。华商研究中心升格为校级研究院，出版《华商时代》第三期，受到了社会各界和学院师生的好评。华商研究院还以"中新网""华商时代""华侨大学报"为平台，进行了以"海外华商故事"为主题的系列访谈与撰写，举办第二届"华侨大学海外华商案例采编与分析大赛"。组织工商管理学院老师参与华侨大学海上丝绸之路研究，获华侨大学"海上丝绸之路"专项研究课题5项，其中重点课题3项。由华商研究院参与筹建华侨大学海外发展研究中心2014年11月在厦门校区揭牌；组织申报福建省人文社科基地——"海外发展研究中心"，整合相关学科资源，申请成立华侨大学商务管理研究院，并以此平台申请福建商务厅研究基地获得成功。2014年获评"福建省高校人文社会科学研究基"优秀等级。

学院修订《工商管理学院2015年研究生培养方案》《2015年工商管理学院研究生招生专业目录》和华侨大学澳门2015级企业管理专业研究生培养方案；制定《工商管理学院2015级硕士研究生指导教师遴选办法》并进行学院硕士研究生导师的遴选；修订华侨大学项目管理专业硕士培养计划；制订物流工程专业硕士培养计划。学院与厦门市国资委合作开办的第二期厦门市国有企业青年企业家MBA教育班于2014年3月开班；与泉州市国资委合作开办的华侨大学泉州国资委首期MBA班于2014年4月份开班；与厦门国资委合作的MBA班（第三期）开班；并首次与莆田市国资委合作，开设华侨大学莆田市国资委MBA班。

为加强教风学风建设，提高教学质量，2014年工商管理学院开展大范围的听课活动，由院系领导组成听课小组，所有老师都安排1~2人听课，并抽取700名学生对学院教师的教风情况进行问卷调查，同时召开学生座谈会，了解学院在本科教学过程中存在的不足与问题；制订工商管理学院八个本科专业的独立招生方案；完成2012级最后一次大类专业分流；华侨大学工商管理学院匹克集团校企联合班第一届结业；第一次接受来自德国的交换生陈曹军来校学习；开始在本学院内开设全英课程教学。开展质量工程项目的建设以及教学研究与改革项目，孙锐教学团队"有效管理者的思维方式"和张向前教学团队"组织行为与领导力"均入选大学素质教育优秀通选课。孙锐"面向'学用落差'弥合的工商管理类创新型人才培养模式改革与实践"、张向前"产学研协同，培养人力资源管理专业'双层次'创新创业型人才的研究与实践"、陈钦兰"市场营销专业人才培养综合改革"等教学团队分获福建省第七届高等教育教学成果二等奖。苏朝晖《客户关系管理（第二版）》（清华大学出版社）被列为华侨大学第二次推荐"十二五"国家级规划教材名单。衣长军教授获共青团福建省委、福建省教育厅等单位联合颁发的第五届福建青年创业良师益友奖。杨默如获华侨大学第二届青年教师"精彩一堂课"竞赛文科组一等奖，并由学校推荐参加福建省总工会、福建省教育厅举办的第二届福建省高校青年教师教学竞赛，又获省人文社会科学组二等奖；徐爱玲获华侨大学首届教学课件制作比赛特等奖。郑文智、杨默如、林春培、苏朝晖获"2012~2014学年华侨大学优秀教师"，蔡晓获"2012~2014学年华侨大学优秀教育工作者"。

根据国务院侨办（侨文函〔2014〕1号和侨文函〔2014〕26号）文件，同意华侨大学2014年在澳门举办会计学专业业余本科学历班和物流管理专业业余本科学历班，学制五年。

2014年，工商管理学院实验中心完成两个实验室专项的建设，一是中央财政专项"多元文化背景下经管类特色实验室建设"，二是学校实验室专项"创业教育虚拟仿真实验教学中心建设"，两项合计共投入经费约550万元，其中软件建设投入133.8346万元，硬件建设投入294.1379万元，基础设施建设投118.5495万元，其他项目建设4.4811万元。新建了创业管理模拟实验室、创业管理服务实验室、行为与决策实验室、案例分析研究室、财务模拟实验室等。新建的《创业管理虚拟仿真实验教学中心》网站，实现实验教学智能移动化，极大地提高实验资源的利用效率。2014年，实验中心完成本科实验教学2128学时，其中新增实验教学课时233学时；完成实验教学97945教学人时数，其中新增实验教学近30000教学人时数。

2014年，工商管理学院教师以第一作者身份发表三类及以上论文108篇，其中一类21篇，2类54篇，3类33篇；出版专著4部，教材1部。市厅级以上课题立项41项，其中国家级4项，省部级14项，市厅级23项。张向前团队申报成果"社会组织对经济社会贡献力研究"获国家民政部授予2014年"中国社会组织建设与管理"理论研究成果一等奖；张向前"基于市场竞争理论的人力资源配置研究"获得全国人事人才科研成果二等奖；张向前"海峡西岸经济区产业发展的人才研究"获中国商业联合会科学技术三等奖。2014年邀请了十几位国内外专家教授来学院讲学。2014年10月24~26日，2014中国信息经济学学术年会暨博士生论坛在厦门校区举行。

2014 年，学院预备党员培训 177 人次，发展学生党员 222 人，转正预备党员 147 人。目前，工商管理学院有党支部 30 个，现有党员 425 名，其中教师党员 67 人，学生党员 358 人。杨默如同志被评为"福建省高校优秀共产党员"。

2014 年工商管理学院学生工作成效显著。开展形式多样的培训及赛事活动。学院举办第四期学生干部培训；开办第八期业余团校；第二期"管理青春"创业训练营开班；开展阳光文化节系列活动成功举办第十二届华侨大学"挑战杯"创业计划竞赛和工商管理学院第十四届"嘉实杯"管理者挑战赛；举办第十五届"创盈杯"管理者挑战赛。以工商管理学院学生为主力的 15 支团队，代表华侨大学参加省部级大学生创业竞赛，获得了 5 银 6 铜的好成绩，并在第九届国家级竞赛中有 2 支队伍获得了全国铜奖的优异成绩。组织开展社会实践活动。2014 年共有 538 名在校境内外学生参与 76 支团队走出校园活动。同时，与学院 MBA 中心合作，选拔了 10 人贵州苗寨支教团，走进大山、走近山区孩子，历经了一次心灵触动的志愿服务之旅。隋昌鹏获中共福建省委宣传部等单位联合颁发的 2014 年福建省大中专学生志愿者暑期"三下乡"社会实践活动先进工作者。实施阳光成长助学活动。2014 年学院办理国家助学贷款学生共 76 人，累计贷款金额 4.92 万元，受国家助学贷款资助的学生占学生总人数的 6%。；共评选出 543 个阳光计划成员，有 420 人获得国家助学金资助，累计助学金额 13.04 万元；给家庭困难的学生提供 29 个勤工助学岗位。为学生搭建实习与就业平台。2014 年，工商管理学院共举办经管联合招聘会 2 场，人才市场招聘会 1 场，校友专场招聘会 2 场，企业专场招聘会 37 场；另外还积极搭建教学实习基地，目前已与泉州新华旭集团等 10 多家单位建立校企合作关系并挂牌，为学生创造更多的实习机会和就业平台。2014 届学院共有毕业生 586 人，其中博士生 9 人，研究生 4 个专业 56 人，本科 5 个专业 521 人。2014 届毕业生的总体就业率在 95.34%。

2014 年 11 月 1 日，学院举办"工商管理学院三十周年"庆典大会，来自海内外的 800 余名工商系校友参加了当日上午举行的庆典。校党委书记关一凡，原华侨大学校长、原工商管理系主任吴承业，福建省技术监督局局长、工商管理系老领导黄维礼，华侨大学副校长彭霈，原华侨大学党委书记、校友总会会长李冀闽，著名经济学家、工商管理学院名誉院长乌家培教授以及学院领导等出席庆典大会。当天下午，在陈嘉庚纪念堂三楼成立"华侨大学经管校友联合会"，黄维礼担任会长。此外，还成功举办多场"工商管理学院三十周年"院庆专题，邀请中国社会科学院研究员、《经济管理》杂志社社长周文斌，南开大学李东进教授等来校进行学术讲座。

2014 年，在华侨大学第 37 届运动会上，工商管理学院学生在男、女总分和团体总成绩方面以绝对优势占据第一，第 5 次蝉联校运动会冠军；由校教育工会主办的 2014 年全校教职工"环校跑"活动，工商管理学院荣获 2014 年华侨大学"环校跑"活动一等奖。工商管理学院举办 2014 年趣味运动会，比赛分为个体项目和团体项目，个体项目又分单人和双人，比赛的项目有"自行车慢行赛""飞镖""双星伴月""巧接炮弹""沙包攻防战"等。2014 年，工商管理学院荣获华侨大学体育工作委员会授予"2013~2014 华侨大学体育工作先进单位"。

加强师资队伍建设，坚持培养与引进并举。2014 年，工商管理学院引进青年博士 4 人、派出去访问学者 4 人，在职攻读博士 1 人，聘请英国利兹大学商学院市场营销研究中副主任吴杰为讲座教授。学院现有教职工专职教师 82 人，其中博士生导师 5 人，教授 16 人，副教授 23 人，讲师 43 人，教师中具有博士学位的 54 人。

旅游学院 / 高尔夫学院

旅游学院的前身旅游系于 1984 年 9 月经国务院侨办批准成立，是最早的全国八所旅游高等院校之一。2000 年 9 月，旅游系与工商管理系、国际经济系、管理信息科学系合并组建经济管理学院。2004 年 10 月华侨大学旅游学院正式成立。30 多年来，旅游学院办学层次不断完善，从最初只有旅游经济管理专科，到如今已经形成 1 个博士点、3 个硕士点、4 个本科专业、1 个高职专业的完整人才培养体系。

2014 年 3 月，教育部公布了《2013 年度普通高等学校本科专业备案或审批结果》（教高〔2014〕1 号），会展经济与管理本科专业获准设立，2014 年 9 月开始招生。这标志着按教育部 2012 版普通高等学校本科专业目录，旅游学院已拥有旅游管理本科一级学科下全部 3 个二级学科（旅游管理、酒店管理、会展经济与管理），成为全国为数不多的旅游管理本科学科齐全的旅游学院。人文地理与城乡规划本科专业学士学位授予门类调整为管理学。

截至 2014 年 10 月，全院共有 40 个班级，在校生 1171 人。本专科生 1055 人（其中境内生 902 人，境外生 153 人，女生 823 人），学术型硕士研究生 66 人，旅游管理专业学位硕士研究生 42 人，博士研究生 8 人，少数民族学生 103 人。

2014 年学院有教职工 45 人，其中专任教师 36 人，从中国社会科学院相关研究所引进博士人才 2 人，招聘实验员（项目制）2 人。谢朝武副教授入选华侨大学哲学社会科学"百名优秀学者培育计划"（第二层次），获得 60 万资助经费。学院聘任北京大学北京大学城市与环境学院吴必虎教授、北京联合大学旅游学院副院长兼《旅游学刊》主编张凌云教授为华侨大学兼职教授。受省教育工委选派，旅游管理硕士中心副主任张慧副教授于 2014 年 7 月参加莆田湄洲岛国家旅游度假区科技服务团。经中共福建省委组织部研究同意，张慧副教授挂职任莆田湄洲岛国家旅游度假区管委会旅游局副局长。

2014 年教学成果丰硕。黄远水、汪京强、郑向敏等 8 位教师主持的"构建实践创新平台，增强学生实战能力，培养卓越旅游人才"项目获得省第七届高等教育教学成果一等奖。陈金华等 7 位教师主持的"资源环境与城乡规划管理专业旅游规划与管理应用型人才培养模式探索"项目和黄远水教授编著的《中国旅游地理》（教材）获得福建省第七届高等教育教学成果二等奖。曾怡、林美珍获全英文课程授课教师资格。国家级旅游实验教学示范中心探索科研型实验室建设，设立神经旅游学实验室，聘请浙江大学管理科学与工程国家一级学科学术带头人、博士生导师、浙江大学神经管理学实验室主任马庆国教授担任首任主任。2014年5月郑向敏教授受邀担任第六届全国旅游院校服务技能（导游服务）大赛总裁判长，汪京强高级实验师受邀担任大赛普通话讲解组裁判长，范向丽讲师受邀担任大赛英语讲解组评委。此大赛由中国旅游协会旅游教育分会主办，是国内旅游院校最高级别的旅游赛事，共有来自全国30个省（自治区、直辖市）的300多所旅游院校近千名选手报名参加。

2014年10月，学校调整了科研机构，旅游学院增设院属科研机构旅游安全与风险研究中心，与中国旅游研究院旅游安全研究基地共建（一套人马两块牌子）。调整后的科研机构有校属挂靠科研机构2个，分别为海峡旅游发展研究院、闽澳研究所，院属科研机构6个，分别为旅游科学研究所、旅游规划与景区发展研究中心、酒店管理国际研究中心、旅游与服务管理研究中心、景观规划设计中心、旅游安全与风险研究中心。

旅游安全研究成果全国领先。2014年4月，旅游安全研究基地与惠安边防大队正式签订"旅游警务"共建协议，并在崇武边防派出所设立研究生工作站。6月27日，由旅游学院郑向敏、谢朝武主编的《旅游安全蓝皮书：中国旅游安全研究报告（2014）》在陈嘉庚纪念堂科学厅发布，张禹东副校长主持发布会。这是旅游学院自2012年起编写的第三部旅游安全蓝皮书。《中国旅游安全报告》（2012）荣获2014年国家旅游局优秀旅游学术成果奖（研究报告类）一等奖。博士生邹永广"目的地旅游安全评价与预警研究"获得2014年度福建省社会科学规划项目（青年博士论文项目）立项。谢朝武副教授受聘《中国旅游报》特约评论员，发表5篇旅游安全评论文章，在全国旅游行业获得广泛关注。

旅游安全高峰论坛吸引国内众多专家学者。11月9日，由旅游学院、中国旅游研究院旅游安全研究基地联合举办的2014年"中国旅游安全高峰论坛"在陈嘉庚纪念堂科学厅召开。清华大学公共安全研究院院长范维澄院士、中国旅游研究院院长戴斌教授、华侨大学副校长曾路教授、中国旅游研究院旅游政策与发展战略研究所所长宋子千副研究员、国家旅游局政策法规司郭志平、水利部水利风景区建设与管理领导小组办公室副处长董青、福建省旅游局行业管理处处长王祥银、中国旅游安全研究基地主任郑向敏教授、南京大学旅游研究所所长张捷教授、泉州边防支队司令部兰建发参谋长等出席论坛。大会由华侨大学旅游学院院长黄远水教授主持。本次论坛发布了2014~2015《旅游安全蓝皮书》选题，并就中国旅游安全风险与治理以及旅游安全领域若干重大理论与实践问题进行研讨，吸引了旅游学界众多专家学者的参与。本次论坛是旅游学院 30 周年院庆系列活动之一。范维澄院士受聘旅游安全研究基地学术委员会名誉主任，戴斌教授受聘旅游安全研究基地学术委员会主任。

科研立项取得新突破。林美珍副教授的课题"服务性企业授权型领导的培养与作用机制研究"获立 2014 年国家自然科学基金立项（批准编号：71402059），这是旅游学院教师首次获国家自然科学基金立项，实现了旅游学院国家自然基金项目零突破。2014 年福建省社科基金项目立项 3 项，立项数创历年新高；获福建省自然科学基金立项 1 项；2014 年国家旅游局科研立项课题面上项目立项 1 项；福建省教育厅中青年教育科研项目获立项 2 项、福建省旅游局课题立项 2 项、福建省教育科学"十二五"规划项目获立项 3 项、泉州市社科基金立项 3 项，其他校级课题立项 6 项。2014 年承担省内外旅游发展规划、景区景观规划等项目 39 项，横向项目到款 170 多万元。

科研成果丰硕。2014 年 1 月泉州市人民政府发布通报表彰泉州市第五届社会科学优秀成果奖，旅游学院 5 项成果获表彰，其中二等奖 2 项（谢朝武副教授的论文《旅客感知服务质量与体验质量的界面驱动机制研究》、方旭红副教授的著作《集聚·分化·整合：1927~1937 年苏州城市化研究》），三等奖 2 项（周春梅副教授的论文《国有上市公司投资行为异化：投资过度抑或投资不足——基于政府干预角度的实证研究》、张慧、周春梅副教授的论文《我国旅游上市公司经营业绩的评价与比较——基于因子分析和聚类分析的综合研究》），佳作奖 1 项（谢朝武副教授的论文《我国高风险旅游项目的安全管理体系研究》）。张慧《我国旅游上市公司经营业绩的评价与比较——基于因子分析和聚类分析的综合研究》获 2014 年国家旅游局优秀旅游学术成果奖（学术论文类）优秀奖。

积极开展国际化办学，推进与境外高校交换实习生、交换学生工作，从国际化层面培养高级旅游管理人才。8 名学生赴台湾义守大学、东海大学交换学习，2 名学生赴澳门旅游学院交换学习，11 名学生赴泰国庄甲盛大学、博仁大学交换实习。泰国皇家庄甲盛·叻嚓帕大学与博仁大学 10 名学生到我校实习。与美国关岛大学签订了互免学费交换学生计划，2011 级酒店管理专业 4 名学生于 2 月 6 日前往美国关岛大学进行为期一学期的学习交流。2 月 28 日美国关岛大学首批两位交换生（Edlyn Gmu F.Taimanao 和 Marly Anne Lacaden）到旅游学院学习。这是华侨大学接收的首批欧美高校交换生。旅游学院 7 名教师专门为两位学生开设了 8 门英文课程。

办学 30 周年庆典活动圆满成功。11 月 8 日旅游学院建院（系）三十周年庆典大会在陈嘉庚纪念堂观众厅举行，来自海内外的 200 多名旅游学院校友参加庆典大会。贾益民校长发来贺电，在贺电中对旅游学院做出的突出贡献表示肯定，为旅游学院建院 30 年来所走过的路程、所取得的成绩感到骄傲，并希望旅游学院在未来的发展中更加奋发勇为，再创佳绩。校党委书记关一凡等出席大会，并致辞。关一凡对旅游学院历任院系领导及领导班子、曾经和现在在旅游学院工作过的全体教职员工、历届校友所付出的努力及取得的成果表示肯定，并希望学院"立足新起点，谋划新发展，开创新局面"。旅游学院院长黄远水对学校领导、学院老师以及广大校友对旅游学院的关心与支持表示衷心的感谢。庆典大会由旅游学院党委书记邱志荣主持。

党群工作成绩显著。"言党恩，促发展——'先锋论坛'系列活动"和"学党史，知党情——'红旗学坛'系列活动"获校党委组织部支部立项。杨璟、吴贵华老师参加学校首届专业教师教学课件制作大赛（文科组）复赛，获得大赛二等奖，吴耿安老师获得三等奖。校教育工会公布了2014年度党政工共建"教工小家"课题验收结果，旅游学院立项课题"'青年教师大练兵，技能竞赛展风采'——旅游学院青年教师岗位技能竞赛"获一等奖。党委秘书林荣策老师撰写的论文《大学生社会主义核心价值观培育和践行的思考—基于福建3所本科高校调查》获得2014年厦门市思想政治工作研究会和第十七届"求索杯"思政政治工作论文二等奖。学院团委首度获评华侨大学"五四红旗团委"，8名学生获评校"优秀共青团干部"称号、17名学生获评校"优秀共青团员"称号。

学生课外活动丰富多彩。成功举办华侨大学第19届旅游创新实践技能大赛，创新开展"我们旅游吧"文化教育活动，通过举办"心随motion"迎新生晚会、"旅游杯"篮球赛、辩论赛、心理情景剧比赛、"梦想起航"班班有歌声合唱比赛暨总结表彰大会等一系列活动提升校园文化品位，丰富学生精神生活。组织学生参加2014年"我的中国梦"华侨大学纪念五四运动95周年暨澳门回顾15周年合唱比赛并喜获二等奖；在"爱我中华"一二·九新生文艺汇演中，选送的三个节目分别获得声乐类一等奖、器乐类一等奖、舞蹈类优秀奖及最佳编创奖，实现四连冠，并获得优秀组织奖。在第37届校运会中，运动健儿顽强拼搏，包揽了学生男女组百米大赛冠军、万米接力第三名，游泳比赛亚军，足球赛亚军，并最终荣获团体总分第三名的优异成绩，再捧体育道德风尚奖。

学生科技创新、社会实践成绩突出。在2014年大学生创新创业项目立项活动中，获国家级立项5项，省级立项7项，校级立项15项，占全校立项总数的12.6%；在全国餐旅类创业大赛中获得二等奖，在第四届"全国大学生红色旅游线路设计大赛"中获优秀奖；研究生团队《丰泽区半亩方塘策划设计工作室——生态旅游规划与绿色景观设计项目》荣获全国挑战杯比赛铜奖、福建省首届"创青春"福建大学生创业大赛金奖，获得10万元资助并获得"创业之星标兵"称号。2014年共申报暑期社会实践团队70支，参与人数达700多人，其中有66支团队获学校立项资助。孙嘉悦获评2014年福建省大中专学生暑期"三下乡"社会实践先进个人称号，"宁德环三都澳地区鱼排上渔民的生活现状调查研究实践团"等13支团队获评校先进社会实践团队，郝诗雨等100人次获校社会实践积极分子称号。2014年学院共有9名学生获得国家奖学金，30名学生获得国家励志奖学金，50余名境外生获得港澳台及华侨学生奖学金。

公共管理学院

公共管理学院，具有 50 多年的悠久历史，其前身是政治系，创建于 1962 年，是华侨大学首批成立的院系之一。经历了多次院系调整，到 2009 年 9 月重新组建公共管理学院，2012 年 7 月将思想政治理论课教研部教学和学科建设等职能剥离，形成目前的学院状况。

公共管理学院涵盖公共管理学、政治学两大学科；拥有科学社会主义与国际共产主义运动博士点；一级学科公共管理硕士（MPA）专业学位点和一级学科政治学硕士点（下设 7 个硕士学位点），一个行政管理硕士学位点，以及行政管理、公共事业管理、土地资源管理、城市管理 4 个本科专业，具备从本科教育到博士教育的完整的人才培养体系。

学院设有一个公共管理硕士（MPA）专业学位教育中心，行政管理系、公共事业管理系、土地资源和城市管理系 3 个系和一个公共管理案例与实验中心教学机构，以及政治科学研究中心、科学社会主义中心、海西公共治理研究中心及国际政治与公共政策研究中心等研究机构。学院现有在校生 1500 人，其中本科生 726 人，学术型博士、硕士研究生 784 人。

学院拥有一支结构合理、富有创造力的教师队伍。现有教职工 45 人，其中专任教师 35 名，其中教授 8 名、副教授 9 名；具有博士学位的教师占 69%，并设有名誉教授、兼职教授和客座教授 10 余人。近年来，学院教师在学术研究和为社会服务方面取得了丰硕的成果，承担大量的国家级项目、省部级项目和各级各类合作项目；2014 年，在国内外重要学术刊物发表在公开期刊发表论文 20 篇，其中一类 B4 篇，二类 A9 篇，二类 B4 篇，三类 A3 篇；在各类重要科研项目申报立项上也屡创佳绩，获得国家社科基金项目 1 项，国家自然科学基金项目 1 项，教育部人文社科项目 1 项，福建省社科项目 6 项。此外，共有 2 项成果获福建省第十届社会科学优秀成果奖，10 项成果获泉州市第五届社会科学优秀成果奖。入选"福建省高校新世纪优秀人才计划"1 人。

学院高度重视学生工作，尤其重视学生综合素质的培养。2014 年，学院学生有 13 个项目获校级以上大学生创新项目立项，其中国家级 1 项、省级 3 项、校级 9 项；2 支团队入选康桥学生科创基金重点项目；3 支团队在第二十届"挑战杯"华侨大学学生课外学术科技作品竞赛中获奖，其中，一等奖 1 项、三等奖 2 项；获得校社会实践调查大赛立项 23 项；获得校团委组织的暑期社会实践项目 21 项，4 支团队获校社会实践优秀团队，6 篇论文被评为 2013~2014 学年暑期社会实践优秀论文。卓密密、刘秋芳、张晓坤、廖雨维被评为校"优秀青年志愿者"。另有 5 名学生分别在国家和福建省大学生英语竞赛中获奖，8 名学生获得国家奖学金，21 名学生获国家励志奖学金，

13 名学生获教育部港澳及华侨学生奖学金，32 学生获得校级奖学金；8 名学生获评校优秀学生干部，15 名学生获评校三好学生，6 名学生获评校优秀共青团干部，13 名学生获评校优秀共青团员。2014 年学院共选派了 7 名同学分赴西安交通大学、台湾淡江大学、台北教育大学等高校交流学习。截至 2014 年 12 月，学院年终就业率达 98%，完成了学校学院的就业工作目标。

学院注重校园文化活动，学院学生在 2014 年"我与中国梦"华侨大学纪念五四运动 95 周年暨澳门回归 15 周年合唱比赛中取得三等奖；在校第三十七届田径运动会获得"道德风尚奖"等 5 个学生团体奖项，有 9 名同学取得田径个人单项第一名、多名同学取得田径个人单项前 8 名；选送的节目在校一二·九晚会中获曲艺类非专业组一等奖和最佳编创奖；策划举办的"道德讲坛"、"我与道德同行"、"根在中国—体验中国文化之旅活动"、"心存感恩，青春飞扬"阳光文化节活动均获校级立项。

在加强党建与思想政治工作方面，学院继续学习贯彻党的十八大四中全会精神，进一步落实习近平总书记"五四"重要讲话精神，贯彻团十七大会议精神，开展了"我与道德同行"系列主题教育实践活动。加强理论学习。2014 年 12 月 16 日，学院党委邀请法学院院长许少波教授做主题为《全面推进依法治国的理论逻辑》的专题讲座，带领全体党政领导、系主任、师生党员，学习十八届四中全会精神。同时，坚持以学风建设为抓手，以深入学习贯彻党的十八届四中全会精神和新生入学教育为契机，依托第一课堂，结合第二课堂，开展了"诚信我先行""党员在我身边""优秀学生表彰"等形式多样的主题教育活动，充分发挥了榜样示范的带动作用，加强了青年学生们的理想信念教育。

长期以来，学院致力于同国内外同行的交流合作，聘请国内外相关领域专家莅院讲学，积极参与相关学术会议，进行校际交流，提高国际化办学水平也是学院的办学目标之一。学院邀请北京大学孔凡军教授、《学术研究》杂志主编何蔚荣、南京大学周晓虹教授、人社部梁江处长等 6 位专家学者来院讲学，取得了很好的交流效果，进一步激发了学院公共管理和政治学学科教师们的教学科研热情。首都经贸大学城市经济与公共管理学院、长江师范学院政治与历史学院等兄弟院校来学院展开交流。学院着力推动本院教师队伍的国际化和外联外访工作，有 2 位教师赴美国高校交流访学，1 位教师从瑞士伯尔尼大学交流访学归来，3 位教师赴台湾空中大学等高校参访。

为迎接国家公共管理硕士专业学位（MPA）教学合格评估，2014 年 6 月学院召开 MPA 教育中心专业学位迎评工作动员大会，并多次进行 MPA 教育教学管理专题研讨会。学院积极参与社会服务方面，5 月学院承办广州市侨务干部培训班，来自广州市、区、镇 26 个单位的 44 名侨务干部参加了培训，培训取得圆满成功。

体育学院

体育学院成立于 2006 年，其前身为华侨大学体育部，于 2008 年面向海内外招生；2013 年学院获批体育产业管理硕士点，于 2014 年面向海内外招收研究生。

2014 年学院积极开展教学质量工程建设，目前学院拥有省级精品课程和省级教学团队各 1 个，有 1 名教师荣膺"福建省优秀教师"称号。学院教改项目《华侨大学"竞教结合"篮球竞技人才培养体系建设与实践》荣获福建省第七届高等教育教学成果特等奖。华侨大学连续三次被授予全国"贯彻《学校体育工作条例》优秀高等学校"荣誉称号，曾获得"全国群众体育活动先进单位"称号。

学院领导班子为：程一辉担任院长，主持学院全面工作；赖志淮担任党委副书记，负责党建工作、学生工作，分管工会、办公室、团委；王振担任副院长，负责教学、科研、实验室，分管体育教学部、大学体育（一）部；吴桂宁担任副院长负责竞赛训练、运动场馆建设，分管大学体育（二）部。

学院有 50 名教师，其中教授 4 人，副教授 16 人，博士 7 人，在读博士 1 人，拥有 10 多名国际级、国家级裁判员。2014 年，学院共发表学术论文 20 余篇，其中包括《体育科学》在内的核心期刊 10 多篇。2014 年，学院多项教学成果获奖，《华侨大学体育学专业实验教学的实践创新与改革》《侨校民族传统体育人才培养模式的研究与实践》《体验式健身健美体育课程模式的构建与实践》荣获学校教学成果一等奖。另外，学院拥有省级精品课程《户外运动》《基于 WEB 的定向运动网络辅助教学应用探讨》《基于大学生健康促进的公共体育课程体系改革研究》《大华文教育背景下海外中华才艺（龙舟）人才培养模式研究》等学校教学改革项目。学院教师在培养学生体育技能的同时，还注重培养学生紧跟时代的创新思维，学院教师指导的大学生科技创新项目《肺通气功能及身体成分与有氧耐力之间的关系研究》于 2014 年立项。

学院共有 4 个本科专业即体育教育专业篮球等竞技体育方向、休闲体育方向、民族传统体育方向和海外体育教育方向。

竞技体育运动和民族传统体育项目是学院的核心优势所在。其中男子篮球队勇夺九届 CUBA 总冠军，实现了"四连冠"，成就了"九冠王"。CBA-CUBA 青年篮球对抗赛中夺得一次冠军，两次亚军。2014 年 9 月华侨大学男篮代表中国大学生队参加第二届世界大学生 3 对 3 篮球锦标赛取得前八名，个人单项投篮比赛第一名。2014 年华侨大学男篮获得 2014 年世界华侨华人篮球赛冠军。华侨大学羽毛球队与"八一"队、厦门体工队的共建成果卓著，在参加全国第八届至第十四届大学生羽毛球锦标赛中摘金夺银。2014 年学校足球队获得福建赛区冠军，并闯进 2013~2014 年中国大五联赛八强，6 月获得中国大学生校园足球联赛全国总决赛第六名；学校女子龙舟队在第四届大学生龙舟锦标赛中取得第四名，2014 年华侨大学龙舟队首战中国龙舟公开赛获总成绩第八名；学校舞龙队获得第六届全国大学生舞龙舞狮锦标赛规定套路冠军，自选套路亚军。学校田径、游泳健儿在福建省、全国大学生各类比赛中摘金夺银，得到了业内人士的一致好评。2014年学校黄伟鹏同学在7月17日进行的中国大学生游泳锦标赛男子50米蝶泳决赛中以28秒54的成绩夺得冠军，并打破该项目纪录；2014年学校田径队参加第十三届全国大学生田径锦标赛获一银二铜。

体育学院是国务院侨办、中国海外交流协会的中华才艺（龙舟）培训基地，是国侨办在全国范围内设立的第一家培训海外华侨华人龙舟竞渡选手的基地。2014年成功举办世界华侨华人篮球赛，在海内外引起了很大的反响。学院还承办了2014年中国大学生 CUBA 篮球夏令营暨裁判员培训班，活动为期10天，来自全国高校16支男女代表队的340多名教练员、运动员、裁判员等参加了比赛交流和专业学习。通过举办的 CUBA 注册国家一级篮球裁判员培训和考试，提高其在篮球技战术训练、临场比赛以及裁判规则等方面技能。另外，学院每年派3~5批教师赴国外参加以传播中华传统体育文化为主题的"中华大乐园"等活动，为海外华侨华人了解和学习中华文化打开了一扇窗。

近年来，学院除了继续保持在竞技体育和民族传统体育上的优势以外，每年还积极参与高级别的体育赛事和活动的举办和承办。如：CUBA 四强赛、CUBA 十六强赛、CUBA 冬令营和海外华人文化社团中华才艺（龙舟）培训班等赛事和活动。经国际大学生体育联合会批准，从2015年开始学校获得世界大学生3对3篮球联赛总决赛的长期承办资格，为学院进一步拓宽海内外影响力产生了积极的推动作用。

体育学院将秉承"和谐、拼搏、创新"和"更高、更快、更强"的理念，牢固树立"健康第一"的指导思想，以"学科创特色，教学上水平，科研增实力，竞技铸品牌，群体促健康，创新求发展"的思路，力创华侨高等教育体育事业的新辉煌。

泛华学院

泛华学院设在华侨大学厦门校区，为方便泉州校区学生的上课，学院在泉州校区设有教学点。华侨大学副校长吴季怀教授担任泛华学院理事会理事长，华侨大学校董会副董事长、印尼华侨、福建泛华矿业股份有限公司董事长林昌华先生任名誉院长，现任院长陈庆俊研究员，副院长陈世卿、武毅，学院包括理事会、院办、印尼语教研室等机构。

泛华学院定向印尼特色班于2012年秋开始招生，目前在校生所涉及专业包括：材料科学与工程、应用化学、新型功能材料、环境工程、化学工程与工艺能源化工、国际经济与贸易、物流管理、工商管理、汉语言文学、广告学、广播电视新闻学、国际经济与贸易、日语。先后已有4批45名毕业生被在印尼的中、侨资企业录用。这些毕业生因专业和印尼语俱佳而普遍受到用人单位的青睐。2014年泛华学院继续其特色化办学工作思路开展各项工作。

2014 年 3 月 17 日，泛华学院"印尼语角"活动在厦门校区举办。这项活动是印尼语教学的补充，邀请在厦门校区的印尼留学生和外国政府班的学员参加。

2014 年 4 月 25 日，泛华学院组织师生参加"2014 美好印尼——印尼之夜"活动。这项活动每年由在校的印尼留学生在华文学院校区举办，学生们观看印尼舞蹈、听印尼音乐、品尝印尼美食。

2014 年 5 月 11 日，泛华学院在厦门校区举办关于矿产资源基础知识的学术讲座。其目的是扩展泛华学生对矿藏知识的了解，为将来服务在印尼的中、侨资企业打下基础。

2014 年 5 月 11 日，泛华学院第二届印尼语演讲比赛决赛于厦门校区王源兴国际会议中心举行。学院邀请在校学习的印尼穆斯林青年骨干班的学员和政府官员班的学员作为评委，福建泛华矿业集团委派武毅到现场为获奖者颁发奖金。

2014 年 6 月 30 日，泛华学院第二届毕业生欢送活动在林广场学术交流中心顺利举办。本届共有 12 名毕业生分别到中侨资企业（主要是泛华矿业集团、青山国际、印尼世界日报社等）工作，毕业生欢送会还包括印尼穆斯林青年干部班的 11 位学员。

2014 年 7 月 11 日，经学校决定泛华学院和厦航学院合署办公，"两块牌子，一套班子"。

2014 年 10 月 17 日，泛华学院 2014 年定向印尼选拔学生工作拉开帷幕。由于在印尼的中、侨资企业普遍面临转型，因此泛华学院主动顺应形势，缩小招生规模，只在泉州校区招收 1 个班级。

2014 年 11 月 7 日，泛华学院师生参加华侨大学第 36 届田径运动会。泛华学院与厦航学院师生共同组成方队参加校运会开幕式。

2014 年 11 月 7 日，华侨大学第二届泛华优秀学生奖学金举行颁奖大会。本次共有 28 位学生获奖，奖次分别为；特等奖 1 人（每人 7000 元），一等奖 4 人（每人 3000 元），二等奖 9 人（每人 2000 元），三等奖 14 人（每人 1000 元）。

厦航学院

厦航学院成立于 2012 年 12 月，是华侨大学教学科研单位，专门负责华侨大学与厦门航空有限公司合作办学的教学组织与管理工作。厦航学院与泛华学院合署办公，学院设在华侨大学厦门校区。

学院始终依托学科特点，发挥学校综合优势，优化教师队伍，精心组织教学；聘请国内外航空领域的专家、资深业内人士担任教学、实训工作，理论与实践结合，实现学生从学校到企业的无缝对接的培养目标。厦航学院全面整合华侨大学各专业办学力量，借助厦门航空有限公司在业界的良好声誉，充分利用厦航的人才资源，先后开办了酒店管理和应用电子技术 2 个专业。2014 年 9 月，厦航学院开始招收音乐与舞蹈表演（礼仪与航空服务）本科专业的学生。

2014 年 7 月 18 日校长贾益民、副校长吴季怀，校长助理彭霈，校长办公室、发展规划处、教务处、财务处、学生处、后勤资产管理处、实验室与设备管理处等部门负责人，前往厦航学院现场办公。会议决定：厦航学院应立足与企业（厦门航空有限公司）合作，采用企业化运行管理模式，教师从校企或校外聘用，教学以实践性教学为主，对学生采用准军事化管理，注重实践能力和多种语言沟通与交流的培养，学校将从财力、人力、物力等方面支持厦航学院的办学。

9 月 9 日，副校长吴季怀带队前往厦门航空公司与厦航共商华侨大学厦航学院的办学事宜。厦门航空副总经理蔡城堡率人力资源部、培训部等部门领导参加座谈。双方同意每年设立一个主题活动日，将厦航的企业文化介绍给华大学生，并将华侨大学"多元的校园文化"分享给厦航的员工；华侨大学可以聘请厦航的资深高管担任兼职教师；厦门航空愿意接受厦航学院的教师前往公司接受专业培训；厦航在华大设立奖学金，提请华大拟出奖学金的用途以及实施方案等。

学院于 9 月 21 日举行开学典礼，首批音乐与舞蹈表演（礼仪与航空服务）本科专业的学生共 49 名。副校长吴季怀和黄海城共同为厦航学院正式开办揭牌，开启厦航学院的本科教学工作。

10 月 8 日，学院组织新生入学教育，军训的活动之后，教学工作正式展开。学院开设了大学英语、中国近代史纲、计算机基础等公共课，艺术史论、舞蹈基础训练、化妆与礼仪等专业基础课；闽南语入门特色课程、昂克隆演奏等 17 门课程。学院分别聘请学校音乐舞蹈学院、计算机学院、外语学院以及厦门理工、集美大学和厦航空乘部的教师参与教学。11 月 29 日，学院与学校实验室与设备管理处、基建处共同论证厦航学院实训中心的项目建设，规划出学院实训中心的建设项目。12 月中旬，实验室舱门训练器和机舱等项目正式开标，开始向社会招聘实验室工作人员，实验室工作开始有条不紊的展开。

2014 年 10 月 8 日，学院团委正式成立（华大团〔2014〕26 号），正式开展团的工作，发挥学生会团员在准军事化管理中的作用。11 月 7 厦航学院首次参加华侨大学校运会，荣获体育道德风尚奖，音乐表演（礼仪与航空服务）班荣获优秀班级奖。

11 月 21 日，学院主题厦航系列讲座在王源兴国际会议中心 G203 举行，邀请厦航空乘部、人力资源部等部门领导介绍厦航的历史和企业文化，让学生对厦航的企业文化有所了解，提前融入厦航文化中去。12 月 9 日，学院学生组织志愿服务活动，每周 4 天在厦门校区校车站台引导服务，培养学生服务意识，提升学生职业素养，也是学院教学实践环节的重要组成部分。

继续教育学院

（请参见本书教育教学——继续教育部分）

研究院

华侨华人研究院

华侨大学是改革开放以后国内最早专门设立华侨华人研究机构的高等院校之一。1980年，华侨大学设立校属华侨史研究室。1986年，华侨史研究室升格为华侨研究所。1995年，华侨研究所改称华侨华人研究所。2009年9月，华侨大学在整合华侨华人研究所、华侨华人资料中心和四端文物馆的基础上，成立华侨华人研究院，并作为学校重点发展的科研机构。2014年3月，学校决定在华侨华人研究院的基础上组建国际关系研究院，重点推进周边外交和亚太区域关系研究。华侨华人研究院／国际关系研究院现已成为集华侨华人与国际问题研究，人才培养与政策咨询，华侨华人资料搜集与收藏，华侨华人文物展示于一体的综合性学术研究机构，是中国政府侨务工作的重要智囊机构。

研究院下设华侨华人史研究中心、华侨华人社会文化研究中心、侨乡研究中心、侨情与侨务理论研究中心、国际移民研究中心、华侨华人资料中心及四端文物馆。研究院现招收国际关系理论与实践、华人文化两个专业方向的博士研究生，设有专门史、国际关系和侨务政策与理论3个二级学科硕士学位点。

研究院现有教师20名，其中教授3人，副教授4人，博士学位者16人，讲座教授1人，特聘教授2人。国际关系研究院名誉院长为李肇星教授，华侨华人研究院名誉院长为丘进教授。国际关系研究院现任院长为何亚非教授，华侨华人研究院院长为张禹东教授。

研究院积极开展对外交流活动。2014年研究院获得财政部、国侨办重大课题6项，出版专著3部，在多种专业学术期刊发表研究论文。

2014年5月27日，由华侨大学华侨华人研究院／国际关系研究院、察哈尔学会、华侨大学侨务公共外交研究所主办，国务院侨办政策法规司、中国公共外交协会、中国东南亚学会支持，"华侨华人与中国周边公共外交研讨会"在华侨大学王源兴国际会议中心开幕。国务院侨办副主任、华侨大学国际关系研究院院长何亚非，中国公共外交协会副会长张九桓，国侨办政法司副司长何文格，察哈尔学会秘书长柯银斌，华侨大学校长贾益民、党委书记关一凡，社会科学文献出版社社长谢寿光，中国东南亚学会会长、华侨大学讲座教授庄国土，中国新闻社福建分社社长徐德金，及来自34家政府部门、社会组织、研究机构、高校的70余名专家学者出席开幕式。华侨大学副校长张禹东主持开幕式。研讨会围绕中国侨务公共外交、中国周边外交、周边国家华侨华人的现状与趋势、华侨华人研究与国际关系研究的关联性及相关问题的对策性研究，试图建立智库与学理性研究的结合，是一次多学科之间共同聚焦于华侨华人和国际关系研究领域的尝试，标志着华侨华人研究将成为国际关系研究一个重要的学术增长点，推动中国国际关系及中国外交的研究。

2014年7月学院与砂拉越华族文化协会于砂拉越州诗巫举行合作协议签约仪式，在人员互访、资料搜集、华人研究等方面将进一步加强交流及合作。马来西亚丹斯里许子根博士、中国华侨华人历史研究所所长张春旺一行、闽都文化研究会会长练知轩一行、华侨大学校董杜祖贻、香港中文大学麦继强教授、新加坡南洋理工大学梁荣基副教授等先后莅院进行学术交流。

2014年8月7日至9日，由华侨大学与泰国国家研究院、泰中文化经济协会、中国驻泰国大使馆联合主办的第三届中泰战略研讨会在泰国曼谷隆重召开。会上有逾百名来自中泰两国的学者、官员以及相关机构、企业界人士参加。东盟前秘书长素林（Surin Pitsuwan）博士、泰国前副总理颂奇·乍都西披他（Somkid Jatusripitak）博士、泰国研究院秘书长苏提蓬（Soottiporn Chittmittrapap）博士，泰中文化经济协会主席颇欣（Pokin Palakul），泰国国家研究院政治科学与公共管理学部主席力基（Likhit Dhiravegin）博士，盘谷银行公共公司国际银行集团执行副总裁库博萨（Kobsak Pootrakool）博士等参加会议，分别在开幕式上致辞并发表主题演讲。中国外交部亚洲事务特使、中国外交部前副部长王英凡先生，华侨大学讲座教授、中国东南亚学会会长庄国土教授等中国重量级人物也参加研讨会并发表主题演讲。

研究院配合基建处做好四端文物馆新馆、典藏室及修复室的建设工作，于2014年11月23日在校董事会召开期间举行开馆仪式。香港中文大学教授麦继强再向文物馆捐赠文物245件，另有400余件文物将陆续捐赠于文物馆；并配合开展全国可移动文物普查工作的馆藏品登录及文物鉴定工作。

2014年11月27日，研究院完成华侨华人资料中心隔断门的改造、门禁系统和书库监控系统的安装；完成国际著名经济学家、美籍华人郑竹园教授捐赠期刊4000余册、图书200余册的登录工作；接收马来西亚侨史学者陈剑虹捐赠约2000册图书，及张禹东教授捐赠500余册图书的捐赠工作。2014年12月17日，研究院与中共集美区委宣传部、集美区社科联联合举办2014年集美社科论坛暨第一届集美侨乡文化研讨会。

2014年12月22日《华侨华人蓝皮书：华侨华人研究报告（2014）》发布会在北京举行。发布会由国务院侨务办公室、华侨大学、社会科学文献出版社联合主办，是国务院侨务办公室首次作为蓝皮书发布会的主办方。国务院侨务办公室副主任、中国海外交流协会副会长何亚非，蓝皮书主编、华侨大学校长贾益民教授，社会科学文献出版社社长谢寿光教授、华侨大学副校长曾路教授、国务院侨办专家咨询委员会委员、清华大学华商研究中心主任龙登高教授、华侨华人研究专家北京大学历史系吴小安教授以及国侨办有关司局、华侨华人研究相关学科领域和社科文献出版社等有关领导和专家学者出席发布会。华侨大学华侨华人研究院院长张禹东教授主持发布会。研讨会以"2015年：中国—东盟关系的现状与展望"为主题。中泰两国学者就中国—东盟关系以及双方关系中的贸易、财政和金融问题，商业与投资，软实力、和平与安全问题，文化、艺术与教育，旅游、法律、能源和科学技术等多个领域进行了深入的讨论与交流。会议还专门就"中国与东盟'钻石十年'：泰国作为协调者的角色"组织了高层次讨论会，为推进中国和东盟进一步深化合作提供科学的决策依据与路径探索。《人民日报》、新华网、中新社、中央电视台、中央人民广播电台、中国国际广播电台、《中国日报》、《光明日报》等20多家境内外媒体到现场进行采访报道。研究院主导编纂和出版的《华侨华人蓝皮书（2014）》，荣获2014年第五届"优秀蓝皮书奖"。

研究院加强支部建设，充分发挥支部战斗堡垒作用。做好入党积极分子的教育、培养和考察工作及预备党员的转正工作；认真组织积极分子和预备党员参加党校培训；根据《中共华侨大学委员会处置不合格党员工作实施方案》文件精神，部署和组织党员专题动员并学习，开展党员自评、党员互评、党员民主测评民主评议工作。按照中共华侨大学机关党委《关于做好各党支部调整换届工作的通知》，完成新一届支部委员会选举换届工作。

研究院先后邀请国际知名侨史专家包乐史、马来西亚南方大学学院副校长何启良教授莅院讲学，邀请马来西亚拉曼大学黄文斌副教授莅院短期访学并授课；2014年组织学生社会实践团队申报立项；指导研究生会与华侨华人文化促进协会联合举办第二届华侨华人文化印象展、圣诞漫游夜境内外生联谊晚会。组织学生前往泉州考察文化民俗和人文历史；举办学生参加"华研杯"辩论赛，荣获辩论赛"最佳组织奖"；研究院认真做好2014级新生的迎新工作，开展新生入学教育。举办新老生交流会、毕业生欢送茶话会系列活动；认真开展"阳光成长计划"，完成了2013~2014学年各项奖学金、助学金的评定及学生荣誉称号的评选；发动全院教师，多渠道为毕业生就业创造条件。

华文教育研究院

华文教育研究院成立于2012年2月，是华侨大学直属研究机构，是华侨大学华文教育研究、学术交流和政策服务的平台。研究院现有专职研究人员12名，行政人员2名；有博士学位者11人，硕士学位者1人；博士生导师1名，硕士生导师3名；正高职称2人，副高职称1人；特聘教授3人。华侨大学校长、著名华文教育专家贾益民教授兼任研究院院长，胡培安教授、胡建刚副教授任副院长。研究院下设4个研究中心，分别是华文教育理论研究中心、华文教育调查研究中心、华文教育资源研发中心和华文教师发展研究中心。研究院拥有两个二级学科硕士点，分别是语言学及应用语言学和华语与华文教育。其中华语与华文教育为一级学科，中国语言文学下自主设置目录外的二级学科，是培养华语和华文教育研究与实践的专门人才。

2014年，研究院教师在研课题23个，其中新获批立项12个。国家财政部重大专项4项，国家语委重大项目1项，国务院侨办基地项目1项，福建省社科项目2项，福建省教育科学"十二五"规划项目1项，校级课题2项。2014研究院共发表论文16篇，其中一类2篇，二类2篇，三类1篇。咨询报告5篇，著作2部。贾益民的《关于海外华语文教师专业发展研究的思考》发表在《世界汉语教学》；洪桂治的《论机用词典义项的形式特征及机用义项库的建立》发表在《语言文字与应用》；李欣的《加拿大高校招生考试制度透视》发表在《复旦教育论坛》。

2014年研究院承接了多项重大任务，分别是"海外华文教育情况普查及动态数据库建设"、出版《世界华文教育年鉴（2013）》、《世界华文教学》创刊、申报福建省2011协同创新中心、举办第九届中文教学现代化国际研讨会和建设云教育技术实验室。

国务院侨务办公室委托华侨大学负责"海外华文教育情况普查及动态数据库建设"工作（侨文函〔2012〕111号），2014年研究院普查工作全面开展。研究院成立"海外华文教育情况普查及动态数据库建设"项目组，具体制订了初步的实施方案，设计了调查问卷，分别进行了模拟调查和试点调查。2014年华侨大学校长、研究院院长贾益民直接创意推动，研究院牵头组织海内外华文教育专家及一线工作者合作编纂，出版了《世界华文教育年鉴（2013）》。这是中国海外华文教育领域的首部年鉴，也是华侨大学海外华文教育与中华文化传播协同创新中心所取得的阶段性成果，对提供政府华文教育的决策、学术研究等都具有重要意义。

研究院是"海外华文教育与中华文化传播协同创新中心"的成员。2014年，研究院参与第二批福建省"2011协同创新中心"的申报工作，制订了协同创新中心2013~2016年发展规划，邀请李晓琪、张博、陈荣岚、沙平4位国内知名华文教育专家参加论证会，会上认为基于国家战略需求，制定的发展规划科学合理，在机制体制改革、学科交叉融合、创新型人才培养等方面具有前沿性和可操作性。

2014年，研究院筹划创立华文教育研究《世界华文教学》专业期刊，期刊为半年刊，旨在针对世界华文教学领域中的语言本体、教学实践、语言政策及语言习得等问题展开探讨，为华文教育研究成果提供平台，计划将在2015年正式出版。

2014年7月19日，由中文教学现代化学会主办，海外华文教育与中华文化传播协同创新中心、华文学院和研究院共同承办的第九届中文教学现代化国际研讨会在厦门校区王源兴国际会议中心召开，前来参加有中国、英国、新加坡、加拿大等国家和地区的近百位专家学者，共同探讨大数据时代中文教学的理论与实践问题。

2014年6月19日，研究院与北京唐风汉语教育科技有限公司签署合作协议，华文教育领域首个智慧教室落户华侨大学，定名为"华文教育云教育技术实验室"。2014年11月13日，研究院顺利举办了汉语智慧教室系统观摩研讨会。来自重庆工商大学、大连海洋大学、华南理工大学与华中师范大学的副校长、国际交流学院院长等相关部门负责人参访华侨大学，观看了云教育技术实验室，并就汉语智慧教学进行研讨。2014年12月，研究院与唐风汉语科技有限公司在北京国际饭店联合举办"华文教育智慧教学"特别论坛，论坛吸引了海内外130余位代表参加。研究院向与会嘉宾展示华文教育智慧教学的理念与实践探索。2014年8月22日，由马来西亚董总主办的"2014年世界华文教育论坛"在马来西亚新纪元学院召开。来自中国、马来西亚、新加坡、泰国、菲律宾、印度尼西亚等国家的华文教育组织代表、专家学者、华文教育工作者约300人参加会议。研究院副院长胡培安、胡建刚为特邀代表。

2014年12月26日，由台湾世界华语文教育学会、台北教育大学联合主办的"第十一届世界华语文教学研讨会"在台北召开。华侨大学校长贾益民应邀与会，并作《大数据时代下的华语文教学》专题演讲。研究院副院长胡建刚，教师洪桂治、孙菁参加会议并宣读论文。

数量经济研究院

数量经济学学科由学科带头人吴承业教授在1990年开始创建，2007年8月经教育部批准确定为国家重点学科。为了更好地建设和发展数量经济学学科，在著名经济学家乌家培教授的倡议下，华侨大学于2007年成立数量经济研究院。研究院现有数量经济学国家重点学科（和经济与金融学院合作），统计学省级重点学科，数量经济学博士点（和经济与金融学院合作），统计学一级学科硕士点，并设有三个研究方向：经济统计、金融统计、统计理论方法与应用。统计学于2011年开始创建，并于2012年开始招收硕士研究生，同年获批福建省重点学科，为数量经济研究院搭建了新的平台，也为应用经济学、管理科学与工程等学科的发展提供了重要支撑。

截至2014年12月31日，数量经济研究院有在职教职工14人，其中科研人员（全部具有博士学位）13人，专职党政管理人员1人。科研人员中有博士生导师4人，硕士生导师6人；正高职称6人，副高职称3人，中级职称4人。学院有全日制在读硕士研究生21人。2013年，陈燕武教授获"全国归侨侨眷先进个人"称号。

城市建设与经济发展研究院

研究院属于综合性、服务型的科学研究和咨询机构。研究院立足闽南，面向国内外，重点研究区域性发展中具有宏观性、战略性、政策性、预见性问题，为政府决策和企业管理提供解决方案和理论支持。研究院本着"政府智库、业界智源、学术高地"的原则，从专业的角度服务于地方政府、相关职能部门和企业，为我国的城市发展和经济建设提供强有力的智力支撑和人才保障。

2014年，由研究院牵头组织，信息科学与工程学院、机电及自动化学院、数学科学学院、信息化建设与管理处、厦门雅讯网络股份有限公司、厦门厦工机械股份有限公司共同实施的厦门市重大科技平台项目"基于北斗技术应用的工程机械数字化研发平台"，通过厦门市科学技术局中期检查，项目总投资600万元。丁国炎院长专著《合纵共赢——厦漳泉同城化与厦门未来发展的研究》出版。

2014年，华侨大学教育基金会城市建设与经济发展研究专项基金募集资金总额达3300万元。

2014年，研究院联合厦门市国资委、华侨大学MBA教育中心，面向厦门市大型国有企业青年管理干部，组建"厦门市国有企业青年企业家MBA班"，两届共招收了93名MBA学员。

2014年，为准确把握党的十八届三中全会以来福建省推进新型城镇化的形势，把脉闽南金三角城市发展的动态和趋势，助推厦漳泉同城化进程，城市建设与经济发展研究院发起"闽南金三角论坛"系列学术论坛，成功举办3次。4月，福建省发展改革委员会郑栅洁主任主讲"当前经济形势与改革任务"；7月，厦门国家会计学院邓力平院长主讲"中国特色社会主义财政与现代财政制度"；10月，福建省住建厅龚有群厅长主讲"新型城镇化发展专题"。

2014年7月1号，国侨办副主任任启亮莅临指导工作。2014年10月21号，国侨办副主任庄文荣莅临指导工作。

分子药物学研究院

（参加学院、研究院概况生物医学学院部分）

厦门工程技术研究院

华侨大学厦门工程技术研究院（以下简称工研院）设有成果展示厅、洽谈室、综合管理办公室、技术转移办公室、人才培养办公室等，面积约200平方米成果展示厅通过触摸屏、滚动屏、展板、实物等形式展示科研成果。

2014年，工研院共征集机械装备、软件、化工与新材料、电子信息、环保与建筑节能、生物医药等81项科研项目成果及138项专利，并编印了《华侨大学科研项目成果与专利汇编（2013~2014版）》，在各类对接会上宣传推介。

2014年，工研院陆续约谈各理工院系青年教师40余位。通过约谈交流的形式，让青年教师在了解工研院功能和定位的同时达到互相交流信息的效果，提高教师自身的科研能力，拓展教师间的合作空间，为形成学科团队创造机会。

2014年5月8日，厦门市长刘可清率领副市长国桂荣、市政府秘书长陈津，以及市委组织部、市政府办公厅、市发改委、市教育局、市科技局、市经发局、市财政局等相关部门负责人，集美区委书记李辉跃、区长黄晓舟等到华侨大学考察，参观工研院成果展示厅，了解学校的科研和政产学研发展情况以及学校在服务厦门地方经济建设中所做的贡献，听取部分教师代表的现场项目介绍，工研院的工作成效受到市领导的关注和赞许。

2014年，工研院加大对网上知识产权交易平台的宣传力度，积极引导教师与企业通过思明平台实现技术合同交易。2104年，华侨大学已通过思明平台成功签约项目3笔，合同金额30万，校企双方共获取政府扶持奖励政策0.5万元。

2014年10月，华侨大学材料学院与厦门海莱照明有限公司签署合作协议，共建企业研究生工作站。截至2014年底，华侨大学与集美区企业共建工作站达7个，分别是厦门日上车轮集团股份有限公司、厦门立林科技有限公司、厦门华兴化工有限公司、国安达消防科技（厦门）有限公司、飞虎（厦门）聚氨酯制品有限公司、厦门聚富塑胶制品有限公司、厦门海莱照明有限公司。

2014年，工研院按照"请进来，走出去"的工作思路继续开展产学研工作，先后组织教授专家团队和青年教师深入龙胜达照明、海德星、睿尔检测等厦门企业，海特机械、广汇龙环保、闽盛交通等泉州企业，鸿群电器、扬基生物、绿力生物等漳浦企业以及龙工机械、福建龙马等龙岩企业，走访近50家企事业单位，实地了解企业生产过程中存在的技术瓶颈和存在的问题。

2014年，工研院先后接待国侨办、教育部科技发展中心、厦门市政府、厦门市科技局、厦门市科技信息研究院、南平工业园管委会、南平市科技局、漳浦县政府及科技局等政府部门以及厦门市畜牧业协会、科易网、清控科创、泉州机械装备制造研究院、福建省物联网研究院、三源塑胶，福州现代机械等60余家企事业单位的到访交流考察，应邀接受厦门市电视台、《厦门日报》专访，宣传了工研院的产学研平台窗口作用。南京化学工业园区、南京经济技术开发区、滨州经济技术开发区等国家级开发区也先后到访工研院，了解华侨大学开展产学研工作情况和科研项目成果，工研院引导老师积极申报南京市"321人才计划"。同时，围绕园区的产业链和企业科技创新发展，宣传园区的人才政策环境，向高端人才借智慧、向资本市场争资金、向科技平台要技术，营造招才引智的科技氛围，吸引老师将重点项目进驻园区孵化，促进华侨大学科研成果向国家级开发区转化。

2014年6月17～21日，工研院和泉州科学技术与社会发展研究院共同承担第十二届"6·18"组织参会工作，从学校筛选出机械装备、软件、化工与新材料等81

项科研项目成果及 138 项专利参会。在高校成果展区向参会人员推介华侨大学优秀科研成果。

在高校科技项目成果对接签约仪式上，华侨大学共 2 个项目参与签约，分别是材料学院与雀氏实业发展有限公司"新型多功能纸尿裤等卫生用品的开发"项目和信息学院与福建省意科电气科技有限公司"智能中压伺服系统开发与关键技术研究"项目。其中，材料学院与雀氏公司的重大产学研合作项目由李明春教授担任研发总负责人。第一期产学研合作协议经费 300 万元，实际到款横向经费 320 万元，部分成果已投入生产并取得良好的经济和社会效益，其中"新型多功能抗菌、护肤纸尿裤的技术开发"成果获得 2013 年泉州市科技进步奖二等奖。此次签署的是第二期产学研合作协议，合作期限为 2014 年 1 月至 2018 年 12 月，其中 150 万元横向经费已于 2014 年 5 月份到款。截至 2014 年底，雀氏公司到款横向经费总额为 470 万元，居华侨大学到款横向经费首位。

2014 年 12 月 5 日，第六届湖里区校企科技合作项目成果对接会在工研院洽谈室举行。本次对接会活动，湖里区科技局首次将会场移至高校，湖里区科技局、区发改局、区经发局、区投资促进局，厦门市两岸科技交流合作促进中心以及厦门大学、集美大学教师，湖里区企业，华侨大学工研院、信息学院、机电学院、计算机学院部分师生等 40 多人参加对接会。对接会上，华侨大学与湖里区企业签署 2 项产学研合作项目，与会嘉宾和企业家还参观了工研院成果展示厅，并就感兴趣的项目与华大教师洽谈对接。

2014 年，工研院先后组织教师参加了第十六届中国（晋江）国际鞋业博览会、第十七届海峡两岸纺织服装博览会、第二届福建省人才项目与资本对接会、江苏常州"龙城英才"厦门推介会、第七届南平市科技成果交易会、浦县产学研合作对接会、福建省新兴科技产业促进中心 718 投融资活动、第七届海峡两岸（厦门）文化产业博览交易会、第五届集美区产学研科技合作项目成果对接会、第一届海洋科技成果转化洽谈会、思明·高校院所·企业·投资机构科技项目推介会等活动。在活动现场，工研院积极发布、对接、推介华侨大学的一系列科研成果并分发《华侨大学科研项目成果与专利汇编》，让更多的企业了解华侨大学科研成果，创造合作契机。

2014 年 8 月 4～8 日，由工研院承办的泉州市洛江区第二期机械机电产业领军人才研修班在华侨大学泉州校区开班，35 名泉州市机械机电产业领军人才及洛江区部分机械机电骨干企业的专业技术人才参加本次研修活动。本届研修班立足行业特点和实际需求，精心组织学校机械机电领域的教授团队，邀请创新管理咨询公司 IEG 和集美大学的优秀专家参与授课，并组织学员到厦门银华机械、厦工重工 2 家企业参观交流学习。

泉州科学技术与社会发展研究院

为全面有效整合学校资源，发挥学科优势，服务地方经济建设和社会发展，深化校地合作，学校于 2010 年 10 月 15 日成立华侨大学泉州科学技术与社会发展研究院，属校研究机构。

科发院依托华侨大学的人才、信息、科研等资源优势，结合地方的产业、政策、资金等有利条件，整合华侨大学内部资源，以服务地方经济社会发展为主线，建设一个集科技研发、成果转移、咨询服务为一体，兼具社会事业发展及人才培养服务等功能的综合性平台，成为学校面向地方展示科研力量的窗口。

科发院充分发挥窗口平台作用，组织配合学校相关科研教学单位与多家企业洽谈、建立科研合作关系；以企业需求提供集合学校优势学术、科研资源的社会服务，并推进横向课题的开展；以邀请和接待政府职能部门及企事业单位到校交流考察，商洽校地校企合作，及组织校内专家和教师参加各类推介对接活动，深入企业实地考察，了解并解决企业的技术需求。

科发院组织学校相关专业领域的专家和科研人员，帮助企业分析面临的困难，引导企业改善生产方式，提高管理水平，建立适应企业发展要求的创新管理制度，帮助企业走出困境；科发院组织相关专业领域科研人员为泉州地方经济发展和企业生产方式献计献策，参与泉州市部分县区发展规划的制定工作，为泉州地方的经济发展规划、政策制订提供决策支持，为政府及主管部门提供产业发展趋势的探索与研究，为企业的生产、经营活动提供市场调研、策划、拓展等服务。科发院负责人和工作人员多次参加省人大组织的南安市水土流失治理工作研讨会议，并赴南安开展实地调研活动，作为学校对口帮扶指导南安市水土流失治理工作的协作单位之一，参与帮扶指导南安市水土流失治理各项工作，配合兄弟单位承担"6·18"中国海峡项目成果交易会学校展区的布展任务，征集展品、推介成果、组织教师观摩。

2014 年 3 月 7 日上午，福建省人大常委会副主任刘群英一行莅临我校考察调研南安市水土流失治理工作开展情况。校长贾益民，校长助理张云波以及部分相关专家学者在泉州校区与来访人员展开座谈。张云波汇报了学校参与南安市水土流失治理工作的进展情况，并简要介绍了下一步的工作计划，与会专家学者纷纷从各自专业角度建言献策，化工学院环境工程专业的洪俊明建议针对不同的用地模式提出分类治理，建立示范基地等建议。

2014 年 3 月 21 日，学校与惠安县人民政府举行建筑人才工作站授牌仪式，校长贾益民、惠安县县长洪于权分别代表双方在协议书签署签约《战略合作框架协议》和《建筑产业发展与人才培育合作框架协议》。2014 年 4 月 9 日，福建省人大常委会副主任刘群英携省厅相关部门负责人赴南安市召开挂钩帮扶调研会。校长助理张云波率科发院及相关学院专家参加交流，科发院副院长侯祥朝等学校专家学者从环境工程、土木工程、旅游、园艺等，提出水土流失教学示范区建设规划、水土流失宣传等治理意见。

2014年4月21日，校长助理张云波与惠安县建设局副局长曾素珍在黄塘镇前郭村研讨美丽乡村规划建设事宜，以美丽乡村建设的合作为契机，进一步推进惠安各乡镇的建设，发挥示范点作用。

2014年5月6日，惠安县副县长吕建成带领县科技局、公用事业局、建筑协会、市政工程办等部门到校访问。科发院组织建筑设计院、土木学院、规划处等单位领导及专家，与惠安县副县长吕建成一行举行交流座谈，双方就进一步落实战略合作协议，设立研究生工作站，校企合作申请惠安县建筑业、石雕石材加工产业、环境污水处理、石化产业、科研项目，及惠安县职业技术学院师资队伍培养等方面进行深入交流，促进惠安企业与学校双赢合作。

2014年5月9日，侯志强一行与省社科院李鸿阶副院长协商海丝研究院共建事宜，双方协作共同参与"一带一路"相关重大课题的研究。2014年5月22日，科发院侯祥朝、侯志强和建筑设计院陈西蛟就科技成果展厅建设事宜进行沟通，确认展厅建设的目标、任务、内容、要求，以及设计单位的遴选程序，报送财务、审计、监察会签遴选办法。2014年6月17日至21日，第十二届"6·18"中国·海峡项目成果交易会在福州海峡国际会展中心举行。学校副校长徐西鹏率科学技术研究处、厦门工程技术研究院等单位负责人及有关教师代表，携机械装备、软件、化工与新材料、电子信息、环保与建筑节能、生物医药等81项科研项目成果及138项专利参加中国·海峡项目成果交易会，成果丰硕。材料学院李明春教授与雀氏（福建）实业发展有限公司就"新型多功能纸尿裤等卫生用品的开发"项目签署了产学研合作协议。学校"百人计划"专家代表许瑞安教授、苏春翌教授参加了第十二届中国·海峡项目成果交易会"百人计划"专家创新创业成果展和"6·18"虚拟研究院特聘专家的颁证仪式，获得福建省颁发的证书。在高校成果展区，"石材高效加工用金刚石磨粒工具关键技术及应用""兜兜公交智能客户端软件""自然光型护眼灯""窗式照明白光LED平板灯""工程机械油缸密封件""天然抗菌食品包装薄膜"等项目成果，受到了参会人员的关注与好评。

2014年6月23日，华东政法大学法学院院长赵劲松教授一行到校访问，并就国际航运法律等方面与学校海丝相关学院专家交流，张云波院长主持会议并向客人介绍我校的办学历史，专业特色，学科建设以及海丝研究院成立的功能、职责等，双方表示要加强两校的人员、学术交流，在"一带一路"的国家大环境中，充分发挥高校智库作用，为"一带一路"建设提供政策服务。2014年6月27日，华侨大学与鲤城区政府签署了《战略合作框架协议》，科发院积极与鲤城区发改局等部门沟通联络，组织学校专家走访企事业单位，推进框架协议的落实，在校地双方的共同努力下，合作机制不断健全，合作层次不断提升，合作项目得到深化落实。2014 年 7 月 3 日，科发院主办的"学校为泉州地方经济服务成果展"在金川活动中心启动，成果汇聚了电子、机械、新型材料、海洋生物、医药、防震减灾、高端装备、旅游规划、政府规划与决策咨询等与泉州区域产业紧密结合的学科。国务院侨办副主任任启亮、泉州市长郑新聪等领导同志莅校视察并参观到展厅观看到成果展，对我校"十二五"期间加大与地方产业、与市场对接，充分发挥高校科研优势，推进科研成果转化、市场化的各项工作表示赞赏，并鼓励我校科研人员多出成果，出好成果，加大与地方产业领域的贴合度，为地方产业、经济升级转型与创新，提供创新动力和智力支持。2014 年 10 月 10 日，学校科发院张云波院长分别与福建安溪铁观音集团股份有限公司、泉州师院签署战略合作协议。2014 年 10 月 20 日，学校科发院张云波院长主持召开基建处、后勤处，设计院等单位领导参加科技成果展厅装修协调会，由陈西蛟介绍整体设计方案，经与会各单位提出相关建议后，科发院协调各相关单位紧密配合，及时沟通，成果从节约、安全、现代技术应用等综合考虑推进展厅建设，向社会展示，成为为地方经济服务的展示窗口。2014 年 11 月 6 日，科发院侯祥朝、侯志强与科技处林继志一同前往东南大学科研院调研，听取了东南大学科研院领导在研究基地建设、校企合作、成果转化政策、团队建设、科研考核等方面介绍及取得的成效，给科发院的建设提供新的思路。2014 年 11 月 21 日~12 月 11 日，科发院启动成果展厅建设校内成果调研工作，侯祥朝带队分别前往工学院、旅游学院、法学院、文学院、数学学院、体育学院、生物医学学院、城市建设与经济发展研究院、美术学院、公共管理学院调研，了解相关研究院在与企业合作中的成果对接情况，以便提高科技科研能力和成果转化率。2014 年 12 月 25 日，科发院侯祥朝带领科技处、规划处、社科处等单位负责人前往台商投资区调研，与台商投资区副主任骆育敏、邵俊及区内相关局室领导座谈，双方就人才支持、人才培养、校企合作、政府咨询智库建设、数控一代、工业体验旅游、乡村旅游等多个领域展开合作，发挥学校学科优势，为台商投资区经济建设服务。

海上丝绸之路研究院

为发挥优势，统筹开展海上丝绸之路的科学研究和学术交流，服务"一带一路"倡议与决策，2014 年 3 月，华侨大学成立了海上丝绸之路研究院。研究院由华侨大学、中国社会科学院亚太与全球战略研究院、中国新闻社、福建省人民政府侨务办公室、福建省社会科学界联合会、福建社会科学院联合共建。研究院为校属实体科研机构。2014 年 9 月 14 日，海上丝绸之路研究院正式揭牌。

华侨大学海上丝绸之路研究院紧紧围绕"一带一路"倡议的重大理论和现实问

题，统筹开展与海上丝绸之路建设密切相关的前沿性课题研究；整合海内外资源，提供战略研讨和凝聚共识的高端平台，致力于打造中国"21世纪海上丝绸之路"的学术高地和服务国家海丝战略的重要智库。

国务院侨务办公室主任裘援平兼任研究院名誉院长，华侨大学校长贾益民兼任研究院院长，中国新闻社总编辑章新新、福建省社科联党组书记冯潮华、福建社科院副院长李鸿阶、华侨大学教授许培源任研究院副院长。

研究院下设经济战略研究中心、国际政治研究中心、文化交流与传播研究中心、东盟研究中心四个中心。在国家海丝战略、福建如何在"一带一路"建设中发挥作用、涉侨研究三个层次开展工作。

研究院围绕亚太经贸战略与全球经济治理、亚太地缘政治与周边国家外交、中华文化传播与海丝国家互信、华人华侨华商与海上丝路建设四大研究主题，从研究与"21世纪海上丝绸之路"建设密切相关的前沿性课题；整合国内外资源，提供学术交流、研讨和凝聚共识的高端平台；为国家和周边国家提供一流的研究、咨询、培训服务；

为福建省及泉州市、厦门市融入"一带一路"建设提供决策支持；向企业海外投资提供相关决策咨询服务；培养具有国际视野、开拓型的中高级人才方面深入进行课题研究。

2014年9月14日，在华侨大学由福建省侨办、中国新闻社、福建省社科联、福建社科院、华侨大学联合主办"21世纪海上丝绸之路高端论坛"。以"21世纪海上丝绸之路：新梦想、新战略、新未来"为主题，探讨海丝经贸战略与全球经济治理、海丝地缘政治与周边外交战略、海丝文化交流与中华文化传播以及华侨华人与海上丝绸之路建设等，共同为中国与海丝沿线国家的共荣发展出谋划策。

2014年10月24日，六合院（福建）古典艺术家具有限公司董事长朱志悦捐资500万元，在华侨大学设立了华侨大学海上丝绸之路研究院研究与发展基金（六合院基金），支持学校的海丝研究。2014年11月，根据"海上丝绸之路研究专题工作会"的部署，经过研究选题征集，海上丝绸之路研究院会同社会科学研究处组织专家评审、论证，确定17个"海上丝绸之路"专项研究重点课题，每项资助10万元；15个课题为专项研究一般课题，每项资助3万元；共计投入资助经费215万元。

2014年9~12月，研究院开通"海上丝绸之路研究"专题网站，参与中联部组织"一带一路"国内、国际研究机构协调会；参与泉州市、厦门市海丝战略行动方案的制定，并参与承办第八届海外华商中国投资峰会、"建设21世纪海上丝绸之路"学术研讨会等。在受邀参加国内外海丝研究研讨会上，研究院发表主题演讲；研究院还参加了国家发改委及《中国投资》杂志社主办的"一带一路"华夏论坛、福建省亚太合作与经济发展研究会主办的"东亚经济新格局下两岸服务贸易合作前瞻"学术论坛、2014 中国·青岛海洋国际高峰论坛、华侨华人与 21 世纪丝绸之路国际学术研讨会等。

制造工程研究院

制造工程研究院是华侨大学于 2014 年 4 月批准成立的校级直属科研机构。研究院致力于推进制造科学与技术的发展。研究院位于福建省厦门市华侨大学厦门校区，拥有 2000 多平方米的研发基地和大量先进的科研基础设备。

研究院院长是华侨大学副校长、博士生导师、"国家杰出青年科学基金"获得者徐西鹏教授，副院长郭桦、黄辉组成的领导班子。全院共有教职工 12 人，专任教学科研人员 8 人。研究院是一支由年轻博士为主组成的队伍，现有"国家杰出青年科学基金"获得者 1 名；教育部新世纪优秀人才 4 名；全国百篇优秀博士学位论文提名奖获得者 1 名；"闽江学者" 2 名；研究院是科技部重点领域创新团队、教育部创新团队、福建省海西产业人才高地。

研究院拥有"机械工程"一级学科博士学位授予权和博士后流动站；"材料加工工程"二级学科博士学位授予权；"机械工程"和"仪器科学与技术"有 2 个一级学科硕士学位授予权；"检测技术与自动化装置"和"材料加工工程"有 2 个二级学科硕士学位授予权。研究院"高端装备制造"为福建省高校优势学科创新平台；"脆性材料加工技术"是教育部工程研究中心、"石材产业加工技术与装备"是福建省 2011 协同创新中心、"石材加工研究"是福建省高校重点（开放）实验室、"高效精密加工及快速制造与装备"是福建省高校重点实验室。研究院现为全国磨粒技术委员会主任单位。

研究院前身是 1983 年成立的"石材加工研究室"。1986 年培养了首个硕士研究生毕业，2003 年首批博士研究生毕业。2000 年以来，研究院承担了包括国家杰出青年科学基金项目、国家自然科学基金重点项目、国家科技支撑计划、国家科技重大专项、国家自然科学基金等近百项国家及省部级科研项目，获国家科技进步二等奖 1 项，教育部科技进步一等奖 1 项，自然科学一等奖 1 项。福建省技术发明一等奖 1 项，科学技术奖一等奖 1 项。福建省科学技术奖二等奖 2 项。

2014 年，研究院教师在科研项目、人才项目等方面获得各类奖项和荣誉。4 月"脆性材料加工技术"团队入选 2014 年"华侨大学科技创新团队和领军人才支持计划"引领型创新团队。5 月，徐西鹏教授荣获全国五一劳动奖章。6 月，徐西鹏教授获高端人才项目资助；姜峰副教授入选"福建省高校杰出青年科研人才培育计划"；陆静副教授入选华侨大学科技创新能力提升计划"中青年教师科技创新资助计划"优秀青年科技创新人才；胡中伟老师入选培育型青年科技创新人才。10 月，黄辉教授入选第一批福建省特支人才计划之百千万工程领军人才项目。12 月，黄国钦副教授获第十一届"福建青年'五四'奖章"称号。

2014年，研究院省部级及以上科研项目共8个，其中国家自然科学基金项目7个，福建省科技重大项目1个。2014年研究院获新批省部级及以上科研项目3个，其中国家自然科学基金项目2个（重点1个，面上项目1个），科研经费计380万元；福建省科学基金重大项目1个，科研经费计划拨款50万元。研究院申报发明和实用新型专利36个，其中发明专利26个，授权实用新型专利2个；发表论文40篇，SCI/EI收录13篇。

2014年，研究院在本学年内共邀请国内外相关领域专家来校举办高端论坛2场，组织老师开展学术讲座2场。交流学习，提升研究院在行业内的知名度。2014年，老师参加第十届中日超精密加工国际会议、海峡两岸先进基板研磨加工技术研讨会等各类学术会议4场。

华侨大学年鉴
2015

教育教学

本科生教育

【概况】 2014年学校继续深入实施"华侨大学中长期战略规划纲要"和华侨大学"十二五"发展规划，全面推进建设基础雄厚、特色鲜明、海内外著名的高水平大学的步伐。教学工作紧紧围绕学校中心工作，遵循高等教育规律，加强顶层设计，以"本科教学质量提升计划"为抓手，切实加强本科教学工作，大力提高人才培养水平，持续深化教育教学改革，不断提升本科教学质量，全面推进内涵建设。

加强教学基本建设，保障教学工作的有序开展。修订和完善《关于评选本科生学习成绩优秀学生的暂行规定》《华侨大学辅修专业教育管理暂行办法》等文件，进一步加强教学管理及各项制度建设，逐步完善教学工作科学、规范的制度化体系；严格审核全校各班课程计划，完成了全年课表编制工作，并制作2014~2015学年校历；启用新的教学管理信息系统，规范教室借用、调课、考试安排等工作，确保教学工作的有序进行；组织和完成各级各类考试工作，确保考务工作的顺利；完成在校学生学籍平台注册、复学、休学、退学、转学、转专业、学生成绩修改和学生补发毕业（学位）证书以及各类学生信息的核对和报送；做好日常教学监控管理，开展2014年教师评学和学生评教；出版《华大教学简报》5期，加强教学宣传；严格纪律检查与处理，做好教师教学事故、学生考试违纪留校察看以上处分和管理工作；组织顾问组进行听课，并协助人事处做好2014年职称教学评审工作；开展2014届优秀毕业设计（论文）和各类优秀成绩学生的评选；组织开展"十二五"普通高等教育本科国家级规划教材第二次推荐遴选，进行2014年教材建设立项资助和教材评优；积极开展华侨大学第三届青年教师"精彩一堂课"竞赛，组织各学院教师参加全国高校教师网络培训，协同校工会组织教师参加福建省工会和教育厅联合举办的第二届福建省高校青年教师教学竞赛；组织召开华侨大学第一届本科教学秘书工作会议，开展教学管理队伍的交流和培训。

深化教学改革，着力提升教育质量。召开2014年全校本科教学工作会议，制订和实施了《华侨大学本科教学质量提升计划》，完成了学校2014年工程教育专业认证的申报和评审；同时，成立了第一届华侨大学本科教学质量专家组，以开展全校本科教学质量的督导、咨询和评价等；加强专业建设，组织申报2014年本科新专业，并完成6个专业增设学士学位授予专业的申请，对2014年全校各专业培养方案进行审核，并修订和印制了《本科培养方案（2013级）》；落实本科教学质量工程建设，开展2014年度福建省高等学校教学改革研究项目建设工作，共有10个项目获得立项；对2012年校级本科教学质量工程立项项目中期检查，其中15项通过中期检查，一项延期检查；对2011年校级人才培养模式创新实验区和教学团队立项项目和精品课程建设立项项目结题检查，1项校级人才培养模式创新实验区立项项目延期结题、1项校级教学团队立项项目延期结题和1项校级精品课程立项项目延期结题外，其他4项校级人才培养模式创新实验区立项项目、4项校级教学团队立项项目和7门校精品课程建设立项项目完成并通过验收；2009年延期的2项人才培养模式创新实验区立项项目完成并通过验收。

加强学生创新创业教育，提升学生的实践能力和创新能力。组织申报2014年国家级、省级和校级大学生创新创业训练计划项目，其中，2014年校级大学生创新创业训练计划项目立项98项，2014年国家大学生创新创业训练计划项目立项55项，福建省大学生创新创业训练计划项目立项60项；根据《华侨大学学生科技文化创新基金管理条例（试行）》（华大教〔2011〕98号），2014年资助45个学生项目参加"科技文化创新竞赛"，资助金额共计138.8万元；积极组织项目负责人参加第七届全国大学生创新创业年会。文学院学生何志鹏等人完成的创新项目《开拓大学生影视工作室为华大海外项目的服务》，经国家级大学生创新创业训练计划工作会议的专家复选，最终入选100个展示项目之一。

2014年，学校共有84个本科专业，学科门类涉及哲学、经济学、法学、教育学、文学、历史学、理学、工学、农学、医学、管理学、艺术学等12个学科门类，形成了文理渗透、理工结合、工管相济、协调发展的学科体系。截至2014年9月30日，全校在校本科生共24132人，其中港澳台侨学生2073人，留学生1722人，专科生1234人；2014年本科毕业生共5094人，其中港澳台侨毕业生374人，留学生毕业生338人（专科97人），专科毕业生339人。

【专业建设】 2014年，学校新增投资学、风景园林、会展经济与管理3个本科专业。至此，学校已有84个本科专业。根据《教育部关于印发〈普通高等学校本科专业目录（2012年）〉〈普通高等学校本科专业设置管理规定〉等文件的通知》（教高〔2012〕9号）和《关于做好2014年度普通高等学校本科专业设置工作有关问题的说明》（教高司函〔2014〕25号），经学院申报，校专业设置评议专家组讨论，学校研究决定，今年拟申报国际事务与国际投资、翻译、统计学、城市地下空间工程等4个本科新专业，拟申报临床医学1个本科新专业（审批）。组织完成了功能材料、光电子技术科学、信息工程、数字媒体技术、物联网工程和酒店管理6个专业增设学士学位授予专业的申请工作；完成2014年全校各专业培养方案审核工作，并修订和印制了《本科培养方案（2013级）》。截至2014年9月30日，全校在校本科生共24132人，其中港澳台侨学生2073人，留学生1722人，专科生1234人；2014年本科毕业生共5094人，其中港澳台侨毕业生374人，留学生毕业生338人（专科97人），专科毕业生339人。

【课程建设】 根据《关于开展 2014 年精品视频公开课建设与推荐工作的通知》（教高司函〔2013〕125 号）及《关于申报 2014 年国家精品视频公开课的通知》（教务〔2013〕71 号），经符合条件的课程负责人申请，学校组织专家评审，华侨大学推荐《大学语文》课程申报 2014 年国家精品视频公开课。组织申报了 2014 年大学素质教育优秀通选课评选，工商管理学院的《组织行为与领导力》（课程负责人：张向前）及《有效管理者的思维方式》（课程负责人：孙锐）两门课程入选为大学素质教育优秀通选课。

【质量监督】 学校强化课堂教学质量管理，加强平时教学管理和考核，严格考试环节的各项要求。加强教学质量的过程控制，实现网上民主评教和教师评学，加强新进教师听课和晋升职称听课，促进教学质量的提高。

教务处做好日常教学监控管理工作。开展 2014 年全年的教师评学和学生评教工作。在 2013~2014 学年下学期的教师评学和学生评教工作中，全校有 1197 名教师的教学接受评价，平均评教成绩 92.07 分；共 449 个班级被纳入评价范围，全校班级学风平均评分 88.71 分。在 2014~2015 学年上学期的教师评学和学生评教工作中，全校 1292 名教师的教学接受评价，平均评教分为 92.4 分；共 538 个班级被纳入评价范围，全校班级学风平均得分 88.64 分；积极收集教学信息，出版《华大教学简报》5 期；组织教学顾问组进行全校教师职称评审听课活动，本学年共听课 195 门次。

【青年教师"精彩一堂课"】 为了进一步加强师资队伍建设，特别是青年教师队伍建设，促进青年教师提高教学质量，根据《关于举办华侨大学第三届青年教师"精彩一堂课"竞赛的通知》（教务〔2014〕20 号），经各学院预赛、学校复赛和现场决赛，华侨大学第三届青年教师"精彩一堂课"竞赛评选出获奖教师 14 名，另有文学院、华文学院、数学科学学院、化工学院、旅游学院 5 个学院获得优秀组织奖。

华侨大学第三届青年教师"精彩一堂课"获奖名单一览表

学科类别	名次	姓名	单位
文科组	一等奖	孙 菁	华文学院
	二等奖	徐爱玲	工商管理学院
		张剑芸	法学院
	三等奖	蒋晓光	文学院
		周苑媛	音乐舞蹈学院
		卫 妮	外国语学院
		赵 鹏	美术学院

学科类别	名次	姓名	单位
理工科组	一等奖	范 伟	机电及自动化学院
	二等奖	梁建莉	数学科学学院
		郑黎晓	计算机科学与技术学院
	三等奖	林昌龙	计算机科学与技术学院
		杜建华	机电及自动化学院
		侯 炜	土木工程学院
		熊兴泉	材料科学与工程学院

【福建省高校青年教师教学竞赛】 2014年，在福建省工会和教育厅联合举办的第二届福建省高校青年教师教学竞赛中，华侨大学工商管理学院杨默如老师获得人文社会科学组二等奖、数学与科学学院韩雪老师获得自然科学基础学科组二等奖、机电及自动化学院王霏老师获得自然科学应用学科组三等奖。同时，为表彰先进，充分发挥教学竞赛在提高教师队伍素质中的引领示范作用，教务处被授予福建省教育系统"五一"先锋岗称号。

【教材建设】 2014年，学校进一步加强对本科教育的教材建设和管理工作，其中，共评出优秀教材6部，奖励金额1.7万元；评出立项资助教材2部，资助金额1.8万元。组织开展"十二五"普通高等教育本科国家级规划教材第二次推荐遴选工作，华侨大学此次共推荐3种教材。

【实践教学与创新】 2014年，学校继续加强实践创新教育和实践教学环节，特别是加强专业实习和毕业实践等重要环节，从有利于培养学生的创新意识、工程意识、工程实践意识、社会实践能力出发，对实验、实习、课程设计、社会调查、毕业设计（论文）和课外科技活动等实践性教学环节进行整体、系统的优化设计。继续要求各实践教学环节累计学分（学时），人文社会科学类专业一般不应少于总学分（学时）的15%，理工农类专业一般不应少于总学分（学时）的25%。开展2014届优秀毕业设计（论文）和各类优秀成绩学生的评选，2014届本科毕业生共有93位学生获得优秀毕业设计（论文）奖。

加大对学生科技创新及竞赛的支持力度，学校每年专项设置200万元用于学生科技文化创新活动。2014年，华侨大学《光固化逐层沉积3D打印技术的方法与材料研究》等55个项目获批2014年国家级"大学生创新创业训练计划"项目立项；

《石墨烯在汽车阻尼材料上的应用》等 60 个项目获批福建省 2014 年省级大学生创新创业训练计划项目立项;《新型无卤阻燃聚氨酯泡沫材料的研制》等 98 个项目为 2014 年校级学生科技文化创新资助项目。同时,在 2014 年各类学科竞赛中,华侨大学学生获得了优异的成绩。根据《华侨大学学生科技文化创新基金管理条例(试行)》(华大教〔2011〕98 号),2014 年资助 45 个学生项目参加"科技文化创新竞赛",资助金额共计 138.8 万元;积极组织项目负责人参加第七届全国大学生创新创业年会。文学院学生何志鹏等人完成的创新项目《开拓大学生影视工作室为华大海外项目的服务》,经国家级大学生创新创业训练计划工作会议的专家复选,最终入选 100 个展示项目之一。

2014 年华侨大学学生获得国家级奖项一览表

获奖项目	全国特等奖	全国一等奖	全国二等奖	全国三等奖	全国优秀奖
2014 美国(国际)大学生数学建模竞赛		1			
2014 年全国大学生数学建模竞赛		1	4		
2014 年全国大学生结构设计竞赛		1			
2014 年全国大学生工业设计大赛				1	
2014 年第六届全国大学生广告艺术大赛					1
2014 年第七届中国计算机设计大赛		3	3	10	
2014 年"金川"杯第七届全国大学生节能减排社会实践与科技竞赛				1	
2014 年外研社杯"全国英语演讲大赛				1	
2014 年"外研社杯"全国英语写作大赛			1		
2014 年全国大学生英语竞赛	5	8	30	61	
2014 年第八届全国大学化工设计竞赛			2		

2014 年华侨大学学生获得省级奖项一览表

获奖项目	省级特等奖	省级一等奖	省级二等奖	省级三等奖	省级优秀奖
2014 年全国大学生数学建模竞赛(福建赛区)		2	7		
2014 年全国大学生工业设计大赛福建赛区		5	7	7	10
2014 年 TI 杯福建省大学生电子设计竞赛		6	7	9	
2014 年第八届福建省大学生机械创新竞赛			5	2	
2014 年第三届福建省大学生光电设计竞赛				2	1
2014 年第九全国大学生"飞思卡尔"杯智能汽车竞赛			1	5	
2014 年福建赛第七届大学生结构设计竞赛				1	

获奖项目	省级特等奖	省级一等奖	省级二等奖	省级三等奖	省级优秀奖
第六届全国大学生广告艺术大赛福建（海南）分赛区			1	1	4
2014 年海峡两岸高校设计展					3
2014 年第五届中国高等院校影视"学院奖"		1			2
2014 年全国大学生公益广告征集活动					1
2014 年福建省大学生英语竞赛		43	61	97	
2014 年红点设计概念大奖赛					2
2014 年德国 IF 设计奖大赛					1
2014 年全国高等学校城乡规划专业城市设计课程评优			1		
2014 年全国高等学校城乡规划专业城乡社会综合实践调研报告课程作业评优		1	1		
2014 年第七届海峡两岸合唱节比赛				1	
2014 年第十一届华东地区高校结构设计邀请赛				1	1
2014 年第一届中国大学生动漫游戏创意设计大赛		1		1	1
2014 年第 39 届 ACM/ICPC 国际大学生程序设计竞赛亚洲区预选赛上海赛区					1
2014 年"外研社杯"全国英语演讲大赛	1	1	1		
2014 年"外研社杯"全国英语写作大赛	1		2	1	

【学籍管理】 加强学籍信息管理，完成 2014 年春季毕业学生学历电子注册 27 人，学位电子注册 56 人；完成 2014 年秋季毕业学生学历电子注册 4783 人（港澳台侨 303 人、留学生 158 人），学位电子注册 4512 人（港澳台侨 302 人、留学生 100 人）。2014 年，全校有 454 人办理离校手续，有 70 人办理辅修学位手续，有 130 位同学办理退学手续，有 114 位同学办理休学手续，复学 70 人，有 306 位同学办理转专业手续。

【教务管理】 加强教学规范化管理，严格审核全校各班课程计划，完成了全年课表编制工作，并制作 2014~2015 学年校历，确保日常教学工作的良好进行。启用新的教学管理信息系统，规范教室借用、调课、考试安排等工作，确保教学工作的有序进行。组织和完成了 23086 名学生参加的大学生英语四、六级考试、9607 名学生参加的省级计算机等级考试和 4225 人参加的全国计算机等级考试等工作，确保考务工作的顺利。加强教学基本建设，保障教学工作的有序开展。修订和完善《关于评选本科生学习成绩优秀学生的暂行规定》《华侨大学辅修专业教育管理暂行办法》等文件，进一步加强教学管理及各项制度建设，逐步完善教学工作科学、规范的制度化体系。2014年，全校共开设各类课程2233门，开设校选课188门。

【教育教学改革项目研究】 2014年，学校为加强教学改革建设，推进学校人才培养模式改革，鼓励教师进行教学研究，学校积极参与省级本科教育教学改革项目的申报，共有10项获得福建省高等教学改革项目立项。组织参与2014年福建省中青年教师教育科研项目（福建省高校外语教改科研专项）申报，共有3个项目获得立项。

2014年福建省高等学校教学改革研究项目立项汇总表

序号	项目类型	项目名称	项目主持人	
			姓名	学院
1	人才培养模式类	以学生为主体的工程能力培养体系构建	刘　斌	机电及自动化学院
2	人才培养模式类	基于工程教育认证背景下的材料科学与工程专业教学改革探索	林建明	材料科学与工程学院
3	教学资源共享类	专业导论类课程的立体化建设——以《土木工程概论》为例	曾志兴	土木工程学院
4	教材建设类	信息化趋势下的工业设计专业课程改革与教材建设	艾小群	机电及自动化学院
5	教学资源共享类	内地生、境外生分班《大学语文》数字化教学资源开发与应用	马华祥	文学院
6	课程体系类	思想政治理论课教学中的经典著作学习引导——基于"读讲诵写行"五位一体的探索	林怀艺	公共管理学院
7	课程体系类	国际化背景下的建筑学本科在地化互逆教学体系研究	费迎庆	建筑学院
8	课程体系类	《组织行为学》精品视频公开课改革与实践	张向前	工商管理学院
9	课程体系类	《数据库应用与开发》课程体系建设	洪　欣	计算机科学与技术学院
10	实践教学类	科教协同·校企合作·卓越培养：国家级旅游实验教学示范中心实践教学模式的构建与实践	汪京强	旅游学院

【高等教育教学成果奖】 根据《福建省教育厅关于公布福建省第七届高等教育教学成果奖项目的通知》（闽教高〔2014〕13号），华侨大学《会通多元文化，并育四海英才——创新侨校特色大学生素质教育体系》《华侨大学"竞教结合"篮球竞技人才培养体系建设与实践》两项成果获得福建省第七届高等教育教学成果特等奖；《构建实践创新平台，增强学生实战能力，培养卓越旅游人才》等4项成果获得福建省第七届高等教育教学成果一等奖；《基于国际视野和多维设计生态的"4+3"建筑学创新人才培养模式》等15项成果获得福建省第七届高等教育教学成果二等奖。

获得福建省第七届高等教育教学成果奖项目名单

序号	成果名称	主要完成人姓名	奖励等级
1	会通多元文化，并育四海英才——创新侨校特色大学生素质教育体系	吴季怀、陈国柱、黄建烽、赵冰洁、程一辉、池进、翁文旋、王雷	特等奖
2	华侨大学"竞教结合"篮球竞技人才培养体系建设与实践	程一辉、宋振镇、邢尊明、庄志勇、吴桂宁、吴季怀、扈伟、曲京寅、张佳滨	特等奖
3	构建实践创新平台，增强学生实战能力，培养卓越旅游人才	黄远水、汪京强、郑向敏、吴贵华、刘建华、李勇泉、侯志强、林美珍	一等奖
4	基于科教结合的协同育人模式研究与实践	郭子雄、张云波、秦旋、曾志兴、陈捷、周克民	一等奖
5	基于多媒体网络环境下的大学英语教学模式改革与实践	黄小萍、陈海蛟、谢友福、潘锡清、郭琦	一等奖
6	公共管理应用型人才培养模式改革与创新	王丽霞、李璐岚、汤兆云、李庭志、关键、侯志阳、王静珊、王郝京、徐晞、卓萍	一等奖
7	基于国际视野和多维设计生态的"4+3"建筑学创新人才培养模式	刘塨、费迎庆、姚敏峰、郑剑艺、彭晋媛、洪毅、吴少峰、欧海锋、薛佳薇、姚波、冉茂宇、龙元、陈志宏、郑志、侯艳茹、林翔、胡璟、戴云倩、赖世贤	二等奖
8	华侨大学澳门高等教育法学系列教材（教材）	翁文旋、兰仁迅、许少波、张国安、白晓东、董斌、王方玉	二等奖
9	电子信息学科大学生创新实践能力培养体系的研究与实践	冯桂、林其伟、戴在平、黄传明、谭鸽伟、郑灿民、旷建军、徐传忠	二等奖
10	产学研协同，培养人力资源管理专业"双层次"创新创业型人才的研究与实践	张向前、孙锐、曾路、衣长军、林峰、郑文智	二等奖
11	构建综合实践平台，培养土木工程创新人才的研究与实践	彭兴黔、陈捷、周克民、曾志兴、郑星有	二等奖
12	大学生数学建模能力与应用、创新型人才培养的探索	黄建新、宋海洲、谢溪庄、庄锦森、高真圣、康志林、黄川波、李锦成	二等奖
13	面向"学用落差"弥合的工商管理类创新型人才培养模式改革与实践	孙锐、衣长军、万文海、郭东强、杨树青、蔡晓、文竞之、徐文福	二等奖
14	《金融学》课程改革与教材建设（教材）	林俊国、李宝良、刘卫红、李凝、徐小君、李进军	二等奖
15	《网络营销导论》（教材）	刘向晖	二等奖
16	《数字信号处理》课程混合式教学模式的探索与实践	吴荣、林荣德	二等奖
17	资源环境与城乡规划管理专业旅游规划与管理应用型人才培养模式探索	陈金华、黄远水、谢朝武、李洪波、叶新才、黄安民、黄建军	二等奖
18	市场营销专业人才培养综合改革	陈钦兰、苏朝晖、吕庆华、杨树青、田建春、陈春琴、殷勤、郭惠玲、陈慧冰、殷赣新、李晓龙、贾微微、陈小燕、周飞、王智生	二等奖

续表

序号	成果名称	主要完成人姓名	奖励等级
19	卓越新闻传播人才教育实践平台的建设	郭艳梅、索燕华、王建设、徐华、王琰、黄志浩、朱志军	二等奖
20	环境学科实践教学体系构建与人才培养模式设计	荆国华、于瑞莲、许绿丝、胡恭任、周作明、洪俊明	二等奖
21	《中国旅游地理》（教材）	黄远水	二等奖

【本科教学质量提升计划】 为持续推动华侨大学工程教育和教学模式等各项改革，切实加强本科教学工作，优化人才培养模式，提升人才培养质量，2014年6月，学校制订了华侨大学本科教学质量提升计划。提升计划以实施工程教育认证为载体，以教学团队、实践教学和系列教材建设为抓手，以数字课程建设为契机，以培养卓越人才为目标，坚定不移地走内涵发展、特色发展、创新发展的道路，加大教学投入，强化专业建设，深化教学改革，努力提高人才培养质量和整体办学水平。

"提升计划"共包括7个部分，分别为工程教育认证计划、卓越人才培养计划、教学团队建设计划、数字课程建设计划、实践教学建设计划、特色教材支持计划和教学优秀表彰计划。通过本科教学质量提升计划的实施，使人才培养目标更加明确，培养方案更加合理，培养模式更加优化，管理制度更加健全，学生的学习能力、实践能力、创新能力和就业竞争力显著增强，优质教育教学资源更加丰富，使用效益显著提高，教学工作的中心地位、教学质量的首要地位和教学投入的优先地位得到有效保障，本科教学工作向更深层次、更新阶段和更高水平推进。

【工程教育认证计划】 工程教育认证是国际通行的工程教育质量保证制度，也是实现工程教育国际互认和工程师国际互认的重要基础。2014年，学校84个本科专业中有18个工科专业属于工程教育认证受理的专业领域。学校要求这18个专业（包括今后国家设立的认证专业）所在学院，必须申报该项计划，并通过工程教育认证。计划用4年左右的时间，每年遴选5个左右专业进行建设，每个专业争取在3年内通过认证。

2014年12月，经各相关学院申报，校本科教学质量专家组评审，材料科学与工程等6个专业被评选为工程教育专业认证立项项目，环境工程等4个专业被评选为工程教育专业认证培育项目。学校对每个认证专业资助金额80万元，立项项目首批启动经费按30万拨给，培育项目首批启动经费按15万拨给，同时，根据中期检查的具体情况续拨或取消认证项目。建设期限为3年。

附表：华侨大学 2014 年工程教育专业认证立项项目

序号	专业名称	所属学院
1	材料科学与工程	材料科学与工程学院
2	机械工程	机电及自动化学院
3	化学工程与工艺	化工学院
4	给排水科学与工程	土木工程学院
5	计算机科学与技术	计算机科学与技术学院
6	电子科学与技术	信息科学与工程学院

附表：华侨大学 2014 年工程教育专业认证培育项目

序号	专业名称	所属学院
1	环境工程	化工学院
2	软件工程	计算机科学与技术学院
3	通信工程	信息科学与工程学院
4	物联网工程	工学院

【首届本科教学质量专家组成立】 2014 年 6 月 5 日下午，华侨大学本科教学质量专家组成立暨专家聘任仪式在李克砌纪念楼五层会议室举行。23 名教学业绩显著的一线教师受聘首届专家组成员，黄宜坚担任首届专家组组长，马华祥任副组长，王岩、王景河、冉茂宇、严捍东、李招发、李朝明、宋振镇、张国安、张胜林、陈历明、陈永红、陈晓虎、陈雪琼、金程斌、姜泽华、郭震宁、黄心中、黄海德、黄惠莉、曾文婷、戴秋莲等 21 人为专家组成员，副校长吴季怀为其颁发聘书。

成立本科教学质量专家组是《华侨大学本科教学质量提升计划》的基本要求。专家组成立后，将开展对全校本科教学质量的督导、咨询和评价工作。专家组每届任期 3 年，工作由组长主持，副组长协助，教师发展中心负责协调日常相关工作。首届专家组成员由各学院推选产生，绝大多数是未担任领导职务的一线教师。专家组将从教学理念的革新、教学技术的提升、教学评价机制的完善入手，积极承担起学校委托的职责，努力做好教学督导、咨询和评价等工作。

【西安交通大学短期学习生】 2014 年，学校根据《华侨大学学生赴西安交通大学短期学习暂行管理办法》（教务〔2011〕5 号），进一步加强短期交换学习学生的规范化管理，向西安交通大学选派短期学习生 30 人，涉及机械工程及自动化、化学工程与工艺、应用化学、计算机科学与技术、公共管理类（行政管理）、法学、电气工程及其自动化、电子科学与技术、经济学、金融学、国际经济与贸易、工商管理等 12 个专业。并完成 2013 年赴西安交通大学交流学生选课、学分替换工作。

【境外生教育】 2014年度，学校对港澳学生在学籍管理上继续执行《关于境外生学籍管理的若干规定》，一是实施"因材施教"的培养模式，在部分公共基础课和专业基础课（如《高等数学》《大学物理》《大学语文》《大学英语》《大学体育》等课程）实行单独开班；根据境外生学习特点，配备经验丰富的教师进行单独教学。二是加强推进境外生通识教育。学校依托通识教育学院，根据境外生教育教学特点，制定科学合理的通识教育教学体系，将人文艺术、社科管理、科学技术等内容与境外生的"当代世界与中国"（包括《当代世界与中国文化》《当代世界与中国法制》《当代世界与中国经济》《当代世界与中国政治》等）系列课程相结合，完善境外生的通识教育课程内容。

【2014年教学工作会议】 华侨大学2014年教学工作会议6月17日下午在陈嘉庚纪念堂科学厅召开。此次会议的重点是讨论即将出台的《本科教学质量提升计划》。

贾益民、关一凡、吴季怀、刘塨、张禹东、刘斌等校领导，校长助理彭霈、曾路，各机关部处主要负责人，各学院负责人、系主任及部分教师代表参加会议，党委书记关一凡主持会议，来自清华大学、西安交通大学的两位教育名家受邀作专题报告。会议凸显出质量意识，凝聚"质量"共识。

本次会议围绕如何提升本科教学质量的展开。为增进全校教职员工对当前高等教育领域改革发展最新变化的了解，统一思想，激励斗志，会议特别邀请了清华大学原副校长余寿文教授和中科院院士、西安交通大学副校长徐宗本教授在大会上作专题报告。

余寿文以"关于中国高等工程教育的改革与发展"为题，介绍了国际和国内工程教育的发展与创新、工程教育认证体系的理念与特点以及高校参与认证应做哪些准备等问题。徐宗本以"网络在线环境下的教、学、管、建"为题，详细介绍了大规模在线教育（MOOC）的起源及其在大学教学、学习、管理等方面带来的变革、机遇和挑战。

会上，副校长吴季怀介绍了即将出台的《本科教学质量提升计划》。经过全校范围的讨论，《本科教学质量提升计划（征求意见稿）》（以下简称《计划》）进行了系统的修订，一是文风更加简洁，文件实用性更强。新版《计划》对文件内容进行了"瘦身"，删除了不必要的套话、空话，增加了对标准、做法、经验的指导与规定，使得文件篇幅更短，效用更高。二是加强了指令性与指导性的统一。新版《计划》对部分学院、专业的任务作了更为明确的规定，对MOOC建设等目标设计了更为清晰的发展蓝图。三是新版《计划》更加注重发挥各学院的积极性，在成立校级领导小组的情况下，也要求各学院成立相应的领导小组和工作机构。

校长贾益民在会议发言中指出，进入新世纪以来，世界各国掀起了新一轮提高教学质量的浪潮，"质量"已经成为当前中国乃至世界高等教育发展最为深刻的命题。

他表示，高等学校的根本任务是培养人才，教学工作始终是高等学校的中心工作，教学水平和质量是衡量一所高校办学水平的重要标志之一。《本科教学质量提升计划》的制订出台，将有力推动华侨大学本科教学各项改革，使人才培养目标更明确、方案更合理、模式更优化、制度更健全，将使学生学习、实践、创新能力和就业竞争力显著增强，将使教育教学资源更加丰富、使用效益明显提高，本科教学工作向更深层次、更新阶段和更高水平推进。

为深入实施《计划》，贾益民要求学校各单位提高认识，增强责任感和紧迫感，进一步确立为本科生和人才培养这个中心服务的理念，坚持"本科教学优先"的原则，保证教育教学资源优先用于本科教学；要求根据《计划》七大部分，分类实施、突出重点，全面提高教学质量；要求强化领导、加大投入、全员参与、做好服务、狠抓落实，确保《计划》顺利实施。

2014 年本科专业设置一览表

序号	专业代码	专业名称	修业年限	学位授予门类
1	020101	经济学	四年	经济学
2	020301K	金融学	四年	经济学
3	020401	国际经济与贸易	四年	经济学
4	030101K	法学	四年	法学
5	030301	社会学	四年	法学
6	040109T	华文教育	四年	教育学
7	040201	体育教育	四年	教育学
8	050101	汉语言文学	四年	文学
9	050102	汉语言	四年	文学
10	050103	汉语国际教育	四年	文学
11	050201	英语	四年	文学
12	050207	日语	四年	文学
13	050302	广播电视学	四年	文学
14	050303	广告学	四年	文学
15	070101	数学与应用数学	四年	理学
16	070102	信息与计算科学	四年	理学
17	070202	应用物理学	四年	理学
18	070302	应用化学	四年	理学
19	070503	人文地理与城乡规划	四年	管理学

序号	专业代码	专业名称	修业年限	学位授予门类
20	071002	生物技术	四年	理学
21	080201	机械工程	四年	工学
22	080202	机械设计制造及其自动化	四年	工学
23	080203	材料成型及控制工程	四年	工学
24	080205	工业设计	四年	工学
25	080207	车辆工程	四年	工学
26	080301	测控技术与仪器	四年	工学
27	080401	材料科学与工程	四年	工学
28	080403	材料化学	四年	工学
29	080407	高分子材料与工程	四年	工学
30	080412T	功能材料	四年	工学
31	080601	电气工程及其自动化	四年	工学
32	080701	电子信息工程	四年	工学
33	080702	电子科学与技术	四年	工学
34	080703	通信工程	四年	工学
35	080705	光电信息科学与工程	四年	工学
36	080706	信息工程	四年	工学
37	080710T	集成电路设计与集成系统	四年	工学
38	080801	自动化	四年	工学
39	080901	计算机科学与技术	四年	工学
40	080902	软件工程	四年	工学
41	080903	网络工程	四年	工学
42	080905	物联网工程	四年	工学
43	080906	数字媒体技术	四年	工学
44	081001	土木工程	四年	工学
45	081003	给排水科学与工程	四年	工学
46	081301	化学工程与工艺	四年	工学
47	081302	制药工程	四年	工学
48	082502	环境工程	四年	工学
49	082503	环境科学	四年	理学
50	082801	建筑学	五年	工学或建筑学
51	082802	城乡规划	五年	工学
52	083001	生物工程	四年	工学
53	090102	园艺	四年	农学

序号	专业代码	专业名称	修业年限	学位授予门类
54	100701	药学	四年	理学
55	120102	信息管理与信息系统	四年	管理学
56	120103	工程管理	四年	工学
57	120201K	工商管理	四年	管理学
58	120202	市场营销	四年	管理学
59	120204	财务管理	四年	管理学
60	120206	人力资源管理	四年	管理学
61	120401	公共事业管理	四年	管理学
62	120402	行政管理	四年	管理学
63	120404	土地资源管理	四年	管理学
64	120601	物流管理	四年	管理学
65	120801	电子商务	四年	经济学
66	120901K	旅游管理	四年	管理学
67	120902	酒店管理	四年	管理学
68	130201	音乐表演	四年	艺术学
69	130202	音乐学	四年	艺术学
70	130204	舞蹈表演	四年	艺术学
71	130205	舞蹈学	四年	艺术学
72	130401	美术学	四年	艺术学
73	130502	视觉传达设计	四年	艺术学
74	130503	环境设计	四年	艺术学
75	130504	产品设计	四年	艺术学
76	130505	服装与服饰设计	四年	艺术学
77	010101	哲学	四年	哲学
78	050301	新闻学	四年	文学
79	120205	国际商务	四年	管理学
80	120405	城市管理	四年	管理学
81	120203K	会计学	四年	管理学
82	020304	投资学	四年	经济学
83	082803	风景园林	五年	工学
84	120903	会展经济与管理	四年	管理学

2014 年华侨大学资助编写教材一览表

序号	教材名称	主编姓名
1	境外生民族声乐教材	谷玉梅
2	《C 程序设计（修订版）》及《C 程序设计学习指导与上机实践（修订版）》	刘韶涛

2014 年华侨大学优秀教材一览表

序号	教材名称	主编姓名	奖项
1	立体构成——空间形态构成	艾小群	一等奖
2	国际金融理论与实务	胡日东	二等奖
3	《C 语言程序设计》及《C 语言程序设计学习指导》	刘韶涛	二等奖
4	大学语文	王建设	三等奖
5	数字信号处理	杨毅明	三等奖
6	信息论与编码技术	冯桂	三等奖

研究生教育

【概况】 华侨大学以"面向海外、面向港澳台"为办学方针，努力拓展高层次人才培养，学校学位与研究生教育经历了从无到有、由弱到强的光辉历程。1981 年，华侨大学被国务院学位委员会批准为首批硕士学位授予单位，基础数学专业成为我国第一批硕士学位授权点，当年开始招收、培养硕士研究生，拉开了华侨大学研究生教育的帷幕。1998 年，国务院学位委员会批准华侨大学为博士学位授权单位，机械制造及其自动化专业获得博士学位授予权，标志着学校研究生教育向更高层次的发展。1999 年，国务院学位委员会批准华侨大学基础数学、机械制造及其自动化等 14 个已有硕士毕业生的硕士学位授权专业有资格开展同等学力人员申请硕士学位工作，同年华侨大学还开设了研究生课程进修班，进一步拓展了华侨大学学位与研究生教育的空间。2002 年，华侨大学开始机械工程领域工程硕士招生与培养，2007 年开始工商管理硕士（MBA）、公共管理硕士（MPA）、法律硕士（JM）的招生与培养且从学术型学位扩展到专业型学位。

经过长期的发展和积累，学校的研究生教育已经具有相当的规模，研究生教育质量和水平也有较大幅度的提高。截至 2014 年底，学校有 5 个博士后科研流动站，3 个一级学科博士学位授权点，20 个二级学科博士学位授权点，21 个一级学科硕士学位授权点，111 个二级学科硕士学位授权点，10 种硕士专业学位类别，其中工程硕士包含 11 个领域。有研究生导师 650 人，其中博士生导师 82 人。

截至 2014 年底，有在读研究生 5404 人，其中，博士 306 人，全日制硕士研究生 3502 人，在职硕士研究生 1596 人；有境外研究生 477 人，其中，港澳台学生 245 人，侨生 57 人，留学生 175 人。

学校现已形成完整的学位与研究生教育管理工作的组织框架体系。学校学位评定委员会，作为学校学位教育管理与学位评定的最高领导机构，总体负责学校学位教育的管理和学位评定工作。在组建完毕学位评定委员会的基础上，学校按学科门类成立学位分委员会，以协助学位评定委员会的工作。另外，为构建学校内部研究生培养质量保证体系，学校按一级学科和专业学位类别，成立以培养质量保证为核心任务的研究生培养指导委员会、专业学位研究生培养指导委员会。现已建立起了学位评定委员会、学位评定分委员会、研究生培养指导委员会共同组成的三级决策机构，由研究生院与各培养单位组成的两级执行机构。

研究生院将继续强化制度化、规范化和科学化管理，加强学位点建设，扎实推进研究生教育机制改革，提升研究生培养质量。

【研究生教育管理】 2014 年上半年，根据当前我国学位与研究生教育发展趋势与改革新要求，结合学校实际，对历年来的研究生教育与管理各项规章制度文件进行了全面梳理，通过合并、调整、修订、新增、废止，最终由 35 个文件减少到 25 个，简化流程，便于操作。在对管理制度全面梳理的基础上，2013 级与 2014 级研究生教育管理制度汇编分别于 4 月及 9 月编制完毕并发放至各培养单位。

2014 年 4 月 8 日，研究生院首次创刊发行《华侨大学学位与研究生教育工作简报》，简报每学期于期初、期末共出版 2 期，及时关注当前国家最新学位与研究生教育政策动态，通报学校近期学位与研究生教育工作情况及存在的问题，监督、督促各培养单位与研究生院共同提升工作水平与质量，协同推进学校学位与研究生教育工作顺利开展。

【招生工作】 2014 年，在上级招生主管部门的指导下，在学校研究生招生工作领导小组的领导下，研究生院与各培养单位通力配合，顺利完成博士生、全日制硕士研究生、在职研究生、境外研究生等各类研究生的招生录取工作。

2014 年，华侨大学共招收研究生 1780 人，其中，博士 56 人，硕士 1724 人；硕士研究生中，全日制 1181 人，在职 543 人；共招收境外研究生 125 人，其中，港澳台 35 人，华侨 14 人，留学生 76 人。

【培养管理】 启动全校各类研究生培养方案新一轮制订（修订）工作，审核办理重修、免修、推免生跟班学习、校外人员跟班修读等手续，收集整理归档教学进度表、成绩报送表等各种教学材料，审核研究生毕业成绩，做好研究生教学、考试安排；审核各培养单位的开课、排课、选课，协调教室分配，做好日常调停课管理，开展硕士研究生硕博连读"2+3"选拔工作，开展研究生科学道德与学风建设活动，核算研究生培养经费。

为贯彻落实教育部《关于加强学术学位研究生课程建设的意见》，推动研究生培养单位做好课程建设工作，2014年11月，研究生院启动华侨大学研究生课程建设教学改革项目立项申报工作，经各项目负责人申报，培养指导委员会审核推荐，研究生院组织专家评审，共评审出2014年度校级研究生课程建设教学改革项目11项，第一批启动经费现已划拨。

出台《华侨大学研究生教学督导管理办法》（研究〔2014〕3号），组建督导队伍，按督导组成员特点有针对性的按学院听课，实行听课、查课两条线，发挥了研究生院、督导组、学院、研究生秘书管理系统和工作网络的作用，形成综合监控体系，进一步保证了教学质量的提高。

【学位管理】 学校完成了包括电子图像采集、学位论文盲审、学位论文送审资格审查、答辩资格审查、学位论文答辩、学位授予资格审核、毕业生档案整理移交、学生毕业离校管理及证书制作发放等主要工作。2014年，学校研究生毕业889人（博士31人，硕士858人），授予学位1167人（博士25人，硕士1142人）。

严把论文盲审质量，博士学位论文、在职硕士学位论文实行全盲审，学历硕士学位论文70%盲审率，盲审不合格的学位论文，一律推迟答辩，重复率检测从2013级开始由30%提高到20%。2014年，学位论文送审不合格率和重复率检测不合格率分别为2.98%、0.53%，与2013年基本持平，远低于2012年同期的3.76%和4.47%。

【评奖评优】 根据2014级研究生收费国家政策的新变化、新要求，2014年3月，结合学校实际，对新生奖励办法进行了重新修订，奖励额度和获奖面均有较大提升。其中，博士特等奖8万元，一、二、三等奖分别为3万、2.5万、2万元；硕士特等奖5万元，一、二、三等奖分别为2万、1.8万、1.5万元。2014级新生奖学金评选中，有200人获新生奖学金，首期发放奖学金185.6万元。

为有效提升研究生学位论文水平和科研创新能力，推动高层次创新型人才的培养，于2014年1月出台《华侨大学研究生创新基金管理办法》（华大研〔2014〕6号），面向全日制研究生，设立"华侨大学研究生创新基金"，资助内容包括"研究生科研创新能力培育计划""优秀博士学位论文提升计划"。科研创新能力培育计划主要面向华侨大学一年级全日制研究生，以科研项目立项的形式，资助研究生自主开展与学位论文或研究方向领域相关的学术研究，培育科研创新能力。优秀博士学位论文提升计划主要面向通过学位论文答辩，在学位论文研究中取得突出学术成果且尚未获得高级专业技术职务的全日制博士毕业生，通过评审优秀学术新人奖，给予优秀博士学位论文提升项目的资助。

【出台研究生学业奖学金管理办法】 针对 2014 年收费改革，为解除研究生的后顾之忧，改善研究生学习、科研和生活条件，同时吸引更多优秀生源报考学校研究生，出台《华侨大学研究生奖学金实施办法》（华大学〔2014〕15 号），新的研究生奖助体系对 90% 以上的学生资助、奖励力度高于 2014 年收费之前，确保绝大多数研究生所获得的基本的奖助学金能够覆盖全部学费和基本生活费用。

【研究生优秀论文奖励】 2014 年，在马万祺优秀研究生学术论文评选中，有 323 篇学术论文获奖，涉及研究生 237 名，其中博士生 35 名，硕士生 202 名，奖励金额达 42.8 万元。在校优秀学位论文评选中，有 6 篇论文获奖，其中博士学位论文 2 篇，硕士 4 篇，奖励金额达 4.4 万元。

【境外研究生奖学金】 2014 年中国华文教育基金会完美奖学金在日本、马来西亚、昆明进行了 3 次发放仪式，累计受益人数 56 人，发放金额 35.2 万元。在 2014 年福建省高校台湾学生奖学金评选中，学校台湾学生有博士 4 人、硕士 1 人获奖，获奖人数位居全省第三，仅次于厦门大学与福州大学。

【研究生学术竞赛获奖】 第十一届研究生数学建模竞赛中，学校参赛队获全国二等奖；第十五届福建省研究生自然辩证法论文演讲赛中，学校获一等奖 1 名，二等奖 3 名，优秀论文指导教师 1 名，学校获优秀组织奖，获历年最好成绩。

【研究生教育国际化】 2014 年 6 月，马来西亚中国哲学硕士研究生班开班；9 月，澳门 2014 级企业管理、建筑学硕士研究生班开班；10 月，2014 级昆明境外研究生班开班。同时，日本研究生班完成 2014 年招生工作。截至 2014 年底，共计在我国的台湾、澳门以及日本、泰国、菲律宾、马来西亚、印度尼西亚等国开办 11 个博士、硕士研究生班，另有面向缅甸、越南、老挝等国进行招生的昆明境外研究生班。

【导师队伍建设】 为加强导师队伍内涵建设，规范导师的招生与管理，2014 年相继出台《华侨大学研究生指导教师遴选办法（试行）》（华大研〔2014〕7 号）、《研究生指导教师招生和管理办法（试行）》（华大研〔2014〕17 号），并启动新一轮新增导师遴选和招生资格的审核工作。2014 年，经遴选及直接认定，新增博士生导师 15

人，学术学位硕导 77 人，专业学位硕导 25 人，校外实践导师 51 人。通过导师遴选工作，进一步扩充了导师队伍，优化了队伍的层次结构。

【增设学位点】 2014 年，经国务院学位委员会审批通过，学校新增汉语国际教育、艺术 2 个硕士专业学位授权点，其中，"汉语国际教育硕士"设在华文学院，"艺术硕士"设在美术学院与音乐舞蹈学院，至此，学校研究生培养单位基本覆盖所有学院，进一步完善了学校学位与研究生教育发展布局。特别是汉语国际教育硕士专业学位点的获批，有利于学校发挥华侨高等学校的优势和作用，更好地为海外华侨服务。

【研究生工作站建设】 2014 年，正式启动华侨大学研究生工作站建设，出台《华侨大学研究生工作站建设与管理办法（试行）》（华大研〔2014〕13 号），由各研究生培养单位联系具有一定科研水平的企事业单位设立研究生工作站，工作站为研究生提供实践岗位并负责进站研究生的日常管理，以项目为导向推进产学研联合培养研究生。在 2014 年在职研究生开学典礼上对第一批试点研究生工作站进行了授牌。2014 年学校共设立研究生工作站 17 家，包括泉州工商银行、东南大宗商品交易中心、南方路机等大中型企业，可以为研究生提供上百个实践岗位，大部分工作站已选派研究生进站开展研究。

华侨大学授予博士学位学科目录

博士学位授权一级学科（3 个）

序号	一级学科名称（代码）	二级学科名称（代码）
1	机械工程（0802）	080201 机械制造及其自动化
2		080202 机械电子工程
3		080203 机械设计及理论
4		080204 车辆工程
5	材料科学与工程（0805）	080501 材料物理与化学
6		080502 材料学
7		080503 材料加工工程
8		0805Z1 材料化学
9		0805Z2 生物医学材料
10	化学工程与技术（0817）	081701 化学工程
11		081702 化学工艺
12		081703 生物化工
13		081704 应用化学
14		081705 工业催化

博士学位授权二级学科（6个）

序号	所属一级学科名称（代码）	二级学科名称（代码）
1	哲学（0101）	010101 马克思主义哲学
2	应用经济学（0202）	020209 数量经济学
3	政治学（0302）	030203 科学社会主义与国际共产主义运动
4	土木工程（0814）	081402 结构工程
5	工商管理（1202）	120202 企业管理
6		120203 旅游管理

华侨大学授予硕士学位学科目录

硕士学位授权一级学科（21个）

序号	一级学科名称（代码）	二级学科名称（代码）
1	哲学（0101）	010101 马克思主义哲学
2		010102 中国哲学
3		010103 外国哲学
4		010104 逻辑学
5		010105 伦理学
6		010106 美学
7		010107 宗教学
8		010108 科学技术哲学
9	应用经济学（0202）	020201 国民经济学
10		020202 区域经济学
11		020203 财政学
12		020204 金融学
13		020205 产业经济学
14		020206 国际贸易学
15		020207 劳动经济学
16		020209 数量经济学
17		020210 国防经济
18		0202Z1 信息经济学

续表

序号	一级学科名称（代码）	二级学科名称（代码）
19	法学（0301）	030101 法学理论
20		030102 法律史
21		030103 宪法学与行政法学
22		030104 刑法学
23		030105 民商法学
24		030106 诉讼法学
25		030107 经济法学
26		030108 环境与资源保护法学
27		030109 国际法学
28		030110 军事法学
29	政治学（0302）	030201 政治学理论
30		030202 中外政治制度
31		030203 科学社会主义与国际共产主义运动
32		030204 中共党史
33		030205 国际政治
34		030206 国际关系
35		030207 外交学
36		0302Z1 侨务政策与理论
37	中国语言文学（0501）	050101 文艺学
38		050102 语言学及应用语言学
39		050103 汉语言文字学
40		050104 中国古典文献学
41		050105 中国古代文学
42		050106 中国现当代文学
43		050107 中国少数民族语言文学
44		050108 比较文学与世界文学
45		0501Z1 华语与华文教育
46		0501Z2 媒介文化与传播
47	化学（0703）	070301 无机化学
48		070302 分析化学
49		070303 有机化学
50		070304 物理化学
51		070305 高分子化学与物理

序号	一级学科名称（代码）	二级学科名称（代码）	
52	统计学（0714）	071400	统计学
53	机械工程（0802）	080201	机械制造及其自动化
54		080202	机械电子工程
55		080203	机械设计及理论
56		080204	车辆工程
57	光学工程（0803）	080300	光学工程
58	仪器科学与技术（0804）	080401	精密仪器及机械
59		080402	测试计量技术及仪器
60	材料科学与工程（0805）	080501	材料物理与化学
61		080502	材料学
62		080503	材料加工工程
63		0805Z1	材料化学
64		0805Z2	生物医学材料
65	电子科学与技术（0809）	080901	物理电子学
66		080902	电路与系统
67		080903	微电子学与固体电子学
68		080904	电磁场与微波技术
69	信息与通信工程（0810）	081001	通信与信息系统
70		081002	信号与信息处理
71	计算机科学与技术（0812）	081201	计算机系统结构
72		081202	计算机软件与理论
73		081203	计算机应用技术
74		0812Z1	物联网工程
75	建筑学（0813）	081300	建筑学
76	土木工程（0814）	081401	岩土工程
77		081402	结构工程
78		081403	市政工程
79		081404	供热、供燃气、通风及空调工程
80		081405	防灾减灾工程及防护工程
81		081406	桥梁与隧道工程

序号	一级学科名称（代码）	二级学科名称（代码）	
82	化学工程与技术（0817）	081701	化学工程
83		081702	化学工艺
84		081703	生物化工
85		081704	应用化学
86		081705	工业催化
87		0817Z1	制药工程
88	城市规划学（0833）	083300	城市规划学
89	软件工程（0835）	083500	软件工程
90	管理科学与工程（1201）	120100	管理科学与工程
91		1201Z1	体育产业管理
92	工商管理（1202）	120201	会计学
93		120202	企业管理
94		120203	旅游管理
95		120204	技术经济及管理

硕士学位授权二级学科（16个）

序号	所属一级学科名称（代码）	二级学科名称（代码）	
96	马克思主义理论（0305）	030501	马克思主义基本原理
97		030505	思想政治教育
98	外国语言文学（0502）	050201	英语言文学
99	中国史（0602）	060204	专门史
100	数学（0701）	070101	基础数学
101	物理学（0702）	070207	光学
102	地理学（0705）	070502	人文地理学
103	生物学（0710）	071005	微生物学
104		071010	生物化学与分子生物学
105	力学（0801）	080104	工程力学
106	电气工程（0808）	080805	电工理论与新技术
107	控制科学与工程（0811）	081102	检测技术与自动化装置
108		081104	模式识别与智能系统
109	环境科学与工程（0830）	083001	环境科学
110		083002	环境工程
111	公共管理（1204）	120401	行政管理

华侨大学授予硕士专业学位目录（20个）

序号	专业学位类别	专业学位领域名称（领域代码）
1	金融硕士（0251）	无专业学位领域
2	法律硕士（0351）	035100　不区分
		035101　非法学
		035102　法学
3	汉语国际教育硕士（0453）	无专业学位领域
4	建筑学硕士（0851）	无专业学位领域
5	工程硕士（0852）	085201　机械工程
6		085204　材料工程
7		085207　电气工程
8		085208　电子与通信工程
9		085211　计算机技术
10		085213　建筑与土木工程
11		085216　化学工程
12		085229　环境工程
13		085238　生物工程
14		085239　项目管理
15		085240　物流工程
16	工商管理硕士（1251）	125101　工商管理硕士
17	公共管理硕士（1252）	无专业学位领域
18	旅游管理硕士（1254）	无专业学位领域
19	工程管理硕士（1256）	无专业学位领域
20	艺术硕士（1351）	无专业学位领域

华文教育及汉语国际教育

【概况】　2014年，华侨大学华文教育项目不断拓展，精品活动持续做强，海外华文教育基地建设继续推进。第九期"外国政府官员中文学习班"学员顺利结业，"外国政府官员中文学习班"第十期成功开班，学员总人数突破100名。开展了第四届外国政府官员中文学习班往届优秀学员社会实践考察活动。由华侨大学与安哥拉总统基金会合作举办的"安哥拉政府青年科技人才班"顺利开班，该项目将在非洲培养一批"知华、爱华"的优秀青年科技人才，第一期20名学生将在华大开始为期六年的汉语及工科课程学习。来自美国、奥地利、泰国等7个国家的130名新生入读华文教育专业，华侨大学与菲律宾侨中学院合作开展"121留根工程"暨本土师资培养计划，连续2年共招收华文教师60名。

在泰国、菲律宾和美国举办"中华文化大乐园"活动，共有1125名华裔青少年参加。举办"中国寻根之旅 – 华侨大学营"活动，2014年有11个国家300多名华裔青少年来校参加中华文化夏冬令营活动。成功承办了国侨办第三届"海外华裔青少年中华文化大赛"项目，共接待来自16个国家的192名营员参加中华文化大赛优胜者冬令营暨总决赛活动。圆满承办了中国华文教育基金会"2014中国文化海外行·南非营""共庆中国节·节庆文化走进巴塞罗那""中文学习乐园·完美华侨大学营"等系列活动，拓展海外华文教育办学空间。

巩固并推进孔子学院（课堂）工作，承办国家汉办"汉语桥"缅甸营、泰国民教委校长研习班等项目，第四届"泰国农业大学孔子学院"理事会议在华侨大学顺利召开。泰国农业大学孔子学院本部及所辖曼谷基督教学校孔子课堂、曼谷东方文化书院孔子课堂、泰国文官委员会教学点，以及缅甸福星孔子课堂充分发挥学校在泰国、缅甸的华文教育资源优势，加强与主流社会的沟通联系，巩固不同层次的汉语教学和培训工作，开展丰富多彩的中国文化推广活动。2014年华侨大学汉语教师志愿者的国别拓展至泰国、印尼、菲律宾、缅甸、英国、厄瓜多尔和哥斯达黎加7个国家，共推荐了9个学院的98名志愿者候选人，其中52名学生通过国家汉办的考核，予以录取并派出。

加快推进华侨大学华文教育海外办学基地建设，华侨大学海外华文教育基地——东盟普吉泰华学校2014年5月正式开学。华侨大学与泰国吞武里大学上星卫视合作开办的中文教育节目《你好BTU》，已面向东盟国家在黄金时段进行常态播出，节目深受广大观众喜爱。华侨大学泰国电视团队同时创作的纪录片《从心开始》，在泰国多次公开放映并获得好评。

【第九届外国政府官员中文学习班毕业典礼】 7月4日，外国政府官员中文学习班第九届毕业典礼在华侨大学厦门校区王源兴国际会议中心G201举行。中国国务院侨务办公室文化司副司长汤翠英、泰国泰中文化经济协会副会长肖汉铭、华侨大学校长贾益民、泰国泰中文化经济协会副秘书长荣誉、泰国驻厦门总领事馆副总领事孟坤、泰国皇家警察总署署长助理栅狄、华侨大学副校长张禹东等出席毕业典礼并为学员颁发结业证书。外国政府官员中文学习班第九届毕业生共有79名学员，其中泰国学员65名、印尼学员14名。

【第十期外国政府官员中文学习班开学典礼】 9月12日，第十期外国政府官员中文学习班开学典礼在华侨大学厦门校区王源兴国际会议中心G201举行。国务院侨务办公室主任裘援平、泰国泰中文化经济协会会长颇欣·蓬拉军、泰国驻厦门总领事馆总领事帕晨、泰国泰中文化经济协会副会长兼教育委员会主任威七、中国国务院侨办文化司司长雷振刚、福建省侨务办公室主任杨辉、华侨大学党委书记关一凡、泰国驻厦门总领事馆副总领事孟坤、华侨大学副校长吴季怀、泰国泰中文化经济协会教育委员会成员单迪、泰国驻厦门总领事馆领事谢婉玲、泰国泰中文化经济协会副会长王志民等出席开学典礼。华侨大学副校长张禹东主持开学典礼。"外国政府官员中文学习班"第十期共招收泰国国防部、皇家警察总署、商务部、农业与合作社部、财政部、海关总署、司法部、卫生部、内政部，印尼工业部、商务部、警察部、旅游部、财政部和菲律宾警察总署等部门共 100 名学员。

【外国政府官员中文学习班往届优秀学员社会实践活动】 11 月 23 日至 12 月 3 日，华侨大学外国政府官员中文学习班往届优秀学员在北京、广州等地开展社会实践考察活动。本次活动由泰中文化经济协会会长颇欣·蓬拉军担任团长，学员分别来自泰国国防部、高等法院、上议院秘书处、众议院秘书处、总理秘书处、警察总署、农业部、审计署、司法部、卫生部、水利部、泰中文化经济协会等部委和机构。国务院侨办主任裘援平、副主任任启亮 11 月 24 日上午在北京会见华侨大学外国政府官员中文学习班往届优秀学员社会实践考察团一行。

【安哥拉政府青年科技人才班开学典礼】 9 月 12 日，安哥拉政府青年科技人才班第一期开学典礼在厦门校区举行，第一期共招收 20 名优秀安哥拉青年学生。国务院侨办主任裘援平、安哥拉教育部青年训练局局长路易萨、国务院侨办文化司司长雷振刚、福建省侨办主任杨辉、安哥拉总统基金会法律部部长阿维利诺、华侨大学校长贾益民、党委书记关一凡、副校长吴季怀出席开学典礼并为首批学员佩戴华侨大学校徽。华侨大学副校长张禹东主持开学典礼。依据商定，2014~2019 学年，华侨大学每年接受不超过 30 名安哥拉国籍优秀高中毕业生来校就读，学制为"2+4"模式，即前 2 年学习汉语言专业，后 4 年学习理学、工学等专业，为安哥拉的战后重建培养大批急需的懂科学、懂技术的青年人才。

【海外华文教育与中华文化传播协同创新中心】 "海外华文教育与中华文化传播协同创新中心"于 2012 年 9 月 25 日成立。协同创新中心由华侨大学牵头，与中国社会科学院文化研究中心、中国华文教育基金会、世界华语文教育学会、香港凤凰卫视集团、社会科学文献出版社等协同组建，主管部门为国务院侨办。总体目标是：协同大陆、台湾、香港及国外相关高校、学术机构、传媒与民间组织，整合现有各家学术机构及传媒机构的资源，汇聚华文教育与文化传播的顶尖人才，实现华文教育研究和中华文化传播研究、文化传播研究和文化传播实践的融合与创新，将"海外华文教育与中华文化传播协同创新中心"建成世界一流的信息中心、学术中心、资源中心，引领华文教育与中华文化传播研究、教学与实践的发展方向，培育一支富有活力、梯队合理、学缘全面的研究队伍。根本目的在于：让国际社会全面了解与广泛认同当代中国的发展道路及其蕴含的文化旨趣、价值内核，以提升国家文化软实力，扩大当代中国的国际影响力。

中心按照建设计划与发展目标，全力开展海外华文教育研究、跨文化传播研究、华文教育与中华文化传播资源研发及华文传媒与文化研究，重点研究华文教育教什么和怎么教，华文文化传播什么和怎么传播等核心问题，使中心成为国家华文教育与中华文化传播的智囊团、思想库和资源库，成为华文教育与中华文化传播研究的国家的重要基地。为此，中心立足于当代中国发展与全球化进程的互动关系，围绕国家侨务工作大局和中华文化软实力提升战略，创造性地开展相关的学术研究，深入地开掘中华文化的现代意蕴，积极地建构中华文化传播的现代途径与时代模式，全面增进国际社会对中华文化的内涵和当代中国发展道路的全面了解与广泛认同，以提高国家的软实力，扩大当代中国的国际影响，为中国以更加良好的形象走向世界做出独特的贡献。

中心建设时间从 2013 年 1 月起，为期四年。为实现预期目标，中心将突破各创新主体之间的壁垒，引入相关的人才、资本、信息、技术等创新要素，逐步实现海峡两岸政府、高等院校、民间机构、华文媒体相关资源的有效汇聚。将坚持"高端引领、整体开发"的人才队伍建设思路，通过实施"华文教育与中华文化传播研究领军人才引进工程""华文教育与中华文化传播研究青年骨干发展与提升工程"和"讲座教授工程"，引进和培养一批高层次、高素质的研究专家，建成一支跨区域、跨学科的研究团队。

为确保相关工作高效地推进，中心实行管理委员会领导、专家委员会指导下的主任负责制。华大校长、华文教育著名专家贾益民教授担任中心主任。中心下设四个研究中心：华文教育研究中心、跨文化传播研究中心、华文教育与文化资源研发中心、华文传媒与文化传播中心。同时，华大还专门成立"海外华文教育与中华文化传播"领导小组，由校长贾益民担任组长。

中心已经建立了协同运作机制、科学的决策机制以及人才激励与考核机制，成立了华文教育研究院、华文教育处、华侨华人研究院，并与台湾 10 所高校签订了华文教育协同创新协议，在人才队伍建设和相关研究方面取得了一定成效，发布的《华侨华人蓝皮书——华侨华人研究报告》《世界华文教育年鉴（2013）》等研究成果产生了广泛的社会影响，此外还获得了海外校友、校董及海外姊妹学校的大力支持。

未来中心将以研究机制、协同形式的不断创新为动力，建成一个国际一流的海外华文教育和中华文化传播"思想库"（Thinktank）。

2014 年 4 月 24 日，华侨大学举办了海外华文教育与中华文化传播协同创新中心发展规划论证会，邀请李晓琪、张博、陈荣岚、沙平4位国内知名华文教育专家参与讨论。专家们认为该中心基于国家战略需求，制定的发展规划科学合理，在机制体制改革、学科交叉融合、创新型人才培养等方面具有前沿性和可操作性。一致同意通过该协同创新中心2013~2016年的发展规划。

【《世界华文教育年鉴（2014）》】《世界华文教育年鉴》是由华侨大学校长、华文教育研究院院长贾益民教授直接创意推动，由华侨大学华文教育研究院牵头，组织海内外华文教育专家及一线工作者合作编纂。

《世界华文教育年鉴》以权威性、学术性、真实性为编撰原则，全面回顾华文教育领域当年度所发生的重要事件，记录华文教育事业发展轨迹，及时反映华文教育发展动态，为教学、研究及相关工作人员提供全方位的华文教育资讯服务，为未来的发展提供科学的建议，积累宝贵的华文教育资料。《世界华文教育年鉴（2014）》作为该系列书籍的第二本在结构和内容上都做了修改和提升。主要内容包括综述、大事记、华教资讯、学术动态、论著选介、华教天地、福建省2013年度华文教育工作。国务院侨务办公室副主任、中国海外交流协会副会长任启亮为《世界华文教育年鉴（2014）》撰写了《华文教育工作是一项伟大的事业》的序言。秉持"出精品，具特色"的编写理念，华侨大学将把《世界华文教育年鉴》等系列成果作为华文教育领域的品牌项目进行精心打造。

【海外华文教育情况普查及动态数据库建设】 2012年4月12日，国务院侨务办公室委托华侨大学负责"海外华文教育情况普查及动态数据库建设"工作（侨文函〔2012〕111号）。

这项调查的基本内容包含三个方面，一是各个国家和地区的华文学校的基本情况，二是各个国家或地区的华文教育组织的基本情况，三是各个国家或地区执行的有关华文教育的政策的情况。以后每年更新这三个方面的资料，建设动态数据库。2014年，华侨大学向国务院侨办提交了"关于海外华文教育普查海外调研经费预算的请示"，海外华文教育普查小组计划派出4个团组前往相关国家或地区进行实地调研。该请示已获得国侨办初步的认可。该项目通过后期的统计调查结果，整理分析资料，预期将会取得以下成果：一是建设成"海外华文学校信息库""海外华文教育组织机构信息库"和"海外华文教育政策信息库"，及时更新信息，进而深入开展华文教育相关研究。二是由华文教育研究院负责组织撰写年度研究报告，包括"海外华校总体情况报告""海外华校国别报告""海外华校办学要素报告"等。

【第九届中文教学现代化国际研讨会】 2014年7月19日，由中文教学现代化学会主办，由华文教育研究院、华文学院，海外华文教育与中华文化传播协同创新中心共同承办的第九届中文教学现代化国际研讨会在厦门校区王源兴国际会议中心隆重召开。来自中国大陆、香港、台湾以及英国、新加坡、加拿大等地区和国家的近百位专家学者汇聚一堂，共同探讨大数据时代中文教学的理论与实践问题。会议论文集《数字化汉语教学》由清华大学出版社在会前正式出版，共收录论文 59 篇。

开幕式上，华侨大学校长贾益民代表华侨大学致欢迎辞。北京师范大学教授何克抗、北京大学教授李晓琪和华文教育研究院院长贾益民分别做了题为《如何实现信息技术与教授的"深度融合"》《汉语口语自动化考试研发与题型设计理念》《大数据：国际汉语教学的机遇与挑战》的特邀学术报告。

7 月 19 日下午至 20 日下午，学术研讨会的分组报告在三个分会场同时举行。报告分八个专题："云时代"中文教学的实践应用与反思；中文教学"现代化"的理论审视与实践应用；汉语教学知识库及数据资源的理论与应用；汉语现代化教学多媒体技术的应用与探索；汉语教学现代化技术、平台、新媒体的应用与探索；汉语教材及汉语语素的研究与发现；汉语现代化课堂教学探索；汉语教学的新思考。

会议期间，与会代表还参观了华文教育研究院新建成的"云教育技术实验室"。该实验室是华文教育领域首个采用碎片"云"和互联"端"技术开展教学的示范性教室，是教室信息化建设的最新形态。

2014 年 7 月 22 日，作为第九届中文教学现代化国际研讨会后续活动——首届数字化汉语教学培训班在华侨大学厦门校区开班。本次培训由中文教学现代化学会主办，华侨大学华文教育研究院、华文学院、海外华文教育与中华文化传播协同创新中心共同承办。来自中国大陆、台湾的 50 余位教师、研究生在此接受为期 3 天的培训。

培训班邀请到北京大学李晓琪教授、北京师范大学宋继华教授、山东大学盛玉麒教授、华东师范大学张建民教授、北京语言大学徐娟教授、北京语言大学甘瑞瑗教授、鲁东大学胡晓清教授、香港城市大学蔺荪博士、香港理工大学张小衡博士等 9 位专家授课。

专家们围绕数字化汉语教学，讲述其历史与发展，介绍数字化国际汉语多元教学模式与教学资源，探讨汉语中介语语料库建设问题，教授汉语教学多媒体课件制作，并专题讲授汉语口语自动化考试研发与实施、国别化教学用词表的拟定、HSK 根词动态生成能力等级分布研究以及汉字学习的资源和应用问题。

【**海外华裔青少年中华文化大赛**】 2014 年受国务院侨办委托，华侨大学承担第三届中华文化大赛试卷命题、印制、寄送和试卷的批改工作，共研制试题及复习要点 4 套，印制试卷 46000 份，发送至 17 个国家的 22 个考点。校领导负责牵头成立工作领导小组，华文教育处具体落实，华文教育研究院、华文学院、音乐舞蹈学院等相关院系积极参与，定期召开专题筹备会议，确保比赛顺利进行。12 月 19 日至 12 月 30 日，第三届中华文化大赛优胜者冬令营在厦门举行。来自 16 个国家的 192 名营员参与角逐团体和个人单项等 8 类奖项。12 月 28 日晚举行了中华文化大赛总决赛暨颁奖典礼，知识竞赛组冠军由蒙古队夺得，澳大利亚和巴西队分别获得亚、季军；演讲组、声乐组、器乐组、舞蹈组、综合组冠军则分别由澳大利亚的曾乐、菲律宾的许利文、奥地利的胜隆、美国的彭天乐、澳大利亚的陈艾迪摘得。国务院侨办文化司司长雷振刚、华文教育发展中心副主任邱立国等领导出席典礼并为获奖选手颁奖。

【中华文化大乐园】 华侨大学于 3 月至 7 月期间分别在泰国、菲律宾、美国三个国家承办"中华文化大乐园"夏令营项目。"2014 中华文化大乐园—泰国营"由华侨大学与泰国华文教师公会联合承办，在泰国曼谷、普吉市和素叻华萌学校设三个教学点，分批次选派了 25 名优秀教师前往泰国营任教，泰国营营员总数为 450 人。"2014 中华文化大乐园—菲律宾营"由华侨大学与菲律宾华文教育中心联合承办，在菲律宾马尼拉侨中学院和宿务亚典耀圣心学院设教学点，办营时间为 4 月 19 日至 5 月 11 日。华侨大学派出 24 名优秀教师前往菲律宾营任教，菲律宾营营员总数为 575 人。"2014 中华文化大乐园—美国营"由华侨大学与美国惠蒂尔学院共同承办，惠蒂尔中文双语协会协办，华侨大学派出了 6 名优秀教师赴美国营任教，营员总数 100 人。中华文化大乐园夏令营活动通过优化的课程结构，"寓教于乐"的多元化教学模式，旨在提高海外华裔青少年学习中华传统文化的兴趣，加深他们对中国的了解。

【泰国农业大学孔子学院】 2014 年 4 月 17 日至 19 日，第四届"泰国农业大学孔子学院理事会议"在华侨大学召开。

2014 年度，泰国农业大学孔子学院本部（以下简称农大孔院）及所辖曼谷基督教学校孔子课堂、曼谷东方文化书院孔子课堂、泰国文官委员会教学点，为所在院校开设学分制课程 6482 学时，为社会人员、政府官员、本土教师等开设课程 2764.66 学时，总授课时间达 9246.66 学时。孔子学院学员总数达 7614 人，较 2013 年的 1422 人增长 435.44%，其中学分制学员 6494 人，非学分制学员 1120 人，学员涉及幼儿、中小学生、大学生、汉语硕士研究生、社会学员、政府官员等各社会层次。2014 年，泰国农业大学孔子学院共举办讲座论坛、文艺演出、各类展览、汉语桥比赛、文化体验以及孔子学院开放日等活动 134 次，其中农大孔院本部 84 次，参加人数 35910 人，下设课堂 50 次，参加人数 7026 人。2014 年度活动总人数 42936 人，较 2013 年增长 30%。其中"走进中国"大型文化体验活动、中医讲座、中国节日庆典等活动已经在曼谷及泰国东北部形成品牌效应，大大提高了农大孔院在泰国社会的知名度和影响力。2014 年 6 月，泰国农业大学孔子学院选派选手获得大学生"汉语桥"比赛泰国赛区二等奖，农大孔院与泰中经济文化协会合作，举办"泰国政府官员高级汉语班"，以在泰国海陆空、警察及其他部门工作政府官员为教学对象，以高级汉语及新闻汉语为主要授课内容，旨在让这些政府官员逐步适应两国政治经济往来中的汉语沟通和翻译工作。其授课地点在泰国上议院，泰国前副总理、泰中文化经济协会会长颇欣·蓬拉军博士（Dr. BhokinBhalakula）担任开学式主席并致词，泰中文化经济协会副会长威七·雅乐上将，泰中经济文化协会蔡百山秘书长（President Palsal Puechmongkol）等泰国高层出席。

【缅甸福星孔子课堂】 2014 年 6 月 1 日，缅甸福星孔子课堂利用现代传播手段推广汉语教学和中华文化传播，注册 Facebook 专页，分享学校动态、汉语学习资讯以及中华文化信息。福星孔子课堂常年开设初、中、高级汉语课程外，还为当地企业和中资公司提供员工培训，提供专业化课程和上门教学的服务。目前，东方银行首批 16 名学员即将完成第一阶段学习任务。除汉办常规项目汉语桥比赛以外，2014 年福星孔子课堂携手缅华文化艺术协会，积极承办仰光地区各类文化活动。2014 年 10 月 25 日至 26 日，福星孔子课堂承办了缅华文化艺术协会主办的第 13 届普通话演讲比赛，参赛选手达 236 人。2014 年 11 月 29 日至 30 日，福星承办缅华歌唱大赛。2014 年共举办了 2 场新汉语水平考试，2 场新中学生汉语水平考试和 1 场商务汉语考试，考生人数共计 1314 人。

2014 年，福星孔子课堂近年来相继与仰光知名的国际学校建立了合作关系，与仰光教学质量排名第二的国际学校 International School of Myanmar 建立合作。随着与各个国际学校合作的不断深入，分课堂在大力发展汉语教学的同时，也开展了丰富多彩的文化活动。其中 Brainworks-Total 不仅将汉语列为必修课程，同时也举办三项大的年度文化活动包括汉字英雄比赛、中国周和中国日。

【华文师资培养】 2014 年，华侨大学共招收华文教育专业奖学金学生 130 名，分别来自印尼、泰国、越南、菲律宾、奥地利、美国、蒙古等国家。同时推动落实华侨大学与菲律宾侨中学院"121 留根工程"暨本土师资培养项目，推动华文教师的本土化进程。自 2014 年起，每届培养菲律宾本土华文教师 30 名，学制四年，采取"1+2+1"的培养模式。

5 月 22 日，由国侨办主办，福建省侨办、华侨大学共同承办的 2014 年国侨办（福建）外派教师培训班在华侨大学厦门校区王源兴国际会议中心开班，福建省各地市侨办选派的中小学、幼儿园教师共 40 人参加，培训班开设了外事纪律、涉外礼仪和对外汉语教学法、心理辅导等课程。

【东盟普吉泰华学校】华侨大学海外华文教育基地——东盟普吉泰华学校 2014 年 5 月正式开学，开展中、英、泰三语教学，接轨东盟，学校教职工 200 名，学生人数 1800 名，各项软硬件设施先进完备。

【泰国曼谷吞武里大学中文电视台】 2014 年华侨大学继续与泰国曼谷吞武里大学合作开办卫星中文教育节目《你好 BTU》，节目已经在黄金时段进行常态播出，学校在 2014 年共选拔了 6 名教师组成的中文节目制作团队前往泰国。《你好 BTU》节目根据实际需要在 2014 年进行了新的改版，节目精简成每期 30 分钟，每期有固定的 2 个栏目和 5 个不固定的小栏目灵活组合组成。电视节目不但在卫星电视台播出，而且在手机媒体播出。该项目组在 2014 年拍摄多个中国在泰国的文化活动，拍摄了 2014 年中泰战略研讨会活动，采访了多位泰国新闻人物。其中，项目组在 2014 年底创作了一部 8 分钟高清剧情片《从心开始》，在泰国多次公开播映获得好评。

【汉语教师志愿者】 为进一步统筹全校华文教育资源，华侨大学将志愿者外派作为学生就业的有效渠道，将选拔范围扩展至全校，2014 年华侨大学汉语教师志愿者的国别拓展至泰国、印尼、菲律宾、缅甸、英国、厄瓜多尔和哥斯达黎加等 7 个国家，共推荐了 9 个学院的 98 名志愿者候选人，其中 52 名学生通过国家汉办的考核，录取并派出。

【中国文化海外行·南非营】 5 月 19 日至 27 日，由中国华文教育基金会主办，华侨大学承办的"2014 中国文化海外行·南非营"在南非比勒陀利亚、开普敦隆重举行。华侨大学副校长张禹东、中国驻南非大使馆领事部副主任祝笛、中国华文教育基金会项目一部副主任熊志远、全非洲和平统一促进会会长李新铸及 300 多名南非当地华裔青少年和斐京华侨公学学生参加了 19 日举行的开营仪式。华侨大学教师向当地学生分别讲授《中华传统文化》《中国画》《中国民族音乐》《中国民族舞蹈》等课程。

【共庆中国节·节庆文化走进巴塞罗那】 7 月 7 日至 14 日，由中国华文教育基金会主办，华侨大学承办，西班牙巴塞罗那孔子文化学校协办，完美（中国）有限公司资助的"共庆中国节·节庆文化走进巴塞罗那"活动在巴塞罗那孔子文化学校举办，近 200 名当地华裔青少年参加，华侨大学选派音乐舞蹈学院、美术学院、体育学院的优秀教师为西班牙华裔青少年分别讲授节庆文化、节庆音乐、节庆舞蹈、中华书画、舞龙舞狮、珠心算等课程。中国驻巴塞罗那总领事馆领事张景平、巴塞罗那市政府代表贝小娅、华侨大学教学团队全体教师共同出席闭营仪式。

【中文学习乐园 · 完美华侨大学营】 4月25日至5月25日，由中国华文教育基金会主办、华侨大学承办、完美（中国）有限公司资助的"2014年中文学习乐园 · 完美华侨大学营"在华侨大学华文学院举办。4月28日，中国华文教育基金会副秘书长李献国、华侨大学副校长张禹东、泰国海南会馆理事长邢诒喜等领导、嘉宾同来自泰国的69名华裔青少年出席了开营仪式。营员们在华侨大学进行了为期一个月的中文学习体验及游学活动，内容包括汉语口语、写作等语言类课程，以及中国文化、经典诗词、书法、国画、剪纸、武术、民族舞蹈等文化类课程。

【华文教育对外交流】 3月8日，泰国泰中文化经济协会会长颇欣·蓬拉军率团访问我校，华侨大学校长贾益民在厦门校区会见了代表团。颇欣·蓬拉军表示，泰中文化经济协会将继续大力支持外国政府官员中文学习班和中泰战略研讨会项目，并希望能够推动泰国知名大学与华侨大学开展更多方面的合作。

3月29日，泰国诗纳卡宁威洛大学校长查楞财·本亚力潘率团访问华侨大学，旨在与我校在汉语教学、学术研究等方面开展合作交流。华侨大学党委书记关一凡、副校长刘塨分别在厦门校区会见了诗纳卡宁威洛大学代表团一行。

6月21日，泰国华文教师公会主席、华侨大学董事罗宗正和泰国皇室素博·巴莫亲王率领泰国华文教师公会访问团一行莅校访问，副校长张禹东在厦门校区王源兴国际会议中心会见代表团。

【中华文化夏令营】 华侨大学历来重视海外华裔青少年及外籍人士的各类中华文化夏令营的组织工作，积极承接国务院侨办、中国华文教育基金会和国家汉办的各类夏令营项目。2014年，共承担了来自美国、瑞典、西班牙、英国、德国、印尼、泰国、缅甸等国家的336名华裔青少年参加的夏（冬）令营，精心做好各项组织工作，以培养营员对中国的感情，学习福建八闽文化，提高青少年学习汉语和中华文化的兴趣和积极性。

继续教育

【概况】 继续教育学院在华侨大学领导下独立开展办学活动。办学形式包括成人高等学历教育、自学考试助学、继续教育等。

【自学考试】 2014年，福建省高等教育自学考试委员会批复同意华侨大学开考高等教育自学考试国际贸易（专科、独立本科段）、工商企业管理（专科、独立本科段）、市场营销（专科、独立本科段）、公共关系（专科、独立本科段）、广告学（独立本科段）自学考试开考体制改革试点专业（闽考院自〔2014〕55号）。

【优化招生专业结构】 继续教育学院以教学质量为生命线，努力提高学生社会竞争力，以培养创新型、复合型、实用型人才为目标，紧密结合市场需求，实时调整学院的专业结构。根据福建省经济发展对人才的急需，经过调查和反复研究论证，将高起专专业减少至20个，专升本专业减少至11个。2014年，学院共招收成人高等教育41个专业，修订了104份教学计划。

【艺术类专业加试工作】 根据福建省成人高考招生工作要求，主考院校应对报考高起专艺术类考生组织艺术类专业加试。学院成立了由华侨大学刘塨副校长任组长，招生处、财务处、监察室、保卫处、美术学院、继续教育学院负责人任副组长或成员的成人高考艺术类专业招生考试领导小组，成立了由相关处室、学院工作人员组成的招生录取组、考卷评卷组、评委组、监察组、安全保卫组等工作小组，制订了加试工作具体方案，明确了有关部门工作职责，制订了具体的工作时间安排，并制定了录取规则和严格的评分细则等，确保了考试管理工作平稳、有序地进行。2014年高起专艺术类专业加试共报名70人，通过初试、复试，合格70人。

【培训工作】 为推进泉州市传统工艺产品和产业升级发展需要，学院举办了"海峡两岸工艺美术发展与产业创新"高级研修班，为期5天的培训，受训人员达200人；为中国人民财产保险股份有限公司泉州市分公司量身打造了"中层管理人员管理技巧与管理实务"培训，共7次，每次100人；为规范企业内部管理，提高员工职业素质，学院为泉州华奥汽车服务有限公司举办了"管理者能力素质培训"，参训人员有100人；学院开展了"泉州市邮政局工商管理高级研修班"，培训人员70人。

学院主动承担起服务地方经济社会发展的职能，广泛开展地方政府机关人员培训，为其提供人才与智力支撑。

为满足地方税务系统业务知识更新的需要，学院分别举办了：洛江区地方税务局和石狮市地方税务局二期专门业务知识培训班（第一期65人；第二期63人）；泉州市地方税务局直属局、清濛经济技术开发区税务分局、永春县地税局二期专门业务知识培训班（第一期57人；第二期54人）；还举办了泉州市丰泽区地方税务局、鲤城税务局、台商投资区税务分局专门业务知识培训班（60人）；泉州市地方税务局规费法规知识培训班（105人）；晋江市邮政局税法与经济发展培训班（100人）；吉林省白山市县处级干部高级研修班（43人）；泉州市妇联系统及女企业家培训班（40人）其次，为帮助泉州市高校辅导员、心理健康教育教师提高相关工作技能，提升泉州市高校学生思想政治工作管理水平，学院举办了为期2天近百人的"泉州市高校辅导员培训班"。

创新举措、努力提高服务地方经济建设的能力和水平。为贯彻华侨大学与惠安县委县政府达成的"学校—地方战略合作框架协议",学院主动服务地方,努力为惠安县培养土木工程技术人才,与惠安县教育局优势互补,互利共赢,举办为期 2 年的"惠安县教育局专业老师转岗培训研修班",参与人员 30 人,这一合作将有效缓解长期以来困扰惠安县教育领域中的土木建筑师资紧缺的局面,深受惠安县委县政府的肯定与好评。为提升当地政府服务能力,学院举办了"泉州市泉港山腰党政干部"培训班、"惠安县公务员局执行力"培训班(参训人员有 200)。此外还受国务院侨办委托每年为甘肃积石山举办为期半月的"积石山党政干部培训"。

华侨大学年鉴

2015

科学研究

理工科科研

【概述】 华侨大学科学技术研究处是学校负责科研工作的职能部门，其前身为成立于 1984 年 10 月的科研处。2012 年 5 月，科研处更名为科学技术研究处（简称科技处），增设社会科学研究处。科技处下设 3 个科室：项目管理科、成果与知识产权管理科、科研平台与团队建设管理科。此外，2011 协同创新中心办公室挂靠科技处。

科技处在学校领导下负责自然科学和技术研究开发的组织管理工作。主要职能是贯彻执行国家有关科技工作方针、政策和法规，制定学校科技工作的规章制度，开展有关科技政策的宣传、解释及落实等工作；负责各级各类科技项目的申报、立项、计划实施、经费管理和项目结题工作，以及科技项目进行检查与跟踪服务，及时了解有关情况，发挥监督与保证作用，以及对外科技服务及其管理工作；负责科研平台管理工作，做好各级工程技术中心、重点实验室等科技平台的建设和管理工作，并定期开展对各研究阶段的工作进行检查、评估，负责组建实施各级科研机构以及校级、院级科研机构的管理；负责科技团队管理工作；做好各级科研创新团队的申报、建设和管理工作，制订学校科技创新团队和领军人才支持计划、中青年教师科技创新资助计划等管理条例和实施细则，加强"华侨大学科技创新能力提升计划"的过程管理和具体实施；负责 2011 协同创新中心计划管理工作，做好 2011 协同创新中心计划信息收集与传达，组织专家策划论证、推荐申报、立项管理、项目跟踪和管理工作；负责各种科技成果的认定、登记、统计、归档，组织申报各级各类科技成果奖励，负责全校各类专利申报及日常管理工作，做好专利、著作权、软件著作权等知识产权的取得、管理、保护和转让等工作；负责科研信息管理系统管理工作；负责年度各类科研项目统计、科技年鉴等工作，开展学校科研发展情况的调研、科研信息的收集、整理与分析；负责学校科学技术协会管理工作，协调科协的各类活动和相关资料报送与宣传工作；负责对外科技服务，做好横向课题的立项管理工作。做好科技需求调研，引导科研人员开展产学研合作与科技成果转化工作；配合其他职能部门做好学校岗位聘任、教师职称评聘和绩效奖励等工作；完成上级部门和校领导交办的其他工作。

2014 年，科技处着重推进实施"华侨大学科技创新能力提升计划"，在科研项目申报与管理、科研经费、科研成果、科研创新团队与平台、学术交流、科研管理制度建设等方面均呈现良好的发展态势。

【项目申报】 2014 年，全校共申报各类科技项目 577 项，其中：纵向科技项目 450 项、校级科技项目 127 项。申报国家自然科学基金项目 220 项（面上项目 74 项、青年项目 113 项、重点项目 2 项、重大研究计划 3 项、促进海峡两岸科技合作联合基金重点项目 9 项、石油化工联合基金 2 项、优秀青年基金 2 项、数学天元基金 5 项、海外及港澳学者合作研究基金 1 项、理论物理专项 5 项、应急管理项目 4 项），国家 863 计划 2 项，国家支撑计划备选项目 3 项，973 前期研究专题 2 项，国家海洋公益性行业科研专项项目 7 项，国家软科学项目 4 项，教育部留学回国人员基金 7 项，福建省重大研发平台建设项目 1 项，福建省产学合作重大项目 7 项，福建省科技计划项目 23 项（对外合作项目 3 项、引导性项目 10 项、软科学项目 10 项），福建省自然科学基金 85 项（面上项目 65 项、青年项目 14 项、杰青项目 6 项），福建省杰出青年滚动资助计划项目 1 项，福建省发展和改委产业技术联合创新专项 1 项，福建省中青年教师教育科研项目 10 项，福建省林业专项项目 2 项，厦门市科技计划项目 15 项，泉州市科技计划燎原项目 3 项，泉州市科技计划重点项目 41 项，泉州市科技计划其他类项目 2 项，泉州科技思想库项目 7 项，国家重点实验室开放课题 2 项，教育部重点实验室开放基金项目 4 项，国家标本平台教学标本子平台 1 项；福建省高校新世纪人才支持计划 10 项，华侨大学高层次人才科研启动费项目 52 项，华侨大学科技创新团队和领军人才支持计划 24 项，华侨大学中青年教师科技创新资助计划申请 41 人。此外，申报各类项目申报指南建议 27 项，其中国家自然科学基金海峡两岸科技合作联合基金 2015 年度建议项目 17 项、国家国际科技合作计划 2015 年度建议项目 2 项、"十三五"科技规划前期研究重大课题遴选征集 1 项、福建省社发领域科技重大专项调研选题 3 项、泉州市产业技术创新及平台建设项目指南建议 4 项。

【项目与经费】 2014 年，学校获得各类科技科研项目立项 292 项，总经费 6964.53 万元（纵向项目 190 项，批准经费 5469.19 万元；横向立项 102 项，到款经费 1495.34 万元）。当年新增国家自然科学基金项目 48 项 2177 万元；国家"十三五"科技发展规划前期研究重大课题 1 项 10 万元；国家支撑计划（参与）1 项 25.8 万元；福建省创意产业发展专项项目 1 项 40 万元；福建省高校产学合作科技重大项目 4 项 160 万元；福建省海洋高新产业发展专项项目 1 项 50 万元；福建省科技计划项目 17 项 159 万元；福建省自然科学基金项目 39 项 146 万元；国家重点实验室开放课题 2 项 12 万元；教育部留学回国人员科研基金 1 项 3.5 万元；中国博士后科学基金资助项目 2 项 10 万元；福建省教育厅 A 类科技项目 15 项 24 万元；福建省林业专项项目 1 项 30 万元；教育部重点实验室开放课题 2 项 3 万元；泉州市科技计划项目 19 项 147 万元；厦门市科技计划项目 6 项 120 万元；厦门南方海洋研究中心资助项目 3 项 284.81 万元；福建省建设系统科学技术计划项目 2 项 83 万元；国防科技专项项目 2 项 40 万元；国家标本平台教学标本子平台运行服务项目 2 项 18.6 万元；晋江市科技计划项目 1 项 15 万元；泉州市丰泽区科技计划项目 2 项 20 万元；泉州市科技思想库资助课题 7 项 9.1 万元；澳门（一期）1 项 158.8827079 万元；福建省 2011 协同创新中心 2 项 1050 万元；厦门市重大科技创新平台项目 1 项 360 万元；厦门市重点实验室滚动资助 2 项 160 万元；第八批千人计划福建省配套经费 1 项 12.5 万元；第二批引进及层次创业创新人才、团队 2 项 125 万元；泉州市人才项目 2 项 15 万元；横向项目 102 项，到账经费 1495.34 万元，其中在技术贸易交易市场登记认定技术合同 21 份，合同总金额 556.7 万元，可免税 20 多万元。

【项目管理】 2014 年，在项目过程管理中，着重在跟进项目的实施、结题验收工作，重点推进"华侨大学科技创新能力提升计划"。全年共完成各类项目的结题与年度进展汇报工作 248 项。其中，国家自然科学基金项目结题 21 项，国家自然科学基金项目年度进展 103 项，国家 863 项目跟踪调查表 2 项，高校博士学科点专项科研基金结题 3 项，教育部科学技术研究重点项目结题 6 项，省级各类项目结题 50 项（会议验收 4 项，简易验收 46 项），福建省教育厅 A 类科技项目结题 6 项，厦门市科技计划项目验收 5 项，泉州市科技项目验收 7 项，华侨大学高层次人才科研启动费项目结题 20 项，华侨大学"侨办"课题结题 7 项，华侨大学校基金课题结题 8 项，华侨大学"中央高校基本科研业务费"各类资助项目结题 10 项。此外，推进"华侨大学科技创新能力提升计划"的实施，9 月召开科技创新能力提升计划带头人座谈会，听取各方面的意见和建议，保证项目资金使用效益，推进项目的执行进度；12 月对入选"华侨大学科技创新团队和领军人才支持计划"的创新团队和中青年教师开展年度进展报告，掌握和了解科技创新能力提升计划实施进展情况、经费使用情况、存在的问题和有关意见建议、下年度的建设计划和预期目标。

【科研成果】 2014 年，学校获 2014 年度科学技术奖 12 项（第一完成单位 11 项，合作单位 1 项）。其中 2014 年度福建省科学技术奖一等奖 1 项、二等奖 3 项（含合作单位 1 项）、三等奖 2 项；2014 年度福建省专利奖三等奖 1 项；2014 年度泉州市科技进步奖一等奖 1 项、二等奖 1 项、三等奖 1 项；2014 年度泉州市专利奖优秀奖 1 项；2014 年度厦门市科学技术进步奖三等奖 1 项。获各类优秀学术论文 49 篇，其中福建省自然科学优秀学术论文 27 篇、泉州市自然科学优秀学术论文奖 22 篇；获第四届省优秀科技工作者 1 人，泉州市文创科技创新奖 1 项，获泉州市青年科技奖 1 人。发表科技论文被国际三大检索收录 509 篇，其中 SCIE 收录文献 199 篇，论文 196 篇，在全国高等院校排名中列第 154 名，2004~2013 年 870 篇论文被引用 9051 次，在全国高等院校排名中列第 113 名；EI 收录期刊论文 255 篇，在全国高等院校排名中列第 109 名；CPCI-S 收录论文 55 篇，在全国高等院校排名中列第 167 名。出版各类著作、编著 5 部。全校专利申请量及专利授权量数持续递增，全年共申请专利 381 件，其中发明专利 249 件、实用新型专利 104 件、外观设计专利 26 件，国际发明专利 2 项；获授权专利 118 件，其中发明专利 33 件、实用新型专利 85 件；获"第八届中国国际发明展览会"金奖 3 项、银奖 1 项、吉必盛优秀发明项目专项奖 1 项。获计算机软件著作权登记证书 24 件。

【科研团队】 2014 年，学校实施"华侨大学科技创新团队和领军人才支持计划"，在经费支持、聘任考核、专项津贴、职称晋升、人员聘用等方面给予创新团队自主权，探索建立"学术特区"。研究处邀请姚建年院士和国家杰青、长江学者等知名专家担任评审专家，从全校 24 个申报团队中遴选资助 15 个科技创新团队（其中引领型创新团队 3 个、发展型创新团队 7 个、培育型创新团队 5 个），首批科技创新团队建设资助经费 4600 万元。同时，实施"华侨大学中青年教师科技创新资助计划"，鼓励优秀中青年科技人才脱颖而出。组织实施第二批"中青年教师科技创新资助计划"的遴选资助，共资助 25 人（优秀青年科技人才 5 人、培育型青年科技人才 20 人），拨付资助经费 1200 万元。2014 年，"脆性材料加工技术与装备"教育部创新团队通过以中国科学院丁汉院士为组长的教育部科技司专家组的结题验收。

【创新平台】 2014 年，学校有政府主管部门批准的科技创新平台 23 个，其中教育部工程研究中心 3 个，福建省"2011 协同创新中心"（含培育）2 个，福建省重点实验室 3 个、福建省工程技术研究中心 1 个，福建省行业技术开发基地 2 个，福建省高校重点实验室 4 个，厦门市重点实验室 6 个、厦门市工程技术研究中心 2 个。校级科研机构 57 个。2014 年，学校继续推进协同创新中心建设，参与以暨南大学为牵头单位，华侨大学为协同单位建设的"华侨华人与中国和平发展协同创新中心"，共同申报国家级第二批"2011 协同创新中心"认定。2014 年，"石材产业加工技术与装备协同创新中心""海外华文教育与中华文化传播协同创新中心（培育）"等 2 个福建省"2011 协同创新中心"获省教育厅、财政厅建设经费到款 1050 万元，完成协同创新中心的 2013~2017 年发展规划编制、论证、季度《预算项目绩效监控情况表》。并邀请西安交大洪军教授来校作"2011 协同创新中心"申报辅导报告。2014 年 12 月，"环境友好功能材料教育部工程研究中心"通过以中国科学院院士洪茂椿为组长的教育部专家组的评估验收。此外，厦门市数字化视觉测量重点实验室、厦门市移动多媒体通信重点实验室等 2 个厦门市重点实验室通过厦门市科学技术局验收。2014 年，学校调整清理和新设审批自然科学类科研机构 57 个，涉及科研机构 71 个，其中新设 15 个、调整 14 个、保留 28 个、撤销 11 个。

【交流活动】 2014 年，学校主办或承办 2014 年全国复分析会议、第十七届海峡两岸机械工程技术交流会等多场学术会议，邀请吴硕贤院士、姚建年院士等知名专家来校做科技报告 60 余场次。学校参加福建省、厦门市以"科技创新·美好生活"为主题的科技活动周，组织材料科学与工程学院、华侨大学厦门工程技术研究院、厦门市海洋与基因工程药物重点实验室、厦门市数字化视觉测量重点实验室、华侨大学计算机学院数字媒体实验室等学院和科研机构开展对社会开放活动，通过向社会开放科研实验设施，讲解相关科技知识，让公众走进科学殿堂，近距离接触科研活动，体验科技创新的魅力。学校推荐 5 名师生参加科学使者进校园（社区）科普知识讲座，让公众走进科学殿堂，近距离接触科研活动，感受科技创新的魅力。"基于脑－机交互模式的主动型中风康复系统"项目参展全国科技活动"第三届大型科普博览"，受到《科技日报》报道。

【科研管理制度建设】 2014 年，为全面提升华侨大学科技创新能力，探索有利于科技创新的管理体制和运行机制，整合资源，突出重点，注重交叉，体现特色，增强学校核心竞争力，全面推进基础雄厚、特色鲜明、海内外著名的高水平大学建设进程。深入实施《华侨大学科技创新能力提升计划》（华大科〔2014〕1 号），出台了《华侨大学科技创新团队和领军人才支持计划实施方案（试行）》（华大科〔2014〕2 号）、《华侨大学科技创新平台建设计划实施方案（试行）》（华大科〔2014〕3 号）、《华侨大学中青年教师科技创新资助计划实施方案（试行）》（华大科〔2014〕4 号）、《华侨大学科学技术研究项目和成果认定办法（试行）》（华大科〔2014〕5 号）、《华侨大学艺术类成果分类与认定办法（试行）》（华大科〔2014〕11 号）等多项办法，调动科研人员的积极性，提高科学研究水平，促进学科建设，促进学校科研工作协调、健康、可持续发展。学校印发《华侨大学科研机构管理办法》（华大综〔2014〕15 号），进一步完善科研机构管理；印发《华侨大学科研经费管理办法》（华大财〔2014〕25 号），加强和规范科研经费管理。

2014 年理工科科研项目情况

2014 年获各类竞争性科研及横向课题（理工类）一览表

单位：项，万元

级别	项目类别	项数	经费	备注
国家级	国家自然科学基金项目	48	2177	
	国家"十三五"科技发展规划前期研究重大课题	1	10	
	国家支撑计划	1	25.8	参与
省部级	福建省创意产业发展专项项目	1	40	
	福建省高校产学合作科技重大项目	4	160	
	福建省海洋高新产业发展专项项目	1	50	
	福建省科技计划项目	17	159	

级别	项目类别	项数	经费	备注
省部级	福建省自然科学基金项目	39	146	
	国家重点实验室开放课题	2	12	
	教育部留学回国人员科研基金	1	3.5	
	中国博士后科学基金资助项目	2	10	
市级	福建省教育厅 A 类科技项目	15	24	
	福建省林业专项项目	1	30	
	教育部重点实验室开放课题	2	3	
	泉州市科技计划项目	19	147	
	厦门市科技计划项目	6	120	
其他类别	厦门南方海洋研究中心资助项目	3	284.81	
	福建省建设系统科学技术计划项目	2	83	
	国防科技专项项目	2	40	
	国家标本平台教学标本子平台运行服务项目	2	18.6	
	晋江市科技计划项目	1	15	
	泉州市丰泽区科技计划项目	2	20	
	泉州市科技思想库资助课题	7	9.1	
	澳门委托项目（一期）	1	158.88271	
	第八批千人计划福建省配套经费	1	12.5	
	第二批引进及层次创业创新人才、团队	2	125	
	泉州市人才项目	2	15	
平台项目	福建省 2011 协同创新中心	2	1050	
	厦门市重大科技创新平台项目	1	360	
	厦门市重点实验室	2	160	
横向课题		102	1495.34	
总计		292	6964.533	

2014 年理工科获科技项目学院分布一览表

单位：项，万元

单位	纵向项目		横向项目		合计		备注
	立项数	经费	立项数	经费	立项数	经费	
数学科学学院	8	159	1	0.9	9	159.9	
机电及自动化学院	25	1651	22	250.17	47	1901.17	含 2011 计划
材料科学与工程学院	16	490.5	12	299.5	28	790	

续表

单位	纵向项目		横向项目		合计		备注
	立项数	经费	立项数	经费	立项数	经费	
信息科学与工程学院	25	490	14	109.9	39	599.9	
计算机科学与技术学院	13	122	17	128.2246	30	250.2246	
建筑学院	11	386.6827079	8	86.06	19	472.7427079	
土木工程学院	26	344	11	135.6854	37	479.6854	
化工学院	26	551.1	14	87.4	40	638.5	
生物医学学院／分子药物研究院	8	603.81	1	10	9	613.81	
工学院	8	51	1	15	9	66	
城市建设与经济发展研究院	1	360	1	372.5	2	732.5	
工商管理学院	7	44.3	0	0	7	44.3	
旅游学院	4	26.5	0	0	4	26.5	
公共管理学院	3	31.5	0	0	3	31.5	
体育学院	1	4	0	0	1	4	
华侨华人研究院／国际关系研究院	1	110	0	0	1	110	含 2011 计划
数量经济研究院	1	4	0	0	1	4	
经济与金融学院	4	36.8	0	0	4	36.8	
马克思主义学院	1	1.5	0	0	1	1.5	
文学院	1	1.5	0	0	1	1.5	
总计	190	5469.192708	102	1495.34	292	6964.532708	

2014 年国家自然科学基金项目一览表

序号	项目编号	项目名称	项目类别	资助经费（万元）	项目所属单位	负责人
1	U1405215	马蓝药效物质形成分子机制的阐释及优异种质创新研究	国家自然科学基金项目（促进海峡两岸科技合作联合基金）	238	生物医学学院	刁 勇
2	21477042	城市大气 PM2.5 来源解析的 Pb-Sr-Nd 同位素示踪研究	国家自然科学基金项目（面上项目）	90	化工学院	于瑞莲
3	51477058	基于三电平拓扑的中压大功率永磁同步电机牵引系统关键技术研究	国家自然科学基金项目（面上项目）	90	信息科学与工程学院	郭新华
4	51478197	夯土劣化机理及其对福建土楼力学性能影响的研究	国家自然科学基金项目（面上项目）	85	土木工程学院	彭兴黔
5	51472094	全钛基背投式 PIN 异质结钙钛矿型太阳电池研究	国家自然科学基金项目（面上项目）	83	材料科学与工程学院	吴季怀

续表

序号	项目编号	项目名称	项目类别	资助经费（万元）	项目所属单位	负责人
6	31470927	超临界流体技术构建共载siRNA和紫杉醇的微镶纳多孔高分子微球及其在肺癌治疗中的应用	国家自然科学基金项目（面上项目）	82	化工学院	陈爱政
7	21473063	高性能三元复合Fe-Nx/C非铂氧还原催化剂的制备及活性位结构研究	国家自然科学基金项目（面上项目）	80	材料科学与工程学院	杨卫华
8	21476093	CBP策略合成木糖醇的米曲霉工程菌构建、途径递进强化和代谢调控机制研究	国家自然科学基金项目（面上项目）	80	化工学院	陈宏文
9	51475173	单点金刚石车刀微槽型结构设计及其高精度、近无损伤制造方法	国家自然科学基金项目（面上项目）	80	机电及自动化学院	姜 峰
10	51475174	柔性阴极无掩膜电解加工表面织构关键技术研究	国家自然科学基金项目（面上项目）	80	机电及自动化学院	江开勇
11	51475175	硬核软壳纳米复合磨粒的半固结柔性加工技术基础研究	国家自然科学基金项目（面上项目）	80	机电及自动化学院	陆 静
12	51475176	基于光学显微层析成像垂直扫描原理的金刚石砂轮表面形貌在位测量与分析方法研究	国家自然科学基金项目（面上项目）	80	机电及自动化学院	崔长彩
13	51473055	D3h对称性导向聚酰亚胺分子设计及超分子聚集体可调控构筑	国家自然科学基金项目（面上项目）	78	材料科学与工程学院	程 琳
14	51478198	市郊轨道交通车站综合体建筑模式及其适用性评价研究	国家自然科学基金项目（面上项目）	78	建筑学院	姚敏峰
15	61474047	二氧化钛/量子点超薄膜/CsSnI3体异质结全无机高效固态太阳电池研究	国家自然科学基金项目（面上项目）	78	材料科学与工程学院	兰 章
16	11471128	调和映照和拟共形调和映照的若干极值问题	国家自然科学基金项目（面上项目）	60	数学科学学院	陈行堤
17	61404053	微纳米复合结构诱导多重机制提高有机薄膜太阳能电池转换效率研究	国家自然科学基金项目（青年科学基金项目）	29	信息科学与工程学院	金 玉
18	21403077	基于光响应偶氮苯咪唑离子表面活性剂的介孔材料动态可控制备	国家自然科学基金项目（青年科学基金项目）	26	材料科学与工程学院	林昶旭
19	41401210	基于功能冲突权衡的乡村景观格局优化研究	国家自然科学基金项目（青年科学基金项目）	26	公共管理学院	梁发超
20	41401224	河湟谷地水土资源配置模式与史前人类生业活动的相关性研究	国家自然科学基金项目（青年科学基金项目）	26	建筑学院	王 琳

序号	项目编号	项目名称	项目类别	资助经费（万元）	项目所属单位	负责人
21	11404117	量子模拟多体阻挫模型	国家自然科学基金项目（青年科学基金项目）	25	信息科学与工程学院	陈志心
22	21404045	层层自组装构筑三维结构石墨烯纳米复合薄膜及其电化学应用	国家自然科学基金项目（青年科学基金项目）	25	材料科学与工程学院	于亚明
23	51405167	信息计算驱动的制造车间智能物联网配置与运行服务方法研究	国家自然科学基金项目（青年科学基金项目）	25	机电及自动化学院	曹 伟
24	51405168	磁致效应在精密磨削过程中的作用机制及其应用研究	国家自然科学基金项目（青年科学基金项目）	25	机电及自动化学院	言 兰
25	51405169	多级齿轮传动系统多谐波振动主动控制理论与方法研究	国家自然科学基金项目（青年科学基金项目）	25	机电及自动化学院	张 锋
26	51408238	常温与高温下薄壁钢结构节点性能与设计方法研究	国家自然科学基金项目（青年科学基金项目）	25	土木工程学院	何煜川
27	51408239	重金属阴离子在水–秸秆吸附剂微界面的形态转化机制研究	国家自然科学基金项目（青年科学基金项目）	25	土木工程学院	曹 威
28	51408240	新型内嵌耗能壳板箱形钢桥墩抗震性能与设计方法研究	国家自然科学基金项目（青年科学基金项目）	25	土木工程学院	李海锋
29	51408241	基于租隙理论的历史街区可持续更新研究——以厦门为例	国家自然科学基金项目（青年科学基金项目）	25	建筑学院	陈 冉
30	51408242	拉压复合型锚杆的锚固机理及设计方法研究	国家自然科学基金项目（青年科学基金项目）	25	土木工程学院	涂兵雄
31	51408243	污染沉积物生物沸石覆盖修复过程中氮迁移转化机制	国家自然科学基金项目（青年科学基金项目）	25	土木工程学院	周真明
32	51408244	钢管混凝土桁梁疲劳性能与损伤失效机理研究	国家自然科学基金项目（青年科学基金项目）	25	土木工程学院	刘振宇
33	51409107	层状介质波动问题的高阶双渐近透射边界研究及应用	国家自然科学基金项目（青年科学基金项目）	25	土木工程学院	高毅超
34	61401165	保障协同中继网络安全性的协作干扰与机会式传输技术研究	国家自然科学基金项目（青年科学基金项目）	25	信息科学与工程学院	赵 睿
35	61401166	基于数字预补偿技术的超奈奎斯特波分复用型相干光通信系统的研究	国家自然科学基金项目（青年科学基金项目）	24	信息科学与工程学院	董 泽
36	61401167	基于视觉感知的HEVC优化策略研究	国家自然科学基金项目（青年科学基金项目）	24	信息科学与工程学院	曾焕强
37	61403150	水下机器人控制系统体系结构通用化研究	国家自然科学基金项目（青年科学基金项目）	24	计算机科学与技术学院	林昌龙
38	11401227	广义测度的泛函刻画及其应用	国家自然科学基金项目（青年科学基金项目）	23	数学科学学院	施慧华

科学研究

续表

序号	项目编号	项目名称	项目类别	资助经费（万元）	项目所属单位	负责人
39	11401228	分段光滑系统的分支问题	国家自然科学基金项目（青年科学基金项目）	23	数学科学学院	皮定恒
40	11401229	某些非线性波方程的解性态的研究	国家自然科学基金项目（青年科学基金项目）	23	数学科学学院	傅仰耿
41	11401230	孤子方程中的代数曲线方法	国家自然科学基金项目（青年科学基金项目）	23	数学科学学院	吴丽华
42	11401231	腹部医学图像分割中可计算变分建模及在肝癌术前评估中的应用	国家自然科学基金项目（青年科学基金项目）	23	计算机科学与技术学院	彭佳林
43	61403149	率相关型迟滞非线性系统的参考补偿与鲁棒跟踪控制研究	国家自然科学基金项目（青年科学基金项目）	23	信息科学与工程学院	聂卓赟
44	61404054	二氧化硅上锗锡合金的晶化机理研究	国家自然科学基金项目（青年科学基金项目）	22	信息科学与工程学院	苏少坚
45	71401058	大数据环境下面向移动电子商务虚拟社区的协同推荐方法研究	国家自然科学基金项目（青年科学基金项目）	20	工商管理学院	邓晓懿
46	71402059	服务性企业授权型领导的培养与作用机制研究	国家自然科学基金项目（青年科学基金项目）	18	旅游学院	林美珍
47	11447188	椭圆偏振强激光场中的氧气分子电离研究	国家自然科学基金项目（理论物理专项）	5	信息科学与工程学院	林志阳
48	11426110	关于阿贝尔簇的基变换导子的有界性估计	国家自然科学基金项目（数学天元基金）	3	数学科学学院	吕华军

2014年科技部、教育部等科技项目一览表

序号	项目编号	项目名称	项目类别	资助经费（万元）	项目所属单位	负责人
1	2014DP2024	"十三五"适当创新驱动需要的科技人才发展机制研究	国家"十三五"科技发展规划前期研究重大课题	10	工商管理学院	张向前
2	2013BAH05F06	基于电子监控档案的疾病监控管理平台及应用	国家支撑计划（参与）	25.8	经济与金融学院	洪国彬
3		高速冲击条件下石材的动态响应特性分析	国家重点实验室开放课题	10	机电及自动化学院	姜　峰
4	2015ZB28	大空间火下膨胀型钢结构防火涂层的隔热性能及钢构件抗火设计方法研究	国家重点实验室开放课题	2	土木工程学院	王玲玲

序号	项目编号	项目名称	项目类别	资助经费（万元）	项目所属单位	负责人
5		基于纳米孔状石墨烯/金纳米粒子复合薄膜的电化学生物传感研究	教育部留学回国人员科研基金	3.5	材料科学与工程学院	于亚明
6	2014M551833	第55批博士后科学基金面上资助（生物医学工程）	中国博士后科学基金资助项目（面上项目）	5	化工学院	刘源岗
7	2014M551832	第55批博士后科学基金面上资助（土木工程）	中国博士后科学基金资助项目（面上项目）	5	土木工程学院	高毅超
8	2005DKA21403-JK	华侨大学教学标本数据修改和建设	国家科技基础条件平台国家标本平台教学标本平台运行服务项目子课题	18.6	化工学院	王奇志
9		遍有裂隙岩石水力耦合过程的超声表征理论研究	教育部重点实验室开放课题	2	土木工程学院	俞缙
10	SLK2014A02	CCSG桩复合地基在水平和倾斜循环荷载作用下的荷载传递机理	教育部重点实验室开放课题	1	土木工程学院	俞缙

2014年福建省级科技计划项目一览表

序号	项目编号	项目名称	项目类别	资助经费（万元）	项目所属单位	负责人
1	2014Y4006	Fenton-生物滤池组合工艺处理港口消毒废水的研究与示范	福建省高校产学合作科技重大项目	40	化工学院	洪俊明
2	2014H6016	高光泽、低磨损尼龙6专用料产业化研发	福建省高校产学合作科技重大项目	40	材料科学与工程学院	林志勇
3	2014H6017	机制砂中立轴破碎主机关键技术研究及产业化	福建省高校产学合作科技重大项目	40	机电及自动化学院	房怀英
4	2014H6018	高档数控刀片定制化设计技术的研发及产业化应用	福建省高校产学合作科技重大项目	40	机电及自动化学院	姜峰
5	2014N0006	安溪铁观音化学指纹图谱构建及产地鉴别应用	福建省科技计划项目	15	化工学院	翁连进
6		创意产品3D打印技术公共服务平台建设	福建省创意产业发展专项项目	40	机电及自动化学院	江开勇

序号	项目编号	项目名称	项目类别	资助经费（万元）	项目所属单位	负责人
7	〔2013〕019	海参内脏主要活性物质提取及其功能食品开发	福建省海洋高新产业发展专项项目	50	化工学院	肖美添
8	2014Y0033	外置薄壁钢加固火灾后钢筋混凝土结构的关键技术研究	福建省科技计划项目	15	土木工程学院	徐玉野
9	2014H0028	基于纳米二氧化锡／低维纳米碳材料复合的氢气快速敏感材料的研制	福建省科技计划项目	15	材料科学与工程学院	林碧洲
10	2014H0029	服装行业的智能售卖及虚拟展示软件系统研发	福建省科技计划项目	15	机电及自动化学院	占炜
11	2014H0030	异构无线传感器网络测试平台及性能评价系统的研发	福建省科技计划项目	15	计算机科学与技术学院	蒋文贤
12	2014H0031	智能配电网电能管理监控系统的研发	福建省科技计划项目	15	信息科学与工程学院	杨冠鲁
13	2014N0026	入侵植物假臭草驱避柑橘木虱的活性物质研发	福建省科技计划项目	15	化工学院	王奇志
14	2014I0013	石油化工类污染场地土壤原位修复关键技术研发与示范	福建省科技计划项目	12	土木工程学院	苑宝玲
15	2014I0004	高效多绳组合锯用金刚石串珠绳的研发	福建省科技计划项目	10	机电及自动化学院	顾立志
16	2014J01187	钛酸盐纳米片层／石墨烯复合材料的组装及其光催化性能研究	福建省自然科学基金项目	5	材料科学与工程学院	林碧洲
17	2014J01189	生物柴油喷雾及燃烧特性基础研究	福建省自然科学基金项目	5	机电及自动化学院	廖水容
18	2014J01191	基于盲信号处理的工作模态参数识别鲁棒方法研究	福建省自然科学基金项目	5	计算机科学与技术学院	王成
19	2014J01237	基于多领域数据的流形学习方法研究	福建省自然科学基金项目	5	计算机科学与技术学院	王靖
20	2014J01240	运动式视频监控的路径规划	福建省自然科学基金项目	5	计算机科学与技术学院	王田
21	2014J01160	非均质透明岩石动力强度的应变率效应及细观物理机制	福建省自然科学基金项目	5	土木工程学院	俞缙
22	2014R0062	吸收能力视角的TDI对福建产业结构升级影响实证研究	福建省科技计划项目（软科学）	4	工商管理学院	陈初昇

序号	项目编号	项目名称	项目类别	资助经费（万元）	项目所属单位	负责人
23	2014R0063	福建省制造企业的天生国际化驱动机理的研究	福建省科技计划项目（软科学）	4	工商管理学院	康青松
24	2014R0064	基于建设两岸人民交流合作先行先试区及东部沿海地区先进制造业重要基地的海西科技服务业发展研究	福建省科技计划项目（软科学）	4	工商管理学院	苏朝晖
25	2014R0065	福建省老龄产业创新发展的机理与对策：波特"钻石模型"视角的研究	福建省科技计划项目（软科学）	4	公共管理学院	侯志阳
26	2014R0066	基于群体智能的福建省区域创新系统演化研究	福建省科技计划项目（软科学）	4	经济与金融学院	吴尤可
27	2014R0067	融资约束视角下的出口与企业技术创新研究——基于福建省制造业企业的分析	福建省科技计划项目（软科学）	4	经济与金融学院	韩媛媛
28	2014R0068	福建省创新型省份建设的政策选择——基于技术创新与金融体系互动作用机制的研究	福建省科技计划项目（软科学）	4	数量经济研究院	张秀武
29	2014R0069	福建省绿道营建与旅游开发的互馈机制研究	福建省科技计划项目（软科学）	4	旅游学院	王　芳
30	2014J01048	基于碳点荧光共振能量转移的可视化识别研究	福建省自然科学基金项目	4	材料科学与工程学院	杨传孝
31	2014J01012	一种新型飞秒光束整形技术及其在光纤激光器谐振腔制备中的应用	福建省自然科学基金项目	4	工学院	刘晓昱
32	2014J01128	超临界流体技术制备组织工程支架及其纳米拓扑结构与细胞相互作用研究	福建省自然科学基金项目	4	化工学院	陈爱政
33	2014J01159	同位素示踪研究城市大气颗粒物中重金属污染来源	福建省自然科学基金项目	4	化工学院	刘贤荣
34	2014J01190	钛合金粉末分段微波烧结快速成形机理研究	福建省自然科学基金项目	4	机电及自动化学院	顾永华
35	2014J01238	基于网络流媒体的非均衡多维隐蔽通信技术研究	福建省自然科学基金项目	4	计算机科学与技术学院	田　晖
36	2014J01239	融合视频人脸和唇动密码双模态特性的身份鉴定技术研究	福建省自然科学基金项目	4	计算机科学与技术学院	柳　欣

序号	项目编号	项目名称	项目类别	资助经费（万元）	项目所属单位	负责人
37	2014J01192	福建省城市旧住区改造中的适老化模式研究	福建省自然科学基金项目	4	建筑学院	洪 毅
38	2014J01193	基于生物气候因素的传统土楼民居生态技术研究	福建省自然科学基金项目	4	建筑学院	袁炯炯
39	2014J01366	ES细胞由来骨髓间充质干细胞在受损骨骼肌机能性肌肉再生过程中的作用	福建省自然科学基金项目	4	体育学院	陈洪淼
40	2014J01194	地铁隧道近逆断层变形理论研究	福建省自然科学基金项目	4	土木工程学院	蔡奇鹏
41	2014J01195	复合不锈钢管混凝土轴压工作机理研究及优化分析	福建省自然科学基金项目	4	土木工程学院	王卫华
42	2014J01196	含油微藻净化水产养殖废水耦合生产生物柴油工艺的藻种筛选及特性调控研究	福建省自然科学基金项目	4	土木工程学院	马红芳
43	2014J01197	基于卸载理论隧道原位扩挖施工力学若干关键问题研究	福建省自然科学基金项目	4	土木工程学院	林从谋
44	2014J01015	克尔非线性在量子计算中的应用及其物理机制的研究	福建省自然科学基金项目	4	信息科学与工程学院	林 青
45	2014J01241	基于Petri网的可编程逻辑控制器的验证方法研究	福建省自然科学基金项目	4	信息科学与工程学院	罗继亮
46	2014J01243	无线协作通信中信道编码调制技术的研究	福建省自然科学基金项目	4	信息科学与工程学院	贺玉成
47	2014J01049	环境友好复合高分子絮凝剂的制备及除藻性能	福建省自然科学基金项目	3	化工学院	魏燕芳
48	2014J01188	复杂网格模型五轴数控多刀具精加工轨迹规划研究	福建省自然科学基金项目	3	机电及自动化学院	黄常标
49	2014J01266	闽台金融支付系统对接及价值网治理研究	福建省自然科学基金项目	3	经济与金融学院	傅联英
50	2014J01267	服务性企业经理人权力、薪酬激励对企业绩效的影响与多层次治理研究	福建省自然科学基金项目	3	旅游学院	周春梅
51	2014J01365	单环刺螠hemocidins的发现及抗菌机理研究	福建省自然科学基金项目	3	生物医学学院／分子药物研究院	牛荣丽
52	2014J01013	有限偏差映照与奇异积分算子	福建省自然科学基金项目	3	数学科学学院	陈行堤

序号	项目编号	项目名称	项目类别	资助经费（万元）	项目所属单位	负责人
53	2014J01014	随机激励下分数阶动力学系统的最优控制	福建省自然科学基金项目	3	土木工程学院	陈林聪
54	2014J01198	膨胀型钢结构防火涂层的耐老化性能及设计方法研究	福建省自然科学基金项目	3	土木工程学院	王玲玲
55	2014J01242	基于二值矩阵／整数变换的图像信息隐藏算法研究	福建省自然科学基金项目	3	信息科学与工程学院	邱应强
56	2014J05006	有机镧系金属三明治团簇的电子性质和磁性研究	福建省自然科学基金项目（青年项目）	3	工学院	李慧芳
57	2014J05074	基于进化信息挖掘和利用框架的差分演化算法研究	福建省自然科学基金项目（青年项目）	3	计算机科学与技术学院	蔡奕侨
58	2014J05075	异构多核可重构片上系统的软硬件性能优化机制研究	福建省自然科学基金项目（青年项目）	3	计算机科学与技术学院	张惠臻
59	2014J05061	内嵌钢板混凝土组合连梁受力机理及抗震性能研究	福建省自然科学基金项目（青年项目）	3	土木工程学院	侯　炜
60	2014J05007	涡旋光束泵浦下光学参量振荡技术的研究	福建省自然科学基金项目（青年项目）	3	信息科学与工程学院	刘永欣
61	2014J05076	基于多元LDPC码的新型编码调制技术	福建省自然科学基金项目（青年项目）	3	信息科学与工程学院	周　林
62	2014J05077	锗锡合金的表面钝化与欧姆接触研究	福建省自然科学基金项目（青年项目）	3	信息科学与工程学院	苏少坚

2014 年市级及其他科技计划项目一览表

序号	项目编号	项目名称	项目类别	资助经费（万元）	项目所属单位	负责人
1	JA14011	高功率激光束在黑腔靶内高温离子体中的传输特性研究	福建省教育厅A类科技项目（省高校杰青计划）	2	信息科学与工程学院	林志立
2	JA14012	过渡金属催化的串联反应研究	福建省教育厅A类科技项目（省高校杰青计划）	2	生物医学学院／分子药物研究院	程国林
3	JA14013	材料去除过程数值仿真模型的精准建立方法及其工业应用	福建省教育厅A类科技项目（省高校杰青计划）	2	机电及自动化学院	姜　峰
4	JA14014	地下水系统中全氟烷基化合物迁移归趋研究	福建省教育厅A类科技项目（省高校杰青计划）	2	土木工程学院	李　飞

序号	项目编号	项目名称	项目类别	资助经费（万元）	项目所属单位	负责人
5	JA14015	快速抗抑郁药长期给药作用机制的研究	福建省教育厅A类科技项目（省高校杰青计划）	2	化工学院	易立涛
6	JA14016	光响应性石墨烯超分子复合材料的制备、性质与应用研究	福建省教育厅A类科技项目（重点）	3	材料科学与工程学院	林昶旭
7	JA14017	高分辨率电泳级琼脂糖制备工艺产业化开发	福建省教育厅A类科技项目（产学研）	3	化工学院	张学勤
8	JA14018	基于社区营造的旧城更新策略研究——以厦门五通村为例	福建省教育厅A类科技项目	1	建筑学院	胡 璟
9	JA14019	工业社会背景下的工业设计创新研究_以德化陶瓷产品创新设计为例	福建省教育厅A类科技项目	1	机电及自动化学院	王苗辉
10	JA14020	基于公共深度测序数据分析的高保真型amiRNA表达载体的研究	福建省教育厅A类科技项目	1	生物医学学院/分子药物研究院	唐明青
11	JA14021	多期、多模态腹部医学图像分割及在辅助肝手术中的应用	福建省教育厅A类科技项目	1	计算机科学与技术学院	彭佳林
12	JA14022	基于真空电子学的高功率太赫兹辐射源研究	福建省教育厅A类科技项目	1	信息科学与工程学院	张海
13	JA14023	某些高阶、高次、高维微分方程的非线性波解动力学研究	福建省教育厅A类科技项目	1	数学科学学院	温振庶
14	JA14024	基于压电陶瓷的道路沥青混凝土结构损伤主动性监测	福建省教育厅A类科技项目	1	土木工程学院	王海峰
15	JA14025	金属/Ge界面微观结构改性及其势垒高度调控研究	福建省教育厅A类科技项目	1	工学院	潘书万
16	2014Z96	泉州地区历史文化村镇保护策略研究	泉州市科技计划项目	6	建筑学院	林 翔
17	2014Z100	高品质电泳级琼脂糖的产业化关键技术开发	泉州市科技计划项目	10	化工学院	张学勤
18	2014Z101	入侵植物胜红蓟驱避假眼小绿叶蝉的喷雾剂研发	泉州市科技计划项目	10	化工学院	王奇志

序号	项目编号	项目名称	项目类别	资助经费（万元）	项目所属单位	负责人
19	2014Z102	异构无线传感器网络测试平台及数据管理系统的研发	泉州市科技计划项目	10	计算机科学与技术学院	蒋文贤
20	2014Z103	汉语数字助听器语音处理算法研究及DSP实现	泉州市科技计划项目	10	工学院	唐加能
21	2014Z104	Nd：KGW波导激光器的制备及其应用研究	泉州市科技计划项目	10	工学院	孙秀晶
22	2014Z105	自然光型窗式平板灯研制与开发	泉州市科技计划项目	5	信息科学与工程学院	庄其仁
23	2014Z108	一种宽光谱高活性光催化剂的制备及应用研究	泉州市科技计划项目	8	化工学院	黄昀昉
24	2014Z109	城市河道淤泥与厨余垃圾共混生物发酵制备有机肥料	泉州市科技计划项目	8	化工学院	陈　国
25	2014Z110	泉州湾晋江河口南岸退化湿地生态恢复技术研究与示范	泉州市科技计划项目	8	化工学院	郭沛涌
26	2014Z111	抗癌植物姜黄品种选育及其次生代谢生理调控研究	泉州市科技计划项目	8	化工学院	刘建福
27	2014Z112	三网融合下多媒体内容安全的关键技术研究	泉州市科技计划项目	5	工学院	张维纬
28	2014Z113	基于云控制的运动控制卡的设计及其在数控机床中的应用	泉州市科技计划项目	8	工学院	黄德天
29	2014Z114	串联电弧性电气火灾关键技术研究与开发	泉州市科技计划项目	8	机电及自动化学院	陈首虹
30	2014Z115	数控加工中心减振的关键技术研究与开发	泉州市科技计划项目	8	机电及自动化学院	刘晓颖
31	2014Z116	钢板笼混凝土组合柱偏心受压力学性能的试验研究	泉州市科技计划项目	8	土木工程学院	曾志兴
32	2014Z126	聚羧酸系减水剂的常温绿色合成及产业化关键技术	泉州市科技计划项目	5	材料科学与工程学院	全志龙
33	2014Z127	LED光源在特殊光束中的应用	泉州市科技计划项目	6	信息科学与工程学院	吴逢铁

续表

序号	项目编号	项目名称	项目类别	资助经费（万元）	项目所属单位	负责人
34	2014Z128	净水厂污泥资源化制备多功能水环境修复材料	泉州市科技计划项目	6	土木工程学院	周真明
35	3502Z20143040	阿魏酸酯酶酶化发酵浓缩料的研制及在香猪中的应用	厦门市科技计划项目	20	化工学院	李夏兰
36	3502Z20143041	智能电子商务数据综合分析系统	厦门市科技计划项目	20	计算机科学与技术学院	王 成
37	3502Z20143042	基于视觉测量的头部个性化产品快速定制	厦门市科技计划项目	20	机电及自动化学院	林俊义
38	3502Z20143043	电弧性电气火灾在线识别关键技术研究与监测装置的开发	厦门市科技计划项目	20	机电及自动化学院	杨建红
39	3502Z20143044	机械剥离法制备石墨烯及其在导热硅脂中的应用	厦门市科技计划项目	20	材料科学与工程学院	陈丹青
40	3502Z20143045	高效、天然复合抗菌薄膜的开发	厦门市科技计划项目	20	材料科学与工程学院	钱 浩
41	QZKJSXK201401	泉州市科技思想库建设现状与前景	泉州市科技思想库资助课题	1.5	旅游学院	李洪波
42	QZKJSXK201402	泉州市人才"柔性"引进工作现状与发展	泉州市科技思想库资助课题	1.5	公共管理学院	周碧华
43	QZKJSXK201403	泉州市科普场馆建设现状与未来	泉州市科技思想库资助课题	1.5	马克思主义学院	朱银端
44	QZKJSXK201407	泉州市科普传媒现代化发展研究	泉州市科技思想库资助课题	1.5	文学院	朱丹红
45	QZKJSXK201409	泉州海洋经济发展现状与对策研究	泉州市科技思想库资助课题	1.5	工商管理学院	潘文军
46	QZKJSXK201410	泉州科技服务业发展的制约因素及对策的调查报告	泉州市科技思想库资助课题	0.8	工商管理学院	张向前
47	QZKJSXK201411	泉州地区建筑节能现状与新能源利用状况调研	泉州市科技思想库资助课题	0.8	建筑学院	林 翔
48	2014-K-12-10	三明传统堡寨建造历史与类型特征研究	福建省建设系统科学技术计划项目	56	建筑学院	陈志宏
49	2014-K-11-10	三明城乡历史风貌区类型、特色与保护研究	福建省建设系统科学技术计划项目	27	建筑学院	林 翔

序号	项目编号	项目名称	项目类别	资助经费（万元）	项目所属单位	负责人
50		杜鹃花新品种引进、创新与产业化关键技术研究	福建省林业专项项目	30	化工学院	王明元
51		澳门内港区域滨水区城市设计	澳门委托项目（一期）	158.8827079	建筑学院	费迎庆
52	GFZX0205010502.10	靶腔与激光焦斑分布特性研究	国防科技专项项目	20	信息科学与工程学院	蒲继雄
53	GFZX02010401.8	靶腔与激光焦斑分布特性研究	国防科技专项项目	20	信息科学与工程学院	蒲继雄
54		海洋抗乙肝病毒药物研发	厦门南方海洋研究中心资助项目	156	生物医学学院/分子药物研究院	崔秀灵
55		可视化海洋壳聚糖介入导管中试和大动物研究	厦门南方海洋研究中心资助项目	71.84	生物医学学院/分子药物研究院	王明席
56	14CZP043HJ17	海洋星虫抗血栓保健品研发	厦门南方海洋研究中心资助项目	56.97	生物医学学院/分子药物研究院	吴雅清
57		泉州湾晋江南岸湿地红树林实验区	晋江市科技局项目	15	化工学院	郭沛涌
58	2013FZ46	本地溢出漏洞分析	泉州市丰泽区科技计划项目	10	工学院	乐德广
59	2013FZ21	电液比例压力和流量阀实验台研究	泉州市丰泽区科技计划项目	10	机电及自动化学院	付胜杰

2014 年平台项目拨款一览表

序号	项目名称	项目类别	拨款经费（万元）	项目所属单位	负责人
1	石材产业加工技术与装备协同创新中心	福建省 2011 协同创新中心	940	机电及自动化学院	徐西鹏
2	海外华文教育与中华文化传播协同创新中心	福建省 2011 协同创新中心	110	华侨华人研究院/国际关系研究院	贾益民
3	基于北斗技术应用的工程机械数字化研发平台	厦门市重大科技创新平台项目	360	城市建设与经济发展研究院	徐西鹏
4	厦门市数字化视觉测量重点实验室	厦门市重点实验室	80	机电及自动化学院	江开勇
5	厦门市移动多媒体通信重点实验室	厦门市重点实验室	80	信息科学与工程学院	蔡灿辉

2014 年专利申请一览表

序号	申请号	专利名称	类别	发明人／设计人	专利权人	专利申请日
1	CN201410003136.8	一种天然多种形态砷的提取液组合物的应用	发明	张景红；杨 礼	华侨大学	2014.01.02
2	CN201410004115.8	一种天然多种形态砷的提取液的应用	发明	张景红；杨 礼	华侨大学	2014.01.02
3	CN201410005837.5	一种产生近似无衍射零阶 Mathieu beam 的光学系统	发明	吴逢铁；李 冬	华侨大学	2014.01.06
4	CN201420005956.6	一种产生近似无衍射零阶 Mathieu beam 的光学系统	实用新型	吴逢铁；李 冬	华侨大学	2014.01.06
5	CN201410008237.4	结合了开环聚合反应和 Click 反应的低分子	发明	全志龙	华侨大学	2014.01.08
6	CN201410008251.4	结合了 Click 反应和 ATRP 反应的低分子量二氧化碳	发明	全志龙	华侨大学	2014.01.08
7	CN201410008260.3	结合了开环聚合反应和 Click 反应的低分子量二氧化	发明	全志龙	华侨大学	2014.01.08
8	CN201410008262.2	内嵌 T 型耗能钢板的圆钢管桥墩	发明	李海锋；彭兴黔；王卫华	华侨大学	2014.01.08
9	CN201410008270.7	一种根部设置加劲耗能壁板的箱形钢桥墩	发明	李海锋；周克民；陈林聪	华侨大学	2014.01.08
10	CN201410008428.0	结合了 Click 反应和 ATRP 反应的低分子量二氧化碳共	发明	全志龙	华侨大学	2014.01.08
11	CN201410008443.5	天然植物源抑菌型高吸水树脂的制备方法	发明	黄惠莉；王 海；吴季怀；林建明	华侨大学	2014.01.08
12	CN201410008491.4	三向拟静力试验的作动器连接装置	发明	李海锋；董毓利；张大山	华侨大学	2014.01.08
13	CN201410008515.6	内嵌耗能壳板的箱形钢桥墩	发明	李海锋；高轩能；梅 真	华侨大学	2014.01.08
14	CN201420010919.4	内嵌耗能壳板的箱形钢桥墩	实用新型	李海锋；高轩能；梅 真	华侨大学	2014.01.08
15	CN201420011126.4	一种根部设置加劲耗能壳体的圆钢管桥墩	实用新型	李海锋；陈林聪；刘振宇	华侨大学	2014.01.08
16	CN201420011127.9	三向拟静力试验的作动器连接装置	实用新型	李海锋；董毓利；张大山	华侨大学	2014.01.08
17	CN201420011129.8	内嵌 T 型耗能钢板的圆钢管桥墩	实用新型	李海锋；彭兴黔；王卫华	华侨大学	2014.01.08
18	CN201420011138.7	一种根部设置加劲耗能壁板的箱形钢桥墩	实用新型	李海锋；周克民；陈林聪	华侨大学	2014.01.08

序号	申请号	专利名称	类别	发明人/设计人	专利权人	专利申请日
19	CN201410008282.X	一种根部设置加劲耗能壳体的圆钢管桥墩	发明	李海锋；陈林聪；刘振宇	华侨大学	2014.01.08
20	CN201410009585.3	一种客车发动机舱内火灾早期预警方法	发明	杜建华；张认成；高艳艳；丁环	华侨大学	2014.01.09
21	CN201410017419.8	一种铁观音茶树专用氨基酸有机营养费料及其制备方法	发明	韩媛媛；翁连进；杨欣；耿顿；易立涛；于庆杰	华侨大学	2014.01.15
22	CN201410017696.9	一种采用深度脱水污泥资源化制砖的方法	发明	洪俊明；袁柯馨；孙荣	华侨大学	2014.01.15
23	CN201410017712.4	一种芳香甲酰胺衍生物的制备方法	发明	宋秋玲；冯强	华侨大学	2014.01.15
24	CN201410017905.X	一种苯甲睛衍生物的制备方法	发明	宋秋玲；冯强；杨凯	华侨大学	2014.01.15
25	CN201410024635.5	一种基于SATD的HEVC快速帧内预测方法	发明	林其伟；许东旭	华侨大学	2014.01.20
26	CN201410024696.1	一种FPGA组合逻辑系统顺序规范的形式化验证方法	发明	罗继亮；陈珑；黄颖坤	华侨大学	2014.01.20
27	CN201410024752.1	一种制作微小模具的方法	发明	庄其仁；赖丽萍；庄琳玲	华侨大学	2014.01.20
28	CN201420033505.3	一种多功能花盆	实用新型	张肖	华侨大学	2014.01.20
29	CN201420033517.6	利用龙眼果实自体保鲜的双层结构低温包装盒	实用新型	刘建福；王明元；王奇志	华侨大学	2014.01.20
30	CN201420033502.X	一种组合书架	实用新型	张肖	华侨大学	2014.01.20
31	CN201410027200.6	一种超硬磨粒磨具整形方法	发明	黄国钦；徐西鹏；郭桦	华侨大学	2014.01.21
32	CN201410027225.6	一种水系非对称超级电容器及其制备方法	发明	范乐庆；吴季怀	华侨大学	2014.01.21
33	CN201410032250.3	一种可吸收止血的符合海绵及其制备方法	发明	陈爱政；王士斌；叶世富；林炳凤；刘源岗；吴文果	华侨大学	2014.01.23
34	CN201410032275.3	一种壳聚糖吸收止血海绵及其制备方法	发明	陈爱政；王士斌；叶世富；宋湖凡；刘源岗；吴文果	华侨大学	2014.01.23
35	CN201420050333.0	一种海底鲍鱼养殖沉箱	实用新型	张肖	华侨大学	2014.01.26
36	CN201410048475.8	一种夯土墙夯筑用脱模方法	发明	彭兴黔；林俊龙；梁兰娣；施维娟；孟庆明；王安宁	华侨大学	2014.02.12
37	CN201410057554.5	一种酶法转化海参总皂苷制备次生皂苷的方法	发明	林毅；林淑芳	华侨大学	2014.02.20

序号	申请号	专利名称	类别	发明人 / 设计人	专利权人	专利申请日
38	CN201410063223.2	一种基于定量泵的电驱动液压挖掘机负流量系统	发明	林添良；叶月影；付胜杰；缪 骋；刘 强；杨 帆	华侨大学	2014.02.25
39	CN201420079433.6	一种基于定量泵的电驱动液压挖掘机负流量系统	实用新型	林添良；叶月影；付胜杰；缪 骋；刘 强；杨 帆	华侨大学	2014.02.25
40	CN201420079967.9	一种折叠晾衣架	实用新型	张 肖	华侨大学	2014.02.25
41	CN201410066292.9	一种钢筋混凝土梁预应力钢丝绳加固装置及其方法	发明	黄群贤；郭子雄；崔 俊；陈庆猛；庄景峰；林 奇	华侨大学；厦门特房建设工程集团有限公司	2014.02.26
42	CN201420083336.4	一种新型框架墙结构	实用新型	黄群贤；郭子雄；武 豪；林 超；刘 哲	华侨大学	2014.02.26
43	CN201420083341.5	一种钢筋混凝土梁预应力钢丝绳加固装置	实用新型	黄群贤；郭子雄；崔 俊；陈庆猛；庄景峰；林 奇	华侨大学；厦门特房建设工程集团有限公司	2014.02.26
44	CN201420083345.3	一种带门洞或窗洞的新型框架墙结构	实用新型	黄群贤；郭子雄；武 豪；林 超；刘 哲	华侨大学	2014.02.26
45	CN201420083475.7	一种混凝土梁预应力钢丝绳环包加固装置	实用新型	黄群贤；郭子雄；刘 哲	华侨大学	2014.02.26
46	CN201410072552.3	酰亚胺位或 4- 位取代的 1；8- 萘酰亚胺衍生物作为 PARP 抑制剂的用途	发明	解丽娟；高 铭	华侨大学	2014.02.28
47	CN201410072680.8	一种催化合成 2- 酰基苯并噻唑或其衍生物的方法	发明	宋秋玲；冯 强	华侨大学	2014.02.28
48	CN201410077823.4	基于 2DPCA 和分区 LBP 的单样本静脉识别的方法	发明	冯 桂；林建民	华侨大学	2014.03.05
49	CN201410078398.0	三相永磁同步电动机相序检测和转子初始位置定位系统及方法	发明	郭新华；陈 银；颜冰均；边元均	华侨大学	2014.03.05
50	CN201410078479.0	多相永磁同步电机相序检测及转子初始角定位系统和方法	发明	郭新华；陈 银；颜冰均；边元均	华侨大学	2014.03.05

序号	申请号	专利名称	类别	发明人/设计人	专利权人	专利申请日
51	CN201410081684.2	一种三角网格模型的分治加工方法	发明	黄常标；江开勇；林俊峰；刘斌；林俊义；路平	华侨大学	2014.03.07
52	CN201410081925.3	一种基于三维点云曲面圆孔检测方法	发明	江开勇；林俊义；刘增艺；刘斌；刘华；黄常标	华侨大学	2014.03.07
53	CN201410089574.0	一种高效的单泵源双端对称式泵浦激光器	发明	庄凤江	华侨大学	2014.03.12
54	CN201410089575.5	挖掘机间歇式锁车方法与锁车系统	发明	冯姝婷；宋慧延；刘强	华侨大学	2014.03.12
55	CN201410090732.4	数据空间中异质异构相关数据集合挖掘方法	发明	吴扬扬；陈锻生；刘莉	华侨大学	2014.03.12
56	CN201420112048.7	一种高效的单泵源双端对称式泵浦激光器	实用新型	庄凤江	华侨大学	2014.03.12
57	CN201410091509.1	一种基于智能材料的嵌入式智能加油软管系统	发明	杨帆；陈天柱；林添良；夏明博；杨磊	华侨大学	2014.03.13
58	CN201410092656.0	一种分片图片的动画生成方法及生成系统	发明	洪欣	华侨大学	2014.03.13
59	CN201420112998.X	一种基于智能材料的嵌入式智能加油软管系统	实用新型	杨帆；陈天柱；林添良；夏明博；杨磊	华侨大学	2014.03.13
60	CN201410104877.5	一种半导体激光器光源的非线性响应校正方法和装置	发明	林志立；蒲继雄；李茌	华侨大学	2014.03.20
61	CN201410104918.0	一种产生单个局域空心光束的LED透镜	发明	吴逢铁；何西；杜团结	华侨大学	2014.03.20
62	CN201410104919.5	N-苯基-6-[（7-氯喹啉-4-氧基）酚醚]-2-萘甲酰胺及其制备方法	发明	王立强；雷严；吴振；张欢	华侨大学	2014.03.20
63	CN201410104920.8	赖氨酸接枝海藻酸盐（ALG-g-Lys）材料及合成方法	发明	刘源岗；王士斌；龙瑞敏；陈宗香；陈爱政；吴文果	华侨大学	2014.03.20
64	CN201410104966.X	一种挖掘机铲斗物料动态称重装置及其方法	发明	刘强；何经旺；冯姝婷	华侨大学	2014.03.20
65	CN201410104968.9	一种电控操纵杆位置测量系统及其方法	发明	刘强；牛大伟；冯姝婷	华侨大学	2014.03.20
66	CN201410105005.0	调频连续波激光雷达调频非线性响应系数测量方法和装置	发明	林志立；蒲继雄；李茌	华侨大学	2014.03.20

序号	申请号	专利名称	类别	发明人／设计人	专利权人	专利申请日
67	CN201410105027.7	一种赖氨酸接枝海藻酸盐载体及其制备方法	发明	刘源岗；王士斌；龙瑞敏；陈宗香；陈爱政；吴文果	华侨大学	2014.03.20
68	CN201410130997.2	一种低电内渗琼脂糖的制备方案	发明	林　毅；班　珍	华侨大学	2014.04.02
69	CN201410131013.2	电驱动液压挖掘机的节能型转台驱动系统及驱动控制方法	发明	林添良；付胜杰；杨帆；刘强；叶月影；黄伟平；缪骋	华侨大学	2014.04.02
70	CN201420127727.1	一种挖掘机铲斗物料动态称重装置	实用新型	刘　强；何经旺；冯姝婷	华侨大学	2014.03.20
71	CN201420127729.0	一种产生单个局域空心光束的 LED 透镜	实用新型	吴逢铁；何　西；杜团结	华侨大学	2014.03.20
72	CN201420127686.6	一种电控操纵杆	实用新型	刘　强；牛大伟；冯姝婷	华侨大学	2014.03.20
73	CN201410108980.7	含有环氧基的低分子量二氧化碳－环氧化物共聚物及其制备方法	发明	全志龙	华侨大学	2014.03.21
74	CN201410119246.0	用于检测痛风相关 SNP 位点的等位基因特异性引物及其应用	发明	杨会勇；王清瑶；刁勇；徐超尘	华侨大学	2014.03.27
75	CN201410119943.6	一种具缓释作用的长效抗菌可食膜的制备方法	发明	陈国；刘斌；陈宏文；林毅；张光亚	华侨大学	2014.03.27
76	CN201410119817.0	一种蔗糖转化糖浆的制备方法	发明	陈国；吴志超；赵珺；陈宏文；张光亚；林毅	华侨大学	2014.03.27
77	CN201420157874.3	电驱动液压挖掘机的节能型转台驱动系统	实用新型	林添良；付胜杰；杨帆；刘强；叶月影；黄伟平；缪骋	华侨大学	2014.04.02
78	CN201420158000.X	颗粒分包装设备的全自动控制装置	实用新型	张　磊；李钟慎	华侨大学	2014.04.02
79	CN201410134762.0	一种阳离子脂质体及其制备方法和应用	发明	王士斌；陈伟光；陈爱政；刘源岗；吴文果	华侨大学	2014.04.03
80	CN201410135645.6	一种剪切型防屈曲耗能支撑	发明	王卫华	华侨大学	2014.04.04
81	CN201410135714.3	一种组合式防屈曲耗能支撑	发明	王卫华	华侨大学	2014.04.04

序号	申请号	专利名称	类别	发明人/设计人	专利权人	专利申请日
82	CN201410135746.3	基于自适应提升算法的中文微博观点句识别特征的提取方法	发明	陈锻生；吴扬扬；方 圆	华侨大学	2014.04.04
83	CN201410135803.8	一种萘甲酰胺衍生物及其制备和应用	发明	王立强；王雪玉；雷 严；王 红；吴 振	华侨大学	2014.04.04
84	CN201410135960.9	一种新生儿黄疸治疗仪用 LED 光源的光谱构造方法	发明	郭震宁；甘汝婷；林介本	华侨大学	2014.04.04
85	CN201420163771.8	一种剪切型防屈曲耗能支撑	实用新型	王卫华	华侨大学	2014.04.04
86	CN201420163871.0	一种组合式防屈曲耗能支撑	实用新型	王卫华	华侨大学	2014.04.04
87	CN201410142241.X	一种制备小片径石墨烯的方法	发明	陈国华；林少芬；赵立平	华侨大学；厦门凯纳石墨烯技术有限公司	2014.04.10
88	CN201410151812.6	一种电液混合驱动工程机械的自动怠速系统及方法	发明	林添良；黄伟平；付胜杰；叶月影；缪 骋；杨 帆；刘 强	华侨大学	2014.04.15
89	CN201420181512.8	一种电液混合驱动工程机械的自动怠速系统及方法	实用新型	林添良；黄伟平；付胜杰；叶月影；缪 骋；杨 帆；刘 强	华侨大学	2014.04.15
90	CN201410159084.3	一种增压式抗晃动车载油罐系统	发明	杨帆；苏比哈什·如凯迦；陈天柱；瞿迪水；夏明博	华侨大学	2014.04.18
91	CN201410159104.7	一种对称气压式抗晃动车载油罐系统	发明	杨 帆；苏比哈什·如凯迦；夏明博；瞿迪水；陈天柱	华侨大学	2014.04.18
92	CN201420191411.9	一种增压式抗晃动车载油罐系统	实用新型	杨 帆；苏比哈什·如凯迦；陈天柱；瞿迪水；夏明博	华侨大学	2014.04.18
93	CN201420191415.7	一种对称气压式抗晃动车载油罐系统	实用新型	杨 帆；苏比哈什·如凯迦；夏明博；瞿迪水；陈天柱	华侨大学	2014.04.18

序号	申请号	专利名称	类别	发明人/设计人	专利权人	专利申请日
94	CN201410160229.1	一种可大规模生产的金属氧化物纳米粉体制备方法	发明	彭程；郭佼佼；胡永利；刘明瑞	华侨大学	2014.04.21
95	CN201410161577.0	一种柔性表面形貌快速提取方法	发明	余卿；崔长彩；黄富贵	华侨大学	2014.04.21
96	CN201410171154.7	一种微观尺度材料高频疲劳特性的测试方法	发明	姜峰；徐西鹏；王宁昌	华侨大学	2014.04.25
97	CN201410173820.0	一种爆破振动精细化时程预测方法	发明	陈士海；林从谋；常方强	华侨大学	2014.04.28
98	CN201410180934.8	一种延长挖掘机机载通信终端待机时间的装置及其方法	发明	刘强；陈录根；张孝强；冯姝婷	华侨大学	2014.04.30
99	CN201420219917.6	一种延长挖掘机机载通信终端待机时间的装置	实用新型	刘强；陈录根；张孝强；冯姝婷	华侨大学	2014.04.30
100	CN201410183857.1	一种基于数字微镜器件的匀光系统	发明	余卿；崔长彩；付胜杰；繆晶晶	华侨大学	2014.05.04
101	CN201410183860.3	一种坡度高差测量仪	发明	常方强；黄金山	华侨大学	2014.05.04
102	CN201420223108.2	一种基于数字微镜器件的匀光系统	实用新型	余卿；崔长彩；付胜杰；繆晶晶	华侨大学	2014.05.04
103	CN201420223109.7	一种坡度高差测量仪	实用新型	常方强；黄金山	华侨大学	2014.05.04
104	CN201410185864.5	大切深磨削加工磨轮工件接触弧区力载荷分布测量方法	发明	黄国钦；李远；黄辉；郭桦；徐西鹏	华侨大学	2014.05.05
105	CN201410185890.8	一种用于两级差分放大器的连续时间共模反馈电路	发明	杨骁；凌朝东；闫铮；李国刚；傅文渊	华侨大学	2014.05.05
106	CN201410185901.2	一种快速成型中三角面片模型的逐边分层方法	发明	黄常标；江开勇；林俊峰；刘斌；林俊义；路平	华侨大学	2014.05.05
107	CN201420225630.4	一种用于两级差分放大器的连续时间共模反馈电路	实用新型	杨骁；凌朝东；闫铮；李国刚；傅文渊	华侨大学	2014.05.05
108	CN201410187593.7	一种静电驱动电容式微机械陀螺仪有效抑制正交误差的方法	发明	莫冰；郑琦；凌朝东	华侨大学；福州曲直电子科技有限公司	2014.05.06
109	CN201410188148.2	一种能消除微机械陀螺仪正交误差的信号处理方法	发明	莫冰；郑琦；凌朝东；蔡钧；邓淼文	华侨大学；福州曲直电子科技有限公司	2014.05.06
110	CN201410190667.2	注意力范围的测定方法与装置	发明	陈洪森；朱文龙	华侨大学	2014.05.07

序号	申请号	专利名称	类别	发明人／设计人	专利权人	专利申请日
111	CN201410195382.8	肌肉－神经回路再建康复训练器	发明	陈洪淼；孟庆光；扈伟；赵国营；忠帅；王震；李文丽	华侨大学	2014.05.09
112	CN201410205442.X	一种基于 LabVIEW 的挖掘机远程故障诊断系统及方法	发明	刘强；张孝强；冯姝婷	华侨大学	2014.05.15
113	CN201410212609.5	一种去除数字微镜器件微镜抖动的装置及方法	发明	余卿；崔长彩；付胜杰；范伟；叶瑞芳	华侨大学	2014.05.20
114	CN201410213107.4	一种精准的 2.4G 遥控器对码方法	发明	唐艳芳；郭尚佳；李钟慎	华侨大学	2014.05.20
115	CN201410213109.3	一种低功耗的空中鼠标	发明	莫冰；朱金林；凌朝东；朱述伟；杨庆峰	华侨大学	2014.05.20
116	CN201410213197.7	一种室内定位的方法	发明	李国刚；钟超林；王燕琼	华侨大学	2014.05.20
117	CN201410213247.1	一种可自分割变形单元的钢筋混凝土剪力墙	发明	黄庆丰	华侨大学	2014.05.20
118	CN201410213345.5	一种基于数字微镜器件的光束角度调制装置及方法	发明	余卿；崔长彩；付胜杰；叶瑞芳；繆晶晶	华侨大学	2014.05.20
119	CN201410213509.4	一种基于混沌神经网络的安全组播通信的方法	发明	李国刚；钟超林；王燕琼	华侨大学	2014.05.20
120	CN201420258250.0	可自分割变形单元的钢筋混凝土剪力墙	实用新型	黄庆丰	华侨大学	2014.05.20
121	CN201420257620.9	一种半埋式诱捕器	实用新型	王谨；黄志宏	华侨大学；漳州市英格尔农业科技有限公司	2014.05.20
122	CN201420258587.1	一种去除数字微镜器件微镜抖动的装置	实用新型	余卿；崔长彩；付胜杰；范伟；叶瑞芳	华侨大学	2014.05.20
123	CN201420258859.8	一种基于数字微镜器件的光束角度调制装置	实用新型	余卿；崔长彩；付胜杰；叶瑞芳；繆晶晶	华侨大学	2014.05.20
124	CN201410215615.6	超细磨料生物高分子柔性抛光膜及其制备方法	发明	陆静；徐西鹏；黄辉；宋运运	华侨大学	2014.05.21
125	CN201410215663.5	一种金线莲苷定量分析检测方法	发明	刘青；刘珍伶	华侨大学	2014.05.21

序号	申请号	专利名称	类别	发明人/设计人	专利权人	专利申请日
126	CN201410215896.5	一种血液成分含量的近红外无创检测方法及装置	发明	李丽娜；张认成；刘鸿飞	华侨大学	2014.05.21
127	CN201410218450.8	一种铝合金薄板焊接方法及其焊接设备	发明	周广涛；陈　强；王立鹏；陈志伟；黄海瀚；江宇东；郭广磊；陈聪彬；刘　骏	华侨大学	2014.05.22
128	CN201420264370.1	一种铝合金薄板焊接设备	实用新型	周广涛；陈　强；王立鹏；陈志伟；黄海瀚；江宇东；郭广磊；陈聪彬；刘　骏	华侨大学	2014.05.22
129	CN201410227422.2	一种面向IP语音的最低有效位隐写方法	发明	田　晖；郭舒婷；刘　进；陈永红；黄永峰；陈维斌；陈锻生	华侨大学	2014.05.27
130	CN201410227423.7	一种快换式超声振动辅助锯切装置	发明	沈剑云；王江全；徐西鹏	华侨大学	2014.05.27
131	CN201410246543.1	一种粒度可控的低照度图像的增强方法	发明	戴声奎；孙万源；高剑萍	华侨大学	2014.06.05
132	CN201410246607.8	一种基于两次引导滤波的快速图像去雾方法	发明	戴声奎；王伟鹏；高剑萍	华侨大学	2014.06.05
133	CN201410251910.7	一种基于图像集的目标跟踪算法	发明	钟必能；陈　雁；王　田；谢维波；陈锻生；陈维斌	华侨大学	2014.06.09
134	CN201410251988.9	一种振动控制非饱和土柱试验系统	发明	陈星欣；蔡奇鹏；刘振宇；常方强	华侨大学	2014.06.09
135	CN201410254050.2	一种混凝土强度的预测方法	发明	赖雄鸣；王　成；张　勇	华侨大学	2014.06.10
136	CN201410254802.5	N-（3-甲氧基-4-氯苯基）-4-[（7-氯-4-喹啉）氨基]苯甲酰	发明	王立强；雷　严；吴　振	华侨大学	2014.06.10
137	CN201410260204.9	超声波控制的土柱压力室系统	发明	陈星欣；蔡奇鹏；张大山	华侨大学	2014.06.12
138	CN201410261919.6	一种从发酵液或细胞悬液中快速分离细胞的方法	发明	陈　国；林　檬	华侨大学	2014.06.13
139	CN201410261961.8	一种利用污水污泥制作的蚊香	发明	常方强	华侨大学	2014.06.13
140	CN201410263509.5	一种喇叭型低剖面宽带高增益天线	发明	葛悦禾；刘禹杰；王　灿	华侨大学	2014.06.13

序号	申请号	专利名称	类别	发明人 / 设计人	专利权人	专利申请日
141	CN201410264617.4	绿色环保制备不产氧光合细菌类胡萝卜素的方法	发明	杨素萍；赵春贵；贾亚琼	华侨大学	2014.06.13
142	CN201410264622.5	一种脂溶性高铁酸钾缓释剂及其制备方法	发明	苑宝玲；何　强；朱铭乔；付明来；林四发	华侨大学	2014.06.13
143	CN201410264712.4	纳米纤维批量图案化装置	发明	雷廷平；卢希钊；付胜杰；杨　帆；刘灿华；苟艳丽	华侨大学	2014.06.13
144	CN201410264713.9	亚临界二氧化碳烧结共载细胞多孔微球支架的方法	发明	陈爱政；王士斌；马　腾；刘源岗；吴文果	华侨大学	2014.06.13
145	CN201410264714.3	上流式混凝布滤装置及方法	发明	于瑞莲；汪可涛；蔡伟龙	华侨大学	2014.06.13
146	CN201410275347.7	一种基于优化学习机的复杂可靠度的计算方法	发明	赖雄鸣；王　成；张　勇	华侨大学	2014.06.19
147	CN201410275515.2	一种不锈钢水龙头壳体焊接工艺	发明	周广涛；王立鹏；陈　强；陈志伟；陈聪彬；刘　骏；梁国俐	华侨大学	2014.06.19
148	CN201410279523.4	一种基于高阶偏最小二乘法的目标跟踪算法	发明	钟必能；王　田；沈映菊；陈　雁；谢维波；陈锻生；陈维斌	华侨大学	2014.06.20
149	CN201410284599.6	骨肉切割刀具	发明	胡中伟；林旺源；林小梅；徐西鹏	华侨大学	2014.06.20
150	CN201420332879.5	骨肉切割刀具	实用新型	胡中伟；林旺源；林小梅；徐西鹏	华侨大学	2014.06.20
151	CN201410285612.X	一种适用于 HEVC 的快速帧间预测方法	发明	林其伟；许东旭；董晓慧	华侨大学	2014.06.24
152	CN201410288532.X	一种 HEVC 快速帧间预测方法	发明	林其伟；许东旭；董晓慧	华侨大学	2014.06.24
153	CN201410291041.0	一种金刚石串珠绳分类与汇总器	发明	顾立志；魏盛军；冯　凯；郑天清	华侨大学	2014.06.25
154	CN201420345824.8	一种金刚石串珠绳分类与汇总器	实用新型	顾立志；魏盛军；冯　凯；郑天清	华侨大学	2014.06.25
155	CN201410295357.7	一种基于速率调制的 IP 语音隐写方法	发明	田　晖；卢　璇；郭舒婷；秦　界；刘　进；黄永峰；陈永红；陈维斌；陈锻生	华侨大学	2014.06.26

序号	申请号	专利名称	类别	发明人/设计人	专利权人	专利申请日
156	CN201410298011.2	汽车碰撞自适应多级缓冲吸能装置及其控制方法	发明	张勇；李奇；刘舒然；周莎；林青宵	华侨大学	2014.06.26
157	CN201410298477.2	一种抗滞回损伤压溃的钢筋混凝土框架柱	发明	黄庆丰	华侨大学	2014.06.26
158	CN201410301160.X	一种抗滞回损伤压曲的钢管混凝土柱	发明	黄庆丰	华侨大学	2014.06.26
159	CN201420348420.4	汽车碰撞自适应多级缓冲吸能装置	实用新型	张勇；李奇；刘舒然；周莎；林青宵	华侨大学	2014.06.26
160	CN201420350211.3	抗滞回损伤压溃的钢筋混凝土框架柱	实用新型	黄庆丰	华侨大学	2014.06.26
161	CN201420353056.0	抗滞回损伤压曲的钢管混凝土柱	实用新型	黄庆丰	华侨大学	2014.06.26
162	CN201410316800.4	新型H形球面螺旋副机械手	发明	顾立志；冯凯；魏盛军；郑天清	华侨大学	2014.07.04
163	CN201420368516.7	一种基于球面螺旋副的机械手	实用新型	顾立志；冯凯；魏盛军；郑天清	华侨大学	2014.07.04
164	CN201410322641.9	一种基于混沌动力理论的单向哈希函数构造方法	发明	李国刚；蔺小梅；钟超林	华侨大学	2014.07.08
165	CN201410322643.8	一种抗抑郁药物及其制备方法	发明	易立涛；于庆杰；刘青	华侨大学	2014.07.08
166	CN201410322977.5	一种夯筑夯土建筑的模具	发明	彭兴黔；李海锋；王卫华；黄鹏；施维娟；王安宁；孟庆明	华侨大学	2014.07.08
167	CN201410322989.8	一种防治肝纤维化药物及其制备方法	发明	易立涛；耿顿	华侨大学	2014.07.08
168	CN201410323016.6	一种地下工程中深孔爆破掏槽方法	发明	陈士海；陈星欣；吴建	华侨大学	2014.07.08
169	CN201410323036.3	一种WiFi和WiMAX融合模型的QoS映射方法	发明	蒋文贤；许晓璐	华侨大学	2014.07.08
170	CN201410323117.3	一种判断梯形图程序的无"竞态"的方法	发明	罗继亮；黄颖坤；陈珑；邵辉；晏来成	华侨大学	2014.07.08
171	CN201410323124.3	一种基于有限反馈的多天线非可信中继系统及其传输方法	发明	赵睿；吴亚峰；贺玉成；龚艳君	华侨大学	2014.07.08

序号	申请号	专利名称	类别	发明人/设计人	专利权人	专利申请日
172	CN201420375474.X	夯筑夯土建筑的模具	实用新型	彭兴黔；李海锋；王卫华；黄鹏；施维娟；王安宁；孟庆明	华侨大学	2014.07.08
173	CN201410325377.4	一种绳锯线弓角度的控制方法及控制装置	发明	郭桦；姜峰；黄辉；徐西鹏	华侨大学	2014.07.09
174	CN201410325397.1	一种在超细磨料表面涂覆氧化硅的方法	发明	陆静；徐西鹏；张云鹤；宋运运	华侨大学	2014.07.09
175	CN201420377727.7	一种绳锯线弓角度的控制装置	实用新型	郭桦；姜峰；黄辉；徐西鹏	华侨大学	2014.07.09
176	CN201410328121.9	神经–肌肉回路再修建康复训练器	发明	陈洪淼；孟庆光；扈伟；赵国营；忠帅；王震；李文丽	华侨大学	2014.07.10
177	CN201420380359.1	神经–肌肉回路再修建康复训练器	实用新型	陈洪淼；孟庆光；扈伟；赵国营；忠帅；王震；李文丽；李鹏；贾杰	华侨大学	2014.07.10
178	CN201420380929.7	一种地下车库防水报警与排水系统	实用新型	常方强	华侨大学	2014.07.10
179	CN201430231884.2	神经–肌肉回路再修建康复训练器	外观设计	陈洪淼；孟庆光；扈伟；赵国营；忠帅；王震；李文丽；李鹏；贾杰	华侨大学	2014.07.10
180	CN201410329212.4	一种自动、手动可转换的丝杠螺母机构	发明	顾立志；张肖丽	华侨大学	2014.07.11
181	CN201420382150.9	一种自动、手动可转换的丝杠螺母机构	实用新型	顾立志；张肖丽	华侨大学	2014.07.11
182	CN201410333326.6	一种压电式测力和组织夹伤报警的外科手术夹钳	发明	胡中伟；林旺源；徐西鹏	华侨大学	2014.07.14
183	CN201410333330.2	一种货车侧面防撞缓冲吸能装置	发明	张勇；刘舒然；傅莹；李奇；赖雄鸣	华侨大学	2014.07.14
184	CN201410333369.4	一种基于安卓系统的智能分布式视频采集系统	发明	王成；梁智聪；赖雄鸣；王田；郑黎晓；洪欣；谢维波	华侨大学	2014.07.14

序号	申请号	专利名称	类别	发明人/设计人	专利权人	专利申请日
185	CN201410333385.3	一种活性污泥－生物滤床－景观生态污水处理方法与系统	发明	洪俊明；孙　荣；张大威；王　迪；张　琛；张　帅；施丽雅；胡苗苗；李　玉	华侨大学	2014.07.14
186	CN201410333549.2	一种应变式测力和组织夹伤报警的外科手术夹钳	发明	胡中伟；林旺源；徐西鹏	华侨大学	2014.07.14
187	CN201410333603.3	一种快速的鱼眼图像生成全景图的方法	发明	戴声奎；高剑萍；陈汉苑	华侨大学	2014.07.14
188	CN201420387168.8	一种活性污泥－生物滤床－景观生态污水处理系统	实用新型	洪俊明；孙　荣；张大威；王　迪；张　琛；张　帅；施丽雅；胡苗苗；李　玉	华侨大学	2014.07.14
189	CN201420387296.2	一种基于应变式测力的外科手术夹钳	实用新型	胡中伟；林旺源；徐西鹏	华侨大学	2014.07.14
190	CN201420387348.6	一种压电式测力的外科手术夹钳	实用新型	胡中伟；林旺源；徐西鹏	华侨大学	2014.07.14
191	CN201420387391.2	一种货车侧面防撞缓冲吸能装置	实用新型	张　勇；刘舒然；傅　莹；李　奇；赖雄鸣	华侨大学	2014.07.14
192	CN201410335946.3	一种私有云的云监控系统及方法	发明	陈永红；蒋　堃；侯雪艳；田　晖；王　田；蔡奕娇	华侨大学	2014.07.15
193	CN201410335960.3	基于小波阈值去噪的主成分分析的工作模态参数识别方法	发明	缑　锦；王　成；赖雄鸣；崔长彩；杜吉祥；王　靖；官　威；侯峰	华侨大学	2014.07.15
194	CN201420389967.9	侧入式双面出光LED背光源模组	实用新型	郭震宁；林木川	华侨大学	2014.07.15
195	CN201410342914.6	一种牛膝总皂苷在防治骨关节炎的药物中的应用	发明	徐先祥；张小鸿；李　琼	华侨大学	2014.07.18
196	CN201410355226.3	稀土改性钨基结合剂金刚石砂轮及其制造方法	发明	徐西鹏；郭　桦；黄　辉；姜　峰；黄国钦	华侨大学	2014.07.24
197	CN201410355240.3	一种稀土改性钨基结合剂金刚石钻头及其制造方法	发明	方从富；徐西鹏；郭　桦；黄　辉；姜　峰	华侨大学	2014.07.24
198	CN201410355241.8	稀土改性钨基结合剂金刚石角磨片及其制造方法	发明	徐西鹏；郭　桦；黄　辉；姜　峰；黄国钦	华侨大学	2014.07.24

序号	申请号	专利名称	类别	发明人 / 设计人	专利权人	专利申请日
199	CN201410355252.6	稀土改性钨基结合剂金刚石超薄锯片及其制造方法	发明	胡中伟；徐西鹏；郭桦；黄辉；姜峰	华侨大学	2014.07.24
200	CN201410355288.4	稀土改性钨基结合剂金刚石磨盘及其制造方法	发明	黄辉；徐西鹏；郭桦；姜峰；黄国钦	华侨大学	2014.07.24
201	CN201410355427.3	稀土改性钨基结合剂金刚石磨轮及其制造方法	发明	郭桦；徐西鹏；黄辉；姜峰；黄国钦	华侨大学	2014.07.24
202	CN201410355209.X	一种磁性微生物载体的制备方法	发明	洪俊明；李伟博	华侨大学	2014.07.24
203	CN201410355221.0	一种爆破振动多参数安全评价方法	发明	陈士海；常方强；张子华	华侨大学	2014.07.24
204	CN201410355230.X	稀土改性钨基结合剂金刚石切割片及其制造方法	发明	姜峰；徐西鹏；郭桦；黄辉；黄国钦	华侨大学	2014.07.24
205	CN201410355255.X	稀土改性钨基结合剂金刚石磨头、其制造方法及稀土改性钨基结合剂	发明	言兰；徐西鹏；黄辉；郭桦；姜峰	华侨大学	2014.07.24
206	CN201410355311.X	稀土改性钨基结合剂金刚石圆锯片及其制造方法	发明	黄国钦；徐西鹏；郭桦；黄辉；姜峰	华侨大学	2014.07.24
207	CN201410358993.X	压电陶瓷与磁流变液组合的馈能式阻尼器	发明	杨帆；高红凯；夏明博；彭正	华侨大学	2014.07.25
208	CN201420415058.8	压电陶瓷与磁流变液组合的馈能式阻尼器	实用新型	杨帆；高红凯；夏明博；彭正	华侨大学	2014.07.25
209	CN201410383724.9	一种快速检测疲劳的检测设备	发明	陈洪森；孟庆光；赵国营；忠帅；王震；李文丽	华侨大学	2014.08.06
210	CN201410391320.4	基于半同步半异步和管道过滤器模式的服务器设计方法	发明	王成；赖雄鸣；谢维波；缑锦；郑黎晓；李静；官威	华侨大学	2014.08.11
211	CN201410391335.0	一种拉压复合型锚杆	发明	涂兵雄；贾金青；俞缙；刘士雨；蔡燕燕；高军程	华侨大学；大连理工大学	2014.08.11
212	CN201420450678.5	一种拉压复合型锚杆	实用新型	涂兵雄；贾金青；俞缙；刘士雨；蔡燕燕；高军程	华侨大学；大连理工大学	2014.08.11
213	CN201410400455.2	一种 2- 酰基苯并噻唑或其衍生物的催化合成方法	发明	宋秋玲；冯强	华侨大学	2014.08.14

序号	申请号	专利名称	类别	发明人/设计人	专利权人	专利申请日
214	CN201410414450.5	一种轻量级的多方会议混音方法和装置	发明	王 田；蔡奕侨；钟必能；陈永红；田 晖；张国亮	华侨大学	2014.08.21
215	CN201410418242.2	一种表面织构微细电解加工用阴极的制作方法	发明	江开勇；叶玉梅；张际亮；王 霏；顾永华	华侨大学	2014.08.22
216	CN201410421514.4	一种在位表面形貌检测工作台	发明	崔长彩；陈俊英；陈伟鹏	华侨大学	2014.08.25
217	CN201420481477.1	一种在位表面形貌检测工作台	实用新型	崔长彩；陈俊英；陈伟鹏；李 兵；余 卿	华侨大学	2014.08.25
218	CN201410427041.9	一种基于ULBP特征子空间的2DLDA人脸识别方法	发明	戴声奎；吴煌鹏；高剑萍	华侨大学	2014.08.27
219	CN201410431440.2	一种基于最佳相似度匹配的IP语音隐写方法	发明	田 晖；郭舒婷；秦 界；卢 璇；刘 进；黄永峰；陈永红；陈维斌；陈锻生	华侨大学	2014.08.28
220	CN201410436154.5	一种结合视频人脸和数字唇动密码的身份验证方法	发明	柳 欣；张晓明；彭淑娟；王 靖	华侨大学	2014.08.29
221	CN201410437004.6	基于优先级的网络负载动态自适应参数调整方法	发明	蒋文贤；蔡慧娟	华侨大学	2014.08.29
222	CN201410440035.7	一种枇杷花蕾茶制备系统	发明	刘建福；潘 峰；王明元；唐源江；高金典；高辉煌	华侨大学；华福生物科技（福建省）有限公司	2014.09.01
223	CN201420499203.5	一种枇杷花蕾茶制备系统	实用新型	刘建福；潘 峰；王明元；唐源江；高金典；高辉煌	华侨大学；华福生物科技（福建省）有限公司	2014.09.01
224	CN201410443374.0	一种提高柑橘果实品质的方法	发明	王明元；曾 理；刘建福	华侨大学	2014.09.02
225	CN201410445641.8	一种电梯井错位重力喷淋和送排风装置	发明	李升才；董毓利	华侨大学	2014.09.03
226	CN201410446142.0	一种可调节的砌体与梁的连接装置和连接方法	发明	李升才；董毓利	华侨大学	2014.09.03
227	CN201410446174.0	一种电梯井错位重力喷淋装置	发明	李升才；董毓利	华侨大学	2014.09.03

序号	申请号	专利名称	类别	发明人/设计人	专利权人	专利申请日
228	CN201420505532.6	一种可调节的砌体与梁的连接装置	实用新型	李升才；董毓利	华侨大学	2014.09.03
229	CN201420505582.4	一种电梯井错位重力喷淋装置	实用新型	李升才；董毓利	华侨大学	2014.09.03
230	CN201420505616.X	一种电梯井错位重力喷淋和送排风装置	实用新型	李升才；董毓利	华侨大学	2014.09.03
231	CN201410452579.5	一种表层嵌筋加固的预应力张拉方法及装置	发明	郭子雄；叶 勇；黄群贤；徐根连；林载庚；陈义龙	华侨大学；福建省第一公路工程公司	2014.09.05
232	CN201410452828.0	一种聚烯烃材料发泡颗粒及其生产方法	发明	许绿丝；李 贝	华侨大学	2014.09.05
233	CN201420512492.8	一种可连续生产聚烯烃材料发泡颗粒的沸腾发泡设备	实用新型	许绿丝；李 贝	华侨大学	2014.09.05
234	CN201420512656.7	一种对加固筋进行端部锚固的锚具	实用新型	郭子雄；叶 勇；林 奇；陈庆猛；庄景峰；柴振岭	华侨大学；厦门特房建设工程集团有限公司	2014.09.05
235	CN201420512685.3	一种表层嵌筋加固的预应力张拉装置	实用新型	郭子雄；叶 勇；黄群贤；徐根连；林载庚；陈义龙	华侨大学；福建省第一公路工程公司	2014.09.05
236	CN201410462872.X	一种产生带状无衍射光束的光学系统	发明	吴逢铁；谢晓霞；李 冬	华侨大学	2014.09.12
237	CN201420522858.X	一种产生带状无衍射光束的光学系统	实用新型	吴逢铁；谢晓霞；李 冬	华侨大学	2014.09.12
238	CN201410477586.0	一种聚合物复合材料及其制备方法	发明	陈国华；刘 莹	华侨大学	2014.09.18
239	CN201410481791.4	一种多因素耦合作用下的机构可靠度计算方法	发明	赖雄鸣；王 成；张 勇；缑 锦；言 兰	华侨大学	2014.09.19
240	CN201410481818.X	一种高压大流量密封件测试系统	发明	林添良；任好玲；付胜杰；缪 骋；杨帆	华侨大学	2014.09.19
241	CN201410481851.2	一种云计算系统的能效监控和管理方法与系统	发明	陈永红；蒋 堃；侯雪艳；田 晖；王 田；蔡奕娇	华侨大学	2014.09.19
242	CN201420541229.1	一种高压大流量密封件测试系统	实用新型	林添良；任好玲；付胜杰；缪 骋；杨 帆	华侨大学	2014.09.19

序号	申请号	专利名称	类别	发明人／设计人	专利权人	专利申请日
243	CN201410490495.0	一种龙眼果实采后商品化处理装置系统	发明	刘建福；王明元；唐源江；高俊杰；钟书淳；陈　钦；黄等水；郑诗升	华侨大学	2014.09.23
244	CN201420548312.1	一种龙眼果实采后商品化处理装置系统	实用新型	刘建福；王明元；唐源江；高俊杰；钟书淳；陈　钦；黄等水；郑诗升	华侨大学	2014.09.23
245	CN201410498267.8	一种用于茶叶籽油水酶法的破乳方法	发明	王晓琴；肖祥壬；黄伙水	华侨大学；贵州周以晴生物科技有限公司	2014.09.25
246	CN201410506289.4	上流式混凝布滤装置及方法	发明	于瑞莲；汪可涛；蔡伟龙	华侨大学	2014.09.26
247	CN201410507562.5	一种超声图像中运动探针检测和定位方法	发明	柳　欣；钟必能；王华珍；孙增国；杜吉祥	华侨大学	2014.09.28
248	CN201410545448.1	基于ARM的砂轮表面形貌实时处理系统	发明	崔长彩；余　卿；马桂旭；康　伟；李　兵；叶瑞芳；李振宇	华侨大学	2014.10.15
249	CN201420595842.1	基于ARM的砂轮表面形貌实时处理系统	实用新型	崔长彩；余　卿；马桂旭；康　伟；李　兵；叶瑞芳；李振宇	华侨大学	2014.10.15
250	CN201410552534.5	一种自由活塞发动机	发明	任好玲；林添良；付胜杰；杨　帆；叶月影	华侨大学	2014.10.17
251	CN201410552556.1	一种枇杷花蕾茶的制备方法	发明	刘建福；潘　峰；王明元；唐源江；高金典；高辉煌；钟书淳；陈　钦	华侨大学；华福生物科技（福建省）有限公司	2014.10.17
252	CN201410552927.6	一种两缸四冲程液压自由活塞发动机	发明	任好玲；林添良；付胜杰；杨　帆；叶月影	华侨大学	2014.10.17
253	CN201420603091.3	一种自由活塞发动机	实用新型	任好玲；林添良；付胜杰；杨　帆；叶月影	华侨大学	2014.10.17
254	CN201420603162.X	一种两缸四冲程液压自由活塞发动机	实用新型	任好玲；林添良；付胜杰；杨　帆；叶月影	华侨大学	2014.10.17

序号	申请号	专利名称	类别	发明人／设计人	专利权人	专利申请日
255	CN201420606125.4	一种钢丝绳连接锚具	实用新型	郭子雄；叶　勇；林　奇；陈庆猛；庄景峰；柴振岭	华侨大学；厦门特房建设工程集团有限公司	2014.10.20
256	CN201410561918.3	基于图形处理器的计算机系统	发明	乐德广	华侨大学	2014.10.21
257	CN201410563011.0	一种碳／碳复合材料的制备方法	发明	李四中；段　森	华侨大学	2014.10.21
258	CN201410561714.X	一种催化炭化制备各向同性焦的方法	发明	李四中；段　森	华侨大学	2014.10.21
259	CN201410591757.2	一种基于2；3；6；7-三蝶烯四酸二酐的聚酰亚胺及其制备方法	发明	程　琳；邵　宇	华侨大学	2014.10.29
260	CN201410591817.0	一种液压挖掘机油电液混合驱动系统	发明	林添良；付胜杰；任好玲；杨　帆；李钟慎；刘　强；黄伟平	华侨大学	2014.10.29
261	CN201420635911.7	一种液压挖掘机油电液混合驱动系统	实用新型	林添良；付胜杰；任好玲；杨　帆；李钟慎；刘　强；黄伟平	华侨大学	2014.10.29
262	CN201410596374.4	基于双马达和液压蓄能器的挖掘机的节能型转台驱动系统	发明	林添良；叶月影；李钟慎；付胜杰；任好玲；刘晓梅；杨　帆	华侨大学	2014.10.30
263	CN201410598639.4	一种利用单形内接球半径进行颜色灰度化的方法	发明	陈锻生；吴扬扬	华侨大学	2014.10.30
264	CN201420639915.2	基于双马达和液压蓄能器的挖掘机的节能型转台驱动系统	实用新型	林添良；叶月影；李钟慎；付胜杰；任好玲；刘晓梅；杨　帆	华侨大学	2014.10.30
265	CN201410638140.1	一种大型双面出光LED广告灯箱	发明	郭震宁；林木川	华侨大学	2014.11.12
266	CN201420674874.0	一种大型双面出光LED广告灯箱	实用新型	郭震宁；林木川	华侨大学	2014.11.12
267	CN201410640748.8	一种车载台阵式长隧道施工除尘装置	发明	蔡奇鹏；郭子雄；黄群贤；陈星欣；王立鹏；陈士海	华侨大学	2014.11.13

序号	申请号	专利名称	类别	发明人／设计人	专利权人	专利申请日
268	CN201410640894.0	一种利用章鱼下脚料获得抗氧化活性物质和复合氨基酸的方法	发明	黄惠莉；张　爽；张育荣；张鹭鹰；王开明	华侨大学；厦门东海洋水产品有限公司	2014.11.13
269	CN201410640910.6	一种纳米花状氧化锌的制备方法	发明	彭　程；郭佼佼；刘明瑞；杨文科	华侨大学	2014.11.13
270	CN201410647224.1	多取代 2- 吡咯吡啶衍生物及其制备方法	发明	崔秀灵；沈金海	华侨大学	2014.11.13
271	CN201410647822.9	一种移动循迹监控系统	发明	王　田；董　宇；蔡奕侨；陈永红；田　晖	华侨大学	2014.11.13
272	CN201410647876.5	一种消减水处理消毒副产物生成的方法	发明	苑宝玲；廖晓斌；刘津津；何　强；杨名丽；周真明	华侨大学	2014.11.13
273	CN201420677034.X	一种车载台阵式长隧道施工除尘装置	实用新型	蔡奇鹏；郭子雄；黄群贤；陈星欣；王立鹏；陈士海	华侨大学	2014.11.13
274	CN201410652502.2	水压密封青贮饲料窖	发明	贺淹才	华侨大学	2014.11.17
275	CN201410658147.X	水压密封沼气窖	发明	贺淹才	华侨大学	2014.11.17
276	CN201410660215.6	客车火灾探测消防预警系统及方法	发明	杜建华；张认成；高艳艳	华侨大学	2014.11.17
277	CN201420692376.9	客车火灾探测预警系统	实用新型	杜建华；张认成；高艳艳	华侨大学	2014.11.17
278	CN201410663589.3	一种波浪作用导致的软质海崖崖面侵蚀量预测方法	发明	常方强	华侨大学	2014.11.19
279	CN201410664795.6	石墨烯 - 多孔陶瓷复合吸附材料及其制备方法与应用	发明	陈国华；王　师；杨　文	华侨大学	2014.11.19
280	CN201410673254.X	一种草莓酸合成新工艺	发明	曾庆友	华侨大学	2014.11.21
281	CN201410682902.8	一种金刚石超薄切割砂轮的制备方法	发明	郭　桦；徐西鹏；张顺林	华侨大学	2014.11.24
282	CN201420713433.7	一种山地河流水体表层植物繁殖体收集装置	实用新型	孙　荣；邓修琼；李修明	华侨大学	2014.11.24
283	CN201420713470.8	一种用于加工金刚石超薄切割砂轮的旋转夹具	实用新型	郭　桦；徐西鹏；张顺林	华侨大学	2014.11.24
284	CN201410718266.X	环形磁铁磁力支承旋转超声刀柄结构	发明	胡中伟；黄身桂；郭建民；徐西鹏	华侨大学	2014.12.02
285	CN201410721037.3	可调式磁块磁力支承旋转超声刀柄	发明	黄身桂；胡中伟；郭建民；徐西鹏	华侨大学	2014.12.02

序号	申请号	专利名称	类别	发明人 / 设计人	专利权人	专利申请日
286	CN201410721150.1	一种电镀含氰综合废水的处理方法	发明	苑宝玲；朱铭桥；黄华山；何　强；周真明	华侨大学	2014.12.02
287	CN201410721228.X	采用磁悬浮轴承支承的旋转超声主轴	发明	胡中伟；黄身桂；郭建民；徐西鹏	华侨大学	2014.12.02
288	CN201410721230.7	一种垂直磁化薄膜测试装置	发明	王　可；陈若飞；吴雪峰；庄凤江	华侨大学	2014.12.02
289	CN201420744046.X	一种可调式磁块磁力支承旋转超声刀柄	实用新型	黄身桂；胡中伟；郭建民；徐西鹏	华侨大学	2014.12.02
290	CN201420746038.9	一种采用磁悬浮轴承支承的旋转超声主轴	实用新型	胡中伟；黄身桂；郭建民；徐西鹏	华侨大学	2014.12.02
291	CN201420746083.4	一种垂直磁化薄膜测试装置	实用新型	王　可；陈若飞；吴雪峰；庄凤江	华侨大学	2014.12.02
292	CN201420746225.7	一种环形磁铁磁力支承旋转超声刀柄结构	实用新型	胡中伟；黄身桂；郭建民；徐西鹏	华侨大学	2014.12.02
293	CN201420746273.6	一种自行车把手	实用新型	林瑜阳；李钟慎	华侨大学	2014.12.02
294	CN201410723804.4	一种基于电气控制的新型二次调节系统	发明	付胜杰；林添良；叶月影；任好玲；黄伟平；繆骋	华侨大学	2014.12.03
295	CN201410724925.0	一种基于荷叶表面仿生学的抗粘结刀具的制备方法	发明	姜　峰；徐西鹏；言　兰	华侨大学	2014.12.03
296	CN201420747763.8	一种基于电气控制的新型二次调节系统	实用新型	付胜杰；林添良；叶月影；任好玲；黄伟平；繆　骋	华侨大学	2014.12.03
297	CN201410723660.2	自复位变摩擦阻尼器	发明	梅　真；郭子雄；黄群贤；刘　阳；陈庆猛；苏　楠	华侨大学；厦门特房建设工程集团有限公司	2014.12.03
298	CN201410723661.7	一种缓冲区域生态岸边带的构建方法	发明	孙　荣；李修明；邓伟琼；姚敏峰；颜文涛	华侨大学；重庆大学	2014.12.03
299	CN201410724759.4	一种重组阿魏酸酯酶的制备方法	发明	李夏兰；张光亚；陈云华；陈培钦；葛慧华	华侨大学	2014.12.03
300	CN201410724897.2	遇水敏感性、高效抗菌复合薄膜的制备方法	发明	钱　浩；林志勇；张莹雪	华侨大学	2014.12.03
301	CN201410724957.0	山地河流河岸植被生态恢复的构建方法	发明	孙　荣；李修明；邓伟琼；颜文涛	华侨大学；重庆大学	2014.12.03

序号	申请号	专利名称	类别	发明人／设计人	专利权人	专利申请日
302	CN201410724984.8	山地河流引水式电站引水渠水体多层植物繁殖体采样器	发明	孙 荣；李修明；邓伟琼；姚敏峰；顾国杰	华侨大学	2014.12.03
303	CN201410725191.8	一种融合抗菌肽及其制备方法	发明	李夏兰；张光亚；李 慧；陈培钦；葛慧华	华侨大学	2014.12.03
304	CN201420748368.1	山地河流引水式电站引水渠水体多层植物繁殖体采样器	实用新型	孙 荣；李修明；邓伟琼；姚敏峰；顾国杰	华侨大学	2014.12.03
305	CN201420750139.3	自复位变摩擦阻尼器	实用新型	梅 真；郭子雄；黄群贤；刘 阳；陈庆猛；苏 楠	华侨大学；厦门特房建设工程集团有限公司	2014.12.03
306	CN201410733607.0	一种单泵双执行器的液压装置	发明	林添良；叶月影；任好玲；付胜杰；黄伟平；繆 骋	华侨大学	2014.12.04
308	CN201420757839.5	一种单泵双执行器的液压装置	实用新型	林添良；叶月影；任好玲；付胜杰；黄伟平；繆 骋	华侨大学	2014.12.04
307	CN201410733609.X	基于FPGA的时分复用级联积分梳状抽取滤波器及其实现方法	发明	黄锐敏；朱述伟；凌朝东；李国刚	华侨大学	2014.12.04
309	CN201410743434.0	一种基于比特组合的低速率语音最低有效位隐写检测方法	发明	田 晖；吴彦鹏；卢 璨；黄永峰；陈永红；王 田；蔡奕侨；刘 进	华侨大学	2014.12.08
310	CN201410748312.0	双交联剂AMB-1磁小体药物载体、其制备方法及应用	发明	刘源岗；王士斌；邓琼嘉；代晴蕾；谢茂彬；陈爱政；吴文果	华侨大学	2014.12.09
311	CN201410756082.2	一种利用麦冬制成的保健咖啡	发明	徐先祥；雷心雨；黄怡婷；朱翠玲；孙静华；陈 俊；边 彩；王延菲	华侨大学	2014.12.10
312	CN201420777787.8	一种基于光电通信的机动车智能辅助装置	实用新型	郭荣新；彭盛亮；林兴龙；李 冰；刘洪庆；崔 浩	华侨大学	2014.12.10
313	CN201420777802.9	一种数字对讲机的公共模板	实用新型	郭荣新；林兴龙；李 冰；刘洪庆；刘恒广；崔 浩	华侨大学	2014.12.10

序号	申请号	专利名称	类别	发明人/设计人	专利权人	专利申请日
314	CN201410756521.X	大规模制备石墨烯的绿色方法	发明	陈国华；林少芬；赵立平；洪江彬；黄卫明	华侨大学；厦门凯纳石墨烯技术有限公司	2014.12.10
315	CN201410763308.1	一种时变线性结构工作模态参数识别方法、装置及应用	发明	王成；官威；王建英	华侨大学	2014.12.11
316	CN201410763345.2	基于 GSM 的智能家居控制系统	发明	杨冠鲁；叶友泉	华侨大学	2014.12.11
317	CN201410763363.0	一种高效制备 β－羰基磷酸酯的方法	发明	宋秋玲；周明欣	华侨大学	2014.12.11
318	CN201410763408.4	一种磺酰胺及其衍生物的制备方法	发明	宋秋玲；杨凯	华侨大学	2014.12.11
319	CN201410764976.6	一种异构无线传感器网络通信协议测试平台及其测试方法	发明	蒋文贤	华侨大学	2014.12.11
320	CN201410781141.1	一种自动检测 MFCs 电池组电压反转电池的控制电路与方法	发明	郑琦；熊雷；赵峰；王振宇；卢卫红；莫冰	华侨大学；中国科学院城市环境研究所	2014.12.16
321	CN201420799858.4	检测 MFCs 电池组电压反转电池的检测选通电路与控制电路	实用新型	郑琦；熊雷；赵峰；王振宇；卢卫红；莫冰	华侨大学；中国科学院城市环境研究所	2014.12.16
322	CN201420811395.9	一种基于 ZigBee 的教学楼节能控制系统	实用新型	李钟慎；郭乾；刘龙；	华侨大学	2014.12.18
323	CN201410799026.7	一种喹唑啉酮芳香化合物的合成方法	发明	崔秀灵；冯亚栋；李玉东	华侨大学	2014.12.19
324	CN201410799293.4	一种网状镍铜磷非晶合金电极材料及其制备方法	发明	郑一雄；袁林珊	华侨大学	2014.12.19
325	CN201410803293.7	一种平面对称深埋模型隧道的变形量测装置及其方法	发明	蔡奇鹏；吴中汉；陈星欣；陈士海；徐鑫；颜培煌；徐娟娟	华侨大学	2014.12.22
326	CN201420818930.3	一种平面对称深埋模型隧道的变形量测装置	实用新型	蔡奇鹏；吴中汉；陈星欣；陈士海；徐鑫；颜培煌；徐娟娟	华侨大学	2014.12.22
327	CN201420842281.0	一种太阳能板电源系统	实用新型	李钟慎；刘龙；林瑜阳	华侨大学	2014.12.25

序号	申请号	专利名称	类别	发明人／设计人	专利权人	专利申请日
328	CN201410826183.2	一种催化高酸值废油酯化降酸的方法	发明	刘勇军；邹 瑜；李志峰	华侨大学	2014.12.26
329	CN201420850544.2	一种盲人用卷尺	实用新型	林昱川；林敬亭；欧阳芬芳	华侨大学	2014.12.29
330	CN201420850598.9	一种缝隙地毯	实用新型	林晨昕	华侨大学	2014.12.29
331	CN201420850641.1	一种折叠餐桌	实用新型	陈平安；王苗辉；张德云；林敬亭	华侨大学	2014.12.29
332	CN201420850863.3	一种物流包装袋	实用新型	张雅琪；欧阳芬芳	华侨大学	2014.12.29
333	CN201420851032.8	一种组合茶具	实用新型	杨沛汶；欧阳芬芳；林敬亭	华侨大学	2014.12.29
334	CN201420851043.6	一种多功能折叠装置	实用新型	林晨昕；欧阳芬芳；林敬亭	华侨大学	2014.12.29
335	CN201420851063.3	一种搓澡巾	实用新型	杨旗航；易思亮；林敬亭	华侨大学	2014.12.29
336	CN201420851088.3	一种新型餐椅	实用新型	陈平安；王苗辉；张德云；林敬亭	华侨大学	2014.12.29
337	CN201410844481.4	一种可聚合的组合物及用此组合物制备聚乙烯基	发明	李明春；罗菊香；辛梅华	华侨大学	2014.12.30
338	CN201420859667.2	太阳能自动抽蓄灌溉设备	实用新型	李钟慎；刘 龙；林瑜阳	华侨大学	2014.12.30
339	CN201420865000.3	一种非对称型 LED 路灯透镜	实用新型	郭震宁；颜稳萍；林介本	华侨大学	2014.12.31
340	CN201430562461.9	电子书签（记忆书签）	外观设计	旷云燕；王苗辉；李 娟；丁育伟；徐佳丽；方丽湄；林敬亭	华侨大学	2014.12.30
341	CN201430562471.2	救生带	外观设计	傅皇裕；欧阳芬芳；林敬亭	华侨大学	2014.12.30
342	CN201430562472.7	滑板车	外观设计	赵 琰；占 炜；林敬亭	华侨大学	2014.12.30
343	CN201430562483.5	遛狗器	外观设计	汤雨溪；李 娟；王苗辉；林敬亭	华侨大学	2014.12.30
344	CN201430562488.8	淋浴器（省电）	外观设计	林祥应；林敬亭	华侨大学	2014.12.30
345	CN201430562503.9	茶具（莲心）	外观设计	杨沛汶；欧阳芬芳；林敬亭	华侨大学	2014.12.30
346	CN201430562528.9	杯子（快速雪融化成水杯子）	外观设计	林祥应；林敬亭	华侨大学	2014.12.30

序号	申请号	专利名称	类别	发明人/设计人	专利权人	专利申请日
347	CN201430562531.0	洗手池与小便池的组合池（高山流水）	外观设计	林晨昕；冷皓；欧阳芬芳；林敬亭	华侨大学	2014.12.30
348	CN201430562534.4	椅子	外观设计	陈平安；王苗辉；张德云；林敬亭	华侨大学	2014.12.30
349	CN201430562536.3	水龙头（叶卷叶疏）	外观设计	刘馥源；林敬亭	华侨大学	2014.12.30
350	CN201430562553.7	手表（哮喘表）	外观设计	钱谦；蔡昊成；马雪馨；欧阳芬芳；林敬亭	华侨大学	2014.12.30
351	CN201430562578.7	台灯（香灯）	外观设计	周志鑫；李娟；王苗辉；林敬亭	华侨大学	2014.12.30
352	CN201430562579.1	灯（美肌灯）	外观设计	葛瑱；林敬亭	华侨大学	2014.12.30
353	CN201430562613.5	地垫（围棋）	外观设计	刘琳琳；欧阳芬芳；林敬亭	华侨大学	2014.12.30
354	CN201430562615.4	桌子（变形）	外观设计	陈平安；王苗辉；张德云；林敬亭	华侨大学	2014.12.30
355	CN201430562628.1	杯子（尿检杯）	外观设计	林昱川；刘馥源；欧阳芬芳；林敬亭	华侨大学	2014.12.30
356	CN201430562644.0	椅子（小马）	外观设计	刘琳琳；欧阳芬芳；林敬亭	华侨大学	2014.12.30
357	CN201430562676.0	充气马桶	外观设计	黄毅；蔡昊成；欧阳芬芳；林敬亭	华侨大学	2014.12.30
358	CN201430562715.7	帐篷（郁金香）	外观设计	刘琳琳；欧阳芬芳；干晓咪；林敬亭	华侨大学	2014.12.30
359	CN201430562751.3	公交把手	外观设计	杨旗航；易思亮；林敬亭	华侨大学	2014.12.30
360	CN201430562755.1	独轮车	外观设计	蔡昊成；欧阳芬芳；林敬亭	华侨大学	2014.12.30
361	CN201430562775.9	激光指套（光电手指）	外观设计	黄毅；欧阳芬芳；陆文千；林敬亭	华侨大学	2014.12.30
362	CN201430562809.4	茶具（有无）	外观设计	佘星翔；王苗辉；林敬亭	华侨大学	2014.12.30
363	CN201410848236.0	一种利用整合宿主因子来提高 PCR 扩增灵敏度的方法	发明	戚智青；唐黎；张秀英；侯丹；刁勇；齐晓雪；许瑞安；马国兴；杜民	华侨大学	2014.12.31

序号	申请号	专利名称	类别	发明人／设计人	专利权人	专利申请日
364	CN201410848973.0	一种非对称型 LED 路灯透镜	发明	郭震宁；颜稳萍；林介本	华侨大学	2014.12.31
365	CN201410851597.0	一种磨粒剪切疲劳测试设备	发明	郭桦；姜峰；徐西鹏；言兰	华侨大学	2014.12.31
366	CN201410851776.4	一种微观表面织构的制造设备及制造方法	发明	姜峰；石岩；王宁昌；徐西鹏	华侨大学	2014.12.31
367	CN201410851940.1	一种表面织构的制造设备及其使用方法	发明	姜峰；程鑫；刘清风；徐西鹏	华侨大学	2014.12.31
368	CN201410852048.5	一种磨粒冲击疲劳测试设备	发明	姜峰；王宁昌；徐西鹏；言兰	华侨大学	2014.12.31
369	CN201410852460.7	一种基于超声振动的接触副零件疲劳测试设备	发明	姜峰；王宁昌；徐西鹏；言兰	华侨大学	2014.12.31
370	CN201410852471.5	一种模拟多种工况的光学表面抗划痕性能测试设备及其使用方法	发明	姜峰；程鑫；刘清风；徐西鹏	华侨大学	2014.12.31
371	CN201410852608.7	一种超声振动实现微位移的微动摩擦试验机	发明	姜峰；查旭明；王宁昌；徐西鹏	华侨大学	2014.12.31
372	CN201410852620.8	一种微观尺度下基于超声振动的材料疲劳特性测试方法	发明	姜峰；王宁昌；徐西鹏；言兰	华侨大学	2014.12.31
373	CN201420867949.7	一种儿童注射器	实用新型	陈玉雪；王苗辉；李娟；林敬亭	华侨大学	2014.12.31
374	CN201420868001.3	一种左右手鼠标	实用新型	黄小娟；傅思博；易思亮；张成；林敬亭	华侨大学	2014.12.31
375	CN201430565725.6	鼠标（左右鼠标）	外观设计	黄小娟；傅思博；易思亮；张成；林敬亭	华侨大学	2014.12.31
376	CN201430565789.6	食物料理机（蔬果打印机）	外观设计	俞珏；欧阳芬芳；林敬亭	华侨大学	2014.12.31
377	CN201410848196.X	一种基于 PU 纹理特性的 HEVC 帧内快速模式决策算法	发明	冯桂；吴良堤	华侨大学	2014.12.31
378	CN201410851905.X	一种基于超声振动的微观尺度材料冲击疲劳测试设备	发明	徐西鹏；姜峰；王宁昌；言兰	华侨大学	2014.12.31
379	CN201410852063.X	一种基于超声振动的微观尺度材料剪切疲劳测试设备	发明	言兰；姜峰；王宁昌；徐西鹏	华侨大学	2014.12.31

序号	申请号	专利名称	类别	发明人 / 设计人	专利权人	专利申请日
380	CNPCT/CN2014/094576	一种在 Cu 基体表面微波熔覆 CuW 合金的方法	PCT	江开勇；张际亮；王 霏；王小伟	华侨大学	2014.12.23
381	CNPCT/CN2014/094578	一种制造具有薄壁或细槽等几何结构的金属件的方法	PCT	江开勇；王 霏；顾永华；梁辉煌	华侨大学	2014.12.23

2014 华侨大学专利授权一览表

序号	申请号	专利名称	类别	发明人 / 设计人	专利权人	授权日
1	CN201320355735.7	一种干旱地区边坡复绿系统	实用新型	常方强	华侨大学	2014.01.01
2	CN201320382434.3	一种弹性晾衣架	实用新型	张 肖	华侨大学	2014.01.01
3	CN201320425819.3	结构新颖的大行程高精度 Z 轴工作台	实用新型	范 伟；金花雪；余 卿；叶瑞芳	华侨大学	2014.01.01
4	CN201210388052.1	亚洲棕榈象甲聚集信息素的增强添加剂	发明	黄志宏	华侨大学	2014.01.01
5	CN201410008237.4	结合了开环聚合反应和 Click 反应的低分子量二氧化碳共聚物及其制备方法	发明	全志龙	华侨大学	2014.01.08
6	CN201110122438.3	多工位软固形物成型装置	发明	顾立志；程 斌	华侨大学	2014.01.15
7	CN201320492020.6	一种具有高效均匀散热功能的 LED Light Bar	实用新型	郭震宁；曾茂进；曾 海；陈俄振；胡治伟；杨菲菲；甘汝婷；林介本；林木川；颜稳萍	华侨大学	2014.01.15
8	CN201110262169.0	实现轴上键槽尺寸位置理论定位误差为零的装置和方法	发明	顾立志；张海东；李 鹏	华侨大学	2014.02.05
9	CN201110026109.9	一种海洋草酸青霉菌产壳聚糖酶的方法	发明	黄惠莉；朱利平	华侨大学	2014.03.05
10	CN201210220836.3	二氧化碳流体抗溶剂法制备多孔微球的方法	发明	陈爱政；王士斌；赵 趁；刘源岗	华侨大学	2014.03.05
11	CN201010580193.4	一种海洋微生物提取天然、多形态、抑制肿瘤的含砷化合物提取液的制备方法及其应用	发明	张景红；杨 礼	华侨大学	2014.03.05
12	CN201320541578.9	茶叶杀青机温湿度控制系统	实用新型	范 伟；杨 洋；李钟慎	华侨大学	2014.03.05

序号	申请号	专利名称	类别	发明人/设计人	专利权人	授权日
13	CN201320580443.3	一种混凝土半球壳的新型极限外压力测试装置	实用新型	董毓利；张大山；杜毛毛；徐玉野；房圆圆	华侨大学	2014.03.05
14	CN201320580494.6	一种混凝土圆筒壳安全性能的新型测试装置	实用新型	董毓利；张大山；房圆圆；杜毛毛；王玲玲	华侨大学	2014.03.05
15	CN201320580994.X	一种混凝土半球壳的新型极限内压力测试装置	实用新型	董毓利；张大山；房圆圆；徐玉野；王卫华	华侨大学	2014.03.05
16	CN201320254119.2	周期 Bottle beam 自重建的光学系统	实用新型	吴逢铁；杜团结；王涛	华侨大学	2014.03.12
17	CN201110200519.0	一种多 Agent 的区域物流配送系统及其控制调度方法	发明	张潜；年壮壮；黄郡婷	华侨大学	2014.03.12
18	CN201110248322.4	一种将可编程逻辑控制器程序转换为普通 Petri 网的方法	发明	罗继亮；陈雪琨；齐鹏飞	华侨大学	2014.03.12
19	CN201110123404.6	一种以重组腺相关病毒为载体的基因治疗药物的制剂处方	发明	刁勇；许瑞安	华侨大学	2014.04.02
20	CN201110273323.4	氧化还原活性电解质的制备方法	发明	吴季怀；余海君；范乐庆；黄妙良；林建明；兰章；林幼贞	华侨大学	2014.04.02
21	CN201320526953.2	基于数字微镜器件的跨尺度测量装置	实用新型	余卿；崔长彩；叶瑞芳；范伟	华侨大学	2014.04.02
22	CN201320580511.6	一种多绳金刚石绳锯机的新型张力调节机构	实用新型	顾立志；王建涛；瞿少魁；杜伟文；黄燕华	华侨大学	2014.04.02
23	CN201320580513.5	一种金刚石绳锯机的新型张力调节机构	实用新型	顾立志；王建涛；瞿少魁	华侨大学	2014.04.02
24	CN201320609117.0	一种侧面背投式 LED 平板灯	实用新型	庄其仁；梁德娟；赖丽萍	华侨大学	2014.04.02
25	CN201320608242.X	一种壁挂式 LED 平板灯散热装置	实用新型	庄其仁；梁德娟；赖丽萍	华侨大学	2014.04.02
26	CN201320626697.4	LED- 光纤耦合透镜	实用新型	郭震宁；甘汝婷；曾茂进	华侨大学	2014.04.02
27	CN201110138237.2	一种含银抗菌剂及其制备方法	发明	陈国华；庄垂钱；朱小平	华侨大学；晋江市石达塑胶精细有限公司	2014.04.16

序号	申请号	专利名称	类别	发明人/设计人	专利权人	授权日
28	CN201320654352.X	一种改进型薄壁异形钢管混凝土柱	实用新型	王卫华；丁启荣；尧国皇	华侨大学	2014.04.16
29	CN201320707811.6	一种新型双钢板混凝土组合剪力墙	实用新型	侯炜；刘阳；黄群贤；柴振岭	华侨大学	2014.04.16
30	CN201110390198.5	长距离近似无衍射光束的产生装置	发明	郑维涛；吴逢铁；张前安；程治明	华侨大学	2014.04.16
31	CN201110381636.1	基于钛箔网的大面积柔性染料敏化太阳能电池的制备方法	发明	吴季怀；肖晓明；兰章；林建明；黄妙良	华侨大学	2014.05.07
32	CN201320680694.9	一种柱面透镜列阵LED投射器	实用新型	庄其仁；赖丽萍；赖传杜	华侨大学	2014.05.07
33	CN201320620061.9	一种新型扫吸一体式清扫机构	实用新型	顾立志；杜伟文；黄燕华；王建涛；瞿少魁	华侨大学	2014.05.28
34	CN201210146746.4	一种奇异变形杆菌菌株及其转化大豆苷元生产S-雌马酚的方法	发明	肖美添	华侨大学	2014.06.04
35	CN201210310111.3	一种氯代烯烃污染土壤和地下水的原位化学氧化修复方法	发明	苑宝玲；付明来；曾秋生	华侨大学	2014.06.04
36	CN201320812386.7	LED光源散热器一体化结构	实用新型	郭震宁；曾茂进	华侨大学	2014.06.04
37	CN201310020139.8	凝胶渗透色谱检测高分子嵌段共聚物结构参数的方法	发明	姜友青；张云波	华侨大学	2014.06.18
38	CN201110191990.8	用于液压激振器的多波形液压转阀	发明	黄宜坚；吴福森；庄劲松	华侨大学	2014.06.18
39	CN201320492556.8	一种均温散热高光效COB LED面光源	实用新型	郭震宁；曾茂进；林介本；曾海；陈俄振；胡治伟；杨菲菲；甘汝婷；林木川；颜稳萍	华侨大学	2014.06.18
40	CN201320830104.6	一种膨胀土坡防护系统	实用新型	常方强	华侨大学	2014.06.18
41	CN201320830436.4	一种新型焊接装置	实用新型	周广涛；黄海瀚；王立鹏；陈志伟；郭玉龙；江余东；郭广磊；马明磊；梁国俐	华侨大学	2014.06.18
42	CN201320831203.6	丝杆驱动型椅子	实用新型	顾立志；魏盛军；郑天清	华侨大学	2014.06.18
43	CN201320831218.2	同步带驱动型椅子	实用新型	顾立志；魏盛军；冯凯	华侨大学	2014.06.18

序号	申请号	专利名称	类别	发明人/设计人	专利权人	授权日
44	CN201320831220.X	汽车备胎自动更换系统	实用新型	顾立志；冯凯；郑天清	华侨大学	2014.06.18
45	CN201320862788.8	一种混凝土梁的加固装置	实用新型	徐玉野；郑顺盈；王卫华；罗漪	华侨大学	2014.06.18
46	CN201320880809.9	一种兼具碰撞兼容性与通过性的缓冲吸能防撞机构	实用新型	张勇；林青霄	华侨大学	2014.06.18
47	CN201320884270.4	一种石板材荔枝皮面加工刀模	实用新型	方千山	华侨大学	2014.06.18
48	CN201420004080.3	一种自动化皮带输送装置	实用新型	罗金盛	华侨大学	2014.06.18
49	CN201420010919.4	内嵌耗能壳板的箱形钢桥墩	实用新型	李海锋；高轩能；梅真	华侨大学	2014.07.02
50	CN201420011126.4	一种根部设置加劲耗能壳体的圆钢管桥墩	实用新型	李海锋；陈林聪；刘振宇	华侨大学	2014.07.02
51	CN201420011129.8	内嵌T型耗能钢板的圆钢管桥墩	实用新型	李海锋；彭兴黔；王卫华	华侨大学	2014.07.02
52	CN201420011138.7	一种根部设置加劲耗能壁板的箱形钢桥墩	实用新型	李海锋；周克民；陈林聪	华侨大学	2014.07.02
53	CN201110095032.0	一种髓部结合的远缘嫁接方法	发明	刘建福；刘春冬；王明元；傅建卿；高俊杰；陈汝顶	华侨大学	2014.07.02
54	CN201320830016.6	一种海崖蚀退尺度测量装置	实用新型	常方强	华侨大学	2014.07.02
55	CN201320831241.1	液压驱动型椅子	实用新型	顾立志；魏盛军；冯凯	华侨大学	2014.07.02
56	CN201320884337.4	一种新型装配式混凝土柱	实用新型	李升才	华侨大学	2014.07.02
57	CN201320891642.6	一种具有负载敏感的挖掘机负流量系统	实用新型	林添良；叶月影；缪骋；柯晓蕾；刘强；杨帆	华侨大学	2014.07.02
58	CN201320891672.7	投射式LED日光灯	实用新型	庄其仁；庄琳玲；梁德娟	华侨大学	2014.07.02
59	CN201320891957.0	一种掠射式折光板	实用新型	庄其仁；庄琳玲；梁德娟	华侨大学	2014.07.02
60	CN201420033517.6	利用龙眼果实自体保鲜的双层结构低温包装盒	实用新型	刘建福；王明元；王奇志；唐源江	华侨大学	2014.07.16
61	CN201420050333.0	一种海底鲍鱼养殖沉箱	实用新型	张肖	华侨大学	2014.07.16
62	CN201110265908.1	一种纳米多功能衬底涂料及其制备方法	发明	姜友青；张云波	华侨大学	2014.07.16

序号	申请号	专利名称	类别	发明人／设计人	专利权人	授权日
63	CN201420011127.9	三向拟静力试验的作动器连接装置	实用新型	李海锋；董毓利；张大山	华侨大学	2014.07.30
64	CN201420033502.X	一种组合书架	实用新型	张肖	华侨大学	2014.07.30
65	CN201420079433.6	一种基于定量泵的电驱动液压挖掘机负流量系统	实用新型	林添良；叶月影；付胜杰；缪骋；刘强；杨帆	华侨大学	2014.07.30
66	CN201420083336.4	一种新型框架墙结构	实用新型	黄群贤；郭子雄；武豪；林超；刘哲	华侨大学	2014.07.30
67	CN201420083341.5	一种钢筋混凝土梁预应力钢丝绳加固装置	实用新型	黄群贤；郭子雄；崔俊；陈庆猛；庄景峰；林奇	华侨大学；厦门特房建设工程集团有限公司	2014.07.30
68	CN201420083345.3	一种带门洞或窗洞的新型框架墙结构	实用新型	黄群贤；郭子雄；武豪；林超；刘哲	华侨大学	2014.07.30
69	CN201420083475.7	一种混凝土梁预应力钢丝绳环包加固装置	实用新型	黄群贤；郭子雄；刘哲	华侨大学	2014.07.30
70	CN201420112048.7	一种高效的单泵源双端对称式泵浦激光器	实用新型	庄凤江	华侨大学	2014.07.30
71	CN201420112998.X	一种基于智能材料的嵌入式智能加油软管系统	实用新型	杨帆；陈天柱；林添良；夏明博；杨磊	华侨大学	2014.07.30
72	CN201210038512.8	一种利用茶叶残渣制作人工浮床材料的方法	发明	郭沛涌；黄伟	华侨大学	2014.08.13
73	CN201420079967.9	一种折叠晾衣架	实用新型	张肖	华侨大学	2014.08.13
74	CN201420127727.1	一种挖掘机铲斗物料动态称重装置	实用新型	刘强；何经旺；冯姝婷	华侨大学	2014.08.13
75	CN201420127729.0	一种产生单个局域空心光束的LED透镜	实用新型	吴逢铁；何西；杜团结	华侨大学	2014.08.13
76	CN201420127686.6	一种电控操纵杆	实用新型	刘强；牛大伟；冯姝婷	华侨大学	2014.08.13
77	CN201420158000.X	颗粒分包装设备的全自动控制装置	实用新型	张磊；李钟慎	华侨大学	2014.08.13
78	CN201320884213.6	LED灯泡底座成型模具组	实用新型	顾立志；郑天清；冯凯	华侨大学	2014.08.13
79	CN201310011987.2	大花八角醇在制备抗抑郁症药物中的应用	发明	易立涛；耿顿；翁连进；李晶	华侨大学	2014.09.17

序号	申请号	专利名称	类别	发明人/设计人	专利权人	授权日
80	CN201420157874.3	电驱动液压挖掘机的节能型转台驱动系统	实用新型	林添良；付胜杰；杨帆；刘强；叶月影；黄伟平；缪骋	华侨大学	2014.09.17
81	CN201420163771.8	一种剪切型防屈曲耗能支撑	实用新型	王卫华	华侨大学	2014.09.17
82	CN201420191415.7	一种对称气压式抗晃动车载油罐系统	实用新型	杨帆；苏比哈什·如凯迦；夏明博；瞿迪水；陈天柱	华侨大学	2014.09.17
83	CN201420223108.2	一种基于数字微镜器件的匀光系统	实用新型	余卿；崔长彩；付胜杰；缪晶晶	华侨大学	2014.09.17
84	CN201420223109.7	一种坡度高差测量仪	实用新型	常方强；黄金山	华侨大学	2014.09.17
85	CN201420225630.4	一种用于两级差分放大器的连续时间共模反馈电路	实用新型	杨骁；凌朝东；闫铮；李国刚；傅文渊	华侨大学	2014.09.17
86	CN200910194196.1	波纹圆柱面磁流变橡胶减振器	发明	黄宜坚；施政中；江铭；林初仁；汤建强	华侨大学	2014.10.22
87	CN201210087553.6	基于概念关系的领域数据语义的处理方法和检索方法	发明	李海波；徐晓文；熊颖	华侨大学	2014.10.22
88	CN201010547886.3	一种超顺磁性微米淀粉的制备方法	发明	陈国；苏鹏飞	华侨大学	2014.10.22
89	CN201310279133.2	二阶非线性激光材料N,N'-丙酰-（2-噻吩甲酰）肼晶体及其生长方法和应用	发明	吴文士；刘国祥；李传辉	华侨大学	2014.10.22
90	CN201420163871.0	一种组合式防屈曲耗能支撑	实用新型	王卫华	华侨大学	2014.10.22
91	CN201420181512.8	一种电液混合驱动工程机械的自动怠速系统	实用新型	林添良；黄伟平；付胜杰；叶月影；缪骋；杨帆；刘强	华侨大学	2014.10.22
92	CN201420258250.0	可自分割变形单元的钢筋混凝土剪力墙	实用新型	黄庆丰	华侨大学	2014.10.22
93	CN201420257620.9	一种半埋式诱捕器	实用新型	王谨；黄志宏	华侨大学；漳州市英格尔农业科技有限公司	2014.10.22

序号	申请号	专利名称	类别	发明人/设计人	专利权人	授权日
94	CN201420264370.1	一种铝合金薄板焊接设备	实用新型	周广涛；陈 强；王立鹏；陈志伟；黄海瀚；江余东；郭广磊；陈聪彬；刘 骏	华侨大学	2014.10.22
95	CN201210480338.2	规模化培养光合细菌的光生物反应器的臭氧灭菌方法	发明	杨素萍；赵春贵；孟宁生；张永军	华侨大学；石家庄乾丰生物科技有限公司	2014.10.22
96	CN201420332879.5	骨肉切割刀具	实用新型	胡中伟；林旺源；林小梅；徐西鹏	华侨大学	2014.10.22
97	CN201420345824.8	一种金刚石串珠绳分类与汇总器	实用新型	顾立志；魏盛军；冯 凯；郑天清	华侨大学	2014.11.12
98	CN201420005956.6	一种产生近似无衍射零阶马丢光束的光学系统	实用新型	吴逢铁；李 冬	华侨大学	2014.11.12
99	CN201210073803.0	一种支持企业用户数据私有化的web服务集成方法	发明	李海波；郭春丽；陈智敏；李赛男；熊 颖	华侨大学	2014.11.12
100	CN201310284367.6	一种磁性微生物载体及其制备方法	发明	洪俊明；李伟博	华侨大学	2014.11.12
101	CN201310264716.8	一种基于人工细胞的组织工程化组织的构建方法	发明	刘源岗；王士斌；何 鹏；林 琴；汤晓琳；陈爱政	华侨大学	2014.11.12
102	CN201420348420.4	汽车碰撞自适应多级缓冲吸能装置	实用新型	张 勇；李 奇；刘舒然；周 莎；林青霄	华侨大学	2014.11.12
103	CN201420350211.3	抗滞回损伤压溃的钢筋混凝土框架柱	实用新型	黄庆丰	华侨大学	2014.11.12
104	CN201420353056.0	抗滞回损伤压曲的钢管混凝土柱	实用新型	黄庆丰	华侨大学	2014.11.12
105	CN201410652502.2	水压密封青贮饲料窖	发明	贺淹才	华侨大学	2014.11.17
106	CN201420368516.7	一种基于球面螺旋副的机械手	实用新型	顾立志；冯 凯；魏盛军；郑天清	华侨大学	2014.12.10
107	CN201420375474.X	夯筑夯土建筑的模具	实用新型	彭兴黔；李海锋；王卫华；黄 鹏；施维娟；王安宁；孟庆明	华侨大学	2014.12.10
108	CN201420377727.7	一种绳锯线弓角度的控制装置	实用新型	郭 桦；姜 峰；黄 辉；徐西鹏	华侨大学	2014.12.10

序号	申请号	专利名称	类别	发明人/设计人	专利权人	授权日
109	CN201420382150.9	一种自动、手动可转换的丝杠螺母机构	实用新型	顾立志；张肖丽	华侨大学	2014.12.10
110	CN201420387168.8	一种活性污泥－生物滤床－景观生态污水处理系统	实用新型	洪俊明；孙 荣；张大威；王 迪；张 琛；张 帅；施丽雅；胡苗苗；李 玉	华侨大学	2014.12.10
111	CN201420387391.2	一种货车侧面防撞缓冲吸能装置	实用新型	张 勇；刘舒然；傅 莹；李 奇；赖雄鸣	华侨大学	2014.12.10
112	CN201210097663.0	N－取代－4－（7－氯喹啉－4－氨基）－苯甲酰胺衍生物的制备方法和应用	发明	王立强；吴 振	华侨大学	2014.12.17
113	CN201210128661.3	一种液压挖掘节能系统	发明	林添良	华侨大学	2014.12.17
114	CN201420380359.1	神经－肌肉回路再建康复训练器	实用新型	陈洪森；孟庆光；扈 伟；赵国营；忠 帅；王 震；李文丽；李 鹏；贾 杰	华侨大学	2014.12.17
115	CN201420380929.7	一种地下车库防水报警与排水系统	实用新型	常方强	华侨大学	2014.12.17
116	CN201420389967.9	侧入式双面出光LED背光源模组	实用新型	郭震宁；林木川	华侨大学	2014.12.17
117	CN201420415058.8	压电陶瓷与磁流变液组合的馈能式阻尼器	实用新型	杨 帆；高红凯；夏明博；彭 正	华侨大学	2014.12.17
118	CN201420450678.5	一种拉压复合型锚杆	实用新型	涂兵雄；贾金青；俞 缙；刘士雨；蔡燕燕；高军程	华侨大学；大连理工大学	2014.12.17

2014软件著作权登记汇总表

年度	登记号	软件全称及版本号	著作权人	批准日期	设计人名单
2014	2014SR004819	"第三届海峡两岸高校文化与创意论坛"网站系统V1.0	华侨大学	2014.1.13	王 成；傅艺辉；朱志刚
2014	2014SR005341	基于von Mises准则的平面应变承载力分析软件V1.0	华侨大学	2014.1.14	董毓利；王卫华；房圆圆；王玲玲；徐玉野
2014	2014SR022280	"添彩画室"厦门原创油画展示系统V1.0	华侨大学	2014.2.25	王华珍；吕 兵；王 成；姚源登；朱 鑫
2014	2014SR023701	数据空间查询引擎软件V1.0	华侨大学	2014.2.27	吴扬扬；刘 莉

年度	登记号	软件全称及版本号	著作权人	批准日期	设计人名单
2014	2014SR035390	基于骨骼配置的动画自动生成软件 V1.0	华侨大学	2014.3.29	洪 欣
2014	2014SR035463	数字图像处理教学实验系统 V1.0	华侨大学	2014.3.29	孙增国；吴晓丹；姜金稞
2014	2014SR062056	前趋图演示系统 V1.0	华侨大学	2014.5.17	孙增国；陈光艺
2014	2014SR062723	变频器设计仿真平台软件 V1.0	华侨大学	2014.5.19	方瑞明；彭长青
2014	2014SR066739	基于网络的电机设计仿真集成平台软件 V1.0	华侨大学	2014.5.26	方瑞明；彭长青
2014	2014SR069800	"食在汇"智能电子商务系统 V1.0	华侨大学	2014.5.30	王 成；緱 锦；王华珍；朱志刚；傅艺辉；宋增林；曾梅琴；刘慧敏
2014	2014SR069804	水电能耗采集与智能分析系统 V1.0	华侨大学	2014.5.30	緱 锦；吴芬琳；王 成；郭旺平
2014	2014SR082641	瑞世医疗公司产品展示系统 V1.0	华侨大学	2014.6.21	王 成；赖雄鸣；郑黎晓；朱志刚；傅艺辉
2014	2014SR135807	华侨大学移动教务系统 V1.0	华侨大学	2014.9.10	陈维斌；王晋隆；戴春娥
2014	2014SR137782	商务智能推荐系统 V1.0	华侨大学	2014.9.15	王 成；王 田；郑黎晓；洪 欣；朱志刚；傅艺辉
2014	2014SR138547	基于"移动终端——个人计算机"的开放式资源共享平台 V1.0	华侨大学	2014.9.16	田 晖；陈航宇；陈 剑
2014	2014SR139923	操作系统仿真实验系统 V1.0	华侨大学	2014.9.17	孙增国；卢范碧；陈俊标；谢骏斌
2014	2014SR139990	厦门"添彩画室"3D油画展示系统 V1.0	华侨大学	2014.9.17	王华珍；彭淑娟；王 成；刘桂莲；洪阿超
2014	2014SR139975	厦门"添彩画室"web3D虚拟画廊展示系统 V1.0	华侨大学	2014.9.17	王华珍；胡文华；赖俊逸
2014	2014SR152422	红伞入侵检测软件 V1.0	华侨大学	2014.10.14	陈永红；陈 欣；王 珊；杨得炬；古耀华；赵 铎；侯逸仙；杨 波；林佳莹；陈祯胤；马新磊
2014	2014SR163868	基于增强现实的人脸卡通化生成软件 V1.0	华侨大学	2014.10.30	吴扬扬，陈锻生；李倩影

年度	登记号	软件全称及版本号	著作权人	批准日期	设计人名单
2014	2014SR163867	中医慢性疲劳机器诊断系统 V1.0	华侨大学	2014.10.30	王华珍、吕兵；苏靖尧、徐俊杰
2014	2014SR167437	三相中小型异步电动机智能设计系统 V1.0	华侨大学	2014.11.3	方瑞明；彭长青
2014	2014SR169789	正交各向异性动态弹塑性损伤本构应用计算软件 V1.0	华侨大学	2014.11.5	陈士海；林从谋；常方强
2014	2014SR198093	基于物联网技术的食品安全追溯监管系统 V1.0	华侨大学	2014.12.17	蒋文贤；曾鹏远；赖超

2014 年度获科技奖项（理工类）一览表

年度	成果名称	获奖名称	完成人	完成单位
2014	金属结合剂牢固把持金刚石磨粒的关键技术及应用	福建省技术发明奖一等奖	徐西鹏、黄国钦、黄辉、沈剑云、方从富	华侨大学
2014	杂多酸基新型光催化纳米材料	福建省自然科学奖二等奖	吴季怀、黄昀昉、黄妙良、魏月琳、林建明	华侨大学
2014	钢筋混凝土楼盖抗火设计理论及应用	福建省科技进步奖二等奖	董毓利、张大山、房圆圆、李升才、郭定国、陈新泉、陈志彬、杨元勇、杜丽娟、李兵	华侨大学、福建省第五建筑工程公司、哈尔滨工业大学、厦门安能建设有限公司
2014	沥青搅拌设备关键技术产业化应用研究	福建省科技进步奖二等奖	杨建红	福建南方路面机械有限公司、华侨大学
2014	复合光学系统中高效量子计算实现的研究	福建省自然科学奖三等奖	林青	华侨大学
2014	轻型钢－混凝土组合结构新技术研究	福建省科技进步奖三等奖	李升才、郭定国、马殿启、董毓利、王甲春、陈志彬、林振艺、吕建星、王卫华、刘国智	华侨大学、福建省第五建筑工程公司、厦门市建安集团有限公司、厦门理工学院
2014	聚丙烯酸钠.高岭土超吸水性复合材料的制造方法（ZL200410014117.1）	福建省专利奖三等奖	吴季怀、林建明、魏月琳	华侨大学
2014	印染产品质量过程控制系统研究	泉州市科技进步奖一等奖	金福江、汤仪平、聂卓赟、梅小华、徐园园	华侨大学信息科学与工程学院

年度	成果名称	获奖名称	完成人	完成单位
2014	海洋红藻高值化加工关键技术及琼胶升级产品开发	泉州市科技进步奖二等奖	肖美添、叶静、张学勤、黄雅燕、陈振祥	华侨大学、福建省金燕海洋生物科技股份有限公司
2014	面向闽南优势农业的信息资源挖掘与集成服务平台研发	泉州市科技进步奖三等奖	李海波、陈维斌、缑锦、陈叶旺、叶剑虹	华侨大学计算机科学与技术学院
2014	一种含有低分子量二氧化碳共聚物的聚羧酸系减水剂及其制备方法	泉州市专利奖优秀奖	全志龙、严捍东、何中东、张云波、钟民、吴詹勇、薛宗明、何信生	华侨大学、中泰（福建）混凝土发展有限公
2014	地表水体藻类应急处理技术的研究与应用	厦门市科学技术进步奖三等奖	洪俊明、金朝荣、孙荣、黄柏山、缪柳、李菊花、石椿丽、林冰	华侨大学、厦门环宇卫生处理有限公司、厦门鑫西华贸易有限公司

2014 年公布被 SCI、EI、CPCI-S 收录论文的院系分布情况

类型 \ 学院	SCIE	EI	CPCI-S	合计
数学科学学院	16	12	0	28
机电及自动化学院	13	21	19	53
材料科学与工程学院	68	60	3	131
信息科学与工程学院	24	45	13	82
计算机科学与技术学院	9	15	5	29
建筑学院	3	2	1	6
土木工程学院	15	39	5	59
化工学院	32	36	5	73
生物医学学院	14	4	1	19
工学院	3	3	1	7
工商管理学院	2	16	0	18
经济与金融学院	0	1	1	2
旅游学院	0	1	0	1
法学院	0	0	1	1
总　计	199	255	55	509

注：因中信所提供数据滞后一年，本表数据皆为 2013 年收录数据。

2014 年主要学术会议一览表（理工科）

序号	会议名称	主办或承办单位	会议时间	会议地点	备注
1	2014 年 全国复分析会议	中国科学院数学与系统科学研究院和华侨大学数学科学学院主办	2014 年 10 月 18~24 日	厦门校区王源兴国际会议中心	中国科学院、北京大学、清华大学、复旦大学、浙江大学以及新加坡国立大学、芬兰阿尔托大学、日本大阪大学、澳门大学等在内的海内外高校和研究所的近 200 位专家学者代表参会，共同研讨复分析前沿问题。
2	第十七届海峡两岸机械工程技术交流会	中国机械工程学会主办，华侨大学承办	2014 年 9 月 2~3 日	厦门校区	浙江大学、同济大学、上海交通大学、华侨大学、台湾成功大学、实践大学、"中央"大学及工研院机械所、山卫科技公司等高校院所及相关企业的 130 多位代表参会。交流会以创新设计为主题，就机械制造、机械加工、机械检测、企业管理、交互体验、平台建设等多个领域的创新发展进行交流研讨。

2014 华侨大学科技主管部门批准的科技创新平台一览表（截至 2014 年 12 月 31 日）

序号	科研创新平台名称	批准年度	负责人	批准部门
1	脆性材料加工技术教育部工程研究中心	2007 年	徐西鹏	教育部
2	分子药物教育部工程研究中心	2007 年	许瑞安	教育部
3	环境友好功能材料教育部工程研究中心	2009 年	吴季怀	教育部
4	福建省石材产业加工技术与装备协同创新中心	2013 年	徐西鹏	福建省教育厅
5	福建省海外华文教育与中华文化传播协同创新中心（培育）	2013 年	贾益民	福建省教育厅
6	福建省光电功能材料重点实验室	2013 年	吴季怀	福建省科学技术厅
7	福建省结构工程与防灾重点实验室	2013 年	郭子雄	福建省科学技术厅
8	福建省光传输与变换重点实验室	2013 年	蒲继雄	福建省科学技术厅
9	福建省脆性材料加工工程技术研究中心	2012 年	徐西鹏	福建省科学技术厅
10	福建省石材加工行业技术开发基地	2008 年	徐西鹏	福建省经济贸易委员会
11	福建省工业设计与服务制造行业技术开发基地	2011 年	江开勇	福建省经济贸易委员会
12	石材加工研究福建省高校重点实验室	1999 年	徐西鹏	福建省教育厅
13	功能材料福建省高校重点实验室	2006 年	吴季怀	福建省教育厅
14	高效精密加工及快速制造技术与装备福建省高校重点实验室	2006 年	徐西鹏	福建省教育厅
15	工业生物技术福建省高校重点实验室	2006 年	王士斌	福建省教育厅
16	厦门市专用集成电路系统重点实验室	2008 年	凌朝东	厦门市科学技术局
17	厦门市高分子与电子功能材料重点实验室	2010 年	陈国华	厦门市科学技术局
18	厦门市海洋与基因工程药物重点实验室	2010 年	崔秀灵	厦门市科学技术局
19	厦门市数字化视觉测量重点实验室	2011 年	江开勇	厦门市科学技术局
20	厦门市计算机视觉与模式识别重点实验室	2011 年	陈锻生	厦门市科学技术局
21	厦门市移动多媒体通信重点实验室	2011 年	贺玉成	厦门市科学技术局
22	厦门市工业废水生化处理工程技术研究中心	2011 年	洪俊明	厦门市科学技术局
23	厦门市企业互操作与商务智能工程技术研究中心	2011 年	陈维斌	厦门市科学技术局

2014 华侨大学校级科研机构一览表（截止 2014 年 12 月 31 日）

序号	机构类型	机构名称	所属单位
1	校属挂靠	华侨大学材料物理化学研究所	材料科学与工程学院
2	校属挂靠	华侨大学视觉信息处理研究所	信息科学与工程学院
3	校属挂靠	华侨大学城乡建设与环境保护研究院	建筑学院
4	校属挂靠	华侨大学新一代物质转化研究所	化工学院
5	校属挂靠	华侨大学基因组学研究所	生物医学学院 / 分子药物研究院
6	院属	华侨大学应用数学研究中心	数学科学学院
7	院属	华侨大学先进装备智能驱动与控制研究所	机电及自动化学院
8	院属	华侨大学机电系统健康监测技术研究中心	机电及自动化学院
9	院属	华侨大学精密测量技术及仪器研究中心	机电及自动化学院
10	院属	华侨大学数字化设计与快速制造研究中心	机电及自动化学院
11	院属	华侨大学产品创新设计研究所	机电及自动化学院
12	院属	华侨大学高分子材料研究中心	材料科学与工程学院
13	院属	华侨大学应用化学研究所	材料科学与工程学院
14	院属	华侨大学聚合物与纳米新材料研究所	材料科学与工程学院
15	院属	华侨大学光学与光子学研究中心	信息科学与工程学院
16	院属	华侨大学通信技术研究中心	信息科学与工程学院
17	院属	华侨大学专用集成电路系统研究中心	信息科学与工程学院
18	院属	华侨大学网络信息安全研究中心	计算机科学与技术学院
19	院属	华侨大学嵌入式技术及其系统集成研究中心	计算机科学与技术学院
20	院属	华侨大学澳门城市与建筑研究中心	建筑学院
21	院属	华侨大学生态建筑技术及设计研究中心	建筑学院
22	院属	华侨大学建筑历史研究中心	建筑学院
23	院属	华侨大学雕塑与建筑空间艺术研究中心	建筑学院
24	院属	华侨大学城市更新研究中心	建筑学院
25	院属	华侨大学闽台地域建筑研究中心	建筑学院
26	院属	华侨大学土木与环境工程研究中心	土木工程学院
27	院属	华侨大学钢结构研究中心	土木工程学院
28	院属	华侨大学工程结构诊断与防灾研究所	土木工程学院
29	院属	华侨大学岩土工程研究所	土木工程学院

序号	机构类型	机构名称	所属单位
30	院属	华侨大学新型建筑材料研究所	土木工程学院
31	院属	华侨大学市政与环境工程研究所	土木工程学院
32	院属	华侨大学计算力学研究中心	土木工程学院
33	院属	华侨大学新型结构体系研究中心	土木工程学院
34	院属	华侨大学土木工程检测中心	土木工程学院
35	院属	华侨大学土木建筑安全分析与评估研究所	土木工程学院
36	院属	华侨大学建设管理与房地产研究所	土木工程学院
37	院属	华侨大学文化古建筑保护研究中心	土木工程学院
38	院属	华侨大学海洋生物资源开发研究中心	化工学院
39	院属	华侨大学制药工程研究所	化工学院
40	院属	华侨大学环境工程研究所	化工学院
41	院属	华侨大学生物材料与组织工程研究所	化工学院
42	院属	华侨大学环境与资源技术研究所	化工学院
43	院属	华侨大学油脂及天然产物研究所	化工学院
44	院属	华侨大学园艺科学与工程研究所	化工学院
45	院属	华侨大学茶科技与文化研究所	化工学院
46	院属	华侨大学工业生物技术研究所	化工学院
47	院属	华侨大学海峡两岸天然药物与食品研究所	生物医学学院/分子药物研究院
48	院属	华侨大学干细胞研究所	生物医学学院/分子药物研究院
49	院属	华侨大学基因治疗研究所	生物医学学院/分子药物研究院
50	院属	华侨大学海洋生物科技研究所	生物医学学院/分子药物研究院
51	院属	华侨大学信息安全技术研究中心	工学院
52	院属	华侨大学物联网技术应用研究所	工学院
53	联合设立	华侨大学-绮韵交互设计联合研究中心	机电及自动化学院
54	联合设立	华侨大学-亚尔迪智能电子商务联合研究中心	计算机科学与技术学院
55	联合设立	华侨大学-中泰联合研究中心	土木工程学院
56	联合设立	华侨大学-特房建工联合研究中心	土木工程学院
57	联合设立	华大光微研究院	工学院

2014 年华侨大学科技创新团队和领军人才支持计划入选名单一览表

（截至 2014 年 12 月 31 日）

序号	资助类别	依托单位	创新团队名称	领军人才	核心成员
1	引领型	机电及自动化学院	脆性材料加工技术	徐西鹏	黄辉、黄国钦、陆静、姜峰
2	引领型	材料科学与工程学院	新能源材料化学	吴季怀	戴劲草、林碧洲、孙向英、兰章、骆耿耿
3	引领型	生物医学学院	生物医学工程	许瑞安	刁勇、崔秀灵
4	发展型	机电及自动化学院	数字化制造及装备	江开勇	刘斌、黄常标、周广涛、路平
5	发展型	土木工程学院	建筑结构抗火与防灾减灾	董毓利	徐玉野、王卫华、王玲玲、张大山
6	发展型	材料科学与工程学院	高分子与功能新材料	陈国华	杨卫华、赵青华、高碧芬、陈丹青
7	发展型	新一代物质转化研究所	物质转化	宋秋玲	张光亚、熊兴泉、程琳
8	发展型	土木工程学院	现代组合结构和抗震防灾	郭子雄	刘阳、黄群贤、侯炜、高毅超
9	发展型	计算机科学与技术学院	模式识别与计算机视觉	杜吉祥	王靖、缑锦、孙增国、钟必能
10	发展型	化工学院	生物材料化工	王士斌	陈爱政、刘源岗、荆国华、肖美添
11	培育型	建筑学院	基于功能湿地技术的南方多维生态人居环境研究	刘塨	郑志、郑剑艺、欧达毅
12	培育型	信息科学与工程学院	企业综合自动化技术	金福江	方瑞明、罗继亮、王飞
13	培育型	计算机科学与技术学院	网络信息安全	陈永红	田晖、王田、蔡奕侨
14	培育型	数学科学学院	算子理论及其应用	肖占魁	林增强、陈文雄、吕华军
15	培育型	建筑学院	旧城可持续发展与更新研究	龙元	冉茂宇、费迎庆、薛佳薇

注："华侨大学科技创新团队和领军人才支持计划"资助建设期限为 4 年，自 2014 年 1 月至 2017 年 12 月。

文科科研

【概况】 2014 年，在学校领导的整体筹划和领导下，在各级部门关心和配合下，社科处统筹、指导全校文科教学科研单位、科研机构和全体文科学者，继续推进华侨大学哲学社会科学事业不断向前发展。截至2014年底，华侨大学文科共有13个学院，7个研究院，1个福建省社会科学研究基地，2个福建省高校人文社会科学研究基地。此外，学校还拥有国家大学生文化素质教育基地、国务院侨务办公室华文教育基地、国务院侨务办公室侨务理论研究福建基地、中国旅游研究院旅游安全研究基地。

社科处是在分管校长领导下负责学校人文社会科学研究的规划、组织、协调和管理工作的综合性职能部门。业务上接受全国哲学社会科学规划办、教育部、国侨办、省哲学社会科学规划办、省社科联、省委宣传部、省教育厅、厦门市社科联、泉州市社科联等部门的指导。社科处下设项目管理科、成果管理科和基地与重点建设科，截至2014年底有在岗职工8人，其中处长1名，副处长2名，项目管理科2人，成果管理科1人，基地与重点建设科2人。

2014年，社科处以华侨大学发展的战略大局为重，在遵循社科管理工作规律的基础上，依托侨校资源与特色，根据前期掌握的学校文科发展现状，重点探索哲学社会科学繁荣之道，制定切实可行的哲学社会科学繁荣措施，并继续大力推进落实《华侨大学哲学社会科学繁荣计划（2012~2020）》。

2014年2月，学校印发《华侨大学关于全面加强和推进华侨华人研究的若干意见》，此意见为整合华侨华人研究校内外资源，全面加强涉侨研究管理，提升涉侨研究水平，提供了纲领和依据。学校同时成立"华侨大学华侨华人研究领导小组"，为涉侨研究提供组织保障；同年3月，财政部重大专项"华侨华人与中国梦"子课题立项下达，涉侨研究获得了重大的机遇与资源；同年12月，2014华侨华人研究专项课题下达立项，校内侨务研究资源进一步得到整合与优化，涉侨研究全面推进。

2014年3月，华侨大学社会科学界联合会成立。这既是整合全校人文社会科学研究资源的一项重要举措，更是进一步推动学校人文社会科学研究与地方社会经济发展密切联系的历史选择，为学校社科工作者提供了更有效的交流平台，有助于促进不同学科间的交叉、渗透与集成，促进创新性研究团队的形成和优秀科研成果的转化，积极发挥高校服务国家和地方社会经济发展的智库作用。同年4月，"华侨大学哲学社会科学百名优秀学者培育计划"正式启动实施，首批共资助"哲学社会科学百名优秀学者"28名，总资助经费1330万元。

2014年6月，2014年度国家社科基金项目立项结果公布，学校共有19个项目获得立项资助，其中重点项目2项、一般项目11项、青年项目6项，与福建师范大学并列福建省第二位，全国排名跃升至第40位，立项数与全国排名均创历史新高。同年7月，华侨大学生活哲学研究中心入选首批福建省社会科学研究基地建设，进一步拓展了学校省部级人文社会科学研究基地的数量和范围。

2014年8月，《华侨大学艺术类成果分类与认定办法（试行）》印发，为推动华侨大学文学、艺术和体育类学科发展，学术成果规范的管理奠定基础。当月，2014年度福建省社会科学规划项目立项结果公布，学校共有47个项目获得立项资助，立项数再创历史新高，其中，重点项目2项、一般项目29项、青年项目16项。

2014年9月，华侨大学海上丝绸之路研究院揭牌成立。各项有针对性的研究也逐步展开，此举有力配合了"一带一路"建设的实施，为华侨大学更好地履行使命提供了高端平台和绝佳时机。12月，华侨大学2014年"海上丝绸之路"专项研究课题立项下达，海丝研究有力推进。

2014年，华侨大学社科事业继续紧跟国家重大战略机遇，凝练侨校特色，认真贯彻落实《华侨大学哲学社会科学繁荣计划（2012~2020）》。经过一年的努力，华侨大学哲学社会科学整体实力稳步攀升，学术创造力、团队凝聚力进一步提升，学科结构、研究方向进一步优化，科研机构管理和科研基地运作日益规范，高水平研究成果的质量和数量进一步提升，学校哲学社会科学事业蒸蒸日上。

【项目与经费】 华侨大学文科科研项目经费资助来源包括纵向项目和横向项目。各级纵向项目包括全国哲学社会科学规划办、教育部、国务院侨办、文化部、司法部、民政部、国家体育总局、国家旅游局、福建省哲学社会科学规划办公室及各级政府部门下达文件立项的人文社会科学研究项目。2014年学校新增纵向项目195项，项目资助经费总额1367.45万元；横向项目63项，累计到款475.969万元。

2014年，学校获国家社科基金项目达21项（含1项后期资助项目和1项特别委托项目），批准经费460万元；获教育部人文社会科学研究规划项目、青年项目3项，批准经费24万元；获国务院侨办科研课题12项，批准经费165.5万元；获福建省哲学社会科学规划项目57项，批准经费94.5万元；获其他省部级项目6项，资助经费57万元。

【重点基地建设】 人文社科研究基地是科学研究和科研制度创新的重要平台，它在产出创新成果、形成学术交流开放平台、带动高校哲学社会科学发展等方面发挥着重要作用。2014年，学校继续加强人文社科研究基地的规划和建设，新增1个福建省社会科学研究基地，也是全省首批16个基地之一。组织"中国海外发展研究中心"申报福建省高校人文社会科学研究基地的各项工作。截至2014年底，学校共拥有省部级文科研究基地5个，其中包括：1个福建省社会科学研究基地（华侨大学生活哲学研究中心，福建省哲学社会科学规划领导小组批准设立）、2个省高校人文社会科学研究基地（省教育厅批准，分别为数量经济研究中心和东方企业管理研究中心）、1个中国旅游研究院旅游安全研究基地（国家旅游局批准）、1个国务院侨务办公室侨务理论研究基地（国务院侨办批准，由福建省侨办、福建省社科院、华侨大学、厦门大学南洋研究院联合设立），学科方向涉及哲学、应用经济学、工商管理、旅游管理、侨务理论研究等。

【学术成果】 2014 年，学校共发表学术论文 657 篇，出版著作 49 部，其中学术专著 25 部，一般著作 3 部，译著 4 部，古籍整理 1 部，编著及教材等 16 部。

2014 年，学校有 11 项学术成果荣获省部级及以上的社会科学优秀成果奖，其中，张向前教授的调研报告《社会组织对经济社会贡献力研究》荣获民政部理论研究成果奖一等奖，郑向敏教授的调研报告《中国旅游安全报告》荣获国家旅游局优秀旅游学术成果奖一等奖，姚波教授的油画作品《矛盾空间 2：古城异筑》、金程斌副教授的油画作品《为国宣劳——陈嘉庚》均荣获福建省第七届百花文艺奖二等奖，陈斌彬副教授的论文《WTO "蓝箱"规则改革的新进展及我国的对策》荣获第十八届安子介国际贸易研究奖三等奖，张慧副教授的论文《我国旅游上市公司经营业绩的评价与比较——基于因子分析和聚类分析的综合研究》荣获国家旅游局优秀旅游学术成果奖优秀奖。此外，姚波教授的水彩作品《微莲熙春图》、杨学太等老师合作的工业艺术作品《弹力卷带休闲鞋底》、金程斌等老师合作的漆画作品《民族旗帜民族光辉——陈嘉庚·为国宣劳》、苏上舟老师的综合材料绘画作品《至上·星空》、李诗芸、王冬松的动画作品《孟姜女》荣获第十二届全国美术作品展览入选奖，其中李诗芸、王冬松的动画作品《孟姜女》荣获第十二届全国美术作品展览获奖提名。

【政策咨询与社会服务】 2014 年，社科处为老师们面向社会开展政策咨询提供服务，积极参与泉厦两市 2014 年社会科学普及宣传周活动的启动仪式。10 月 18 日，在社科处及在校党委宣传部的带领下，学校组织百余名师生参与泉厦两市 2014 年社会科学普及宣传周活动的启动仪式。在活动现场，我校社科专家就室内装修设计、城市建设规划、社会主义核心价值观的弘扬、哲学与生活、社会心理、户籍制度改革、音乐舞蹈知识、武术与健康、中老年体育锻炼等市民关心的问题与市民展开热烈交流，热情、详细地为市民答疑解惑。

为发挥高校服务地方经济建设功能，社科处不断加强对横向课题的管理工作，积极推动学校文科老师积极服务地方经济建设，提供政策、技术等智力支持，协助高校拓展与地方机关事业单位、企业、民间组织的横向合作，开展更多的应用研究和地方服务。2014 年度合计新增横向项目 63 项，到款金额 337.839 万元，前期立项项目后续到款 138.13 万元。2014 年横向总到款合计 475.969 万元。

【学术团队建设】 学术团队建设的最终旨归是学校形成若干个有学术创发力、学术影响力和学术感召力的团队，把华侨大学文科打造成东南学术重镇。学校一向重视文科学术团队建设，尤其是青年学术团队建设。截至 2014 年底，学校拥有 2 个"福建省高等学校科技创新团队"，分别是哲学与社会发展学院王福民教授领衔的"马克思主义生活哲学"学术团队和数量经济研究院李拉亚教授领衔的"通货膨胀研究"学术团队。其中以马克思主义生活哲学研究团队为班底的华侨大学生活哲学研究中心，又在 2014 年 7 月 25 日，成功获评为首批"福建省社会科学研究基地"，进一步提升了该团队的影响力。

为继续加强青年学术团队建设，着重扶持一批有闯劲、有梦想、想做事的年轻博士组建"青年团队"，2014 年，社科处推出 2014 年度"华侨大学哲学社会科学青年学者成长工程"项目，鼓励打破学科壁垒、进行交叉研究的"跨学科团队"。"青年学者成长工程项目"对 2014 年国家社科基金项目、2014 年福建省社会科学规划项目的申报及立项产生了积极影响，该项目的实施已初见成效，获得 2014 年国家社科基金立项的教师共 19 人，12 人受"青年学者成长工程计划"的资助，占国家社科基金立项总数的 63.2%。在受该项目资助的 12 人当中，有 4 人的项目名称与 2014 年国家社科基金获立项的项目名称相关或相同，占国家社科基金立项总数的 21%；获得 2014 年福建省社会科学规划项目立项的教师共 47 人，19 人受"青年学者成长工程计划"的资助（其中 2012 年度 10 人、2013 年度 9 人），占省社科规划项目立项数的 40.4%，在受该项目资助的 19 人当中，有 5 人（其中 2012 年度 3 人、2013 年度 2 人）的项目名称与 2014 年福建省社会科学规划项目名称相关，占省社科规划项目立项数的 10.6%。

学术团队的建设从另一方面推进了学术领军人才的发展。根据《华侨大学哲学社会科学"优秀学者百人计划"实施方案》的要求，学校实施了 2013 年度华侨大学哲学社会科学"百名优秀学者培育计划"，资助优秀学者 28 名。截至 2014 年底，受资助教师共获得各类人才项目 10 项，其中，5 人入选 2014 年度"福建省高等学校新世纪优秀人才支持计划"；1 人入选 2014 年度"福建省高校杰出青年科研人才培育计划"；3 人入选 2014 年度"泉州市哲学社会科学领军人才"；1 人入选"厦门市引进重点人才"。这些学术领军人才的发展也必将带动学术团队的建设进一步向前发展。

【2014 年文科科研项目情况简表 】

2014 年文科科研项目情况简表

项目来源		新获批项目数（项）	批准经费（万元）
国家级	国家社科基金项目	21	460
	中央其他部委重大项目	1	500

项目来源		新获批项目数（项）	批准经费（万元）
省部级	教育部项目	3	24
	国务院侨办科研课题	12	165.5
	福建省社科规划项目	57	94.5
	其他省部级项目	6	57
市厅级	福建省中青年教师教育科研项目	18	9.95
	泉州市社科规划项目	37	33.7
	其他市厅级项目	40	22.8
横向项目		63	475.969
合计		258	1843.419

【2014 年文科各学院获批项目情况一览表】

2014 年文科各学院获批项目情况一览表

单位：项

单位	纵向项目				横向项目	合计
	小计	国家级	省部级	市厅级		
经济与金融学院	22	6	11	5	5	27
工商管理学院	32	3	11	18	13	45
旅游学院	13	0	4	9	22	35
公共管理学院	9	0	6	3	5	14
马克思主义学院	8	2	3	3	0	8
哲学与社会发展学院	14	4	9	1	2	16
法学院	12	2	6	4	2	14
外国语学院	9	1	1	7	2	11
文学院	12	2	5	5	0	12
体育学院	6	0	2	4	2	8
美术学院	9	0	2	7	0	9
音乐舞蹈学院	13	0	5	8	1	14
华文学院	4	0	1	3	0	4
数量经济研究院	3	1	1	1	1	4
华侨华人研究院	8	0	7	1	4	12
华文教育研究院	5	1	3	1	2	7
其他	16	0	1	15	2	18
合计	195	22	78	95	63	258

【2014 年文科各学院到位经费一览表】

2014 年文科各学院批准经费一览表

单位：万元

单位	纵向项目				横向项目	合计
	国家级	省部级	市厅级	小计		
经济与金融学院	130	18.5	8.4	156.9	33.2215	190.1215
工商管理学院	60	12.5	17.35	89.85	103.8875	193.7375
旅游学院	0	7.5	13.15	20.65	170.5	191.15
公共管理学院	0	15.5	1.1	16.6	14.6	31.2
马克思主义学院	55	4.5	1.7	61.2	0	61.2
哲学与社会发展学院	95	25.5	0.5	121	6.8	127.8
法学院	40	9	3.9	52.9	21	73.9
外国语学院	20	1.5	2.5	24	4	28
文学院	40	44	1.7	85.7	0	85.7
体育学院	0	9.5	1.85	11.35	25	36.35
美术学院	0	1.5	2.4	3.9	0	3.9
音乐舞蹈学院	0	10	3.35	13.35	2.6	15.95
华文学院	0	0	1	1	0	1
数量经济研究院	20	1.5	1	22.5	2	24.5
华侨华人研究院	0	175.5	0.3	175.8	72.46	248.26
华文教育研究院	500	3	0	503	0	503
其他	0	1.5	6.25	7.75	19.9	27.65
合计	960	341	66.45	1367.45	475.969	1843.419

【2014 年国家社会科学基金项目简表】

2014 年国家社会科学基金项目简表

序号	项目编号	项目名称	项目类别	资助经费（万元）	项目负责人姓名	项目所属学院
1	14AGJ003	全球非执政共产党的现状及发展趋势研究	重点项目	35	刘卫卫	马克思主义学院
2	14AZJ007	东南亚华文宗教碑铭的搜集、整理与研究	重点项目	35	黄海德	哲学与社会发展学院

序号	项目编号	项目名称	项目类别	资助经费（万元）	项目负责人姓名	项目所属学院
3	14BKS038	社会主义国家多党合作的理论与实践研究	一般项目	20	林怀艺	马克思主义学院
4	14BZX006	马克思主义辩证法的本质及其当代形态研究	一般项目	20	杨楹	哲学与社会发展学院
5	14BJL020	国家治理体系构建的合作博弈研究	一般项目	20	胡石清	经济与金融学院
6	14BJY009	多变量季节性结构时间序列衍生模型的贝叶斯分析及应用研究	一般项目	20	张五六	数量经济研究院
7	14BJY013	资源要素价格改革背景下潜在通货膨胀风险与居民承受能力研究	一般项目	20	苏梽芳	经济与金融学院
8	14BFX093	后危机时代我国"影子银行"监管的法律制度构建研究	一般项目	20	陈斌彬	法学院
9	14BGJ060	国际经济一体化非传统收益研究	一般项目	20	朱润东	经济与金融学院
10	14BZW127	当代中国自传整理与研究（1949—1978）	一般项目	20	王军	文学院
11	14BYY173	上古汉语词汇对古日语的渗透层次研究	一般项目	20	郭木兰	外国语学院
12	14BGL008	我国食品召回管理模式研究	一般项目	20	潘文军	工商管理学院
13	14BGL029	通胀预期压力下利率市场化风险定价机制研究	一般项目	20	吴泽福	工商管理学院
14	14CZX050	亚里士多德德性类型及其统一性研究	青年项目	20	陈庆超	哲学与社会发展学院
15	14CJY062	"营改增"进程中我国增值税制度优化研究	青年项目	20	杨默如	工商管理学院
16	14CZJ002	奥古斯丁与罗马帝国政教关系研究	青年项目	20	花威	哲学与社会发展学院
17	14CXW017	新媒体语境下海峡两岸民间传播与社会认同建构研究	青年项目	20	连子强	文学院
18	14CTQ020	区域创新中的知识扩散规律与保障机制研究	青年项目	20	瞿辉	经济与金融学院
19	14CGL009	我国支付清算市场定价机制创新与改革研究	青年项目	20	傅联英	经济与金融学院
20	14FFX029	关系契约视野下的劳动关系研究	后期资助项目	20	叶小兰	法学院
21	14@ZH057	促进房地产市场健康发展研究	特别委托项目	30	郭克莎	经济与金融学院

【2014 年教育部人文社会科研究项目简表】

2014 年教育部人文社科研究项目简表

序号	项目编号	项目名称	项目类别	资助经费（万元）	项目负责人姓名	项目所属学院
1	14YJC860040	台湾地区两岸大众传播交流法规研究	青年基金项目	8	张志坚	文学院
2	14YJC630181	建立我国中央与地方财力与事权支出责任相适应的财税体制研究	青年基金项目	8	岳　晓	公共管理学院
3	14YJC890019	幼儿体质健康干预的生态学取向研究	青年基金项目	8	孟庆光	体育学院

【2014 年福建省哲学社科规划项目简表】

2014 年福建省哲学社会科学规划项目简表

序号	项目编号	项目名称	项目类别	资助经费（万元）	项目负责人姓名	项目所属学院
1	2014A002	中国梦与中国精神研究	重点项目	3	薛秀军	哲学与社会发展学院
2	2014A037	可持续发展视角下福建省"海上丝绸之路"文化遗产保护的法治进路	重点项目	3	彭春莲	法学院
3	2014B001	推进厦漳泉同城化发展研究	一般项目	1.5	许培源	经济与金融学院
4	2014B004	福建省农村养老模式研究	一般项目	1.5	和　红	公共管理学院
5	2014B008	新形势下发挥委员主体作用的研究	一般项目	1.5	陈斯彬	法学院
6	2014B017	培养和践行社会主义核心价值观问题研究——以新社会阶层为例	一般项目	1.5	刘　颖	马克思主义学院
7	2014B029	福建保持经济平稳较快增长与加快转变发展方式互动机理与对策研究	一般项目	1.5	张向前	工商管理学院
8	2014B035	福建优秀文化资源发掘、传承和保护研究	一般项目	1.5	吴鸿雅	马克思主义学院
9	2014B042	当代中国历史虚无主义思潮批判研究	一般项目	1.5	林壮青	哲学与社会发展学院
10	2014B055	海西高校港澳台学生国家认同实证研究	一般项目	1.5	骆文伟	马克思主义学院
11	2014B058	中国传统宗教视域中的泉州火居道教调查与研究	一般项目	1.5	刘守政	哲学与社会发展学院

序号	项目编号	项目名称	项目类别	资助经费（万元）	项目负责人姓名	项目所属学院
12	2014B068	西方现代政治价值体系建构及其当代启示：基于英、法和德国的比较研究	一般项目	1.5	曹文宏	公共管理学院
13	2014B073	英语专业学术写作过程反思性研究——基于提取式隐喻模式探究	一般项目	1.5	万婉	外国语学院
14	2014B083	海丝物流通道整合与一体化研究	一般项目	1.5	范月娇	工商管理学院
15	2014B085	福建省海洋生态补偿评价体系与定量模型研究	一般项目	1.5	尹晓波	经济与金融学院
16	2014B091	创新"数字福建"鞋服产业网络零售模式研究	一般项目	1.5	陈钦兰	工商管理学院
17	2014B107	汇率形成机制视角的资本项目开放问题研究	一般项目	1.5	项后军	数量经济研究院
18	2014B117	海丝传播中的泉州梨园戏舞蹈研究	一般项目	1.5	黄玫瑰	音乐舞蹈学院
19	2014B126	当代美术馆艺术国际交流研究	一般项目	1.5	苏上舟	美术学院
20	2014B127	德化山歌的活态现状调查与研究	一般项目	1.5	叶彦	音乐舞蹈学院
21	2014B153	中国当代休闲体育的审美研究	一般项目	1.5	刘贵恩	体育学院
22	2014B154	福建山区型传统村落保护和发展策略研究	一般项目	1.5	刘晓芳	建筑学院
23	2014B176	转型期微观企业行为调整与宏观经济波动研究	一般项目	1.5	徐小君	经济与金融学院
24	2014B183	海外华文教育标准框架研究	一般项目	1.5	李欣	华文教育研究院
25	2014B191	基于海内外闽商产业协作的福建—东盟双向投资研究	一般项目	1.5	饶志明	经济与金融学院
26	2014B193	闽籍华商与福建融入"海上丝绸之路"建设的互动关系研究	一般项目	1.5	马占杰	工商管理学院
27	2014B195	福建省城镇化进程中环保社会组织与绿色社区建设研究	一般项目	1.5	侯志阳	公共管理学院
28	2014B203	海峡两岸公共危机区域协作治理机制研究	一般项目	1.5	王丽霞	公共管理学院
29	2014B204	生态文明视角下福建省旅游产业结构优化研究	一般项目	1.5	汪京强	旅游学院
30	2014B205	福建省民间金融风险防范与处置机制研究	一般项目	1.5	徐爱玲	工商管理学院

序号	项目编号	项目名称	项目类别	资助经费（万元）	项目负责人姓名	项目所属学院
31	2014B232	生态犯罪治理的"补偿修复"实践之制度规范与理论创新研究	一般项目	1.5	白晓东	法学院
32	2014C016	十九世纪外国传教士所撰海峡两岸闽南方言文献词汇语法研究	青年项目	1.5	杜晓萍	文学院
33	2014C017	华文教育视角下的汉语附缀化研究	青年项目	1.5	张斌	华文教育研究院
34	2014C029	区域现代产业体系构建的模式和路径选择——以福建省为例	青年项目	1.5	严圣艳	经济与金融学院
35	2014C033	福建省产业升级动力机制研究	青年项目	1.5	许淑嫦	经济与金融学院
36	2014C038	从劳动力市场灵活性与稳定性的视角看福建省"缺工"问题	青年项目	1.5	李可爱	经济与金融学院
37	2014C050	闽南民间"丑"舞的形态研究	青年项目	1.5	张媛	音乐舞蹈学院
38	2014C051	明清时期海上丝绸之路戏曲输出研究	青年项目	1.5	廖俊宁	音乐舞蹈学院
39	2014C057	美国华裔学者视野下的《金瓶梅》研究	青年项目	1.5	黄文虎	文学院
40	2014C067	金融深化改革背景下闽台金融合作研究	青年项目	1.5	叶芳	经济与金融学院
41	2014C105	福建省智慧城市服务创新推进机制研究	青年项目	1.5	贾微微	工商管理学院
42	2014C112	闽南城镇化进程中土地利用冲突及其协调机制研究	青年项目	1.5	邹利林	公共管理学院
43	2014C114	闽南乡村旅游目的地空间结构差异化配置	青年项目	1.5	王建英	旅游学院
44	2014C120	供应链风险传导机理与控制研究	青年项目	1.5	朱新球	经济与金融学院
45	2014C122	全球价值链视角下闽台产业合作模式选择：基于福建省主导产业位势的研究	青年项目	1.5	裴学亮	工商管理学院
46	2014C131	目的地旅游安全评价与预警研究	青年博士论文项目	1.5	邹永广	旅游学院
47	2014C138	从单向管制走向合作治理：福建生态省建设战略背景下的环境治理变革研究	青年项目	1.5	蔡文灿	法学院
48	2014JJ09	利率期限结构波动理论与实证模型	博士文库项目	资助出版	吴泽福	工商管理学院

续表

序号	项目编号	项目名称	项目类别	资助经费（万元）	项目负责人姓名	项目所属学院
49	2014LJ11	中国墓碑研究	博士文库项目	资助出版	卢蓉	美术学院
50	2014GL14	应对突发事件的弹性供应链研究	博士文库项目	资助出版	朱新球	经济与金融学院
51	2014JDZ025	西方生活哲学论著选评（古希腊罗马）	基地项目	5	常旭旻	哲学与社会发展学院
52	2014JDZ026	生活哲学视域下现代消费社会批判研究	基地项目	5	罗建平	哲学与社会发展学院
53	2014JDZ027	马克思主义生活哲学重大理论问题研究	基地项目	5	王福民	哲学与社会发展学院
54	2014B250	多元价值视域下"虚假信仰"研究	一般项目	1.5	杨楹	哲学与社会发展学院
55	2014B251	风险社会下邪教活动的法律规制研究	一般项目	1.5	陈慰星	法学院
56	2014B252	境外学界对另类教派（Cult）的心理控制策略研究状况及对相关现实问题的启示	一般项目	1.5	李忠伟	哲学与社会发展学院
57	2014B253	破坏性膜派团体政教关系思想研究与批评	一般项目	1.5	花威	哲学与社会发展学院

【2014 年省部级以上社会科学优秀成果奖】

2014 年省部级以上社会科学优秀成果奖

序号	年度	成果名称	获奖形式	作者	获奖名称	获奖等级
1	2014 年	中国旅游安全报告	调研报告（皮书）	郑向敏 谢朝武	国家旅游局优秀旅游学术成果奖	一等奖
2	2014 年	社会组织对经济社会贡献力研究	调研报告	张向前	民政部理论研究成果奖	一等奖
3	2014 年	WTO "蓝箱"规则改革的新进展及我国的对策	论文	陈斌彬	第十八届安子介国际贸易研究奖	三等奖
4	2014 年	矛盾空间 2：古城异筑	油画作品	姚波	福建省第七届百花文艺奖	二等奖
5	2014 年	为国宣劳——陈嘉庚	油画作品	金程斌、艾国培（外）	福建省第七届百花文艺奖	二等奖
6	2014 年	我国旅游上市公司经营业绩的评价与比较——基于因子分析和聚类分析的综合研究	论文	张慧	国家旅游局优秀旅游学术成果奖	优秀奖

序号	年度	成果名称	获奖形式	作者	获奖名称	获奖等级
7	2014 年	孟姜女	动画作品	李诗芸、王冬松	第十二届全国美术作品展览	获奖提名
8	2014 年	微莲熙春图	水彩作品	姚 波	第十二届全国美术作品展览	入选奖
9	2014 年	弹力卷带休闲鞋底	工业艺术作品	杨学太、丁思恩（外）、陈霈育（外）、唐玮（外）、许永迦（外）	第十二届全国美术作品展览	入选奖
10	2014 年	民族旗帜民族光辉——陈嘉庚·为国宣劳	漆画作品	金程斌、高全将（外）、艾国培（外）	第十二届全国美术作品展览	入选奖
11	2014 年	至上 . 星空	综合材料绘画作品	苏上舟	第十二届全国美术作品展览	入选奖

【2014 年主要学术会议一览表（文科）】

2014 年主要学术会议一览表（文科）

序号	会议时间	会议名称	主办单位	会议地点
1	2014.4.3	第八届两岸宗教学术论坛	中国人民大学、华侨大学	华侨大学厦门校区
2	2014.4.12	华人华侨学校体育研究会 2014 学术年会	中国高等教育学会华人华侨学校体育研究会	华侨大学厦门校区
3	2014.5.9	福建省法学会诉讼法学研究会 2014 年年会暨"深化司法改革与完善诉讼制度"研讨会	福建省法学会诉讼法学研究会	华侨大学泉州校区
4	2014.5.28	华侨华人与中国周边公共外交研讨会	华侨大学华侨华人研究院 / 国际关系研究院、察哈尔学会、华侨大学侨务公共外交研究所	华侨大学厦门校区
5	2014.7.19	第九届中文教学现代化国际研讨会	中文教学现代化学会	华侨大学厦门校区
6	2014.7.19	第三届国际东西方研究论坛暨 2014 年国际东西方研究学会年会	国际东西方研究学会、华侨大学哲学与社会发展学院、美国文心社、世界华人周刊、华人网络广播电视台	华侨大学厦门校区
7	2014.8.7~8.9	第三届中泰战略研讨会	泰国国家研究院、华侨大学、泰中文化经济协会、中国驻泰国大使馆	泰国曼谷

序号	会议时间	会议名称	主办单位	会议地点
8	2014.9.14	21世纪海上丝绸之路高端论坛	福建省侨办、中国新闻社、福建省社科院、福建省社科联、华侨大学	华侨大学泉州校区
9	2014.10.31	世界记忆遗产·侨批档案研讨会	中国历史文献研究会、汕头市潮汕历史文化研究中心	汕头
10	2014.11.10	福建省社会科学界学术年会（分论坛）："社会建设与社会公平"	福建省社会科学界联合会	华侨大学厦门校区
11	2014.11.23~11.24	"中国海外利益与维护"国际研讨会	华侨大学	华侨大学厦门校区
12	2014.11.27	"建设21世纪海上丝绸之路"学术研讨会	文化部、福建省人民政府	泉州
13	2014.12.17	第一届集美侨乡文化研讨会	中共集美区委宣传部、集美区社科联、华侨大学华侨华人研究院	厦门·集美

【2014年华侨大学文科研究机构简表】

华侨大学文科科研机构简表（截至2014年12月31日）

序号	机构类型	隶属（挂靠）单位 机构名称		负责人
1	校属研究院	数量经济研究院		赵昕东
2		华侨华人研究院		骆克任
3		华文教育研究院		贾益民
4		国际关系研究院		何亚非
5		海上丝绸之路研究院		贾益民
6	校属协同创新中心	海外华文教育与中华文化传播协同创新中心		贾益民
7		闽籍华商发展协同创新中心		孙 锐
8	福建省社会科学研究基地	生活哲学研究中心		王福民
9	福建省高校人文社会科学研究基地	华侨大学数量经济研究中心		胡日东
10		华侨大学东方企业管理研究中心		孙 锐
11	中国旅游研究院外设研究基地	中国旅游研究院旅游安全研究基地		郑向敏

序号	机构类型	隶属（挂靠）单位	机构名称	负责人
12	国务院侨办侨务理论研究基地	国务院侨务办公室侨务理论研究福建基地（福建省侨办、福建省社科院、华侨大学、厦门大学南洋研究院联合设立）		张禹东
13	校属科研机构	经济与金融学院	经济与发展改革研究院	郭克莎
14		工商管理学院	华商研究院	孙　锐
15		数量经济研究院	现代应用统计与大数据研究中心	陈建伟
16		旅游学院	闽澳研究所	郑向敏
17			海峡旅游发展研究院	黄远水
18		美术学院	工业设计研究院	孙德明
19		华侨华人研究院	泰国研究所	张禹东
20			侨务公共外交研究所	贾益民
21		中国海外发展研究中心		骆克任
22		华侨华人信息中心		骆克任
23	院属科研机构	旅游学院	旅游科学研究所	郑向敏
24			景观规划设计中心	黄建军
25			酒店管理国际研究中心	陈雪琼
26			旅游规划与景区发展研究中心	黄安民
27			旅游与服务管理研究中心	李勇泉
28		文学院	中国传统文化研究中心	徐　华
29			中国语言文字研究中心	孙汝建
30			海外华人文学暨台港文学研究中心	陈庆妃
31			海峡传媒研究中心	刘文辉
32			口语传播艺术研究中心	索燕华
33			文化创意研究中心	邹文兵
34			闽南文化研究中心	马华祥
35			海外华文媒体研究中心	王　琰
36		哲学与社会发展学院	宗教文化研究所	黄海德
37			海外华人宗教与闽台宗教研究中心	张禹东
38			马克思主义经典文献研究中心	杨　楹
39		工商管理学院	财税政策与管理研究中心	杨默如
40			人力资源管理研究中心	张向前
41			信息化应用研究中心	洪国彬
42			营销管理和行为研究中心	陈钦兰
43			企业发展服务中心	郑文智
44			物流系统工程研究中心	张　潜

序号	机构类型	隶属（挂靠）单位	机构名称	负责人
45	院属科研机构	法学院	侨务法研究中心	张国安
46			东亚法律文化研究中心	许少波
47		经济与金融学院	电子商务研究中心	林俊国
48			国际经济研究所	许培源
49			台湾经济研究所	陈克明
50			大宗商品现货交易研究所	胡日东
51		体育学院	体育产业管理研究中心	邢尊明
52			体育与健康科学研究中心	宋振镇
53			运动休闲研究所	黄亨奋
54		政治与公共管理学院	科学社会主义研究中心	林怀艺
55			政治科学研究中心	王四达
56			海西公共治理研究中心	汤兆云
57			国际政治与公共政策研究中心	姜泽华
58		外国语学院	外国语言学与应用语言学研究所	侯国金
59			日本研究所	
60			外国文学研究中心	杜志卿
61			翻译研究中心	陈历明
62		马克思主义学院	当代国外马克思主义研究中心	吴苑华
63			马克思主义与当代中国发展研究中心	许斗斗
64			通识教育研究中心	许斗斗
65		音乐舞蹈学院	艺术学研究所	梁 宁
66			中华乐舞海外传承研究中心	马海生
67			闽台戏曲音乐研究所	檀革胜
68		华侨华人研究院/国际关系研究院	华侨华人历史研究中心	朱东芹
69			华侨华人社会文化研究中心	郑文标
70			侨乡研究中心	许金顶
71			侨情与侨务理论研究中心	钟大荣
72			国际移民研究中心	刘文正
73			华侨华人文献中心	陈景熙
74		华文教育研究院	华文教师发展研究中心	
75			华文教育调查研究中心	
76			华文教育资源研发中心	
77			华文教育理论研究中心	
78		建筑学院	雕塑与建筑空间艺术研究中心	王治君
79		华侨华人研究院	新侨研究中心	李 勇

学生工作

【概况】 学生工作处（部）作为华侨大学开展学生思想政治工作和学生管理的负责机构，是学校学生工作的主管部门，下设教育管理科、港澳台侨学生管理办公室（含外国留学生管理办公室）、学生就业指导中心、学生资助管理中心、学生心理健康教育中心学生社区教育管理服务中心。2014年，学生工作处（部）在学校的领导下，深入学习贯彻党的十八大精神，坚持"育人为本、德育为先""与学生一起快乐成长"的工作理念，扎实推进"围绕一个目标，完善三大保障、推进六项工程"的学生工作育人体系建设。深化思想引领，注重育人实效，立足侨校特色，推进素质教育，增强服务意识，提高管理水平，努力探索学生工作的新途径、新方法，为培养具有国际视野、创新型、重实践、有担当的高素质人才而不懈努力，全面服务于学校建设成"基础雄厚、特色鲜明，海内外著名"的高水平大学的目标。

学生教育管理工作

【概况】 2014年，学校继续推进"立德树人工程"，坚持思想引领工作的核心地位，健全精细化辅导网络，将社会主义核心价值观贯穿教育全过程。

【维稳工作】 牢固树立安全"红线"意识和"底线"思维，夯实安全稳定工作基础。坚持"预防为主、常抓不懈"的安全稳定工作原则，及时关注学生思想动态，做好信息报送和思想引导工作。对涉及学生的各类安全隐患进行拉网式全面清查，建立华侨大学学生安全隐患工作台账，实施动态管理，建立长效机制。

【思想政治教育工作】 深入学习宣传贯彻党的十八大，十八届三中、四中全会精神和习近平总书记系列重要讲话精神。充分运用网站、微信、微博等载体开展学习宣传，通过组织学习会、培训班、理论沙龙等，引导学生提高对社会主义核心价值体系的认识、认知和认同。举办"承露讲坛""伯仲论坛"等讲座及活动，推动理论学习活动的深入。发挥思想政治理论课的主渠道作用，探索课程教学方式改革，做好教材教辅的征订工作，完善教学资料库，开展师资选拔和集体备课，选派教师参加第33期全国高校"形势与政策"骨干教师培训班。

继续抓好日常思想政治"七项教育"，努力实现全员、全过程、全方位育人。结合入学、毕业等节点，做好2014届毕业生离校教育、2014级新生军训和入学教育工作。通过"中国梦·强军梦"主题征文比赛等活动开展军训教育、国防教育。并结合新生"了解华大"主题教育月活动，抓好新生入学教育，将大学生思想政治教育、安全教育、校规校纪等教育融入新生教育。以毕业典礼和毕业生离校活动为平台，通过为毕业生发放毕业誓词纪念卡等创新形式，举办毕业留念、座谈会等活动，提高毕业生的感恩意识。积极参与厦门市"三爱"主题教育系列活动，组织"走近名家走近经典走近科学"系列活动，提升大学生的文化素质和精神品格。配合学校做好《全国大学生思想政治教育工作测评体系（试行）》贯彻执行情况自测自评工作，形成自测自评工作报告。

构建全程导学体系，促进优良学风养成和学生全面发展。构建"专业教师明方向、学术活动造氛围、成功人士立目标、优秀学生树榜样"的"四位一体"导学体系。开展各类专业竞赛，促进学生学业水平和实践能力提升；举行经验交流会、专题讲座、主题培训等，搭建相互学习交流平台，营造良好的氛围。做好2013~2014学年学生综合素质测评、各类奖学金的评发和荣誉称号的评选工作。2014年，共评发国家奖学金281人（其中博士9人、硕士70人，本专科202人），国家励志奖学金686人，校奖学金963人（其中研究生一等奖学金51人、二等奖学金64人，本专科一等奖学金384人、二等奖学金464人），洪长存研究生奖助学金25人，匹克奖学金66人，贤銮奖学金50人，黄奕聪奖学金17人，本科新生奖学金10人；表彰校优秀毕业生270人（其中研究生22人，本专科生248人），校三好学生556人（其中研究生82人，本专科生474人），校优秀学生干部287人（其中研究生61人，本专科生226人），校先进班级55个。同时本年度接受1名同学在公开刊物上发表学术文章奖励申请并审核发放。

积极开展学生"三自教育"，取得良好的教育效果。充分发挥学生党员、入党积极分子和学生干部在校风、学风和班风建设中的模范带头作用，带动全体学生实现"自我教育、自我管理、自我服务"。在学生社区创设"学生自治发展中心"，推进学生自治管理工作。举行"校长见面会"，搭建学生和学校交流桥梁，增强学生参与学校建设管理的积极性。2014年，立项资助10项学生组织课题，将育人融入日常学习和研究中。2014年来，华侨大学学生领袖拓展班共举办三期，参训学员157人，通过多领域的专业培训，与名企、专家、学者近距离接触，与其他高校学生领袖面对面交流，为学生提供一个锤炼领袖技能、塑造精英气质、认识真正自我的平台。

【辅导员队伍建设】 依照学校辅导员队伍建设系列文件，完善学工队伍建设，保障队伍整体素质。定期召开学生工作例会、辅导员例会、辅导员工作分享会，开展"下午茶"案例讨论会，及时布置和总结各项学生工作，提升辅导员业务水平。进一步规范和完善辅导员绩效考核制度，做好2013~2014学年辅导员考核工作。举办华侨大学第二届辅导员职业能力大赛，营造加强学习、增强素质、提升能力、推动工作的良好氛围，不断提升辅导员队伍的整体工作能力和育人水平。邀请2011年全国高校辅导员年度人物、清华大学辅导员彭凌来校为全体辅导员开展题为"学生工作是神圣而快乐的工作"的分享会。

2014 年学生工作系统新增 28 位辅导员，组织新辅导员岗前培训。2014 年，派出 1 名辅导员参加教育部思想政治工作司举办的青年毛泽东与理想信念教育专题培训班，1 名辅导员参加教育部思想政治工作司举办的高校学生教育管理法律事务专题培训班，2 名辅导员参加福建省第 30 期全省高校辅导员（大学生心理危机干预专题）培训班，2 名辅导员参加福建省第 31 期全省高校辅导员（大学生创业教育专题）培训班。

2014 年，蔡立强获"第三届福建省高校十佳辅导员"称号，王巍获"第三届福建省高校优秀辅导员"称号，蔡立强获全国辅导员年度人物提名奖。选送蔡立强参加福建省第三届辅导员职业能力大赛、华南赛区辅导员职业能力大赛、全国辅导员职业能力大赛，获福建省第一名、华南赛区第一名。

【班主任队伍建设】 根据《华侨大学班主任工作条例》，严格班主任的选拔、聘任、考核等工作，出版《学生工作探索》班主任专刊，加强班主任工作交流和研讨，进一步加强班主任队伍建设。做好 2013~2014 学年班主任考核工作。评选表彰 2012~2014 学年优秀班主任 58 人。

校园文化活动

【概况】 2014 年，继续推进"金质文化工程"，倾力打造"一元主导、多元交融、和而不同"的校园文化。重视校园文化的育人功能，坚持和完善"精品活动全校统筹，特色活动学院主导，个性活动社团拓展，日常活动班级开展"的多层次校园文化活动格局，构建校园品牌活动体系活动。开展"我与中国梦"为主题的 2014 年科技文化艺术节，活动项目近 200 项。目前学校已形成了许多品牌校园文化活动，如艺术文化季、"根在中国"境外学生系列活动、社区文化节、学生团体精品月、就业文化节、阳光文化节、商礼文化节、"土木年华——工程师之路"科技文化节、"光明之城"建筑科技文化节、管理文化节、法律文化节、"觚鼎"中华文化节、"春之声"外语系列活动、公管文化节、"数之源"科技文化节、体育文化节、"光微"科技节等。举办人文精神系列活动，提升校园人文气息。邀请多名教授专家作客粉红讲坛、承露讲坛等。

依托国家大学生文化素质教育基地，利用校内外教育资源，推进素质文化教育。宣传贯彻党的十八大，十八届三中、四中全会及共青团十七届二中全会精神，培育社会主义核心价值观，举办第二十七届校园辩论赛、学生艺术团实验剧场、学生话剧公演、2014 年盛夏新诗会、2014 年学生军训联欢晚会、庆祝新中国成立 65 周年大型国庆游园活动、"爱我中华"新生文艺汇演等活动。

【首届东亚文化之都辩论赛】 泉州市首届东亚文化之都辩论大赛由泉州市委

宣传部、泉州市委教育工委、泉州市总工会、泉州广播电视台、泉州市直机关工会等单位联合主办，以"新丝路新梦想"为主题。大赛分为团体辩论赛和个人演讲赛两种形式，主要选取"东亚文化之都"及"21世纪海上丝绸之路"建设发展中具有思辨空间的热点话题作为辩题，全市共有6所高校8支代表队和7支机关企事业单位代表队参加团体辩论赛。

本次总决赛于12月7日在泉州电视台举行，华侨大学荣获此次辩论赛高校组冠军并获组织奖，副校长刘斌受邀出席总决赛。总决赛中，华侨大学辩论队吴程武、刘亚乔、叶妙荫、叶子四位辩手与泉州师范学院辩论队就"郑成功雕像落户厦门是否是泉州品牌流失"展开激烈争辩，最终，华侨大学辩论队以98.1分获胜。在高校组个人演讲赛中，华侨大学辩论队李越开、马桢获得一等奖。此外，刘治良获得大赛"优秀辩手"称号、叶妙荫获得"最佳辩手"称号。

【校园纸媒创新与发展论坛】 首届校园纸媒创新与发展论坛是由华侨大学研究生会主办，围绕"新媒体时代下校园纸媒的创新发展之路——退路还是出路？"的主题开展，集合校园纸媒发展单位，共同探讨纸媒的创新和转型，实现校园纸媒间的互动和沟通。论坛主要分为三个板块：特邀嘉宾主题演讲、校园纸媒PPT展示和小组讨论，目的是谈论沟通中成长，共同就校园纸媒发展过程中遇到的困难和问题展开深度探讨、建言献策。纸媒论坛是华侨大学校园纸媒人实现广泛交流的良好平台，以促进各校媒间真正实现共同沟通、共同进步、共同创新，共同构建校园纸媒发展联盟。

【"我与中国梦"纪念五四运动95周年暨澳门回归15周年合唱比赛】 2014年"我与中国梦"纪念五四运动95周年暨澳门回归15周年合唱比赛于4月26日、27日分别在厦门校区王源兴国际会议中心和泉州校区陈嘉庚纪念堂观众厅举行。校长贾益民、党委副书记朱琦环到场观看比赛。经过专业评委评选，化工学院获厦门校区比赛一等奖，建筑学院、华文学院获二等奖，材料科学与工程学院、计算机科学与技术学院、机电及自动化学院获三等奖，哲学与社会发展学院、信息科学与工程学院、土木工程学院获优秀奖。经济与金融学院凭借优异表现获泉州校区比赛一等奖，文学院、旅游学院获二等奖，法学院、公共管理学院、工学院获三等奖，外国语学院、美术学院、工商管理学院、国际学院、数学科学学院、生物医学学院、体育学院、继续教育学院获优秀奖。音乐舞蹈学院、澳门学生合唱团、境外学生合唱团以专业的水平和精彩的表现荣获表演奖。并选送音乐舞蹈学院、经济与金融学院、化工学院、境外学生合唱团四个团队参加第四届大学生艺术节合唱节目专场巡评。

【福建省大学生戏剧节】 由福建省文联、福建省教育厅主办，福建省戏剧家协会、福建教育电视台、福建省人民艺术剧院承办。5月10日晚，首届福建省大学生戏剧节暨海峡两岸校园戏剧交流展演华侨大学专场在福州大学博学厅上演，文学院穿越话剧社代表华侨大学参加本次活动，改编并演出了赖声川导演同名话剧《十三角关系》。本次大赛华侨大学荣获优秀组织奖、优秀演出奖，纪丽莹荣获优秀导演奖，徐锦程、纪丽莹荣获优秀表演奖，蒋圆圆、李让荣获表演奖，华侨大学穿越话剧社舞美部荣获舞美奖，林弘、黄佳畅荣获化妆造型奖。

本次交流展演期间主办方还举办了"大学生戏剧论坛"，邀请著名专家学者和各高校校园剧主创人员开展专题讲座，华侨大学穿越话剧社负责人应邀在会上针对社团运作和发展经验做了汇报和交流。

自2013年9月启动以来，戏剧节共吸引海峡两岸21所高校39部大戏（或短剧、小品专场）参赛，决赛阶段有13所高校17部剧目入选，参赛学生演员达数百人。

【福建省第四届大学生艺术节合唱节目巡评】 福建省第四届大学生艺术节合唱节目专场巡评由福建省教育厅主办，全省共9个赛区。泉州赛区合唱比赛5月10日在华侨大学陈嘉庚纪念堂观众厅举行。本次比赛共有来自华侨大学、泉州师范学院、福建师范大学闽南科技学院、仰恩大学、福建电力职业技术学院、泉州海洋学院、泉州经贸职业技术学院、泉州轻工学院、黎明职业大学、泉州幼儿师范高等专科学校的15支代表队参加，经济与金融学院合唱队代表华侨大学参赛。华侨大学化工学院合唱队、境外学生合唱团以及音舞学院合唱团于11日参加了在集美大学举办的厦门赛区比赛。

经济与金融学院选送的《阳关三叠》《我们在太行山上》，化工学院选送的《闪亮的日子》《走向复兴》均获得甲组一等奖；境外生合唱团选送的《海峡情》《祖国不会忘记》获得甲组二等奖；音乐舞蹈学院选送的《把我的奶名儿叫》《茨冈》获得乙组一等奖的成绩。其中，音乐舞蹈学院合唱节目于5月25日参加福建省第四届大学生艺术节暨第十二届音乐舞蹈节院校组合唱比赛音乐会。

【福建省第四届大学生艺术节】 福建省大学生艺术节由教育厅主办，每三年举办一届。华侨大学获得优秀组织奖和精神风貌奖，并在艺术节各项比赛中斩获多项大奖。其中，艺术表演作品选送8个，音乐舞蹈学院选送的女子群舞《南音舞韵》获得乙组舞蹈类一等奖及优秀创作奖，小合唱《问春》获得乙组声乐类二等奖，小合奏《一步之遥》获得乙组器乐类二等奖。二十四节令鼓队选送的《下南洋》，校学生艺术团选送的古筝合奏《骏马》获得甲组器乐类一等奖及优秀创作奖；文学院选送的历史短剧《青冢记·出塞》获得甲组一等奖及优秀创作奖；校学生艺术团选送的女子群舞《姊妹》、群舞《梦回海丝》获得甲组舞蹈类二等奖。

在大学生艺术节艺术作品评比中，共选送12件作品参赛。其中，文学院选送的微电影《泉州味道》获得甲组一等奖，微电影《从心·做最好的自己》获甲组二等奖，微电影《再见曼谷》《华侨大学·梦想》获甲组三等奖；文学院选送的DV作品《川藏千里行》、材料科学与工程学院选送的DV作品《学霸去哪儿》获得甲组优秀奖。国画作品《点墨》《气象万千·锦绣河山》，平面设计作品《中国梦·永续》，立体设计作品《时光荏苒·圆梦此时》《PVC中国风多功能椅》《心智》获得乙组优秀奖。

在福建省第四届高等学校艺术教育科研论文报告会评比中，共选送10篇论文。音乐舞蹈学院黄玫瑰的《福建民间舞蹈类型划分与教材建构关系对比》，张媛的《高甲戏柯派女丑表演形态研究》，张毅琛、余幸平的《马来西亚华文学校音乐教育现状调研分析——以槟城五所独立中学为例》获得甲组二等奖。音乐舞蹈学院吴燕莉的《文化人类学视野下的踢球舞与校本课程开发》，黄妹的《关于高校音乐教育领域对发展闽台区域文化交流合作重要性的思考》，余幸平、张毅琛的《高甲戏的非物质文化遗产价值探究》荣获甲组三等奖。

音乐舞蹈学院董文静的《闽派古琴的传承现状与传播对策探寻》获得乙组一等奖，张媛的《高甲戏丑角舞蹈形态研究》、黄玫瑰的《关于建立南音乐舞学科的构想》获得乙组二等奖，文学院郭艳梅的《境外生纪录片——民间记录和传播中国影像的可贵力量》获得乙组三等奖。

在"我和大艺展"征文比赛中，华侨大学法学院研究生，群舞《姊妹》（领舞）、《梦回海丝》表演者龙明莹所撰写的《与中国梦共舞》获得一等奖。

历届大学生艺术节华侨大学获奖情况位居福建省前列。较往年赛况，今年华侨大学获得大奖数量最多，覆盖面最广，各类别均获得大奖，特别在艺术表演类的乙组和甲组话剧类，艺术作品的甲组等三个组别均有零的突破，一举夺得一等奖。

以第四届福建省大学生艺术节为契机，学生处围绕立德树人根本任务，进一步推进"立德树人工程"和"金质文化工程"建设，展示华侨大学艺术教育的成果，推进校园精神文明建设，提升华侨大学素质教育工作水平。

【全国第四届大学生艺术展演】 第四届全国大学生艺术展演由教育部主办，每三年举办一届，至今已举办四届。在本次比赛中，华侨大学获得优秀组织奖校长杯，文学院张睿骞的微电影《泉州味道》获得艺术作品甲组一等奖，戏剧《青冢记·出塞》荣获艺术表演类甲组二等奖，器乐二十四节令鼓《下南洋》荣获艺术表演类甲组二等奖，舞蹈《南音舞韵》荣获艺术表演类乙组二等奖。

华侨大学历届获奖情况位居福建省前列。较往年赛况，2014年华侨大学获得大奖数量最多、覆盖面最广，各类别均获得大奖，特别是艺术表演的乙组和甲组戏剧类、艺术作品类甲组等三个组别均实现零的突破。

【学生领袖拓展班】 学生领袖拓展班是由学生处主办，由校学生会、校研究生会、学生团体联合会、校学生艺术团联合承办，面向学校和学院学生组织招收学员开展专业培训。通过一系列课程培养学员广博开阔的国际化视野，探索求知的学术化头脑，锐意创新的现代化精神，善于管理的基础性能力，宽容理解的人文化关怀，默契合作的团队化意识以及追求卓越的精英化品质。

2014 年共举办两期学生领袖拓展班，第一期学生领袖拓展班于 2013~2014 学年举办，围绕"当代全球化背景下的国际视野与学生组织管理"的主题开展课程，两校区共 51 名学员。第二期学生领袖拓展班于 2014~2015 学年举办，围绕"创新协同精神与精英思维培养"的主题开展课程，两校区共 54 名学员。

港澳台侨学生与留学生管理

【概况】 2014 年，学生处继续深入推进国家教育体制改革试点项目《境外学生管理、培养模式改革》。启动境外生特色培养工程——"菁英学堂"，作为学校境外生培养的尝试，采取书院式的管理模式，开展中国传统文化教育，注重国情教育，通过精英式的培养模式涵养侨务资源，第一期招收学员 44 人。不断完善境外生奖助学金体系，设立海外学生助学金。大力开展实践教育活动，开展丝路文化、巴蜀文化、东北文化等 8 支境外生冬夏令营和国情考察团；打造"一元主导、多元融合、和而不同"的校园文化，华侨大学二十四节令鼓队获第四届全国大学生才艺展演二等奖，福建省一等奖；华侨大学中秋节茶话会获央视中秋晚会连线直播；二十四节令鼓队在东亚文化艺术节"蓝蓝泉州湾"专场演出中献艺。

【第八届全国高校校园文化建设优秀成果】 第八届全国高校校园文化建设优秀成果评比结果中，华侨大学申报的《因侨兴校聚桑梓承露涌泉惠五洲——华侨大学五十载传承传播中华传统文化》项目获优秀奖。

【香港政府驻闽办一行会见香港学生】 3 月 11 日、25 日，香港政府驻福建联络办主任苏紫贤、副主任何兆基分别在厦门校区和泉州校区与华侨大学香港学生见面座谈。了解华侨大学香港学生情况，听取学生对于香港政府的诉求，为后期深入合作进行铺垫。

【优秀学生赴澳门考察团】 7 月 20~23 日，华侨大学 20 名优秀非澳门籍学生在华侨大学副校长曾路的带领下，赴澳门开展考察交流活动。考察团拜访了澳门中行、澳门中联办、澳门校友会等单位及社团。

【香港中国企业情况介绍暨港籍学生招聘说明会】 4月28日，香港中国企业情况介绍暨港籍学生招聘说明会由教育部港澳台办、香港中联办经济部和教育科技部主办，华侨大学承办，学校纪委书记朱琦环主持会议，200多名香港学生参加。说明会分别介绍了目前在港中资企业情况，并有部分企业代表进行了宣讲。

【"中秋月圆·华夏情深"中秋晚会】 9月8日，华侨大学境内外学子"中秋月圆·华夏情深"中秋晚会在金川活动中心拉开帷幕，央视中文国际频道9月8日中秋节当天推出大型直播特别节目"传奇中国节——中秋节"，节目对大陆、港澳台及境外等地的中秋节习俗进行直播报道。华侨大学作为全球首个直播连线点，于17：20~17：30出现在节目中。在十分钟的央视直播时段里，海内外观众通过画面了解了华侨大学的办学概况，欣赏承露泉边的二十四节令鼓表演、秋中湖畔台湾学生燃放天灯、泰国学生投放水灯的祈福场景、金川活动中心前的"中秋月圆华夏情深"中秋晚会等校园文化活动，同时感受闽南地区以及马来西亚、缅甸、越南、老挝等东南亚国家的中秋习俗，见证华侨大学境内外师生欢度中秋的热闹场面。

日常教育管理工作

【概况】 2014年，学生处不断推进境外生日常教育管理工作。深入推进"菁英学堂"境外生特色培养工程；不断整合港澳台侨学生及留学生组织，加强对境外生同学会的管理；整合境外生学生社团，加大硬件投入，打造境外生文化精品。在两校区开展缅甸文化展、东南亚泼水节、澳门文化展、澳友杯、境外生叙别晚会、中外师生迎新年、侨生杯、圣诞嘉年华等品牌活动。

【教育部港澳台侨学生奖学金】 2013年3月4日，根据教育部《关于发放2013年度台湾、港澳及华侨学生奖学金有关事项的通知》（教港澳台办〔2014〕41号）及国务院侨务办公室《关于转发教育部〈关于发放2013年度台湾、港澳及华侨学生奖学金有关事项的通知〉的函》（侨文函〔2014〕29号）精神，21名学生获"教育部2013年度台湾学生奖学金一等奖"，21名学生获"教育部2013年度台湾学生奖学金二等奖"，24名学生获"教育部2013年度台湾学生奖学金三等奖"；145名学生获"教育部2013年度港澳及华侨学生奖学金一等奖"，230名学生获"教育部2013年度港澳及华侨学生奖学金二等奖"，373名学生获"教育部2013年度港澳及华侨学生奖学金三等奖"。

【菁英学堂】 为培养优秀境外生而设立的"菁英学堂"于4月15日下午揭牌成

立。首批 44 名学员来自西班牙、印度尼西亚、马来西亚、菲律宾、缅甸、老挝等国家以及中国的港澳台。"菁英学堂"是华大境外生教育培养模式改革的一次创新实践，将打造成为侨校境外生高素质人才培养的新模式，以精英培养为切入口，打破专业界限，改善知识结构，培养基本技能，涵养侨务校友资源，培养优秀境外生学生领袖。

华侨大学"菁英学堂"计划每年招收一次，设"根在中国""学在中国""爱在中国""梦在中国"四个课程模块，学员将在一学年的时间内进行 102 个学时的学习，涉及中国文化之旅文化考察、领导力与执行力培养、校园活动组织与策划、"走进中国社会"调研等多个内容。揭牌仪式上，庄锡福等 8 位教师受聘为菁英学堂"双导师"。"双导师制"是按比例给"菁英学堂"的每位学员配备学业导师和生活导师，为学生解决学业问题和生活问题，首批共配备学业导师和生活导师各 4 名。当天，中国戏曲学院原副院长赵景勃教授为华侨大学"菁英学堂"做首场主题讲座。

【优秀毕业生国情考察】 4 月 18~22 日，华侨大学中国文化之旅优秀境外毕业生考察团走进"魅力潇湘"，来自港澳台地区和缅甸、柬埔寨、马来西亚等国家的 48 名优秀毕业生分别走访了韶山毛主席故居、张家界、凤凰古城等历史文化景观，饱览秀美风光，感受人文风情。

【二十四节令鼓公演】 5 月 10 日，华侨大学二十四节令鼓队第九届校园公演"囍"在李回吒体育馆上演。泉州校区、厦门校区、厦门竹坝小学以及毕业鼓手等多支队伍共同献上了一场视听盛宴。公演以东西南北为主题，鼓手们以鼓为器，通过节令鼓的演绎形式来呈现不同的地方特色和五湖四海的风俗与故事，诠释他们心中的中华文化。

学生资助管理

【概况】 华侨大学继续坚持以生为本，将资助与育人相结合，不断创新资助工作途径和方式，扎实推进"阳光资助工程"。开展全校性的阳光成长计划问卷调查和座谈、"生源地助学贷款调研"活动，确保资助评审的公开、公平和公正。在教育部组织的高校 2013 年度学生资助工作绩效考评中，华侨大学获评优秀，在 121 所中央部属高校中列第二十四，是福建省唯一获评优秀的高校。

结合国家研究生教育投入机制改革，完善研究生奖助体系，设置研究生学业奖学金，增加研究生勤工助学岗位，提高研究生贷款额度上限，使得研究生总体资助水平和覆盖面均大幅提高。2014~2015 学年，在全校范围内启动海外学生助学金，将港澳台侨学生纳入"阳光成长计划"，实现港、澳、台、侨奖助学金体系的全面覆盖。

　　充分发挥党、团组织的优势，调动专业教师和辅导员的积极性，建立起学习困难、心理问题、身体疾病、单亲家庭等特殊学生的定期联系制度；关心少数民族学生的学习和生活状况，建立少数民族的联络员制度，设立新疆少数民族学生困难补助，定期召开新疆籍少数民族学生座谈会，积极帮助同学们解决学习、生活等方面遇到的困难和问题；在重大自然灾害发生后，第一时间了解学生受灾和家庭损失情况，针对性开展资助，帮助他们渡过难关。

　　开展"阳光大讲堂""阳光小课堂""阳光在行动"义工服务、"阳光文化节""阳光沙龙"等活动，资助与育人相结合。2014 年，"感动中国"人物张平宜做客阳光大讲堂，与华侨大学师生分享他们的励志经历。2012 年以来，"阳光小课堂"不断扩展课程体系，涵盖"计算机技能培训""阳光手绘班""师从泰来"泰语培训班、"闽粤语培训""舞动阳光"等课程。坚持开展"阳光在行动"义工服务活动，依托学生会阳光服务中心和各学院阳光服务队开展了"为楼栋阿叔阿姨子女补习""关爱老人义工服务"等活动，对受助学生进行感恩奉献教育。2014 年，"阳光文化节"继续采用活动立项的形式，共资助 15 个项目，为家庭经济困难学生交流沟通、风采展示和素质提升提供更加多样的舞台。

【经济资助】 2014 年，华侨大学学生资助管理工作以中央高校学生资助工作绩效考评为契机，总结经验教训，加快工作创新，抓好薄弱环节，实现学生资助工作的健康发展。2014 年，学生资助相关统计数据如下。

2014 年全校学生资助情况统计表

单位：人

项目	本专科生	研究生	备注
全日制在校学生数	23917	2417	
家庭经济困难学生数（含特困生）	4783	362	
家庭经济特别困难学生数（特困生）	1180	90	
当年入学新生数	6297	808	
通过绿色通道入学新生数	540	—	

事业收入、资助经费提取、支付及结余情况

单位：万元

本年度事业收入	33148.0	本年度提取资助经费	1460.0	上年度资助经费结余	1361.8872
本年度资助经费支出	810.44	本年度资助经费结余	2011.4472		

其　他

单位：万元

勤工助学固定岗位数（个）：	1160	勤工助学临时岗位数（个）：	100	年度支付贷款风险补偿金：	0.0

高校学生资助情况

单位：人，万元

项目	分类	本专科生		研究生		备注
		人数	金额	人数	金额	
奖学金	财政资金发放的研究生普通奖学金（补贴）	—	—	—	—	
	高校从事业收入中提取资金设立的奖学金	4679	514.87	193	12.52	
	企事业单位、社会团体、个人捐助设立的奖学金	116	14.9	10	2.0	
助学金	国家助学金	3835	—	—	—	
	高校从事业收入中提取资金设立的助学金	0	0.0	0	0.0	
	企事业单位、社会团体、个人捐助设立的助学金	90	31.0	211	52.1	
特殊困难补助	高校从事业收入中提取资金设立的补助	442	21.8	21	1.05	
	企事业单位、社会团体、个人捐助设立的补助	0	0.0	0	0.0	
校内勤工助学	高校从事业收入中提取资金支付	854	197.9	184	62.3	
	其他资金	0	0.0	0	0.0	
校内无息借款	高校从事业收入提取	1	0.3	0	0.0	

【**研究生奖助体系改革**】 根据《财政部　国家发展改革委　教育部　关于完善研究生教育投入机制的意见》（财教〔2013〕19 号）、《财政部　教育部关于做好研究生奖助工作的通知》（财教〔2013〕221 号）等文件精神，我校逐步完善研究生奖助体系。2014 年秋季学期起，设置研究生学业奖学金，增加研究生勤工助学岗位，提高研究生贷款额度上限，使得研究生总体资助水平和覆盖面均大幅提高。

【**中央部属高校学生资助工作绩效考评**】 2013 年起，全国学生资助管理中心建立了学生资助工作绩效考评体系，并委托第三方，对全国 121 所中央部属高校开展学生资助绩效考评工作。2013 年度，我校学生资助工作获评优秀，综合排名在 121 所中央部属高校中名列第二十四，是福建省唯一一所获评优秀的高校。

【**资助育人**】 构建"阳光育人体系"，将育人融入助困工作。继续开展"阳光大讲堂"、"阳光小课堂"、"阳光文化节"、"阳光自强之星"、"阳光沙龙"、"阳光在行动"义工服务活动等。同时，在全国学生资助管理中心的统一部署和指导下，开展"助学·筑梦·铸人"主题征文活动、诚信教育主题宣传活动、全国励志成长成才优秀学生典型宣传评选等，进一步加大资助政策宣传力度，提高学生资助工作水平。

【阳光大讲堂】 第九届阳光大讲堂于5月17日、18日分别在厦门校区王源兴国际会议中心201室和泉州校区陈嘉庚纪念堂科学厅开讲，2011年度"感动中国"人物张平宜与华大师生分享她追逐梦想和人生价值的故事。

【阳光自强之星】 举办2014年度"阳光自强之星"评选，经个人申报、学院推荐、网络投票等环节，20名候选人参加汇报会。校学生会及各学院学生代表担任汇报会评委，最终评选出10名"阳光自强之星"。工学院康佳静，工商管理学院韩晓玲、崔志超，机电及自动化学院徐佳丽、葛平政，公共管理学院王刚，哲学与社会发展学院姚秀清，土木工程学院张鸿，计算机科学与工程学院黄丽，信息科学与工程学院陈文明等10名同学荣获本年度"阳光自强之星"荣誉称号。

"阳光自强之星"评选活动从2010年开始，每两年举办一届，此次为第三届。活动旨在通过挖掘、宣传大学生身边的自强典范和感人事迹，激励广大学生自强自立、奋发成才。

【"助学·筑梦·铸人"主题征文活动】 2014年11月1日至11月30日，根据全国学生资助管理中心《关于在全国高校开展"助学·筑梦·铸人"主题征文活动的通知》要求，为大力宣传国家学生资助政策，全面展现家庭经济困难学生资助工作取得的巨大成就，加强对学生的励志感恩教育，也展现新一代大学生的青春奋斗风采，我校积极组织参与"助学·筑梦·铸人"主题征文活动，获得组织奖，刘凌静同学《你不强，我不老》获得征文三等奖，并刊登在《中国青年报》。

学生就业工作

【概况】 学生就业指导中心是学校专门服务于广大学生和用人单位的常设机构。中心认真贯彻落实党和国家关于加强大学生就业创业工作的重大部署和方针政策，创新人才培养模式，提高人才培养质量，注重提高大学生核心就业竞争力，为毕业生满意就业保驾护航。学校紧紧"围绕一个目标，完善三大保障，推进六项工程"的学生工作育人体系，不断推进"圆梦就业"工程，打造就业工作"七巧板"计划，助力毕业生"圆梦就业·幸福生活"。2014 年 12 月，华侨大学学生创业园获得"福建省2014 年高校毕业生创业孵化基地支持建设项目"。

截至 2014 年 12 月 31 日，学校 2014 届全日制毕业生总数为 5414 人，就业率为94.14%，创历史新高，签约率为 50.91%。按学历区分，博士研究生就业率 83.33%，硕士研究生就业率 93.64%，本科生就业率 94.18%，高职生就业率 95.71%。毕业生就业总体情况：质量高、选择广、创新强，突出服务地方发展。

学生就业指导中心负责统筹开展全校的毕业生就业创业工作，包括：贯彻国家和福建省有关高校毕业生的方针、政策和规定，制定适合本校的实施意见和办法；开展毕业生就业指导、提供就业咨询、开展职业生涯规划教育、开展就业创业指导教育等；开拓就业市场，发布人才需求信息，举办专场招聘会、综合性招聘会、"星期二人才市场招聘会"等活动，对外宣传推荐毕业生；开展基层就业动员、组织工作，开展大学生应征入伍工作；提供职业技能鉴定、普通话水平培训测试等就业相关的指导与服务；办理毕业生就业派遣、改派以及各类证明等手续；整理和保管毕业生就业有关信息资料，负责发送转递毕业生档案；努力为毕业生与用人单位构建集指导、教育、管理、服务于一体的体系。

学生就业指导中心实行"条块结合、以条为主"的一校两区统一管理的运行体制，坚持创新就业创业管理方式，强化拓展就业创业渠道，提高就业创业服务水平，加强对外交流和宣传力度，整合校内外一切有利资源，切实提升毕业生就业创业核心竞争力，推进就业创业工作的可持续发展。

【"七巧板"计划】 在国家产业转型升级的背景下，我校主动契合"大众创业，万众创新"的时代要求，注重学生就业、创业能力的提升。2014 年，学校打造了"七巧板"计划，整合教学、行政、校友等力量，融生涯规划、就业指导、就业服务、创业教育为一体，涵盖体制机制、就业服务、就业市场、生涯教育、就业指导、创业引领、就业管理与基层就业等板块，助力毕业生"圆梦就业，幸福生活"。"七巧板"计划，分设为青色板块：全员参与，构建联动的工作格局；橙色板块：细致服务，实现工作职能延伸；绿色板块：拓展市场，打造立体招聘平台；紫色板块：生涯教育，开启学生幸福生涯；黄色板块：就业指导，搭建多元管理体系；红色板块：引领创业，实施创业带动就业；蓝色板块：奉献基层，引导青年基层就业。

青色板块：全员参与，构建联动的工作格局

学校全面落实就业工作一把手工程，成立校、院两级就业工作领导小组，实行就业工作的目标责任制，对初次就业率连续两年低于 70% 的专业适当减少招生指标；优化人才培养体系，提高人才培养质量，不断健全"招生、培养、就业"联动计划；依托学院主体力量，各学院结合专业特色，创新开展丰富多彩的活动，为毕业生就业创业搭建平台。

橙色板块：细致服务，实现工作职能延伸

学校实行技能培训常态化，我校职业技能鉴定站、普通话培训测试站是省级站点，2014年，共有341名学生报名理财规划师等各类工种，另有3925名学生参加普通话水平测试；就业援助系统化，采取动态跟踪的援助办法，全年共有558名毕业生获得校级求职补助，34名毕业生获得省级就业补助；就业信息网络化，就业网嵌入全国大学生就业一站式服务系统、福建省毕业生就业公共网、中国国家人才网、全国征兵网等平台，集招聘信息、就业指导、就业管理、生涯教育等功能于一体，中心官方微博拥有粉丝近6000人，一年来通过微博、微信订阅号发布各类信息近1000条，发送求职信息187182条。

绿色板块：拓展市场，打造立体招聘平台

学校坚持"走出去，请进来"的工作思路，实行"三级联动"机制，全方位开拓市场，主动走访省委组织部、省人力资源和社会保障厅、中国海峡人才市场以及厦门、泉州有关政府部门等单位，为毕业生就业创业工作构建大格局鼓励学院结合学科特点，建立实习、实训基地，校企合作，开创"预就业"模式；举办专场招聘会116场，接洽了厦门航空有限公司、中国海警、北汽集团、立洲集团、福建省公安边防总队、中国建筑第五工程局有限公司等知名企业进校招聘；举办突出地域性、品牌化和后期的服务延伸的综合性招聘会7场，联合福建省人力资源和社会保障厅、中国海峡人才市场、福州人才储备中心、厦门市人才服务中心、集美区政府、大泉州人才网等单位共同举办；举办星期二人才市场招聘会14场，658家用人单位参与；举办"校董、校友企业"专场招聘会，福建省电力建设有限公司、太平财产保险有限公司厦门分公司、中国建筑第六工程局有限公司地铁公司、怡家园（厦门）物业管理公司等45家校董、校友企业参会；承办"香港中资企业情况介绍暨港籍学生招聘说明会"，港中旅集团、交银香港分行、工银亚洲有限公司、中国联通香港公司等30余家知名企业开展宣讲，累计为港籍学生带来就业岗位660余个。

紫色板块：生涯教育，开启学生幸福生涯

成立教研室，加强师资培训，截至2014年12月31日，教研室共有师资57名，其中国家高级职业指导师9名，二级职业指导师18名，GCDF全球职业规划师14名；教研室成立以来，坚持通过集体备课、组织内训等方式相互学习、取长补短。在课程设置上，教研室统一部署，提供基本课程体系框架，鼓励每位老师根据自身特点加以改进，以期获得最佳的课堂效果。

黄色板块：就业指导，搭建多元管理体系

文化建设全程化，2014年，学校举办第十一届就业创业文化节，分为创业项目评定展、职业生涯规划大赛、模拟应聘大赛等项目，3000多名学生参与；求职材料系列化，学校制作《就业口袋书》《就业推荐函》《生源情况介绍》《专业介绍》《毕业生就业政策百问》《求职安全手册》《致毕业生的六封信》等系列求职材料，给毕业生提供全程化的指导和服务。

红色板块：引领创业，实施创业带动就业

2014 年，学校全面启动"大学生创业引领计划"，该计划涵盖基础知识培训、自主创业基金奖励、第一课堂指导、第二课堂实操、校内项目孵化等内容；学校继续承担福建省为民办实事项目之"万名青年创业培训计划"工作，培训 400 余名校内外学生。从 2012 年至今已培训 1500 余人；华侨大学大学生创业园于 12 月 31 日正式开园，分泉州园区和厦门园区，总面积达到 2500 平方米，首批 22 支团队入驻，创业园分办公区、产品展示区、会议室等功能区域，将满足创业团队日常办公、运作、经营等各种需求；创建大学生创业园，首批团队正式入驻。

蓝色板块：奉献基层，引导青年基层就业

学校将基层就业工作项目化，2014 年，学校共有 82 名毕业生选择基层就业项目，考取福建省选调生、大学生村干部 40 名，赴泰国、印尼等支教的毕业生 36 名；对于大学生应征入伍工作责任化，成立征兵工作领导小组，规范征兵各项业务，提供绿色通道，确保应征入伍工作每个环节有专人负责，2014 年，学校共有 14 名学生入伍，入伍大学生邓石亮在广东某集团军狙击手评比性考核中斩获第二名，荣获"集团军狙击手训练尖子"称号，记个人三等功一次。

【启动华侨大学大学生创业引领计划】 2014 年 5 月中旬，学校启动和推进"华侨大学大学生创业引领计划"，该计划涵盖基础知识培训、创业基金奖励、第一课堂指导、第二课堂实操、校内项目孵化、孵化成形后的注册落地等内容，最终将形成"从孵化到落地、从基础到实践、从指导到扶持"一系列、一揽子计划体系，将使我校大学生创业工作跃上一个新台阶。

【大学生创业园泉州园区试运行】 2014 年 5 月下旬，大学生创业园泉州园区建成并投入使用，园内面积近 100 平方米，可同时容纳 12 支团队入驻。经过评审，有来自体育学院、经金学院等 5 支优秀团队成功入驻创业园。

【荣获 2014 全国大学生就业最佳企业评选"优秀组织高校奖"】 2014 年 9 月中旬，由教育部高校学生司指导，全国高等学校学生信息咨询与就业指导中心主办的"2014 全国大学生就业最佳企业评选"活动各个奖项公布，华侨大学与北京大学、清华大学、复旦大学等 50 所高校一同荣获"优秀组织高校奖"。9 月 23 日，获奖牌匾寄至学校。

【《华侨大学 2014 届毕业生就业质量年度报告》】 编制和发布高校毕业生就业质量年度报告，是高校信息公开的重要内容，是提高教育质量的一个重要抓手和举措，对进一步完善就业状况反馈机制、引导高校调整专业结构、创新培养模式、强化以生为本，及时回应社会关切、接受社会监督具有重要意义。2014 年 11 月开始，学生就业指导中心着手编制毕业生就业质量年度报告，《报告》中的就业率相关数据来自福建省毕业生就业公共网，关于毕业生和用人单位的调查数据来自调查问卷的客观调查。2015 年 1 月 9 日，我校 2014 届毕业生就业质量年度报告正式发布，这是我校第一次对外发布就业质量报告。

【第十一届就业创业文化节】 2014 年 11 月 14 日，公布华侨大学第十一届就业创业文化节立项项目，今年共有 5 个校级立项项目，2 个院级立项项目。立项项目包括职业生涯规划大赛、创业项目优秀成果评定展、模拟应聘大赛、行业分析大赛、毕业季绘画摄影大赛、名企见习岗位应聘大赛、毕业生毕业季视频制作大赛等。

心理健康教育

【概况】 2012 年 6 月，心理健康教育与辅导中心更名为心理健康教育中心，中心现有专职心理健康教育教师 6 名，兼职心理健康教育与辅导老师 13 名。心理健康教育中心在"一校两生"——内地大学生和海外华侨大学生并存的特殊校园环境里，形成了"教育、干预、咨询、培训、宣传、网络、学生社团"七位一体的心理健康教育模式。大力建构心理健康教育、心理危机预防、心理课堂教学、心理健康教育队伍建设体系，全方位的促进学生的心理健康发展。

2014 年，在全校性的心理健康教育课程开设、探索与实施上，面向全校开设《大学生心理健康教育》公共必修课，不断探索心理健康教育课程的教学方法，构思并逐步落实小班化教学，发挥心理健康课程作为心理健康教育主要渠道的关键作用；在全校性的心理健康宣传活动形式上，面向全校学生开展心理健康教育活动，创新学生心理健康活动形式，开展了以"让梦飞""青春，你好！"等为主题的系列活动，定期出版《心韵》报纸、不断更新完善"心韵网"官网，与时俱进，充分发挥新浪微博和微信公众号等新媒体的宣传作用；在学生的心理健康自助队伍建设上，完善朋辈咨询员的培训制度，充分发挥朋辈咨询员及班级心理保健员在心理健康教育中的重要作用，积极开展跨文化探索，加强华侨学生的心理健康教育；在心理咨询方式的探索实施上，通过多种途径针对学生的心理需求进行心理咨询服务，如：开展存在主义团体治疗、个案心理咨询、团体治疗活动等；在相关节日的全校性宣传活动上，坚持预防为主的原则，利用"3.21 世界睡眠日""5.25 全国大学生心理健康日"等时机宣传心理健康的相关知识。

【师资队伍建设】 心理健康教育中心以教师的专业化发展为方向，不断加强心理健康教师队伍的选拔、培养和考核，选拔出优秀具有丰富的学生工作经验的辅导员进行专业化培养。2014 年在原有教师队伍基础上，选拔了 3 名优秀的辅导员，备课、听课、试讲考核合格后纳入心理健康教育课程的教师队伍，并定期进行专业的继续培训和督导，为逐步实现小班教学奠定了基础；同时，积极组织学校辅导员参加国家心理咨询师职业资格的培训与考试，在 2014 年，共有 48 名辅导员参加了培训。

心理健康教育中心为了更好地与各学院负责心理工作的教师进行沟通与联系，每月定期举行案例讨论会"下午茶"活动，让与会教师在活动中释放压力、放松心情，在轻松愉悦的氛围中交流、分享工作中的困惑与经验，从而进一步扎实专业心理知识的学习与应用、提高自身的心理素质、提升学生辅导工作的质量。

2014 年心理健康教育中心还邀请了国际螺旋心理剧创始人凯特博士（Katherine Hudgins，PhD）针对华侨大学心理健康教育专兼职教师进行每个月的专业督导。

2014 上半年，心理健康教育中心组织中心专兼职教师、心理健康教育课程教师、各学院心理辅导员教师共 35 位教师参加华东师范大学终身教授方俊明主讲的《病理性儿童的心理咨询与治疗》（结合病理性大学生）；2014 年下半年，北京师范大学心理健康教育中心主任聂振伟教授对华侨大学心理健康教育教师做专业培训。

【教学体系】 在原有心理健康教育教学体系上，更进一步地进行小班教学模式的探索。2014 年，心理健康教育中心面向全校两校区共 128 个班级、5629 名新生开设《大学生心理健康教育》公共必修课，任课教师充分运用体验式教学的方式来调动学生参与的积极性，不断探索新的教学形式，逐步形成以小班教学为特点、以活动体验为主要课程形式、以多组行为训练为特色的小班化教学模式。

【活动体系】 心理健康教育中心在"一校两生"—内地学生与境外学生并存的校园环境里，提倡大学生心理健康自主教育理念，以学生心理服务中心、各学院心理保健部和大学生心理健康协会为平台，调动大学生的心理健康教育活动中的自主性和创造性，打造心理健康教育精品活动，将心理健康融入校园文化。

首先，在心理健康活动的宣传开展上，2014 年心理健康教育中心面向全校学生开展心理健康教育活动，创新学生心理健康活动形式，开展"让梦飞""青春，你好！"为主题的系列活动，通过舞蹈、心理剧、团体活动、心理沙龙、心理影评等形式向全校学生宣传心理健康的理念。

其次，在媒体的宣传服务上，与时俱进，充分利用心韵网、微信、QQ 群等现代

学生工作

化媒介开展心理健康教育宣传活动，定期出版《心韵报》，不断更新华侨大学心理服务中心的新浪微博、微信公众号以及心韵网官网，丰富心理健康教育宣传的途径。

再次，在学生心理健康自助团体的建设上，不仅加强了对朋辈咨询员和心理保健员的培训工作，更进一步加强班级心理保健员的筛选与培训工作，要求班级心理保健员参加《大学生心理健康》《班级心理保健员工作职责》《大学生心理危机预警》《大学生团体心理训练》共四个专题的培训，撰写听课心得和个人成长报告，根据出勤、听课心得及个人成长报告的撰写选取合格人员参加考试，并组织拥有考试资格的人员参加笔试，笔试合格者再参加最终的面试，最后根据综合考核结果颁发培训合格证书。经过严格的筛选和考核，2014年心理健康教育中心联合各个学院共培养出142名合格的班级心理保健员。同时，在进一步完善和实施《班级心理保健员持证上岗制度》的基础上，加强班级心理保健员后期工作的督导和支持小组的建立，以提升心理保健员工作的技巧，更好甄别有心理问题的学生，做到早发现、早干预。

最后，在跨文化交流的侨生心理保健上，积极开展跨文化的探索，加强华侨学生的心理健康教育，邀请侨生加入学生心理社团，参加心理健康活动，加强侨生与大陆学生的心理连接。

【咨询服务体系】 建立完善的心理咨询服务体系，通过个案咨询、团体治疗、心理健康普查、心理危机定期排查等途径和方式为学生心理健康提供更好的服务。

2014年9月，心理健康教育中心联合各个学院为全校6352名新生做心理测试，进行心理健康普查，共发现心里异常者517人，根据心理普查结果，我中心安排专职教师针对心理有问题的学生进行逐一访谈，共接待严重心理问题学生58名，并根据访谈情况将信息反馈到各学院，以针对这些学生进行相应的关注或关怀，由此，我中心也针对此类学生进行了为期十次、每周一次的团体治疗，保证了有严重心理疾病的学生真正得到关怀、不断地接受专业老师的心理辅导。

2014年，心理健康教育中心全年共接待个案咨询1254人次，比上一年有所增加，由此中心在两校区开展了亚龙团体治疗小组，参加人数近400人次，更有效率的地解决了学生的心理问题。

【心理危机预防与干预体系】 2014年，心理健康教育中心逐步落实了《华侨大学心理危机预防与处置预案的实施办法》（征求意见稿），在工作流程及相关部门的职责划分上更进一步规范化、专业化。加强构建大学生心理服务中心、心理健康协会、班级心理保健员、朋辈咨询者、宿舍长和专职心理教师的多者之间的有机联络制度，构建严密的心理健康预警和危机干预网络，卓有成效地预防大学生过激行为的发生，深入推动华侨大学心理健康教育的发展。

学生社区教育管理服务

【**概况**】 2014年度学生社区教育管理服务中心两校区共有48栋学生宿舍楼，提供宿舍7869间，现成立楼栋自律会70个、楼栋党支部57个，配有社区兼职辅导员77名，社区专职管理干部和辅导员9名，设有学生社区办事大厅3个，楼栋自修室25个，楼栋一体播放机48台，楼栋宣传公告栏63个，户外宣传橱窗32个。

在大数据及新媒体方面，两校区已建成学生宿舍管理系统、学生社区门禁一体化集成系统、学生宿舍贵重物品追踪系统大数据分析平台3个，建有楼栋一体机系统1套、专用的门户网站1个、华侨大学学生社区中心、华侨大学学生发展中心官方微博2个（吸引粉丝关注3436人）、微信公众号2个、社区住楼辅导员QQ群2个、学生工作队伍QQ群2个。

2014年度学生社区泉州校区受理学生办理调房618人，转专业登记188人、退学退宿办理92人、休学退宿办理75人、复学登记与住宿安排22人，土木学院2012~2013级学生、生物医学学院硕士学生从泉州校区搬迁至厦门校区87人，寒暑假期间留校学生3456人。

2014年度学生社区厦门校区受理学生办理调房366人，转专业登记151人，退学退宿29人，休学退宿舍91人，复学登记与住宿安排94人。寒暑假期间留校学生3814人。

2014年度学生社区中心共处理突发事件300余起，通过与学生处、后勤处、保卫处、各学院和物业公司的共同努力，实时有效的处理了这些突发事件，并及时做好了信息的反馈与跟踪记录。

【**党建工作**】 2014年度学生社区两校区调整成立楼栋党支部54个，累计办理学院函调3088份，开展学生党员民主评议3000余人。在校党委组织部开展的"2014~2015学年党支部工作立项活动"申报中，两校区共收到支部活动立项申报30余项，16个项目报请校组织部申请校级立项，其中有4项获得学校立项支持，其中，莲园2号党支部项目"妙笔共绘中国梦，党情党史记心中"被评为2013~2014学年党支部工作"立项活动"校级优秀成果。

【**第十四届学生社区文化节**】 2014年4月1日，华侨大学第十四届学生社区文化节正式开幕。本届学生社区文化节采用项目化运作，围绕先锋社区、学术社区、文化社区、活力社区、和谐社区"五个社区"建设，开展了党建创新、文艺展示、宿舍文化、境内外生交流、安全教育、感恩教育、趣味竞赛等类型活动，两校区共收到立项申请 112 项，其中厦门校区 33 项，最终共立项 44 项，厦门校区 17 项。在历时两个月的学生社区文化节中，各个团队各展风采，开展相关立项活动 60 余次，共有 42 个各级各类学生组织负责活动的策划组织，参与学生达 4000 多人次。

【新建宿舍楼投入使用】 2014 年 9 月，泉州校区学生宿舍抗震改造工程 1 号、6 号楼顺利完工，整体搬迁入住学生 1302 人；厦门校区学生宿舍莲苑 1、2 号楼，紫荆苑 1 号楼也投入使用，社区中心利用暑期时间，顺利完成包括 2013 级女生宿舍六人间改为四人间，2013 级研究生部分搬迁二人间、部分在四人间合并调整，紫荆苑 2 号楼女生搬迁到紫荆苑 1 号楼，凤凰苑 1 号楼和刺桐苑 1 号楼女生搬迁到紫荆苑 3 号楼，泉州校区搬迁至厦门校区的部分学生住宿安排等相关工作。

【境外生学长聘任仪式】 2014 年 11 月 12 日，学生社区 2014~2015 学年境外生学长颁奖及聘任仪式于泉州校区明德堂举行，154 名境内外学生受聘为华侨大学 2014 级境外生学长，15 名学生荣获 2013 级"境外生优秀学长"荣誉称号。2014 年度共开展境外生学长系列活动 7 项，包括境外新老生交流会、境外生学习互助小组、境内外生活动交流等多方面，有效促进了境外新老生在学习、生活、学生工作等方面的交流。

【专项工程建设项目】 2014 年度，学生社区中心按照财政部、学校的相关要求保质保量地完成了 4 个中央财政专项和 2 个校内专项工程的招投标、竣工验收、审计结算工作：通过 2014 年学生宿舍电路改造项目对泉州校区学生宿舍 3、5、7、25 号楼和紫荆园 32、33、34、35、36、37 号楼的门厅及自修室电路进行了综合改造，并对所有公寓走廊、楼梯间的照明灯进行了节能灯更换改造，并实现了分时分段电控的管理使用要求。通过学生宿舍家具更新改造三期工程完成了对泉州校区普通学生宿舍 3、5、7 号楼家具的公寓化改造，更换了所有境外生楼栋的旧鞋柜和 21 号楼境外生公寓的整体家具，并基本完成了对两校区学生宿舍靠背椅的更换。通过 2014 年学生宿舍热水供应设施配置工程对泉州校区北区学生公寓 21、22、25、26、27、28、29、30、31、36、38 号楼栋进行空气能热水器节能改造。通过泉州校区部分学生宿舍楼综合修缮改造二期工程对普通宿舍 3、5、7 号楼的浴室进行了给排水管路的修缮改造，对所有公寓楼栋的围栏晾衣架等铁件进行油漆和对一层防盗网的修缮，对 14、17、18、22、25、27、37 号等楼栋的外墙进行重新粉刷并对楼外部分水泥沙地进行了广场砖改造。

【承办福建省高等教育学会后勤管理分会宿专部 2013 年年会】 2014 年 5 月 23 日，学生社区中心厦门校区承办了福建省高等教育学会后勤管理分会宿专部 2013 年年会，共有 28 所高校 56 位学生公寓工作人员参加了本次年会，会议总结了

2013 年省宿专部整体工作情况，讨论了 2014 年的工作计划。

【承办 2014 年福建省高等教育学会后勤管理分会宿专部主任、副主任单位扩大会议】 2014 年 10 月 23 日，学生社区中心泉州校区承办 2014 年福建省高等教育学会后勤管理分会宿专部主任、副主任单位扩大会议，共有 15 所高校 28 人参加本次会议，会议传达了秘书长会议的各项工作事宜，并就福建省高校公寓工作课题研究项目等问题进行了深入的讨论。

学生组织建设

【概况】 继续修订和完善《华侨大学学生干部培养与管理规定》和《学生团体工作手册》，完善学生干部选拔、激励和保障机制。指导校学生会、校研究生会、校学生团体联合会、校学生艺术团开展日常工作。做好校级学生组织的换届选举工作。举办第一期、第二期学生领袖拓展班，定期召开学生组织主席联席会议、部长级会议、学生团体负责人会议等相关学生干部会议，加强对各级学生组织的教育、指导工作。

【华侨大学学生会】 华侨大学学生会是在校党委的领导和学生处的具体指导下，由我校全日制本专科学生进行自我管理、自我教育、自我服务的群众性学生联合组织，代表全体本科学生的权益，它以维护同学利益，为同学服务为根本宗旨，是学校和老师联系学生的桥梁和纽带，是在法律和学校规章制度允许的范围内开展学生校园活动的学生自治机构。开展各类学生活动，促进同学德、智、体、美等全面发展；协助学校创建良好的教学秩序和学生生活环境，促进校风学风建设。

华侨大学学生会下设泉州校区执委会和厦门校区执委会，两执委会分别下设办公室、港澳台学生联络部、宣传部（华通社）、学习部、文艺部、体育部、女生部、外联部、境外生事务部、华侨及留学生联络部、维权部、阳光服务中心、就业服务中心、心理服务中心、自律会，各职能部门是校学生会处理日常工作、开展活动的常设机构。

华侨大学学生会自成立以来一直遵循"会通中外，并育德才"的办学理念，以"代表和维护广大同学的正当权益和要求，全心全意为同学服务"为宗旨，实现民主管理，力求建设青春活泼的学习型、服务型的学生组织。逐渐形成了一系列品牌活动。如校园辩论赛暨精英辩手选拔赛、"3.15"维权活动、"3.7"女生节活动、"新生杯"篮球赛、华厦之星才艺大赛等，在全校范围影响广泛。

2014 年 6 月 15 日，华侨大学第十九届学生委员会第三次会议召开，黄哲凯等 28 人当选华侨大学第十九届第三任学生委员会委员，于国洋当选学生会主席。

主要负责人名单

届次	主席	副主席兼执委会主席	副主席
第十九届 第二任	李俊祥（香港）	于国洋（泉） 林梓郴（厦）	何家明（厦，澳门） 冷 榕（女，厦）
第十九届 第三任	于国洋	黄哲凯（泉） 谢培荣（厦）	孙玮婷（女，泉） 王世民（泉，台湾） 娄云鹤（厦） 蒋曙光（厦，澳门）

【华侨大学研究生会】 华侨大学研究生会成立于2001年，是华侨大学全体研究生（包括博士研究生和硕士研究生）进行自我管理、自我教育、自我服务的群众性学生联合组织，代表华侨大学全体研究生的权益，表达研究生的意愿，接受校党委的领导和学生处的指导，接受广大研究生的监督，是在法律和学校规章允许的范围内积极主动、独立负责地开展工作。

华侨大学研究生会下设泉州校区执委会和厦门校区执委会，执委会分别下设办公室、实践部、宣传部、生活服务部、学术部、文体部、编辑部和新媒体中心，各职能部门为研究生会处理日常工作、开展活动的常设机构。

研究生会成立以来逐渐形成了一些品牌特色活动，如"华研杯"篮球赛、"华研杯"羽毛球赛、"华研杯"辩论赛、承露讲坛、伯仲论坛、粉红讲坛、毕业生欢送晚会等活动，均受到广大师生一致认可，在全校范围内反响较好。

2014年5月25日，华侨大学第七次研究生代表大会召开，选举产生第七届研究生委员会，康伟当选研究生会主席。

主要负责人名单

届次	主席	副主席兼执委会主席	副主席
第六届 第三任	蔡迪（男，泉）	纪炜坤（男，厦）	陈雅芳（女，泉） 尹小娜（女，泉） 曹 勤（女，泉） 王英华（女，厦） 吴 靖（女，厦）
第七届 第一任	康伟（男，厦）	马宇博（男，厦） 王潇斌（男，厦）	江芳彬（女，厦） 姚 洁（女，泉） 姚 垚（女，厦） 赵荣春（男，泉）

【华侨大学学生团体联合会】 为了使学生团体能够健康、有序地发展，顺利开展学术、科技、文娱、艺术、体育等健康有益的活动，我校于2006年11月专门成

立了学生团体的自我管理组织——学生团体联合会，对全校学生团体进行统一有效的管理和扶持。学生团体联合会实行"3+1"组织管理模式。"3"就是代表校方的三个管理层次：学生处、挂靠单位、指导老师。"1"就是学生团体自我管理、自我服务的载体：学生团体联合会。学生处、挂靠单位、指导老师在学生团体管理制度和管理措施的指定、经费的支持、活动的指导与管理等方面有着科学、合理的分工，从而强化了对学生团体的管理和指导力度。

学生团体联合会通过各项硬件配备来为校内各学生团体创造良好的成长环境，支持鼓励学生团体组织开展丰富多彩的校园活动，同时通过立项资助等方式积极引导学生团体举办各类精品活动。学生团体联合会以"微笑服务，打造温馨社团之家"的理念对社团进行服务与引导，为学生团体之间架起横向交流桥梁，努力为各类型学生团体打造校园社团交流平台，促进社团之间的资源整合与合作发展，同时也以严谨、认真、求实的态度对待、处理社团日常事务。

经过几代学生团体联合会成员和各学生团体的努力，华侨大学学生团体活动已经形成了各具特色的校园文化。每年上半年的"学生团体代表大会""学生团体精品活动月"和下半年的"国庆游园"是学生团体联合会的品牌活动。每年的活动主题不断突破，活动形式不断创新，活动内容充满快乐，深得学校师生的好评和支持。

学生团体联合会现设泉州校区执委会和厦门校区执委会：泉州校区执委会设主席一名、副主席三名，下设办公室、管理部、宣传部、权益部、外联部、创意策划部和人力资源部七个部门；厦门校区执委会设主席一名、副主席两名、主席助理一名，下设办公室、管理部、宣传部、权益部、外联部、人力资源部和新媒体中心七个部门。

2014年5月24日，学生团体联合会举行第十届执委会换届选举，魏荣智当选学生团体联合会主席。

主要负责人名单

届次	主席	副主席兼执委会主席	副主席
第九届	陈晓妹（泉）	练瀚远（厦）	廖涛敏（泉） 吕晓玲（女，泉） 朱舟雨（女，泉） 张　凯（厦） 师胜男（女，厦） 刘亚华（女，厦）
第十届	魏荣智（泉）	武东卯（厦）	李长安（泉） 张哲畅（泉） 黄天舟（女，泉） 谷　靖（厦） 曲　格（女，厦） 平晨晔（女，厦）

【华侨大学学生艺术团】 华侨大学学生艺术团由学生文艺骨干以及管理团队组成，以挖掘广大学生艺术潜能、提高艺术修养、拓展综合素质、丰富校园文化生活为宗旨，在学生处的指导下，开展各项校园文化艺术活动。

学生艺术团始终紧抓"侨"特色，以"为侨服务，传播中华文化"为主旨，强化华文艺术教育文化理念，突出公共艺术的文化传播与交流的功能。构建"艺术实践课程管理机制""助理教师管理机制""艺术实践成果汇报机制"三项工作机制，围绕"艺术文化季"和"青春梦想季"两条文化主线开展艺术文化活动。

学生艺术团下设管理中心和演出中心，其中管理中心设有办公室、创意拓展部、宣传部、新媒体中心等管理部门，演出中心设有舞蹈队、声乐队、器乐队、主持队、话剧队、摄影队等艺术表演团队，各队聘请专业教师负责教学、指导各种演出，并配有舞蹈教室及音乐教室用于日常教学及排练。校学生艺术团曾在四届全国大学生艺术展演中取得优异的成绩，2009年代表学校赴泰国农业大学交流访问演出反响热烈，2010年承担50周年校庆晚会演出工作广受师生好评，参与2011年、2013年全球华人龙舟赛闭幕晚会以及2011年、2012年台湾青少年夏令营闭营晚会等10余场大型演出。

2014年6月14日，华侨大学学生艺术团举行换届大会。张晓梦当选2014年第二任泉州校区学生艺术团团长，沈宇星当选2014年第二任厦门校区学生艺术团团长。

主要负责人名单

年份	团长	副团长
2014年第一任	吴　琳（女，泉）	张晓梦（女，泉） 朱了莎（女，泉）
	岳家荣（厦）	沈宇星（女，厦） 王景志（厦） 李泽宇（厦）
2014年第二任	张晓梦（女，泉）	朱了莎（女，泉）
	沈宇星（女，厦）	王　尧（女，厦） 李红枣（女，厦） 张锦旭（厦）

【学生社团建设】

2013~2014学年十佳学生团体

校区	学生团体名称
泉州校区	无偿献血协会
泉州校区	华大新闻社

校区	学生团体名称
泉州校区	穿越话剧社
泉州校区	交谊舞协会
泉州校区	人力资源协会
泉州校区	大学生心理健康协会
厦门校区	骐弈协会
厦门校区	交谊舞协会
厦门校区	英语促进会
厦门校区	ASP 魔术协会

华侨大学 2013~2014 学年学生团体一览表

1. 泉州校区（62 个）

序号	学生团体名称	挂靠单位	指导老师	学生团体负责人	学生团体类别
1	沐风骑行协会	国际学院	朱逊贤	曾锦至	运动健身
2	电子商务协会	经济与金融学院	谭龙江	李金伟	理论运用
3	货币银行协会	经济与金融学院	苏桔芳	张晓伟	经济学术
4	经济与金融协会	经济与金融学院	胡日东	李品品	经济学术
5	证券学社	经济与金融学院	林俊国	郑陈婷	经济学术
6	MVG 女生协会	法学院	谢达梅	张铭家	社会公益
7	法律援助中心	法学院	陈慰星	李 轩	社会公益
8	闽南语协会	法学院	王建设	周志杰	文化艺术
9	群航法学会	法学院	杨静哲	许佩琰	理论运用
10	思想论辩协会	法学院	靳学仁	林天浴	理论运用
11	Talk and Show 俱乐部	文学院	田文兵	李吉兴	文化艺术
12	茶苑协会	文学院	黄燕平	李姗姗	文化艺术

续表

序号	学生团体名称	挂靠单位	指导老师	学生团体负责人	学生团体类别
13	穿越话剧社	文学院	索燕华	江文婷	文化艺术
14	电影协会	文学院	郭艳梅	邹蕊灿	文化艺术
15	读书俱乐部	文学院	许总	郁鸣飞	文化艺术
16	华大新闻社	文学院	马正凯	李雁	理论运用
17	蒹葭汉服社	文学院	马娟娟	李谢	文化艺术
18	书法协会	文学院	林英德	曹路茜	文化艺术
19	新叶文学社	文学院	毛瀚	刘伟	文化艺术
20	主持人协会	文学院	蒋晓光	谭成城	文化艺术
21	模拟联合国协会	外国语学院	蔡和存	李炜晨	理论运用
22	外语协会	外国语学院	叶艾莘	王培源	理论运用
23	易修队	美术学院	宋庆彬	张建森	理论运用
24	芝麻漫画社	美术学院	梅琳	张耀昌	文化艺术
25	青春红丝带协会	数学科学学院	黄永圳	熊小瑀	社会公益
26	数学应用协会	数学科学学院	肖占魁	邹文俊	理论运用
27	创行社团	生物医学学院	张振岳	谢慧玲	社会公益
28	ASP魔术协会	工学院	兰萌	高艺唯	文化艺术
29	Idea精英汇	工商管理学院	苏朝晖	高琪	理论运用
30	财务会计协会	工商管理学院	林永明	董月曦	经济学术
31	人力资源协会	工商管理学院	郑文智	吴子健	理论运用
32	市场营销协会	工商管理学院	周飞	向满	经济学术

序号	学生团体名称	挂靠单位	指导老师	学生团体负责人	学生团体类别
33	跆拳道俱乐部	工商管理学院	曲学进	张欣然	运动健身
34	头脑风暴者联盟	工商管理学院	徐小飞	梁宝丽	理论运用
35	物流协会	工商管理学院	王绍仁	沈兴兴	理论运用
36	学生棋牌协会	工商管理学院	姚培生	虎长青	文化艺术
37	咏春拳协会	工商管理学院	王剑武	阿热曼·阿布都克热木	运动健身
38	BEATBOX 协会	旅游学院	董艺乐	杜恒毅	文化艺术
39	Our life 生活创意协会	旅游学院	黄建军	宋淑婷	文化艺术
40	登山协会	旅游学院	李洪波	姜见佳	运动健身
41	关爱小动物协会	旅游学院	王宇平	乔木	社会公益
42	礼仪协会	旅游学院	汪京强	漆玉容	文化艺术
43	旅游协会	旅游学院	方旭红	邓亿超	理论运用
44	交谊舞协会	公共管理学院	张向前	王帅	运动健身
45	人文学社	公共管理学院	骆文伟	李美玲	文化艺术
46	音乐协会	公共管理学院	肖北婴	林雨荷	文化艺术
47	健身健美协会	体育学院	胡国鹏	申丽	运动健身
48	街舞协会	体育学院	翁凤瑜	李萌	运动健身
49	女子篮球协会	体育学院	张剑珍	吴翠莲	运动健身
50	台球协会	体育学院	王交来	唐渝	运动健身
51	网球协会	体育学院	王勤海	李志强	运动健身
52	游泳协会	体育学院	仇婷婷	刘安然	运动健身

序号	学生团体名称	挂靠单位	指导老师	学生团体负责人	学生团体类别
53	羽毛球协会	体育学院	庄志勇	黄千树	运动健身
54	足球协会	体育学院	孟青	许明辉	运动健身
55	SK 轮滑协会	继续教育学院	陈瑞琼	林传强	运动健身
56	Runner 曳步舞协会	继续教育学院	魏佳琦	程金金	文化艺术
57	科技创新协会	校团委	邓苏青	李雨晴	理论运用
58	无偿献血协会	校团委	谌祉樾	廖英英	社会公益
59	大学生心理健康协会	心理健康教育中心	李洪娟	张秋云	理论运用
60	爱心社	校学生会	谢俊	孙琦	社会公益
61	CUBA 俱乐部	校学生会	陈思思	田珂含	运动健身
62	太极拳协会	校学生艺术团	孟庆元	徐伟	运动健身

2. 厦门校区（49个）

序号	学生团体名称	挂靠单位	指导老师	学生团体负责人	学生团体类别
1	红十字学生分会	哲学与社会发展学院	李忠伟	沈依婷	社会公益
2	企业家研究协会	马克思主义学院	刘艳	杨知寰	理论学习
3	美食社	华文学院	王坚	蒋俊宏	文化艺术
4	模力无限 Model 社	华文学院	李岚	韩欣容	文化艺术
5	模拟联合国协会厦门校区分会	外国语学院	魏淑遐	阮立峰	理论学习
6	乐动协会	音乐舞蹈学院	康贤章	成凤	文化艺术
7	英语促进会	音乐舞蹈学院	康贤章	张倩倩	理论学习
8	数学建模协会	数学科学学院	高真圣	廖长远	理论学习

续表

序号	学生团体名称	挂靠单位	指导老师	学生团体负责人	学生团体类别
9	526 轮滑协会	机电自动化学院	杨永柏	李 翔	体育健身
10	吉他爱好者协会	机电及自动化学院	姜 峰	陈丽丽	文化艺术
11	漫游者协会	机电及自动化学院	陆文千	邢子涵	文化艺术
12	天文社	机电及自动化学院	余 桦	沈元富	学术科技
13	影艺协会	机电及自动化学院	郑星有	苏致祯	文化艺术
14	Pen Beat 协会	材料科学与工程学院	胡 璐	程章元	文化艺术
15	骐弈协会	材料科学与工程学院	吴文士	江 航	文化艺术
16	交谊舞协会	材料科学与工程学院	闫萌萌	常如月	文化艺术
17	EYE STORM 创艺协会	信息科学与工程学院	胡雪松	吴世琳	文化艺术
18	电子爱好者协会	信息科学与工程学院	唐 懋	陈志鹏	学术科技
19	旅友协会	信息科学与工程学院	胡雪松	彭湖湾	文化艺术
20	手部极限运动社	信息科学与工程学院	苏少坚	王 昱	体育健身
21	电脑爱好者协会	计算机科学与技术学院	郑 光	魏耀宇	学术科技
22	ASP 魔术协会	建筑学院	张 磊	阙文圳	文化艺术
23	会展创意设计协会	建筑学院	吴少峰	潘锦津	文化艺术
24	手绘人生艺术协会	建筑学院	黄瑛露	高豪阳	文化艺术
25	创业与风险投资协会	土木工程学院	祁神军	张 宇	理论学习
26	房地产兴趣研究协会	土木工程学院	毛茂松	周强锋	理论学习
27	排球爱好者协会	土木工程学院	蔡 斌	程唯强	体育健身
28	跆拳道协会	土木工程学院	文明华	王尧东	文化艺术

序号	学生团体名称	挂靠单位	指导老师	学生团体负责人	学生团体类别
29	动物保护协会	化工学院	易立涛	陈创	社会公益
30	花艺协会	化工学院	黄志宏	迟航	文化艺术
31	环境保护协会	化工学院	许绿丝	陈业达	社会公益
32	大眼睛关注弱势儿童协会	化工学院	陈菲菲	贺杨	社会公益
33	定向越野协会	体育学院	苑琳琳	胡涛	体育健身
34	华夏武术协会	体育学院	文明华	王潘峰	体育健身
35	华滑社	体育学院	苑琳琳	刘浩杰	体育健身
36	健康跑协会	体育学院	王广楠	韩永强	体育健身
37	攀岩社	体育学院	黄丽萍	黄巧	体育健身
38	乒乓球协会	体育学院	张钰鑫	黄宏凯	体育健身
39	骑迹单车协会	体育学院	王广楠	刘志仁	体育健身
40	网球协会	体育学院	刘贵恩	刘艺斌	体育健身
41	羽翔协会	体育学院	李涛	黄献锟	体育健身
42	足球协会	体育学院	李涛	彭征	体育健身
43	华侨华人文化促进协会	华侨华人研究院	郑文标	蒋林桥	文化艺术
44	花粉俱乐部	信息化建设与管理处	黄丽萍	孙德祺	学术科技
45	科技创业者协会	校团委	邓苏清	叶飞鸿	学术科技
46	爱心献血协会	校团委	杨忠祥	陈伟超	社会公益
47	大学生心理健康协会	心理健康教育中心	刘建鸿	侯钊	社会公益
48	初醒文学社	图书馆	刘君霞	王紫阳	文化艺术
49	迩雅汉服社	图书馆	刘君霞	陈昕悦	文化艺术

行政管理与服务

校长办公室、党委办公室工作

【概况】 华侨大学校长办公室、党委办公室（以下简称党办）是学校行政和党委的综合办事机构，下设秘书科一科、秘书科二科、行政科一科、行政科二科、机要科、督办科。学校信访办公室挂靠校办。校办同时指导华侨大学董事会驻香港办事处、华侨大学澳门联络处、华侨大学北京办事处开展日常工作。

2014年，校办党办在学校的坚强领导下，紧紧围绕学校中心工作，强化大局意识、责任意识和奉献意识，进一步转变工作作风，在统筹协调、综合文字、督办落实、会务接待、机要保密、信访和校务公开等方面取得了扎实进展。

【综合协调工作】 负责学校重大活动、综合性事务的方案制定、统筹协调工作。其中重要活动有：第七届董事会第一次会议、第一期安哥拉政府科技青年人才班开学典礼、第三十期海外华人文化社团中华才艺（龙舟）培训班结业典礼、"21世纪海上丝绸之路"高端论坛暨华侨大学海上丝绸之路研究院揭牌仪式、国际关系研究院成立仪式、华侨华人与中国周边公共外交研讨会、开学典礼和毕业典礼等。负责完成全年22次校长办公会、10次党委常委会会议的召集、议题收集、记录整理，印发《校长办公会议决办通知》95份，跟踪落实学校决定、批复和校领导指示的贯彻落实情况。协调召开学校务虚会，战略研讨会，研讨学校发展的实际问题，推动学校内涵发展。

【文秘工作】 充分发挥以文辅政作用，积极做好综合文字服务工作。全年撰写第七届董事会第一次会议学校工作报告，国侨办领导莅校视察工作汇报，第六届五次教代会暨三次工代会学校工作报告，学校行政、党委工作总结、计划等各类综合文稿近60篇；在学校各级各类活动中代拟上级领导、学校领导讲话稿、主持词以及各类贺信、感谢信等400余篇。负责学校公文处理，指导和规范学校各部门的公文处理工作。全年共审核、印制学校党政公文1140余份，登记受理、批转各类来文2100余份。负责学校党政信息管理工作。制定了《信息工作管理办法》，全年编辑《华大信息简报》《华侨大学信息专报》等44期，被国侨办、省政府办公厅、省委办公厅、省教育厅等上级机关采用14篇。编辑出版了《华侨大学规章制度文件汇编》，推进学校建章立制工作。其中，共收录文件312份，修订文件20份，废止文件70份，新增文件240份。严格印章管理，制定了《华侨大学印章管理办法》，全年使用学校党委、行政印章及校领导印章共13000余次。

【督办工作】 负责检查、督促学校决策、领导批示和交办事项的贯彻执行情况，提高学校行政管理工作效率。对年初校长办公会研究确定的厦门校区门诊部、大学生创业孵化园、厦门校区多功能体育馆、泉州校区综合体育馆建设等 10 件为民办实事项目进行跟踪、督办，全年共开展专项督办 7 次，印发《华大督办简报》2 期。全年制发办理通知单 46 份，办结 43 份；对校领导在 OA 收文的批示意见进行 20 多件（次）跟踪督办，按时按质完成业务工作。

【行政事务工作】 负责学校来宾接待、会议室管理及会务服务，两校区班车运行管理，行政办公用房规划及管理等行政事务工作。2014 年，共接待国务院侨办、教育部等各级政府部门领导，校董校友、国内外高校、科研机构专家学者等近 60 批次、800 余人次，主要有：裘援平、任启亮、何亚非等国侨办领导来校视察与指导工作，泰王国泰中文化经济协会会长颇欣·蓬拉军一行莅校访问，全国政协常委、中国工程院潘云鹤院士莅校讲学，国家自然科学基金委员会副主任、中国科学院姚建年院士接待工作等；共承担各类会议 2150 场次，提供会务服务 1048 场次，参会人员 10.8 万人次。

【机要工作】 负责学校收文办理、机要通信、保密、学校钢印及办公自动化管理等事务。全年共收办中央及地方党政各级部门和有关单位文件 2187 份；收取办理中央、省市各类密级文件 221 份；办理两校区间传阅的机要件近 50 份；收取、发送各类电报 44 份；接收、投递各类文件、档案等 3000 余份机要邮件。完成国务院侨办的全国保密普查工作和省委机要局密码专项检查工作，开展涉密中央文件、非涉密网络的自查工作，修订了密码管理制度；完善学校保密机要制度，补充并调整机要秘书岗位。加强学校保密队伍建设，配合省保密局开展福建省高校保密干部全员培训活动；更换相关设备，为机要保密工作提供物质保证。

【校务公开】 进一步完善校务信息管理，推进校务信息公开，提高学校工作透明度。推进校务公开网站建设，更新校务信息 100 余条；依申请公开各类文件 50 余件；向省教育厅网站报送校情校务 200 余件。完成学校 2014 年度政风行风民主评议工作。撰写并向国务院侨务办公室、福建省教育厅报送《华侨大学关于 2012~2013 学年度校务信息公开情况的报告》，同时在学校主页公告栏发布，自觉接受社会监督。

【信访工作】 文明接待群众来访、来电、来信与来邮，帮助信访人认真分析问题并耐心细致地做好思想工作，及时与学校相关职能部门进行沟通了解，掌握客观事实，尽可能妥善协调解决问题；及时排查可能引发集体信访事件的潜在隐患，基本做到及时掌握信访动态，并分析和预测事态发展情况，及时与相关部门沟通协调化解矛盾。2014 年，信访办公室共受理信访事项 245 项，接待来访 290 多人次，其中主要涉及人事管理、后勤服务、生活待遇、劳动保障、学生管理、教学科研、家庭纠纷等问题，办结信访事项 236 项，办结率达 96.3%。参与福建省教育厅厅长信箱、泉州市 12345 政务服务平台的管理服务工作。

董事会工作

【概况】 2014 年，董事会办公室以"服务校董、服务学校建设与发展"为中心，密切沟通、协调学校相关各部门，顺利、有序地完成了各项工作任务，主要有：筹备并完成董事会换届工作；召开第七届董事会第一次会议、董事迎新春座谈会等系列会议和侨捐典礼；办理董事会成员变更相关手续；密切联系校董和海内外热心公益事业人士，搭建学校和校董之间的交流平台；完善董事会工作制度，规范捐赠管理，统计、汇总学校各项侨捐项目情况；联系国务院侨办和各级涉侨部门，办理各类办公文书；为校董及捐资人申请捐赠公益事业表彰；规范办公室档案管理；做好董事来访接待与服务工作；落实董事会秘书长交办的其他各项工作等。

【第七届董事会第一次会议】 2014 年 11 月 21 日～23 日，第七届董事会第一次会议在泉州迎宾馆召开。董事长王刚、国务院侨办主任裘援平、董事会副董事长李碧葱等中央和地方领导、海内外校董、嘉宾共 60 人出席了会议，学校领导和相关部门负责人列席会议。会议分别由校长贾益民和董事会副秘书长蔡素玉主持。中共中央原政治局委员、第十一届全国政协副主席王刚，国务院侨办主任裘援平，福建省副省长李红等领导在会上先后致辞。董事会上，校长贾益民代表学校作《深化改革 特色引领 服务需求 内涵发展——华侨大学 2011~2014 年工作报告》的学校工作报告，副董事长李碧葱作第六届董事会工作报告。与会董事审议并讨论了学校工作报告和董事会工作报告，并就推动海内外华侨华人关心支持华大、推动学校国际化发展等建言献策。会上，裘援平主任代表国务院侨办，与王刚董事长一起，为全体受聘董事颁发了华侨大学董事会聘书。

【侨捐典礼】 2014 年 11 月 21 日～23 日，学校先后在泉州、厦门两校区举办系列侨捐典礼。2014 年 11 月 22 日下午，校董捐资暨福建省捐赠公益事业奖匾和荣誉证书颁授仪式、林淑真体育馆奠基仪式、石颖芝小姐赠书仪式同时在泉州校区举行。校董捐资暨福建省捐赠公益事业奖匾和荣誉证书颁授仪式上，副省长李红代表福建省政府，为魏腾雄董事颁发了"福建省捐赠公益事业特别贡献奖"，为李朝耀董事颁发了"福建省捐赠公益事业突出贡献奖"，为陈进强、杜祖贻、庄善春、郑年锦、蒂姆·雷思能（Tim Leissner）、施天佑等董事和华丰国货有限公司颁发了"福建省捐赠公益事业贡献奖"奖匾及证书。石汉基校董、石颖芝小姐捐赠学校价值近 100 万人民币的中外图书。11 月 23 日上午，李碧葱音乐舞蹈大楼、李朝耀大楼落成典礼以及四端文物馆新馆开馆仪式在厦门校区举行。国务院侨办副主任任启亮、捐资人李碧葱、捐资人李朝耀校董伉俪、杜祖贻董事、麦继强教授等嘉宾出席。

【捐赠工作】 2014 年，学校实际接受校董及社会各界人士捐资款额为 2023.97 万元人民币和 53.75 万元港币。新增侨捐建筑李朝耀大楼，新增奖学、奖教金（基金）有音乐舞蹈学院联合办学专项奖助学金、第三期骆忠信高等数学学习奖励基金及骆林献英省级以上大学生竞赛奖励基金、外语学院发展基金、机电学院励志奖学金、化工学院芯中芯奖学金、康桥教育基金、康桥学生科技创新基金、汤瑞隆、林玉赛教育基金、海上丝绸之路研究院研究与发展基金（六合院基金）、"华巨中国"大学生结构设计竞赛基金、"华巨中国"建筑专业实践基金等 12 项；新设立"杰出华人科学家讲座计划""闽南侨居建筑研究" 2 个科研项目，受赠麦继强等捐赠玉器及文物 600 件。

为感谢校董、校友及社会各界热心人士的捐资义举，学校为陈永栽先生申请了福建省人民政府立碑表彰，为魏腾雄先生申请了"福建省捐赠公益事业特别贡献奖"并立碑表彰，为李朝耀先生申请了"福建省捐赠公益事业突出贡献奖"，为郑年锦、庄善春、陈进强、杜祖贻、施天佑以及蒂姆·雷思能（Tim Leissner）、华丰国货有限公司等 6 位及一个团体申请了"福建省人民政府捐赠公益事业贡献奖"，并隆重举行授奖仪式。

2014 年 7 月 13 日，为配合泉州市北迎宾大道拓改工程，运行长达 18 年的华侨大学天桥结束了自己的历史使命被拆除。该桥由菲律宾华侨庄妈珍先生慷慨捐资 7.8 万美元建设，并于 1996 年落成。

2014 年新增捐赠情况

捐赠名称	时间	捐赠金额	捐赠人
教室空调设备	2014 年 2 月 28 日	100 万元人民币	陈进强
外语学院教育发展基金	2014 年 4 月 30 日	10 万元人民币	洪旭宗
城市建设与经济发展基金	2014 年 4 月 30 日	50 万元人民币	联发集团
校友会活动经费	2014 年 9 月 5 日	15 万元港币	谢文盛
康桥教育基金	2014 年 5 月 31 日	500 万元港币	许文立、吴琳琳
康桥学生科技创新基金	2014 年 5 月 31 日	100 万元港币	许文立、吴琳琳
华文学院奖助学金	2014 年 5 月 31 日	50.552 万元人民币	陈永栽
玉器等文物 600 件	2014 年 6 月 23 日		麦继强
音乐舞蹈学院联合办学专项助学金	2014 年 6 月 30 日	10 万元人民币	长泰龙人古琴研究院
音乐舞蹈学院器材、设备	2014 年 8 月 31 日	50 万元港币	李碧葱

续表

捐赠名称	时间	捐赠金额	捐赠人
四端文物馆发展基金、杰出华人科学家讲座计划、闽南侨居建筑研究	2014 年 8 月 31 日	240 万元人民币	杜祖贻
汤瑞隆、林玉赛教育基金	2014 年 9 月 17 日	10 万元人民币	汤元彰、林雅玲
海上丝绸之路研究院研究与发展基金（六合院基金）	2014 年 10 月 15 日	500 万元人民币	朱志悦
化工学院芯中芯奖学金	2014 年 10 月 31 日	15 万元人民币	深圳芯中芯科技
机电学院励志奖学金	2014 年 11 月 1 日	2 万元人民币	机械制造及其自动化 2000 级校友
李朝耀大楼	2014 年 11 月 30 日	800 万元人民币	李朝耀
《擎天艺术：福建·台湾水墨》等图书资料 15 件	2014 年 12 月 10 日		杜祖贻
陈明金澳门学生奖助学金	2014 年 12 月 31 日	100 万元人民币	陈明金
华巨中国大学生结果设计竞基金、华巨中国建筑专业实践基地	2014 年 12 月 31 日	100 万元人民币	北京华巨建筑设计公司
阳光爱心基金	2014 年 12 月 31 日	300 万元人民币	庄永兴

【董事走访慰问】 2014 年，董事会办公室随学校代表团出访，联络走访了香港、澳门、菲律宾、印度尼西亚、日本、马来西亚等国家和地区的校董；在校董相对集中的香港、澳门地区和泉州举办董事迎新春座谈会；先后拜访了何厚铧、王刚、陈斯喜、石汉基、庄善春、王志民、李鲁、黄屏、郑立中、程金中、邱建新、李碧葱、陈进强、李红、陈永栽、杨孙西、蔡素玉、许丕新、谢文盛、吴琳琳、吴辉体、郑年锦、林昌华、邱季端、张志猛、姚志胜、唐志坚、马有礼、马志成、刘晓航、李沛霖、梁维特、王彬成、赵伟、杨辉、李朝耀、施嘉骅、陈本显、戴国兴、李雯生、陈志成等校董 40 人次；走访了恒安集团、泛华集团、永隆兴业集团、康桥医学美容中心、亚洲文化企业有限公司、六合院古典艺术家具有限公司等 6 家校董企业和捐资单位，通过这些活动增进了校董对学校发展近况的了解，增进了感情，为学校多渠道争取支持奠定了基础。2014 年 10 月 22 日，华侨大学党委书记关一凡率团访问印度尼西亚泗水市，专程拜访印尼繁荣货柜仓储有限公司董事长李朝耀先生，双方签署了捐赠协议，协定由李朝耀先生捐资 800 万元人民币襄建李朝耀大楼。

【董事来访】 2014 年，除接待出席第七届董事会第一次会议的 56 名校董之外，还接待了郑年锦、陈守仁、陈捷中、庄永兴、许连捷、林广场、蔡子宜、罗宗正、丁文志、杜祖贻、李朝耀、张永青、许丕新、庄善春等海内外董事共 14 人次莅校访问。校董们的来访，对学校师生们的工作、学习、生活有亲身的体会，对捐赠项目的执行情况有更深入的了解，有力地推动了学校各方面的工作。如：3 月 15 日下午，恒安集团总裁、华侨大学董事会许连捷副董事长应邀作客华大闽商领袖讲坛，主讲"大数据时代下企业转型升级"，并受聘为学校客座教授；4月8日，蔡素玉副秘书长莅校，为2013~2014学年林秀华香港学生奖学金获奖学生颁奖，并以"中国的政治制度"为题与现场师生座谈，会后莅临文学院与院领导及教师代表座谈交流，指导学院学科建设发展等；4月18日，陈守仁副董事长带领子孙一行30多人访校寻根，积极传承和弘扬爱国、爱校精神；5月10日，杜祖贻校董携梁荣基教授访校，再度捐资学校并调研四端文物馆建设；6月24日，郑年锦副董事长及家族一行20人莅校考察访问，进一步了解学校的发展近况；11月21日，原中共中央政治局委员、第十一届全国政协副主席、董事会董事长王刚视察学校，对学校办学发展给予高度肯定和宝贵建议；11月20日至24日，李朝耀校董家族一行莅校访问，出席校董捐资表彰仪式和李朝耀大楼落成典礼等。

【典礼仪式】 2014年，为答谢校董等捐资人的义举，同时也对广大师生进行"爱国爱乡、感恩社会"的思想教育，学校先后举办各类会议、典礼和活动，邀请校董及捐资人士出席。全年共有19场次，分别是：

2014年学校举办的董事活动

典礼仪式名称	主礼嘉宾	时间	地点
澳门董事迎新春座谈会	唐志坚等	1月3日	澳门
香港董事迎新春座谈会	李群华等	1月6日	香港
在闽校董迎春座谈会	许连捷等	1月19日	泉州
2012~2013学年"林秀华香港学生奖学金"颁奖仪式	蔡素玉	4月8日	泉州
2013~2014学年轩辕种子助学基金颁发仪式	罗文春、徐国才	4月16日	厦门
黄豆豆、郑咏兼职教授教聘仪式	李碧葱	4月25日	厦门
个人文物捐赠协议签署仪式	麦继强	6月23日	香港
空调设备捐赠协议签署仪式	陈进强	6月23日	香港
音乐舞蹈学院器材、设备购置款捐赠协议签署仪式	李碧葱	6月23日	香港
2014~2015学年轩辕种子助学基金颁发仪式	罗文春、徐国才	10月27日	厦门
校董捐资暨福建省人民政府捐赠公益事业奖匾和荣誉证书颁授仪式	魏腾雄等	11月22日	泉州
林淑真体育馆奠基典礼	魏腾雄等	11月22日	泉州
石颖芝小姐赠书仪式	石汉基、石颖芝	11月22日	泉州
李碧葱音乐舞蹈大楼落成典礼	李碧葱等	11月23日	厦门
李朝耀大楼落成典礼	李朝耀等	11月23日	厦门
四端文物馆新馆开馆仪式	杜祖贻、麦继强等	11月23日	厦门
"中国海外利益与维护"国际研讨会	杜祖贻、徐松华等	11月23—24日	厦门
世界华人杰出科学家讲堂首讲	杜祖贻、蓝志成、姚若鹏	11月25日	厦门
校董校友企业专场招聘会		12月2日	厦门

【董事换届及调整】 2014 年，时值董事会换届之年，学校认真筹备并圆满完成了第六届董事会董事换届工作，正式成立第七届董事会，由中共中央原政治局委员、十一届全国政协副主席王刚同志担任董事长，共聘请 114 位海内外各界人士担任校董。

根据董事职务变动情况，经报请国务院侨办，敦聘香港中联办王志民副主任担任副董事长，敦聘外交部部长助理刘建超接替谢杭生担任副董事长，敦聘李鲁接替潘永华担任董事；先后增聘了吴琳琳、马志成、石汉基、朱志悦、陈芳、李朝耀、陈虹、杨恩辉、赵伟等 9 位知名人士为董事，及时补充了董事会队伍新鲜力量。

华侨大学第七届董事会董事名单

（截至 2014 年 12 月 31 日，以姓氏笔画为序）

名誉董事长： 何厚铧

董事长： 王 刚

副董事长：

王志民	任启亮	刘建超	许连捷	李 红	李碧葱	陈 桦	陈斯喜	陈永栽
陈成秀	林广场	林昌华	林树哲	郑立中	郑年锦	洪祖杭	姚志胜	贾益民
黄少萍	崔世安							

董 事：

丁良辉	丁思强	马有礼	马志成	马儒沛	王亚君	王彬成	邓仲绵	石汉基
丘 进	朱志悦	刘长乐	刘泽彭	刘晓航	庄 凌	庄永兴	江洋龙	许慕韩
杜祖贻	李 鲁	李沛霖	李朝耀	李雯生	杨 辉	杨连嘉	杨恩辉	吴承业
吴端景	吴琳琳	吴辉体	邱建新	邱季端	何中东	张永青	张志猛	张祥盛
陈 芳	陈 虹	陈江和	陈亨利	陈志成	陈明金	陈铭润	陈展垣	林金城
赵 阳	赵 伟	柯少奇	骆志鸿	施天佑	施嘉骅	徐伟福	徐松华	梁维特
黄 屏	黄天中	黄玉山	程金中	雷振刚	蔡子宜	蔡聪妙	颜延龄	颜金炜
潘伟民	戴国兴	魏腾雄						

秘书长： 贾益民（兼）

副秘书长： 唐志坚 蔡素玉 鞠维强

永远荣誉董事：

丁文志	卢文端	吕振万	庄启程	庄善春	许丕新	杨孙西	李群华	汪琼南
陈本显	陈守仁	陈进强	陈焜旺	陈捷中	林玉唐	罗宗正	胡鸿烈	施子清
施良侨	黄保欣	谢文盛	蔡永亮					

校友工作

【概况】 2014年，校友工作坚持以校友会工作的创新和可持续发展为目标，指导各地校友分会工作。单位有处级干部2名，科级干部1名，科员1名。截至2014年底，已有各地校友分会共44个，专业校友会1个。

【校友接待及走访】 2014年，共接待包括参加土木工程学院、化工学院50周年院庆以及旅游学院30周年院庆等各类活动的返校校友30余批次，总数愈2500余人。学校领导先后走访了香港、澳门、北京等省外校友会及厦门、莆田、晋江等多个省内校友会，参加各校友会的年会、团拜会等活动。

【新一批校友会成立】 华侨大学湖南校友会于2014年5月11日在长沙成立。校党委书记关一凡、校友总会会长李冀闽，湖南省侨联主席朱道弘等出席会议并讲话。会议审议并通过了《华侨大学湖南校友会章程》《校友会第一届理事会名单》，魏业秋校友任首届会长。

华侨大学经管校友联合会于2014年11月1日在华侨大学成立。华侨大学党委副书记、校友总会理事长朱琦环，原校长吴承业，原党委书记、校友总会会长李冀闽，著名经济学家乌家培教授，校董何中东先生等出席经管校友联合会成立大会。大会审议通过了《国立华侨大学经管校友联合会章程》，表决通过国立华侨大学经管校友联合会领导机构、首届理事会成员名单，黄维礼校友任首届会长。

华侨大学21世纪高级复合型人才学校校友会于2014年12月28日成立。华侨大学副校长刘斌，校友总会会长李冀闽，人事处、党委组织部、校友办公室等单位负责人以及人才学校校友出席大会，会议通过了《首届人才学校校友会章程》、首届常务理事机构和理事会成员名单，毛博校友任首届会长。

【2014届校友联络员聘任大会】 5月27日，华侨大学2014年校友联络员聘任大会在陈嘉庚纪念堂科学厅举行。经选拔推荐，300名同学正式被聘任为2014届和2015届校友联络员。本届聘任的校友联络员包括了在校的大三及研二学生代表。校党委书记关一凡，泉州、漳州、莆田、漳浦、厦门、三明等地校友会及法学院校友联谊会负责人参加聘任仪式。泉州、漳州、莆田、漳浦、厦门、三明等地校友会负责人参加聘任仪式。

【华侨大学校友卡】 6月25日，学校面向全体2014届毕业生发放华侨大学校友卡6678张，2014下半年面向往届毕业生发放校友卡2000余张。该校友卡由学校为广大校友专门设计制作，凭借校友卡，毕业生离校后仍可继续享受在校生的部分待遇，同时学校还将持续开发和完善校友卡的其他各项功能。

【华侨大学优秀学生访澳交流团】 7月20日~23日，华侨大学20名优秀非澳门籍学生在华侨大学在副校长曾路的带领下，赴澳门开展考察交流活动。考察团拜访了澳门中行、澳门中联办、澳门校友会等单位及社团。

【校友讲坛】 校友总会定期邀请部分校友返校，开设面向全体在校生的讲坛活动，2014年校友讲坛共开设5讲，截至2014年底，校友讲坛已邀请28位校友嘉宾返校开讲。

【校友总会五届四次常务理事扩大会议】 2014年10月18日，华侨大学校友总会五届四次常务理事扩大会议在华侨大学召开。来自印度尼西亚、泰国等国家及我国港澳台地区和内地部分省市36个校友会的常务理事、校友代表及华大校友工作委员会部分成员等共70余人参会。会议由华侨大学校友总会主办，华侨大学泉州校友会承办。校党委副书记、校友总会副会长、校友总会理事长朱琦环，副校长、校友总会副会长曾路出席会议。审议并通过了有关人事事项，增补曾路为华侨大学校友总会副会长，王强担任校友总会秘书长。

【校友企业专场招聘会】 2014年12月2日，华侨大学2015届毕业生大型招聘会之校董校友企业专场招聘会在厦门校区举行。本次招聘会共有45家优秀校董、校友企业参会，带来600多个就业岗位。

【澳门文化周系列活动】 2014年11月1日，由华侨大学澳门校友会主办，华侨大学校友总会、学生处、厦门校友会、建筑学院协办，福建高校澳门学生联合会承办的"庆祝澳门特别行政区成立十五周年暨第四届澳门文化周"在华侨大学厦门校区开幕。本次澳门文化周期间还将举行澳门城市规划设计比赛和"澳门杯"足球友谊赛等。

华侨大学各地校友会一览表（数据截至 2014 年 12 月 31 日）

境外校友会	
序号	校友会名称
1	澳门校友会
2	香港校友会
3	泰国校友会
4	印尼雅加达校友会
5	印尼校友总会
6	台湾校友会

续表

	境外校友会
7	新加坡校友会
8	马来西亚校友会
9	加拿大校友会
10	澳大利亚校友会
11	澳大利亚墨尔本校友会
	境内校友会
1	福建福州校友会
2	福建泉州校友会
3	福建厦门校友会
4	福建漳州校友会
5	福建三明校友会
6	福建龙岩校友会
7	广西校友会
8	广东深圳校友会
9	广东广州校友会
10	江西校友会
11	福建泉州晋江校友会
12	浙江校友会
13	海南校友会
14	福建泉州石狮校友会
15	福建福州福清校友会
16	上海校友会
17	广东潮汕校友会
18	南平校友会
19	福建漳浦校友会
20	福建莆田校友会
21	江苏校友会
22	北京校友会
23	法学院校友联谊会
24	苏州校友会
25	山东校友会
26	福建东山校友会
27	天津校友会
28	河南校友会
29	福建宁德校友会
30	工商学院 EDP 同学会
31	湖南校友会
32	经管校友联合会
33	人才学校校友会

国际交流与合作

【概况】 2014 年，华侨大学积极拓展与外国及港澳台地区高校交流，与美国、英国、加拿大、澳大利亚、爱尔兰、荷兰、丹麦、秘鲁、泰国、中国台湾等 10 个国家和地区的 13 个大学和教育机构签署或续签了 14 个合作协议与备忘录。全年共接待外宾 50 余批 1100 余人。主要团组包括泰中文化经济协会会长颇欣·蓬拉军一行，泰国普吉府府尹麦德利·尹图素一行，泰国诗纳卡宁威洛大学代表团，泰国普吉市政府一行（与学校签署合作备忘录），泰国国防部外事办公室主任一行，泰中文化促进会教育部主席高振华一行，马来西亚丹斯里许子根博士，菲律宾青年政治家代表团，美国华盛顿州立洛尔哥伦比亚学院校长，美国德保罗大学代表团，丹麦霍尔拜克市访问团并于学校签署合作意向书，德国莱法州教育代表团一行等。另外，学校举办了第九届中文教学现代化国际研讨会和第三届国际东西方研究论坛暨 2014 年国际东西方研究学会年会。

为进一步推进国际化办学，2014 年华侨大学分别于 6 月召开第一次国际化办学工作协调会，就国际化办学与全英文教学师资保障机制等方面进行研讨，并于 7 月召开第二次国际化办学工作协调会，就中外合作办学项目申报工作进行研讨和部署。

2014 年，全年学校出访团组共计 330 个，出访 725 人次。其中，出国团组 158 个，379 人次；港澳团组 129 个，183 人次；台湾团组 43 个，163 人次。

2014 年，国家外国专家局拨付学校的外国专家经费额度为 423 万元。华侨大学多渠道推动短期专家聘请工作，共邀请 161 人次短期外籍专家来校访学、开展合作科研等。2014 年学校共聘请来自美国、加拿大、日本等地长期外专 33 人。

2014 年 5 月，国际交流合作处 / 港澳台侨事务办公室增设海外分校联络员岗位一名，负责学校海外分校事务联络协调，协助办理校际国际交流合作及外事接待等有关事宜。

【国际化办学工作协调会议】 2014 年 6 月 13 日，副校长吴季怀在华侨大学主持召开第一次国际化办学工作协调会。会议就国际化办学与全英文教学师资保障机制等方面进行研讨。与会人员结合本单位国际化办学项目进展状况，提出了关于全英文教学的师资管理、师资引进、办学经费、教学工作量等方面存在的一些问题。吴季怀对学校国际化办学所取得的阶段性进展给予肯定，希望各相关学院和单位继续加强与国际高校间的沟通、交流与合作，进一步完善和落实有关教学计划，努力提升国际化办学水平。国际交流合作处、人事处、财务处、教务处、招生处、国际学院、经济与金融学院、计算机科学与技术学院、生物医学学院、旅游学院等学院负责人参加会议。随后，于 7 月 10 日，华侨大学召开第二次国际化办学工作协调会，就中外合作办学项目申报工作进行研讨和部署。会议由副校长吴季怀主持。国际交流合作处副处长赵新城首先就中外合作办学的相关政策及中外合作办学项目申报流程作详细说明，并就学校申报中外合作办学项目分阶段工作任务进行梳理和安排。吴季怀表示，开展中外合作办学的目的是提高学校国际化办学水平，引进国外优质教育资源，提高学生国际化视野及综合素质与能力，为师生搭建国际交流的平台。他希望各相关学院积极主动，抓住机遇，尽快确定具有申请中外合作办学项目条件和意愿的专业，与外方高校加强沟通，按照计划进度表在规定时间内规范地完成申报材料的各项准备工作，特别要做好项目的完整培养方案和合作协议。校长助理、国际交流合作处处长、国际学院院长曾路希望各相关学院全情投入，指定专门的学院领导和负责人负责该项工作，同时与国际交流合作处、国际学院保持密切的联系与合作，共同做好中外合作办学项目申报工作。国际交流合作处、国际学院、经济与金融学院、外国语学院、数学科学学院、计算机科学与技术学院、生物医学学院、工商管理学院、旅游学院负责人参加会议。

【校际交流与合作】 2014年，华侨大学积极拓展与外国及港澳台地区高校交流，与美国、英国、加拿大、澳大利亚、爱尔兰、荷兰、丹麦、秘鲁、泰国、台湾等10个国家和地区的13个大学和教育机构签署或续签了14个合作协议与备忘录。在开展校际交流工作中，首先，更加注重交流学校的地域分布，使合作地域更加多元化；其次，更加注重协议的落实和交流形式的多样化；第三，更加注重下层层面交流，使学院成为对外交流合作活动的主体。全年共接待外宾50余批1100余人，主要团组包括香港特区政府驻闽办、华裔青少年汉语和中华文化夏令营、香港中资企业、泰国普吉市政府、香港保良局、泰中文化经济协会、泰国国防部外事办公室、菲律宾青年政治家代表团、丹麦霍尔拜克市、莱法州教育代表团等。另外，学校举办了第三届中泰战略研讨会、第八届两岸宗教学术论坛、第三届国际东西方研究论坛暨2014年国际东西方研究学会年会、第九届中文教学现代化国际研讨会、第十七届海峡两岸机械工程技术交流会、两岸继续（推广）教育论坛。

2014年华侨大学与境外高校合作协议签署情况

华侨大学与弗里德斯大学中外合作办学协议（药学）	2014年10月
华侨大学与彰化师范大学合作交流协议书	2014年3月4日
华侨大学与彰化师范大学交流学生协议书	2014年3月4日
华侨大学与英国埃塞克斯大学合作谅解备忘录	2014年1月
华侨大学计算机科学与技术学院与荷兰温德斯海姆应用科学大学信息技术学院学术合作备忘录	2014年3月5日
托莱多大学协议备忘录	2014年5月19日
泰国普吉市政府签署合作备忘录	2014年5月12日
华侨大学与秘鲁希略国立大学合作谅解备忘录	2014年7月29日
蒙特利尔大学谅解备忘录	2014年8月14日
华侨大学与埃塞克斯大学合作备忘录（中英）	2014年10月28日
华侨大学与阿尔斯特大学合作备忘录	2014年10月29日
华侨大学与爱尔兰国立大学梅努斯学术交流协议书	2014年10月30日
华侨大学与霍尔拜克市合作备忘录	2014年11月27日
华侨大学与台北大学学术交流合作协议书	2014年12月24日

【泰中文化经济协会会长颇欣·蓬拉军一行莅校访问】 2014 年 3 月 8 日，泰中文化经济协会会长颇欣·蓬拉军率团访问华侨大学，泰中经济文化协会副会长兼军警事务委员会主席乌泰·西那瓦，副会长萧炜、徐秀辉等十余人随团访问，校长贾益民代表学校向其来访表示热烈欢迎。他称，"中泰一家亲"，近年来，两国人民在经济、文化、贸易等方面的往来日益频繁，泰中文化经济协会在其中起到了重要的作用。华侨大学开办外国政府官员中文学习班以及举办中泰战略研讨会等活动，在两国产生如此重大的影响得益于协会的大力支持。贾益民对此表示感谢，并希望能与泰中文化经济协会有更加密切的交流与合作。"这是我第一次来厦门"，颇欣·蓬拉军感谢贾益民校长的热情邀请和接待。颇欣·蓬拉军称，今年将有更多的泰国学员到华侨大学外国政府官员中文学习班学习。他表示，泰中文化经济协会将继续大力支持外国政府官员中文学习班和中泰战略研讨会项目，并希望能够推动泰国国立法政大学与华侨大学开展更多方面的合作。

【泰国普吉府府尹麦德利·尹图素率团莅校访问】 2014 年 3 月 28 日泰国普吉府府尹麦德利·尹图素率团一行 13 人莅校访问。访问团意在与华侨大学交流探讨职业技能培训等方面的合作。党委副书记朱琦环代表学校欢迎客人的来访，并介绍了华侨大学的基本情况，以及与泰国在各领域的友好合作。麦德利·尹图素感谢朱琦环的热情接待，并称泰国的经济在发展，各行各业需要的人才越来越多，但技术人才非常缺乏，希望华侨大学能在工科以及技能培训方面给予普吉府更多的支持，帮助未能上大学的学生培训职业技能。他表示，普吉岛和厦门是友好城市，希望通过教育方面的交流，促进两个城市乃至泰中两国在商贸、文化、旅游等方面的合作交流。

【泰国诗纳卡宁威洛大学代表团莅校商谈合作事宜】 2014 年 4 月 1 日泰国诗纳卡宁威洛大学校长查楞财·本亚力潘率团访问华侨大学，意在与学校在学术研究、人才培养、汉语教学等方面开展合作交流。校党委书记关一凡、副校长刘塨在厦门校区会见了诗纳卡宁威洛大学代表团一行。关一凡在会谈中表示，"中泰一家亲"是两国人民的广泛共识，华大与泰国各界也有着长期的友好合作，希望通过文化、教育等领域的交流，让中泰两国"亲上加亲"。刘塨、查楞财·本亚力潘在会谈时均表达了进一步推动双方深层次交流的意愿，并达成了初步合作意向。在校期间，访问团还与学校相关学院、部门负责人就具体合作事宜座谈交流。校长助理、国际交流合作处处长、国际学院院长曾路介绍了学校国际化办学的基本情况。他说，华侨大学重视国际化办学，目前与全球 100 多所学校建立了合作关系，每年派出 300 多名学生到境外交流学习。华侨大学学科、专业分类齐全，与诗纳卡宁威洛大学合作的空间广阔，希望双方能在泰中语言文化交流、教育学及经济领域等开展多方位合作。查楞财·本亚力潘表示，诗纳卡宁威洛大学目前与世界 10 多个国家、30 多所学院建立合作，希望在学术交流、师生交换、学科建设等方面能与华侨大学展开合作。

【华侨大学与泰国普吉市政府签署合作备忘录】 2014 年 5 月 12 日，中国华侨大学与泰国普吉市政府签署合作备忘录，华侨大学校长贾益民、普吉市市长 Somjai Suwansupana 分别代表双方在备忘录上签字。双方将在职业技术培训、华文教育、旅游管理、工商管理等领域开展合作。签署仪式在华侨大学厦门校区王源兴国际会议中心举行。仪式前，校长贾益民、副校长张禹东会见了 Somjai Suwansupana 率领的泰国普吉市代表团一行。贾益民向客人介绍了华侨大学与泰国社会各界合作的基本情况以及与普吉市的友好合作。他表示，华侨大学十分愿意在原有合作的基础上，进一步与普吉市在华文教育、旅游项目开发与管理、工商管理、应用技术专业人才培养等领域展开合作，为促进中泰两国人民的友好往来做出贡献。Somjai Suwansupana 感谢华侨大学对普吉市的支持与帮助。她说，普吉市是一座美丽的旅游城市，旅游资源丰富。到泰国旅游的游客中中国人最多，泰国对汉语人才的需求很大。十分期望普吉市的旅游部门与教育部门能与华侨大学开展合作。普吉市代表团一行还参观了学校厦门工程技术学院实训基地和实验室，了解职业技术人才培养的情况。

【泰国国防部外事办公室主任一行莅校访问】 2014 年 9 月 19 日，泰国国防部外事办公室主任 Noppong Painupong 一行 7 人来校访问。据称，此行意在了解外国政府官员中文学习班泰国国防部学员在校的学习、生活情况。在华文学院，Noppong Painupong 一行与在校学习的 11 位泰国国防部学员座谈，并参观了校园和学员宿舍。副校长吴季怀在华侨大学厦门校区行政研发大楼会见了泰国客人。吴季怀称，中泰两国关系友好，华侨大学与泰国各界也有频繁的合作与交往。他感谢泰国国防部将官员送到华侨大学学习。Noppong Painupong 称赞华侨大学校园环境优美，宿舍条件和学习环境好。他称，外国政府官员中文学习班举办了十届，为东南亚地区培养了近 400 名汉语高级人才，但还不能满足他们对于汉语人才的需求，希望学校多提供机会，多招收泰国国防部的学员。

【泰中文化促进会教育部主席高振华一行莅校访问】 2014 年 9 月 23 日，泰中文化促进会教育部主席高振华一行 4 人访问学校。此行意在选送该会推荐的十余名学生赴华侨大学就读华文教育专业。副校长张禹东在厦门校区行政研发大楼会见客人，并介绍了学校的办学宗旨、华文教育及对泰交流等情况。"衷心感谢华侨大学为泰中文化促进会提供华文教育专业奖学金，让这些学生在未来有机会成为泰中文化交流的使者"，高振华对华侨大学表示由衷感谢，并就双方在未来开展进一步合作进行了交流探讨。

【马来西亚丹斯里许子根博士莅校访问】 2014 年 3 月 27 日，副校长张禹东在厦门校区会见来访的马来西亚丹斯里许子根博士，双方就如何开展东南亚国家相关问题的合作研究进行交流。张禹东代表学校对许子根的来访表示热烈的欢迎，并向客人介绍华侨大学的基本情况，重点介绍了学校与泰国、印尼等东南亚国家社会各界开展的各项合作与交流。"我想以我的经验以及对学术研究的兴趣，推动中国在东南亚方面的研究"，在马来西亚从政三十多年的许子根表示，对东南亚华人社会基本情况的研究以及各国的历史文化、社会心理状态等研究不仅有助于中国更好地了解东南亚国家，也有助于东南亚各国了解中国，对促进马中两国的交流具有重要意义。会谈中，双方均表达了加强学术研究等方面合作与交流的意愿。

【菲律宾青年政治家代表团一行访莅校访问】 2014 年 10 月 21 日，菲律宾青年政治家代表团一行 12 人莅校访问，国际交流合作处处长赵新城、华文学院院长陈旋波在厦门校区接待客人，双方就高校办学经验、中文培训班及教育合作等座谈交流。菲律宾青年政治家代表团由菲律宾多个省、市的市长和议员组成，成员包括团长拉古那省比南市市长 MARLYN B. ALONTE 以及北甘马磷省达伊特市市长 TITO S. SARION、阿尔拜省议员 OSCAR ROBERT L. CRISTOBAL 等。座谈会上，赵新城从建校历史、办学特色、学科设置、校园文化、师资力量以及国际合作交流等方面向代表团介绍了学校的基本情况，并着重介绍了学校与菲律宾各方开展的合作交流。陈旋波介绍，目前在华文学院就读的菲律宾学生有 106 人，他们在校学习表现都不错。MARLYN B. ALONTE 表示，十分愿意和希望菲律宾有更多的学校和教育机构与华侨大学开展人才培养、中文培训等多方面的合作。当天，双方还就菲律宾学生如何来校就读、学费学制、住宿条件等具体问题进行交流。

【美国华盛顿州立洛尔哥伦比亚学院校长莅校访问】 2014 年 4 月 24 日，美国华盛顿州立洛尔哥伦比亚学院校长克里斯·贝里（Chris Bailey）一行 6 人来校访问，副校长吴季怀在厦门校区接待客人。双方就继续教育方面开展国际合作达成初步共识。吴季怀向客人介绍了学校的基本情况，并希望在继续教育方面与华盛顿州立洛尔哥伦比亚学院展开合作，共同发展，进一步推进双方的国际化办学进程。克里斯·贝里（Chris Bailey）感谢华侨大学的热情接待，并介绍了华盛顿州立洛尔哥伦比亚学院的基本情况。他介绍，该校是一所两年制的公立学院，目前有来自世界 20 多个国家的留学生，在工业技术、工商管理、护士等专业具有较好的基础。他称赞华侨大学继续教育学院的办学模式和办学质量，希望此次到访能在继续教育招生、办学等方面探讨合作。

【华侨大学与美国托莱多大学签订合作协议】 应美国托莱多大学邀请，副校长吴季怀率团于 2014 年 5 月 19 日访问该校，商谈两校具体合作事宜。吴季怀一行此访是对去年托莱多大学访问华大的回访，托莱多大学校长 LIoyd A. Jacobs 热情接待了访问团一行。双方签订了两校正式合作协议。协议签订后，双方就工程学科、商科、人文社会等多学科，博士、硕士、学士多层次全方位互动的具体合作项目深入洽谈，就进一步深化合作路径、方法、期限等进行详细会谈。吴季怀就华侨大学在现代大学使命、大学国际化、大学信息化、产学研合作等方面的经验做了交流。托莱多大学副校长恰克·勒内特、主要职能部门负责人、学院院长等与华侨大学国际交流合作处、招生处、发展规划处、华文学院相关负责人参加会谈。

【美国德保罗大学代表团一行来华侨大学洽谈合作交流事宜】 2014 年 12 月 16 日，美国德保罗大学商学院金融系主任 Eli Brewer 一行来校访问，就金融学中外合作办学项目等合作交流事宜进行深入探讨。副校长曾路在泉州校区会见了 Eli Brewer 一行。在曾路向来宾简要介绍了学校的基本情况，并希望双方合作办学的项目可以有 "3+1" "2+2" 等多种选择，以更好地满足学生需求；同时希望双方的合作交流扩展至教师间的合作研究以及校际间的文化交流等。Eli Brewer 以个人的工作阅历和商学院某教授取得的专业成就为例，指出德保罗大学是一所注重实践与教学相结合、注重教学质量和以开放式教学为特色的大学。他还提出了合作办学 "3+2" 项目的建议。德保罗大学商学院教授 Carl Luft、中国战略中心主任 Patrick J. Murphy 等随行。学校经济与金融学院负责人、教师代表、国际交流合作处、教务处负责人等陪同会见，并就金融学中外合作办学 "3+1" "2+2" "3+2" 项目、学生学分互换、课程设置等具体问题与德保罗大学来宾举行座谈，深入探讨交流。

【丹麦霍尔拜克市访问团莅校签署合作意向书】 2014 年 11 月 27 日，校长贾益民接待了来访的丹麦霍尔拜克市市长 Søren Kjærsgaard 一行 6 人。双方签署合作意向书。双方一致同意充分利用各自优势，创新教学与学习模式，为来自丹麦、欧洲其他国家和中国的学生提供包括中西方文化、社会、经济、商务、哲学、历史、语言等人文与社会学科，以及一些自然学科在内的优质高等教育资源，并使学生通过中西多元文化体验教育获取国际经验与全球视野。根据意向书，双方将积极探索在开展本科、硕士、博士等多层次学历教育，开展中西方语言、文化教育，开展多种形式的教师、学生和文化交流，共同举办学术研讨会、论坛以及其他共同感兴趣的领域与项目的合作。贾益民向客人介绍了华侨大学的办学情况和对外汉语教学的经验和成果。他建议双方紧密磋商，积极推进合作进程。据了解，霍尔拜克市是丹麦 5 个大区之一——西兰大区最重要的海湾港口城市，也是商务交流和货物集散中心，在铸铁、造船、机器、造纸、五金制造以及渔业领域有较强的实力。此次随行来访的成员还有霍尔拜克市部分政府官员以及当地几所学校的校长。华侨大学副校长曾路以及国际处、发规处、教务处、研究生院负责人参加座谈并见证签约。

【德国莱法州教育代表团莅校访问】 2014 年 11 月 27 日，由德国美因茨大学、特里尔大学、特里尔应用科技大学、美因茨基督教应用科技大学、美因茨应用科技大学等五所高校国际交流处负责人和莱法州 – 福州大学研究院院长组成的德国莱法州教育代表团访问华侨大学。据悉，德国莱法州教育代表团是应福建省外事办公室邀请来闽，此行主要目的为探讨福建省与莱法州在高等教育领域扩大交流与合作事宜。学校国际交流合作处、国际学院负责人向客人介绍了学校的基本情况、办学优势、校园文化及国际交流情况。德国各学校代表也分别介绍了本校的情况。随后，双方就学生交流、英文授课、学分互认等议题进行了交流。

【第三届国际东西方研究论坛暨 2014 年国际东西方研究学会年会在校召开】 2014 年 7 月 19 日，由华侨大学哲学与社会发展学院承办的第三届国际东西方研究论坛暨 2014 年国际东西方研究学会年会在厦门校区召开。研究东西方哲学与文学的 30 多名中外专家学者聚集一堂，围绕"东西方思想对话与中华文化传播"主题，参与 20 场主题发言和讨论，探讨中外文化交流的重要意义和面临的挑战。校长贾益民出席开幕式并致辞。他指出，华侨大学多年来一直服从并服务于国家中华文化走出去的战略，致力于中华文化的传播和研究。本次会议的主题与华侨大学肩负的使命和责任相契合，不仅会为学校对中华文化方面的研究、东西方文化的研究、东西方文化传播的研究带来新的信息，而且为老师、同学提供了就业学习机会，促进学校的学科建设和学科研究。国际东西方研究学会荣誉会长、国际著名比较文化学者、香港城市大学比较文学讲座教授、瑞典皇家人文科学院外籍院士、《东西方思想杂志》（*Journal of East-West Thought*）顾问张隆溪带来《比较中西方文学经典的困难与潜在价值》主题演讲。他指出，随着中国经济的发展，中外专家学者对于中国的传统文化越来越重视，这是一个东西方比较研究的时代。国际东西方研究学会执行主席、《世界华人周刊》社长、华人网络广播电视台台长张辉表示，本届年会第一次进入校园，希望中外专家学者在东西方文化研究和交流中达到最好水平，回馈华侨大学，完善会议机制、内容，成为真正意义上的国际年会。本届年会由国际东西方研究学会、华侨大学哲学与社会发展学院、美国文心社、世界华人周刊、华人网络广播电视台主办，（国台办）九州文化传播中心、世界华人周刊出版集团、天津外国语大学外国语言文化研究中心、北美科发集美国加州团、《东西方思想杂志》（*Journal of East-West Thought*）、《东西方研究学刊》等协办，美国加州州立科技大学哲学教授丁子江、九州文化传播中心副主任王杰教授、华人网络广播电视台执行总编辑桑宜川博士、中国社科院文学所研究员陈定家、南开大学哲学系教授朱鲁子、山东大学佛教研究中心主任陈坚教授、南京师范大学哲学系主任张之沧教授、南京师范大学哲学系陈真教授等30多名国内外知名学者与专家出席本次年会。本次年会旨在东西方文化交流与研究中，广泛而深入地探讨具有建设性、开拓性和前瞻性的各种思想理念，并对各个领域的学术研究作跨文化、跨学科以及全球化的学术考察。

【第九届中文教学现代化国际研讨会】 2014年7月19至20日，第九届中文教学现代化国际研讨会在华侨大学厦门校区召开。来自中国大陆、香港、台湾以及英国、新加坡、加拿大等国家和地区的近百位专家学者汇聚一堂，共同探讨大数据时代中文教学的理论与实践等问题。此次研讨会由中文教学现代化学会主办，华侨大学华文学院、华文教育研究院、海外华文教育与中华文化传播协同创新中心共同承办。会议论文集《数字化汉语教学》已由清华大学出版社在会前正式出版，共收录论文59篇。开幕式上，华侨大学校长贾益民教授，中文教学现代化学会会长、北京大学对外汉语教育学院李晓琪教授分别致辞。北京师范大学教授何克抗、北京大学教授李晓琪、华侨大学校长贾益民分别作了题为《如何实现信息技术与教育的"深度融合"》《汉语口语自动化考试研发与题型设计理念》《大数据：国际汉语教学的机遇与挑战》的特邀学术报告。在为期两天的研讨会中，与会代表分组围绕"云时代"中文教学的实践应用与反思、中文教学"现代化"的理论审视与实践应用、汉语教学知识库及数据资源的理论与应用等八个主题进行报告、参观国内华文教育领域首个智慧教室——华侨大学华文教育研究院"云教育技术实验室"。研讨会后，中文教学现代化学会在学校开办"首届数字化汉语教学培训班"。据了解，中文电化教学国际研讨会自1995年起已经举办八届，从2014年起会议更名为"中文教学现代化国际研讨会"。7月20日，第九届中文教学现代化研讨会在华侨大学厦门校区王源兴国际会议中心落幕。

【因公派出】 2014年全年出访团组共计330个，725人次。其中，出国团组158个，379人次；港澳团组129个，183人次；台湾团组43个，163人次。重要团组包括：2014年5月16～23日副校长徐西鹏率团一行4人赴意大利、法国进行访问，先后拜访了巴里理工大学、意大利罗马二大、罗马UNINT大学，以及法国福建同乡会，访问期间与巴里理工大学签署了合作意向书。5月18～25日，副校长吴季怀率团一行5人赴美国、加拿大访问，在美期间，访问团与托莱多大学签订两校合作协议，参观五大湖国际集团总部，会见纽约福建同乡会主要成员，拜会中国常驻联合国代表团正局级科技参赞赵新力，访问美国闽侨文化中心，并举行华侨大学美国（纽约）招生处揭牌仪式。在加拿大期间，访问团拜访协和大学及蒙特尔大学，达成初步合作意向，还拜访了华侨大学加拿大校友会。6月23～29日，副校长刘斌率团一行4人访问菲律宾和马来西亚，访问团拜访了菲律宾菲华商联总会、菲律宾华教中心、菲律宾亚典耀圣心学院、菲律宾侨中学院，以及马来西亚留华同学会、华侨大学马来西亚校友会、马来西亚尊孔独立中学，还拜会了华侨大学校董施嘉骓、陈本显、戴国兴、李雯生、陈志成等。8月8～15日，副校长吴季怀率团一行5人赴印尼、新加坡访问。访问期间，访问团访问了新加坡集美学院、新加坡南洋理工大学，拜访了中国驻印尼大使刘建超、印尼国际日报社赵金川、印尼穆斯林教法理事会阿米丹等人，并与印度尼西亚穆斯林教法理事会（简称MUI）签署了教育合作备忘录。10月19～23日，党委书记关一凡率团赴印尼访问，拜访校董并看望校友，访问智民学院、印尼泛华国际集团，拜访中国驻泗水总领事馆于红总领事、于杰领事以及东爪哇华文教育统筹机构主席李光迈博士等。代表团还视察了华侨大学驻印尼办事处。10月24～31日，校长贾益民、副校长曾路一行赴英国、爱尔兰访问，访问团访问英国埃塞克斯大学、威斯敏斯特大学、阿尔斯特大学，以及爱尔兰国立梅努斯大学、都柏林理工学院，并与英国埃塞克斯大学、阿尔斯特大学签署合作备忘录，与爱尔兰国立梅努斯大学签署合作协议。11月15～19日，副校长吴季怀、国侨办文化司副巡视员梁智卫等一行5人就建立华侨大学泰国分校事赴泰国访问。访问团拜访泰国校董和校友、泰中文化经济协会、泰国农业大学、泰国国立发展管理学院、曼谷吞武里大学、崇华新生华立学校和中国驻泰王国大使馆。此次访问是为建立华侨大学泰国分校争取各方的支持。12月2～11日，党委副书记朱琦环赴英国、法国、意大利访问。访问英国伯明翰城市大学、西伦敦大学、法国瑞尼维埃音乐舞蹈学院、梅特纳音乐舞蹈学院、巴黎塞纳建筑高等学院及意大利罗马第一大学，并与伯明翰城市大学音乐学院达成初步合作意向。

【海外引智】 2014年，国家外国专家局拨付学校的外国专家经费额度为423万元，其中包括"引进海外高层次文教专家重点支持计划"27万元，"学校重点聘专项目"351万元，其他45万元。学校聘请长期外籍专家和教师33人，其中专业类外国专家15人，语言类外籍教师16人，行政类外籍人员2人，聘请结构日趋合理，聘请效益显著提升。引进的外国专家和教师总体水平明显提高，其中博士学位14人，硕士学位12人，学士学位7人。2014年，华侨大学多渠道推动短期专家聘请工作，共邀请161人次短期外籍专家来校访学、开展合作科研等，启动了由华侨大学校董杜祖贻先生首倡的"世界杰出华人科学家讲堂"，该项目计划每年邀请2～4位世界知名的华人科学家莅校，为相关专业师生作学术报告和科研指导。受邀主讲嘉宾应具有所在国院士级别，或者在相关学科领域具有较高权威地位和影响力或者在世界名校担任终身教授。2014年11月，加拿大著名华裔理论物理学家蓝志成、美籍著名物理学家姚若鹏开设5场专题报告，并与信息科学与工程、计算机科学与技术等学院青年师生举行沙龙。外籍专家的研究领域涉及信息、数量经济学、土木工程、机械工程、建筑学、材料、药物学、医学、心理学、化学、数学、管理学、历史、文学、会计学、音乐学等学科。具体如下：

华侨大学 2014 年长期外籍专家和教师

聘请单位	专家姓名	国家（地区）	学历
生物医学学院	许瑞安	新西兰	博士
生物医学学院	林俊生	新西兰	博士
信息科学与工程学院	葛悦禾	澳大利亚	博士
信息科学与工程学院	程梦璋	美国	硕士
工商管理学院	吴泽福	新加坡	博士
工商管理学院	黄天中	美国	博士
计算机科学与技术学院	李发捷	新西兰	博士
数量经济研究院	李拉亚	美国	博士
计算机科学与技术学院	范文涛	加拿大	博士
生物医学学院	肖卫东	美国	博士
生物医学学院	PHILIPP KAPRANOV	美国	博士
哲学与社会发展学院	GRAHAM PEEBLES	英国	博士
音乐舞蹈学院	梁宁	美国	硕士
工学院	傅心家	中国台湾	博士
国际学院	甘露泽	中国台湾	博士
外国语学院	Brian John Low	加拿大	博士
外国语学院	MARILYN FAY PHILLIPS	加拿大	硕士
外国语学院	YUKI KON	日本	硕士
外国语学院	MAO NAKAO	日本	硕士
外国语学院	JAMES ROBERT TRONCALE	美国	硕士
外国语学院	CLAIRE WILLIAMS SCHICKEL	美国	硕士
外国语学院	ERIC JAMES SCHICKEL	美国	硕士
外国语学院	JOHN PHILIP CHADWICK MOORE	美国	硕士
外国语学院	YURI OGAWA	日本	硕士
外国语学院	PETAR HRISTOV TASEV	保加利亚	本科
外国语学院	DAVID MICHAEL PHILLIPS	加拿大	本科
外国语学院	KEVIN S POEHNER	美国	本科
外国语学院	THEODORE ALEXANDER TULLOCH	美国	本科
外国语学院	GEOFFREY MARTIN GRAHAM	英国	本科
泛华学院	MARSELINA BINTORO	印度尼西亚	本科
泛华学院	Eunike Sutanto	印度尼西亚	本科
国际交流合作处	Fan Min	加拿大	硕士
实验室与设备管理处	侯文娟	加拿大	硕士

港澳台工作

【概况】 2014 年，学校继续秉持"面向海外，面向港澳台"的办学方针，推进国际化办学战略，进一步拓展与港澳台地区的交流与合作。全年共接待港澳台来访团组 22 个，共计 740 余人次；与 2 所台湾高校签署合作协议 3 项。接待重要团组包括：香港特区政府驻闽办主任苏紫贤一行，香港特区政府驻粤经贸办负责人一行，香港保良局师生福建省大学考察团一行等。另外学校承办了第八届两岸宗教学术论坛，两岸继续（推广）教育论坛，以及海峡两岸文化剧场联合设计工作营。

2014 年全年，华侨大学赴港澳出访团组 129 个，共计 183 人次；赴台湾团组 43 个，163 人次。

【香港特区政府驻闽办主任苏紫贤一行莅校访问】 2014 年 3 月 11 日，香港特区政府驻闽办主任苏紫贤一行莅校访问，校党委副书记、纪委书记朱琦环在厦门校区会见了客人。学生处负责人陪同会见。会谈后，香港特区政府驻闽办一行与厦门校区香港学生进行座谈交流。驻闽办主任苏紫贤、副主任何兆基先后介绍了驻闽办的历史沿革及机构职能，随行的香港航空公司福州代表处总经理谭超尘、东亚银行厦门分行副行长林丽琼分别介绍了本单位的基本情况，并就学校香港学生实习、就业等方面的疑问作了详细讲解与积极回应。

【香港特区政府驻粤经贸办、驻闽联络处负责人莅校访问】 2014 年 12 月 11 日，副校长曾路在厦门校区会见了来访的香港特区政府驻粤经贸办主任邓家禧、香港特区政府驻福建联络处副主任何兆基一行。曾路向客人介绍了学校的历史发展、境外生教育以及在港开展的各项工作，并对香港特区政府驻福建联络处近年来对学校香港学生就业方面提供的协助表示感谢。邓家禧对华侨大学境外生的成功教育模式表示由衷赞赏，表示将会为学校香港学生就业问题提供更多的平台。国际交流合作处、学生处相关负责人及香港学生代表参加会见。

【第八届两岸宗教学术论坛】 2014 年 4 月 3 日，由华侨大学承办的第八届两岸宗教学术论坛在厦门校区召开。论坛共举办 7 场主题发言和讨论，发表主题演讲 34 人次。副校长张禹东在开幕式致辞中指出，在两岸文化交流方面，华侨大学有着良好的传统，华侨大学是福建省最早招收台湾学生的高校，在海外交流中，学校的华文教育也发挥了重大的作用。张禹东还回顾了与台湾辅仁大学的合作交流，希望两岸继续扩大合作，增进友谊。中国人民大学佛教与宗教学理论研究所所长张风雷教授为论坛提交了《天台智者大师的中道思想》的论文。台湾辅仁大学社会科学院院长陈德光教授讲述了八年前创办论坛的艰辛及八年来取得的成果。慕名前来参加论坛的厦门思明区归国华侨联合会副主席、福建省人大代表颜达成先生表示，两岸的交流要更加重视民间力量，鼓励文化交流，增进两岸人民的感情。两岸宗教学术论坛由台湾辅仁大学发起，于2007年在台北举办首届论坛，目前由中国人民大学和华侨大学参与举办，每年一届，由三校轮流举办。下届论坛将于2015年在北京举办。

【海峡两岸文化剧场联合设计工作营】 2014年4月，由华侨大学、台湾中国文化大学、泉州市南建筑博物馆联合开展的"海峡两岸文化剧场联合设计工作营"正式拉开帷幕。本次联合设计工作营围绕传统剧场的现代演绎展开。联合设计工作坊选址泉州西街，旨在建设一个兼容地方传统戏剧与现代话剧，融合观演与历史城区市井文化生活的多元文化剧场。课题组师生55人将在泉州展开历史城区踏勘调研，依次参访泉州新门街梨园古典剧院、南音艺苑、西街历史片区、泉州博物馆、闽台缘博物馆、清真寺等，并开展小型研讨活动，共同探讨历史城区的文化传承和演绎。据了解，本次"海峡两岸文化剧场联合设计工作营"是由华侨大学建筑学院发起的海峡两岸专业实践联盟的重要内容，另一项重要内容是同期开展的海峡两岸光明之城实体搭建大赛，22名台湾学生参与了首届海峡两岸实体搭建大赛，共同参与搭建和体验，使两岸青年建筑文化的交流互动更加广泛和深入。

【张禹东拜会星云大师】 2014年4月9日，副校长、中国宗教学会副会长张禹东，校长助理曾路在泉州悦华酒店拜会台湾佛光山开山宗长星云大师。张禹东向星云大师转达了校长贾益民和学校师生的敬意和问候，并就学校的对台交流和华文教育发展等方面与星云大师进行深入的探讨。星云大师在华侨大学与佛光山的宗教学术交流、与南华大学学生交换以及教育理念等方面提出了许多建设性的意见。他指出，华侨大学要办成一个"不容易进的大学"，要通过"年轻人更多的来往，带他们促成更多的因缘"。双方达成促进青年学生交往、加强学术合作等重要共识。星云大师将《人间佛教》丛书两套、《人间诗集》两册赠予华侨大学。书籍将分别入藏泉州、厦门校区图书馆馆藏，供师生品阅。据了解，"星云大师一笔字书法展"在华侨大学校董陈捷中、蔡蝴蝶伉俪，庄永兴先生的积极推动下，于2014年4月7日至5月4日在厦门博物馆、中国闽台缘博物馆分别展出。

【香港保良局师生福建省大学考察团来校访问】 2014年6月26日下午，由香港保良局13所中学的110多位校长、老师、学生组成的福建省大学考察团来校访问，此次访问主要是了解华侨大学的校园环境、课程设置、在香港招生情况等。副校长吴季怀、香港保良局教育总主任杨健忠、中央政府驻香港联络办教育科技部调研员陈恒等出席了考察团在学校厦门校区举行的开营仪式。开营仪式由福建省教育厅对外合作处副调研员石茵主持。吴季怀简要介绍了华侨大学的办学历史和香港招生情况。他希望此次保良局师生来校访问能够增进香港同胞，尤其是青少年朋友对内地高校的了解，增进双方的合作；希望保良局的师生更多地了解、关注华侨大学，并欢迎各位同学今后报考华侨大学。杨健忠代表考察团感谢华侨大学提供机会让保良局师生了解这里的学习环境、课程设置等。他说，此次来校访问的大多是来自各个学校的高一年级学生代表，回去后他们将与其他同学分享在福建省大学考察的经历。访问期间，香港保良局的师生还观看华侨大学宣传片，聆听建筑学院副院长陈志宏作"闽南传统民居"主题讲座，参观了厦门校区的综合教学楼、行政研发大楼、图书馆，与在校香港籍学生座谈联欢等。香港保良局创立于1878年，是一所历史悠久的多元化慈善机构，为香港社会各界人士提供社会服务、教育、康乐、文化服务等。目前拥有122个教育服务单位，包括社区书院、幼儿园、中小学、特殊学校等。

【两岸继续（推广）教育论坛】 2014年12月7日，海峡两岸继续（推广）教育论坛在华侨大学泉州校区召开。福建省教育厅、考试院相关部门负责人，两岸高校继续（推广）教育学院及日本高校的院长、专家学者参加论坛。华侨大学副校长刘塨、福建省教育厅副处长刘福华出席论坛开幕式。刘塨在开幕式致辞中，向参加论坛的代表介绍了华侨大学的办学情况以及学校继续教育的发展现状。围绕本次会议主题"两岸高校继续（推广）教育的改革与转型提升"，来自厦门大学继续教育学院的副院长王传金、日本千代田国际语学院理事长栗田秀子、中国人民大学出版社罗海林博士、中原大学教授康渊、台湾元智大学教授王立文分别作了《积极探索、务实创新、努力提升继续教育工作水平》《关于日本继续教育的相关情况》《微课，MOOCs（慕课）创生的学与教》《中原大学推广教育的现状与展望》《生存美学及整合学对继续教育的启示》的大会主题发言。与会代表还就两岸高校继续（推广）教育属性与体制机制创新、MOOC新趋势下的继续（推广）教育发展新战略、两岸继续（推广）教育合作的可行性研究以及成人高等继续（推广）教育成本与办学效益等四个专题进行研讨。

发展规划工作

【概况】 华侨大学发展规划处成立于2012年5月，是对学校事业发展、学科建设、绩效评估等提供决策咨询、协调服务的职能机构。发展规划处下设事业规划科、信息管理科，与华侨大学学科建设办公室、华侨大学绩效评估中心、华侨大学高等教育研究中心合署办公。

发展规划处目前主要有六大职能，即：学科建设、事业规划、绩效评估、对外合作、信息管理、高教研究。发展规划处在学校主管领导的正确领导下，在相关部门的大力支持配合下，主要围绕学校发展目标，提出与学科建设有关的改革、发展设想和建议，研究、起草、论证、完善和落实学校学科发展规划及相关管理办法，协助各学院制定本单位学科发展规划。

事业规划

【2014 年发展战略研讨会】 9 月 12 日，华侨大学 2014 年发展战略研讨会在厦门校区王源兴国际会议中心举行。会议以绩效评估为主题，就如何通过探索和落实绩效评估，强化学校内涵建设，提高办学质量进行深入研讨。校领导贾益民、关一凡、朱琦环、吴季怀、徐西鹏、刘塨、张禹东、刘斌出席会议，校长助理彭霈、张云波、曾路，校行政机关、党群机关、直属单位、学院、研究院等党政主要负责人参加会议。会议由党委书记关一凡主持。

会上，华侨大学校长贾益民作重要讲话。讲话指出，开展绩效评估工作、注重内涵发展，是学校在高等教育和为侨服务要求发生新的变化的条件下，总结和借鉴国内外知名高校发展经验的基础上，抢抓机遇，实现跨越式发展的重要路径；是学校建设基础雄厚、特色鲜明、海内外著名高水平大学的必然选择；是学校必须要抓紧推进和加快落实的艰巨而紧迫的重大任务。贾益民指出，学校开展绩效评估工作将从学校、学院、学科三个层面对办学质量进行监控与评估，重点是对各学院办学系统的运行状态进行测定及导向，在绩效评估指标体系上，将学校办学的核心业务模块划分为人才培养、科研与社会服务、师资队伍建设、国际化建设和特色建设五个一级指标。就如何推进绩效评估工作，贾益民强调，要摆正态度，下定决心，坚决有效地实施绩效评估；认清形势，明确方向，持续全面地开展绩效评估；转变思路，群策群力，动态调整和优化完善绩效评估。

会上，发展规划处处长张向前就《华侨大学办学质量监控与绩效评估方案（征求意见稿）》的制订依据、评估内容、评估指标体系的建立等情况进行说明。与会人员还围绕如何开展绩效评估、强化学校内涵建设进行了分组讨论。研讨会结束后，发展规划处根据研讨会会议记录汇总整理了《关于华侨大学绩效评估工作的思路和建议》，上报学校领导供决策参考。

【发展规划】 为积极推动学校"十二五"发展规划的贯彻落实，发展规划处在广泛征求意见的基础上，进一步修订《华侨大学"十二五"发展规划中期评估报告（征求意见稿）》，经校长办公会审议后，又在全校范围内征求、汇总了各方面意见，在此基础上进行补充完善。同时，发展规划处还积极推进学校"十三五"发展规划编制工作，草拟并经领导批准后于 3 月 6 日发布了《关于成立华侨大学"十三五"

发展规划编制工作委员会的通知》（华大综〔2014〕23号），并就学校制订"十三五"发展规划专门到厦门大学等开展相关调研，在此基础上初步草拟形成了《华侨大学"十三五"发展规划纲要》。7月15日，发展规划处发布了《关于做好"十三五"发展规划编制工作的通知》（华大综〔2014〕70号），积极组织各学院、研究院开始启动"十三五"发展规划的编制工作。

【《华侨大学志》】 进一步推进《华侨大学志》编纂事宜，汇总全校60多个单位的稿件并进行初步审核；从6月开始正式审稿，将各个单位的资料进行梳理、审核，并于8月底将审稿意见反馈至各个单位、学院，9月中下旬收到大部分单位的修改稿，再次进行审稿，随后对《华侨大学志1960~2010》还进行多次通稿修改，于11月底完成初稿。这是我校第一部全面反映学校整体发展进程的志书，对于记录学校发展历史、总结学校发展经验、汇聚学校发展力量，更好地展示和提升学校形象等，具有重要意义。

【《发展规划简报》】 整理编辑国内外高等教育发展的最新动态、政策措施，国内外一流大学在事业规划、学科建设、绩效评估、人才培养、科学研究、办学国际化等方面的成功经验，以及华侨大学建设发展的思路设想、对策建议和发展成绩等相关文章，形成《发展规划简报》并每周定期编辑印发，年内共编辑38期，共计约50万余字。

学科建设

【绩效考评】 2014年5月，发展规划处完成了《华侨大学福建省重点建设高校建设项目2013年支出绩效评价报告》，报告从省重点建设高校建设项目专项资金绩效自评报告、建设成效统计、成果汇总、标志性成果提炼等方面进行梳理，报告报送省教育厅后，学校获评省重点建设高校绩效自评工作优秀等级。

【新型高校智库建设】 2014年7月，发展规划处草拟完成并经领导审批后正式向全校印发了《华侨大学关于新型高校智库建设实施办法》（以下简称《办法》），《办法》为更好地组织学校各单位、各学科聚焦国家急需，明确新型高校智库建设目标，立足学校特色，创新体制机制，整合优质资源，打造新型高校智库指明了发展方向，确立了推进原则和实施办法、举措等。

【第九届学术委员会会议】 2014年7月11日，根据主管领导的指示，发展规划处协调组织召开了学校第九届学术委员会全体会议。会议主要对草拟形成即将出台的《华侨大学学术委员会章程（草稿）》进行了充分的讨论，与会委员们各抒己见，就学术委员会的宗旨、性质以及学术委员会与分委员会的职责和权限的界定和划分，学校的学术风气、学科建设、教学科研等问题进行了广泛深入的探讨，提出了很多富有建设性的意见和建议，并通过讨论统一了思想，达成了共识。

【学科建设经费管理】 落实完成 2014 年度学科建设经费划拨工作。划拨各学院、研究院重点学科日常建设经费 1965 万元，科技创新能力提升计划经费 2300 万元、繁荣哲学社会科学计划经费 975.75 万元，华侨华人研究院涉侨研究、通识教育研究、学科重点实验室专项经费 1130 万元等。同时，保持对经费使用的跟踪，及时督促各单位在保证项目资金使用效益的前提下，采取切实措施推进项目的执行进度。

【学科评估工作】 做好学科评估、学科对比分析工作。2014 年 3 月组织学校第二批共 9 个学科参加教育部学位与研究生教育发展中心提供的学科对比分析服务。截至目前，我校共有 3 个学科参加 2012 年教育部第三轮学科评估，17 个省重点学科参加 2013 年第一批学科对比分析工作。

【学科规划】 做好学科建设规划工作。草拟修改学校"十三五"学科建设规划，确定学科建设规划的指导思想、学科布局、建设举措和建设目标等，确保学科建设规划工作科学有效推进。草拟修改《华侨大学学科建设综合改革方案》，进一步做好学科建设顶层设计，调整优化学科布局，明确学科内涵建设体系，突出和强化学校学科建设特色和优势。

对外合作工作

【与丹麦霍尔拜克市签署合作协议】 2014 年 11 月 27 日，校长贾益民与来访的丹麦霍尔拜克市市长 Søren Kjærsgaard 一行签署合作意向书。根据意向书，双方将积极探索在开展本科、硕士、博士等多层次学历教育，开展中西方语言、文化教育，开展多种形式的教师、学生和文化交流，共同举办学术研讨会、论坛以及其他共同感兴趣的领域与项目等方面开展合作。此次随行来访的成员还有霍尔拜克市部分政府官员以及当地几所学校的校长。副校长曾路以及国际交流合作处、发展规划处、教务处、研究生院等负责人参加座谈并见证签约。

【签署与中国科学院福建物质结构研究所（海西研究所）合作协议】 2014 年 10 月 18 日，华侨大学与中国科学院福建物质结构研究所（海西研究所）签订合作协议。华侨大学校长贾益民和中国科学院福建物质结构研究所所长曹荣分别代表双方在战略合作框架协议、联合培养研究生协议、科研合作框架协议和装备制造科研合作框架协议上签字。双方签署的战略合作框架协议，在人才培养与交流、合作开展科学研究和共建技术研发平台上达成一致；签署的联合培养研究生协议，在研究生招生、培养、管理及学位授予等工作上达成协议；签署的稀土所科研合作框架协议，在化学及材料领域建立合作交流小组、开展合作研究与仪器资源共享、联合培养研究生、共建创新平台、联合开展重大课题攻关及成果转化等方面促成合作；签署的装备制造科研合作框架协议，加强了双方在装备制造领域科研开发、学科建设、人才培养等方面的合作，实现优势互补、资源共享、成果对接。

【与惠安县签署战略框架协议】 2014 年 3 月 21 日，惠安县与华侨大学签署了《战略合作框架协议》和《建筑产业发展与人才培育合作框架协议》，进一步推进双方在人才培育、技术成果对接、咨询规划设计等领域的合作。签约及授牌仪式当日下午在惠安举行，校长贾益民、惠安县县长洪于权分别代表双方在协议书上签字，贾益民将华侨大学（惠安）建筑人才工作站牌匾授予惠安县副县长黄松友。根据协议，华侨大学为惠安县培养产业发展急需的专业人才，惠安为华侨大学提供实践基地；华侨大学将为惠安县规划建设提供咨询服务与人才支持。双方将联合申报国家级、省级项目；将依托重点企业、行业组织共建行业创新平台；双方还将加强建筑产业科技项目对接，做强建筑产业。

【与德化县人民政府签署战略合作协议】 2014 年 10 月 14 日，华侨大学与德化县人民政府签订合作协议，进一步推动双方建立全面、稳固的战略合作关系。华侨大学副校长吴季怀、德化县常务副县长吴顺情分别代表双方在战略合作协议书上签字。根据战略合作协议，华侨大学与德化县将就双方的中长期发展规划、专项实践等问题开展调研、进行科学论证研究；以项目为载体，联合申报国家级、省级项目，开展横向课题研究，共同推进技术创新，推进产学研合作；开展学术讲座，进行技术开发、技术转让、技术难题攻关；利用学校智力资源密集的优势，为德化发展提供科技支撑和智力支持；共建行业创新平台，联合申报国家、省部级重点实验室、工程研究中心等科技创新基地；建立校企对接机制；创造条件，在工艺美术、医疗卫生、继续教育、旅游服务、人才培育等方面开展深度合作。

【与泉州师范学院签署合作协议】 2014 年 10 月 10 日，华侨大学与泉州师范学院签订合作协议，双方将共同努力提升办学层次，在人才培养、科研创新、师资建设等方面开展合作。根据协议，双方将建立两校联席会议制度，每年轮流举办，研讨在人才培养、科学研究、社会服务和文化传承等方面的合作事项；将共同开发优质课程、建立网络化教学支撑体系、共享实验室和电子文献资料，推动两校资源共享；将发挥优势资源、依托各自平台，凝聚专家共同开展在闽南文化、"海丝"文化、金融学等领域的研究。

【与安溪铁观音集团签署战略合作协议】 2014年10月10日，为深化校企产学研合作机制。学校与福建安溪铁观音集团股份有限公司签署战略合作协议，双方将在科研、教学、人才培养与就业等方面开展合作。签约仪式在安溪铁观音集团内举行，校长贾益民、福建安溪铁观音集团股份有限公司董事长林文侨分别代表双方在协议书上签字。我校党委书记关一凡，副校长吴季怀，校长助理彭霈、张云波，安溪铁观音集团副董事长王大庆，以及双方相关部门负责人出席签约仪式。根据协议，双方将整合资源，围绕茶叶产业开展企业发展战略研究；组建高水平研发团队，联合开展课题研究；在提供实践基地、就业机会以及提供专题培训等方面开展深度合作。

【与德化县医院签署合作协议】 2014年10月14日，华侨大学与德化县医院签订合作协议，进一步建立全面、稳固的战略合作关系。德化县医院并挂牌为"华侨大学附属德化医院"。华侨大学生物医学学院院长许瑞安与德化县医院院长李松川分别代表双方签署合作协议。华侨大学校长贾益民、德化县县长欧阳秋虹为"华侨大学附属德化医院"揭牌。根据协议，德化县医院将作为"华侨大学附属德化医院"，依托华侨大学品牌、人才、教学、科研的资源优势，推动德化县医院由医疗服务为主的临床型医院向医疗、教学、科研同步发展的教学型医院的转变，进一步提高医院科研创新能力和医疗技术水平，逐步将德化县医院建成一所群众满意、政府放心、医教研兼丰的三级综合性医院和临床科研教学中心，推动德化医疗卫生事业的全面发展。

高教研究工作

【华侨大学高等教育研究中心高级研究员座谈会】 2014年6月25日，华侨大学高等教育研究中心高级研究员座谈会分别在泉州校区和厦门校区同时召开。会上，与会专家主要围绕《华侨大学"十二五"发展规划中期评估报告（征求意见稿）》等从不同角度提出了修改意见，同时，就学校"十三五"发展规划制订和学科建设相关工作等进行了座谈。据悉，华侨大学高等教育研究中心自设立专家库以来，主要聘请学校教学科研骨干、具有丰富经验的管理干部担任高级研究员，围绕学校事业发展、学科建设、绩效评估等重大问题已进行了多种形式的座谈，积极建言献策，努力为学校实现跨越式发展谋划思路、提供建议等。

【《华侨高等教育研究》】 2014年内，共编辑出版2期《华侨高等教育研究》，刊发论文 38 篇，展现了最新教育、教学研究成果。结合学校教育工作，精心策划选题、组织稿件，努力展现学校教育教学工作的思路和成就，为学校教育发展服务。2014 年第 1 期共设 3 个栏目，刊发论文 20 篇。其中"教育教学研究"栏目刊发了"论哲学教育促进道德意识的路径"（李忠伟）等 16 篇论文；"研究生教育"栏目，刊发"岩土工程专业研究生培养中理论和实践并举的思考"（蔡奇鹏）等 3 篇论文；"高校管理"栏目刊发"'三支一扶'计划政策梗阻与消解"（骆文伟）论文 1 篇。2014 年第 2 期共设 5 个栏目，刊发论文 18 篇。其中"学校工作"栏目刊发了的 2013 年华侨大学国际化战略研讨会主题报告"齐心协力，扎实推进，实现华侨大学国际化新飞跃"（吴季怀）；"教育教学研究"栏目刊发"现代大学制度构建探讨"（贾益民）等 11 篇论文；"研究生教育"栏目刊发了"从研究的角度阅读社科专业文献"（赖世攀）论文 1 篇；"华文教育"栏目刊发"论华侨高等学校境外生培养的三个维度"（黄宗喜）等论文 2 篇；"高校管理"栏目刊发"浅谈本科生跨学科导师制"（王田，吴尤可）等 3 篇论文。

绩效评估与信息管理工作

【绩效评估工作】 为适应高校内涵建设要求，努力探索推进绩效评估工作。2014 年，发展规划处赴上海交通大学、同济大学等就绩效评估进行专题调研。在调研的基础上，结合学校实际，初步草拟完成《华侨大学绩效评估试行方案》，并据此对学校各学院进行尝试性的初步绩效评估。2014 年 9 月 12 日，学校专门召开发展战略研讨会专题讨论绩效评估工作。根据发展战略研讨会讨论的意见和会后征询汇总校内相关专家学者的建议，进一步完善绩效评估评价体系，探索规范各项指标，以尽快形成学校绩效评估方案。

【第三次全国经济普查工作】 根据《福建省人民政府关于做好第三次全国经济普查工作的通知》（闽政〔2012〕56 号）精神，按照《福建省第三次全国经济普查领导小组办公室福建省教育厅关于做好全省高校系统经济普查工作的通知》（闽经普办〔2013〕44 号）和《泉州市第三次全国经济普查领导小组办公室转发省经普办省教育厅关于做好全省高校系统经济普查工作的通知》（泉经普办〔2013〕22 号）等文件的有关规定，发展规划处成立了华侨大学第三次全国经济普查领导小组。按照《集美区第三次全国经济普查领导小组办公室关于认真做好普查员选聘的通知》要求，发展规划处根据人员配备要求，按时上报人员，并派发展规划处普查员参加由集美区统计局组织的系统培训和指导如何使用设备等的三次会议。发展规划处普查员严格按照相关要求，于 2014 年 3 月底圆满完成相关工作任务。

人事工作

【概况】 华侨大学人事处设有人事科、师资科、工资福利科、人事信息与档案管理科，挂靠单位有高层次人才项目办公室、人才交流服务中心等，现有工作人员19人。

2014年，人事处稳步开展专业技术职务聘任制改革，圆满完成首轮新条件自主聘任；稳步实施绩效工资改革，基本完成首次奖励性绩效工资业绩考核奖励发放；稳步推进人员分类改革，初步建立以岗位任务为基础的人力资源体系。紧抓人才项目工作，稳步推进高层次人才队伍建设，高端外国专家（文教类）项目取得突破；全力实施师资人才引进计划，在总结"优秀博士"引进计划，继续实施"青年英才"引进计划和"师资博士后"招收计划的基础上，提出实施"百名海外博士引进计划""紧缺专业台湾博士引进计划"，加大引进各类人才的针对性，大幅度提高优秀人才引进待遇，体现引进人才政策的区分度，为不同学科发展设计较有弹性的人才政策；继续实施青年教师能力提升计划，持续推进教师队伍整体水平提升和结构优化升级。支部被福建省教育工作委员会评为"福建省高校先进基层党组织"。

【教职工队伍概况】 截至2014年12月底，华侨大学在职教职工总数为2552人，其中，专任教师1444人，占56.58%。在专任教师中（不含思政系列），有教授（正高职称）231人，占教师总数的15.99%；副教授（副高职称）433人，占教师总数的29.99%；中级职称及以下者共780人，占教师总数的54.02%。专任教师中具有博士学位的754人，占教师队伍的52.22%；具有硕士学位的487人，占教师队伍的33.73%；具有硕士及以上学位教师共有1241人，占教师队伍的85.95%。

2014年学校新增157人；退休30人，调离（含辞职离职）人员26人；去世23人。

【师资队伍建设】 2014年，学校持续加强人才引进力度，共召开4次人才引进审核会议，审核批准124人，实际报到78人，其中26人取得海外博士学位或有一年以上的海外留学经历，占当年新进人员的33.3%。截至12月31日，全校专任教师1439人，生师比为18.85：1，750名教师具有博士学位，比例为52.1%，成为继厦门大学之后，第二所具有博士学位的专任教师比例超过50%的福建高校。师资队伍学历结构、学缘结构得到进一步优化，一批新引进博士迅速成长为教学科研和学科建设、学位点建设的骨干力量。

在引进全职人才的同时，学校通过柔性引进、聘请讲学等方式拓宽人才引进渠道，扩大人才引进层次和质量。2014年共聘请名誉教授4人，客座教授6人，兼职教授41人。

学校鼓励和支持教职工在职进修培训，从在职提升学历学位、访学留学研修等方面提升教职工的教学、科研、管理等理论素养和业务技能。2014年，学校成功派出61位教师赴国（境）外访学研修，加大支持教师出国（境）访学研修力度，进一步促进青年教师追踪国外最新科研学术动态，提高创新能力和学术水平。公派留学教师数量迅速增加，27人获得国家、省公派留学资格。其中4人获国家留学基金委员会全额留学资助、1人获国家互换奖学金、3人入选福建省学科带头人研修计划、9人获得福建省公派出国留学奖学金、10人获国家留学基金青年骨干项目的留学资助。在资助派出38人赴国内知名高校攻读博士学位或赴台港澳高校访学中，有16人赴台港澳高校访学，8人赴国内高校访学，13名教师成功考取攻读国内知名高校博士学位，1名教师赴国外高校攻读博士学位。配合学校继续与中山大学联合举办出国留学英语培训班，共64名教师参加，以帮助青年教师顺利申报出国留学项目。配合学校国际化办学进程，组织新一轮全英文教师资格认定，共有20名教师获得全英文教师资格，有138名教师获得福建省教育厅高校教师资格认定，8名教师完成在职学习取得博士学位，19名教师获得硕士学位，进一步修订有关攻读研究生、出国（境）留学和国内访学、博士后研修等管理规定，完善师资培养政策，规范教职工进修访学程序，提高师资人才工作服务水平。

【职称评审与聘任工作】　在总结评聘工作的基础上，出台《华侨大学专业技术职务聘任实施办法补充规定》，明确评审细节，调整申报表格、优化申报流程，进一步规范专业技术职务聘任工作。首次组织晋升专业技术职务英语自主考试，共有58人参加，其中报考高级38人，中级20人。首次开展新聘任条件下的专业技术职务评审，共有57人申报高级专业技术职务评审，经过各职能部门初审、教学委员会评议，共有31人符合初审条件，28人通过代表作送审，27人通过2014年高级专业技术职务学科组评议和高评委评审，其中正高4人、副高23人，1人获聘破格越级申报正高级专业技术职务。

【人事档案管理工作】　华侨大学人事档案室归属人事处管理，接受国务院侨务办公室、福建省委组织部的监督、检查和指导，负责收集、保管全校事业编制教职工的人事档案（除校领导外）。人事档案室设专职档案管理人员1人，主要负责人事档案的维护、管理、利用和保存等具体工作。

2014年，人事档案室接收、整理和归档新进人员档案100卷，接收、录入并归档各部门移交的散材料11201份，比前两年多了近2000份；寄出档案9卷；催回档案14卷。整理离职人员档案407卷、去世人员档案390卷，并做了目录及检索，移交到学校档案馆统一管理。清理、登记预销毁积压档案7800余份。接待查档102人次，查阅档案共 178 卷，利用档案共 74 卷，提供档案借阅共 29 卷。根据新进教职工在人事系统上上传的学历学位附件，在中国高等教育学生信息网核查学历 131 人次。

【博士后流动站】 华侨大学现有博士后流动站 5 个，分别是机械工程博士后流动站、应用经济学博士后流动站、土木工程博士后流动站、哲学博士后流动站、化学工程与技术博士后流动站。截至 2014 年底，共培养博士后 45 人，流动站自主招收 18 人（含 4 位师资博士后），工作站联合招收 27 人。

财务工作

【概况】 2014 年学校收入 127154 万元，比上年增长 6%；支出 118089 万元，比上年增长 10%；收支结余为 9065 万元。学校收入呈稳定增长态势，保证了学校各项事业开展所需的经费支持，同时财务方面注重风险控制，年度收支平衡并略有节余，保证学校可持续发展的能力。

2014 年，学校的事业性收入呈现较大增长，主要原因是 2013 年开始入学的学生按照新的收费标准收费。经过本轮的收费标准调整，学校的收入结构得到改善，学校经费自筹能力有所上升。学校年度支出结构相对合理，各项支出（除基本建设支出外）较往年呈现小幅增长态势，2014 年基本建设支出栏目核算的是国家发改委的专项建设资金，使用的是国家发改委项目的剩余尾款支付，因此该支出较上年出现大幅的下降。

学校 2014 年底总资产 466578 万元，较上年增长 12%，包括教学、科研、行政设备购置，以及在建工程竣工决算后转增资产。学校负债 40446 万元，比上年增长 53%，涨幅较大，主要由应付账款、应缴未缴财政专户和税费造成的。

学校 2014 年净资产 426133 万元，较上年增长了 9%，其中事业基金及专用基金增长较快，财政补助结转和非财政补助拨款结转分别下降了 28% 和 13%，主要是学校采取有力的措施，加快财政专项的执行进度，减少了年终结转较小。

表 1　华侨大学 2014 年收入情况

金额单位：万元

项目	2014 年	2013 年	比上年增长率
一、财政拨款收入	74252	73674	1%
二、事业收入	34124	21989	55%
三、附属单位上缴收入	368	1380	−73%
四、其他收入	18410	22766	−19%
合计	127154	119810	6%

表2 华侨大学 2014 年支出情况表

金额单位：万元

项目	2014 年	2013 年	比上年增长率
一、工资福利支出	38467	32479	18%
二、商品和服务支出	26388	22751	16%
三、对个人和家庭的补助	21367	17995	19%
四、其他资本性支出	30506	24841	23%
五、基本建设支出	1363	9449	−86%
合计	118091	107515	10%

表3 华侨大学 2014 年资产负债情况

金额单位：万元

项目	2014 年	2013 年	增长率
一、资产合计	466578	417447	12%
1. 流动资产	149504	128080	17%
2. 长期投资	2397	2397	0%
3. 固定资产	214574	163399	31%
4. 在建工程	100104	123572	−19%
二、负债合计	40446	26379	53%
1.应缴税费	616	385	60%
2.应缴财政专户款	7527	79	9473%
3.应付账款	3282	1703	93%
4.其他应付款	27427	22896	20%
5.长期应付款	1595	1315	21%
三、净资产合计	426133	391069	9%
1. 事业基金	71816	57806	24%
2. 非流动资产基金	314744	290111	8%
3. 专用基金	12884	9813	31%
4. 财政补助结转	11117	15488	−28%
5. 非财政补助结转	15572	17851	−13%

【会计制度更新】 教育部修订出台了新的《高等学校会计制度》，学校根据新制度的规定，结合学校的财务管理和会计核算具体要求，完成了新的会计核算体系的构建。学校财务按照教育事业支出、科研事业支出、行政管理支出、后勤保障支出、离退休支出等完成了会计科目体系的分类设置；进一步完善报表体系结构，提高会计信息质量；修订完成了《华侨大学财务管理制度》等一系列财务管理规范和会计核算办法的制订，进一步提高学校的经济业务管理和核算的水平，确保新旧会计制度的过渡和衔接，为今后实行学校教育培养成本核算做了相应的准备。同时，加强财务人员的学习和培训，组织财会人员每周进行新的制度、规定、政策的学习。

【财务信息化建设】 2014年，学校通过调研、论证、比较分析，决定在现有的会计电算化基础上，建设财务信息化的体系。系统技术由 C/S 模式转变为 W/S 模式，使数据信息更加开放、共享、及时、便捷。同时对各个数据来源进行整合，形成共通共享的大数据，以进一步挖掘数据信息资源，努力为学校的经济规律分析、未来趋势判断等提供更加有效的信息支持。

【预算管理】 学校预算编制以学校的发展目标及战略为导向，根据学校的发展规划，分年度按计划实施。各单位根据学校总目标，确定本单位的分目标，制订单位具体工作计划，实事求是地编制本单位预算，保证预算支出的合理、真实、可行。学校事业发展目标以学校财力为基础，通过预算手段控制学校的收支平衡，避免财政赤字，严格控制财务风险，保证学校良性发展。

【基本支出方面】 制订预算分配的定额标准，按照各学院教师、学生人数、博士和硕士点的数量，以及学费的收缴情况计算出定额的基本支出数。各职能部门的办公费、差旅费、资料费、电话费等，制定了相应的标准，根据人员编制、职责范围，计算出各项基本支出的额度。

学校的专项业务费、专项修购费、专项活动费，由项目所在单位根据发展需要提出申请，并进行充分的可行性和必要性的论证后，提交"华侨大学重大项目评估小组"进行评估，以项目预算绩效作为优先排序的依据，优化支出结构，合理配置资源，保证重点投入。

这种方式不仅保证基本支出有标准可循，而且在基本面上保证公平、公正、公开。项目支出采用竞争的形式，行政领导和各方面专家共同把关，保证学校重点事业经费的投入，与学校发展目标相契合，从源头实现资金配置的合理性。

【绩效管理工作】 学校成立专项资金管理机构、设立了重大项目评审小组，制订专项管理及资金绩效的制度，初步构建分类的绩效评估指标体系。

深入开展绩效的宣传工作、绩效管理的培训工作。进行绩效管理的培训，使各级人员充分认识开展预算绩效管理工作的重要意义，牢固树立预算资金的绩效意识，学校领导2014年初组织召开会议，专门就预算绩效的实施情况进行协调，财务处与实验室建设管理部门等职能部门按季度对资金的绩效情况进行检查，对结果进行通报和表彰，以提高大家的绩效意识。

以制度来规范行为，通过制度保证预算资金的绩效。学校以《华侨大学预算管理暂行办法》《华侨大学专项资金管理办法》为核心，在各个相关的管理制度中，融入资金绩效的精神，在制度中体现学校的绩效管理理念。

学校根据事业发展情况，修订并完善了一批指标体系:《华侨大学重大项目评估指标体系》《华侨大学实验室建设项目绩效考评指标（实验室投资项目适用）》《华侨大学实验室建设项目绩效考评指标（计算机、语言教学与公共体育类）》《华侨大学学科重点建设项目标志性成果考核体系》等。年度结束后，对相应的专项分所设定的绩效目标进行考评，并将绩效考评结果进行公布，接受师生员工监督评议，对于绩效评价结果不理想的单位，相应减少本年度项目资金的安排，绩效结果严重偏差的单位，责令整改。

招生工作

【概况】 2014年继续丰富境内外招生宣传途径、加强海外招生网络系统建设。2014年度顺利完成学校各项本科招生工作任务，在提升生源质量与提高境外生数量上均有新的进展，为稳步推进华侨大学的各项工作奠定了较为良好的基础。

2014年华侨大学共招收本专科学生6793人，实际报到5984人。其中境内生录取5382人，包括本科生5158人，实际报到5105人；境内预科生24人，实际报到24人；高职生录取200人，实际报到168人。境外生录取1411人，其中本科生1103人，报到570人；预科生308人，报到117人。

【境内生招生】 2014级新生报到之后，招生处及时与各学院核实新生实际报到情况，对延迟报到的学生跟踪处理，及时做好未报到情况原因分析，做好报到情况统计工作。根据《华侨大学2014年优秀新生奖学金实施办法》等有关规定，经审核共确定黎永欣等6名2014级境内新生符合华侨大学优秀新生奖学金获奖条件。

积极出台招生政策，吸引优秀艺术类考生报考。设定音乐、舞蹈、体育专业分数最低录取门槛，对音乐、舞蹈、体育优秀考生出台保入和评分优惠政策，实施情况达到预期目的。外派高水平运动队招生小组到山东省考点对篮球重点项目进行测试，规范做好高水平运动队招生的专项测试及文化课考试工作；为满足音乐舞蹈学院建设，2014年新增音乐表演和舞蹈表演专业各30个招生计划，同时加大校招力度，在湖南省、河北、北京、福建四省市开展校考招生；美术类招生在辽宁、河北、安徽等地设立校考考点。加强新设校考考点建设，指定经验丰富的人员参加招考过程。厦航学院首次单列招生，招生专业为音乐表演（礼仪与航空服务）、舞蹈表演（礼仪与航空服务），赴辽宁和湖北省进行专业校考。

2014年组织学院师生到各省各中学生源基地开展招生宣传，公共管理学院、化工学院、工商管理学院、法学院等4个学院到招生重点省份参加咨询会并到中学开展招生宣传。与校团委联合组织开展的"在校学生假期返乡汇报大学生活活动"有近200

余人参加，涉及 14 个省份。同时招生处参加了包括福建、广东、天津等 18 个省份的招生咨询会，到 1500 个中学发放招生简章。

【境外生招生】 根据《华侨大学境外优秀新生奖学金实施办法》的规定，2014 年审核了刘彦彤等 4 名 2014 级境外新生符合华侨大学优秀新生奖学金申请条件；2014 年招生处推荐的候选人中有 8 名来自老挝、印度尼西亚、缅甸等国家的留学生获得"福建省政府外国留学生奖学金"。

2014 年，招生处积极做好"走出去"工作，派员参加境外的各种招生宣传，扩大华侨大学在境外的知名度：先后参加马来西亚、印度尼西亚教育展，并印刷专门面向两国的招生简章，有针对性地开展招生工作，取得较好效果；11 月中旬参加教育部内地 75 所高校对香港免试招生宣传，做好香港免试招生宣传工作；12 月上旬参加教育部内地 45 所高校对澳门免试招生宣传，做好澳门免试招生宣传工作。2014 年共派十余个团组到香港及澳门中学进行招生宣传；组织来自近十个国家和地区的境外生组成多个团队，走访五十余所学校，积极在境外地区开展宣传活动，让他们通过自己的视角解读华侨大学，介绍留学中国的各个方面。

做好"走出去"工作的同时，积极推进"请进来"工作，巩固境外生源基地。2014 年共有来自中国香港、澳门、台湾以及瑞典、马达加斯加等多个国家和地区的 400 余名教师和学生到华侨大学参观访问，了解华侨大学的办学历史、优势学科、校园文化、学生活动等。

【海外招生处建设】 根据华侨大学"十二五"发展规划要求，提高境外生招生数量和质量，特别是优化境外生生源结构，增加华人华侨学生比例，华侨大学招生处逐步推进海外招生处的网络建设，截至 2014 年，海外招生处已达到 65 个。

2014 年招生处积极与海外华文教育机构等相关单位进行积极沟通联系，先后与南非南部非洲中华福建同乡总会、越南河内第二师范大学华文书苑等多个国家和地区建立新的海外招生处，积极培植在非洲等国家和地区的海外招生处建设。

为了更好地开展海外招生处的建设和管理工作，发挥海外招生处的作用，建立长期的宣传网络，海外招生处联络办公室起到了很好枢纽作用，及时与海外招生处建立联系，沟通信息，传达最新的招生政策等。

2014 年在国务院侨办海外招生处建设专项经费的支持下，招生处积极用于海外招生处新点建设和资助，激发海外招生处的办事效率和活力，不仅用于硬件上改善海外招生处的办公条件，也用于对成效显著的招生处进行奖励，受到了海外招生处的积极响应，海外招生处推荐人数也是年年攀升。

2014年本专科招生及报到情况统计

单位名称	招生			已报到				未报到		
	境内生	境外生	全校	境内生	境外生	全校	报到率	境内生	境外生	全校
泉州校区	2544	822	3366	2517	425	2942	87.40%	27	397	424
厦门校区	2614	281	2895	2588	145	2733	94.40%	26	136	162
华文校区	24	308	332	24	117	141	42.47%		191	191
厦门工程技术学院	200		200	168		168	84.00%	32		32
本科　小计	5158	1103	6261	5105	570	5675	90.64%	53	533	586
预科　小计	24	308	332	24	117	141	42.47%		191	191
高职　小计	200		200	168		168	84.00%	32		32

华侨大学2014年优秀新生奖学金（境内生）

序号	学号	姓名	性别	生源地	录取学院	录取专业	获奖等级
1	1416312009	黎永欣	女	海南	工商管理学院	市场营销	一等
2	1422141031	刘恒骅	男	吉林	公共管理学院	公共事业管理	一等
3	1494111030	吕晖铮	男	福建	美术学院	视觉传达设计	二等
4	1422141027	李雪露	男	山东	公共管理学院	公共事业管理	二等
5	1422141003	曹玉斌	男	山东	公共管理学院	公共事业管理	二等
6	1424111016	李国栋	男	青海	经济与金融学院	国际经济与贸易	三等

华侨大学2014年境外新生奖学金获奖名单

序号	姓名	学号	生源地	录取学院	录取专业	获奖等级
1	刘彦彤	1498112027	台湾	华文学院	汉语国际教育	二等奖
2	丁润杰	1412113007	香港	土木工程学院	土木工程	三等奖
3	李靖如	1420106011	香港	美术学院	设计学类	三等奖
4	王子衍	1416112066	台湾	工商管理学院	工商管理	三等奖

2014年福建省政府奖学金获奖名单

序号	姓名	性别	国籍	学号	录取学院	专业班级
1	胡晨明	男	老挝	1420103007	美术学院	设计学类
2	谢丽梅	女	老挝	1416312030	工商管理学院	市场营销
3	金素娜	女	老挝	1424313010	经济与金融学院	金融学
4	付玲玲	女	老挝	1424114013	经济与金融学院	国际经济与贸易
5	陈惠玲	女	老挝	1424312004	经济与金融学院	金融学
6	郑序平	男	印度尼西亚	1418141059	文学院	新闻学
7	张有丽	女	缅甸	1416121059	工商管理学院	财务管理
8	李达胜	男	缅甸	1413111016	建筑学院	建筑学

实验室与设备管理工作

【概况】 华侨大学实验室与设备管理处是学校实验室建设与管理、设备管理、物资采购等工作的归口管理部门，内设实验室管理科、设备管理科、综合科3个科室，另有物资采购中心、软件园产学研基地管理办公室、分析测试中心挂靠实验室与设备管理处。

2014年，实验室与设备管理处围绕解放思想、转变作风、开拓创新，以内涵建设为核心，创新机制优化流程，巩固基础持续深入，在福建省高等教育学会实验室管理专业委员会组织的2011~2014年先进单位和优秀工作者评选中，实验室与设备管理处荣获"实验室管理先进单位"称号，实验室与设备管理处伍扬处长荣获"优秀工作者"称号。

2014年实验室与设备管理处继续开展"实验室示范化建设"活动，土木工程虚拟仿真实验教学中心获得福建省教育厅推荐参评"2014年国家级虚拟仿真实验教学中心"；深化教学改革，启动新一轮本科实验教学大纲修订工作，涉及各类课程达到741门，累计达到11755实验学时；组织各教学单位编制2014~2017年实验室建设规划，强化实验室建设的计划性；以绩效评价为手段提升实验室投资效益，继续完善实验室绩效考评体系，完成31个实验室投资建设项目效益评价；着力抓紧贵重仪器共享平台构建工作，平台软件系统已上线投入使用；正式成立校分析测试中心，500M核磁共振谱仪完成购置、安装及调试，为科研教学开展分析测试服务；施行《华侨大学进口仪器设备管理办法》，进一步规范进口仪器设备管理；加强厦门软件园产学研基地的服务保障与管理工作，新引进多家企业开展研发合作、培训实训等产学研合作；着重从学生安全教育入手，印发《实验室安全手册》加强实验室安全工作。

截至2014年12月31日，全校教学、科研仪器共37716台（件），价值48263.88万元，其中贵重仪器设备566台（套），金额17839.00万元；全校拥有45个建制实验室，实验室面积14.5万平方米；实验室工作人员150人，其中高级实验师25人，讲师1人，实验师69人，助理实验师55人；全年开出实验项目2012个，接纳377.50万人时数的学生进行实验。

【实验室建设与管理】 以服务教学科研为宗旨，继续保持实验室建设的投入力度。为切实保障资金投入满足教学科研的需要，实验室与设备管理处组织专家评审组，对各学院、实验中心申报的建设项目进行评审，工作中坚持以满足教学科研需求为原则，以国家（省）级虚拟仿真及实验教学示范中心建设为目标，科学评审，合理分配经费。2014年实验室建设项目共立项40项，共计金额4878万元（其中财政部项目11项计2260万元），这些经费的投入保障了实验教学和科研工作的发展，提升了实验装备水平，创造了良好的实验环境。

继续深入推进"实验室示范化建设"活动。"实验室示范化建设"活动自 2012 年 12 月启动以来，取得明显成效，2014 年在此基础上继续深入开展"实验室示范化建设"活动，让学校现有不同层次的建制实验对照国家级、省级虚拟仿真及实验教学示范中心为建设标准，明确发展思路、查缺补漏，制订并实施建设方案。2014 年共有 17 个单位分别参评国家级、省级虚拟仿真及实验教学示范中心校内推荐建设单位，经选拔有"国家级示范中心推荐单位" 2 个，按照国家级示范中心的标准开展建设，建设经费 200 万元 / 个；"省级示范中心推荐单位"（即"校级示范中心"）5 个，按照省级示范中心的标准开展建设，建设经费 50 万 / 个；虚拟仿真实验室教学中心校内推荐建设单位 4 个，建设经费 50 万元 / 个。计划 2015 年年底将组织专家对建设单位的示范化建设工作进行检查和评价，其中评价为优秀的单位，将作为各级各类实验室评审优先推荐单位。据统计，"实验室示范化建设"活动开展以来，累计投入实验室分层次建设经费达近 1000 万元，强有力地推动了已经具备一定基础的本科教学实验室出特色、出亮点，共获评国家级实验教学示范中心 1 个、省级 5 个，土木工程虚拟仿真实验教学中心获得福建省教育厅的推荐，参评 2014 年国家级虚拟仿真实验教学中心。

为配合新版本科专业培养方案的实施，学校启动新一轮本科实验教学大纲修订工作，为进一步规范实验教学过程，充分发挥实验教学在创新人才培养中的重要作用。本次修订实验教学大纲是以 2013 年（版）本科专业培养方案为依据，修订范围包括校公共课、学科基础课、专业课、专业选修课中设置了实验学时的所有实验教学课程，涉及各类课程达到 741 门，累计实验学时达到 11755 学时。本次实验教学大纲修订还首次采用"实验室综合信息管理系统"在线编写、在线审核、在线提交的方式进行，实现全流程电子化，极大地提高了修订工作的效率和质量。

加强实验室建设规划。继 2013 年下半年布置各教学单位编制 2014~2017 年实验室建设规划，2014 年实验室与设备管理处组织力量对各单位的实验室建设规划进行评审、修订，完成全部定稿工作，进一步加强了实验室建设的科学性和方向性，保持不同实验室间的持续、协调发展，提高实验室建设效益。

开展绩效考评，提高投资建设效益。2014 年 5 月 5 日至 6 月 30 日实验室与设备管理处、财务处组织开展了针对 2011 年实验室建设项目的绩效考评工作，为期 55 天的绩效考评工作经过第一阶段单位自评、第二阶段现场考评、第三阶段总结反馈，报评的 31 个实验室建设项目绩效全部通过，其中 73.33% 的项目考评结果为良好，26.67% 的项目考评结果为合格。总结此次考评，呈现出一个特点：凡重视实验教学过程管理，实验室日常工作扎实到位的单位，实验室建设项目的效益都体现得非常清楚明晰，各种实验教学资料、实验室运行管理记录、仪器设备运行维护记录都一应俱全，实验室秩序井然，环境整洁干净，如机械基础实验中心、电工电子实验中心、材料与勘测实验中心、工学实验中心、音乐舞蹈实验中心都获得了考评小组的一致认可。

推进实验教学改革与建设。实验室与设备管理处 2014 年 4 月 22 日 ~25 日组织开展 2012 年实验教改课题中期检查，2012 年实验教学改革与建设课题共立项 38 项，其中 10 项课题提前完成研究任务并通过结题验收；28 项课题取得阶段性研究成果并通过中期检查。

加强实验室安全建设。在坚持"每月一小查、每季一大查"安全排查工作机制基础上，实验室与设备管理处先后组织 16 个学院共开展 4 次实验室安全互查工作，排查实验室数量达到 50 余间；从安全教育着手，组织编印我校首部《实验室安全手册》，该手册作为一本实验室安全知识宣传手册，主要包括实验室安全基础知识、水电安全、消防安全、危险化学品安全、生物安全、辐射安全、特种设备安全等，内容涵盖实验室使用规章制度、实验技术规范、安全操作规程、实验室安全防护知识、事故应急处置技能等方面，旨在尽量贴近各专业学生实验操作实际，增加学生安全防护知识储备，提升应急处置能力，该手册于 12 月印刷完成并发放到全校理、工、农、医类各专业本科生、研究生手中，发放数量达到 1 万 4 千册。

【仪器设备管理】 严格执行《华侨大学行政设备配置暂行规定》，按照岗位、机构、存量设备等要素进行配置审核，由学校行政设备会审小组集体会审年度校部机关行政设备的配置计划，按计划进行配置，2014 年度校部机关行政设备申报金额计划数为 189 万，会审通过 134 万元。

按照《华侨大学报废仪器设备处置实施细则》规定，遵循公平、公开、公正原则，2014 年共举行了 13 次报废设备（家具）的资产处置工作，账面原值 1111 万元，资产处置收入 59 万元，扣除相关税费后按照财政国库管理制度改革等有关规定，上缴中央财政汇缴专户。

2014 年度全校共新增验收入账仪器设备（家具）固定资产 13654 台（件），价值约 13355 万元，其中单价 10 万元以上 135 台（件），价值 4957 万元；完成国务院侨务办公室、教育部、财政部、科技部等上级单位要求的各项固定资产变动情况表、贵重仪器设备资产情况表等报表的报送工作。

自 2014 年 5 月起，实验室与设备管理处组织开展全校资产清查工作，共抽查两校区教学、科研、行政、后勤等部门共 55 个末级单位，主要检查每台设备账、卡、物及标签的相符情况，并对清查情况进行分析总结，发布《华侨大学 2014 年度设备资产清查情况通报》，落实各项整改措施。通过本次清查，增强了使用单位国有资产管理意识，进一步规范日常管理工作，摸清"家底"，为教学科研等各项工作提供真实可靠的统计数据。

2014 年通过各种渠道及时发布各单位上报的闲置设备调拨信息，共进行 131 台（件）、原值 97 万元的闲置设备调剂工作，提高设备的利用率，避免资源闲置浪费。

2014 年 12 月印发《关于加强实验室材料、低值品、易耗品供应工作的通知》，着手改进物资供应工作。库存常备物品按历年来消耗规律，采取集中采购、库存发放的方式，保障库存物资有序流转，满足教学科研需求；非常备物资、零星采购物资、非监管类的实验材料、低值易耗品等采取定点供应商"直供"方案，为教学科研提供便利。

2014 年实验室与设备管理处、保卫处联合发文《关于加强实验室危险化学品、易制毒化学品安全管理的通知》，规范我校实验室化学药品购置和使用，重点加强对危险化学品、易制毒化学品、生物制剂等国家监管物品的购置、保存、使用等环节的规范。依文件要求，自 2014 年 5 月 10 日起所有的化学药品（包含一般化学药品）办理报销手续时必须填报专门的《华侨大学实验室化学药品（试剂）验收单》，验收单一式三联，由财务处、实验室与设备管理处和使用单位分别留存；相关学院须定期检查实验室化学药品的领用、使用、保存和废弃物处置情况，尤其是监管类化学药品；相关管理部门将自 2014 年起不定期联合开展抽查活动，重点检查危险化学品的管理和使用。

2014 年，实验室与设备管理处继续联系具有资质的环保公司，处置实验废弃物。据统计，2014 年先后 2 次组织具有资质的环保公司上门收集实验废弃物，处置实验室固体、液体废弃物达 14 吨。

【**贵重仪器管理**】 2014 年 5 月制定施行《华侨大学贵重仪器设备共享平台建设与管理暂行办法》《华侨大学贵重仪器设备共享平台服务收费管理暂行办法》，深化推进贵重仪器设备的开放共享，减少贵重仪器设备重复购置，提高优质资源使用效益。贵重仪器共享管理平台软件系统完成开发并上线投入使用，截至 2014 年 12 月 31 日共有入网贵重仪器设备 415 台，其中申请开放设备 133 台。

2014 年 3 月 27 日正式成立华侨大学分析测试中心，中心成立后着力抓好软硬两方面建设，制定了仪器使用、收费标准、安全、卫生等管理制度，完成核磁共振仪室内的技术环境装修改造，完成 500M 超导核磁共振谱仪的论证、购置、安装、调试、验收等工作。500M 超导核磁共振谱仪于 2014 年 8 月 19 日完成验收后，正式投入使用，为学校科研开展测试服务。据统计，截至 2014 年 12 月 31 日，分析测试中心共开展分析测试样品数 974 次、机时数 237.85 小时。

【**物资采购**】 2014 年 6 月，根据《中华人民共和国海关法》、海关总署《关于实施〈科教用品免税规定〉和〈科技用品免税暂行规定〉的有关办法》，结合学校实际情况，制定施行《华侨大学进口仪器设备管理办法》，着重加强了免税进口仪器设备的管理，规范进口仪器设备采购行为及后期使用监管。

2014年，实验室与设备管理处积极推进学校首位入选国家"千人计划"的Philipp Kapranov教授的实验室建设项目采购进度，主动承担协调任务，会同相关单位及校外专家，对实验室改造工程方案进行反复论证，商定采购方式，积极推进采购进度，保障工程如期顺利通过验收。据统计，采购金额达531.22万。

据统计，在公开、公平、公正、诚信和效率原则下，2014年完成的大型招标项目有：（1）土木工程学院多通道拟动力试验加载系统（983万元），（2）信息处统一计算系统采购（595万元），（3）学生宿舍家具采购（420万元），（4）校医院数字成像系统采购（358万元），（5）生物医学学院实验室净化通风系统工程（358万元），（6）全数字化超导核磁共振谱仪（345万元），（7）机电学院数控精密双端面研磨机（318万元），（8）信息处基础课远程视频教学平台（278万元）等。泉州校区完成采购招标统计：预算金额4724.26万元，中标金额：4301.15万元，节约423.11万元，节约率8.96%；厦门校区完成采购招标统计：预算金额6071.82万元，中标金额：5629.41万元，节约442.41万元，节约率7.29%；两校区完成装修装饰工程统计：预算金额676.58万元，中标金额633.53万元，节约金额43.05万元，节约率6.36%。

【产学研服务】 2014年，依据有偿使用的原则将校内单位用房由免费使用转变为有偿使用，通过此做法清理腾空1803平方米用房，并引入企业和单位入驻，进一步提高了软件园产学研基地的资源利用率，同时改善了基地收支平衡状况。

清退厦门本捷网络科技有限公司、飞策（厦门）数字文化有限公司、厦门博尔信软件有限公司、厦门市傲凡软件科技有限公司等4家产学研合作程度不足的企业；新引进泉州市科立信安防电子有限公司、厦门慧游天下科技有限责任公司、福建省东南大宗商品交易中心有限公司等3家合作企业入驻基地；引进厦门市国有企业青年企业家MBA班（城市建设与经济发展研究院举办）及闽台青年创新创业服务中心等2家校内单位入驻基地。

信息化建设与管理工作

【概况】 2014年信息处按学校"十二五"发展规划和"十二五"信息化校园专题规划部署工作，加强网络基础设施建设，拓展校园"一卡通"应用和推广；推进办公自动化系统等信息系统的完善、应用和推广，加强精品课程系统建设，进一步提高教学环境，全面推进校园信息化建设进程。

在信息化基础环境建设方面，信息处完成校园网双核心建设，增加1G厦门联通出口和 100M 厦大教科网出口，提升了校园网总出口带宽；把两校区数据中心建成互为灾备的数据中心，通过光传输系统升级改造，提供了 4 个万兆 8 个千兆互联链路，使用电信级光路侧保护实现光传输系统的高可用；完成泉州校区学生宿舍 1、3、5、6、7 号楼有线网络的整体改造；通过部署漏洞扫描系统及安全配置核查系统，对学校现有信息资产进行清理，完成主要网站及业务系统的安全漏洞及系统配置安全基线核查；部署 Web 应用防火墙，针对学校对外网提供服务的网站进行安全防护。

在办公自动化系统建设方面，信息处积极推进数字化校园整体建设规划和网络教学资源库平台的建设规划；积极组织调研，推进 OA 系统的升级改造，积极配合学校相关部门做好慕课平台建设，开发应用 3D 校园全集。

在校园卡管理方面。信息处完成泉州和厦门校区大部分校园网卡系统，消费点的终端设备更新和线路改造；完成厦门校区紫荆一、二、三餐厅校园卡系统的建设；完成一卡通车载系统建设；增加了 7 个校外商户。

在现代教育技术和教育资源的建设方面，信息处将厦门校区综合教学楼 F 区 9 间梯形教室改造为多媒体教室，建设支持移动智能设备（手机、平板等）、带有电子监考、高清智能云的多媒体教室，更新厦门校区 50 间原有多媒体教室电脑，完成华侨大学远程视频协作教学平台核心系统的建设，完成厦门校区 B301-2 室视频会议终端，厦门校区 C5-101 室海外互动教学终端、厦门校区 B306 培训教室终端建设。该平台能支持互联网环境下跨地区远程视频会议及网络互动教学所需。

2014 年城建 4 个中央财政项目和 2 个校财政项目，对学校网络通信基础设施、数据中心基础设施进行了建设。

【网络通信基础设施建设】 信息处投入 686.26 万元，增加 2 台核心交换机，分别部署在泉州和厦门校区，与原设备搭配为核心设备双机高可用架构。增加 1 台网络出口网关部署在厦门，打通校园网第二出口；新增一台 SSL VPN，适配所有主流用户操作系统及手机客户端；更换 1 套光传输设备，用来更换 2006 年购置的光传输设备，使华侨大学泉州校区和厦门校区链路跃升 4 个万兆，同时提供 2 条回路的光缆侧保护；新增两台核心宽带接入路由器，用来建设多业务承载校园网，提供有线无线融合及跨校区多业务虚拟专网；对认证计费系统进行重大升级，使其能够满足有线无线跨校区一体化认证。

【数据中心基础设施建设】 信息处投入 530.57 万元为两校区各扩容一套 UCS 统一计算系统，统一存储系统，使虚拟化数据中心计算能力达到 1241.6GHz，内存容量 6T，总容量 118.8T。通过两校区部署存储虚拟化设备，实现泉州和厦门校区特定存储区域的数据同步，是完成双活数据中心建设目标、实现业务在两地灵活切换的底层基础。通过部署私有云平台套件，使数据中心统一计算系统全部进入虚拟化，承载学校绝大部分重要业务系统。

【信息安全建设】 信息处投入 108.4 万元分别在两校区部署 Web 应用防火墙系统，将大部分网站纳入保护。部署远程安全评估系统及安全配置核查系统，在数字化校园系统、一卡通系统进行虚拟化迁移前，进行安全基线核查及整改，发挥了重要作用。

采购专业化安全运维服务，工作内容如下。

在网站安全评估方面，共针对资产收集中的 161 个网站进行了漏洞扫描，扫描中发现存在了大量的风险。其中，发现了 28 个网站被植入木马成为"肉机"；共发现 1298 个漏斗，其中包含 128 个高危漏洞、100 个中危漏洞、1070 个低危漏洞，信息处及时为其提供网站安全评估报告及整改方案。

信息处在数字化校园核心三大平台及应用迁移的上线前做安全评估、一卡通核心平台升级上线前做安全评估、教务系统安全核查，出具安全基线核查报告；对重要业务系统，包括数字化校园核心平台、一卡通核心平台教务系统等重要业务系统进行了安全渗透测试，出具安全评估报告并协助整改。在主机安全方面，针对数字化校园系统、一卡通系统、教务系统平台等 38 台重要应用系统主机进行了漏洞扫描、配置核查扫描以及人工渗透测试。扫描过程共发现 808 个漏洞，其中包含 94 个高危漏洞、28 个中危漏洞、686 个低危漏洞。人工测试了 23 个重要业务系统。在结果输出上，共出具 18 份扫描报告，其中一份为数字化校园系统中 19 个子系统的综合评估报告。人工渗透测试部分共出具 23 份渗透数据报告。

【网络教育技术】 华侨大学泉州校区和厦门校区继续使用虚拟桌面管理系统替代原有电脑保护卡，增加虚拟桌面 530 点，使用台湾的幻影虚拟桌面管理系统，目前已使用 1280 点，其中泉州校区已使用 6 间机房 500 点，厦门校区 7 间机房、53 间多媒体教室使用 780 点。该系统已用于本学期全国和闽高校计算机等级考试。

【校园卡管理】 信息处做好校园卡日常管理工作，全年开户数 17336 个，换卡 8758 张，消费金额约达 8112 万元。投入 30.68 万元建设厦门校区紫荆一、二、三餐厅的一卡通消费系统。针对一卡通系统终端尤其是各餐厅 POS 机故障率高影响餐厅工作效率、线路老化存在安全隐患的现象，投入 99.5 万元，配置 340 台 POS 机、10 台网关、5 台圈存机，完成厦门校区凤华、凤翔、凤林、凤竹、学术交流餐厅和泉州校区第二、第三、清真风味馆、南苑餐厅等消费点一卡通终端设备的更新和线路改造，提高了各餐厅的工作效率，确保一卡通系统的正常运行。

后勤与资产管理工作

【概况】 后勤与资产管理处是学校统筹管理后勤服务保障、国有资产、房地产管理的行政职能部门，下设管理一科、管理二科、综合科、国有资产管理科、房地产管理与维修科五个科室，编制数为 23 个。

截至 2014 年底，后勤与资产管理处组织机构如下：

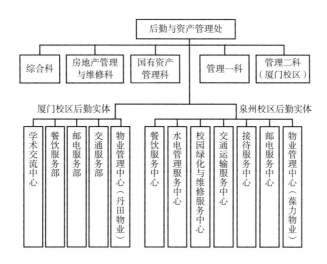

【启动新一轮后勤社会化改革】 泉州校区实施物业管理社会化，珠海葆力物业管理有限公司通过公开招投标，于 2014 年 2 月正式接管华侨大学泉州校区物业管理工作（合同期四年），主要负责学校设施设备维护、日常维修、楼宇管理、卫生保洁、会务服务、安全保卫等，并初步建立起泉州校区物业监管和考评机制；出台后勤各实体财务实施细则，后勤各实体薪酬分配实施细则、绩效考评及各单项考评实施细则，全面完成学校新一轮后勤改革配套文件的制定工作，进一步规范实体财务运行管理，切实贯彻"绩效先导、优劳优酬"的精神，引导激励后勤实体全面提高服务水平；督促各实体建立健全内部工作制度，完成后勤各实体编制外用工人员新一轮合同签订工作，加强后勤用工管理规范化；对两校区商业网点进行重新规划设置，完成两校区商业网点的新一轮承租招标工作，开展规范管理行动，营造良好的校园商业氛围；认真组织实施 2014 年后勤骨干培训班，邀请校办、财务等校内相关职能部门负责人及有关问题专家为后勤机关全体干部、各实体部门正副主任及管理技术骨干开设财务管理、用工风险及防范等讲座，加强后勤队伍建设。

【开展安全工作质量年活动】 为进一步加强安全生产工作，后勤系统深入开展了"强化红线意识、确保安全稳定"的"安全工作质量年"活动，着重抓紧强化安全意识教育、安全管理制度和应急体制建设、安全隐患排查整改，并集中开展"后勤安全工作系列检查培训演练行动"，组织实施电梯、燃气、消防安全、食品卫生安全等各类培训检查演练活动共计 26 场次，938 人次参加。后勤安全工作体系得到进一步加强，本年度未发生安全责任事故。

【为民办实事与专项项目建设】 认真落实为民办实事项目，解决师生员工关注的热点问题，主要有以下措施：提高泉州校区用电保障能力，保证泉州校区超滤制水工艺投入使用后出厂水始终符合国家新颁 108 项水质标准；厦门校区污水及再生水处理系统维修改造工程采用"倒置 A^2/O 工艺"，利用生物降解、超滤膜技术对污水进行处理，设计日处理量4300吨，回用中水的水质符合《生活杂用水水质标准》和《景观用水水质标准》。同时努力推动 2014 年专项项目建设，主要包括泉州校区西区开闭所一期及配套工程建设（900 万元）、泉州校区电力增容项目（800 万元）、泉州校区南苑北苑餐厅及风味馆装修改造工程（530 万元）、泉州校区学生餐厅设备购置二期（560 万元）、厦门校区学生餐厅设备购置（370 万元）等五个国家财政项目，水电餐饮基础设备设施建设得到进一步加强。

【教职工住房管理】 2014 年，完成暑假两校区新进教职工的周转房分配工作；完成水晶湖郡增量批次选房及销售工作，共有224户符合申购资格的教职工参与选房，最后共有 167 户教职工选房并签订合同；协助开发商做好水晶湖郡的验收及交房工作；出台《关于启动华侨大学厦门滨水商品房地下车位申购报名工作的通告》，启动地下车位销售及报名申购工作；继续推进泉州美仙山 2 号楼的销售准备工作。

【公用房调配】 出台《华侨大学公用房管理暂行办法》，开启两校区公用房"分类管理、定额分配、逐步实施"的新型管理机制；与葆力物业做好泉州校区公用房管理交接工作；启动华侨大学片区 2 号地块研发大楼的规划工作；继续清退已迁往厦门校区单位在泉州校区占用的公用房；为生物医学学院配备教师工作室及教师工作室家具。

【国有资产管理】 完成华侨大学 2014 年度国有资产决算及绩效评价报告；完成财政部2014年事业单位资产管理信息系统统计报表工作；处置上报我校固定资产（原值 25209489.13 元）并根据批示对已处置的房屋、交通工具进行相应的账目调整；定期开展全校固定资产季度报表、年度报表统计工作；做好两校区新增房屋、交通工具验收、入账管理；完成华侨大学公务用车配备使用情况调查工作，并按国务院侨办要求报送统计明细表；开展国有资产管理部分清查工作，并对清查结果进行调账和上报；

参与相关报废资产拍卖工作，履行监督管理职责。

【餐饮保障服务】 后勤餐饮服务中心现有职工近 400 人（其中：学校在编职工 9 人），总营业面积 32000 平方米，座位数 7200 多个。泉州校区现有 6 个餐厅，其中学生餐厅（第二餐厅、第三餐厅、西苑餐厅、第一餐厅＜风味馆＞）4 个、教工餐厅（南苑餐厅）和民族餐厅（清真餐厅）各 1 个；厦门校区现有 7 个餐厅，其中学生餐厅（凤竹餐厅、凤林餐厅、凤华餐厅、凤翔餐厅、紫荆一餐厅、紫荆二餐厅）6 个；教工餐厅（学术交流中心接待餐厅）1 个。2014 年，泉州校区南苑、清真餐厅完成装修改造并于 9 月投入使用，改造后餐厅卫生条件和就餐环境得到明显改善，南苑餐厅由原二三层扩大至整幢楼；厦门校区紫荆一餐厅、紫荆二餐厅顺利开业，改善了厦门校区餐饮布局；积极优化工作机制，加强队伍建设和制度建设，出台《餐厅绩效考评办法》《餐厅薪酬分配方案》等文件；4 月份引进并全面推行绿色厨房"六 T"现场管理体系，逐步形成具有自身特色的管理服务体系；第一餐厅引入多档口经营模式，通过抓改革、调机制，实现各餐厅扭亏为盈的良性运作。2014 年两校区全年总营业额 7389 万元（其中泉州校区 3341 万元，厦门校区 4048 万元），同比增长 8%。

【水电保障服务】 水电管理服务中心内设能源与综合管理部、供电服务部和供水服务部三个部门，现有职工 32 人（其中在编职工 16 人）。2014 年泉州校区总用电量 2671 万千瓦时，电费支出 1457.49 万元，电费回收 681.57 万元；总供水量 357 万吨，水资源费支出 85.56 万元，水费回收 63.41 万元。完成泉州校区南北 2 座开闭所和 18 座变配电室、24 台变压器、400 多个高低压配电开关柜、约 800 根路灯杆的维护任务。完成泉州校区用水计量表约 4500 个、用电计量表约 3400 个的数据抄录收费工作。配合完成供水管网抢修 42 次，供电抢修 36 次。完成 2014 年度国家财政专项"新建西区开闭所一期工程"校内部分和"中央级普通高校电力增容"建设。完成 2014 年学校立项项目"泉州校区制水二氧化氯消毒设备""泉州校区水厂水力循环澄清池改造"建设。完成厂区门禁系统建设，提高水厂安全技防水平。开通 24 小时值班服务热线，为师生提供水电咨询投诉服务。

【交通运输服务】 2014 年，后勤交通服务中心实现两校区安全运行约 1.5 万趟次，安全行驶里程约 170 万公里，营业收入 700 余万元，偿还 2011 年 1 月至 2013 年 6 月所欠学校折旧费 12 万元。修订和出台《后勤交通中心安全管理规定》《后勤交通中心驾驶员管理规定》《后勤交通中心维修管理规定》《后勤交通中心量化细化考核办法》《后勤交通中心安全管理应急预案》《后勤交通中心财务支出管理办法》等 15 项规章制度，进一步规范后勤交通服务中心的运行、安全管理和驾驶员管理，实现制度上墙、制度管人、制度管事。加装维修间遮雨棚、员工值班宿舍安装空调，对中心活动室员工宿舍、值班室更换铝合金窗户，优化员工工作、生活环境，提升服务保障能力。

【校园绿化与维修服务】 校园绿化与维修服务中心吸收原维修中心、学校顶岗等大集体人员进行重组，积极配合泉州校区物业社会化改革，协助做好员工分流思想引导、珠海葆力物业顺利进驻工作交接及相关后续工作，实现物业社会化管理的平稳过渡。中心先后修订了新的《绩效考评制度》《财务管理实施细则》《安全生产章程》等15个制度，并整理成册。及时补植施工破坏的灌木6万多株、草坪2000多平方米，种植行道树储备苗200多棵，爬山虎、凌霄等爬藤植物500多株，新增祖杭楼中庭、西苑餐厅南侧等多处学生休闲读书场所。承接日常维修任务2648项，学校及公用房维修专项项目69项，水电管网应急抢修任务10多项，配合政府和学校积极抢修北迎宾大道拓改工程损坏的地下管网，保障东区教职工的正常生活和出行。

【接待住宿服务】 后勤接待服务中心内设综合部、两校区客房服务部和餐厅，共有职工82人。2014年9月起，厦门接待餐厅交由接待服务中心经营管理。泉州客房部更换了屋面LED、78台客房电视、15台客房空调、大堂沙发、1号楼一楼墙纸、2号楼布草和房灯，维修了木地板、门框开裂、淋浴喷头和屋面防水；招待所餐厅添置了刺桐厅餐桌椅、自助餐炉具、台布等；厦门客房部进行了大理石护理，购置贵重物品寄存保险箱、八楼走廊空调，更换八楼走廊墙纸，维修墙壁渗水、大堂空调和吊顶等问题；厦门餐厅进行一楼包厢装修改造，采购部分后厨设备和餐饮用具，安装天然气泄漏报警系统等；增加POS机，提供免费Wi-Fi，设计定制新客房易耗品，增加网上订房和厦门餐厅团购业务，引进餐厅软件，组织团队拓展训练等。对内主要接待了世界华人华侨篮球大赛、全国侨务干部培训班、全国复分析年会等，对外承接了企事业单位、国税、地税等培训班，接待了约113场会议，收入合计约620万元（不含厦门接待餐厅），与去年同期相比，主营收入增加了约70万元，圆满完成学校的各项接待服务工作，并取得了一定的社会和经济效益。

【邮电保障服务】 邮电服务中心进一步与泉州、厦门两地区的邮政、邮政EMS、电信、移动与联通等公司建立良性互动的友好合作关系，巩固和发展"和谐共赢"的校园邮电服务市场；实现了"安全、高效、优质优惠"的学校后勤邮电保障服务工作的目标。中心重点对《中心管理项目报表》进行优化设置，提升后勤邮电保障服务；坚持"增收节支"的经营管理原则，在通信行业经营效益下降的困境下，连续五年实现盈利：2014 年度收入 131 万元，实现利润 6.29 万元，相关权益结余 82 万元，为中心的可持续发展提供经济的保障，创造了良好的经济效益与社会效益。

【**后勤党委**】 中共华侨大学后勤委员会于 2012 年 6 月 20 日经中共华侨大学委员会批准成立，由后勤与资产管理处、基建处、资产经营有限公司、校医院四个单位构成，现有党员 115 名，下设 9 个基层党支部，现任党委书记为许国玺，党委委员为何碰成、何纯正、涂伟、陈庆煌、魏立新、陈祥南。

2014 年，后勤党委在校党委的领导下，紧紧围绕学校和后勤的中心工作，深入学习贯彻党的十八大，十八届三中、四中全会精神，深化党的群众路线教育实践活动成果和构建廉政风险防控长效机制，以党组织和党员队伍的建设为重点，持续加强学风、作风和能力建设，积极培育和践行社会主义核心价值观，把党建工作贯穿融入后勤建设、管理、经营、服务等各个方面，有效提高了党建工作的科学化水平，增强了基层党组织的创造力、凝聚力和战斗力，为后勤改革和学校发展提供强有力的思想、政治和组织保障。

2014 年李强、林雅芳、吴建、詹志博 4 人获 2012~2014 学年华侨大学先进教育工作者表彰奖励，后勤党委第五党支部和詹志博被推荐参与福建省、泉州市和华侨大学"先进基层党组织、优秀共产党员、优秀党务工作者和优秀思想政治工作者"评选，后勤党委第一党支部、第五党支部、第七党支部和陈祥南、林雅芳、官跃明被推荐参加福建省"党员好故事、书记好党课、支部好案例"的展评。

2014 年，组织开展"三学一引领"活动，即党委中心组"定期学"、党务工作者"集中学"、党员干部"自主学"活动，采取集体学习研讨、理论宣讲报告、个人自学等多种形式，学习习近平总书记系列重要讲话，解读党的路线、方针、政策和重大决议，提高基层党务工作者的思想政治素质、组织领导能力和实践工作经验，强化对后勤员工的政治引领、思想引领和政治吸纳，旗帜鲜明地反对和抵制错误思潮，积极培育和践行社会主义核心价值观。全年共举办集体学习研讨会 4 场、理论宣讲报告会 2 场，并为党员干部统一征订《基层党组织工作法规实用一本通》《社会主义核心价值观十讲（党员干部读本）》《习近平总书记系列重要讲话读本》等系列党建书籍，以供学习参考。此外，还积极组织后勤员工参加学校举办的理论宣讲报告会、专题学习座谈会、"华大讲堂""集美讲堂"等活动，收听收看党的十八届四中全会相关报道和评论。

2014 年 1 至 5 月，积极开展"缅怀革命老前辈，古田会议之旅""立足本职工作，创建优质服务""'共筑产业梦'主题立项活动""强化医院管理，提高服务质量，党员争先创优，服务师生员工""创一流业绩，展党员风采"等党支部工作"立项活动"，并鼓励和资助各党支部围绕自身特点和工作实际开展"党员挂牌""党员联系窗口""党员示范岗"等各类主题鲜明、内容丰富、成效突出的特色活动，丰富支部生活，增强支部活力。2014年6月，在学校2013~2014学年党支部工作"立项活动"评审会上，第七、八支部联合开展的'共筑产业梦'主题立项活动获校级优秀成果表彰。2014年11月，组织各支部申报学校2014~2015学年党支部工作"立项活动"，由后勤党委推荐的4个立项活动全部被确定为校级立项项目，其中有3个立项活动获得学校的经费资助。11月28日，后勤党委第二、三、四、五支部组织党员一行26人前往晋江市福建优兰发集团实业有限公司党委开展以"学先进，树新风"为主题的党务、党建工作学习活动。12月至学期末，以集中学和个人自学相结合方式开展党务工作者学习培训活动，围绕党支部的性质、地位、任务、选举、制度以及教育、管理工作等内容，针对党支部的特点、内容、方法和程序等问题，集中观看学习《基层先锋，战斗堡垒——党支部工作实务》（十八大版）案例教学片。

2014年12月，组织开展第二次党风廉政宣传教育月活动，根据中央八项规定、《党政机关厉行节约反对浪费条例》和省、市有关规定要求，在各支部和党员中全面开展廉洁自律教育、职业道德教育、反面警示教育、廉政文化教育活动，严肃党的政治纪律、组织纪律、工作纪律、财经纪律和生活纪律，坚持不懈纠正"四风"，不断深化党的群众路线教育实践活动成果，建立健全联系群众、服务群众、深入群众长效机制，解决好联系服务师生群众"最后一公里"问题。

后勤党委各支部情况

支部设置	组成单位	新一届支部委员
第一支部	后勤与资产管理处机关科室	陈祥南（书记） 杜红霞（组织兼统战委员） 郑凌云（宣传兼纪检委员）
第二支部	后勤交通运输服务中心	魏金福（书记） 官跃明（组织兼纪检委员） 曾华欲（宣传兼统战委员）
第三支部	后勤校园绿化与维修服务中心、后勤邮电服务中心	周泗志（书记） 楼晋阳（组织兼统战委员） 郑水生（宣传兼纪检委员）
第四支部	后勤水电管理服务中心、后勤餐饮服务中心、后勤接待服务中心	张勇庆（书记） 宋跃锋（组织兼纪检委员） 朱逊刚（宣传兼统战委员）
第五支部	尤梅幼儿园	许魂霖（书记）
第六支部	基建处	项剑平（书记） 林益萍（组织兼统战委员） 林伟（宣传委员） 黄宏立（纪检委员）

支部设置	组成单位	新一届支部委员
第七支部	资产经营有限公司，泉州华大超硬工具科技有限公司，华大数码科技有限公司，华侨大学建筑设计院、审图所	涂伟（书记） 苏世灼（副书记） 李云凤（组织委员） 叶桦（宣传委员） 钟远强（统战兼纪检委员）
第八支部	福建华大环保工程有限公司/华侨大学环境保护设计所	潘志祥（书记） 康聪成（组织兼纪检委员） 陈虹丽（宣传兼统战委员）
第九支部	校医院	陈庆煌（书记） 郭镇建（组织兼统战委员） 黄亚萍（宣传兼纪检委员）

【工会活动】 为丰富后勤职工文体生活、强化团队意识、展示后勤人良好精神风貌，2014 年 3 月 11 日，组织参加学校举办的"三八"妇女节女教职工跳绳比赛，后勤 2 队和后勤 1 队分别获得泉州校区团体次数总分第二名、第三名，后勤 2 队还获泉州校区 10 人赛一等奖；2014 年 4 月 25 日，组织教职工参加中国象棋比赛，并取得了优异的成绩；2014 年 6 月 21 日，组织开展了首届后勤职工趣味运动会，后勤机关和各实体以及葆力物业、丹田物业、华丰餐饮共 12 支代表队参加；积极创建教工小家，第五和第七分工会申报的"强化餐饮技能培训，构建食品安全保障"和"岗位练兵、技能竞赛"的两个教工小家获校教育工会批准立项；11 月 1 日，后勤系统代表队在华侨大学第 37 届运动会上荣获教工组男女团体总分第一名，并分别获得教工组田径比赛团体总分第一名、男子篮球比赛冠军、排球比赛冠军，以及教工组"集体体育道德风尚奖"。

基建工作

【概况】 2014 年，基建处以建设"质量工程、阳光工程和廉洁工程"为目标，以"完善工作流程管理，强化项目规范监管，合理安排工程进度，防控基建廉政风险"为重点，工程建设稳步推进，学校办学基础条件进一步改善，工作成效明显。

2014 年，共完成泉州校区学生宿舍抗震改造一期工程、厦门校区学生宿舍莲苑 1 号楼、2 号楼工程、音乐舞蹈学院大楼等 3 个项目，总建筑面积 5.72 万平方米；推进泉州校区教师宿舍楼抗震改造（人才公寓二期）工程、厦门校区羽网多功能馆、华文教育综合大楼等在建工程项目 3 项，总建筑面积 6.17 万平方米；实施泉州校区陈嘉庚纪念堂维修改造、西区新征地环山步道一期工程、校园供水管网改造三期工程、公共卫生间节水改造二期工程、变电室增容改造工程、水厂恒压供水设备升级改造工程等 6 项，有效改善泉州校区办学条件；完成厦门校区电力增容改造工程、二期道路管网（市政道路 6 号路、11 号路）工程、厦门校区主楼钢结构连廊及校名牌的维修改造、二期供配电（学生餐厅二期及土木学大楼供配电工程）4 个项目，确保学校各类设施顺利运行。

【泉州校区建设情况】 泉州校区主要完成校园供水管网改造三期工程、公共卫生间节水改造二期工程、变电室增容改造工程、水厂恒压供水设备升级改造等改善办学条件项目的收尾工作，完成国家财政资金 1850 万。

启动陈嘉庚纪念堂维修改造工程，对陈嘉庚纪念堂进行结构加固、舞台、灯光、音响、中央空调、座椅全方位改造，改造后的纪念堂将为全体师生提供全新的视听效果和舒适的身体感观。

实施西区新征地环山漫道一期工程，沿学校西区新征建设用地边界，修建一条长 1.7 公里的休闲步道，全程敷设木栈道、廊亭、观平台、洗手间以及完善的安全设施，项目的建成将为我校师生提供一个健身休闲的良好场所。

实施校舍抗震改造工程，完成北区学生宿舍抗震改造一期工程，新建学生宿舍 21900 平方米，新增四人公寓床位 1372 个，投资额约 7500 万元，确保新生 9 月份开学顺利入住，保障了学校的教学秩序；实施教师宿舍楼抗震改造（人才公寓二期）工程，采用异地安置的方式，在学校新南小区南侧预留用地建设两栋 18 层高的教师宿舍楼，总建筑面积 21336 平方米，建成后将提供教师周转房 120 套及配套的地下人防及停车位，总投资额约 7561 万元，项目建设周期两年，预计于 2016 年下半年竣工。

【厦门校区建设情况】 厦门校区主要实现音乐舞蹈学院大楼、学生宿舍莲苑 1 号、2 号楼工程顺利竣工，总建筑面积约 34325 平方米，投资额约 10312 万元。其中，音乐舞蹈学院大楼总建筑面积 13400 平方米，投资额约 2992 万元，建成后提供音乐教室、形体训练室、音乐演播厅等教学设施；学生宿舍莲苑 1 号、2 号楼工程总建筑面积 20924 平方米，投资额约 7320 万元，新增四人公寓床位 1548 个，确保当年新生 9 月份按时入住。

推进厦门校区华文教育综合大楼、羽网多功能馆的开工建设。华文教育综合大楼，总建筑面积 36800 平方米，是集培训教室、会议室、学员餐厅、学员宿舍为一体的综合教学培训大楼，将成为学校开展华文教育工作的平台；羽网多功能馆建筑面积 4765 平方米，主体建筑长 113 米、宽 39 米、高 13.2 米，规划建设 2 个网球场、12 个羽毛球场、5 个篮球场（与羽毛球场地共用），同时兼顾每年开学典礼和毕业典礼的需要。

实施厦门校区电力增容改造工程，提高校区电力供应和保障能力，完成市政道路 6 号路、11 号路的建设，完善校园道路管网和周边环境，提升校园通行能力；完成四端文物馆的装修改造工程，完善华文教育教学场所；完成主楼钢结构连廊及"校名牌"的维修改造，确保学校工作的顺利运行。

结合厦门市长调研情况，继续加强与集美区政府、集美新城建设指挥部、集美文教区建设指挥部、侨英街道办、厦门市发改委、厦门市广播电视集团等相关部门沟通，推进集美大道沿线地块、201 电台、兑山小学、水务集团泵站的拆迁工作。

两校区 2014 年工程建设情况

序号	项目名称	建筑面积（M²）	总投资（万元）	开工时间	竣工时间	建筑物用途
一	泉州校区					
（一）	年度竣工项目					
1	北区 1 号、6 号学生宿舍楼抗震改造工程	22608	7991	2013.6	2014.12	学生宿舍
2	校园供水管网改造三期工程		863	2012.12	2014.4	基础设施
3	公共卫生间节水改造二期工程		300	2013.7	2014.5	基础设施
4	变电室增容改造工程		310	2013.9	2014.1	基础设施
5	水厂恒压供水设备升级改造工程		380	2013.1	2014.1	基础设施
（二）	在建项目					
1	教师宿舍楼抗震改造工程—人才公寓二期	21336	7561	2014.7		教师宿舍
2	陈嘉庚纪念堂维修改造二期工程		2730	2014.12		会堂
3	西区新征地环山步道一期工程		520	2014.11		基础设施
二	厦门校区					
（一）	年度竣工项目					
1	学生宿舍莲苑 1、2 号楼	20924.84	5847.6	2013.1	2014.9	学生宿舍
2	音乐舞蹈学院大楼	11534.8	3067.31	2012.12	2014.7	实验大楼
3	二期供配电工程—2012 年		2368	2012	2014.12	基础设施
4	厦门校区电力增容—2014		700	2014.9	2014.12	基础设施
5	二期道路管网		2882	2014.5	2014.9	道路管网
6	主楼钢结构连廊及"校名牌"的维修改造		70	2014.7	2014.9	基础设施
（二）	年度在建项目					
1	羽网多功能球馆	4765	1000	2014.12		体育馆
2	华文教育综合大楼	35604	19852.21	2014.2		教学大楼

两校区 2014 年筹备项目情况

序号	项目名称	校区	建筑面积（平方米）	概算批复（万元）	目前进度	竣工时间（或投入使用时间）	备注
1	露天游泳池	厦门校区			方案设计		
2	龙舟训练馆				方案设计阶段		
3	游泳馆				方案设计阶段		
4	龙舟训练馆				方案设计阶段		
5	综合体育馆				可研论证		
6	综合实验大楼				完成可行性论证		
7	后勤保障基地				可研论证		
8	教师宿舍楼抗震改造二期工程（人才公寓三期）	泉州校区			建设用地手续办理		
9	西区综合体育馆				方案修改		
10	图书馆二期				选址论证		
11	西苑－附中周边环境改造工程				完成方案设计		

保卫工作

【概况】 2014 年，保卫处在学校党政的领导下，牢牢把握"安全稳定压倒一切"的工作总基调，强化红线意识，坚持底线思维，全处上下凝心聚力，扎实工作，切实维护了学校正常的教学、生活、科研秩序。着重加强对保卫处干部遵纪守法和党风廉政教育，引导树立社会主义法治理念，推进执法规范化建设，努力将党的基本理论知识与加强基层党组织建设、推进党建工作创新、改进党员教育管理紧密结合，切实增强党员的宗旨意识和群众观念，树立敢于担当的大局意识和责任意识，引导树立社会主义法治理念，推进执法规范化建设。落实管控措施，维护校园安全稳定。重视队伍建设，提升安保管理水平。强化安全管理，构建安全防范体系。加强校园治安管理，强化门卫管理，坚持 24 小时校园治安巡逻，严厉打击危害校园治安秩序的违法犯罪活动。严格消防安全管理，推进学校安全隐患排查治理体系建设，进一步加大火灾隐患的排查整治力度。加强校园系统的日常维保，按照"每周检查、专人巡查、定期维修"的原则，加强校园监控系统的日常维修与保护。充分利用校园网、官方微博、微信、广播台、电子宣传栏、校内刊物、BBS 等媒介，广泛深入开展主题安全教育。编写《华侨大学学生安全教育手册》。开展防灾减灾应急演练。

【安全稳定】 作为学校维稳办挂靠单位，保卫处在华侨大学校园安全与稳定工作领导小组的领导下，牢固树立"安定稳定重于一切，安全责任重于泰山"的思想，强化红线意识，坚持底线思维，将安全稳定工作列入重要议事日程，与其他业务工作同要求、同部署、同检查、同落实,切实维护学校教学、科研和生活秩序。

2014 年 5 月 29 日下午,学校召开校园安全稳定工作会议。校党委书记关一凡在会议主要传达了上级各有关部门关于维护校园安全稳定的文件精神,通报了近期发生的几起社会安全事件,并总结我校安全稳定工作情况,对下阶段的工作任务进行了部署。11 月 28 日,学校召开校园安全与稳定工作会,与会各单位就维护校园政治稳定、强化校园安全管理、规范安全生产流程、紧抓网络信息安全、加强师生安全教育等工作进行交流汇报。副校长彭霈回顾了近期校园安全稳定工作,对全校各部门在安全稳定工作方面所做的努力和取得的成效表示肯定。他传达了关于开展"平安校园"等级创建、学校安全标准化建设提升工程等文件精神,并就下阶段校园安全稳定工作进行部署。

此外,保卫处注重收集国际国内重大事件、敏感时期和师生员工关注的热点、焦点问题以及可能影响校园安全稳定的事件和各种情报有关信息。及时掌握全国两会、"3.1"昆明火车站暴恐案、"4.30"新疆乌鲁木齐火车站爆炸案、"5.22"乌鲁木齐沙依巴克区早市爆炸案、党的十八届四中全会、北京 APEC 会议等重要政治活动或重大事件前后师生的思想动态。实行 24 小时值班,坚持处领导带班制度,及时处置突发事件。加强"抵御邪教"警示教育,组织学生参加反邪教法制知识竞赛,引导师生员工正确认识和对待宗教问题,提高师生员工识别邪教、抵制邪教的能力,坚决防御境内外反动势力利用宗教进行渗透活动,严防邪教组织的侵蚀和渗透,严防邪教影视作品、宣传资料的侵入,断其传播途径,做到不扩散,不传播。2014 年度,共向上级有关部门报送情报信息 11 期,其中多期信息被福建省委教育工委、福建省公安厅、泉州市委教育工委、厦门市委教育工委等部门采用。

【校园治安】 紧紧围绕"发案少、秩序好、校园稳定、师生满意"的目标,认真贯彻"预防为主、打防结合"的方针,统筹规划,突出重点,规范运作,扎实开展校园治安防控体系建设。强化门卫管理,坚持 24 小时校园治安巡逻,加大人员密集场所及全校各重点区域巡逻力度和次数,严厉打击危害校园治安秩序的违法犯罪活动。实行校园"110"快速反应机制,及时受理师生员工的报警求助,做到"有警必接、有险必救、有难必帮、有求必应"。 与泉州市公安局丰泽分局华大派出所、厦门市公安局集美分局集美学村派出所密切合作,加大校园治安案件查处力度,严厉打击违法犯罪行为。一年来,两校区共受理治安、刑事、调解、求助等案件 243 起,通过校园监控及巡查破获各类治安、刑事案件 40 起,捉获违法嫌疑人 22 人。在第七届董事会、学院周年庆、2014 年迎新生、校园大型招聘会、华大讲堂、教职工环校跑健身活动等大型活动期间,协同学校有关部门制定严密的安全保卫方案,认真落实安全防范措施,确保活动顺利举办,维护师生员工人身、财产安全。

【校园交通管理】 根据《华侨大学校园停车收费管理办法》和《华侨大学厦门校区校园停车收费实施细则》对校外车辆实施停车超时收费管理。在两校区持续开展校园交通安全专项整治，加大车辆管理整治力度，实行派出所警力、保卫干部、保安人员全员投入，加强第八中心小学门口、南苑餐厅、北门等重要路段的交通管控，规范校园机动车通行秩序，张贴"温馨提示"告示单，交警违章处罚等方式以纠正违停、超速等违规现象。与丰泽区第八中心小学共建，与学生家长签订《校园交通安全承诺书》，明确校园行车路线，规范停车秩序，优化校园交通环境。积极与厦门市有关部门协调，在集美区交通主干道设置华侨大学交通指示标牌。

【消防安全】 根据《福建省火灾高危单位消防安全管理规定》和《福建省消防安全重点单位界定标准》的要求，结合两校区实际，确定全校消防重点单位（部位），建立校园消防安全工作台账，明确逐级和岗位消防安全职责。积极开展排查整治工作"回头看"，认真做好今冬明春学校消防安全工作，巩固"清剿火患"战役成果，推进学校安全隐患排查治理体系建设，进一步加大火灾隐患的排查整治力度，尤其对近两年未排查或排查不到位、整治不彻底的区域、场所开展新一轮清剿。多次组织全校消防安全隐患大排查，重点检查办公楼、教室、图书馆、学生宿舍、食堂、实验室、校园商业网点等人群密集场所和重点区域，消除建筑耐火等级低、安全疏散不符合消防技术规范、违章用火用电用气、安全出口通道堵塞、建筑物消防设施损坏、过期等问题，并详细填写检查记录，建立工作台账，对排查出来的安全隐患，督促责任单位及时整改到位，实现排查整治"全覆盖、无盲区"。每月填写福建省学校安全生产隐患排查治理和"打非治违"情况月报表，并及时向上级有关部门汇报。按照消防安全规范的要求，及时增配、更换过期、破损的消防器材，聘请专业消防维保公司对全校消防设施进行全面检测和维护。

【户政管理】 2014年，保卫处两校区办证大厅为学校师生员工办理申领、换领二代居民身份证393张；办理临时二代居民身份证35张；办理户口迁入登记1003人，迁出登记2178人；办理新生儿出生登记44人，户口死亡注销18人，办理户籍证明1443份；境外人员暂住登记598人次，境内人员暂住登记3868人次。

【技防建设】 加强校园系统的日常维保，由专人负责对两样区安防系统设备运行情况进行全面排查，建立监控系统排查台账，申请20万元专项经费用于安防设施的维护，按照"每周检查、专人巡查、定期维修"的原则，加强校园监控系统的日常维保。2014年来，两校区共投入155万元左右，更换及新增视频监控420路，更换及新增入侵报警器98路，排查出各类故障2000多起，设备完好率达到95%以上。

【安全教育】 加大安全知识宣传力度。充分利用校园网、保卫处官方微博、微信、广播台、电子宣传栏、校内刊物、BBS 等媒介，广泛深入开展以"防火、防盗、防骗、防暴及交通安全"为主要内容的安全教育。

【安全视察】 2014 年 2 月 25 日，泉州市消防支队支队长黄日全带领防火消防处处长林启荣莅临华侨大学，就校园消防管理工作进行座谈，保卫处处长骆景川接待了黄日全一行。

2014 年 2 月 26 日，厦门市市长助理、市公安局长林锐莅临华侨大学参观指导，校长贾益民接待了林锐一行，保卫处处长骆景川陪同参加。

福建省教育厅学校安全工作处处长谢友平、福建省公安厅国保总队文保支队副支队长王敏珍率队开展调研工作。校党委书记关一凡、保卫处处长骆景川、华大派出所所长张哲明等参加座谈会。

2014 年 7 月 2 日，福建省公安厅国保总队副总队长吴锡镇莅临华侨大学厦门校区参观指导，保卫处处长骆景川、副处长谢俊荣陪同参加。

审计工作

【概况】 2014 年华侨大学审计处在学校的领导下，紧紧围绕学校发展建设中心，进一步拓展工作思路，积极推进绩效审计，把内审工作的出发点和落脚点放在促进发展、促进管理、促进提高效益，强化内部控制、防范风险上，开展了各种形式的内部审计监督工作，已成为学校严肃财经纪律、加强内控管理、维护经济秩序、促进党风廉政建设的一个重要手段，为服务学校发展发挥了积极作用。据统计，2014 年开展经济责任审计 7 项，完成财务收支审计 9 项，完成基建修缮工程项目竣工结算审计 80 项；同时，参与部分科研经费项目的自查自纠工作以及配合纪委对个别案件的调查取证工作，参与了基建维修工程、物资采购过程的审计监督等。审计处泉州校区常驻审计人员 5 人，厦门校区常驻审计人员 5 人，其中高级职称 2 人，中级职称 4 人，专业涵盖财务、审计、工程等。

【经济责任审计】 华侨大学从确保审计成效和保护领导干部的角度出发，加大任中审计力度。与离任审计相比，任中审计在审计问题整改、审计时效性等方面有更好的效果，通过坚持任中审计与离任审计相结合的方式，逐步扩大任中审计的比重，充分发挥审计预警和预防的作用。同时重视经济责任审计在干部管理和党风廉政建设中的作用，把审计结果作为组织人事部门考核干部的重要依据，通过开展经济责任审计，绷紧领导干部廉政勤政之弦，在干部廉政建设中起到防微杜渐的作用。2014 年学校委托审计处对 7 名领导干部进行经济责任审计，其中 6 名领导干部为任中审计，在审计中重点关注中央"八项规定"落实情况，特别是因公出国（境）费、接待费等"三公经费"的使用情况，规范公务消费支出管理，认真落实务实节俭、廉洁从政要求，降低行政成本。从总体上看，被审计领导干部能遵守财务管理规定，较好地履行"一支笔"的职责，未发现领导干部个人存在重大违法违规问题。

为进一步建立健全经济责任审计工作协调机制，进一步规范经济责任审计工作，并根据《国务院侨办关于加强经济责任审计工作的指导意见》，审计处于 2014 年起草并制定了《华侨大学经济责任审计工作联席会议制度》，联席会议由主管审计工作的校领导负责召集，相关成员单位参加。经济责任审计工作联席会议制度是将与经济审计工作有关的职能部门联系和组合到一起，达到交流情况、相互配合、优势互补、协同作战、充分履职而设立的一项协作制度。

【财务收支审计】 根据学校各独立核算单位的实际情况，审计处对独立核算单位的财务收支审计做到全面覆盖，绝大多数做到三年一审计。2014 年，审计处完成财务收支审计 9 项，提出审计建议 39 条。对于审计中发现的一些问题，在审计报告中都针对性地提出了审计建议，主要包括以下几方面。一是促进制度建设，完善内控体系。通过全面掌握被审计单位财务情况，针对各单位财务制度中存在的问题，加强其财务制度的建设。二是掌握被审计单位经营情况，加强对资金管理使用的审计监督。通过掌握被审计单位家底，审计报告真实反映其经营情况，为学校制定相关政策提供依据。对部分单位欠缴、少缴学校利润、折旧费等问题，将督促其尽快上缴，维护学校利益。三是规范采购工作，提高资金使用效益。审计中针对部分单位在采购中存在不规范的情况，根据不同单位采购业务的特点，针对性提出审计建议，促进被审计单位规范采购工作，提高资金使用效益。

【基建修缮工程结算审计】 2014 年完成两校区 80 项基建和修缮改造项目竣工结算审核，累计送审金额 6690.65 万元，审减 240.79 万元，核减率为 3.6%。基建修缮工程结算审计采用委托中介机构审计和自审相结合的方式。投资规模较大的工程一般采用委托中介机构审计的办法；投资规模较小、较零星的工程则一般采用自审的办法。对于每个外审项目，审计处通过招标或抽签的方式来确定委托的造价咨询公司，在委托审计过程中，审计人员对结算的进度和质量严格把关，做好沟通协调及保密工作，避免造价咨询公司和施工单位单独接触。通过内外审的结合，控制审计质量，提高工程结算质量。对于自审项目，除了严格按照规定程序实施审计外，还注重加强审计人员综合素质、敬业精神、职业敏感、业务水平以及廉洁自律等方面的培养，很多工程项目都是采取施工现场实地丈量等方式核实工程量，从而节约资金，并强化对施工单位的监督约束，维护学校利益。

【审计监督与服务】 审计处充分发挥审计监督与服务职能，主要表现在以下方面。第一，参与学校科研经费自查自纠及科研项目结题审核。审计处根据学校科研经费自查自纠工作安排，派出审计人员参与了抽查工作。抽查的范围涵盖 2011 年 1 月 1日以来发生收支业务的所有纵向科研项目、横向科研项目、中央高校基本科研业务费安排的科研项目以及学校用事业经费安排的校级科研项目。抽查内容包括项目管理、预算管理、支出管理、绩效管理、监督机制。在抽查过程中，审计人员发挥专业优势，重点对科研经费使用的真实性及合理性进行审查，发现的问题得到纠正和整改。另外，审计处还承担对科研经费结题的审核工作。

第二，参与基建修缮工程过程监督。由于基建修缮工程具有周期长、投资大、技术复杂、控制环节多、管理专业性强等特点，再加上常常会出现施工方高估冒算，虚报工程量的情况，任何一个环节的失误都可能带来损失。做好基建修缮工程的过程监督，以学校的利益为重，把保证工期和质量放在第一位，参与工程项目前期论证、招投标、合同签订及各种款项支付的审核、工程各阶段验收及结算审核等环节。对部分项目的隐蔽工程及材料采购环节进行验收，对 5 万元以上的变更签证进行审核。这种涵盖工程项目事前、事中、事后的监督活动，不仅仅体现监督职能，还体现审计服务职能，能有效地、主动地控制工程造价，提前化解投资风险和工程风险，"不等亡羊先补牢"是行之有效的监督管理办法。

第三，参与物资采购过程监督。根据国家及学校在物资设备采购方面的有关管理办法，对采购程序、经费使用及合同履行情况进行全过程的审计监督，以提高投资资金的使用效益，具体做法主要有：一是参与部分特殊采购项目的前期调研；二是对招标公告及招标文件的内容进行审核；三是对招标过程进行监督，保证其公开透明；四是参与金额较大设备的验收；五是对超过 5 万元的物资采购项目报账前进行审核。2014 年，审计处派出人员参与两校区物资采购招标 125 项，预算金额 11690.48 万元，通过招标节约金额 917.61 万元，节约率约 7.85%。

【审计规范建设】 审计处通过规范办事流程，优化审计程序，将单位工作职责和具体办事流程在校园网上公开，科学合理简化办事手续，提高办事效率；并将审计工作计划、审计工作通告等在审计处网页上公开，增加审计工作的公开透明度，自觉接受教职工对审计工作的监督。通过公开倒逼审计人员内强素质、外塑形象，遵循审计准则和职业道德，坚持独立、客观、公正的工作原则，以过硬素质和作风，确保过硬审计质量。审计质量是审计的生命线，是审计权威性的基本保障。为保证审计质量，审计处重视审计人员专业素质的培养，鼓励审计人员参加培训教育，2014年共有11人次参加了后续教育培训。

离退休工作

【概况】 2014年，在校党委和行政领导下，离退休工作处（党委）深入学习贯彻党的十八大，十八届三中、四中全会和习近平系列重要讲话精神，认真落实党的老干部工作方针、政策，认真落实上级主管部门指示精神和《华侨大学关于进一步加强离退休工作若干意见》具体要求，对照学校行政（党委）2014年工作计划，坚持以离退休教职工为本，围绕中心、服务大局，大力加强离退休党建和思想政治工作，以求真务实精神扎实做好离退休服务与管理工作，离退休各项工作稳步推进，取得积极成效。

截至2014年12月31日，学校离退休教职工计1026人，其中离休干部25人，离退休党员331人，2014年去世老同志19人。

【落实离退休教职工政治待遇】 通过专题讲座、学习班、座谈会、通报会等多种形式及时把党和政府的重大决策、学校发展中的重大事项传达给离退休教职工，认真落实老干部和离退休人员代表参加重要会议、重要活动等制度，认真听取他们对学校工作的意见和建议。校党委书记关一凡在老年团体组织年会和集体祝寿会等场合分别向离退休教职工通报学校2013年工作开展情况、2014年工作重点和为民办实事项目；人事处处长专题通报人才与人事工作情况。积极为离退休教职工搭建学习平台，在活动中心阅览室增设两台计算机，方便老同志上网学习、查阅资料；两个校区的3个老年活动中心（室）订阅报刊近百种，另外，为离休干部、退休干部、退休厅级干部、各老年团体组织负责人、党支部书记每人订阅一份《福建老年报》。

【落实离退休教职工生活待遇】 根据福建省委老干部局相关文件，协助人事处调整离休干部和退休干部高龄护理费；做好易地安置老干部服务管理工作，派人前往浙江、山东、上海等地探望慰问异地居住离退休老干部；元旦春节和老年节对每位离退休教职工分别发放过节费200元和300元（80岁以上600元）；10月份组织"敬老月"活动，为当年满70、80岁的65位老同志举办集体贺寿会，校党委书记关一凡、副校长彭需到会参加，校长贾益民发来了贺信，向寿星们表示热烈的祝贺，向广大离退休老同志祝以重阳佳节问候；与校团委、生物医学院联合举办"一日志愿"等活动。

【关心慰问及活动开展】 2014 年 6 至 7 月组织 600 多位离退休老同志到校医院进行健康体检，11 月组织 600 多位老同志做颈动脉彩超检查，12 月组织 175 位 70 岁以上老同志免费注射流感疫苗。

每逢重要节日处领导将带队上门看望老干部、老领导以及长期患病的老同志，离退休教职工生病住院的，也及时组织人员到医院或家中探望，送去学校的关怀，一年来参与各类慰问活动近 400 人次。

在全校范围内进行摸底确定重点关爱名单，并与单位在职工作人员一对一开展结对帮扶活动；多次走访泉州、厦门两地家政服务、养老服务机构，编制《泉州厦门两地养老、家政服务机构推荐单位基本信息表》，为老同志提供信息服务工作。

2014 年 4 月份完成了为民办实事项目之电梯加装工程、卫生间的改造工程，改造活动中心门前混凝土，为球场加铺人工草坪，同时对西面气排球场重新辅设人工草坪，启动活动中心文化氛围建设并于 12 月底完成第一阶段布置，加强厦门校区教学楼群 B-501 老年活动室的管理，聘用一位退休老同志负责日常服务。

学校协助老体协、老年大学积极开展丰富多彩、健康向上的文体活动，重点是每年组织两次体育趣味活动、两次就近徒步郊游、两次就近参观地方发展建设以及辞旧迎新文体汇演等七大项活动；召开各老年群体组织年会，加强老体协各活动项目组指导，实行常年活动、加强培训、交流展示三项措施，并在经费方面予以保障，努力建好老年活动的主要平台；协助各基层离退休分会做好开展活动的后勤保障和安全工作。

【组织建设】 重视老年团体组织建设。定期听取各涉老团体组织工作报告，协助解决活动中出现的难题，积极做好各项服务事务，尽力为其开展活动提供帮助和方便。

引导离退休教职工为学校的发展、党的事业增添正能量。重视并支持离退休教职工发挥优势和作用，鼓励参加机关工委、老体协、老年大学等团体组织，为学校发展和地方社会经济建设力所能及提供服务。

单位以开展党的群众路线教育实践为契机，提出了离退休教职工有事来访来电热情接待三要求承诺；积极开展调查研究，先后组织开展关于特殊困难离退休老同志帮扶机制（注：该研究是省委老干部局 2014 年老干部工作重点调研课题）和老体协工作两项调研，并针对性地采取措施；加强制度建设，制订了《华侨大学关于教职工逝世后丧事办理的暂行规定》《关于离退休人员差旅费管理若干规定》《关于基层老年组织活动经费管理暂行规定》等文件；通过参加省老干部局组织的活动、接待省市老干部局领导来校调研等形式，加强与省市老干部局、高校同行之间的交流、学习，不断探索新形势下做好离退休工作的新思路和新方法。

据学校领导的变化等情况，相应地调整了华侨大学离退休工作委员会、华侨大学关心下一代工作委员会、华侨大学离退休教育工作者协会（老年人体育协会）理事（委员）以及部分单位离退休工作小组。

学校组建厦门退休党支部，方便常住厦门的离退休教职工党员参加党内活动；组织实施学校资助的"关爱空巢老人构建和谐校园"和"聘请离退休老同志担任特邀党建组织员"两项支部立项；深入相关支部和组织部分党员开展调研，完成了离退休干部党支部建设情况调研报告，5月，福建省委老干部局副局长刘立成一行专程莅校调研；举办第二期离退休党支部支委培训班，组织学习习总书记近期重要讲话精神，以及最新的党务知识；协助支部组织不定期的、多样化的活动；组织慰问困难老党员活动，送去学校和组织的关怀；认真做好党员评议和定格处置工作。

【思想政治建设】 在理论学习方面，一年来先后举办5场专题讲座（专题通报），重点学习传达全国两会精神、十八届三中和四中全会精神；组织党支部书记集中学习《关于加强基层服务型党组织建设的意见》等文件；举办2014年老干部读书班，还组织学员赴龙岩古田会议和才溪乡纪念馆参观学习；支部也加强党员教育，坚持每年至少组织两次活动。教育引导离退休教职工党员坚定理想信念、永葆共产党员先进性。加强思想政治工作，把思想政治工作与解决实际问题结合起来，努力为老同志、老党员办实事，解难题。组织编写《华侨大学离退休工作服务手册》，为离退休教职工提供较全面的服务信息；改版《华大老同志》报纸，成为宣传离退休工作的另一重要平台；为方便新退休教职工办理手续，组织编写了服务工作流程；此外，针对当前利用信息技术诈骗事件日渐增多，为提高老同志自我防范意识，举办防骗识骗的专题讲座。

认真组织开展群众路线教育实践活动；加强党风廉政建设，经常进行党风、党纪和政纪教育，学习学校最新出台有关财务报销、公务接待和用车管理等规章制度；定期召开处党委会议，健全和落实处党委中心组学习制度，通过处务会、处领导会等形式，讨论和决定单位重要事项。

【离退休教育工作者协会、老年人体育协会】 协会不仅按照惯例组织2次体育趣味活动、2次就近徒步郊游、2次就近参观地方发展建设，每次活动约500位离退休老同志参加，而且还举办了气排球、门球、地掷球、台球、钓鱼邀请赛，组织校内网球、象棋、钓鱼等友谊赛活动。通过丰富多彩、积极向上的文体活动，使老同志在活动中锻炼身体，愉悦身心，同时也促进了与泉州等相关单位、高校老同志的交流和沟通，收获友谊。

组织参加省市各类体育展示和比赛活动，包括省高校西南片区老年人气排球、地掷球协作赛，泉州市区门球、地掷球、台球、气排球邀请赛、协作赛，充分体现离退休老同志积极参与体育锻炼的精神风貌。作为挂靠单位，协助省高校老体协承办省高校老年人柔力球协会成立暨第一届理事会议、首次骨干培训班。

调整华侨大学离退休教育工作者协会（老年人体育协会）理事（委员），副校长徐西鹏担任会长；补充调整老年体育协会理事；做好新退休人员的文体技能培训，先后开办棋牌、柔力球技能培训班，壮大各专项活动小组人员队伍。

老体协分别获评省高校老体协工作先进单位、泉州市老体协工作先进单位，柔力球组获评为泉州老年体育健身先进辅导站；多位老同志和工作人员被评为省、市老体协先进个人荣誉。

【老教授协会、老科技工作者协会】 围绕泉州市科协和泉州市老科协的"海洋经济与城市发展"2014年主题科普活动中，发动会员报送论文，共有3篇论文入选，其中林文銮教授提交的《海洋生物医药研究进展与新产品开发》被评为优秀论文。不定期组织会员参加七次科普讲座活动。

承当学校与会员联系沟通的桥梁和纽带，全心全意做好会员服务。包括发展接纳新会员，组织慰问重病会员，组织会员参观闽安机械有限公司，不断增强协会的凝聚力。

搭建"老有所为"平台，引导会员服务学校发展和地方社会经济建设。协会有20多位会员在校受聘从事本科教学、研究生教学、实验教学督导以及参与学生党建工作；有30多位高级职称受聘于厦门工学院、泉州理工学院、华光学院等多所高校从事教学和管理工作；应泉州市多个单位邀请，协会多位教授参与大量科技项目的评审、鉴定和验收工作；会员王少雄、黄宜坚两位教授受聘为泉州市数控一代专家委员会成员，为地方经济建设积极出谋划策。

【老年大学】 调整老年大学校务委员会成员，补充新生力量强化老年大学教学管理队伍。坚持寓教于乐的办学方式，根据离退休老同志的需求，除了开设音乐（合唱）、舞蹈（民族舞、交谊舞）、民乐、中国画、书法、手工艺、保健等传统课程外，还新设了形体舞课程、摄影课程，举办摄影成果展。一年来，参加活动的学员400多人次。年底老年大学还在椿萱楼（老年活动中心）举办文体汇演、作品展示等活动，学员们用丰富多彩的文艺节目、精美生动的书画作品、手工作品演绎了"老有所学"的成果，对一年来学习情况进行检验。此外，为做好老年常见疾病的防治，不定期举办健康知识讲座，提升老同志健康和保健常识。

【关心下一代工作委员会】 学习贯彻上级关工委各项工作精神，紧密围绕学校中心工作，配合学校有关部门，开展社会主义核心价值观教育、党建、教学督导等工作，不断加强自身建设，充分发挥"五老"作用，做好关心下一代各项工作。

【教学督导】 教学顾问组、研究生教学督导组、实验教学督导组、成教教学督导组分别配合相关部门和学院在学校教学、科研等方面开展督导，收集教学信息，对各类教学活动进行检查、评估和指导，及时客观地向相关部门和学院反馈教学现状、问题、质量等信息，并提出改进建议。

每学期开学第一天随机抽查学生的出勤情况，一年来约抽查 170 个班级，统计汇总学生上课出勤数据，提交给校领导了解情况；对两校区 22 个学院进行日常教学检查，检查项目包括试卷、教案、进度表、教学大纲、院领导听课记录表、点名表、调课情况、毕业论文、毕业实践等内容，检查结束后写出专门报告送交教务处；负责全校申报晋升职称教师的听课、评教工作，一年来听课 200 多人次；负责对申报校级"精彩一堂课"教师复评听课，2014 年全校各教学单位共推荐 29 位初步人选，教学顾问组合计听课 145 人次；参与对学校资助的研究课题的中期和结题检查，一年来参与 36 项；期末考试和补考巡视考场计 3550 班次，并将发现问题及时分别报送学院、教务处。此外，还根据部分学院的要求，参与学院教学督导工作。

组织对 23 个研究生单位进行督导，日常教学检查 700 门次；做好约 110 门研究生课程的教学听课工作，重点关注新上讲台的青年教师，对其备课情况、教学经验给予评价和指导；配合研究生教学单位进行学位论文开题、中期检查，参与预答辩、答辩工作。

配合做好申报实验室建设的立项的审查、督导，2014 年申报项目共 38 个，督导组建议立项 14 个，争取立项 5 个；对实验室建设项目进行绩效考评，逐项检查项目实施情况，考评项目 33 个；参与实验教改项目立项审查、中期检查、结题审核工作，申报项目 46 个，建议给予立项 32 个，中期检查 41 项，结题审核通过 13 项；参与日常实验教学的督导，深入实验课听课和检查实验教学各个环节，做好听课记录并且提出意见与建议；参与全省实验教学督导现场会议召开，三十几所院校到会。

对成教教学课程进行听课评分，除对教学进行督导外，也作为教师是否续聘的依据；对拟聘在读研究生为教师的课程试讲进行评估和指导，弥补缺少教学经验的不足之处；协助成教学院与地方合办训练班的课程安排；检查校外办学点的教学大纲、讲稿及考题情况。

图书馆工作

【概况】 华侨大学图书馆由泉州校区图书馆（含侨总图书馆、捷中资讯数字分馆、大众期刊分馆）和厦门校区图书馆（含郑年锦图书馆、华文学院图书分馆、建筑学院图书分馆）等馆舍组成。著名爱国侨领许东亮先生、爱国华侨陈捷中先生和印尼著名侨领郑年锦先生，他们分别主持募捐和慷慨捐资兴建了华侨大学泉州校区和厦门校区图书馆，总建筑面积为 5.5 万平方米。图书馆共设 8 部 1 室，包括采访部、编目部、咨询部、期刊部、流通部、技术部、特藏部、文化传播部和办公室。在编工作人员 75 人。图书馆实行主管校长领导下的馆长负责制，设馆长 1 名，副馆长 2 名。

【文献资源建设】 2014 年图书馆文献资源馆藏总量 221 万册，其中中文图书 200 万册，外文图书 21 万册，年进书量 11 万册，中文报刊 3800 种，纸本过刊 20 余万册，外文报刊 245 种，中外文数据库 75 个，电子图书 170 万种，中外文电子期刊 3.7 万种。图书馆构建系统、完整、综合性的文献资源体系，每天开馆 16 小时，每周开馆 112 小时；设置考研专座 1688 个，为考研学生复习提供更好的学习条件和环境；第二自修室 24 小时开放使用；全馆阅览座位近 5000 个；电子阅览室配备计算机 227 台，提供电子文献阅览服务。

2014 年图书馆各分馆、阅览室、书库，借还图书 37 万册，共接待 144 万人次；图书馆组织新入学学生入馆教育培训共 50 场次；举办电子资源利用及上机培训讲座 5 场。

【信息咨询服务】 图书馆加强信息咨询服务和特色数据库建设。开展信息咨询、文献传递和馆际互借服务并积极申报教育部科技查新站，继续派人去厦门大学培训学习科技查新业务，逐步积累经验，提高业务能力。2014 年完成科技查新工作 280 例；完成文献传递及馆际互借 200 人次；完成新生使用图书馆培训 6000 人次；组织数据库使用培训 5 场次；完成 EI/SCI 检索证明 200 人次；收集整理硕士学位论文 1800 篇次；完成 75 个引进数据库的续订和维护工作。

【特色数据库建设】 图书馆积极建设《华侨华人专题文献数据库》《华文教育专题文献数据库》《华侨大学博硕士学位论文全文数据库》《图书馆随书光盘数据库》和《福建戏曲文献数据库》等特色数据库。

【馆际交流与合作】 2014 年 10 月 9 由国家图书馆和华侨大学图书馆联合举办现代图书馆参考咨询馆员业务能力提升培训班，在郑年锦图书馆开班，来自全国各地的 130 名学员进行为期 5 天的培训。培训内容包括参考馆员的信息素养和个人知识管理、虚拟参考咨询实务与案例分析、学科参考咨询实务与案例分析、参考咨询理论与实践、参考咨询服务的发展变革和服务转型等。10 月 10 日，华侨大学雕塑与建筑空间艺术研究中心揭牌，将视觉艺术作为图书馆空间必备要素并进行理论研究与设计实践，帮助各类图书馆为读者打造一个富有艺术特质、凸显现代图书馆独特的人文精神和交流氛围的精神家园。郑年锦图书馆是中心的研究基地，已推出位于图书馆四楼的景观文化园"书海憩园"。在泉州校区和厦门校区设置的展厅为学生们提供了展示的空间，图书馆连续举办多场学生作品展览。泉州校区与美术学院联合举办展出老师学生的各类作品，还在侨总一楼大厅举办定期或不定期地作品展。10月份图书馆工会举办1场"爱武一格"瓶艺展。2014年11月，图书馆与学生处境外生科举办1场"庆祝澳门回归"展；不断提升了图书馆的学术文化氛围。

【特藏特色服务工作】 图书馆推进华侨大学文库建设，开展特藏特色服务工作。图书馆一方面继续文库馆藏征集工作，新增著作70余册；另一方面文库馆舍空间设计方案进一步完善并基本定型，向学校财务处申请120万元文库建设专项资金。图书馆继续充实闽台地方文献库馆藏工作，从书库甄选出闽台地方文献958册，图书文献上架5000余册，索书号修补894册；影印古籍库倒架资料类、小说类古籍5000余册，整理善本1387函、新善本600余函；在线装古籍库接收、整理并上架华侨捐赠民国线装书籍约520册，整理并细致分类3400余册经部古籍，其中1800册重新编入经部细类，相应书目已著录全国古籍普查平台，剩余1600册编入丛书类别，待后期进行丛书编目。在整理书籍的同时，图书馆为部分破损严重古籍进行了杀虫保护处理。图书馆在港台阅览室较好地完成了读者服务工作，接收、初步加工并上架（上磁条、盖馆印及赠章）石汉基先生捐赠的6000余册港台图书，建成"石汉基先生赠书专架"，并举办石汉基先生捐赠仪式。

【读者人文素养文化活动】 图书馆与华文学院、宣传部等单位共组织联合，邀请校内外名家及教授等做系列文化讲座22场。《初醒》文学社文学杂志刊发发行杂志两期。图书馆与学院学生合作写生画展和与厦门市图书馆合作的鼓浪屿图片展书画展6期；组织全校读者业余书画展，书法展1期；举办学生读书征文比赛和与集美学村首届文化节合作举办集美学村诗歌大赛2次。图书馆与学生处合作，依托校学生会宣传部（华通社）及读书俱乐部组织了小型周末初醒读书会，读书沙龙大型读书沙龙6场；图书馆与汉服社同学组织了汉韵文化展1场，每周末组织小型的汉文化交流学习活动1场。《人生旅途》校园诗集主编出版发行。

档案馆工作

【概况】 档案馆2012年8月31日正式开始独立运行。档案馆是学校档案工作的职能管理部门。档案馆是对学校各类档案实行集中统一管理和行政管理服务的专门机构，负有对学校各单位档案工作进行业务指导、监督和检查，各类档案的收集整理、保存保密、管理利用服务、信息化和资料编研等工作。

泉州校区档案馆设在李克砌办公楼五楼，建筑面积358平方米；厦门校区档案馆设在郑年锦图书馆二楼，建筑面积1613平方米，两校区总建筑面积1971平方米。2014年档案馆在编专职档案干部5人，其中管理人员2人，专业技术人员3人，其中正高职称1人，副高职称2人，中级职称1人，初级职称1人。档案馆馆藏档案全宗1个，案卷40235卷（案卷排架长度703米），以件为保管单位档案95806件（排架长度56米），照片档案30162张，底图1224张，实物档案568件，馆藏资料2373册。馆藏文书类电子档案29538件（8GB），数码照片21200张（343GB），数字录音录像26小时（310GB）。

【档案管理】 档案馆推动档案管理各项规章制度的落实。在2013年制定、修订一系列规章制度和业务规范的基础上，2014年抓好档案收集归档机制的落实，提高归档质量，同时简化档案利用程序，提高档案利用效率。档案馆组织档案集中归档及归档指导督查工作，重点开展仪器设备类档案（以下简称设备档案）、出版物档案、实物档案、声像档案、离职教工及已故教工档案的集中归档等，形成常态化工作机制。

【信息安全】 档案馆做好档案保密工作，确保档案信息安全。档案馆建立档案保密工作管理体系，明确保密工作分管领导和保密干部及其责任，出台《档案工作人员使用互联网计算机安全保密规定》，加强电子档案管理，开展档案数字化建设，杜绝涉密及内部敏感档案信息泄露隐患，确保电子档案在生成、存贮、处理、传输和利用等各阶段的信息安全。

【档案数字化建设】 2014年3月，档案馆正式启动档案数字化建设，开始纸质档案的数字化扫描工作，已完成数字档案馆平台部署及第一期的纸质档案和照片档案的扫描、标引等建设任务。档案馆理顺设备档案的归档机制，做好档案收集与整理，将单价在10万元以上的仪器设备作为归档对象，并明确设备档案的归档范围、保管期限、归档流程和归档要求；将离职教工档案和已故教工档案纳入档案馆直接管理；接收人事处人事档案中离职教工档案和已故教工档案进馆保存并提供服务。2014年，档案馆数字化建设工程全面展开，接收离职教工档案403卷，已故教工档案372卷；完成纸质档案扫描、标引141.6171万页，照片档案4.1674万张，完成学籍类目录著录8.7475万条。完成扫描、标引的纸质档案包括文书类档案115.3567万页；学生学籍类档案24.7441万页（其中学籍卡7.6318万页，成绩单2.2657万页，学位论文

14.5606 万页，其他学籍 0.2860 万页）；基建工程蓝图 1.5163 万幅。档案馆多渠道收集实物档案和声像档案。在陈嘉庚纪念堂维修改造之际，档案馆系统收集陈嘉庚纪念堂内各种实物纪念品及有校史意义的物品进馆保存；全面清理校工会留存的各种实物纪念品、职工活动照片及相关资料进馆保存；以档案数字化为契机，档案馆对党委宣传部保管的声像档案进行集中接收，完成宣传部照片胶片档案的集中移交归档工作。档案馆指导、配合财务处对旧财会档案进行整理；组织鉴定小组，会同财务处、审计处、纪检监察室对财务处财会档案保管期限已满的 1981~2008 年票据存根（含校内三联收据存根、四联收据存根、食堂收据存根、学生宿舍费收据存根、定额收据存根）共 31211 本进行审查和直接鉴定，按规定对上述档案进行销毁。

【档案文化建设】 档案馆加强档案文化建设，重视档案的利用与服务，发挥档案在校史侨情教育中的作用。2014 年档案馆简化档案利用服务程序，做好查借阅服务工作，共接待查阅各类档案 987 件次，为修史编志、宣传教育、工作查考、职称评定、科研申报、权益争取、就业留学等提供服务。档案馆重视发挥档案在校史侨情教育中的作用。2014 年档案馆继续推出"华大记忆"系列之三"华侨大学发展时期和厦门校区建设照片展"、"华大记忆"系列之四"华侨大学早期珍贵校史档案资料选展"及部分实物档案展览，协助党委宣传部举办《书画历史 寻美中国——周旻、吴少锋绘画摄影作品联展》。

【福建省高校档案专业委员会第十三次学术研讨会】 2014 年 7 月 9 日，档案馆承办主题为"档案信息化及档案安全保障建设"的福建省高校档案专业委员会第十三次学术研讨会。福建省高校档案专业委员会、福建省档案学会科技档案分会、福建省档案学会国土资源档案专业委员会、福建省交通档案学会、福建省档案学会专业档案分会等档案片区的档案工作者 87 人与会，中国高等教育学会档案工作分会理事长柯友良、福建省档案学会理事长雷乃明出席研讨会开幕式。柯友良作"电子文件管理与档案工作现代化"的主题报告；会议共征集论文 45 篇，评选出 10 篇优秀论文，优秀论文在会上进行学术交流。10 月 10 日，华侨大学档案馆被福建省高等教育学会档案专业委员会授予"2014 年福建省高校档案学术论文优秀组织奖"荣誉称号。

【《侨艺萃珍》出版】 2014 年 11 月，由华侨大学董事会董事杜祖贻教授资助，档案馆与四端文物馆共同策划，档案馆馆长卫红主编，华侨大学校长贾益民题写书名并作序的《侨艺萃珍——华侨大学四端文物馆藏品选集》，由中国文史出版社正式出版发行。该书由布面精装，印刷两千册，精选了四端文物馆从建馆起始至 2012 年底收藏的 151 件文物，包括书法、绘画、陶瓷、雕刻、碑拓、文献等部分，每件作品均有详细的特征描述。由卫红、王怡苹、许金顶编辑的该书抽印本《华侨大学藏宋蔡襄万安桥碑记》一书同时出版发行。

2014 年进馆档案统计

档案类别	单位	当年进馆	馆藏累计
文书档案（含党群、行政、外事类档案）	件	5576	6083 卷 +63833 件
其中：永久	件	1453	3277 卷 +27928 件
长期	件	2210	2155 卷 +24685 件
短期	件	1914	651 卷 +11221 件
基建档案	盒	113	3180 盒 + 底图 1224 张
设备档案	盒	55	976 盒
科研档案	盒	284	2761 盒
出版物档案	盒	254	524 盒
学位档案	盒	548	5560 盒
财会档案	本	—	—
其中：报表	本	21	1354
账簿	本	53	1093
凭证	本	1200	16331
声像档案		—	—
其中：照片	张	5961	30162
音像	盒	0	19
实物档案	件	210	568
馆藏资料	册	31	2373
专题档案	卷	—	—
其中：离职教工档案	卷	403	403
已故教工档案	卷	372	372
馆藏总计	全宗 1 个，案卷 40235 卷（案卷排架长度 703 米），以件为保管单位档案 95806 件（排架长度 56 米），照片档案 30162 张，底图 1224 张，实物档案 568 件，馆藏资料 2373 册		

学报编辑工作

【概况】　华侨大学学报编辑部负责编辑出版发行《华侨大学学报（自然科学版）》和《华侨大学学报（哲学社会科学版）》两份刊物，它们是反映华侨大学科研能力和学术水平的窗口，2014 年两份刊物的情况大致如下。

【《华侨大学学报（自然科学版）》】《华侨大学学报（自然科学版）》（下简称《学报（自然版）》）是由华侨大学主办，面向国内外公开发行的自然科学综合性学术刊物。《学报（自然版）》为双月刊，A4 开本。中国标准连续出版物号为 CN 35–

1079/N，国际标准连续出版物号为 ISSN 1000-5013，国内邮发代号为 34-41，国外发行代号为 NTZ1050。

《学报（自然版）》以创新性、前瞻性、学术性为办刊特色，提出"出精品、创名牌、办一流学报"的办刊思路。《学报（自然版）》主要刊登机械工程及自动化、测控技术、电子工程、电气工程、材料物理、生物工程、环境工程、土木工程、建筑学、计算机科学和数学等应用研究和基础研究的学术论文，突出学科有硬脆材料加工工艺、先进制造技术、石结构抗震加固、软土地基处理、材料科学、生物技术、激光物理、建筑科学、电子信息技术、大跨度钢结构、纳米材料、分子药物等。

《学报（自然版）》编辑部有专职人员 4 人，其中编审 1 人，编辑 3 人。《学报（自然版）》实行邮局发行，年均发行量在 1000 册左右。《学报（自然版）》被美国《化学文摘》（CAS）、俄罗斯《文摘杂志》（AJ，VINITI）、波兰《哥白尼索引》（IC）、荷兰《文摘与引文数据库》（Scopus）、《乌利希国际期刊指南》（Ulrich's Periodicals Directory）、中国科技论文统计、中国学术期刊综合评价数据库、中国核心期刊（遴选）数据库等国内外重要数据库列为固定收录刊源，还被中国学术期刊（光盘版）、中国期刊网、万方数据库等数据库全文收录。

《学报（自然版）》入选 2014 年版《中文核心期刊目录总览》科学技术类核心期刊、ISTIC 中国科技核心期刊、RCCSE 中国核心学术期刊以及"中国期刊方阵'双效期刊'"，刊物影响因子和总被引频次不断上升。2014 年，省部级以上基金论文比为 97%；影响因子为 0.547；可被引文献比为 79%。全国综合性科学技术学科期刊影响因子排名 113 位，福建省综合性高校学报自然类刊物排名第 2。

【《华侨大学学报（哲学社会科学版）》】 《华侨大学学报（哲学社会科学版）》（下简称"《学报（哲社版）》"）是由福建省教育厅主管、华侨大学主办、《华侨大学学报（哲学社会科学版）》编辑部编辑出版发行的综合性人文社会科学学术期刊。中国标准连续出版物号为 CN 35-1049 ／ C，国际标准连续出版物号为 ISSN1006-1398。

《学报（哲社版）》以繁荣科学文化、促进学术交流、反映最新科研成果、发现和培养人才为办刊宗旨。主要栏目有哲学、法学、政治学、社会学、经济学、管理学、文学、语言学、艺术学等。特色栏目有泰国研究、华侨华人研究、旅游学研究、华文教育研究等。

《学报（哲社版）》编辑部有专职人员 4 人，其中副编审 1 人，编辑 2 人，助理编辑 1 人。《学报（哲社版）》实行公开发行，授权天津联合征订服务部在国内统一发行。

《学报（哲社版）》入选"中国学术期刊综合评价数据库""中文科技期刊数据库""中国人文社会科学引文数据库""中国期刊网""中国核心期刊遴选数据库""万方数据库""超星数字期刊库""龙源期刊数据库""中教数据库"等大型数据库。《学报（哲社版）》入选《中国人文社会科学期刊评价报告（2014）》综合性人文社会科学类核心（扩展）（中国社会科学院中国社会科学评价中心）、2014~2015年《中国学术期刊评价研究报告（武大版）》准核心期刊（武汉大学中国科学评价研究中心）。

2014年，《学报（哲社版）》被《新华文摘》收录3篇。在第五届（2014年）全国高等学校社科学报评优活动中蝉联"全国百强社科学报"称号。

资产经营工作

【概况】 华侨大学（泉州）资产经营有限公司成立于2009年10月，是根据教育部关于高校产业规范化建设的要求，经国务院侨务办公室批准，由华侨大学投资设立的国有独资有限责任公司。2008年7月，国务院侨务办公室批准华侨大学成立资产经营有限公司。2012年5月之前公司和产业处实行"两块牌子、一套人马"的管理办法，2012年5月学校正式撤销产业处，由公司承担原产业处职能，公司注册资金2050万。公司代表华侨大学统一持有校办企业及学校对外投资的股权，负责对投资企业进行统一规划，归口管理，代表学校对企业行使监管、协调等管理工作，结合学校学科和技术优势，发展产业，并承担相应的保值增值责任。

公司以"依托高校优势，发展科技产业"为宗旨，针对各个投资企业的经营机制采取"一企一策"的改革，重点扶持高新技术企业的发展，促进企业建立现代企业经营管理机制，并通过引进高级专业技术人才和经营人才，对外融资，制定合理的经营激励机制等措施，已形成了以环评、环保工程设计、建筑设计、超硬材料研发、智能安防监控、大宗商品交易等科技服务和金融类项目为主要特色的产业。

公司依照有关法律、行政法规和政策规定，按公司章程设立了董事会和监事会，现任董事会由彭霈、黄种杰、何纯正、涂伟、庄培章组成，监事会由张芬芳、许国玺、詹儒章、林丽雪、雷宇鸣组成。

【产业实体简介及经营情况】 公司现投资包括泉州华大超硬工具科技有限公司、福建华大环保工程有限公司、华侨大学建筑设计院、华侨大学建筑工程施工图审查事务所、福建省华大数码科技有限公司、福建东南大宗商品交易中心有限公司和福建华大匹克投资管理有限公司七家企业。华大超硬公司成立于2001年5月，注册资金500万元，资产经营公司占股40%；华大环保公司成立于2000年9月，注册资金850万元，资产经营公司占股50.82%；华大数码公司成立于2001年1月，注册资金1000万元，资产经营公司占股15%；福建东南大宗商品交易中心成立于2013年5月，注册资金1亿元，资产经营公司占股30%；华大匹克投资管理有限公司成立于2014年8月，注册资金1000万元人民币，资产经营公司占股20%。另有两家全资企业，分别为华大设计院和华大施工图审查事务，注册资金均为 300 万元。

泉州华大超硬工具科技有限公司成立于 2001 年，其依托华侨大学超硬工具研究所，组建成以教授、博士、高级工程师等行业专家为主体的技术研发团队。华大超硬公司是中国先进的金刚石工具及石材矿山机械制造成商，专注于石材矿山开采机械和高端金刚石工具的开发制造，产品畅销 30 多个国家和地区。

福建华大环保工程有限公司成立于 2000 年，下设环境影响评价中心、工程设计中心、环境监测中心、办公室 4 个部门，是一所集科研、环境影响评价、环境工程设计、环保设备生产制造、环境设施运营管理、环境监测、环境工程总包、环境工程施工、土建工程建设等于一体的综合性专业机构。

华侨大学建筑设计院成立于 1985 年，其持有建设部颁发的建筑设计甲级证书、环境工程（废水）专项工程设计甲级证书，城乡规划编制丙级证书、文物保护工程勘察设计丙级证书。下设方案所、建筑所、结构所、设备所、智能化所、环保所及华侨大学建筑工程施工图审查事务所（一类）。华侨大学建筑工程施工图审查事务所是华侨大学建筑设计院分立的审查机构，是由福建省人民政府建设主管部门认定的本行政区域内的审查机构。自 2012 年 1 月 1 日起，华侨大学建筑工程施工图审查事务所升级为一类审查机构，承接泉州地区除超限高层外的房屋建筑工程审查。

福建省东南大宗商品交易中心成立于 2013 年，其为国务院批准的《福建省泉州市金融服务实体经济综合改革试验区总体方案》中首批 75 个重点金改项目之一，是福建省大宗商品现货电子交易市场重点项目之一，已经获得泉州市政府（泉政办〔2013〕38 号）批准并设立与运行。东南大宗商品交易中心提供大宗商品现货交易服务、仓储、货物运输代理、自营和代理各类商品和技术的进出口、经济信息咨询、其他法律法规未禁止且无需经前置许可的项目自主选择。

华大数码科技有限公司成立于 2001 年，其凭借高校密集的知识和人才资源优势，集科研、开发、生产于一体。经营业务涉及软件开发、计算机系统集成、建筑智能化工程设计与施工等领域，涉及的主要行业包括教育、政府、企业等。

福建华大匹克投资管理有限公司成立于 2014 年，主要开展对国家战略性新兴产业如节能环保、TMT、医疗健康、新能源汽车等进行股权投资及管理。

【公司重要事件】 为加强公司对投资企业财务、经营管理的监控协调能力，依法经营，防范财务税务风险，确保国有资产保值增值，按照资产经营公司第四次董事会决议，启动对华大建筑设计院、审图所、华大环保工程有限公司"管理咨询"项目服务，以利于企业健康发展。

3 月 21 日，由东南大宗商品交易中心发起，联合多家国内知名现货商品交易所会员单位共同创办的全国现货行业首家自律组织——福建省现货电子交易行业协会成立大会暨第一次会员大会在福建泉州成功召开。

3月26日，中国信息中心原副主任、中国著名经济学家、中国数量经济学和信息经济学创始人、华侨大学特聘教授乌家培先生与夫人应邀莅临东南大宗商品交易中心考察访问。乌教授也受聘为东南交易中心顾问，并接受了交易中心、《现货与投资》编辑部和泉州电视台联合采访。

5月8日，国家外汇管理主管部门正式下达《关于确认中国银行股份有限公司泉州分行授权福建省东南大宗商品交易中心有限公司办理外汇兑换业务备案的通知》，确认准予中国银行授权东南交易所办理外汇兑换业务，宣布东南交易所正式取得开展外汇代兑业务的资格。

5月11日，华侨大学大宗商品现货交易研究所刊物《现货与投资》首刊于正式出版。《现货与投资》是由华侨大学大宗商品现货交易研究中心主办、福建省现货电子交易行业协会协办的具有较高的学术水准和行业指导水准的杂志。定位为国内现货交易与投资的高端学术交流及信息平台，面向各级政府决策层、研究机构的专家学者、各大交易所、银行、交易所客户和一切关心国家金改和现货与投资的群体。

6月3日，华侨大学副校长、资产经营有限公司董事长刘斌在华侨大学产业楼三楼会议室主持召开华侨大学（泉州）资产经营有限公司董事会三届三次会议，出席本次会议的董事有5名，5位监事列席。会议对华大环保公司出售部分资产及股权转让相关问题、投资"产业投资基金管理公司"、公司理财方案、"管理咨询"项目服务开展情况、东南大宗商品交易中心的运营情况等议题召开讨论并形成决定。

6月4日，资产经营有限公司总经理涂伟在华侨大学产业楼三楼会议室主持召开资产经营公司重要投资项目专家评审会，邀请工商管理学院副院长陈金龙教授、经济与经融学院副院长林俊国教授、法学院骆旭旭副教授对参股投资"新兴产业投资管理有限公司项目"进行评估论证。

8月22日，由上海京道资产管理有限公司、福建匹克投资管理有限公司、华侨大学资产经营有限公司共同投资的福建匹克京道投资管理有限公司经过前期紧张有序的申报筹建、专家评审、董事会审批流程，完成工商注册、组织机构代码申办、税务登记等公司注册事项，标志着华侨大学资产经营有限公司向多元化投资体系的形成迈出坚实的一步。

9月3日，东南大宗商品交易中心新交易品种越乡龙井茶启动上市仪式在浙江嵊州隆重举行。嵊州市人民政府和有关主管部门的领导、东南大宗商品交易中心领导和商品上市主体企业嵊州市有机茶开发有限公司领导，与一百多位越乡龙井茶生产企业、经销商、专家学者和茶业协会会员出席启动仪式。

12月20日，由国家发改委《宏观经济管理》、华侨大学大宗商品现货交易研究所主办，东南大宗商品交易中心承办的"中国大宗商品行业发展及模式创新高峰论坛"在上海浦东召开。本次论坛聚焦大宗商品行业发展面临的新格局，突出变革、创新特点，吸引了两百多位来自金融机构、制造业企业、物流企业、贸易企业、大宗商品经营机构、行业协会的精英和专业研究院所的专家学者参与研讨，共同探寻大宗商品行业发展机遇与创新之路。

建筑设计院

华侨大学建筑设计院是华侨大学全资企业，实行自主经营、独立核算、自负盈亏的技术经济责任制。设计院前身为 1985 年成立的华侨大学建筑工程设计室；1987 年更名为华侨大学建筑工程设计事务所；1992 年更名为华侨大学建筑设计院。2001 年 8 月 15 日，组建华侨大学建筑工程施工图审查事务所。

【资质建设】 2014 年 1 月，完成文物保护工程勘察设计资质年检。2014 年 3 月着手城乡规划编制资质升级申报工作，5 月已通过审批升级为乙级。2014 年 10 月，着手办理福建省施工图审查机构资格检查工作，12 月提交相关材料，并于 2015 年 1 月已通过资格检查。

【组织机构调整】 2014 年，经华侨大学资产经营有限公司批准，在厦门增设非独立法人分支机构（分公司），并于 2014 年 3 月 20 日取得营业执照。促进了华侨大学建筑、土木两学院师生的科研、实践与实习交流。

2014 年 1 月，设计院实行中层岗位竞聘上岗制度，明确各岗位职责，采用自愿竞聘，民主决策，产生新一届中层领导班子。根据新一届院内中层领导班子体系，重组院务会成员队伍，任期三年。同时，设计院认真贯彻落实上级和学校各项校务公开要求，以院务会制度和院长办公会制度为依据，在院内实行院务公开，推进设计院的管理科学化、民主化、规范化，提高决策效率，实行集体议事、决策。

【制度建设】 2014 年 2 月，根据中共中央组织部《关于进一步规范党政领导干部在企业兼职（任职）问题的意见》（中组发〔2013〕18 号）和《国务院侨办关于印发规范党政领导干部在企业兼职（任职）工作方案的通知》（国侨人发〔2014〕1 号）等相关文件，在校组织部的倡导下，设计院处级干部申报个人在企业兼职任职情况，做到严格遵纪守法，廉洁自律，信息公开。

2014 年 3 月起，设计院每月月初上报《每月动态信息》。通过动态信息上报，不仅使资产经营公司对设计院发展动态及日常工作有更深入的了解，而且促进了双方的沟通与交流。

2014年5月，设计院为建筑学院城乡规划学国家专业评估提供资金支持，促进设计院与建筑、土木两学院师生的交流合作，推进两院一体化进程。

设计院于2014年11月1日实行新的《华侨大学建筑设计院财务管理制度（试行）》和《华侨大学建筑工程施工图审查事务所财务管理制度（试行）》，完善财务管理制度；于2014年10月14日实行《建筑方案投标管理办法（试行）》，以激发院内人员引进项目和投标的积极性；根据华大综〔2014〕99号文件精神，结合单位实际，于2014年11月4日实行《公务用车使用管理规定》，加强对公务用车的监督；

结合学校科研要求及市场实际情况，于2014年11月4日实行《学院教师设计管理规定》，充分调动学院教师的积极性，促进设计院更好的健康发展。

【产值建设】 2014年全院产值2475万，上交学校利润205万，其中设计院产值达762万左右，审图所产值达1713万。在整个建筑行业大环境增速趋缓的情况下，设计产值虽有所下降，但幅度不大，审图产值继续保持较稳的业务发展。

【设计成果】 设计院秉承进一步提高设计水平，创作出更多质量优、水平高、效益好的设计项目的宗旨，积极参与2013年度泉州市"刺桐杯"优秀勘察设计评选活动。在2014年1月公布的获奖结果中取得南安一中项目获一等奖、福建省海西茶叶基地一期、丰泽区第八中心小学、华侨大学泉州校区游泳池改造等项目获三等奖的好成绩。

2014年10月，在福建省土木建筑学会举办的"第九届优秀建筑创作奖暨2013年度十佳住宅设计方案评选"中，申晓辉的"美伦·依云小镇项目"获第九届优秀建筑创作奖三等奖及2013年度十佳住宅设计方案奖。

【业务拓展】 2014年3月，为扩大设计院的业务范围，充分利用福建各地区的项目资源，提高设计院在福建省内的知名度，设计院于3月着手办理漳州市工程项目交易中心企业信息库信息录入，已申请漳州市工程项目交易中心网上投标的准入资格。

2014年12月23日，设计院与福建泉州市宏骏投资集团签订战略合作协议，建立全面、稳固的长期战略合作关系。根据战略合作框架协议，宏骏投资集团委托设计院承担福建泉州市宏骏投资集团房地产开发项目设计。当天，双方签订协议，由设计院承担泉州市宏骏投资集团的第一个项目"泉州安溪官桥润丰·领尚"的设计任务，总建筑面积20.6万平方米。

2014年，设计院共报名投标18个，实际参与投标13个，其中2个项目中标。

【职工进修】 2014年1月，为贯彻落实省政府《关于进一步支持建筑业发展壮大十条措施的通知》（闽政〔2013〕44 号）精神，根据福建省建设干部培训中心《关于认真组织编制网络课件加快推进建设行业网络教育培训工作的通知》，设计院于 2 月正式发文倡导宣传，积极动员院内及两院教师等各方面力量，组织编制网络培训课件，参与网络教育工作，发挥专业特长和才能，共同推进教育培训方式创新，做到资源共享，互利互惠，为建设行业改革发展服务。

2014 年 3 月，设计院根据《关于对福建省土木建筑学会会员重新登记的通知》（闽土建〔2014〕004 号）的要求，倡导全院符合条件的助理工程师及以上人员开展福建省土木建筑学会会员重新登记工作。设计院指定学会院内负责人及联络员，作为与学会相互沟通的信息桥梁，确保做到资讯及时上传下达。

2014 年 12 月，设计院组织职工参加由福建省住房和城乡建设厅举办的绿色建筑标准宣贯培训会、由泉州市勘察设计与科技协会举办的第四届换届会议、我国绿色建筑发展近况与动态讲座。

校医院工作

【概况】 泉州校区新安装数字摄影 X 射线（DR）机、五类血球计数仪，医院病房安装电梯；厦门校区卫生所升格为门诊部，也安装了数字摄影 X 射线（DR）机。两校区医疗场所建设污水处理系统。两校区已分别完成与泉州市、厦门医保中心签约有关医疗定点医院事宜。电梯、污水工程被立为 2014 年学校为民办实事项目。

医院在职员工 77 人，其中正高职称 4 人，副高职称 6 人，中级职称 20 人，卫技人员占 84.4%。

【教职工医疗】 2014 年学校为学校师生员工诊疗 21234 人次，留院观察治疗病人 300 多人次；住院治疗的病人 36 人次（包括医保住院病人）。为师生员工体检近 1.62 万人次（包括新生、毕业生、在职职工、离退休职工体检，育龄女教工计生三查，应聘人员体检）。完成了全球中华龙舟赛、中国老教授、中韩校长杯网球赛、校董事会保健工作。聘请二院专家门诊科目，已增加了皮肤科、耳鼻喉科会诊，原有科目照常会诊。

2014 年，校医院在两校区共举办了《健康教育》等讲座共 8 次，并将以此形成常规化的健康教育。2014 年，华侨大学校医院出版了"积极预防夏季传染病""军训保健知识""埃博拉疾病知识""登革热防治知识"等固定专栏 5 期，已出《卫生与保健》刊物 5 期。各科室多次接受上级卫生主管部门的检查指导和监督。组织 100 多位 50 岁及以上正高级职称、正处级人员到泉州市福建省医科大学附属二院、一八零医院、泉州市第一医院、厦门市第二医院体检。泉州校区 1.3 万名学生获得医疗补助费，其在校医院门诊费用可以报销 35%，在泉州市指定医院门诊费用可以报销 25%。校医院药品实行零差价销售，将新医疗政策惠及群众。校医院配合泉州市血站和华侨大学团委共青团员志愿者完成在学校无偿献血活动中的保健工作。完成签订院专业技术人员岗位聘任工作（2012~2016 年）。并结合医院实际情况，完善各科室各项规章制度。

【计划生育服务】 华侨大学人口与计划生育委员会办公室在属地人民政府的领导下，主要负责配合做好属地人民政府在高校校园内开展人口与计划生育的管理工作，具体学习、宣传、贯彻国家人口与计划生育政策。引领属地职能部门共同开展相关科研、创新工作，完善属地计生工作机制；对内凝练"依法行政，文明执法，诚信管理，科学安排，优质服务，微观自治"的工作模式。

学校计生服务工作的亮点如下，学校敢担当，领导有作为，秉承"两手抓"工作机制，建章立制，调整并发文；华侨大学人口与计划生育领导小组成员实行目标管理责任制，各单位为 1020 多名适龄女教工提供计生担保；发挥多部门协同作用，创新形式，科学搭建人口与计划生育宣传平台；积极创建和谐的校地关系，加强与华大社区、集美兑山社区、集美滨水社区的沟通与交流；积极主动配合属地有关部门做好人口与计划生育基本信息采集工作；简化并理顺法定计划生育奖励金发放管理办法，创新拓宽奖励供给渠道，为 59 人次办理《独生子女光荣父母证》的教工发放 41500 元一次性计生奖励，加大计生及卫生服务惠及面；履行计生"三查"（查环、查孕、查病）工作。"三查"工作每年三月份举行一次，由校计生办牵头，各部门统一组织，校医院承办。2014 年共有近 500 名女教职工参加"三查"工作；为保障女教职工身心健康，维护其特殊权益，计生办与校工会女职工委员会联合组织全校育龄女教职工赴 180 医院开展妇科健康检查；同时实行计划生育政策的教职工与已婚学生可以享受免费的计划生育技术服务相关检查项目，实现真正为民办实事。

【合作共建】 校医院党支部以"搭建医疗服务平台，健全预防保健机制，提升党员服务意识，加强服务型党支部建设"为主题，开展了医院预防保健、健康教育、基础医疗三大中心任务，和"创先争优、为民办事"的活动。医务科、护理部开展临床、医技各科室、行政的培训、练兵、竞赛活动。校医院举办相关业务知识考试、考核、安全生产知识培训讲座，切实提高党员的创先争优意识。支部现有 17 位党员，在职工已写入党申请有 5 人。在第 37 届校运会上校医院与后勤工会一道荣获了教工总分第一名；慰问伤病残及家庭生活困难教职工；保持与泉州市正骨医院院感科、福建医科大学附属二院协作关系。老年保健科与丰泽区城东社区服务中心协作，建立华侨大学老同志电子健康档案，同时接受全国、省、市普查工作，为师生员工提供更多的医疗服务。

华侨大学年鉴
2015

党建与思想政治工作

组织及干部工作

【概况】 党委组织部作为学校党委的职能部门，主要任务是在校党委的领导下，认真贯彻执行党的组织路线和干部政策，做好学校组织、干部和知识分子工作。党委组织部下设干部科和组织科，机关党委与党委组织部合署办公。截至 2014 年 12 月，党委组织部共有人员 8 人，其中处级干部 3 名（含调研员 1 名），科级干部 4 名，科员 1 名。

2014 年，党委组织部围绕学校的中心工作和改革发展的大局，在制度建设上下功夫，切实加强中层领导班子和干部队伍建设，提高干部队伍执政能力和整体素质；在机制创建上做文章，切实加强党的建设，提高基层党组织和党员队伍的创造力、凝聚力和战斗力；在内涵建设上抓深化，切实加强作风建设，提高组织工作的管理效能与服务水平，为建设高水平大学提供了坚实的组织保证。

【干部工作】 2014 年学校党委在干部工作中做到坚持原则不动摇，执行标准不走样，履行程序不变通，遵守纪律不放松，努力营造风清气正的选人用人环境，着力提高选人用人公信度和基层单位的自主权，全面加强领导班子和干部队伍建设。2014 年共提任正处级干部 1 人、副处级干部 3 人，调整交流正处级干部 6 人、副处级干部 5 人；提任正科级干部 39 人，副科级干部 1 人，调整交流正科级干部 2 人、副科级干部 2 人。截至 2015 年 1 月，全校正处级干部共 86 人（含调研员 2 名，另有聘任 4 名），副处级干部共 117 人（含副调研员 1 人，另有聘任 2 人），正科级干部共 110 人，副科级干部共 103 人。

加强干部培养和管理工作，着力提高干部素质。坚持关口前移，未雨绸缪，狠抓监督工作制度建设，切实加强对领导干部的监督管理。

第一，评选 2014 年"马有礼优秀中青年管理干部"，并组织其赴台湾、澳门高校交流考察。根据《华侨大学马有礼中青年管理干部奖励基金评选办法》规定，于 2014 年 7 月组织评审确定王雷（学生处）、王东坤（人事处）、李凌（校长办公室）、李立新（离退休工作处）、李泽楼（继续教育学院）、邹珮琪（华文学院）、宋庆彬（美术学院）、张伟（文学院）、张榕（财务处）、林伟（基建处）、郑志民（经济与金融学院）、陶娟（数学科学学院）、黄文豪（实验室与设备管理处）、曾珍（招生处）、颜良举（党委组织部）共 15 名优秀中青年管理干部（按姓氏笔画为序）。并于 2014 年 12 月组成研修班，研修班由人事处副处长侯丽京担任团长、校长办公室副主任钟炎生担任副团长，党委组织部组织科科长颜良举为工作秘书。研修班专程到澳门拜访校董马有礼先生，并向马先生汇报 2013 年研修班研修情况和 2014 年研修班研修计划。之后，研修班赴台湾中原大学高校研修学习。在研修学习过程中，研修班成员听取了中原大学教务处、学务处、电算中心、通识中心、商学院、理学院、电资学院等单位主要负责人围绕"校务发展策略特色与成效""全人教育理念与实践""校园法治化实施与效果""学生事务与管理""卓越教学思维与策略"等方面进行的讲座。通过本次研修，华侨大学部分中青年管理干部学习了台湾高校的教学、科研、管理及运作情况，了解了境外高等教育最新的管理政策和发展情况。通过"走出去"和"实地学"的干部培训方式，进一步开阔了干部视野，增强了对高等教育及其管理的认识，增强发展的紧迫感和责任感，促进了华侨大学与境外高校的交流。

第二，2014年共有17名干部在地方和民办高校挂职锻炼，支持地方经济建设的同时也培养锻炼了干部。党委组织部关心挂职锻炼干部的日常工作和生活，做好工作学习期间考核和生活慰问工作，及时落实省委组织部的相关政策规定。

第三，日常工作中加强同纪检、监察、审计部门的联系，加强对干部的监督管理。认真执行党员领导干部有关事项报告制度，年初共有8位校级干部、203位中层干部对个人有关事项进行报告。严格离任审计制度，2014年共委托审计处对7名中层干部进行离任审计，进一步加强对领导干部的监督工作。

第四，加强对干部出国（境）工作的管理。结合上级关于加强国家工作人员因私出国（境）管理的有关规定，根据《华侨大学因私出国（境）管理暂行规定》（华大综〔2010〕65号），规范登记备案人员因私出（国）境的审批工作；做好干部、党员出国（境）的政审工作，同时对全校处级干部持照情况进行摸底并实行证件集中保管。截至2014年12月，共保管处级、厅级干部等人员因私证照414本。

【党的群众路线教育实践活动总结大会】 在召开总结大会前，按照国侨办的安排和要求，2014年2月24~25日组织开展党的群众路线教育实践活动民主评议。对学校领导班子总体评价：认为好和较好的占98.19%；其中好的189票，较好的28票，一般的4票，较差的0票。学习教育情况，认为好的和较好的占98.19%；专题民主生活会情况，认为好的和较好的占97.29%；整改落实情况，认为好的和较好的占95.93%。国务院侨办副主任马儒沛、人事司司长刘继坤出席会议，学校领导、校长助理、学校老领导，全体中层干部，各民主党派、群众团体负责人，无党派人士代表，各级人大代表、政协委员共计230多人参加会议。2014年2月27日召开了教育实践活动的总结大会，会议由校长贾益民主持，党委书记关一凡代表学校党委作教育实践活动的总结。关一凡从教育实践活动的基本情况和主要做法、主要成效、主要特点和今后努力方向等四方面全面总结了华侨大校开展教育实践活动的工作。马儒沛充分肯定了华侨大学在开展教育实践活动中所取得的成绩。马儒沛认为，华侨大学教育实践活动的开展，有五个特点值得认真总结：一是积极贯彻中央以及国侨办党组的指示精神，把握正确的方向；二是坚持领导带头，做到率先垂范；三是突出实践特色，着力解决干部职工反映强烈的突出问题；四是充分发扬民主，坚持开门搞活动，自始至终请群众参与；五是坚持统筹兼顾，教育实践活动和业务开展"两不误、两促进"。贾益民表示，全面贯彻落实党的群众路线是一项长期的工作，希望学校、各级党委和广大党员干部，要按照习近平总书记"群众路线没有休止符，作风建设永远在路上"的指示，按照中央和国务院侨办党组的要求，认真做好整改工作，在今后的工作实践中不断地巩固和扩大实践教育活动的成果，以更高的政治热情、更加振奋的精神状态、更加扎实的工作举措，为学校各项事业再谋新发展、再上新台阶做出新的更大的贡献。

【中层领导班子和领导干部届中考核】 自 2012 年换届任职以来，学校中层领导班子和领导干部任期满二年。为了客观评价中层领导干部履行岗位职责及完成任期目标情况，引导干部树立岗位意识和责任意识、提高工作实绩和管理水平，经学校党委研究，决定于 2014 年 5 月 23 日起对全校各单位中层领导班子和领导干部进行届中考核。根据《关于对全校中层领导班子和领导干部进行届中考核暨年度考核的通知》（华大委〔2014〕14 号），届中考核由撰写班子总结和个人总结、召开述职和民主测评大会、组织相关单位对中层领导班子进行评议、主管领导评价和确定考核结果 5 个环节组成。届中考核在学校党委领导下进行，由党委组织部牵头，人事处、纪检监察办公室参与，相关单位配合组成考核小组具体实施。全校共召开述职测评会议 53 场，全校 65 个单位 188 名中层干部做了述职，共发出测评票近 2500 份。经过考核，全面了解了各单位中层领导干部履职和任期目标完成情况，并确定了 29 人考核优秀等级。

【部分科级职位选拔任用工作】 部分正科级干部选拔任用工作。2014 年 3 月至 5 月，在全校范围内开展了部分正科级干部选拔任用工作。在选拔过程中，党委组织部根据中央最新修订的干部选拔任用工作条例，制订了详细的实施方案。选拔工作的每个环节全部公开，置于全体教职工的监督之下。在本次选拔工作中，在整体环节中增加了"提出动议"工作，在民主推荐环节中增加"谈话推荐"工作。使本次选拔工作符合中央新修订的选拔任用工作条例，进一步扩大了各单位选人用人自主权，也进一步构建完善了系统完备、科学规范、有效管用、简便易行的选任用人制度体系。在选拔工作开始前，党委组织部还编印了相关工作指引分发至各单位，使各单位正科级选拔工作做到有据可依、有的放矢、规范统一、紧凑有序，确保全过程公平、公正、公开。经过提出动议、民主推荐、审核发布、组织考察、研究决定、公示任职一系列的程序，于 2014 年 5 月 14 日任命 39 名正科级干部。

部分副科级干部选拔任用工作。为进一步扩大干部选任视野，加强科级干部队伍建设，学校于 2014 年 11 月对 20 个科级职位在全校范围内开展竞争上岗工作。12 月 2 日至 12 月 12 日，经过前期报名和资格审查，共 71 人参加了各职位的面试考评。本次科级职位竞争上岗面试工作继续采取学院党委组织、各单位自行组织以及委托组织人事部门组织相结合的方式组织进行，确保各单位选人用人自主权。面试采取演讲和答辩相结合的方式进行。每位竞聘者做限时 8 分钟的演讲，并回答评委至少 2 个问题。评委以百分制形式现场评分。每个职位面试结束后当场唱分统计，并公布统计结果，充分体现了公开、平等、竞争、择优的原则。面试工作结束后，各单位对各职位考察对象进行组织考察。各单位根据组织考察情况，召开学院党委会或处（部）务会研究确定拟任人选。20 名副科级干部拟任人选报分管（联系）校领导和校长、校党委书记审批同意。经过了一周的公示，于 2015 年 1 月 26 日正式任命。

【基层党组织建设】 2014 年底学校共设置 28 个基层党委、5 个党总支、379 个党支部，其中学生党支部 225 个，教职工党支部 154 个。共有党员 6296 名，其中预备党员 1789 名。

在发展党员工作方面。根据中共中央办公厅 2014 年 5 月 28 日新发布的《中国共产党发展党员工作细则》，认真组织学习，立即贯彻落实。一是更新发展党员的材料要求；二是组织基层党务人员学习新细则的重要精神和相关规定；三是以校党校为依托，将新细则的相关内容列入党支部书记培训的课程。学校党委坚持发展党员"控制总量、优化结构、提高质量、发挥作用"的总体要求，加强对发展党员工作的宏观调控，制定了华侨大学 2014 年度发展学生党员计划指导数为 1902 名。2014 度年全校实际共发展党员 1777 名，其中教职工 18 名，学生 1759 名（其中研究生党员 155 名、本科生党员 1604 名）。

在党费管理方面。健全党费管理制度，根据《华侨大学党费收款收据管理暂行办法》，对党费统一掌握使用。严格审批，确保按规定使用党费。在党费使用方面，学校始终坚持统筹安排，量入为出，做到有计划使用，严格按照中央文件规定的开支范围，对于不符合使用范围的，坚决不在党费中开支，并于年底将全年的党费使用情况向全体党员公布，接受监督。2014 年，学校共收入党费 262368.80 元，支出 201385.00 元。

在毕业生党员离校的关系转接工作方面。为确保 2014 年 2529 名毕业生党员组织关系的顺利转接，党委组织部一方面加强了对毕业生党员的教育，强化组织观念和党性观念。党委组织部还特别印制了《致 2015 届毕业生党员的一封信》分发给每一个毕业生党员，以书面形式告知学生党员转移组织关系的方法、步骤和规定，教育并督促毕业生党员按照规定及时转移组织关系。另一方面为确保大批量的毕业生党员组织关系转接工作无误，采取党员个人向基层党委批量登记迁移方向、党委组织部批量审核及批量转接的办法进行。

在表彰先进方面。根据福建省委、泉州市委、福建省教育工委文件精神，学校党委积极开展"一先两优"推荐工作。此次评审共表彰福建省先进基层党组织 1 个、福建省优秀共产党员 1 名、福建省优秀党务工作者 1 名、福建省优秀基层党组织书记 1 名、福建省高校先进基层党组织 3 个、福建省高校优秀共产党员 2 名、福建省高校优秀党务工作者 2 名、福建省高校优秀思想政治工作者 2 名、泉州市先进基层党组织 1 个、泉州市优秀共产党员 1 名、泉州市优秀党务工作者 1 名。

在党支部工作"立项活动"方面。为充分调动基层党组织和广大党员的积极性和创造性，创新党支部活动载体，增强党支部工作活力，党委组织部在全校范围内开展了形式多样、内容丰富、富有实效的党支部工作"立项活动"。4 月组织开展 2013~2014 学年党支部工作"立项活动"优秀成果评审工作，共评审出 17 个校级优秀成果项目，并向福建省教育工委推荐优秀项目，共 3 个项目获得福建省高校党支部工作"立项活动"优秀成果。10 月组织开展 2014~2015 学年党支部工作"立项活动"资助项目申报工作，最终确定 113 个项目为立项项目，其中 50 个项目获得立项资助。

【开展处置不合格党员工作】 为深入贯彻"党要管党、从严治党"方针，疏通党员队伍出口，保持党的先进性和纯洁性，根据《关于做好处置不合格党员工作的通知》（中组发〔2014〕21 号）和福建省委、泉州市委有关文件精神，结合学校实际，学校党委下发了《关于做好处置不合格党员工作的通知》（华大委〔2014〕25 号），对处置不合格党员工作的指导思想、基本原则、方法步骤及工作要求进行了详细说明。明确规定各基层党组织处置不合格党员工作要有计划、有步骤地开展，不定比例，不下指标，不搞末位淘汰。对把握不准的问题要及时请示，重大问题及时报告，防止简单粗糙、宽严皆误。加强正面宣传，防止炒作。对工作不负责任、处置不合格党员不及时、不严格的党组织和有关责任人，要通报批评。

【学校党建工作会议】 2014 年 3 月和 2014 年 12 月学校党委先后召开了党建工作会议，总结学校党建工作，交流党建工作经验，布置党建工作任务。党委组织部通报了年度发展党员工作及存在的具体问题，部分基层党委进行了典型发言，交流本单位的党建工作特色做法。党建工作会议不仅是对本学期党建工作的总结，更是明确问题、探讨研究和推广经验的会议，是承上启下的工作接转。

【困难党员帮扶工作】 党委组织部以元旦、春节和"七一"为契机，对全校生活困难党员情况进行全面、深入的调查摸底，建立台账，定期走访慰问。与此同时，与各基层党委及时沟通，不定期帮扶因疾病或者意外情况受灾的困难党员。2014 年元旦春节共计走访慰问困难党员 34 名，发放慰问金共计 15300 元。2014 年"七一"共计走访慰问困难党员 34 名，发放慰问金共计 13600 元。

【党校工作】根据入党积极分子、预备党员、党支部书记等不同层次教育对象的需求，党校设置了不同的教学内容。加强对入党积极分子培训班的纪律要求，科学设置更合理的考勤监督制度，提高入党积极分子培训班的教学质量。另外，根据预备党员培训的特点，对培训班的课程做了改革，增加了拓展课程，以便加强学院对预备党员的教育和引导。2014年，全校共举办入党积极分子培训班14期，培训学员2891名；举办预备党员培训班10期，培训学员1645名。

为进一步增强基层党组织的创造力、凝聚力和战斗力，明确学生党支部书记的工作职责，提升学生党支部书记的业务水平，2014年共举办了4期学生党支部书记培训班，参加培训的学生党支部书记共358人。2014年5月，培训班还邀请了省委教育工委陈洪尧老师就如何增强党支部活动、如何做好党支部立项活动做了专题讲座。2014年8月，选派4名学生党支部书记参加省委教育工委主办的全省高校大学生党支部书记示范培训班。

以"华侨大学干部在线学习中心"为基地，探索处科级干部培训理念、模式和途径。2014年初，对"干部在线学习"的必修课内容做了调整，重点突出了对"十八届三中全会""中国特色社会主义理论体系"以及"习近平总书记一系列重要讲话"的理论学习。另外，根据中共中央《2013~2017年全国干部教育培训规划》的精神，学时要求作相应调整：处级干部每年累计学习不少于50个学时，科级干部每年累计学习不少于80个学时。2014年，全校处科级干部累计在线学习20012学时。

选派7名厅处级干部到国家教育行政学院、福建行政学院、省妇女干部学校参加学习培训。

为提升基层党务工作者的业务能力，增强党务工作者之间的经验交流，党校组织举办了两期党务工作培训班，共有30名基层党委专兼职秘书参加了培训。

为进一步规范学校管理干部参加培训的登记情况，2014年3月制作了《华侨大学管理干部培训证书》，发放给全校的管理干部，已发放累计600多本。

华侨大学2014年省、市级"一先两优"名单

一、福建省先进基层党组织（1个）

中共华侨大学机电及自动化学院教工第五支部委员会

二、福建省优秀共产党员（1名）

李泽楼

三、福建省优秀党务工作者（1名）

陈　捷

四、福建省优秀基层党组织书记（1名）

陈　捷

五、福建省高校先进基层党组织（3个）

中共华侨大学经济与金融学院委员会

中共华侨大学化工学院委员会

中共华侨大学机关第五支部委员会

六、福建省高校优秀共产党员（2名）

王　坚　杨默如

七、福建省高校优秀党务工作者（2名）

林庆祥　黄　挺

八、福建省高校优秀思想政治工作者（2名）

陈雪琴　蔡立强

九、泉州市先进基层党组织（1个）

中共华侨大学建筑学院委员会

十、泉州市优秀共产党员（1名）

杨建红

十一、泉州市优秀党务工作者（1名）

罗　盈

挂职干部信息

姓名	单位	外派挂任职务	选派时间	返校时间
江瑞忠	实验室与设备管理处	南平浦城县枫溪乡枫溪村党支部第一书记	2010 年	2014 年
李泽楼	党委组织部	南平光泽县华桥乡牛田村党支部第一书记	2010 年	2014 年
王仁谦	土木工程学院	宁德市东侨经济开发区管委会副主任	2011 年	2014 年
陈天年	数学科学学院	泉州信息工程学院党委副书记	2012 年	—
庄志辉	公共管理学院	厦门市集美区副区长	2012 年	—
陈世卿	校长办公室	三明市清流县副县长	2012 年	2014 年
李永松	生物医学学院	厦门华天涉外职业技术学院党委副书记	2012 年	—
何弈南	土木工程学院	南平市武夷新区管委会经济发展部环保分局副局长、规划建设部副总工程师	2012 年	—
林诗锋	研究生院	龙岩市经贸局副局长	2013 年	—
韩光明	旅游学院	武夷山市国家旅游度假区管委会副主任兼武夷山市旅游局副局长	2013 年	—
黄炳超	共青团华侨大学委员会	共青团三明市泰宁县委员会副书记	2013 年	2014 年
张猛	化工学院	共青团泉州市泉港区委员会副书记	2014 年	—
兰润宝	华文学院	龙岩市永定县岐岭乡外坑村党支部第一书记	2014 年	—
罗光华	信息化建设与管理处	龙岩市连城县庙前镇水北村党支部第一书记	2014 年	—
张慧	旅游学院	莆田市湄洲岛国家旅游度假区管委会旅游局副局长	2014 年	—
孙永青	建筑设计院	南平市建阳市副市长	2014 年	—
李作杰	校长办公室	厦门市人民政府办公厅综合调研处副主任科员	2014 年	—

机关党委工作

【概况】 机关党委成立于 2012 年 6 月 20 日。2014 年 12 月，党委常委、副校长刘斌兼任机关党委书记。机关党委主要责任有：认真宣传、贯彻、执行党的路线、方针和政策，为机关各项业务工作的开展保驾护航；抓好机关党的思想建设、组织建设、作风建设、制度建设和反腐倡廉建设，发挥党支部的战斗堡垒作用和党员的先锋模范作用；做好机关党员的教育工作，抓好机关政治理论学习，努力提高机关干部的思想素质、业务素质和勤政廉政水平；做好机关党员的管理工作，加强机关党支部建设，不断探索组织生活的新方法、新形式，负责支部党员的组织关系接转、党费的收缴等日常管理工作；指导机关党支部积极慎重地发展新党员，加强对入党积极分子的教育、培养和考察；抓好机关作风建设，增强机关工作人员的服务意识和业务能力，提高机关工作效能；按照校党委、纪委关于党风廉政建设的部署和要求，结合机关党委的工作职责和实际，做好廉政工作；指导机关部门工会、共青团和机关老体协等群团组织开展工作。

2014 年，机关党委以建设"学习型、服务型、创新型党组织"为工作目标，全面加强机关党的思想、组织、作风、反腐倡廉和制度建设，主要开展了以下工作：政治理论的学习方面，根据校党委的部署，做好机关党员、干部、职工学习贯彻党的十八大三中、四中全会精神活动，组织各支部学习《中共教育部党组关于教育系统学习贯彻习近平总书记教师节重要讲话精神的通知》等，结合贯彻党的群众路线教育实践活动精神，紧紧围绕保持党的先进性和纯洁性，以《党章》规定的党员权利和义务为标准，深入开展民主评议党员工作，增强党组织的凝聚力和战斗力，以作风建设的新成效凝聚推动学校科学发展、长远发展、跨越发展的强大动力；业务理论的学习方面，通过 OA 系统及机关党委 QQ 群等途径组织各支部深入学习贯彻新修订的《普通高等学校基层组织工作条例》《中国共产党发展党员工作细则》（中办发〔2014〕33 号）等文件，下发《入党流程》等，进一步加强和改进党支部组织建设，规范发展党员工作；支部建设方面，做好机关党委资助支部特色活动立项的结题工作，配合学校做好优秀立项成果的选拔和推荐工作，增强支部活力；党员管理方面，根据学校党委部署，组织对 410 名党员民主评议，对党员信息系统中的党员信息进行了大规模更新；机关党员、干部的培养教育方面，配合组织部做好机关党委所属范围内各单位中层干部届中、年度考核工作。通过党员干部民主生活会、干部在线学习等方式加强对党员、干部的政治思想教育、勤政廉政教育；机关党政工团共建方面，支持、指导机关工会开展工作，完成工会工作活动立项，组队参加校体育活动，适时开展群众喜闻乐见的文化体育活动，协调计划外用工归入校工会统一管理事宜，并加强对机关团委的领导，发挥机关团员青年的骨干作用，推荐优秀青年加入党组织。

【**党建工作**】 2014 年，机关党委发展新党员 8 名，转正预备党员 6 名，送党校培训积极分子 6 人、预备党员 5 人，各支部划拨基层党建活动费、下拨 2013 年党费合计 5 万余元。组织推荐省市先进基层党组织、优秀共产党员、优秀党务工作者、优秀思想政治工作者以及校各类先进个人，机关第五支部获泉州市先进基层党组织，蔡立强、黄挺分别被省教育工委授予优秀党务工作者和优秀思想政治工作者。配合学校做好优秀立项成果的选拔和推荐工作，增强支部活力。本年度共推荐 4 个项目申报校级优秀立项成果，其中机关第十七支部获得校级优秀成果奖励。组织机关各支部申报党委组织部党支部立项活动，推荐 3 项，有 2 项获得资助。根据学校党委《关于做好处置不合格党员工作的通知》精神，组织对 410 名党员民主评议，对不合格党员摸底调查，为处置长期不参加组织生活、不缴纳党费等不合格党员做准备。对部分支部的组成情况进行调研，拟进行合理拆分，准备支部换届、各支部所辖行政单位调整。同时，成立了国际学院团委（隶属校团委）。

支持、指导机关工会组队参加校第 37 届运动会，获体育道德风尚奖，田径团体总分第二、校运会团体总分第二（含篮排球），排球泉州第二，篮球泉州队泉州亚军，篮球厦门队厦门冠军、两校区亚军。支持、指导机关工会做好工会工作立项活动结题工作，获 2 项一等奖、1 项三等奖。

机关党委支部情况

统计数据：2014 年 12 月 31 日

序号	支部名称	支部书记 / 副书记	党员人数（人）
1	机关第一支部（党办 / 校办、档案馆）	张云波	33
2	机关第二支部（组织部 / 机关党委、统战部）	陈明森	11
3	机关第三支部（宣传部 / 新闻中心）	张 彬	16
4	机关第四支部（纪检监察办公室、审计处）	张芬芳	10
5	机关第五支部（人事处 / 人才交流中心）	侯丽京	19
6	机关第六支部（教务处）	曾志兴	15
7	机关第七支部（社会科学处、学报编辑部）	侯志强	13
8	机关第八支部（科学技术研究处、城市建设与经济研究院、泉州科学与社会发展研究院、厦门工程技术研究院）	李钟慎	14
9	机关第九支部（实验室与设备管理处）	李斯怡	14
10	机关第十支部（学生处 / 学工部、校团委、心理辅导中心）	高炳亮	41
11	机关第十一支部（财务处）	苏菁菁	27
12	机关第十二支部（保卫处 / 政治保卫部）	骆景川	17
13	机关第十三支部（信息化建设与管理处）	陈 勇	27
14	机关第十四支部（发展规划处）	薛秀军	8
15	机关第十五支部（图书馆）	陈克明 / 黄美英	27

序号	支部名称	支部书记/副书记	党员人数（人）
16	机关第十六支部（招生处、国际学院）	陈俊杰	9教工+1学生
17	机关第十七支部（研究生院）	李勇泉	16
18	机关第十八支部（华文教育处、华文教育研究院、华侨华人信息中心、海丝研究院）	胡建刚	16
19	机关第十九支部（华侨华人研究院、国际关系学院）	陈巧贞	11教工+18学生
20	机关第二十支部（附中）	钟年丰	14
21	机关第二十一支部（国际交流合作处/港澳台侨事务办公室美国中文学院、董事会办公室/校友工作办公室）	曾珊妮	11
22	机关第二十二支部（教育工会、幼儿园）	马丽芳	9
23	机关第二十三支部（厦航学院、泛华学院）	陈世卿	3
24	机关第二十四支部（数量经济研究院、统计学院）	陈燕武	7教工+7学生
合计　414人			388教工+26学生

宣传思想工作

【概况】　2014年，在校党委的领导下，党委宣传部认真学习贯彻党的十八大和十八届三中、四中全会精神，以学习贯彻习近平总书记系列讲话精神为主线，坚持围绕中心、服务大局，围绕"两个巩固"的根本任务，全面规划、团结进取、改革创新，扎实推进各项工作，营造和壮大主流思想舆论氛围，为深层次推动学校内涵式发展提供思想保障、舆论支持和文化条件。

继续做好党的群众路线教育实践活动的宣传工作，宣传校党委重大部署和举措，宣传各单位整改落实工作进展和成效，宣传集体和个人典型事迹，营造作风建设新成效的良好氛围。组织十八届四中全会精神专题学习，印发《关于认真学习贯彻党的十八届四中全会精神的通知》（委宣〔2014〕27号），与法学院党委联合成立"华侨大学学习贯彻党的十八届四中全会精神宣讲团"，7名成员在全校以及泉州、厦门有关司法机关和政府部门举行了18场宣讲。校内理论学习刊物《学习》全文刊发《决定》及其说明，两校区宣传栏展出四中全会专题图片展览，在校园网、校报、微博、微信等平台积极宣传四中全会精神，支持法学院、美术学院等开展专项法治教育活动。

加强部门工作决策、执行机制建设，经常性召开部务会、部门成员大会等研讨工作，推进部务公开，对涉及本单位发展的重大问题以及师生切身利益的事项，注重听取民意、吸收民智，努力实现民主决策、科学决策。坚持并落实评优、评先的票决制度。落实党风廉政建设责任制，遵守党风廉政建设的各项规定。着眼于提高工作效率，营造团结、奋进、和谐的氛围，以作风和能力建设为重点，积极加强队伍建设。

主动加强与国务院侨办、福建省委宣传部，以及省市两级教育宣传部门和社科联等单位的联系，介绍工作，争取资源；推进与文学院、音乐舞蹈学院、美术学院、哲学与社会发展学院、马克思主义学院的部院协作，并为有关学院在开展思想教育、文化活动等方面提供支持。

【华大讲堂】 泉州市委、市政府和华侨大学联合主办的高端学术文化讲堂"华大讲堂"继续举办，致力于提升运作能力、提升品牌影响，与泉州市委中心组、华侨大学党委中心组学习有机结合，使之在干部师生中更具影响、更受欢迎，更加成为学校与泉州密切合作的示范窗口。"华大讲堂"得到了有关领导、专家学者和社会各界的高度肯定。

加强组织协调。本年度共举办6讲，邀请中央编译局副局长俞可平、中国社科院工经所所长黄群慧、中国社科院学部委员卓新平、中国工程院院士金鉴明、中国社会学会会长李强、交通运输部水科院副总经济师汤震宇等专家作专题报告，每场讲座都通过校园网在线视频直播、新浪微博图文直播。出版了《华大讲堂2013》，并向讲堂全体主讲嘉宾、国侨办和福建省、泉州市、厦门市有关单位推荐赠送500多套丛书。提早启动《华大讲堂2014》的编撰，缩短专辑组稿过程，每一讲的讲稿都及时整理、送专家审核。

加强品牌提升。策划举办了"华大讲堂"五周年纪念系列活动，制作专题画册、专题片、纪念文集。2014年8月22日，"华大讲堂"五周年座谈会在北京国务院侨办二楼多功能厅举行，国务院侨办副主任任启亮、何亚非，中国社科院副院长李培林、蔡昉，中国科学院院士何祚庥，中共中央党校副教育长王怀超，中国社科院文化研究中心主任李景源，社会科学文献出版社社长谢寿光，中国社科院经济研究所所长裴长洪，国家行政学院应急管理培训中心主任龚维斌，中国社科院城市发展与环境研究所魏后凯副所长，国务院侨办各司局及在京直属机关董传杰、雷振刚、刘继坤、朱慧玲、左志强、张永文、岳晓昆、章新新、张蔚、王萍、卢海田、李国红、张兵义、于晓，泉州市委常委、宣传部长、教育工委书记陈庆宗，华侨大学校领导贾益民、徐西鹏、张禹东等专家学者和领导嘉宾以及13家中央、境外和省市媒体参加，共商讲堂发展之路，在社会上引起了巨大反响，使"华大讲堂"的品牌效应得到了显著提升。

2014年12月1日福建省常委、宣传部长李书磊在《福建省社会科学普及条例》座谈会上称赞"华大讲堂"办得好，并希望有关部门借鉴和推广该模式。福建省委常委、教育工委书记陈桦通过省委教工委宣传部查看了"华大讲堂"报告会一览表。11月24日，中国社科院王伟光院长、李扬副院长、李培林副院长来校视察时充分肯定了"华大讲堂"的成果。

加强讲堂的新闻报道。一方面与市委宣传部商讨如何深度挖掘报告会的内容，结合当地实际开展一些版面的报道；一方面在福建日报理论版刊载专家演讲的重要观点，已发布俞可平、黄群慧的专题报告，扩大讲堂的辐射作用。《人民日报》（海外版）、凤凰卫视、中国国际广播电台、《人民政协报》《福建日报》、新华网、人民网、中新网等诸多媒体进行了报道，认为"五年来，在各方努力和支持下，'华大讲堂'办成了有影响力、有知名度和美誉度的学术品牌和文化名片"。

附表　"华大讲堂"2014 年报告会

讲次	日期	主讲人	主讲人简介	讲题	受聘情况
第 42 讲	2014/4/25	俞可平	中共中央编译局副局长	国家治理现代化的若干问题	兼职教授
第 43 讲	2014/5/14	黄群慧	中国社会科学院工业经济研究所所长	新工业革命与我国经济战略调整	兼职教授
第 44 讲	2014/6/5	卓新平	全国人大常委，中国社会科学院学部委员、世界宗教研究所所长	宗教信仰与文化战略	名誉教授
第 45 讲	2014/7/03	金鉴明	中国工程院院士、国家环境保护部研究员	绿色发展与生态文明——绿色转型可持续发展模式的探讨	名誉教授
第 46 讲	2014/11/13	李　强	中国社会学会会长、清华大学社会科学学院院长	依法治国、创新社会治理与全面深化改革	兼职教授
第 47 讲	2014/12/17	汤震宇	交通运输部水运科学研究院副总经济师、研究员	建设"21世纪海上丝绸之路"构筑对外开放新格局	

【思想理论工作】　以学习贯彻习近平总书记系列重要讲话精神为主线，组织中心组学习，促进各级领导班子和领导干部提高思想政治素质和治校办学能力。校党委宣传部修订出台了《关于进一步加强和改进党委中心组学习的意见》《关于印发〈关于进一步加强和改进党委中心组学习的意见〉的通知》，进一步明确了两级中心组的组织架构和制度要求。印发了《2014 年理论学习安排意见》《关于印发〈2014 年党委中心组学习安排的意见〉的通知》，向各级中心组提出了 10 个专题的内容和方向，推荐了 12 部学习书目。

组织好华侨大学党委理论学习中心组专题学习，集中学习了党的十八届三中和四中全会、全国侨务工作会议、高等教育改革、社会主义核心价值观等专题内容，中心组成员均作了专题发言。同时，依托"华大讲堂"，举行 6 次党委中心组扩大学习会，内容涉及政府治理、经济发展、文化战略、生态文明、依法治国、海上丝绸之路建设。加强"省级理论进基层示范点"建设，围绕在师生中增强坚定中国特色社会主义的道路自信、理论自信、制度自信，加强理论学习宣传，宣讲党的理论、路线、方针和政策。通过校园宣传载体集中直观展示、社科专家资源深入讲解阐释、网络信息平台及时广泛传播、实践教育活动大力践行弘扬等方式，立体化推进社会主义核心价值观宣传教育。购买《习近平谈治国理政》《摆脱贫困》《邓小平文集》《之江新语》《习近平总书记系列重要讲话读本》《世界社会主义五百年》《马克思主义哲学十讲》《六个为什么（修订版）》等一批图书给校党委中心组成员自学。

邀请全国人大代表戴仲川共为5000多名师生作2014年两会专题辅导。组织师生观看中宣部政论片《百年潮·中国梦》，并购买了《深入学习习近平总书记讲话精神》《世界社会主义五百年》《转折中的邓小平》等专题片提供给各级党委中心组学习使用。

出版《学习》杂志5期，时政视点、高教纵横、侨情博览、世象观察、华园笔谈等栏目内容权威、形式活泼、图文并茂，发至全体教职工学习参考。每月都在两校区宣传栏展出形势政策专题图片展览，如《2014年两会》《社会主义核心价值观》《弘扬焦裕禄精神》《安全教育》等，同时订阅《人民日报》《中国日报》等多类报刊张贴在报栏供师生阅读。

发挥哲学社会科学资源优势，积极向省委宣传部推荐10名"海上丝绸之路"研究专家。根据福建省委教育工委要求，积极组织策划了4项2014年重点思想教育活动项目，配合福建省委教育工委百场理论宣讲进校园活动策划组织了3次宣讲会。此外，出台对形势报告会和哲学社会科学报告会、研讨会、讲座、论坛管理的补充通知《关于加强形势报告会和哲学社会科学报告会、研讨会、讲座、论坛管理的补充通知》（委宣〔2014〕23号），进一步明确了学科范围、审批要求。

依托福建省思想政治工作研究会、福建省高等学校思想政治教育研究会、福建省高等学校宣传思想工作委员会、厦门市思想政治工作研究会、华侨大学思想政治教育研究会、华侨大学青年马克思主义研究会等社团组织，认真组织党务工作者、思想政治理论课教师、辅导员、青年教师，开展理论研究创新和研讨交流活动。2015年1月19日，在陈嘉庚纪念堂二层会议室召开华侨大学"2014年党建理论研讨会暨思想政治教育研究会"年会，党委书记关一凡对学校党建和思想政治工作提出五项要求，党委常委、副校长曾路当选华侨大学思想政治教育研究会新一届理事会会长。

推荐5篇论文参加教育部"学习习近平总书记关于教育工作重要论述"征文评选活动，评审推荐了1部专著、2篇申报全国高校思想政治教育学科30周年优秀成果，推荐16项课题申报2014年福建省思想政治工作研究课题研究，评审推荐7项申报省高校思想政治教育研究课题，选送3篇论文参加省高校思政教育研究会年会论文评选，获厦门市高校思想政治教育课题立项9项课题（居当年厦门高校立项数之首）。

为加强青年教师思想政治工作，组织开展了面向全校35岁以下青年教师的思想工作生活状况全样本调查。充分利用"青马"成员来自各学院、党政管理部门、跨学科、跨领域、跨工种的特质，组织青年教师开展交流活动。策划举办了两期"青马苹果讲烩"，赴厦门社科院交流，组织参观百年鼓浪屿、同文书院历史等展览，组织开展暑期青年教师调研，赴武平、才溪等地考察苏区文化、新农村建设、客家文化等，撰写9篇调研报告。

【新闻宣传工作】 围绕学校教育教学等重大工作，强化校内报道，突出办学成果、发展成就、优秀师生典型事迹，充分发挥校报编辑部、影像新闻部、广播台等不同媒体传播方式的优势，提高校内新闻宣传水平。2014年，新闻网共编发新闻3624条，其中综合新闻1328条，院系动态686条，学生生活525条，网络视频新闻994条，图片新闻91条。华侨大学报继续发行周报，全年共出版40期，专题策划类报道更为丰富。影像新闻部完成了两校区学校活动的新闻摄像工作，大型活动的直播、录像工作，制作视频新闻260多条，制作多部学校及部分学院宣传片。摄影部完成了学校重大会议及活动的图片拍摄、报道和存档任务。在全校设置了20台电子读报专栏，方便广大师生及时便捷浏览学校新闻。学生广播台做好老带新、传帮带，制作了多个专题，保质保量播出节目近百期。此外，各类校内报刊均能认真出刊，进一步丰富了校园新闻宣传。

据中国校友网发布的2014年度"中国最受媒体关注大学排行榜"，华侨大学继续跻身前100强。2014年，在学校领导的高度重视下，宣传部进一步加强和拓展了与境内30多家包括中央、福建省、泉州市、厦门市等各级各类媒体的联系交流，围绕学校中心工作特别是重大活动，如：《华侨华人蓝皮书（2013）》在京发布、海上丝绸之路研究院成立、第三届中泰战略研讨会、华大讲堂五周年纪念活动、央视连线华侨大学境内外师生欢度中秋、第七届董事会召开等，精心策划选题，拓展报道渠道；同时继续开展境外媒体专项工作，着力提高对外宣传的层次，与凤凰卫视、《大公报》《文汇报》、中评网、《澳门日报》《濠江日报》《星洲日报》《国际日报》《东方日报》《千岛日报》《世界日报》《澳门日报》《香港商报》等50余家境内外知名媒体保持良好沟通，多次刊发华侨大学报道。贾益民校长再次作客《凤凰卫视·新闻今日谈》栏目，畅谈"华侨华人与中华文化传播"，赢得了广泛赞誉；香港亚太第一卫视执行台长陈箓、新华社福建分社高级编辑汤华苴校讲学并受聘学校客座教授。2014年，学校共接待境内外各级媒体记者近百人次。2014年11月，香港媒体高层访问团一行10人来校访问，开展讲座，与学生互动交流。

据不完全统计，2014年各级各类媒体播发与华侨大学相关的源发新闻报道700余条，转载3000余条，多家海内外媒体对华侨大学进行了全方位、多角度的报道。

【校报编辑工作】 2014年，华侨大学报继续坚持以品牌栏目立足，"中国高校诗歌联展""校友觅踪""华文文学评介""网罗博文""微语录"等版面或栏目在海内外读者中大受欢迎。此外，因应学校作为侨校加强涉侨研究的形势，2014年新推出栏目"涉侨研究系列报道"，较为完备地报道了学校涉侨研究方方面面的情况和成就。

2014年，《华侨大学报》出版40期，华侨大学报编辑部获评福建省高校校报工作先进集体，经济与金融学院2013级研究生姚洁获评福建省高校校报"优秀学生记者"。

在 2013 年度中国高校校报好新闻评选中，华侨大学报选送的 5 件作品全获奖，其中二等奖 2 件、三等奖 3 件。在 2013 年福建省高校校报好新闻评选中，华侨大学获奖 8 件，其中一等奖 1 件、二等奖 3 件、三等奖 4 件。2014 年 11 月，首届世界互联网大会在中国浙江乌镇的召开，华侨大学报主编赵小波的一条微博入选大会评出的 33 件互联网编年史标志性"网事"。2014 年 12 月，泉州评选出第十六届泉州对外新闻奖，华侨大学报张为健撰写、张罗应编辑的作品《华侨大学是一所充满故事的学校——国侨办"走基层·侨乡行"中央媒体团华侨大学行侧记》获三等奖。

2014 年 12 月 19 日，华侨大学报承办了福建省高校校报协会 2014 年会。来自全省高校宣传部、校报的编辑记者等 40 多人会聚华侨大学，交流办报经验，分享新媒体运营心得。继 2013 年之后，华侨大学报继续在年会上分享了微博、微信经营经验。

【校园文化工作】 2014 年，学校坚持以中华优秀传统文化为主导，借鉴融合他国优秀文化，大力推进"一元主导，多元融合，和而不同"的校园文化建设，推动大学生文化素质教育工作不断深入开展。

启动校歌谱新曲工作。为进一步丰富校歌《一方沃土》的曲式和内涵，7 月在专业性音乐大报《音乐周报》上刊登启事，面向社会公开征集校歌曲谱。启事刊登后，得到了全国各地专业音乐人和音乐爱好者的积极响应，共收到应征作品 37 部（含委约作品 2 部）。

举办"高雅艺术进校园"活动。6 月，"教育部、文化部、财政部 2014 年高雅艺术进校园活动"走进华侨大学，中国国家话剧院排演的现实主义话剧力作《这是最后的斗争》在学校演出，该剧剑指"反腐"这一社会问题，引起较大反响。

举办形式多样的文艺活动，丰富师生文化艺术生活。继续在泉州、厦门两校区举办深受师生欢迎的新年音乐会，邀请西班牙赫雷斯青年交响乐团在泉州校区献演 2014 年新年音乐会，与音乐舞蹈学院合作在厦门校区举办"华园情·中国梦"2014 新年音乐会；并力邀在厦演出的巴西艺术家来校献演"巴西风格"拉美音乐会，桑巴风情引动华园。继续与音乐舞蹈学院合作举办"华园艺苑"系列艺术欣赏与教育活动，举办了专业毕业会演、龙人琴韵古琴音乐会等文艺活动，进一步提升校园文化活动的层次和品位；组织周旻吴少锋绘画摄影作品联展、"百年鼓浪屿"老照片展等展览活动。积极向厦门市委宣传部争取票源，组织师生赴厦门人民会堂观看 618 系列活动之"江西省歌舞剧院《回家》专题演出"；与纪检监察办公室联合开展的"社会主义核心价值观及廉洁文化"主题公益广告作品征集活动；积极组织参与集美区委宣传部主办的首届集美学村文化艺术节系列活动，并承办"诗意·人文·集美"征文大赛。

启动"承志文艺奖"，推动校园原创文化繁荣发展。启动了为纪念首任校长廖承志先生，旨在鼓励文艺作品创作、推动校园原创文化繁荣发展的文艺作品征集和评选平台"承志文艺奖"，相继举办了学生影像作品大赛、摄影大赛等，策划制作了学生影像作品选（DVD）等，挖掘、整理出了一批艺术价值较高、具有代表性的校园文艺作品。

组织参评省市奖项，扩大校园文化影响力。精心组织师生报送参评省市区各类文艺奖项，斩获多个大奖，扩大了华侨大学校园文化在福建省和厦门市的影响力。其中，建筑学院姚波教授水彩画作品《矛盾空间2：古城异筑》、美术学院金程斌副教授油画作品《为国宣劳——陈嘉庚》分别荣获第七届福建省百花文艺奖二等奖，是华侨大学目前在百花文艺奖上获得的最高荣誉。此外，在第五届厦门文学艺术奖评选中，图书馆刘君霞的长篇小说荣获二等奖，音乐舞蹈学院檀革胜管弦乐作品《花的悲歌——为管弦乐而作》、文学院纪录片《石寨人家》分别荣获三等奖。在首届集美学村文化艺术节系列活动中，华侨大学荣获多个奖项，其中，文学院微电影《此去经年》获微电影大赛最佳微电影奖，音乐舞蹈学院原创女子群舞《南音舞韵》获校园舞蹈大赛一等奖，华侨大学还荣获征文、摄影、微电影和歌手4个项目的优秀组织奖。

应国家教育行政学院、中国教育干部网络学院邀请，校党委宣传部部长李辉于2014年8月录制"一元主导，多元融合，和而不同——华侨大学构建具有侨校特色的校园文化"专题讲座，入选该院课程资源库（入选证书号编号：EG201408012），用于全国高等教育干部网络培训，该讲座部分内容刊载于国务院侨办主办的《侨务工作研究》2014年第6期（总第181期）。

【网络信息工作】 加强网络建设与管理，做好校园网主页和华侨大学新闻网的建设维护，规范督促学校二级网站建设。2014年7月，华侨大学校园网主页改版工作启动，力求将其打造成综合信息服务网站；2014年12月，主页开始试运行，并广泛征求意见。2014年12月，组织推荐"华大讲堂"专题网参选并最终获评第七届全国高校百佳网站。

充分运用微博、微信等新媒体开展宣传，搭建新闻报道新平台，并与海内外媒体微博互动。截至2014年12月，华侨大学在新浪微博平台认证的部门、个人、社团等账号119个；据不完全统计，微信平台上已开通的部门、社团账号近60个。2014年12月前，华侨大学、华侨大学微新闻、华侨大学报微信成为学校首批通过微信公众号平台官方认证的账号。学校新媒体平台队伍还注重内容选题策划，《那些年我们一起待过的二修》《你们在下雪，我们在下花》引起了网友的热烈回应。2014年12月25日，机关党委第三支部主办"新媒体沙龙"活动，学校各微博、微信等账号的运营者围绕"校园新媒体发展"主题讨论交流，听取各方意见、建议。

加强网络舆情信息收集处理，综合利用多种手段，及时发现和反映前沿性、苗头性、倾向性问题，有针对性地做好舆情引导，积极探索突发事件应对之策。各部门、各单位提高对网络舆情的关注意识，对学生在微博、贴吧、论坛上反映的意见和建议高度重视，积极推动问题的解决，并就后续解决问题的举措进行反馈，形成了良好的互动。2014 年，共编发《网络舆情动态》及专报 8 期，及时反馈师生网上言论和思想动态，为学校决策提供参考；妥善处理了数起突发事件的舆情工作，维护了学校的和谐稳定。

统一战线工作

【概况】 2014 年，学校统战工作在福建省委统战部、福建省委教育工委统战处和学校党委的指导与领导下，认真贯彻落实中央、省、市统战工作会议精神，立足学校实际，切实履行"了解情况，掌握政策，调整关系，安排人事，增进共识，加强团结"的职能，在有效推动统战工作和多党合作事业向前发展的同时，切实为社会、经济、学校的改革发展和祖国和平统一大业贡献力量。

在部门工作方面。大力开展统战政策、理论和方针的宣传工作，认真做好上级部门和学校交办的各项工作。坚持定期走访各基层党委，加强沟通，增进了解，听取意见，营造校内良好统战工作氛围，坚持通过季谈会、座谈会以及走访约谈等方式加强与党外代表人士的沟通联系，建好党外代表人士之家。2014 年，制定出台《华侨大学优秀建言献策类统战信息奖励暂行办法》，不断推动部门工作的制度化、规范化和科学化。同时，部门积极开展对外交流，先后与厦门大学、福州大学、集美大学、厦门理工学院等兄弟院校交流工作经验，不断开拓部门工作视野。先后走访福建省委统战部、厦门市委统战部、泉州市委统战部、集美区委统战部，以及福建省委、厦门市、泉州市各级民主党派委员会，争取支持与指导，为学校统一战线工作赢得良好外部环境。此外，2014 年度部门坚持侨校特色，大力拓展海外统战工作，认真组织开展统战理论调研，积极做好各类人员推优工作，不断扩大侨校的社会影响力和知名度。

在民主党派和群众团体工作方面。坚持从多党合作可持续发展的政治高度出发，全力支持各民主党派、群众团体加强自身建设。在组织建设上，积极协助各党派团体发展新成员，先后协助台盟华大支部、留学生同学会、致公党华侨大学厦门支部完成换届或换届筹备工作，着重把握领导班子的优化和选配工作，推动政治交接工作的持续发展，并大力支持各民主党派、群众团体开展组织活动，增强组织凝聚力。在思想建设上，通过选派党派团体骨干成员和无党派代表人士参加福建省委统战部和各级社会主义学院组织的各类学习培训、召开全国两会精神专题辅导报告等方式，加深学校党外代表人士对国家社会经济发展形势的了解，增强合作共识和意愿。在制度建设上，着重就各民主党派的财务管理、活动开展等工作提出规范性意见，并就校内有关群众团体组织章程的完善提出修改意见，不断促进各党派团体完善自身工作规程。

在服务改革发展方面。校内多次召开党外代表人士座谈会、季谈会和情况通报会，向党外代表人士通报学校发展情况，听取意见。党外代表人士积极为学校教学、科研、管理的改革与发展建言献策，贡献才智。借助各级政协平台，面向全校师生组织征集 2015 年政协提案，认真组织学校各级政协委员开展调研与提案撰写工作，切实服务于学校改革发展和师生员工的切身利益。根据学校纪委、监察室开展工作需要，推荐于瑞莲、徐晞、赵煌、陈怡、谢维波、郭艳梅、戴秋莲、阴长林、关键、张惠华、朱银端等 11 位党外人士担任学校第七届特邀监察员，充分发挥民主党派在学校改革发展中的民主监督和参政议政作用。此外，通过及时收集党外专家对中央、福建省委、福建省政府关注的热点、难点问题的建议和意见，及时上报有关部门供决策参考。认真组织各级党外人大代表、政协委员开展视察调研活动，在 2014 年各级两会上共提交议案、提案 16 篇，切实为地方社会经济建设服务。完成 12 支学生暑期社会实践团队的"海西春雨行动"立项和调研工作，有关材料经整理后报送福建省委统战部，得到了福建省委领导的肯定。

【民主党派和群团工作】 2014 年，共协助各民主党派发展新成员 21 人，比例达到原有民主党派人数的 6%。适当超过 5% 的规定比例，既体现了高校作为民主党派代表人士源头阵地的特殊性，也夯实了学校各民主党派可持续发展的组织基础。

根据福建省委组织部选派干部挂职工作的安排，协助组织部选派民革华大总支部党员孙永青赴南平建阳市挂职，选派九三学社华大委员会社员张慧赴莆田湄洲岛挂职，积极搭建平台促进校内民主党派骨干成员自身能力与水平的提升。

2014 年 1 月 12 日，福建省留学生同学会发贺信祝贺徐西鹏副校长及其团队申报的"石材高效加工用金刚石磨粒工具关键技术及应用"成果荣获国家科学技术进步奖二等奖。

2014 年 12 月 9 日，台盟华大支部、华侨大学台联会召开全体成员大会，顺利完成换届工作，华人华侨研究院教师蒋楠博士当选台盟华大支部主委、华侨大学台联会会长。刘斌副校长到会祝贺，并希望新一届领导班子能够继续加强政治理论学习，在推动多党合作事业健康发展的同时，履行好参政党职能，为学校的进一步改革发展贡献更大力量。

【党外代表人士队伍建设】 根据福建省委统战部工作部署，开展新一批无党派代表人士认定工作，确认戴劲草、凌朝东、杜志卿、翁文旋、钱浩、陈爱政、李宝霞、黄惠莉、杜吉祥、檀革胜、吴桂宁、尹晓波、王福民、李善邦 14 位同志为无党派代表人士，并向省委统战部报备，进一步充实我校无党派代表人士队伍。

根据福建省留学生同学会换届安排，成功推荐陈慰星、黄文溥、蒲继雄、戴秋莲、沈剑云 5 位党外同志担任新一届福建省新侨人才联谊会常务理事和理事。

根据泉州市留学生同学会换届安排，成功推荐刘向晖担任新一届泉州留学生同学会副会长，推荐姚文清、戴秋莲、李明春、黄庆法、黄文溥、潘锡清、许雪梅、洪国彬、陈一平 9 位党外同志担任常务理事和理事。

【参政议政】 2014 年，学校党外人士就社会、经济、民生热点问题的建言献策类信息被中央统战部采用 4 条，其中 2 条被《零讯》刊物采用，送呈中央政治局常委决策参考；被省委办公厅《八闽快讯》采用 4 条，其中被福建省副省长郑晓松批示 1 条。此外，学校党外人士对各类重大事件的情况反映类信息共被中央统战部、省委统战部采用 13 条。2014 年度，学校各类统战信息被采用的数量和质量位居全省高校前列，较好地为国家和省委决策提供参考，充分展示了学校的人才优势和智力资源。

2014 年 1 月 17 日，华侨大学第六届五次教职工代表大会暨三次工会会员代表大会在泉州校区陈嘉庚纪念堂科学厅举行，大会表彰了六届三次教代会的 3 项"优秀提案"和 1 个"提案办理先进单位"，农工党华侨大学总支部主委李朝明《关于深化我校创业教育改革的建议》的提案被立为该次会议的 1 号提案并获评为优秀提案。

11 月 19 日，围绕泉州市委、市政府"打造泉州经济升级版、改革创新示范区和生态宜居幸福城"的战略部署，华侨大学政协委员活动小组在泉州市政协主席杨俊峰、副主席李冀平等的带领下，先后视察了丰泽区泉州佳乐电器有限公司、泉州南威软件有限公司、桃花山公园建设工程等建设项目，加深了华侨大学政协委员对泉州市发展现状的了解，为政协委员更好地履行参政议政与建言献策职能搭建了有效平台。

针对社会对漳州 PX 项目的有关争论，2014 年 11 月 22 日，农工党华大总支部赴漳州开展调研，对漳州 PX 项目及周边地质环境进行视察了解，在充分调研的基础上形成有关调研报告上报福建省委统战部，切实为社会经济建设献智出力。

【统战理论研究】 根据福建省委统战部和福建省统一战线理论研究会的工作部署和安排，学校积极组织党外专家进行课题申报，并大力支持课题获得者开展调查研究。2014 年，共承担并顺利完成福建省委统战部重点调研课题 11 项、完成福建统一战线理论研究会非公有制经济人士泉州理论研究基地课题 6 项，为统战理论的深化和发展做出了积极贡献。

【海外统战】 2014 年 9 月 25 日至 27 日，在同安区侨联、集美区委统战部及泉州市政协的大力支持下，统战部和学生处分批次共组织 500 多名境外新生，以"看海西、爱海西"为主题，分别参加"古城同安行""嘉庚故里行""东亚文化之都——2014 华侨大学境外新生泉州文化之旅"等系列考察活动。围绕传统文化、发展现状、爱国情缘、名胜古迹、闽台渊源等内容，境外新生先后参观了同安孔庙、竹坝开发区、陈嘉庚故居、集美城市规划馆、泉州南少林、清源山老君岩和闽台缘博物馆等地，在向境外新生展示海西风采的同时，促进了境外新生对求学所在地的认识，加深了境外新生对祖国大陆的了解，增强了境外新生的民族认同感、归属感与荣誉感。

2014 年 9 月 19 日至 10 月 26 日，根据厦门市委统战部工作安排，统战部协同学生处组织 150 多余境外学生参加 2014 年厦门市"同心文化艺术节"，华侨大学境外学生先后参加了以"同心·纪念建国 65 周年暨陈嘉庚先生诞辰 140 周年"为主题的音乐会、图书展、摄影作品展等系列活动。通过活动，有效加深了学校境外学生对新中国成立以来取得伟大成就的认识，增进境外学生对爱国华侨陈嘉庚光辉精神的了解和认同。

2014 年，成功推荐华侨大学许瑞安教授创新团队获评"中国侨界贡献奖"，成功推荐骆克任教授担任中国和平统一促进会内地理事，在展示侨校风采的同时，切实为祖国和平统一大业贡献力量。

【现任民主党派中央委员及省、市负责人】 华侨大学 2014 年有民主党派中央委员及省、市负责人共 7 名（10 人次）。其中，徐华担任民革泉州市委常委；庄培章担任民盟福建省委常委、泉州市委副主委；戴仲川担任民建福建省委副主委、泉州市委主委；张炜煌担任民进泉州市委副主委；刘向晖担任农工党泉州市委常委；张认成担任九三福建省委常委、泉州市委副主委；蔡振翔担任台盟中央委员。

党风廉政与反腐败工作

【概况】 2014 年，按照上级部门部署，学校纪委、纪检监察办公室扎扎实实转职能、转方式、转作风，对参与的议事协调机构进行清理调整，逐步把工作重心往监督执纪问责上转。召开纪委五届三次全体扩大会议，传达、学习中纪委十八届三次全会、省纪委九届五次全会、教育系统党风廉政建设工作会议和《中共国务院侨办党组关于做好 2014 年党风廉政建设和反腐败工作的意见》等会议、文件精神。积极落实"两个责任"，落实校院两级领导班子及其成员党风廉政建设职责。严格落实中央八项规定精神，坚决纠正"四风"，盯紧中秋节、国庆节、教师节等节假日时间节点，不断重申廉政要求。出台加强公车管理、公务接待等规章制度，加强日常监督检查，整治"四风"突出问题。畅通信访举报渠道，依法依规查办案件。组织开展第二次"党风廉政宣传教育月"活动。完成科研经费自查自纠工作，及时督促整改和约谈警示。

做好对基建修缮项目、物资采购、后勤服务、财务管理、人事招录、招生等重点领域和关键环节的监督，有效防范廉政风险。

【推进"三转"】 根据中纪委驻国侨办纪检组以及中共福建省纪委、福建省教育纪工委等部门部署，结合学校实际，理清定位、明确思路、收缩战线，扎扎实实推进"三转"（转职能、转方式、转作风）。首先，纪委书记朱琦环同志不再分管学校学生工作，把主要时间和精力用在纪检监察工作上（只分管纪检监察、审计和工会）。其次，对纪委、纪检监察办公室参与的议事协调机构进行清理调整，把不该管的工作交还给主责部门，第一批退出 17 个，继续参与 16 个，曾参与或主责、已失效的 5 个。加强对主责主业的时间和精力投入，逐步把工作重心往监督执纪问责上转。最后，加强自身建设。召开校纪委五届三次、四次全体扩大会议。与福州大学、福建师大等高校纪检监察部门进行两次校际专题研讨，相互学习借鉴聚焦主业和"三转"的经验做法。派出 2 人参加中纪委和省纪委举办的专题业务培训班，提高干部履职能力。

【落实"两个责任"】 贯彻落实中共福建省委《关于落实党风廉政建设纪委监督责任的意见》以及《关于党风廉政建设责任追究细则（试行）》，履行好监督责任，通过会议、文件、简报以及约谈提醒等形式，层层传导压力，督促校院两级领导班子和成员落实党风廉政建设职责。2014 年 6 月底，中纪委驻国侨办纪检组组长江岩同志来华侨大学对学校党委、纪委落实"两个责任"情况进行督查和约谈。10 月中旬，华侨大学党委书记关一凡、纪委书记朱琦环等参加国务院侨办直属单位党风廉政建设建设座谈会并作交流发言。

【持之以恒纠正"四风"】 协助党委落实好教育部关于高等学校领导班子及领导干部深入解决"四风"突出问题的有关规定，按福建省专项整治要求，盯紧劳动节、端午节、中秋节、教师节、国庆节等时间节点，重申禁止公车私用、不得收受礼金礼品等廉政要求，通过突击检查节假日公车入库情况、抽查票据等，形成高压态势。学校 2014 年 9 月份出台加强公车管理、公务接待、会议管理等一揽子制度，按要求做好备案等工作并加强日常监督检查。

贯彻执行教育部严禁教师违规收受学生及家长礼品礼金等行为的规定，教师节、中秋节、国庆节期间在全校范围内开展"不收礼"活动并开展自查、清退工作。除出国访学、进修、病假等 61 人外，全校有 2465 名教职工报告了自查情况，校长对社会做出了"不收礼"公开承诺。

【信访举报与查办案件】 畅通信访举报渠道，严格按照上级要求规范线索处置程序。全年收到群众举报和上级转办交办的信访举报 33 件次（其中业务范围外 9 件次、重复举报 5 件次），开展初核 9 件次。

依法依规开展案件调查工作。立案并办结 1 起省教育纪工委提级督办案件，对涉案人杨楹给予留党察看两年的处分，免去其所任职务并给予降低岗位等级的处分。

建立学校廉政提醒谈话制度。着眼抓早抓小，对党员干部身上的问题早发现、早提醒，防止小问题演变成大问题。根据上级要求，对 1 名正处级干部进行廉政谈话提醒。

【反腐倡廉宣传教育】 以"深化作风建设"为主题，组织第二次"党风廉政宣传教育月"活动。本次宣教月全校范围内的宣传教育活动主要内容为"四个一"：各单位在领导班子民主生活会中组织一次作风建设文件制度集中学习、各基层党委或支部组织观看一场《作风建设永远在路上》电视专题片、面向科研项目负责人在两校区组织四场科研经费管理规章学习座谈和宣传活动、对全体中层干部进行一次身边的案例警示教育。

拓宽廉洁文化宣传教育渠道。开通学校反腐倡廉教育微信公众平台"华大清风"，定期推送最新最快的纪检动态、理论文章、廉政漫画格言等。与宣传部联合开展以"社会主义核心价值观及廉洁文化"为主题的公益广告作品征集活动，征集师生原创作品 25 份并对优秀作品进行表彰，还选送了部分作品参加全国大学生廉政文化作品大赛。参与组织教育部、财政部、文化部高雅艺术进校园活动，国家话剧院到华侨大学演出反腐大戏《这是最后的斗争》，对师生进行了一次深刻而生动的反腐倡廉教育。

【加强监督】 加强科研经费管理使用监督。牵头组织财务处、科技处、社科处等部门完成科研经费自查自纠工作，认真查找存在的问题和管理上的漏洞，及时督促整改（违规的单位和个人均进行了整改并退回相关款项）和约谈警示，向国侨办提交专题报告。按照国侨办要求，又重新进行一次科研经费管理专项检查。此外，配合有关部门制定《华侨大学科研经费管理办法》《华侨大学科研经费管理实施细则》等，加强对科研人员的财经法规专题教育，加大对科研经费管理的监督力度。

做好对基建修缮项目、物资采购、后勤服务、财务管理等重点领域和关键环节的日常监督。推进"阳光招生"进程，对高考招生录取工作进行全程跟踪，派出 16 人次赴全国各地对音乐舞蹈、美术等特殊类型招生进行全程监察，派出 12 人次参加高考、成考等巡视工作，参与博士生、硕士生招生录取考试各环节监督。围绕工作程序、制度执行等重点环节，2014 年全年参与物资（基建修缮）采购项目、人事招录、工程设备验收等工作日常监督 390 多人次。

做好第七届特邀监察员聘任工作。经商统战部及各民主党派，聘请11位来自不同学院的民主党派及无党派人士为华侨大学第七届特邀监察员，发挥他们的专业和党派优势，有效拓宽监督渠道、增强监督效果。

教育工会工作

【概况】 华侨大学教育工会是党领导的以教师为主体的教职工群众组织，是党联系教职工群众的桥梁和纽带，是会员和教职工权益的代表。华侨大学教育工会委员会是学校教职工代表大会的工作机构和工会会员代表大会的常设机构，学校始终坚持以"强化一级建设，推动二级建设"为原则，积极推动校院两级教代会、工会制度建设。2011年6月18日，华侨大学召开六届教代会暨工代会进行换届选举，产生新的教代会执委会、教育工会委员会。学校教职工代表大会下设提案审理工作委员会、民主监督工作委员会、教学科研工作委员会、劳动协调工作委员会、生活福利保障工作委员会5个专门委员会；学校教育工会设立经费审查委员会、女教职工委员会2个委员会，还下设宣传部、组织部、女工部、青工部、文艺部、体育部、离退休部、生活福利部、法律咨询部9个工作部。全校有24个二级基层工会。华侨大学教育工会现有教职工会员3381人，现任主席由校党委副书记、纪委书记朱琦环兼任。

2013年8月，华侨大学教育工会荣获中华全国总工会的"模范职工之家"称号。2014年1月，福建省教科文卫体工会主任柳公立、副主任张元闽向华侨大学颁授中华全国总工会"模范职工之家"牌匾和证书。2014年12月，华侨大学教育工会获评2014年"全省宣传信息工作先进集体"。

【附属中学】 华侨大学附属中学是华侨大学创办的全日制学校。2014年，附属中学共有初中3个年段，每个年段2个班级，共6个班级，总计324名学生。附属中学设专职校长1名，党支部书记兼副校长1名，副校长1名。现有教师24人，男教师12人，女教师12人。教师中有省级特级教师1人，省级学科带头人1人，市级骨干教师11人，省级优秀教师2人，市级优秀教师3人，华侨大学优秀教师4人。

2014年，附属中学基础设施得到改进：更新改造化学实验室，装备了投影设备、扩音设备及其他电教化设备；生物实验室、语音实验室各添置一台空调，多媒体教室更换了三台空调；拓宽了校园停车场；学生宿舍升级了电话系统，既方便了学生与家长沟通，又杜绝了学生因手机上网影响学业的现象发生；在教学楼东侧的操场上安装了两架单杆，方便学生锻炼身体；改造学生宿舍大澡堂，大大改善了住宿生洗澡难的问题。同时对学生宿舍楼的天井及许多角落进行整修、改造，美化住宿环境。

附属中学设有图书馆，藏书20000多册，其中中文图书19000多册，外文图书

1000多册，订有中文期刊50多种，英文期刊10多种。学校的图书和期刊基本上满足了教师和学生阅读、查找资料、撰写论文的需要。

附属中学的教室、办公室、会议室、多媒体教室、实验室、图书馆等教学科研设备进行了升级更新，为建设高水平的初中提供了良好的物质条件，为附属中学新一轮的发展打下了坚实的硬件基础。

2014年，附属中学一级达标高中录取率80%，泉州五中保送生2人，推荐生4人，泉州七中保送生3人，推荐生4人。附属中学共有57人在省、市以上学科竞赛、技能竞赛中获奖。

【尤梅幼儿园】 尤梅幼儿园于1962年开办，1970年5月因"文革"停办，1978年11月复办。1985年更名为华侨大学尤梅幼儿园。在发展幼儿教育功能上，积极为学校教学、科研工作做好优质保障服务，解除教职工后顾之忧。目前，有13个班，在园学生486名，教职工49人。现任园长许魂霖，副园长林丽玉、陈妮妮。2014年度，尤梅幼儿园为贯彻素质教育，丰富幼儿生活，先后举办了"第九届健康宝贝运动节""新春广场音乐会之幼儿集体舞团体活动""安全教育周（自然灾害和突发灾害教育和演练）""体育学院学生教学实践基地""大手拉小手之环保、植树、普法、敬老""六一大型闽南文化进校园及表征活动""书香尤梅"等大型活动，既锻炼了幼儿的身体和表现自我的勇气，又在孩子之间形成团队集体意识。在做好学园自身发展的基础上，把家长资源融进课堂，每学期有"故事爸爸""故事妈妈"活动及经验分享沙龙，一年出版4期"早阅小报"分享经验，并于2014年下半年改版（扩大版面），得到家长的认可和好评。

尤梅幼儿园结合党支部建设、工会小组建设，开展员工岗位练兵、技能技巧比赛、师德师风教育月、安全教育周、"绘本阅读分享""绘本教学案例头脑风暴"等主题教育实践活动，确保教育质量。学园被泉州幼高专选定为"学生教育实践基地"并给予授牌；林雅芳获校先进教育工作者，林丽玉获丰泽区先进教育工作者，陈艳获丰泽区"教坛新秀"。幼儿舞蹈先后参加区市级比赛获奖，选送教师20多人次外出参加各类培训交流活动，一线教师文章被丰泽区教研刊物选载发表，园长许魂霖为丰泽区园长培训班做专题讲座交流等。

【华侨大学第六届五次教代会暨三次工代会】 2014年1月17日，华侨大学第六届五次教职工代表大会暨三次工会会员代表大会在陈嘉庚纪念堂科学厅召开。会期一天。校领导贾益民、关一凡、朱琦环等出席会议。大会实到正式代表203名、特邀代表22名、列席代表45名。

会议听取并审议了《学校工作报告》《学校财务工作报告》《教代会提案工作报

告》，审议了《教育工会工作报告》（书面）、《教育工会经费审查报告》（书面），听取并讨论了《华侨大学章程》（征求意见稿）。校长贾益民在会上作题为《在创建高水平大学的征途中团结奋进》的学校工作报告，全面总结和回顾了 2013 年学校工作和取得的成绩，指出了学校建设和发展存在的困难和问题，并提出 2014 年学校工作要点。

会议期间，与会代表们畅所欲言，积极为学校改革、发展和稳定建言献策。大会表决通过了《华侨大学第六届五次教代会暨三次工代会决议（草案）》。

此次会议征集到代表们的提案、建议和意见共 39 件，经教代会提案审理工作委员会审理立案 5 件，意见、建议 34 件。内容涉及学校后勤改革、教学科研、人事管理、信息化建设等方面。

【华侨大学第六届六次专题教代会】 2014 年 6 月 20 日下午，华侨大学第六届六次（专题）教职工代表大会在陈嘉庚纪念堂科学厅举行，会议应到代表 238 名，实到代表 205 名，符合法定人数。经大会举手表决，同意通过《华侨大学绩效工资实施暂行办法（草案）》（以下简称《办法》）的代表 193 名，超过正式代表总数的二分之一，表决有效。

校领导贾益民、关一凡、朱琦环、刘塨、刘斌等出席大会。人事处处长王秀勇就《办法》制定过程中教职员工提出的建议及其修改情况做出说明，并回答代表们的现场提问。

大会通过了《华侨大学第六届六次（专题）教代会决议》，大会向全体教职工发出号召，希望广大教职工站在学校全局的立场上，认真执行大会决议，齐心协力为学校改革、发展和稳定做出新贡献。

华侨大学自 2013 年 9 月签订岗位聘期任务之后，即开始起草绩效工资改革方案工作。教代会七位代表参与了《办法》起草过程，在华侨大学人事处等相关职能部门、教代会部分代表的共同努力下，2014 年 3 月，初步形成《华侨大学绩效工资实施暂行办法（征求意见稿）》。为使《办法》更加科学合理，学校广泛征求意见，先后召开两次校长办公会专题讨论绩效工资改革方案，并通过党外人士季谈会、教代会代表团团长会议、院长工作会议等形式，对《办法》进行讲解、说明和讨论。截至本次会议前，学校共收到各类建议 173 条，并对《办法》进行了 47 处修改。

【"三八"国际劳动妇女节活动】 为纪念 2014 年"三八"国际劳动妇女节，教育工会组织开展系列活动，进一步增强学校女教职工组织的凝聚力、影响力，更好地团结、动员全校女教职工为学校的科学发展建功立业。

2014 年 3 月 11 日，在泉州校区李回咤体育馆和厦门校区综合教学楼群 C 区广场举行女教职工跳绳比赛，两校区共有 26 支代表队，360 名女教职工积极报名参赛。比赛设单人跳绳、双人跳绳和10人集体跳绳三个项目，于两校区分别设置奖项，单人、双人项目各取前6名，10人项目各取前3名，团体各设一、二、三等奖。经过激烈角逐，泉州校区旅游学院工会吴倩倩、厦门校区机关工会李欣分别以一分钟成功跳出210个和189个的好成绩获得第一名。双人跳绳第一名分别由泉州校区机关工会黄美英、林遥，厦门校区机电学院工会吴海融、欧阳芬芳获得。后勤2队获泉州校区10人赛一等奖，工学院获二等奖，数学科学学院、法学院、机关2队分获三等奖；厦门校区10人赛一、二、三等奖则由化工学院、机电学院、机关3队获得。机关2队获泉州校区团体次数总分第一名，后勤2队和后勤1队分别获得第二名、第三名；获厦门校区团体次数总分第一、二、三名则由机电学院工会、化工学院工会、机关3队获得。系列活动期间，教育工会还举办有关女教职工身心健康的知识讲座和每年一次的妇科"三查"工作。

教育工会按每位女教职工会员（含离退休会员）30元计算拨出经费给各部门工会作为各部门工会女工委举办纪念2014年"三八"节活动的经费，继续发放2014年在职女教职工卫生保健费（每人每月20元）。

【单身青年教职工系列联谊活动】 2014年3月29日，校教育工会主办，单身青年联谊活动联络小组承办的"素拓展风采 青春正能量"为主题的全校单身青年教职工联谊活动在体育学院素质拓展基地举行。单身青年教职工通过水果蹲活动和自我介绍有效地缓解紧张情绪，增进对彼此的了解。随后，青年教师们分别参与穿越电网、高空抓杆以及高空攀岩三项素质拓展活动。活动中单身青年教职工们合理分工、密切配合、相互鼓励有效地完成了挑战，克服恐惧，展现风采，也增进了感情。

2014年6月15日，由华侨大学教育工会承办的"相约鹭岛"厦门市首届高校青年教职工联谊活动在集美大学教工活动中心举行。来自厦门大学、华侨大学、集美大学、厦门理工学院的160名单身青年教职工参加了活动。本次活动由华侨大学工会发起，厦门大学、集美大学、厦门理工学院和华侨大学工会联合主办。四所高校工会常务副主席以及华侨大学工会副主席马丽芳、戴在平等出席活动现场。活动由华侨大学心理健康教育中心主任赵冰洁教授策划并主持。赵冰洁教授通过室内团体趣味游戏让参与者放松身心，全情投入，参与者彼此之间从陌生到相识，活动现场气氛活跃。活动持续到中午十二点半。简单午餐后，进行了唱歌、打牌、跳棋等多样休闲娱乐游戏。活动当天"相约鹭岛"四校单身青年教职工"交友网"同时启动。"相约鹭岛"活动作为厦门市高校青年教职工固定交友活动平台，由主办方四所高校工会轮流承办，今后每年举办一次。

2014年11月15日，校教育工会主办，单身青年联谊活动联络小组承办的"我的青春我做主"全校青年教职工秋游活动在晋江深沪湾举行，共52位青年教职工参加。

单身青年教职工通过充满趣味的"兔子舞""五毛一块""沙滩撕名牌"等游戏，促进了对彼此的了解，增进了青年感情，活动现场气氛热烈。本次活动采用"青年教职工自行组织，工会大力支持"的运作模式，通过青年教职工喜闻乐见的素质拓展活动，进一步贴近青年教职工的生活实际，促进青年教师交流。

【**教职工环校跑健身活动**】 2014 年 11 月 19 日下午，由华侨大学教育工会主办的教职工环校跑健身活动在泉州、厦门两校区同时举行。校领导关一凡、曾路等分别参加了两校区的环校跑。全校各部门工会 1580 名教职工参与。同时在两校区设立了环校跑评分组，分别对各单位的组织、领导及教职工参与率、精神面貌等进行评分。根据主办方评分组对各单位的评分，工商管理学院、机电及自动化学院分别夺得泉州校区、厦门校区一等奖。泉州校区二等奖由经济与金融学院、外国语学院摘得，旅游学院、工学院和法学院获三等奖；厦门校区二等奖由化工学院、信息科学与工程学院摘得，音乐舞蹈学院、计算机科学与技术学院、建筑学院获三等奖。

【**教职工大病医疗互助活动**】 2014 年，校教育工会除继续为全校在职教职工办理加入泉州市总工会职工医疗互助活动外，还就华侨大学自办的教职工大病医疗互助活动开展一年来的实施情况，进行再梳理、调研、分析和研讨，其间，教职工大病医疗互助委员会共召开 2 次小型研讨会、2 次全体委员会会议，从完善《华侨大学教职工大病医疗互助管理办法》入手，让患大病的教职工得到实实在在的帮助。作为学校为民办实事项目之一，两项活动实施一年半以来，华侨大学教职工已有 52 人获得泉州市职工互助医疗补助款共 195336 元，43 人获得华侨大学大病医疗互助补助款共 883765 元。

【**首届专业教师教学课件制作大赛及其他技能竞赛**】 2014 年 7 月，校教育工会联手教务处，组织备战福建省高校第二届青年教师教学竞赛，做好赛前选拔培训、赛中跟踪服务、赛后总结表彰工作，为华侨大学夺得省赛 2 个二等奖和 1 个三等奖奠定基础；2014 年 11 月，华侨大学教育工会联合教务处发起并承办了华侨大学首届专业教师教学课件制作大赛，19 个学院选拔或推荐出 46 位选手，分别参加了学校文、理工组的初赛和复赛。2014 年度，校教育工会加大资金拨付力度，支持基层工会开展"岗位练兵、技能竞赛"活动。基层工会围绕岗位特点，开展技能竞赛活动，如化工工会针对青年教师的薄弱环节，通过培训、讲座、竞赛、参观、交流等系列活动帮助青年教师成长；土木、经金工会开展一帮一结对子，促进青年教师进步；机关工会举办 PPT 制作培训比赛，辅导员职业技能竞赛，提升管理干部职业技能；后勤工会举办交通安全演练及餐饮服务大赛，提升后勤职工服务意识和水平。校教育工会组织基层工会主席跨校区走访验收，促进基层工会相互学习、相互借鉴、取长补短、共同提高。2014 年教育工会支持 28 个基层项目，资助金额达 25.4 万元。

【教职工球类比赛】 2014 年 6 月，由校工会主办、校教工足球协会承办的华侨大学第七届教工男子足球五人赛顺利举行。比赛共有 9 支队伍报名参赛，分别是：机电学院、华文学院、数学学院、机关工会、计算机学院、化工学院、土木工程学院、信息科学与工程学院、建筑学院。经过激烈角逐，机关工会和计算机学院分别获得泉州与厦门校区的冠军。

2014 年 9 月，由校工会主办、校网球协会承办的教职工网球比赛在泉州校区西区新网球场举行。全校共有 30 名教职工参加本次比赛。比赛分男子双打、女子双打两个项目，经过 20 多场的比赛，最终李冀闽（校友会）、王勤海（体育学院）获得男子双打冠军；骆景川（保卫处）、魏雪松（后勤处）获得男子双打亚军；吴端良（华大附中）、宋健英（华文学院）、龚永寿（老干处）、林朝晖（老干处）两个队并列男子双打季军；郑晓东（华文学院）、翁凤玉（体育学院）获得女子双打冠军；郑黎鸽（工学院）、张剑珍（体院学院）获得女子双打亚军；陈燕茹（校医院）、王婧瑶（体院学院）获得女子双打季军。

【教职工棋类比赛】 2014 年 11 月，由校工会主办、校教工围棋协会承办的华侨大学教职工第二十四届围棋赛在泉州校区可浓餐厅落下帷幕。共有 18 名棋手报名参加此次比赛，经过为期两周的角逐，建筑学院黄子麟最终获得冠军，经济与金融学院夏玉华获得亚军、美术学院贺茂红获得季军，第四至第六名获得者分别是土木学院肖争鸣、国际学院刘向晖、信息学院郑义民。

共青团工作

【概况】 2014 年，华侨大学共青团（简称校团委）工作围绕学校工作中心，按照"巩基础、成体系、重宣传、成品牌"的工作思路，加强思想引领，创新工作机制，坚持实践育人、服务育人、科创育人，组织开展以"高举团旗跟党走，奋力实现中国梦"、"中国梦"和"我的青春梦"为主题系列教育实践活动，打造了一批团学活动品牌，推进了侨校特色的共青团工作的创新发展。

【思想引领】 校团委依托多种媒体平台，拉近与青年学生的距离，带领广大青年学生坚定党的理想信念，坚持走中国特色社会主义道路。2014 年校团委创立了共青团网络新媒体中心，完成了网站的改版，增强微信微博网络的吸引力，微信关注人数达到 2067 人，微博粉丝有 2803 人，网站发表的团情快递活动 136 篇，活动报道 674 篇，发行《华大青年报》8 期，扩大青年的教育面，发挥团的思想引领作用。

校团委结合团日活动或重要节假纪念活动，开展青年的理想信念教育。举行"纪念一二·九运动暨 2014 年学生暑期社会实践汇报会"，举办"12·5 志愿者之日"荧光夜跑活动，庆祝建校 54 周年升国旗仪式，激发青年学生的爱国爱校热情，引领青年学生敢于担当，乐于奉献，提升青年学生的社会责任感。

2014 年 6 月，校团委集学校各项资源优势，不断改革创新人才培养方式。在第十四期人才学校 113 名学员顺利结业后，开办第十五期人才学校培训班，162 名学员（泉州校区 80 名，厦门校区 82 名）分赴泉州市、厦门市、三明市的市、区、县级政府进行暑期挂职锻炼。人才学校每年在境外新生中，招收一批境外承志班，人才学员与境外新生以一对一形式开展一系列课程活动，包括实践教育、知识讲座、课程教育、沙龙讨论等形式；2014 年 12 月 28 日，校团委成立华侨大学人才学校校友会，加强了校内外人才校友之间的沟通与交流，校友会也为人才学校的发展提供了更多的资源和发展机会。

【基层组织建设】 2014 年校团委完成了泉州、厦门两校区 25 个学院团委（含厦门工学院）、772 个团支部的创建工作，搭建共青团校院交流平台，采集录入 28364 名团员的基本信息，有 72 个团支部开展立项主题团日活动，资助金额总计达 17100 元；举办"笃实勤学·明辨修德"共青团干部培训班和新生支部书记培训班，对全校 350 余名参加培训的共青团干部进行了结业考核，加强共青团干部队伍建设；2014 年，校团委评选出"华侨大学五四红旗团委"4 个，"华侨大学先进团支部"57 个，"华侨大学优秀共青团干部"208 人，"华侨大学优秀共青团员"419 人，评选出"福建省优秀共青团员"和"福建省优秀共青团干部"3 人，"福建省五四红旗团委（团支部）"3 个，树立了典型，发挥先进的导向示范作用。

【科技创新】 校团委秉承"崇尚科学、追求真理、勤奋学习、锐意创新、迎接挑战"的理念，致力于科技创新工作模式的改革与创新，从组织领导、健全制度、政策扶持、资金保障等方面加大对科技创新工作的支持，激励广大学子培养创新创业意识；建立和完善科技项目立项资助、聘任专家指导团队、组织学生科创优秀项目评审等工作机制，带动挑战杯等各项创新创业竞赛活动，促进校、院两级学生课外学术科技创新活动蓬勃发展。

2014 年 12 月 21 日第四届海峡两岸高校文化与创意论坛暨第四届海峡两岸高校大学生文化与创意设计大赛，由台湾中原大学、华侨大学、福建省青年联合会、厦门市集美区文教区管委会联合主办，在台湾中原大学举行。来自两岸 52 所高校的师生参与，其中包括 12 所台湾高校和 40 所大陆高校（21 所福建省内高校，19 所省外高校）的师生参会，论坛以"永续·创意·家乡"为主题，两岸高校的参赛作品 812 件，最终进入决赛者 104 件。经大会的两岸专家评选，华侨大学选送作品《叮叮针》获金奖，《起伏——小便池》和《墨迹连城·承宣东方》分获银奖和铜奖。中评网、中国商网、香港大公网、台湾网、东南网、泉州晚报等 20 余家媒体相继进行宣传报道。此次论坛活动促进海峡两岸高校青年交流沟通，得到了政府部门、文化创意企业、与会人员的肯定和认可。2014 年 10 月，由校团委、研究生院、科技处、社科处、教务处、学生处联合举办的华侨大学第二十二届"挑战杯"学生课外学术作品竞赛，泉厦两校区申报参赛共 106 支团队进入终审决赛，最后终审答辩 53 种作品获奖（特等奖 6 种，一等奖 8 种，二等奖 14 种，三等奖 25 种）。2014 年 4 月，首届福建省"创青春"大学生创业大赛暨第八届"挑战杯"福建省大学生创业计划竞赛，华侨大学参与省部级竞赛 15 支团队代表获得了五银八铜的优秀成绩。其中，华侨大学学生创业计划竞赛作品晟辉科技股份有限公司的项目"行车辅视仪"在武汉举行的国家级竞赛中获得了全国铜奖。2014 年 10 月，华侨大学大学生举办"寻找梦想合伙人"为主题的首届"创青春"创业大赛，两校区共 236 个团队，1510 位同学参赛。2014 年 3 月福建省第三届大学生"创业之星"评选活动，经专家组对各高校团委申报进行评审，华侨大学获得 1 个"创业之星标兵"、6 个"创业之星提名奖"。由省委教育工委、省教育厅、团省委、省学联联合主办的"与信仰对话·飞 Young 中国梦"大学生创业之星巡回报告会在华侨大学举行。

2014 年华侨大学校友吴琳琳伉俪设立康桥学生科技创新基金，要用于选拔培育参加省级及以上"挑战杯"大学生课外学术科技作品竞赛和"创青春"大学生创业大赛的重点项目，奖励在赛事中获得省级及以上荣誉的作品作者和指导老师。2014 年 12 月 16 日，在厦门校区王源兴国际会议中心，举行华侨大学康桥学生科技创新基金重点项目立项答辩会。校团委组织项目实施过程中期检查，实地走访调研，结题答辩及成果验收，深入了解项目前期取得的阶段成果，公布取得立项答辩资格的团队，进行申报团队立项答辩或实物展示，通过专家答辩情况及前期调研结果确定资助标准，经评审社科类与科技类项目分别有 8 件作品入围华侨大学康桥学生科技创新基金资助重点项目，鼓励广大学生的创新创业热情，支持学生的科创行动。

【社会实践】 2014 年，校团委以社会实践作为大学生思想政治教育工作的重要载体和锻炼成长的重要平台。2014 年寒假，校团委、招生处、教务处、学生处联合组织"向母校汇报，展学子风采，携校友成长，扬华大美名"为主题的大学生回高中母校开展汇报交流的社会实践活动。40 支实践团队走访了广东、江苏、四川、山东、陕西、辽宁、江西等 14 个省市，及商丘市第一高级中学、洛阳市东方高级中学等 167

所重点高中，参与实践人数达到 211 人。暑假期间，以"为祖国勤学修德，以实践明辨笃实"为主题的社会实践活动，设计有"海西建设类实践团"、"志愿服务类实践团"、"文化传承类实践团"、"社会民生类实践团"、"科研应用类实践团"、"'三农'建设类实践团"和"'根在中国'中国文化之旅等七大类别境外生夏令营系列活动"，申报团队共 592 支，经筛选 504 支团队获得立项，其中全国重点团队 3 支，省级重点团队 10 支，全校参与师生近 5000 人，实践地点覆盖全国省、市、自治区，资助金额近 40 万元，大幅度提升实践活动的广度和深度。2014 年校团委举办学生社会实践微电影大赛，将实践中的见闻以微电影记录下来。各个学院原创参赛题材涉及文化传承、生态旅游、志愿服务、社会治理等多个方面，作品立意深刻，内容精彩纷呈。

2014 年 7 月，甘肃积石山县是国务院侨务办公室定点帮扶的国家级贫困县，华侨大学支教团共 52 名志愿者，前往积石山吹麻滩镇后沟小学（长期共建校）、吹麻滩镇后阳洼小学（长期共建校）等 6 所小学进行支教，同时，组织为贫困儿童倡议募捐数十万元，"一帮一"定向资助数百贫困学子。截至 2014 年 9 月，华侨大学共派出 277 名支教志愿者前往积石山县，开展过支教活动小学 32 所，组织倡议捐款总计 41.3 万余元，图书一万余册，书籍、文具等爱心物资数千公斤，"一帮一"定向资助对象近 500 名。

2014 年 7 月 25 日，华侨大学党委书记关一凡率队专程前往与甘肃省外侨办副主任樊向勤、积石山县县委副书记田正学等领导进行深入交流，举行 2014 年积石山县大河家学区爱心捐赠仪式，并慰问华侨大学在积石山支教的师生。2008 年至 2014 年华侨大学连续 7 年共选派 277 名优秀大学生志愿者，在积石山的 35 所小学开展过支教活动，为积石山学子筹集的爱心捐款达 38.9 万余元。

2014 年，9 名华大学子通过摄影摄像的方式记录了参与"第 32 期海外华人文化社团中华才艺（广场文化）培训班"的学员们在华园学习中华传统文化的过程，通过专业知识服务于侨胞，让更多的海外华人华侨们了解中国传统文化，使得中华传统文化得以更加广泛的流传。同时还期望能够激励、鼓舞更多的人投身为侨服务的志愿事业中来。2014 年，华侨大学国旗护卫队成员奔赴井冈山革命根据地参加团中央支持的"中国梦·井冈情"全国大学生实践季。与来自百所高校的 2400 多名学子齐聚井冈圣地，一起学习感受红色文化，通过社会实践调查来吸引更多当代大学生接受红色文化教育，传承红色文化。

校团委人才学校泉州暑期挂职实践团队由泉州校区各个学院的 64 名优秀同学组成，分别奔赴泉州市团市委、鲤城区、丰泽区、三明市泰宁县中的政府直属部门、街道办、司法局等各个机关单位进行为期一个月挂职实践，参与工作实践操作和课题调研。

【志愿服务工作】 校团委逐步改革和创新志愿服务工作模式，深化校地共建，加强项目对接，创建志愿服务品牌团队立项资助制度。2014年，华侨大学注册志愿者人数19063人，占全校学生总人数的78.51%，境外学生注册志愿者人数873人，占境外学生总人数的40.47%。全校志愿服务立项团队46支，其中2014年新增志愿服务立项团队21支，立项经费10万余元；承办第十六届中国大学生篮球十六强联赛、首届中国阿拉伯城市论坛等5次会议及赛事志愿服务，与厦门市湖里区、泉州市丰泽区等共建志愿服务项目12个。

2014年3月，华侨大学来自17个学院的51名来自境内及香港、印度尼西亚等地区和国家的志愿者，深入国侨办定点扶贫县甘肃省积石山县，深入十二个乡镇，近256户家庭，12所中小学进行走访调查，了解学生家庭情况、学习情况、上学意愿等，对贫困学生建立贫困档案，募集"一帮一圆梦"助学金56500元，资助学子104人；向积石山县大河家学区捐赠了价值7万元的"爱心课桌椅""爱心图书""爱心教学物质"以及体育器材、爱心文具、爱心教具等资金共85399元，一定程度上改善了6所受赠学校的办学条件。

2014年5月11日至15日，由中国大学生体育协会主办，中国大学生体育协会篮球分会、集美区人民政府、华侨大学承办的第16届中国大学生篮球联赛16强赛在厦门市嘉庚体育场举办，华侨大学青年志愿服务指导中心组织了56名志愿者参与服务，总工时达1000余小时。2014年5月17日，华侨大学与湖里区合作共建大学生志愿服务与社会实践基地。以"情驻民工校·爱赋外来娃""归根情"等8支志愿服务队，参加志愿者有480余名，志愿服务内容涉及创意环保、艺术展演、爱心支教、关爱归侨等，时长达3200多工时。厦门市湖里区5个民办小学超过5000人次外来工子女从中受益；为街道、社区、公园等单位提供了超过100份景观设计方案；联合队中的"舞乐花开"志愿队，为辖区超过2000人次居民提供了文艺表演。2014年，华侨大学与丰泽区合作共建，为"首届中国海上丝绸之路国际博览会及海丝文化节"提供志愿服务。

54名志愿者连续举办了"暑期第三课堂""魅力泉州""中国传统文化"参观电视台、暑期小课堂、作业辅导、汇报演出等活动，服务活动突破3500小时，帮助在城务工人员解决假期孩子看护的后顾之忧，引起社会各界重视和支持。

2014年6月18日至20日，由中国人民对外友好协会、阿拉伯城市主办，中国阿拉伯友好协会、泉州市人民政府、福建省外事办公室承办的"首届中国阿拉伯城市论坛"在泉州酒店展开，华侨大学青年志愿服务指导中心组织了47名志愿者参与到活动中。

2014年10月7日至10日，由国家海洋局、厦门市人民政府和中国船舶工业行业协会主办，中国船舶工业行业协会船艇分会、厦门路桥游艇港开发有限公司共同承办的第七届中国（厦门）国际游艇展览会在厦门市国际会展中心展开，华侨大学青年志愿服务指导中心选拔了 52 名志愿者参与到活动中，总工时达 200 余小时。

2014 年 10 月 13 日，为了更好地统筹全校志愿服务品牌立项团队的日常工作，经校团委研究，开始面向全校志愿服务品牌立项团队推广使用爱心日历。深度挖掘学校特色志愿服务项目，并将它们成果全面地体现在爱心日历中，同时，以爱心日历为媒介，加强对学生志愿服务精神的培养，加强对志愿服务精神的宣传力度，促进学校志愿服务工作进一步开展。

2014 年 11 月 15 日，华侨大学青春使者导游队在泉州南少林寺成功举行了"泉州南少林寺义务星期六青年志愿讲解活动"的启动仪式。丰泽区团区委书记吴锦辉、丰泽区文体旅游局新闻出版局副局长郑巍萍，团区委副书记陈荣煌，团市委宣传部负责人刘芸辉，泉州少林寺当家理农法师、校团委老师及 23 名导游队成员参加了仪式。青春使者们于每周六在少林寺开展包含接待游客、接受咨询以及义务讲解等在内的志愿活动，参与人数达余 100 人次，活动工时达 800 余小时。

2014 年 11 月 18 日至 24 日，由国家体育总局篮管中心、中国大学生体育协会、厦门市集美区人民政府和华侨大学主办，中国大学生体育协会篮球分会、上海交通大学协办的第一届华人华侨篮球赛在厦门市嘉庚体育场举办，华侨大学青年志愿服务指导中心组织了 64 名志愿者参与到活动中，总工时达 1300 余小时。2014 年 12 月 28 日，在泉州校区举办"华侨大学 21 世纪高级复合型人才学校校友会"成立大会。原校党委书记、校友会会长李冀闽、副校长刘斌、校团委书记李庭志、人才校友会会长毛博等为华侨大学人才学校校友会揭牌，分别审议通过了《人才学校校友会章程》《首届人才学校校友会常务理事机构、理事会成员名单》，并召开华侨大学首届人才学校校友会理事会。人才学校第二期学员、上海和氏璧化工有限公司副总裁毛博当选为第一届校友会会长。人才学校校友会的成立为学校的教育事业和社会经济发展贡献力量，凝聚了优质校友资源，是为学校发展做贡献的一项重大举措。

2014 年 11 月 20 日至 30 日，在首届中国海上丝绸之路国际博览会及海丝文化节中，华侨大学青年志愿服务指导中心组织了 112 名志愿者参与，外国语学院志愿者主要负责英语口语翻译工作，具体包括会议现场迎接、引导和对话翻译等任务，其中 5 名日语专业学生负责陪同日本贵宾参加"海上丝绸之路艺术节"系列活动，志愿服务工时共达 10000 余小时。

2014 年，由华侨大学青年志愿服务指导中心携手厦门太古可口可乐饮料有限公司共同启动的助教项目开展了第七、八期活动，在 630 报名者中选拔了 106 位志愿教师赴泉州西湖小学、环清小学开展趣味课堂活动，并组织了"带孩子游华大""周末爱心课堂""志愿教师家访"等系列活动，将关爱行动落实到每一个细微之处，每一期的志愿服务工时多达 800 余小时。

华侨大学守护红树林志愿服务队由华侨大学环境保护协会于 2012 年 4 月立项，

挂靠于华侨大学化工学院团委，在校青年志愿服务指导中心指导下，团队以"环保、奉献"为主题，以"保护地球之肺——红树林"为宗旨，围绕"厦门红树林的保护与种植"开展活动。现有稳定志愿者150名，累计志愿工时达5000多小时。该项目和服务队分别荣获"2013年度福建省高校优秀环保项目和先进环保志愿服务团体""2013~2014年度福建省高校优秀环保社团"，并于2014年12月获得"全国首届青年志愿者服务项目大赛"项目评比银奖。2014年3月，以"弘扬雷锋精神，争做爱心青年"为主题，泉厦两校区青年志愿服务指导中心组织开展雷锋月系列志愿服务活动，在校团委的积极倡导下，各学院及多支志愿服务团队开展了"学雷锋，我先行""帮助别人，快乐自己""校园清洁行动"等形式多样的志愿服务活动，在校内产生了积极反响。

2014年在泉州、厦门两校区共举办4次献血活动，参加献血人数共计862人，成功献血人数共计705人，献血总量达93000毫升。志愿者以创新的宣传方式，吸引了众多师生及社会爱心人士参与其中，265名师生志愿捐献血样加入中华骨髓库。华侨大学在无偿献血与志愿服务工作中贡献突出，荣获2014年"中华骨髓库志愿者招募优秀组织奖"。

华侨大学一直大力唱响"到西部去，到基层去，到欠发达地区去，到祖国和人民最需要的地方去"等时代强音，努力营造深入基层扎实工作的良好氛围。2014年，曾健、冉小超等共计9名学生参加了服务西部和福建省欠发达地区计划，在基层中历练成长，践行着作为一名志愿者的诺言。校团委与厦门市及泉州市、晋江市相关区团委合作，启动第二批志愿服务团队立项资助，全校新增志愿服务立项申报项目27个。46支立项团队实施"爱心日历"计划，"U·I创意环保志愿服务队"等21支团队获得2014年志愿服务新增立项资助团队。

为进一步弘扬志愿精神，树立典型，表彰先进，充分发挥典型的示范引领作用，校团委组织各学院青年志愿者协会开展2013~2014年度志愿服务先进个人评选表彰活动，校级优秀志愿者153人、"华侨大学十佳青年志愿者"10人，也涌现出一批省市级先进组织及优秀个人。

2014年获省市级以上荣誉组织和个人

奖项	获奖组织/个人
2013年度"福建省五四红旗团委"	材料科学与工程学院
2013年度"福建省五四红旗团支部"	计算机科学与技术学院 2011级数字媒体技术团支部
	工商管理学院 2011级工商管理类7班团支部
2013年度"福建省优秀共青团干部"	陈　颖（法学院）
2013年度"福建省优秀共青团员"	王思涵（建筑学院）
	朱俊琪（法学院）

2014 年获省市级以上荣誉组织和个人

奖项	获奖组织 / 个人
国家级：2014 年全国大中专学生志愿者暑期"三下乡"社会实践活动先进单位	共青团华侨大学委员会
国家级：2014 年全国大中专学生志愿者暑期"三下乡"社会实践活动优秀团队	华侨大学"志愿支教，实现中国梦"甘肃积石山支教团
国家级：第二届"天翼智慧城镇调研计划"2014 年大学生暑期社会实践专项活动优秀团队	华侨大学多元文化下的高效新媒体团宣工作影响因素研究实践团
2014 年福建省大中专学生志愿者暑期"三下乡"社会实践活动先进单位	华侨大学
2014 年福建省大中专学生志愿者暑期"三下乡"社会实践活动先进工作者	谌祉樾　张　伟　隋昌鹏　余宗钟　王　巍　欧海锋
2014 年福建省大中专学生志愿者暑期"三下乡"社会实践活动先进个人	方　真　葛卫遥　葛钊成　沈　丹　孙嘉悦　王丹凝 熊小瑀　陈俊鸿　高渊源　黄丹玲　邹璐鲜　邹　旭 周　时　李青泽　李　贞
2014 年福建省大中专学生志愿者暑期"三下乡"社会实践活动优秀团队	厦金马战地建筑群保护与开发合作机制调研实践团 "墙上有你，绘出爱心"实践团 志愿服务"舞乐进校园，留守不孤单"暑期实践团 "时光剪影"社会实践团 伊宁县农村灌溉渠系情况调研实践团 探究地铁对城市交通的影响实践团 华侨大学贵州布依族支教实践团 第十五期人才学校泉州暑期挂职实践团 多元文化下的高校新媒体团宣工作影响因素研究实践团 "志愿支教，实现中国梦"华侨大学甘肃积石山支教团 农民工子女生存教育现状实践团 "井冈情·中国梦"文化旅游推动红色教育发展因素研究实践团 "海上丝绸之路"视角下的侨乡文化研究实践团

2014 年获省市级以上荣誉组织和个人

奖项	获奖组织 / 个人
福建青年志愿者优秀组织	甘肃积石山支教团
	美术学院青年志愿者协会
	机电及自动化学院青年志愿者协会
福建青年志愿者优秀项目	萤火之光境外生志愿服务项目
	厦门市 BRT 站点人流疏导
福建青年志愿者优秀个人	黄翠婷
	黄小彧
	苗奇峰
泉州首届最美助老志愿者	詹文南

华侨大学 2014 年新增志愿服务品牌立项团队

编号	志愿服务团队名称	指导单位
1	归根情·情暖归国华侨侨眷志愿服务队	华侨大学青年联合会、湖里区青年联合会
2	"U·I"创意环保志愿服务队	机电学院团委
3	舞乐花开大学生艺术志愿服务团队	音舞学院团委
4	美丽厦门手绘人生志愿服务团队	建筑学院团委
5	"共同缔造"大学生社区营造志愿服务队	建筑学院团委
6	心与星愿志愿服务团队	工学院团委
7	中国闽台缘博物馆志愿讲解员团队	经金学院团委
8	侨之星星助教团	经金学院团委
9	会展服务队	旅游学院团委
10	"墙"上有你、"绘"出爱心服务队	美术学院团委
11	海丝文化志愿服务团队	工商学院团委
12	爱苗团队	体育学院团委
13	星光小学支教团	信息学院团委
14	政务心服务队	信息学院团委
15	"耒桥"境外生义工服务团队	土木学院团委
16	"育苗"志愿服务队	土木学院团委
17	曙光志愿服务队	化工学院团委
18	白鹭保护及宣传志愿服务队	化工学院团委
19	绿巨人志愿服务队	化工学院团委
20	"橄榄树"社区志愿服务团队	材料学院团委
21	华侨大学计算机义诊服务队	计算机学院团委

2014 年获奖情况

竞赛级别	竞赛名称	获奖等级	获奖团队/个人
国家级	第四届海峡两岸高校文化与创意论坛	金奖	《叮叮针》
		银奖	《起伏－小便池》
		铜奖	《墨迹连城·承宣东方》
	全国大学生创业计划竞赛	铜奖	《晟辉科技股份有限公司》的项目"行车辅视仪"
省级	第8届"挑战杯"福建省大学生创业计划竞赛	银奖	《晟辉科技股份有限公司》
			《福建荣和生物科技有限公司》
			《飓风科技有限责任公司》
			《厦门绮韵电子商务有限公司》
			《广东华荣检测设备有限责任公司》
	福建省第三届大学生"创业之星"	创业之星标兵	郝飞（旅游学院）
		创业之星提名奖	李纪翔（建筑学院）
			崔业林（哲社学院）
			瞿贵军（化工学院）
			唐润（公共管理学院）
			燕妃（法学院）
			向满（工商管理学院）

华侨大学年鉴
2015

人　物

【2014 年新增正高级专业技术职务人员名单】

哲学与社会发展学院：薛秀军　王福民（研究员）

文学院：刘文辉　庄伟杰

外国语学院：陈历明　侯国金

材料科学与工程学院：杨卫华

信息科学与工程学院：贺玉成　曾焕强

计算机科学与技术学院：杜吉祥

建筑学院：郑　志

土木工程学院：陈士海　秦　旋　陈　捷（思政）

化工学院：黄昀昉　肖美添　于瑞莲　陈爱政（研究员）

旅游学院：李洪波

公共管理学院：张赛群

华侨华人研究院：陈文寿

国务院政府特殊津贴专家

姓名	工作单位	入选项目名称	入选年份
王永初	机电及自动化学院	国务院政府特殊津贴专家	1991
许承晃	材料科学与工程学院	国务院政府特殊津贴专家	1991
赖万才	数学系	国务院政府特殊津贴专家	1992
马时冬	土木工程学院	国务院政府特殊津贴专家	1992
林新波	材料科学与工程学院	国务院政府特殊津贴专家	1992
吴承业	校领导	国务院政府特殊津贴专家	1992
黄元锦	产业处	国务院政府特殊津贴专家	1992
陈启泉	信息科学与工程学院	国务院政府特殊津贴专家	1992
陈焱年	信息科学与工程学院	国务院政府特殊津贴专家	1992
张宗欣	信息科学与工程学院	国务院政府特殊津贴专家	1992
林文銮	材料科学与工程学院	国务院政府特殊津贴专家	1992
郑宗汉	信息科学与工程学院	国务院政府特殊津贴专家	1992
蔡灿津	人文与公共管理学院	国务院政府特殊津贴专家	1993
黄继泰	材料科学与工程学院	国务院政府特殊津贴专家	1993
刘甲耀	信息科学与工程学院	国务院政府特殊津贴专家	1993
汤东华	产业处	国务院政府特殊津贴专家	1993
王连阳	材料科学与工程学院	国务院政府特殊津贴专家	1993
王全凤	土木工程学院	国务院政府特殊津贴专家	1993

姓名	工作单位	入选项目名称	入选年份
翁荣周	材料科学与工程学院	国务院政府特殊津贴专家	1993
颜文礼	材料科学与工程学院	国务院政府特殊津贴专家	1993
张上泰	数学系	国务院政府特殊津贴专家	1993
张文珍	信息科学与工程学院	国务院政府特殊津贴专家	1993
郑永树	数学系	国务院政府特殊津贴专家	1993
金丽	音乐舞蹈学院	国务院政府特殊津贴专家	1993
杨翔翔	机电及自动化学院	国务院政府特殊津贴专家	1994
龚德恩	工商管理学院	国务院政府特殊津贴专家	1994
李国南	外国语学院	国务院政府特殊津贴专家	1995
施玉山	土木工程学院	国务院政府特殊津贴专家	1996
庄善裕	法学院	国务院政府特殊津贴专家	1996
何志成	人文与公共管理学院	国务院政府特殊津贴专家	1997
徐金瑞	材料科学与工程学院	国务院政府特殊津贴专家	1998
曾文平	数学系	国务院政府特殊津贴专家	1998
洪尚任	机电及自动化学院	国务院政府特殊津贴专家	2000
徐西鹏	机电及自动化学院	国务院政府特殊津贴专家	2001
郭亨群	信息科学与工程学院	国务院政府特殊津贴专家	2004
张云波	土木工程学院	国务院政府特殊津贴专家	2006
胡日东	商学院	国务院政府特殊津贴专家	2010
丘进	校领导	国务院政府特殊津贴专家	2012
吴季怀	校领导	国务院政府特殊津贴专家	2012
贾益民	校领导	国务院政府特殊津贴专家	2014

国务院侨务办公室第四届专家咨询委员会委员

姓名	工作单位	入选项目名称	入选年份
贾益民	校领导	国侨办专家咨询委员	2013
李明欢	华侨华人研究院	国侨办专家咨询委员	2013
庄国土	华侨华人研究院	国侨办专家咨询委员	2013

国家千人计划"外专千人计划"入选者

姓名	工作单位	入选项目名称	入选年份
Philipp Kapranov（菲利普·卡帕诺夫）	生物医学学院／基因组学研究所	国家千人计划"外专千人计划"	2013

国家高端外国专家（文教类）项目入选者

姓名	工作单位	入选项目名称	入选年份
SABINO CHAVEZ CERDA（萨宾纳·查维斯·塞尔达）	信息科学与工程学院	国家高端外国专家（文教类）项目	2014
RAMIN SEDAGHATI（如明·萨德加蒂）	机电及自动化学院	国家高端外国专家（文教类）项目	2014

教育部"新世纪优秀人才支持计划"

姓名	工作单位	入选项目名称	入选年份
徐西鹏	校领导、机电及自动化学院	教育部"新世纪优秀人才支持计划"	2004
陈国华	材料科学与工程学院	教育部"新世纪优秀人才支持计划"	2004
郭子雄	土木工程学院	教育部"新世纪优秀人才支持计划"	2006
黄 辉	机电及自动化学院	教育部"新世纪优秀人才支持计划"	2008
杨 楹	哲学与社会发展学院	教育部"新世纪优秀人才支持计划"	2009
杜吉祥	计算机科学与技术学院	教育部"新世纪优秀人才支持计划"	2010
崔长彩	机电及自动化学院	教育部"新世纪优秀人才支持计划"	2010
张 潜	经济管理学院	教育部"新世纪优秀人才支持计划"	2010
荆国华	化工学院	教育部"新世纪优秀人才支持计划"	2011
李 远	机电及自动化学院	教育部"新世纪优秀人才支持计划"	2011
苑宝玲	土木工程学院	教育部"新世纪优秀人才支持计划"	2011
赵昕东	数量经济研究院	教育部"新世纪优秀人才支持计划"	2012
许培源	经济与金融学院	教育部"新世纪优秀人才支持计划"	2013

国家"百千万人才工程"入选者

姓名	工作单位	入选项目名称	入选年份
徐西鹏	校领导、机电及自动化学院	国家"百千万人才工程"	2004
胡日东	经济管理学院	国家"百千万人才工程"	2009

科技部"创新人才推进计划——重点领域创新团队"入选团队

姓名	工作单位	入选项目名称	入选年份
徐西鹏	校领导、制造工程研究院	科技部"创新人才推进计划——重点领域创新团队"	2014

教育部优秀青年教师资助计划入选者

姓名	工作单位	入选项目名称	入选年份
徐西鹏	校领导、机电及自动化学院	教育部优秀青年教师资助计划	2004

福建省"高校领军人才"入选者

姓名	工作单位	入选项目名称	入选年份
徐西鹏	校领导、机电及自动化学院	福建省"高校领军人才"	2013
苏春翌	机电及自动化学院	福建省"高校领军人才"	2013
Philipp Kapranov	生物医学学院 / 基因组学研究所	福建省"高校领军人才"	2014

福建省"闽江学者"名单

入选年份	岗位类别	姓名	性别	聘用单位	设岗学科
2010	特聘教授	李拉亚	男	数量经济研究院	数量经济学
2010	特聘教授	崔秀灵	女	生物医学学院（分子药物研究院）	分子药物学
2010	特聘教授	龙 元	男	建筑学院	建筑学
2011	讲座教授	黄 含	男	机电及自动化学院	机械制造及其自动化
2012	特聘教授	王 可	男	信息科学与工程学院	信息存储材料与技术
2012	特聘教授	仲伟周	男	工商管理学院	企业管理
2012	特聘教授	孙道进	男	哲学与社会发展学院	马克思主义哲学
2012	特聘教授	肖曙光	男	经济与金融学院	数量经济学
2012	特聘教授	项后军	男	数量经济研究院	数量经济学
2012	特聘教授	高晓智	男	计算机科学与技术学院	计算机科学与技术
2012	特聘教授	董毓利	男	土木工程学院	结构工程
2012	讲座教授	朱健强	男	信息科学与工程学院	物理电子学
2012	讲座教授	陈建伟	男	经济与金融学院	数量经济学
2012	讲座教授	郑文明	男	计算机科学与技术学院	计算机应用技术
2012	讲座教授	谭 力	男	材料科学与工程学院	材料学
2012	讲座教授	刘 晨	女	建筑学院	建筑学
2013	特聘教授	董 泽	男	信息科学与工程学院	信息与通信工程
2013	特聘教授	杨 帆	男	机电及自动化学院	机械制造及其自动化
2013	讲座教授	陈焰彰	男	机电及自动化学院	机械制造及其自动化

续表

入选年份	岗位类别	姓名	性别	聘用单位	设岗学科
2013	讲座教授	殷澍	男	材料科学与工程学院	材料科学与工程
2013	讲座教授	池宏	男	公共管理学院	政治学（公共管理方向）
2013	讲座教授	黄永峰	男	计算机科学与技术学院	计算机科学与技术
2014	特聘教授	易定容	女	机电及自动化学院	机械制造及其自动化
2014	讲座教授	张丹	男	机电及自动化学院	机械制造及其自动化
2014	讲座教授	吴杰	男	工商管理学院	工商管理
2014	讲座教授	谢介仁	男	经济与金融学院	经济学
2014	讲座教授	林瑞超	男	生物医学学院	生物医学

福建省"百千万工程"领军人才入选者

姓名	工作单位	入选项目名称	入选年份
黄辉	制造工程研究院	福建省"百千万人才工程"领军人才	2014

福建省"百千万人才工程"入选者

姓名	工作单位	入选项目名称	入选年份
郑锦扬	音乐舞蹈学院	福建省"百千万人才工程"	1995
吴季怀	材料科学与工程学院	福建省"百千万人才工程"	2002
徐西鹏	机电及自动化学院	福建省"百千万人才工程"	2002
胡日东	商学院	福建省"百千万人才工程"	2002
蒲继雄	信息科学与工程学院	福建省"百千万人才工程"	2002
苑宝玲	土木工程学院	福建省"百千万人才工程"	2004
刘塨	土木工程学院	福建省"百千万人才工程"	2006
高轩能	土木工程学院	福建省"百千万人才工程"	2006
王士斌	材料科学与工程学院	福建省"百千万人才工程"	2006
林碧洲	材料科学与工程学院	福建省"百千万人才工程"	2006
杨楹	人文与公共管理学院	福建省"百千万人才工程"	2006
金福江	信息科学与工程学院	福建省"百千万人才工程"	2006
许斗斗	哲学与社会发展学院	福建省"百千万人才工程"	2006
陈国华	材料科学与工程学院	福建省"百千万人才工程"	2008
陈金龙	工商管理学院	福建省"百千万人才工程"	2008
孙向英	材料科学与工程学院	福建省"百千万人才工程"	2008
黄辉	机电及自动化学院	福建省"百千万人才工程"	2013

福建省新世纪优秀人才支持计划入选者

姓名	工作单位	入选项目名称	入选年份
林碧洲	材料科学与工程学院	福建省"新世纪优秀人才支持计划"	2006
林 毅	材料科学与工程学院	福建省"新世纪优秀人才支持计划"	2006
郭子雄	土木工程学院	福建省"新世纪优秀人才支持计划"	2006
刘 强	机电及自动化学院	福建省"新世纪优秀人才支持计划"	2006
孙 锐	工商管理学院	福建省"新世纪优秀人才支持计划"	2006
杨 楹	人文与公共管理学院	福建省"新世纪优秀人才支持计划"	2006
陈旋波	华文学院	福建省"新世纪优秀人才支持计划"	2006
苑宝玲	土木工程学院	福建省"新世纪优秀人才支持计划"	2006
郑力新	信息科学与工程学院	福建省"新世纪优秀人才支持计划"	2007
钱 浩	材料科学与工程学院	福建省"新世纪优秀人才支持计划"	2007
陈宏文	材料科学与工程学院	福建省"新世纪优秀人才支持计划"	2007
黄 辉	机电及自动化学院	福建省"新世纪优秀人才支持计划"	2007
曾志兴	土木工程学院	福建省"新世纪优秀人才支持计划"	2007
董秀良	商学院	福建省"新世纪优秀人才支持计划"	2007
陈燕武	商学院	福建省"新世纪优秀人才支持计划"	2007
陈金龙	工商管理学院	福建省"新世纪优秀人才支持计划"	2007
徐 华	文学院	福建省"新世纪优秀人才支持计划"	2007
方瑞明	信息科学与工程学院	福建省"新世纪优秀人才支持计划"	2010
刘 斌	机电及自动化学院	福建省"新世纪优秀人才支持计划"	2010
张光亚	化工学院	福建省"新世纪优秀人才支持计划"	2010
许培源	经济管理学院	福建省"新世纪优秀人才支持计划"	2010
吴苑华	哲学与社会发展学院	福建省"新世纪优秀人才支持计划"	2010
罗继亮	信息科学与工程学院	福建省"新世纪优秀人才支持计划"	2011
荆国华	化工学院	福建省"新世纪优秀人才支持计划"	2011
徐玉野	土木工程学院	福建省"新世纪优秀人才支持计划"	2011
张向前	工商管理学院	福建省"新世纪优秀人才支持计划"	2011
赵昕东	数量经济研究院	福建省"新世纪优秀人才支持计划"	2011
曾文婷	哲学与社会发展学院	福建省"新世纪优秀人才支持计划"	2011
林 青	信息科学与工程学院	福建省"新世纪优秀人才支持计划"	2012
王 靖	计算机科学与技术学院	福建省"新世纪优秀人才支持计划"	2012
熊兴泉	材料科学与工程学院	福建省"新世纪优秀人才支持计划"	2012
陈爱政	化工学院	福建省"新世纪优秀人才支持计划"	2012
陈行堤	数学科学学院	福建省"新世纪优秀人才支持计划"	2012
苏桔芳	经济与金融学院	福建省"新世纪优秀人才支持计划"	2012

姓名	工作单位	入选项目名称	入选年份
衣长军	工商管理学院	福建省"新世纪优秀人才支持计划"	2012
林怀艺	公共管理学院	福建省"新世纪优秀人才支持计划"	2012
杨建红	机电及自动化学院	福建省"新世纪优秀人才支持计划"	2013
兰 章	材料科学与工程学院	福建省"新世纪优秀人才支持计划"	2013
骆翔宇	计算机科学与技术学院	福建省"新世纪优秀人才支持计划"	2013
谢朝武	旅游学院	福建省"新世纪优秀人才支持计划"	2013
赵林海	经济与金融学院	福建省"新世纪优秀人才支持计划"	2013
薛秀军	哲学与社会发展学院	福建省"新世纪优秀人才支持计划"	2013
刘源岗	化工学院	福建省"新世纪优秀人才支持计划"	2014
范乐庆	材料科学与工程学院	福建省"新世纪优秀人才支持计划"	2014
欧聪杰	信息科学与工程学院	福建省"新世纪优秀人才支持计划"	2014
林添良	机电及自动化学院	福建省"新世纪优秀人才支持计划"	2014
连朝毅	政治与公共管理学院	福建省"新世纪优秀人才支持计划"	2014
邢尊明	体育学院	福建省"新世纪优秀人才支持计划"	2014
郑文智	工商管理学院	福建省"新世纪优秀人才支持计划"	2014
李宝良	经济与金融学院	福建省"新世纪优秀人才支持计划"	2014
冯 兵	哲学与社会发展学院	福建省"新世纪优秀人才支持计划"	2014
陈永红	计算机科学与技术学院	福建省"新世纪优秀人才支持计划"	2014
李 勇	华侨华人研究院	福建省"新世纪优秀人才支持计划"	2014
胡国鹏	体育学院	福建省"新世纪优秀人才支持计划"	2014
王怀谦	工学院	福建省"新世纪优秀人才支持计划"	2014

福建省高校杰出青年科研人才培育计划入选者

姓名	工作单位	入选项目名称	入选年份
罗继亮	信息科学与工程学院	福建省高校杰出青年科研人才培育计划	2010
杜吉祥	计算机科学与技术学院	福建省高校杰出青年科研人才培育计划	2010
徐玉野	土木工程学院	福建省高校杰出青年科研人才培育计划	2010
谢朝武	旅游学院	福建省高校杰出青年科研人才培育计划	2010
连朝毅	公共管理学院	福建省高校杰出青年科研人才培育计划	2010
王 靖	计算机科学与技术学院	福建省高校杰出青年科研人才培育计划	2011
熊兴泉	材料科学与工程学院	福建省高校杰出青年科研人才培育计划	2011
王启钊	分子药物所	福建省高校杰出青年科研人才培育计划	2011
苏桂芳	经济管理学院	福建省高校杰出青年科研人才培育计划	2011
檀革胜	音乐舞蹈学院	福建省高校杰出青年科研人才培育计划	2011

续表

姓名	工作单位	入选项目名称	入选年份
魏燕侠	哲学与社会发展学院	福建省高校杰出青年科研人才培育计划	2011
欧聪杰	信息科学与工程学院	福建省高校杰出青年科研人才培育计划	2012
缑 锦	计算机科学与技术学院	福建省高校杰出青年科研人才培育计划	2012
兰 章	材料科学与工程学院	福建省高校杰出青年科研人才培育计划	2012
刘源岗	化工学院	福建省高校杰出青年科研人才培育计划	2012
黄国钦	机电及自动化学院	福建省高校杰出青年科研人才培育计划	2012
杨默如	工商管理学院	福建省高校杰出青年科研人才培育计划	2012
陈斌彬	法学院	福建省高校杰出青年科研人才培育计划	2012
侯志阳	公共管理学院	福建省高校杰出青年科研人才培育计划	2012
陈 誉	土木工程学院	福建省高校杰出青年科研人才培育计划	2013
陆 静	机电及自动化学院	福建省高校杰出青年科研人才培育计划	2013
钟必能	计算机科学与技术学院	福建省高校杰出青年科研人才培育计划	2013
骆耿耿	材料科学与工程学院	福建省高校杰出青年科研人才培育计划	2013
王怀谦	工学院	福建省高校杰出青年科研人才培育计划	2013
李宝良	经济与金融学院	福建省高校杰出青年科研人才培育计划	2013
邢尊明	体育学院	福建省高校杰出青年科研人才培育计划	2013
张 华	工商管理学院	福建省高校杰出青年科研人才培育计划	2013
林志立	信息科学与工程学院	福建省高校杰出青年科研人才培育计划	2014
程国林	生物医学学院	福建省高校杰出青年科研人才培育计划	2014
姜 峰	机电及自动化学院	福建省高校杰出青年科研人才培育计划	2014
李 飞	土木工程学院	福建省高校杰出青年科研人才培育计划	2014
易立涛	化工学院	福建省高校杰出青年科研人才培育计划	2014
李海林	工商管理学院	福建省高校杰出青年科研人才培育计划	2014
刘 超	法学院	福建省高校杰出青年科研人才培育计划	2014
孙琼如	马克思主义学院	福建省高校杰出青年科研人才培育计划	2014
朱 轶	经济与金融学院	福建省高校杰出青年科研人才培育计划	2014

福建省海西产业人才高地创新团队领军人才入选者

姓名	工作单位	入选项目名称	入选年份
徐西鹏	校领导、机电及自动化学院	福建省海西产业人才高地创新团队领军人才	2012

福建省杰出科技人才入选者

姓名	工作单位	入选项目名称	入选年份
徐西鹏	校领导、机电及自动化学院	福建省杰出科技人才	2009

福建省引进高层次创业创新人才百人计划 / 创新团队

姓名	工作单位	入选项目名称	入选年份
葛悦禾	信息科学与工程学院	福建省引进高层次创业创新人才（百人计划）	2012
许瑞安创新团队	生物医学学院	福建省引进高层次创业创新人才（百人计划）创新团队	2012
宋秋玲	化工学院	福建省引进高层次创业创新人才（百人计划）	2013
苏春翌	机电及自动化学院	福建省引进高层次创业创新人才（百人计划）	2013

福建省外专百人计划入选者

姓名	工作单位	入选项目名称	入选年份
佐佐木修己	信息科学与工程学院	福建省外专百人计划	2014

福建省优秀专家

姓名	工作单位	入选项目名称	入选年份
王永初	机电及自动化学院	省优秀专家	1997
吴季怀	校领导、材料科学与工程学院	省优秀专家	2002

厦门市第三批引进高层次人才"双百计划"入选者

姓名	工作单位	入选项目名称	入选年份
葛悦禾	信息科学与工程学院	厦门市第三批引进高层次人才"双百计划"	2012

厦门市台湾特聘专家入选者

姓名	工作单位	入选项目名称	入选年份
章 明	机电及自动化学院	厦门市台湾特聘专家	2014

人
物

泉州市事业单位人才高地

单位	入选项目名称	荣誉授予单位	入选年份
华侨大学	泉州市事业单位人才高地	中共泉州市委人才工作领导小组	2013

泉州市"桐江学者"名单

岗位类别	姓名	性别	聘用单位	设岗学科	入选年份
特聘教授	王艳辉	男	机电及自动化学院	机械制造及其自动化	2009
特聘教授	黄永箴	男	信息科学与工程学院	物理电子学	2009
特聘教授	许瑞安	男	生物医学学院	分子药物学	2009
特聘教授	葛悦禾	男	信息科学与工程学院	信息与通信工程	2012
特聘教授	蒲继雄	男	信息科学与工程学院	光学工程	2012
特聘教授	戴劲草	男	材料科学与工程学院	材料科学与工程	2012
特聘教授	刁勇	男	生物医学学院	基因药物学	2012
特聘教授	杨楹	男	哲学与社会发展学院	马克思主义哲学	2013
特聘教授	郭子雄	男	土木学院	土木工程	2013
特聘教授	胡日东	男	经济与金融学院	企业管理	2013

泉州市哲学社会科学领军人才入选者

姓名	工作单位	入选项目名称	入选年份
刘向晖	国际学院	泉州市哲学社会科学领军人才	2013
汤兆云	公共管理学院	泉州市哲学社会科学领军人才	2013
张向前	工商管理学院	泉州市哲学社会科学领军人才	2013
林怀艺	公共管理学院	泉州市哲学社会科学领军人才	2013
赵昕东	数量经济研究院	泉州市哲学社会科学领军人才	2013
马华祥	文学院	泉州市哲学社会科学领军人才	2014
许培源	经济与金融学院	泉州市哲学社会科学领军人才	2014
吴泽福	工商管理学院	泉州市哲学社会科学领军人才	2014
陈燕武	数量经济研究院	泉州市哲学社会科学领军人才	2014

泉州市科技创新领军人才入选者

姓名	工作单位	入选项目名称	入选年份
肖美添	化工学院	泉州市科技创新领军人才	2013
李升才	土木工程学院	泉州市科技创新领军人才	2014

泉州市引进高层次创业创新人才

姓名	工作单位	入选项目名称	入选年份
王 可	信息科学与工程学院	泉州市引进高层次创业创新人才	2013
杨 帆	机电及自动化学院	泉州市引进高层次创业创新人才	2013
崔秀灵	生物医学学院	泉州市引进高层次创业创新人才	2013
王怀谦	工学院	泉州市引进高层次创业创新人才	2014
陈士海	土木工程学院	泉州市引进高层次创业创新人才	2014
殴达毅	建筑学院	泉州市引进高层次创业创新人才	2014
苑宝玲	土木工程学院	泉州市引进高层次创业创新人才	2014
侯 炜	土木工程学院	泉州市引进高层次创业创新人才	2014
游国龙	华侨华人研究院	泉州市引进高层次创业创新人才	2014

泉州市优秀青年拔尖人才入选者

姓名	工作单位	入选项目名称	入选年份
宋秋玲	化工学院	泉州市优秀青年拔尖人才	2014
杜吉祥	计算机科学与技术学院	泉州市优秀青年拔尖人才	2014
谢朝武	旅游学院	泉州市优秀青年拔尖人才	2014

泉州市课题研究项目入选者

姓名	工作单位	入选项目名称	入选年份
苏梽芳	经济与金融学院	泉州市高层次金融人才项目中的金融课题研究项目	2014
肖美添	化工学院	高端海洋人才引进资助项目中的海洋课题研究项目	2014

博士后科研流动站

序号	流动站名称	流动站所属学院	流动站分管领导
1	机械工程	机电及自动化学院	张认成
2	应用经济学	经济与金融学院	胡日东
3	土木工程	土木工程学院	郭子雄
4	哲学	哲学与社会发展学院	周世兴
5	化学工程与技术	化工学院	王士斌

博士后科学基金面上资助入选者

姓名	流动站	入选项目名称	批次	入选年份
吴永辉	应用经济学	博士后科学基金面上二等资助	第 53 批	2013
蔡奇鹏	土木工程	博士后科学基金面上二等资助	第 54 批	2013
高毅超	土木工程	博士后科学基金面上二等资助	第 55 批	2014
刘源岗	化学工程与技术	博士后科学基金面上二等资助	第 55 批	2014
吴永辉	应用经济学	博士后科学基金特别资助	第七批	2014
蔡奇鹏	土木工程	博士后科学基金特别资助	第七批	2014
张 勇	机械工程	博士后科学基金特别资助	第七批	2014

2014 年新聘名誉教授名单

姓名	单位 / 职称 / 职务	聘期
金鉴明	国家环境保护局研究员、中国工程院院士	2014.7
蓝志成	（加拿大籍）理论物理学家	2014.11
姚若鹏	（美籍）著名物理学家	2014.11
潘云鹤	中国工程院院士	2014.11

2014 年新聘客座教授名单

姓名	单位 / 职称 / 职务	聘期
李麟雄	新奥尔良大学数学系 系副主任	2014.6~2016.12
张真诚	台湾逢甲大学资讯电机学院资讯工程学系 学术讲座教授	2014.6~2017.6
奥利弗·库恩	GKK 建筑事务所 事务所负责人	2014.9~2017.8
斯婉婕库恩	利珀－霍克斯特应用技术大学建筑学院 ＧＫＫ 建筑事务所 副院长 事务合伙人	2014.9~2017.8
王维仁	香港大学建筑系王维仁建筑研究所 建筑系系主任 研究室主持人	2014.9~2017.8
张勇民	法国国家科研中心主任研究员、法国科学院院士	2014.12~2017.12

2014 年新聘兼职教授名单

姓名	单位 / 职称 / 职务	聘期
吴小华	中国美术学院 院长助理教授 博导	2013.12~2016.12

续表

姓名	单位 / 职称 / 职务	聘期
赵 阳	中国美术学院 教师教授 硕导	2013.12~2016.12
常志刚	中央美术学院 副院长教授 硕导	2013.12~2016.12
郭 宁	泉州画院 院长国家一级美术史	2013.12~2016.12
陈立德	泉州画院国家一级美术史	2013.12~2016.12
皮道坚	华南师范大学美术学院国家二级教授	2013.12~2016.12
王建中	清华大学美术学院教授 博导	2013.12~2016.12
周柔丽	北京大学医学部教授 博导	2013.12~2016.12
芮静安	北京大学医学部教授 博导	2013.12~2016.12
龙大轩	西南政法大学教授 博导	2014.2~2017.2
李斯海	厦门市市政建设开发总公司 总经理教授级高级工程师	2014.3~2017.2
汤 华	新华社福建分社 党组书记高级编辑	2014.3~2017.2
俞可平	中央编译局 副局长	2014.4~2017.4
黄豆豆	上海歌舞团 艺术总监国家一级演员	2014.4~2017.3
郑 咏	全国总工会文支工团国家一级演员	2014.4~2017.3
张柏秋	吉林大学图书馆 查新检索咨询中心主任研究员	2014.4~2017.3
奚广庆	国家教育部社会科学司 原司长教授 博导	2014.4~2017.4
黄群慧	中国社科院 工业经济研究所所长教授	2014.5~2017.5
侯崇文	台北大学犯罪学研究所 所长教授	2014.5~2017.4
林文武	厦门市公安交警支队城管中队 指导员国家级篮球裁判员	2014.5~2017.4
张凌云	北京联合大学旅游学院 副院长教授	2014.6~2017.5
吴必虎	北京大学城市与环境学院 博导教授	2014.1~2016.12
何 依	华中科技大学建筑与城市规划学院教授 博导	2014.9~2017.8
黄国辉	厦门航空有限公司 工会主席经济师	2014.9~2017.9
康志阳	厦门航空有限公司 人才资源部总经理高级经济师	2014.9~2017.9
王洪建	厦门航空有限公司 总经理助理 信息部总经理高级工程师	2014.9~2017.9
蔡城堡	厦门航空有限公司 副总经理高级工程师	2014.9~2017.9
车尚轮	厦门航空有限公司 总经理高级经济师	2014.9~2017.9
江绍毅	天津大学化工学院教授	2014.10~2017.10
李 强	清华大学 人文社科学院院长	2014.10~2017.10
严一觉	禅画大师 佛画巨匠	2014.10~2017.10
周荫昌	解放军艺术学院 文化工作系主任	2014.11~2017.11
宋 鸣	宁夏美术家协会常务副主席	2014.11~2017.11
齐海峰	河北省美术家协会主席	2014.11~2017.11
王学辉	山西省美术家协会主席	2014.11~2017.11

续表

姓名	单位 / 职称 / 职务	聘期
王来文	福建省美术家协会副主席	2014.11~2017.11
张志民	北京大学出版社美术编辑室主任 编审 高级美术设计师	2014.11~2017.11
吴团良	中国美术家协会理事	2014.11~2017.11
骆献跃	中国美术家协会会员 中国水彩画家协会会员	2014.11~2017.11
奚廷斐	北京大学生物医用材料与组织工程研究中心主任 博士生导师	2014.12~2017.12
刘 奎	山东美术家协会	2014.12~2019.12

2014 年逝世人员名单

单位	姓名	性别	出生日期	去世时间
资产经营有限公司（无线电厂）	柯孙团	男	1933-11-14	2014-1-1
工商管理学院	雷柏青	男	1933-05-26	2014-1-7
土木工程学院	陈瑞麟	男	1933-09-18	2014-1-12
资产经营有限公司（无线电厂）	李辉亮	男	1941-07-06	2014-1-19
材料科学与工程学院	苏介生	男	1933-12-26	2014-2-10
实验室与设备管理处	潘民权	男	1945-11-01	2014-2-13
基建处	周世团	男	1933-08-17	2014-3-30
外国语学院	郭宝珠	女	1939-12-20	2014-4-3
资产经营有限公司	陈进来	男	1930-02-11	2014-4-11
图书馆	黄湘军	男	1968-05-26	2014-5-7
资产经营有限公司（无线电厂）	王雪莉	女	1950-08-13	2014-5-20
体育学院	曲京寅	男	1962-02-10	2014-5-24
材料科学与工程学院	洪文书	男	1935-08-01	2014-6-1
资产经营有限公司（无线电厂）	黄庆风	男	1967-07-30	2014-6-26
信息科学与工程学院	林 恒	男	1931-10-01	2014-7-10
后勤与资产管理处	吴通洲	男	1946-01-25	2014-7-12
文学院	杨清顺	男	1932-02-07	2014-8-12
机电及自动化学院	朱火明	男	1961-01-21	2014-8-18
土木工程学院	许天佑	男	1931-12-11	2014-9-18
数学科学学院	梁月娥	女	1936-02-17	2014-10-28
公共管理学院	林彩霞	女	1927-10-14	2014-10-29
信息化建设与管理处	林南昌	男	1941-02-24	2014-12-1
数学科学学院	王际钦	女	1939-06-22	2014-12-4

2014 年在岗博士研究生指导教师名单（82 人）

马克思主义哲学（8 人）：

杨　楹　黄海德　张禹东　陈鸿儒　贾益民　许斗斗　李景源　庄国土

科学社会主义与国际共产主义运动（7 人）：

王四达　林怀艺　马拥军　秦　宣　庄锡福　何亚非　吴苑华

结构工程（5 人）：

高轩能　郭子雄　周克民　董毓利　陈士海

材料科学与工程（13 人）：

吴季怀　陈国华　李明春　辛梅华　吴文士　程　琳　戴劲草　林碧洲　孙向英
林建明　林松柏　肖卫东　Philipp Kapranov

化学工程与技术（14 人）：

王士斌　杨素萍　翁连进　胡恭任　林　毅　张光亚　崔秀灵　刁　勇　林金清
苑宝玲　荆国华　肖美添　明艳林　宋秋玲

机械工程（11 人）：

徐西鹏　顾立志　黄　辉　江开勇　张认成　金福江　崔长彩　童　昕　陈文哲
杨　帆　易定容

数量经济学（12 人）：

胡日东　赵昕东　李拉亚　许培源　张　潜　吴承业　沈利生　乌家培　唐绍祥
肖曙光　陈建伟　郭克莎

企业管理（11 人）：

郭东强　林　峰　陈金龙　吕庆华　张向前　黄天中　张　潜　骆克任　苏东水
廖泉文　丁国炎

旅游管理（1 人）：

郑向敏

2014 年在岗硕士研究生指导教师名单（650 人）

经济与金融学院（28 人）：

陈鹏军　傅联英　郭　丽　胡日东　胡石清　李宝良　林俊国　饶志明　沈利生
苏桂芳　唐绍祥　王景河　乌家培　吴承业　肖曙光　许培源　尹晓波　张新红
张义龙　赵林海　朱润东　朱　轶　庄培章　陈鹏军　李宝良　朱　轶　陈建伟
郭克莎

材料学院（45 人）：

陈国华　陈亦琳　程　琳　戴劲草　杜慊慨　范乐庆　高碧芬　黄妙良　兰　章

李东旭　李明春　李四中　李先学　连惠婷　林碧洲　林建明　林金清　林松柏
林　煜　林志勇　刘　斌　骆耿耿　彭　程　钱　浩　全志龙　孙向英　王森林
魏月琳　吴季怀　吴文士　萧聪明　肖子敬　谢奕明　辛梅华　熊兴泉　严捍东
杨传孝　杨卫华　于亚明　张敬阳　赵青华　郑一雄　邱　飞　程国林
Philipp Kapranov

机电学院（56人）：
崔长彩　戴秋莲　方千山　顾立志　郭　桦　郝艳华　胡中伟　黄常标　黄富贵
黄国钦　黄　辉　黄致建　江开勇　姜　峰　李洪友　李　琼　李文芳　李　远
李钟慎　林福泳　林俊义　林添良　林振衡　刘　斌　刘　强　刘晓梅　陆　静
路　平　沈剑云　宋一然　孙德明　童　昕　王启志　吴　晓　谢明红　徐西鹏
杨　帆　杨建红　于怡青　张认成　张　勇　赵紫玉　郑亚青　周广涛　言　兰
方从富　胡中伟　赖雄鸣　尤芳怡　王　霖　房怀英　傅师伟　范　伟　张际亮
杨　帆　易定容

化工学院（61人）：
蔡邦平　陈爱政　陈　国　陈宏文　陈明霞　程　杰　傅丽君　耿　頔　郭沛涌
韩文亮　洪俊明　侯艳伟　胡纯铿　胡恭任　黄惠莉　黄昀昉　黄志宏　荆国华
李宝霞　李　玲　李夏兰　林　毅　刘建福　刘　青　刘勇军　刘源岗　刘智禹
罗巅辉　明艳林　阮志平　宋　磊　宋秋玲　孙　荣　唐源江　王明元　王奇志
王士斌　王晓琴　王昭晶　翁连进　吴锦程　吴文果　肖美添　许绿丝　薛秀玲
杨素萍　杨　欣　易立涛　于庆杰　于瑞莲　曾庆友　张光亚　张君毅　张　娜
张学勤　赵春贵　赵　珺　赵　鹏　赵艳玲　周作明　宋秋玲

土木学院（48人）：
蔡奇鹏　蔡燕燕　常方强　陈林聪　陈士海　陈　誉　董毓利　杜毛毛　方德平
高轩能　郭力群　郭子雄　侯　炜　侯祥朝　黄庆丰　黄群贤　黄奕辉　阚　晋
李　飞　李升才　林从谋　林树枝　刘　阳　吕振利　罗　漪　彭兴黔　祁神军
秦　旋　施养杭　王卫华　肖朝昀　徐玉野　严捍东　叶　青　俞　缙　苑宝玲
曾庆玲　曾志兴　詹朝曦　张云波　赵志领　周克民　付明来　蔡奇鹏　侯　炜
王玲玲　张大山　陈星欣

哲社学院（26人）：
陈鸿儒　陈庆超　程德华　范正义　冯　兵　黄海德　贾益民　鉴传今　蒋朝君
李景源　李志强　林壮青　罗建平　王福梅　王福民　魏燕侠　薛秀军　杨　楹
俞黎媛　张国栋　张世远　张禹东　张云江　周世兴　庄国土　冯　兵

建筑学院（41人）：
边经卫　陈晓向　陈志宏　成　丽　邓伟骥　费迎庆　关瑞明　侯　雷　黄世清

黄远水　李健红　林从华　刘墈　龙元　卢山　陆引　吕韶东　欧达毅
潘华　彭晋媛　屈培青　冉茂宇　申晓辉　王琳　王珊　王唯山　王兴田
王治君　吴奕德　肖铭　谢少明　薛佳薇　杨思声　尹培如　赵晓波　赵燕菁
郑志　许勇铁　沈春花　马红芳　李海锋

生物医学学院（22人）：

Philipp Kapranov　程国林　崔秀灵　刁勇　解丽娟　李少钦　李招发　林俊生
罗嘉　牛荣丽　戚智青　邱飞　唐明青　王立强　王明席　肖卫东　徐先祥
许瑞安　杨会勇　张景红　庄贞静　郭莺

工商管理学院（56人）：

蔡林峰　陈初昇　陈金龙　陈克明　陈钦兰　陈思雄　陈小燕　陈怡　邓晓懿
丁国炎　高世乐　郭东强　胡建兵　胡三嫚　黄如良　黄天中　黄种杰　康青松
李朝明　李海林　廖泉文　林春培　林峰　林鸿熙　林喜庆　刘金雄　刘进
吕庆华　骆克任　彭霈　邵志高　苏朝晖　苏东水　孙锐　谭观音　田建春
万文海　王绍仁　乌家培　吴立源　吴泽福　徐小飞　杨默如　杨树青　衣长军
曾繁英　曾路　张华　张潜　张向前　郑淑蓉　郑文智　王子朴　邢尊明
马占杰　谭龙江

计算机学院（33人）：

陈锻生　陈维斌　陈学军　陈叶旺　陈永红　杜吉祥　杜勇前　傅顺开　缑锦
蒋文贤　李海波　刘韶涛　吕俊白　骆翔宇　骆炎民　潘孝铭　彭淑娟　孙增国
田晖　王华珍　王靖　王田　吴扬扬　谢维波　谢晓东　叶剑虹　喻小光
钟必能　邹金安　蔡奕侨　柳欣　钟必能　王成

信息学院（56人）：

蔡灿辉　陈东华　陈智雄　戴声奎　丁攀峰　方慧娟　方瑞明　冯桂　葛悦禾
郭新华　郭震宁　贺玉成　黄黎红　黄锐敏　黄志福　金福江　李国刚　李平
林比宏　林其伟　林青　林赏心　凌朝东　罗继亮　莫冰　聂卓赟　欧聪杰
彭盛亮　蒲继雄　邱伟彬　任洪亮　尚荣艳　邵辉　苏少坚　谭鸽伟　汤炜
王飞　王加贤　王可　吴逢铁　吴志军　闫铮　杨冠鲁　杨骁　张海
张家冰　张奚宁　赵睿　周凯汀　周林　朱大庆　庄其仁　林志立　曾焕强
陈婧　庄凤江

公共管理学院（35人）：

蔡振翔　曹文宏　陈雪琴　丁大力　关键　何碰成　和红　侯志阳　姜泽华
李永苍　连朝毅　梁发超　林怀艺　刘文波　马拥军　潘新美　彭丽花　秦宣
双文元　汤兆云　王焕芝　王惠娜　王丽霞　王四达　王秀勇　谢治菊　徐晞
叶麒麟　岳晓　张赛群　张钟鑫　周碧华　周兴泰　邹利林　叶麒麟

文学院（23人）：

蔡志诚	陈辉兴	杜晓萍	胡　萍	黄　河	蒋晓光	林英德	刘少勤	刘文辉
骆　婧	马华祥	毛　翰	孙汝建	索燕华	王桂亭	王建设	王　军	王　琰
徐　华	郑亚捷	朱媞媞	朱丹红	陈辉兴			

法学院（30人）：

白晓东	陈斌彬	陈斯彬	陈慰星	戴仲川	黄奇中	江　眺	靳学仁	兰仁迅
李　强	梁　伟	林伟明	刘　超	刘　音	骆旭旭	彭春莲	王方玉	翁文旋
吴情树	吴永辉	许少波	翟相娟	张国安	张照东	钟付和	周　勤	庄善裕
叶小兰	陈贤贵	王康敏					

旅游学院（24人）：

陈金华	陈秋萍	陈雪琼	池　进	戴　斌	方旭红	侯志强	黄安民	黄建军
黄金火	黄远水	李洪波	李勇泉	林美珍	林明太	宋子千	汪京强	王　振
谢朝武	叶新才	詹芬萍	郑向敏	周春梅	范向丽		

数学学院（18人）：

陈少伟	陈文雄	陈行堤	傅仰耿	黄浪扬	黄心中	林　峰	林增强	罗正华
皮定恒	宋海洲	王全义	肖占魁	张金顺	庄清渠	沈淑君	陈丽珍	吴丽华

外国语学院（12人）：

陈道明	陈历明	陈玉珍	杜志卿	黄小萍	黎　林	刘镇清	潘锡清	孙飞凤
姚鸿琨	张　燕	侯国金					

华文学院（11人）：

陈丛耘	陈旋波	冯玉涛	纪秀生	李晓洁	林　祁	刘志华	孟建煌	沈　玲
于逢春	庄伟杰						

马克思主义学院（12人）：

洪跃雄	刘卫卫	刘　英	骆文伟	孙琼如	吴鸿雅	吴苑华	许斗斗	曾文婷
朱银端	陈　捷	孙琼如					

数量经济研究院（7人）：

陈燕武	黄大柯	李拉亚	项后军	张五六	张秀武	赵昕东

华人华侨研究院（10人）：

陈景熙	李　勇	刘文正	王怡苹	谢婷婷	许金顶	游国龙	郑文标	钟大荣
朱东芹							

华文教育研究院（3人）：

胡建刚　胡培安　贾益民

工学院（3人）：

郑力新　柳培忠　庄铭杰

现任各级人大代表名单

级别	届数	姓名	性别	出生年月	单位职务	职称	党派	备注
全国人大	十二届	戴仲川	男	196507	法学院副院长	副教授	民建	
福建省人大	十二届	蔡振翔	男	196001	公共管理学院副院长（正处级）	教授	台盟	常委
泉州市人大	十五届	徐西鹏	男	196506	华侨大学副校长	教授	中共	
厦门市人大	十四届	贾益民	男	195610	华侨大学校长	教授	中共	
丰泽区人大	四届	李冀闽	男	195202	华侨大学原党委书记	副教授	中共	
集美区人大	十一届	张向前	男	197505	发展规划处处长	教授	中共	
		林志勇	男	196411	材料科学与工程学院院长	教授	无党派	
		王土斌	男	196507	化工学院院长	教授	中共	

现任各级政协委员名单

级别	届数	姓名	性别	出生年月	单位	职务	职称	党派	备注
福建省政协	十一届	赵昕东	男	196806	数量经济研究院	副院长	研究员	民盟	
		刘塨	男	196002	华侨大学	副校长	教授	无党派	常委
		江开勇	男	196108	科学技术研究处	处长	教授	中共	委员
		李冀闽	男	195202	华侨大学	原党委书记	副教授	中共	常委
		庄常章	男	196411	继续教育学院	院长	教授	民盟	常委
		徐华	女	197303	文学院	副院长	教授	民革	
		戴仲川	男	196507	法学院	副院长	副教授	民建	常委
泉州市政协	十一届	李明春	男	196209	材料科学与工程学院	副院长	教授	民建	
		张炜煌	男	195509	外国语学院	副院长	副教授	民进	
		刘向晖	男	196806	国际学院		教授	农工	
		吴逢铁	男	195811	信息科学与工程学院	副院长	教授	致公	
		廖明光	男	196107	图书馆		副研究馆员	台盟	

续表

级别	届数	姓名	性别	出生年月	单位	职务	职称	党派	备注
泉州市政协	十一届	蒲继雄	男	196201	信息科学与工程学院	院长	教授	无党派	
		吕振利	男	195703	土木工程学院		副教授	致公	
		黄奕辉	男	196208	土木工程学院		教授	民进	
		杨存泉	男	195609	党委统战部	部长	高级管理师	中共	
		张认成	男	196112	机电及自动化学院	院长	教授	九三	
		戴在平	男	196007	信息科学与工程学院		副教授	民革	副主席
		陈颖	女	197201	体育学院		讲师	民盟	常委
丰泽区政协	四届	黄神杰	男	196502	财务处	处长	副教授	民盟	
		林赞生	男	196301	基建处	副处长	副教授	致公	
		李朝明	男	196112	工商管理学院		教授	农工	
厦门市政协	十二届	林碧洲	男	196711	材料科学与工程学院		教授	民盟	
		何纯正	男	196802	后勤与资产处	处长	研究员	中共	
		陈宏东	女	196801	华文学院		讲师	致公	
		孙向英	女	196501	材料科学与工程学院		教授	无党派	常委
		孙汝建	男	195608	文学院	院长	教授	民进	
集美区政协	七届	檀革胜	男	197602	音乐舞蹈学院		讲师	无党派	
		沈剑云	男	197212	机电及自动化学院	副院长	研究员	九三	常委
		黄志宏	男	196907	化工学院		副研究员	民盟	
		陈旋波	男	196802	华文学院	院长	教授	中共	
		马海生	男	196201	音乐舞蹈学院	常务副院长	教授	中共	

现任民主党派中央委员及省、市负责人

序号	党派	姓名	担任职务
1	民革	徐　华	民革泉州市委常委
2	民盟	庄培章	民盟福建省委常委、泉州市委副主委
3	民建	戴仲川	民建福建省委副主委、泉州市委主委
4	民进	张炜煌	民进泉州市委副主委
5	农工党	刘向晖	农工党泉州市委常委
6	九三学社	张认成	九三学社福建省委常委、泉州市委副主委
7	台盟	蔡振翔	台盟中央委员

表彰与奖励

2013~2014 学年学校受各级政府表彰的集体和个人（教师）

一、荣誉集体

序号	奖励名称	获奖集体	授奖单位
1	全国模范职工之家	教育工会	中华全国总工会
2	中国侨界贡献奖	许瑞安创新团队（生物医学学院）	中华全国归国华侨联合会
3	福建省先进基层党组织	机电及自动化学院教工第五支部	中共福建省委
4	福建省高校先进基层党组织	机关第五支部（人事处）	中共福建省委教育工委
5		化工学院党委	
6		经济与金融学院党委	
7	全省理论宣讲先进集体	宣传部	中共福建省委宣传部
8	福建省教育系统"五一先锋岗"	教务处	福建省总工会 福建省教育厅
9		建筑学院建筑学特色专业建设骨干团队	
10	第十一届福建青年五四奖章集体	华侨大学测控技术及仪器研究中心	共青团福建省委 福建省青年联合会
11	2013 年度福建省五四红旗团委	材料科学与工程学院团委	共青团福建省委
12	泉州市先进基层党组织	建筑学院党委	中共泉州市委
13	泉州市事业单位人才高地	华侨大学	中共泉州市委人才工作领导小组

二、荣誉个人

序号	奖励名称	获奖者	所在单位	授奖单位
1	全国五一劳动奖章	徐西鹏	机电及自动化学院	中华全国总工会
2	全国优秀教师	赵冰洁	学生处	教育部
3	福建省优秀党务工作者	陈捷	土木工程学院	中共福建省委
4	福建省优秀共产党员	李泽楼	继续教育学院	中共福建省委
5	全国归侨侨眷先进个人	吕振利	土木工程学院	中华全国归国华侨联合会 国务院侨务办公室
6		陈燕武	数量经济研究院	
7	福建省高校优秀共产党员	王坚	华文学院	中共福建省委教育工委
8		杨默如	工商管理学院	
9	福建省高校优秀党务工作者	黄挺	组织部	中共福建省委教育工委
10		林庆祥	外国语学院	
11	福建省高校优秀思想政治工作者	蔡立强	学生处	中共福建省委教育工委
12		陈雪琴	音乐舞蹈学院	
13	第三届全国高校辅导员职业能力大赛优秀奖	蔡立强	学生处	教育部思想政治工作司
14	第三届福建省高校辅导员职业能力大赛一等奖	蔡立强	学生处	中共福建省委教育工委 福建省教育厅
15	第十二届福建青年科技奖	杨建红	机电及自动化学院	中共福建省委组织部 福建省人力资源和社会保障厅 福建省科学技术厅 福建省科学技术协会
16		崔秀灵	生物医学学院	
17	第二十届福建运盛青年科技奖	黄辉	机电及自动化学院	福建运盛青年基金会
18		杨建红	机电及自动化学院	

二、荣誉个人

序号	奖励名称	获奖者	所在单位	授奖单位
19	泉州市优秀共产党员	杨建红	机电及自动化学院	中共泉州市委
20	泉州市优秀党务工作者	罗 盈	法学院	中共泉州市委
21	优秀驻村干部	李泽楼	继续教育学院	中共南平市委
22		江瑞忠	泉州科学技术与社会发展研究院	南平市人民政府
23	2013年度福建省优秀共青团干部	陈 颖	法学院	共青团福建省委
24	第十一届"福建青年五四奖章"	黄国钦	机电及自动化学院	共青团福建省委 福建省青年联合会
25	厦门地区高校十佳辅导员	吴 楠	化工学院	中共厦门市委 厦门市人民政府
26	厦门市优秀教师	郭子雄	土木工程学院	厦门市教育局 厦门市公务员局
27		孙向英	材料科学与工程学院	
28		韩 军	华文学院	
29	厦门市优秀教育工作者	陈雪琴	音乐舞蹈学院	厦门市教育局 厦门市公务员局
30	厦门地区高校优秀辅导员	吴海毅	学生处	中共厦门市委教育工委 厦门市教育局
31		张晓岚	华文学院	
32		陈明珠	华文学院	
33		胡 璐	材料科学与工程学院	
34	泉州市高校优秀辅导员	宋庆彬	美术学院	中共泉州市委教育工委
35		李 莹	外国语学院	
36		孙娟娟	旅游学院	
37	泉州市高校优秀班主任	郭 丽	经济与金融学院	中共泉州市委教育工委
38		王少春	工商管理学院	
39		孙 娜	外国语学院	
40	2014年度厦门青年五四奖章	徐玉野	土木工程学院	共青团厦门市委员会 厦门市青年联合会
41	厦门市十佳优秀共青团干部	余 桦	机电及自动化学院	共青团厦门市委员会
42	2013年福建省大中专学生志愿暑期"三下乡"社会实践活动先进工作者	谢 俊	学生处	中共福建省委宣传部 中共福建省委文明办 中共福建省委教育工委 福建省教育厅 共青团福建省委 福建省学生联合会
43		何 源	经济与金融学院	
44		张厚方	音乐舞蹈学院	
45		宋益国	计算机科学与技术学院	
46		徐文福	工商管理学院	
47		董艺乐	旅游学院	
48	2012~2013年度全社参政议政工作先进个人	关 键	公管管理学院	九三学社中央委员会

三、成果奖

序号	奖励名称	获奖者	所在单位	授奖单位
1	国家科学技术进步奖二等奖	徐西鹏　黄辉　李远 郭桦　沈剑云　黄国钦	机电及自动化学院	国务院
2	《艕舶滋息》入选《第十届中国艺术节·全国优秀美术作品展览》	姚波	建筑学院	文化部
3	2012~2013 年度全国商务发展研究成果优秀奖	张向前	工商管理学院	商务部
4	2013 年度中国商业联合会科学技术奖（全国商业科技进步一等奖）	董毓利　李升才　张大山 房园园	土木工程学院	中国商业联合会
5	福建省科学技术奖（自然科学奖）三等奖	蒲继雄　陈子阳	信息科学与工程学院	福建省人民政府
6		张光亚（第二） 陈宏文（第三）	化工学院	福建省人民政府
7	福建省科学技术奖（科技进步奖）二等奖	林从谋（华侨大学为第三合作单位）	土木工程学院	福建省人民政府
8	福建省科学技术奖（科技进步奖）三等奖	林从谋（华侨大学为第二合作单位）	土木工程学院	福建省人民政府
9	山东省科学技术奖（科技进步奖）三等奖	郭子雄（华侨大学为第三合作单位）	土木工程学院	山东省人民政府
10	泉州市科学技术奖（科技进步奖）二等奖	李明春　辛梅华 （华侨大学为第二合作单位）	材料科学与工程学院	泉州市人民政府
11	福建省第七届百花文艺奖二等奖	姚波	建筑学院	中共福建省委 福建省人民政府
12		金程斌	美术学院	
13	福建省第十届社会科学优秀成果二等奖（3项）	陈鸿儒	哲学与社会发展学院	福建省人民政府
14		蒋朝君	哲学与社会发展学院	
15		马华祥	文学院	
16	福建省第十届社会科学优秀成果三等奖（16项）	杨楹	哲学与社会发展学院	福建省人民政府
17		李志强	哲学与社会发展学院	
18		周世兴	哲学与社会发展学院	
19		尹晓波	经济与金融学院	
20		肖曙光	经济与金融学院	
21		苏梽芳	经济与金融学院	
22		许斗斗	马克思主义学院	
23		王建设	文学院	
24		吴泽福	工商管理学院	
25		陈金龙	工商管理学院	
26		孙锐	工商管理学院	
27		张潜	工商管理学院	
28		林怀艺	公共管理学院	
29		王四达	公共管理学院	
30		邢尊明	体育学院	
31		游国龙	华侨华人研究院	
32	厦门市第九次社会科学优秀成果一等奖	邢尊明	体育学院	厦门市人民政府

续表

三、成果奖

序号	奖励名称	获奖者	所在单位	授奖单位
33	厦门市第九次社会科学优秀成果二等奖（3项）	李志强	哲学与社会发展学院	厦门市人民政府
34		许斗斗	马克思主义学院	
35		赵昕东	数量经济研究院	
36	厦门市第九次社会科学优秀成果三等奖（6项）	吴鸿雅	马克思主义学院	厦门市人民政府
37		吴苑华	马克思主义学院	
38		曾文婷	马克思主义学院	
39		檀革胜	音乐舞蹈学院	
40		张向前	工商管理学院	
41		陈燕武	数量经济研究院	
42	泉州市第五届社会科学优秀成果一等奖（4项）	刘超	法学院	泉州市人民政府
43		张国安	法学院	
44		吴鸿雅	马克思主义学院	
45		庄锡福	公共管理学院	
46	泉州市第五届社会科学优秀成果二等奖（9项）	赵林海	经济与金融学院	泉州市人民政府
47		张骏	法学院	
48		陈斌彬	法学院	
49		吴苑华	马克思主义学院	
50		孙汝建	文学院	
51		谢朝武	旅游学院	
52		方旭红	旅游学院	
53		关键	公共管理学院	
54		赵昕东 汤丹	数量经济研究院	
55	泉州市第五届社会科学优秀成果三等奖（26项）	薛秀军	哲学与社会发展学院	泉州市人民政府
56		王嘉顺	哲学与社会发展学院	
57		肖曙光	经济与金融学院	
58		李宝良	经济与金融学院	
59		王方玉	法学院	
60		许少波	法学院	
61		马华祥	文学院	
62		黄文溥	外国语学院	
63		孙飞凤	外国语学院	
64		衣长军	工商管理学院	
65		张向前（2项）	工商管理学院	
66		曾繁英	工商管理学院	
67		陈初昇 衣长军	工商管理学院	
68		胡三嫚	工商管理学院	
69		张慧 周春梅	旅游学院	
70		周春梅	旅游学院	
71		叶麒麟	公共管理学院	
72		王四达	公共管理学院	

三、成果奖

序号	奖励名称	获奖者	所在单位	授奖单位
73	泉州市第五届社会科学优秀成果三等奖（26项）	曹文宏	公共管理学院	泉州市人民政府
74		汤兆云	公共管理学院	
75		张赛群	公共管理学院	
76		连朝毅	公共管理学院	
77		庄锡福	公共管理学院	
78		李 勇	华侨华人研究院	
79		项后军	数量经济研究院	
80	泉州市第五届社会科学优秀成果佳作奖（8项）	范正义	哲学与社会发展学院	泉州市人民政府
81		杨少涵	哲学与社会发展学院	
82		陈斌彬	法学院	
83		刘 超	法学院	
84		张国安	法学院	
85		谢朝武	旅游学院	
86		徐 晞	公共管理学院	
87		赵昕东	数量经济研究院	
88	泉州市第五届社会科学优秀成果荣誉奖（14项）	省统战理论研究会非公有制经济理论泉州研究基地课题组（3项）	统战部	泉州市人民政府
89		统战部课题组（5项）	统战部	
90		张向前（6项）	工商管理学院	
91	福建省第七届高等教育教学成果特等奖（2项）	吴季怀 陈国柱 黄建烽 赵冰洁 程一辉 池 进 翁文旋 王 雷	华侨大学	福建省教育厅
92		程一辉 宋振镇 邢尊明 庄志勇 吴桂宁 吴季怀 扈 伟 曲京寅 张佳滨	体育学院	
93	福建省第七届高等教育教学成果一等奖（4项）	黄小萍 陈海蛟 谢友福 潘锡清 郭 琦	外国语学院	
94		郭子雄 张云波 秦 旋 曾志兴 陈 捷 周克民	土木工程学院	
95		黄远水 汪京强 郑向敏 吴贵华 刘建华 李勇泉 侯志强 林美珍	旅游学院	
96		王丽霞 李璐岚 汤兆云 李庭志 关 键 侯志阳 王静珊 王郝京 徐 晞 卓 萍	公共管理学院	

三、成果奖

序号	奖励名称	获奖者	所在单位	授奖单位
97	福建省第七届高等教育教学成果二等奖（15项）	刘向晖	国际学院	福建省教育厅
98		林俊国　李宝良　刘卫红　李凝　徐小君　李进军	经济与金融学院	
99		翁文旋　兰仁迅　许少波　张国安　白晓东　董斌　王方玉	法学院	
100		郭艳梅　索燕华　王建设　徐华　王琰　黄志浩　朱志军	文学院	
101		吴荣　林荣德	数学科学学院	
102		黄建新　宋海洲　谢溪庄　庄锦森　高真圣　康志林　黄川波　李锦成	数学科学学院	
103		荆国华　于瑞莲　许绿丝　胡恭任　周作明　洪俊明	化工学院	
104		冯桂　林其伟　戴在平　黄传明　谭鸽伟　郑灿民　旷建军　徐传忠	信息科学与工程学院	
105		刘塨　费迎庆　姚敏峰　郑剑艺　彭晋媛　洪毅　吴少峰　欧海锋　薛佳薇　姚波　冉茂宇　龙元　陈志宏　郑志　侯艳茹　林翔　胡璟　戴云倩　赖世贤	建筑学院	
106		彭兴黔　陈捷　周克民　曾志兴　郑星有	土木工程学院	
107		张向前　孙锐　曾路　衣长军　林峰　郑文智	工商管理学院	
108		孙锐　衣长军　万文海　郭东强　杨树青　蔡晓　文竞之　徐文福	工商管理学院	
109		陈钦兰　苏朝晖　吕庆华　杨树青　田建春　陈春琴　殷勤　郭惠玲　陈慧冰　殷赣新　李晓龙　贾微微　陈小燕　周飞　王智生	工商管理学院	
110		陈金华　黄远水　谢朝武　李洪波　叶新才　黄安民　黄建军	旅游学院	
111		黄远水	旅游学院	

续表

三、成果奖

序号	奖励名称	获奖者	所在单位	授奖单位
112	第二届全省高校青年教师教学竞赛二等奖（人文社会科学）	杨默如	工商管理学院	福建省总工会 福建省教育厅
113	第二届全省高校青年教师教学竞赛二等奖（自然科学基础学科）	韩 雪	数学科学学院	
114	第二届全省高校青年教师教学竞赛三等奖（自然科学应用学科）	王 霏	机电及自动化学院	
115	党的十八大精神进高校思想政治理论课"四个一百"二等奖（优秀教案）	林国全	马克思主义学院	中共福建省委教育工委 福建省教育厅
116	党的十八大精神进高校思想政治理论课"四个一百"三等奖（优秀教案）	赵 琰	马克思主义学院	
117	党的十八大精神进高校思想政治理论课"四个一百"二等奖（优秀课件）	林怀艺	公管管理学院	
118		林国全	马克思主义学院	
119	党的十八大精神进高校思想政治理论课"四个一百"三等奖（优秀课件）	魏 丹	马克思主义学院	
120	党的十八大精神进高校思想政治理论课"四个一百"优秀奖（优秀课件）	刘 翠	马克思主义学院	
121		孙琼如	马克思主义学院	
122		袁张帆	马克思主义学院	
123		曾庆玲	马克思主义学院	
124	党的十八大精神进高校思想政治理论课"四个一百"二等奖（优秀论文）	林怀艺	公管管理学院	
125	党的十八大精神进高校思想政治理论课"四个一百"三等奖（优秀论文）	赵 威	马克思主义学院	
126	党的十八大精神进高校思想政治理论课"四个一百"优秀奖（优秀论文）	王 辉	马克思主义学院	
127		林国全	马克思主义学院	
128	党的十八大精神进高校思想政治理论课"四个一百"一等奖（精彩一课）	林怀艺	公管管理学院	
129	党的十八大精神进高校思想政治理论课"四个一百"三等奖（精彩一课）	刘 翠	马克思主义学院	
130	首届福建省高校创业指导课程教学大赛二等奖	郑星有	土木工程学院	福建省教育厅

四、人才项目

序号	人才项目名称	入选者	所在单位	授予单位
1	第四批"外专千人计划"	Philipp Kapranov（菲利普·卡帕诺夫）	生物医学学院	国家外国专家局
2	2014年国家高端外国专家（文教类）项目	Ramin Sedaghati（如明·萨德加蒂）	机电及自动化学院	国家外国专家局
3		Sabino Chavez Cerda（萨宾纳·查维斯·塞尔达）	信息科学与工程学院	国家外国专家局
4	教育部新世纪优秀人才支持计划	许培源	经济与金融学院	教育部
5	2013年度旅游业青年专家培养计划	谢朝武	旅游学院	国家旅游局办公室
6		林美珍		
7	福建省第三批引进高层次创业创新人才（"百人计划"）	苏春翌	机电及自动化学院	中共福建省委人才工作领导小组
8		宋秋玲	化工学院	
9	2013年度福建省高校领军人才	徐西鹏	机电及自动化学院	中共福建省委教育工委
10		苏春翌		
11	闽江学者特聘教授	杨帆	机电及自动化学院	福建省教育厅
12		董泽	信息科学与工程学院	
13	闽江学者讲座教授	陈炤彰	机电及自动化学院	福建省教育厅
14		殷澍	材料科学与工程学院	
15		黄永峰	计算机科学与技术学院	
16		池宏	公共管理学院	
17	2014年度福建省高等学校新世纪优秀人才支持计划	冯兵	哲学与社会发展学院	福建省教育厅
18		李宝良	经济与金融学院	
19		林添良	机电及自动化学院	
20		范乐庆	材料科学与工程学院	
21		欧聪杰	信息科学与工程学院	
22		陈永红	计算机科学与技术学院	
23		陈誉	土木工程学院	
24		刘源岗	化工学院	
25		王怀谦	工学院	
26		郑文智	工商管理学院	
27		连朝毅	公共管理学院	
28		邢尊明	体育学院	
29		胡国鹏	体育学院	
30		李勇	华侨华人研究院	

四、人才项目

序号	人才项目名称	入选者	所在单位	授予单位
31	2014 年度福建省高校杰出青年科研人才培育计划	朱　轶	经济与金融学院	福建省教育厅
32		刘　超	法学院	
33		孙琼如	马克思主义学院	
34		姜　峰	机电及自动化学院	
35		林志立	信息科学与工程学院	
36		李　飞	土木工程学院	
37		易立涛	化工学院	
38		程国林	生物医学学院	
39		李海林	工商管理学院	
40	泉州市桐江学者特聘教授	杨　楹	哲学与社会发展学院	泉州市人民政府
41		胡日东	经济与金融学院	
42		郭子雄	土木工程学院	
43	2013 年度泉州市哲学社会科学领军人才	刘向晖	国际学院	中共泉州市委人才工作领导小组
44		张向前	工商管理学院	
45		林怀艺	公共管理学院	
46		汤兆云	公共管理学院	
47		赵昕东	数量经济研究院	
48	2013 年度泉州市科技创新领军人才	肖美添	化工学院	中共泉州市委人才工作领导小组
49	2013 年度泉州市引进高层次创业创新人才	杨　帆	机电及自动化学院	中共泉州市委人才工作领导小组
50		王　可	信息科学与工程学院	
51		崔秀灵	生物医学学院	
52	2013 年度泉州市高端海洋人才引进资助项目	李明春	材料科学与工程学院	中共泉州市委人才工作领导小组

【2014 年学校表彰的集体和个人（教师）】

一　2012~2014 学年华侨大学优秀教师名单

哲学与社会发展学院：魏燕侠

经济与金融学院：李宝良　赵林海　朱　轶

法学院：刘　超　陈斯彬

马克思主义学院：孙琼如

文学院：马华祥　刘文辉　蒋晓光

华文学院：刘　甜　沈　玲　李金钞

外国语学院：杜志卿　孙飞凤　薛雅明　陈海蛟　杨敏敏　沈淑霞

美术学院：贺茂红　梅　琳　赵　鹏

音乐舞蹈学院：王　岩　杨曦婷

数学科学学院：黄春棋　肖占魁　高真圣　吴丽华

机电及自动化学院：路　平　段　念　崔长彩　林添良　黄国钦

材料科学与工程学院：李明春　肖聪明　范乐庆

信息科学与工程学院：张　海　郭新华　邱伟彬　林其伟　欧聪杰　彭盛亮

计算机科学与技术学院：王　靖　田　晖　郑　光　钟必能

建筑学院：成　丽　薛佳薇　杨思声　郑剑艺

土木工程学院：刘　阳　沈春花　林从谋　祁神军

化工学院：陈爱政　张光亚　刘源岗

生物医学学院：邱　飞

工学院：王佳斌

工商管理学院：郑文智　杨默如　林春培　苏朝晖

旅游学院：周春梅

公共管理学院：张钟鑫　曹文宏

体育学院：庄昔聪　扈　伟

华侨华人研究院：刘文正

附属中学：于敦孝

二　2012~2014 学年华侨大学优秀教育工作者名单

校长办公室/党委办公室：李作杰　徐冠岳

发展规划处：贺　芬

人事处：王　轲

教务处：李金杰

招生处：蔡锦钟

科学技术研究处：李　鹏

保卫处：陈建志

宣传部：朱红梅

统战部：刘　杰

后勤与资产管理处：李　强　林雅芳

资产经营有限公司：吴　建

基建处：詹志博

离退休工作处：刘朝民

经济与金融学院：孙君芳

法学院：罗　盈

文学院：涂淑萍

华文学院：宋建英

外国语学院：李　莹

音乐舞蹈学院：任秀珍

数学科学学院：陶　娟

材料科学与工程学院：雷水清

信息科学与工程学院：吕　蓬

建筑学院：王　黎

土木工程学院：邓　娟

化工学院：林碧丹

工学院：杨应强

工商管理学院：蔡　晓

旅游学院：董艺乐

2014 年获奖学生名单及各类奖学金获奖学生名单

博士研究生国家奖学金（9 人）

哲学与社会发展学院：韩　昀

经济与金融学院：钱明辉　陈　平

机电及自动化学院：杨　凯

材料科学与工程学院：涂用广

生物医学学院：沈金海

工商管理学院：罗兴鹏

旅游学院：邹永广

公共管理学院：杨柳夏

硕士研究生国家奖学金（70 人）

哲学与社会发展学院：赵　栋　郑佳佳

经济与金融学院：何　凯　武志勇　陈　超　黄宏运

法学院：陶　磊　林　璐　王华永　王言言　张信良　张晟玮

马克思主义学院：胡　倩

文学院：刘迎迎　刘金英

华文学院：张莱宴

外国语学院：赵歆怡

数学科学学院：鲍　慧

机电及自动化学院：石茂林　王立鹏　高艳艳　王　宇　莫小琴　宋慧延　叶月影

材料科学与工程学院：

阙兰芳　王建鹏　袁　霞　林艺冰　林少芬　林　淦　高　源

信息科学与工程学院：何　西　李　冬　许东旭　孙存志　赵　静　甘汝婷

计算机科学与技术学院：吕　兵　方　圆　侯　峰　王巧玉

建筑学院：陈溢晨　李艳蕾　徐　欢　陈珊珊　朱　俊

土木工程学院：武　豪　何　强　施维娟　王玉芳　冯亚辉

化工学院：冯　强　周明欣　沈婷婷　唐　娜　宋湖凡　刘小龙

生物医学学院：冯亚栋　陈　阳　李　琼

工商管理学院：李春浩　杨　敏　关超元

旅游学院：郝　飞　冯晓兵

公共管理学院：张憬玄　黄殷殷

华侨华人研究院：陈景峰

数量经济研究院：汪　勇

国家奖学金（202人）

国际学院：姜兆秋

哲学与社会发展学院：蔡婷婷

经济与金融学院：

王楚云　刘博伟　曾蕙蒙　郝凯丽　傅一铮　姚守宇　郑璧君　钟玲玲　蔡楒捷
陈昆志　陆佳强　林嘉彬　吴晓鹏　刘文颖　马远方　杨倩倩

法学院：贺　昊　朱俊琪　马　桢　程玲玲　林天浴　王燕婷　郑凯思　黄妃珍

文学院：

蔡燕虹　钱晓筱　车纯纯　李秋萍　魏玉洁　肖洁心　李　露　李　雪　丁锦红

华文学院：杨菁雨　何　霄　王　涛　许　威

外国语学院：赖舒萍　李小凡　马　骎　宗雪莲　唐紫薇　彭晟琦　周琼英

美术学院：刘郊阳　季缘倩　易　林　何梅萍　张茜茜　逯金燕　张　宇　李一菲

音乐舞蹈学院：卢　玉　逯　晴　李　瑶

数学科学学院：贾晨阳　林丽芳　陈　文

机电及自动化学院：

陈　灿　马文俊　朱之灿　王艳丽　桑强强　干晓咪　张　涛　林莹超　戴丽风
郑靖重　李傲傲　李彦坤　丁　乙　杨栖凤　朱　彬　刘志杰　李海燕　刘小銮

程文丽

材料科学与工程学院：

姜　瑾　郑　宣　梁玉玲　王　康　周飞飞　林雪真　许海波　肖美娜　吴茜茜
廖华珍

信息科学与工程学院：

郭彬彬　连海洋　刘　莹　杨克勤　杨　洋　沈栋辉　洪振明　钱　幸　吴珊珊
赖雪琳　侯　璞　刘　莉　陈培宗　陈煌图　庄恒泉　王雨璐　张智硕　陈奇龙
杨　娇　万里鹏

计算机科学与技术学院：

卢　瑶　曾梅琴　丁候文　李　斌　黄　丽　王静雯　吴佳萍　陈振煌　林雅婷
王远洋　柴周燕

建筑学院： 谢林君　郑　珩　吴宇彤　王　楠　林灿封　曹朝华　陆俊衡

土木工程学院：

刘　敏　陈艺萍　朱羽凌　邓蓉欣　刘佳妮　傅权宏　刘　畅　余欣欣　吴思婷
许翔健　蔡依煌　花文文　陈嘉清　向未林　姚雨佳　李　欣

化工学院：

郭丽丹　邓金凤　李林芳　李小坤　龙红梅　徐文强　侯　敏　张　倩　喻　珊
陈　芳　蒋秋琪　李　婧

生物医学学院： 于　茜

工学院： 李熙泽　刘　波　陈　月　康佳静　孙　林　葛钊成

工商管理学院：

陈珠霞　赵　薇　林巧妮　徐秋露　魏邓浩　黄丽虹　黄哲人　武　霞　王蒙怡
卓秋莲　胡珮姗　魏林平　林巧云　金　珍　陈凤钦　胡　寥　姚　瑾　陈志腾
宋淑婷　谢　磊　谭皓月

旅游学院：

吴新芳　周小曼　聂凯敏　陈铎森　林佳青　黄小惠　郝诗雨　何美玲　徐凯伦

公共管理学院： 夏　倩　杨谨瑷　范　琴　彭　佳　李佳乐　张玉戎

体育学院： 李秋滢　张蝶蝶

厦门工程技术学院： 詹彬立　叶先进

国家励志奖学金（686人）

国际学院： 许　潇

哲学与社会发展学院： 崔雨晴　许雪晖　姚秀清　何　柳

经济与金融学院：

王 素	皮银权	高桂凤	毛倩倩	陈冬梅	胡素雅	刘雨婷	张莉花	刘 慧
滕 芬	庄书罕	曾素梅	赵克君	张艺娟	张 毅	崔雯丽	江千纤	陈丽梅
郭 璇	詹颖芳	陈秋桢	缑婵娟	毕小慧	王 建	潘 媚	史福双	林穗梅
郭雪娇	于思远	占朵英	吴丽红	李 亚	刘芳婷	邱雪蓉	邓淑珍	黄彩娟
吴碧琴	洪丹云	封金梅	杨倩倩	陈 瑶	袁梦雨	戚杨慧	马 宇	申常敏
张馨月	张 青	张 倩	马小香	林山梅	曹绍朋	陈媚媚	罗 妮	张永华
刘 逸	江 莉							

法学院：

胡楼军	文亚庆	黄梦娇	朱 玲	谭美玲	吴焱斌	陈燕琴	郑新贤	徐彦雅
张晓红	韦学高	文永春	魏凤英	张玲月	吴艳玲	夏伟光	许瑶梅	刘寒莲
孙梦文	奚兰带	韩 斯	周丽华	吴珍妮	林毓平	王毛毛	陈晓埼	潘丹婷

文学院：

王艳萍	郑红燕	程 静	胡洁恩	杨 文	姚雪怡	林绍敏	李敏敏	王若邻
周 颖	林若男	陶 稳	王春霞	尹伟欣	许青青	肖 霞	范彦雯	刘燕秋
邓立威	杜晓轩	吴招华	李平成	周玉婷	林倪颖	周 玥	谭莹莹	黄倩倩
王 强	王淑艳	夏天芬						

华文学院：

苏小迪	陈爱清	宋研硕	彭润芯	王营营	杜凤娇	田 璐	许成成	张 健
周元勋	莫贵莹	柳宛伶	郭梅晶					

外国语学院：

游 瑶	袁冬梅	张 莹	于儒恒	龚 君	彭 颖	杨齐咏	徐凤女	颜 颖
马文欣	陈 婷	谢小慧	吴 鑫	李丽梅	王丽婷	李佳南	刘 俊	张丽萍
赵咏梅	涂莉娜	唐彩叶	姜双英					

美术学院：

李 锐	王 刚	纪德慧	李晨曦	李亚伟	沈东妮	孙晓雪	王 贵	高晨阳
邓鑫淼	司艳君	宁 玺	任化龙	韩立欣	郭二战	刘亚青	张秀园	黄 毅
尚刘阳	刘 洋	冯林林	王 亮	谭顺心	王 超	林建伟	陈 健	公 宏

音乐舞蹈学院：成 凤 段青青 董少雅 刘玉洁 蔡昆坤 秦佩佩 岳家荣

数学科学学院：

李红叶	陈嘉琪	杨 欢	王琴媛	彭 燕	王雪梅	蔡晓东	林炳星	莫美凤
符翠玉	王丹妮							

机电及自动化学院：

崔倩倩	白 桓	白晓煜	任正聪	林德昭	黄艺伟	魏唐民	徐佳禄	张京玉

冯作居　王志林　谢镇南　谷宇宸　王倩倩　潘晓倩　杨孟晓　吕　丹　瞿建峰
叶舒婷　李书龙　徐俊峰　刘圣煌　陈　常　罗　勇　牟相霖　周圣焱　王东阳
马　蒙　皮成祥　李秋剑　吉　欢　涂芊宝　李暮媛　徐卫潘　闫晓刚　郭丛威
翟焕焕　余昌润　姚泽克　李志华　陈剑彬　魏　鑫　王财福　夏　冬　刘成强
张　颖　林国强　王婷婷　黄媛媛　梁建伟　徐佳丽　杨　莉　廖秋云　宋廷伟
韩联进　孙佳森　余月萍　连振良　杨丽琴　杨火木　刘　鹏　张　飞　黄小芮
王福强

材料科学与工程学院：

苏东洋　郑喜煌　钟孚瑶　吴　丹　杨　城　孟小庆　兰金宏　郑　杰　岳　园
李才亮　胡海燕　肖　萍　宋万椿　张梅兰　叶旭旭　蓝邦伟　张泽宇　曾燊燊
陈小花　何　梅　高嘉敏　党雪芳　朱晴辉　周雪梅　戴柳榕　吴　倩　陈小芳
朱皖皖　吕林果　彭良溢　张忠心　闫　丽　林耿业　高　凯

信息科学与工程学院：

曾富珍　梁　瑞　杨洪财　李正一　王梓萌　肖怀英　谷　旻　唐灿城　颜智梁
刘凯婷　杨　印　何飞龙　黄能跃　何倩文　毛　晨　马孟园　贺　鑫　范　敏
陈进禹　高伟男　陈　瑜　李招灵　王亚宏　林春霞　吴思奇　谭玉莲　廖长远
王　康　黄崇炼　田朋珍　丁艳军　陈秀平　苏根法　廖伟伟　关慧春　胡威旺
吴丽坤　王嘉宇　王　珏　周　炜　石惠芳　袁　勇　赫杨旭　刘　恒　林梦林
张兴棉　吴建谷　葛　坤　黄百超　李　章　黄庆发　马服银　陈志明　林起森
李杨烨　林福康　陈善运　巫梅琴　杨柳娟　庄煌斌　刘兵伟　黄炳祥　任　艳
郑实益　林炳福　刘高超　陈国晏

计算机科学与技术学院：

陆　瑶　任昆鹏　马伟华　熊英杰　李文付　贾建行　张郭璐　张雪晴　许江泽
黄　荣　杨坤华　刘尚仁　梁玉珠　胡　硕　蔡惠琼　严世亮　王晓晴　郑　怡
郑庆锁　黄明发　许先莉　林启元　李少楠　黄婉婉　范永玲　陈　敏　马　贺
左康梅　周　丁　陈芳芳　谢　珊　宋增林　赵竹珺　黄华烽　何锦琨　刘　群
刘慧敏　黎洪菱

建筑学院：

陈　冲　郑欣杰　郑智华　巫泽琳　王光明　蔚海涛　王培臣　唐思思　潘锦津
吴凡星　刘　洋　何成焰　张　方　王兆光　姚　瑶　徐晶晶　宋冬冬　王云华
孙　鹏　孙　宇　樊　英　陈超阶　陈炳强　陈文波

土木工程学院：

杨　灯　敖涵婷　杨　帅　潘仁杰　郑　倩　周志鹏　温铭玉　毕小超　常海林
陈永梅　覃华清　任　浩　王　宁　丁　宁　陈　怡　何锦芳　陈　静　魏凡博

符婉靖　庄小强　杨　梦　蒙罗屹　叶　安　王雨田　刘凯奇　刘　水　郭少丹
刘　喆　张旭钦　杨文侠　王文君　张　毅　杨　帆　张国杭　张梦佳　黄福丹
黄伟宏　张伟建　蔡浩烁　鲍丹红　林萍云　林慧龙　戴丹丹　王锦芬　甘国强
应思桦　彭　博　章志贤　吴升明　闫银龙　陈徐霞　焦瑞娜　张　涛　张　鸿
张俊涛　吕崇辉

化工学院：

年娜娜　陈月华　杨家金　刘正华　景润润　吴德应　石文志　岑汶婕　许　敏
张茜茜　吴丽颖　罗　丹　兰晓玲　王志敏　王亚楠　贺晔旺　刘玲志　邱纯玉
周彩英　陶鑫灵　廖　芮　高晓炜　周晓满　李园园　郭　瑞　彭　蕾　王　義
宋　飞　唐　霞　林燕燕　金佳丽　陈　彬　王　涛　贾　蕊　王焕转　李昌勇
张　岩　卢艺娟　谢艳香　陈文丹　李惠惠　陈　莉

生物医学学院： 陈　俊　黄娅敏　孙静华

工学院：

邓丽君　陈文婷　吴铭杰　郑瑞祺　刘思远　赖梦清　林艳菊　李建兴　刘雨妍
刘宝珍　俞梅娟　黄海燕　李建鹏　王　静　张惠忠　杨文驰　谢扬帆　王招华
杨　军

工商管理学院：

王淑祯　鄢雅安　钟　莉　朱映霞　王文斌　吴　娜　高嘉程　郭雨思芬
陈艳红　陈俊鸿　刘鑫宇　李永朋　郭凤敏　周慧敏　王　晨　马艳虹　苏培珍
宋梓瑞　饶俊文　曾诗鸿　黄林冰　曹韶华　朱惠玲　许振雪　钟惠玲　李琳琳
滕蒙雪　蒋丹丹　刘　洋　李增丽　王凯丽　黄华玲　曾　媛　余　芳　陈黎娟
陈　语　王　颖　刘海星　许素清　罗韶华　潘　建　黄素红　宋燕燕　游茜澜
侯延青　崔超岭　段　姿　朱丽莹　谢美兰　宋吉祥　叶　茜　陈　楠　张小英
陈武略　崔志超　付兴尧　潘素丹　林培迎　王园园　裴家文　叶缪娟　徐　姣
周也力　杜金龙　李　节　王　娟　吴亚芬　蓝冬梅　王　业　杨巧新　颜如冰

旅游学院：

黄慧铭　黄敏惠　马丹丹　宋凌博　吴志颖　韩林燕　吴炎针　徐　慧　陈　帅
李　贤　沈秀端　许慧娟　周剑梅　甘　雄　李　利　杨　恒　狄倩文　刘婧玥
苏陈送　黄　倩　宋金玲　童娇娇　陈惠琴　陈舒雅　林丽华　明　丽　谢筠璐
廖丽琴　魏　炜　曾李瑶

公共管理学院：

刘　鹏　许彩霞　丁晨阳　冉鲜艳　薛璐璐　冬　晴　徐　鹤　徐　松　陈秋霞
刘秋芳　吴　帅　李　景　余慈娇　赵金金　唐亚娃　张　敏　肖观女　何　彬
周彬玉　林燕萍　冯　悦

体育学院：朱子平　代　云　龙春艳　钟　帅　薄纯磊　郑尔昌　苏珊珊

厦门工程技术学院：

赖锦丽　吴周委　吴章生　张婷婷　李子凡　姚海珠　林　萍　陈孝灿　黄凤丽
郑云芳　曾勇全　陈阿津

华侨大学本专科学生奖学金

校一等奖（384 人）

国际学院：徐丹蕾　董恩廷

哲学与社会发展学院：肖　瑶　董玉知　卢晓燕　何豪贤

经济与金融学院：

邓敏云　钟林楠　易礼林　何靖雯　周　捷　杨晶华　沈小力　郑菁妍　刘婷婷
蔡晓鹊　张翔飞　冯卓婷

法学院：

陈　绚　张鲁梅　刘斯慧　张　倬　艾　武　吴　涵　王艳平　庞雨晴　刘　媛
康　瑞　陈　燕　陈晓燕　陈怡铭

文学院：

于金田　黄思颖　王雪婷　李欣芮　赵清彬　张睿骞　罗伟华　周　鑫　张嘉慧
王海燕　杨细芬　杨婉婷　李晓琳　黄希明　张　彤

华文学院：张子申　黄　娣　赵天骄　陈紫琦　徐心瑶　杨晶晶

外国语学院：何佳敏　易再林　张结雨　禹露萍　覃韵筠　陈　琪　江秋月

美术学院：

康智媛　黄毓玲　刘怡君　邓亚伟　程　婧　张雪峰　杨　晶　李东芹　傅珈羽
卢之玲　王　婧　程梦玲　丁晓文　周淑端　谭凯婷　何芍莹　邓蔼雯

音乐舞蹈学院：刘　慧　孙斐然　钱雅莉

数学科学学院：

胡至平　叶盈春　汤梦吉　杨林颖　田茂宏　周思芸　唐晓燕　王　磊　王　洁
黄艺芳　郑　楠　洪　伟

机电及自动化学院：

孙　健　黄　河　张亮涛　蒋彬彬　黄为锴　高　彬　赵宏涛　李云梅　王春雷
张　于　蒋诣莹　张译秋　丁育伟　杨晓丹　陈逸靖　王启航　刘玉霖　蒲文东
陈美凤　苏泽辉　张岳文　李志艺　宁　萍　高永华　陈依然　邢阳光　王文琪
马倩雯　陈松晔　王　浩　杜士卿　曾祥莉　孙永炜　吴吉鹏　沈依婷　杨　希
钟日强　蔡宇航　闫　婧　胡晓芸

材料科学与工程学院：

李明澈	杨　文	李丹阳	龚曼菲	郭晓芸	黄红萍	陈伟东	曾镇华	曾　腾
徐小尘	许雄彬	汪　韬	沈熠舒	刘权镇	林夏洁	陈怡姿	郑涵斗	刘　佳
崇　山	杜怡恬							

信息科学与工程学院：

陈晓芬	杨惠敏	陈安怡	蔡　慧	陈　峰	夏　璐	李　雪	鄢　昇	李靖坤
黄　琳	向兴礼	刘玉德	陈艳清	傅金源	邹宇林	李全稷	李文睿	姜清澜
康雪文	李自展	黄丹玲	何　娟	方　倩	何邦鹏	林飞霞	陈惠芬	刘　昊
罗怀菊	曾明敏	尚　睿	郭志和	陈夏丽	田学成	谢晓倩	徐　剑	廖　涵
郑　元	宫子惠	吴仕杰	皮浩辰	沈瑞莉	朱芬芳	林浩泉		

计算机科学与技术学院：

段雨萌	许童童	拓　印	薛奕爽	洪忠福	吴灵辉	田　源	甄卓然	张　宁
吴志花	张焕评	王君昭	朱佳慧	侯超群	黄杰尉	杨　丽	徐文菲	朱虹宏
张雨竹	黄燕瑜	陶琼星	陈　玲	黄　明	李偲媛	梁豪辉		

建筑学院：

廖雅兰	薛丽娟	潘炫谚	陈亦琳	马诗琪	黄冰冰	柏甜甜	毕静怡	陈　熙
郑千惠	陈妮妮	汤佩佩	纪晓嵩	林孟蓉	毛　英	何　敏	余秀珍	李　杭
刘冠伶	卓逸诗	邱思维						

土木工程学院：

陈箫寒	梁子龙	许家庆	唐佳妮	张　妍	钟　敬	郭小燕	刘　慧	杨娜菲
颜　妍	陈　颂	谢冰冰	陈葆心	陈　希	林乔宇	谈金鑫	吴中汉	李东升
乔　任	陈思思	张梦琪	叶运隆	董舒依	王旭森	陆昭阳	陈博海	张波阳
黄晓芬	杨　阳	林晴晴	杨嘉俐	陈　萌	陆秋宏	林文敏	王亚琼	陈鲲翔
陈善文	劳智浩							

化工学院：

王晓慧	苑雪晴	刘琳娜	周柳慧	姚谦豪	范雨馨	查君喆	李腾腾	罗倩羽
吴小灵	胡　璇	杨苗娥	虞巧婕	林荣义	金薇薇	冯媛媛	陈　曦	席巾程
林　清	李金倩	刘致延	陈家琛	张　驰	和东泽	廖红月	杨慧珊	

生物医学学院： 沈　丹　胡文雅

工学院： 梁　宵　杨华裕　杨　楠　韩梦婕　范文仕　吴瀚煜

工商管理学院：

江　苇	曾怡靓	林婷婷	宋　婕	尤磊磊	吴丹琳	王　力	何　君	李宥鋆
龙　婷	黄丽文	孟紫雯	吴静惠	许伟琳	代毓芳	洪蓉蓉	黄艺珊	卢瑞秀
汤丽娟	吴璇璇	张　瑶	高颖怡	蔡素敏	邵琳琳	陈蓉萍	魏　苗	陈心怡

陈先辉　钱惠娜　谢锦洲　杨欣慧　李牧遥　张诗航　徐永情　孙明蕾　许静婷
沈小乐　吴阳斌　潘氏香江　黄婉妮　危雪莹　袁楚苑

旅游学院： 连　妙　赵　萌　刘静雅　郑璐璐　谢　鸥　徐子聰

公共管理学院：

陈怡萍　陈朱曦　蔡蓓蕾　齐婧文　揭由敏　武亚静　赵　欢　朱彩菊　李维康

体育学院： 陈　曦　王燕茹　周焕金　吴晓彤

厦门工程技术学院：

赖燕兰　蔡尧鑫　张建设　林灿章　王培强　黄焕庄　陈进勇　蔡月桂　詹富兴
林　枫　汤海明

<h2 style="text-align:center">校二等奖（464人）</h2>

国际学院： 陈凤佳　何　欢

哲学与社会发展学院： 段慧清　王玥晨

经济与金融学院：

朱金芸　张子琪　黎淑珍　黄天恺　洪安娜　陈　韬　林希纯　李方晓　曹宇航
沈肖婷　吴雅玲　郭小丽　陈幼珠　余宁宁　林　昕　牛　楠　刘佳鑫　罗雨晴
胡定媛　张　新　沈　晨　徐卉真　蔡欣蓉　李谨妍　张萌萌　吴静雯　李佳霖
黄炜炜　凌　瑜　龙维康　檀梦淳　周燕燕　谭静娥　姚一帆　肖钧丹　刘　利
葛大壮　龚　榕　万雨寒　李　欣　张远洪　肖　兰　郭惠红　王艺霏　林千叶
林　韬　李　琦　唐一仙　邹　敏　马靓仪　曹雪菲　刘少伟　张灵福　莫君珊
何晓如君　宋莉莉　谭颖诗　张　莹　钟慧玲　刘雪娟　唐佩诗　杨泽思　唐独如
邱凯仁　林欣然　林婷燕

法学院：

陈佳敏　康文雅　贺雯雯　田　艺　周念琪　陈晓菲　李晓兰　李泽宇　赵梦蝶
黄婷婷　李　琦　王丹凝　任晶瑶　庄璐瑜　杨祥瑞　辜凌云　李明阳　乔雨轩

文学院：

乔佳宁　张　玲　王　美　平婉露　彭晓莹　刘雪莹　廖偲嘉　刘晋娅　胡栩浩
韩筱涵　赵梦倩　纪　璇　段培越　乌宁吉乐　卞亚敏　马浩歌　张新宇　张晓雯
盛忠翰

华文学院：

段又挺　李安娜　康清宇　冯馨阅　徐　昕　庄舒然　杨静苹　李安祺　陶熠娜
孟　玥　李林娟　武清平　彭莉善　那青青　叶慧卿　林小同　陈情雯　李娴欢
苏诗婷　黎玟君　游莉端　洪凤美　汉氏秋清

外国语学院：

沈晓云　吴晓怡　杨子泠　周　岳　刘　文　汤锦华　胡　倬　杨梦婷　项成博
彭　辰　卢莹莹　易　琳　柯春梅　林菁颖　高静宇　邢　梦　曾宇宸　曹佳慧
陈婧囡

美术学院：

宋　辉　李　优　孙少博　林　海　戴彬枫　黄美亚　刘秋丽　林　洁　李小红
张燕燕　韩成骏　陈　彦　黄匡文　柯细娥　张酉帆　杜诗羽　李凤娇　蔡翠怡
李淑娟

音乐舞蹈学院： 周　菁　吴　云　庄青青　李　贞　侯子涵　刘　璇　陈婷钰

数学科学学院： 吴永兰

机电及自动化学院：

潘　静　劳华轩　陈圳伟　刁　鹏　王　尧　梁金城　蔡忆湄　任路平　黄巧玲
李艳芳　邓昭林　汤　悦　黄建利　郑前煜　蔡佳劲　陈志新　林兴木　刘会豪
秦金磊　姜子轩　段仪梓　赵姣健　陈思佳　杨　沁　郭雪媛　陈清清　苏晓君
李秀秀　梁笑雨　金乐佳　李晓露　刘　畅

材料科学与工程学院：

黄文静　廖　楠　王雅舒　杨日龙　刘　磊　张煌珊　牟　君　李　晓　孙志远
白　雪　崔　浩　程章元　孙梦茹　郑振川　李开艳　边康杰　孙玖陌

信息科学与工程学院：

刘　康　林锦丽　耿秋月　顾礼书　刘煦杰　娄承圭　林婷婷　戴硕威　陈圳达
林祺瑶　刘思远　房　帅　洪剑锋　林红潇　蒋彩钰　陈奋裕　蔡慧娴　唐桂花
毛佳丽　纪佳位　许城华　冯少义　陈兴超　李佳欣　池炜斑　苏珊珊　江　璐
李忠旺　王　雪　李扬征　刘彦秀　黄章林　丁　爽

计算机科学与技术学院：

薛　清　郭　欣　周泽亮　侯逸仙　李　瑞　陈　拳　郭福眼　周宜佳　徐　勤
邓玉婧　郑程安　章依昕　艾志平　徐梦婷　高美琪　李　燕　葛文韦　高　昕
张超阳

建筑学院：

唐　璐　王盈力　张博雅　郑闻天　林义慧　王樱潞　王睿智　俞心恬　张玉珠
王欣远　叶芳吕　张　睿　韩文仪　林浩文　陈温杰　苏婉婷

土木工程学院：

朱　琪　戴雪敏　李　瑞　高　宇　李益明　毛蒙瑶　杨海荣　邵杭飒　赵文琪
汪晶钦　陈　宇　饶勇平　吉　亭　刘晓菲　邱福广　熊　枫　钟计成　谢俏杰
付淼磊　苏云萍　彭　丹　王　琛　饶武斌　吴旭彬　黄伟圣　郑启宇　邱豪侨

化工学院：

郑国庆　王　奇　吴斯斯　阳　生　劳方园　林鹤鸣　杨　杞　郭小华　赵天琪
张聪聪　黄健华　李巧君　吴梦怡　王梦茹　金　璐　徐雯意　项舒婷　李诗颖
王　滴　成美玲　陈祖清　陈燕彬

生物医学学院： 雷心雨　王蔚菲

工学院：

富新辉　黄梓含　蒋应杰　杨潫璐　韩　帅　林坤辉　朱钰娆　黄　璇　靳佳佳
王子坤　梁威涛　文　雅　钟慧玲　陈雪冰　赵睿稚

工商管理学院：

郭唯琳　黄博琛　庄锦英　任　晖　林吉真　潘小玲　高倩倩　赵人慧　兰珠英
王　宁　郭浩楠　唐秋萍　李洪方　蔡　彧　柯娜茵　叶苾茵　王　焰　蔡燕晋
黄路然　李　谢　刘　茵　盛小丹　肖丽珍　吴　娱　张玲鸿　周欣彤　林　丹
林珏颖　张萍萍　杨晓京　贺　澜　蔡文莉　何梦美　莫丽丹　苏思月　叶艺龙
黄春凤　洪鑫鑫　颜雪驰　施怡方　林　烨　熊　玮　李力宇　李　玉　林语芊
李淑香　童港瑜

旅游学院：

严得英　杨晓琼　李　佳　李　梦　杨　晶　梅博文　黄　冠　叶　莎　施志璐
吴云燕　杨　祎　郑自若　李梦君　陈清清　刘紫嫣　徐金坤　赖红香　王林林
韩燕燕　上官余家　毛茜茜　陈　晗　石晨希　王海滢　丁振鹏　李金灵　余　友
黄珊婷　唐诗晨　郑仕伟　庞小娟　梁玉定　林宝欣

公共管理学院：

徐佳妮　严咏茵　孙亮亮　姚云云　徐　可　叶雅彬　翁艺丰　陆飞定　孔雯霞
邓　颖　陈　君　蔡向阳　郑敏茹

体育学院： 王　壮　黄义蓉　韩志华

厦门工程技术学院：

邱信榕　邱珍莲　宋玉凤　汤春华　吴竞贤　魏桃林　张美玲　欧燕萍　黄萍萍

华侨大学研究生奖学金

校一等奖（51人）

哲学与社会发展学院： 吴慧颖　万小清

经济与金融学院： 郭　丹　林　瑜　何　璐

法学院： 周　伟　刘　盈　赖庆华　谢　婷

马克思主义学院： 宁智斌

文学院：陈　琛

华文学院：尚　清

外国语学院：张正榆

数学科学学院：王聪蕾

机电及自动化学院：何经旺　黄智勇　谢　超　魏盛军　罗　曼

材料科学与工程学院：段　淼　陈韩莉　董　佳　余　妍

信息科学与工程学院：杨智敏　李　利　杜雨峰　叶友泉

计算机科学与技术学院：张　帅　郭舒婷　王晓晓

建筑学院：刘广宇　李　菁　张　琼

土木工程学院：黄逸群　林大炜　胡杰云　时慧敏

化工学院：谌林清　马　腾　李　阳　闵书学

生物医学学院：王佳稳　侯　莹

工商管理学院：黄　蕊　龚诗婕　苏雅英

旅游学院：张　丹　张成心

公共管理学院：郭嘉儒

华侨华人研究院：刘光耀

数量经济研究院：吴峻明

校二等奖（64 人）

哲学与社会发展学院：秦　帆　薛　锐　罗荔丹

经济与金融学院：陈国发　曹慧敏　廖　敏

法学院：王　琦　黄　菁　吴启帆　李琴英　方婧婧

马克思主义学院：庄　然

文学院：蒋玲凤　徐丽红

华文学院：姚　垚

外国语学院：阳　莉

数学科学学院：慕静静

机电及自动化学院：王宁昌　陈天柱　杨　磊　林　静　林海亭　范文洁

材料科学与工程学院：蔡成杰　周　培　贾金彪　陈风芳　顾雅琪

信息科学与工程学院：王伟鹏　李　攀　王巨锋　江顺辉　陈顺意　林晓红

计算机科学与技术学院：郭旺平　张宇卉　彭丽针

建筑学院：严　露　李云霞　胡　珩　刘　念　高　赫

土木工程学院：吴轩霆　冯　喆　柳战强　李　超　黄婷婷

化工学院：司　灿　汤晓琳　林源清　张　冉　张秀娟

生物医学学院：郭志英　潘　峰　雷春花

工商管理学院：邱　君　程雅洁　何丹丹　胡力丹

旅游学院：孙希瑞　殷　杰

公共管理学院：杨艺芬　张　雪

华侨华人研究院：胡红梅

华侨大学洪长存研究生社会工作奖（10人）

法学院：孙　帅

机电及自动化学院：李瑞旭

材料科学与工程学院：蒋少锋

信息科学与工程学院：何霄霄

建筑学院：丁瑜鸿

土木工程学院：田丝女

化工学院：张博杰

工商管理学院：徐欣欣

校研究生会：尹小娜　纪炜坤

华侨大学洪长存研究生困难助学金（15人）

经济与金融学院：曹　勤

法学院：魏铭冬

马克思主义学院：王潇斌

华文学院：杨　丽

机电及自动化学院：郭建民

材料科学与工程学院：华文锋

信息科学与工程学院：胡月菊

计算机科学与技术学院：孟庆丰

建筑学院：袁彦锋

土木工程学院：戴泉玉

化工学院：袁秀梅

生物医学学院：应　侠

工商管理学院：叶晓茵

华侨华人研究院：林伟钿

数量经济研究院：张亚利

华侨大学匹克奖学金（66人）

国际学院：林　霞

哲学与社会发展学院：刘绍佳

经济与金融学院：徐禛祺　方　真　何梦圆　许蕴艺　刘梦菲　李海花

法学院：郑皓瀚　朱江洪

文学院：潘海琦　潘博欣　黄子珈

华文学院：王　璀　霍芊宇

外国语学院：孙　婧　田　星

美术学院：丁郭晟　任怡然　刘子戌

音乐舞蹈学院：张润玉

数学科学学院：杨　磊

机电及自动化学院：段宇航　廖通凯　唐正男　陈振兴　邵逸斐

材料科学与工程学院：林明扬　吕　稣　廖思敏

信息科学与工程学院：陈元熹　余志向　何宗康　向世强　陈雪瑞　夏文悦

计算机科学与技术学院：黄　艳　陈达兴　林金金

建筑学院：代　悦　杨　光　张光斌

土木工程学院：刘凌菁　庄龙杰　方膨膨　宋笑纯　阮雅莉

化工学院：陈巧兰　叶苏陈　林姗娜

生物医学学院：苏惠绵

工学院：赖　晨　楼祎凡

工商管理学院：张　颖　吴嘉祺　楼永强　苏婉丽　郝　佳　黄小雨　王舜淋

旅游学院：李　南　王　娟　韩　丹

公共管理学院：卓密密　郑婷婷

体育学院：黄洪宇

贤銮福利基金会优秀贫困学生奖学金（50人）

哲学与社会发展学院：张绿苗

经济与金融学院：陆佳强　滕　芬　刘文颖　王楚云

法学院：黄妃珍　徐彦雅

文学院：魏玉洁　谭莹莹

华文学院：杜凤娇　熊小涵

外国语学院：马文欣　唐紫薇

美术学院：任化龙　黄　毅

音乐舞蹈学院：秦佩佩　任鑫颖

数学科学学院：王琴媛　陈　文

机电及自动化学院：仁正聪　程文丽　刘小銮　冯作居

材料科学与工程学院：陈小花　廖华珍

信息科学与工程学院：吴思奇　任　艳　颜智梁　李　章

计算机科学与技术学院：黄　荣　张雪晴

建筑学院：林灿封　陆俊衡

土木工程学院：甘国强　叶　安　花文文

化工学院：李林芳　许　敏

生物医学学院：陈　敏

工学院：刘宝珍　康佳静

工商管理学院：刘　洋　胡　寥　段　姿　崔志超

旅游学院：吴巧文　徐　慧

公共管理学院：冉鲜艳　余慈娇

体育学院：代　云

黄奕聪奖学金（17人）

国际学院：何　欢

哲学与社会发展学院：王　焱

经济与金融学院：张　莹

法学院：郑皓瀚

文学院：李欣芮

华文学院：黎玟君

外国语学院：赖舒萍

美术学院：王　超

音乐舞蹈学院：王一乔

数学科学学院：崔　璨

机电及自动化学院：王艳丽

信息科学与工程学院：李　雪

生物医学学院：沈　丹

工学院：康佳静

工商管理学院：徐秋露

旅游学院：施志璐

公共管理学院：陈朱曦

2014届优秀毕业研究生（22人）

哲学与社会发展学院：杨　阳

经济与金融学院：许红妹

法学院：叶凤华

文学院：黄丽燕　王安琪

外国语学院：程晓蓉

数学科学学院：周　巍

信息科学与工程学院：廖天军　崔省伟　杜团结

土木工程学院：林燕卿　张在晨　吴彦捷　叶　勇

化工学院：付乔明　李　强　杨兆壬

生物医学学院：雷　严　黄晓平

旅游学院：康艳昕

公共管理学院：罗家旺

华侨华人研究院：陈佩燕

2014届优秀毕业生（本科、高职）（248人）

哲学与社会发展学院：李亚宁

经济与金融学院：

王海燕　刘莉萍　杨　娇　熊　英　袁　月　孙圆圆　罗　丹　薛　楠　焦　悟
龚　欢　李　雪　吴思文　田　晗　张　萍　杜晶纬　周夏萍　祝东波　孙　卉
黄跃宝　林丹丹　马　斌　何嘉雯　黄桂鸿　李俊祥　俞文荣　周耀铭

法学院：

翟奥涵　涂淑敏　范仁琪　苏雪冰　林志杰　邱小芳　林振科　王燕萍　韩梦雪
谢　晨

文学院：

杨旭东　龚娜林　何耀莉　余红馥　林　茏　国　琦　贾娟娟　廖　玭　杨心怡
陈忠年

华文学院：

赵蛟娥　翁国富　范梦洁　杨　斌　项吉悦　赵晓红　曾良艺　许津萌　王佳淑
史仁仁

外国语学院：

蒲　维　王　雨　周海华　董楠楠　张　琳　蒋夕霏　裴佳莉　余丹尼

美术学院：杨泽鹏　牛颖超　李志豪　黄志杰　陈黄榆　刘胜祥　钟采彤

音乐舞蹈学院：张惠婷　李诗雨

数学科学学院：刘婉婉　康丽丽　王桂花

机电及自动化学院：

王志洋　陈世隐　王泰连　陈柳丹　刘瀚翼　邓　倩　孙起升　孙雨琦　李婷婷
徐遥遥　陈袭涛　陈思嘉　陈雯东　肖正活　张育城　姜骏飞　付　恒　秦　武
李零一　刘琳琳　崔锦涛　何荣杰　武彦迪

材料科学与工程学院：

王　菁　吕慧娟　温名山　李　松　赖庆泰　蒋和金　瞿伦君　刘雅敬　尹嘉齐

信息科学与工程学院：

郭斯伟　洪少阳　陈日安　王彦东　刘　洁　丁叶丹虹　肖杞元　杨　梅　张　奇
张　文　郑惠洁　何佳丽　范艳梅　欧阳玉梅　潘申欣　崔　冰　张晓婷　吴思娆
牛兴卓　许　磊　李扬森　李林林　陈周游

计算机科学与技术学院：

郁延书　谢骏斌　雷秀洋　李　蹊　雷丽楠　李　璐　刘小刚　张锦彬　胡晓丹
陈绪群　邵　瑞　李铠君

建筑学院：

杜佳航　陈　超　倪博恒　张炜瑶　任天奇　郑承于　付　璇　芦蔚宜　刘嘉清
许世伟

土木工程学院：

陈博文　邓宜琴　柳苏琴　黄长炜　雷裕霜　马伟海　邱庆礼　苏建响　朱　侗
徐　琳　辛德平　李　悦　郭瑜真　吕坤灿　阮若琳　王　平　黄志鹏　徐丽红
范阳维

化工学院：

王　蓉　李鸳鸳　林淑雅　周文晶　陈淑群　李　培　何　敏　傅金平　康文文
苏冬雪　张美楠　刘芬芳　庞亚楠　席瑞娇

工学院：谷樱彬　胡娇娇　许彬彬　甘　茜　袁列荣　李兴勇　陈　扬

工商管理学院：

彭　媛　刘　行　陈文倩　陈燕娜　张杰煌　危梅芳　张雪冰　黄敏玲　未蕾蕾
陈依琳　夏小云　徐雪玉　彭小妹　尚晓明　王昱丹　王晓芸　翟　蒙　苏锦润
唐　婷　吴冰冰　付　聪　颜冰然　贾元凤　阮氏明芳　蔡培珊　廖嘉茹　冯倩缓
张嘉雄

旅游学院：

陈丽芳　沈子愉　许雪婷　康东红　刘东梅　腾雪莹　吴玉婷　朱丽君　高　宇
孙铭锋　莫子豪

公共管理学院： 张　文　胡　倩　荆亚璟　黄晓梅　杨景惠　郑加莉　黄发来

体育学院： 石少锋　刘振星　何嘉敏

厦门工程技术学院： 林惠兰　周少宇　翁祖凤　蒋加鹏　赖德华

优秀新生奖学金（境内生6人）

工商管理学院： 黎永欣

公共管理学院： 刘恒骅　李雪露　曹玉斌

美术学院： 吕晖铮

经济与金融学院： 李国栋

优秀新生奖学金（境外生4人）

华文学院： 刘彦彤

土木工程学院： 丁润杰

美术学院： 李靖如

工商管理学院： 王子衍

华侨大学三好学生（556人）

国际学院： 姜兆秋

哲学与社会发展学院： 秦　帆　万小清　吴慧颖　董玉知　崔雨晴　许雪晖

经济与金融学院：

何　凯	黄宏运	武志勇	陈　超	何　璐	曹慧敏	吴晓鹏	刘文颖	马远方
郑璧君	钟玲玲	蔡樱捷	陆佳强	曾蕙蒙	高桂凤	张莉花	刘　慧	陈秋桢
毕小慧	黄彩娟	申常敏	张　倩	马小香	曹绍朋	刘婷婷	张翔飞	杨晶华
沈小力	周　捷	邓敏云	易礼林	姚一帆	肖钧丹	葛大壮	龚　榕	邹　敏
马靓仪	李佳霖	余宁宁	黎淑珍	黄天恺	洪安娜	林希纯	李方晓	张　莹
钟慧玲	杨泽思	唐独如	何晓如君					

法学院：

陶　磊	林　璐	王华永	王言言	张信良	张晟玮	赖庆华	张　倬	陈晓菲
朱俊琪	马　桢	贺　昊	王丹凝	刘　媛	张晓红	林天浴	韦学高	文永春
王燕婷	陈　燕	杨祥瑞	辜凌云	李明阳	黄妃珍	郑凯思		

马克思主义学院： 胡　倩

文学院：

刘迎迎	刘金英	杜晓轩	乔佳宁	王雪婷	张　玲	李欣芮	王　美	钱晓筱
谭莹莹	黄倩倩	车纯纯	夏天芬	周　鑫	魏玉洁	杨婉婷	刘燕秋	王艳萍

郑红燕　卜亚敏　胡洁恩　丁锦红

华文学院：

姚　垚　段又挺　康清宇　李安娜　黄　娣　王　涛　王营营　徐　昕　许　威
徐心瑶　李林娟　武清平　叶慧卿　黎玟君　林小同　游莉端　洪凤美　汉氏秋清

外国语学院：

张正榆　彭　颖　唐紫薇　陈　琪　陈　婷　刘　俊　唐彩叶　沈晓云　谢小慧
宗雪莲　彭晟琦　杨子泠　李小凡

美术学院：

王　婧　陈　彦　逯金燕　王　贵　司艳君　何梅萍　张茜茜　李东芹　程　婧
张秀园　易　林　黄毓玲　林　海　刘郊阳　李　优　谭顺心　邓鑫淼

音乐舞蹈学院：卢　玉　庄青青　逯　晴　段青青　刘　璇

数学科学学院：

鲍　慧　胡至平　叶盈春　林丽芳　杨林颖　彭　燕　蔡晓东　李红叶　杨　欢

机电及自动化学院：

石茂林　何经旺　叶月影　林　静　范文洁　陈天柱　杨　磊　黄小芮　余月萍
杨火木　宋廷伟　张译秋　蒋诣莹　徐佳丽　蒋彬彬　黄为锴　桑强强　王婷婷
黄媛媛　姚泽克　陈剑彬　郭丛威　杨栖凤　丁　乙　闫晓刚　马倩雯　赵姣健
陈思佳　郑靖重　陈美凤　牟相霖　周圣焱　林莹超　瞿建峰　戴丽风　徐俊峰
程文丽　潘晓倩　杨孟晓　李海燕　冯作居　刘小銮　闫　婧　朱　彬　杨　沁
王　浩　白晓煜　任正聪　黄艺伟　孙永炜

材料科学与工程学院：

涂用广　王建鹏　林　淦　陈韩莉　董　佳　周　培　顾雅琪　吴茜茜　林雪真
姜　瑾　陈小花　郑　宣　林夏洁　李才亮　何　梅　廖华珍　李明澈　李丹阳
胡海燕　陈怡姿　许海波　高嘉敏　肖美娜　郭晓芸　肖　萍　朱晴辉　宋万椿
张梅兰　陈伟东

信息科学与工程学院：

何　西　李　冬　许东旭　孙存志　赵　静　甘汝婷　李　利　张兴棉　杨柳娟
巫梅琴　郭彬彬　李靖坤　杨克勤　李　章　马服银　郑实益　陈圳达　洪振明
林锦丽　陈　峰　刘玉德　杨　洋　钱　幸　吴珊珊　廖长远　赖雪琳　方　倩
侯　璞　林飞霞　刘　莉　陈培宗　吴丽坤　李招灵　林红潇　许城华　陈奋裕
关慧春　郭志和　陈夏丽　庄恒泉　谢晓倩　苏珊珊　王雨璐　何倩文　陈奇龙
刘彦秀　高伟男　朱芬芳　池炜斑　廖　涵　李扬征　林浩泉

计算机科学与技术学院：

方　圆　吕　兵　侯　峰　王巧玉　段雨萌　许童童　薛奕爽　赵竹珺　薛　清

吴灵辉　侯逸仙　李　斌　侯超群　张　宁　吴志花　王静雯　黄　丽　周宜佳
朱佳慧　徐　勤　章依昕　陈振煌　梁玉珠　李偲媛　黄　明　林雅婷　杨坤华
陶琼星　柴周燕

建筑学院：

陈溢晨　李艳蕾　刘广宇　朱　俊　徐　欢　陈珊珊　廖雅兰　薛丽娟　谢林君
林义慧　马诗琪　柏甜甜　孙　鹏　林灿封　唐思思　郑千惠　曹朝华　刘　洋
陈妮妮　汤佩佩　纪晓嵩　陆俊衡　王光明　刘冠伶　卓逸诗　邱思维

土木工程学院：

武　豪　施维娟　林大炜　黄逸群　冯亚辉　王玉芳　陈艺萍　邓蓉欣　朱羽凌
刘　敏　傅权宏　谈金鑫　刘佳妮　余欣欣　吴思婷　陈　怡　许翔健　向未林
陈博海　花文文　姚雨佳　杨　灯　陈嘉清　李　欣　敖涵婷　许家庆　何锦芳
陈　希　陈　静　陈箫寒　林乔宇　魏凡博　董舒依　张波阳　林晴晴　李益明
吴中汉　张梦琪　郑启宇　郑　倩　王亚琼　杨嘉俐　陈　萌

化工学院：

唐　娜　谌林清　马　腾　汤晓琳　宋湖凡　闵书学　李　阳　邓金凤　周柳慧
郭丽丹　苑雪晴　查君喆　赵天琪　陈　莉　李昌勇　李林芳　吴小灵　王亚楠
贺晔旺　张　倩　廖　芮　徐文强　金薇薇　许　敏　喻　珊　李金倩　蒋秋琪
陈祖清　石文志　张　驰　林　清　席巾程

生物医学学院：冯亚栋　李　琼　王佳稳　潘　峰　于　茜　沈　丹

工学院：

刘宝珍　俞梅娟　梁　宵　李熙泽　刘　波　杨溱璐　康佳静　韩梦婕　范文仕
梁威涛　郑瑞祺　孙　林　赖梦清

工商管理学院：

李春浩　杨　敏　黄　蕊　关超元　胡力丹　魏邓浩　蓝冬梅　黄哲人　徐　姣
李　节　林巧妮　徐秋露　李洪方　江　苇　吴亚芬　王园园　谢美兰　吴静惠
杜金龙　林　丹　武　霞　林珏颖　段　姿　林巧云　金　珍　胡珮姗　刘　洋
盛小丹　魏林平　张玲鸿
许静婷　姚　瑾　胡　寥　陈凤钦　宋淑婷　苏思月　施怡方　朱丽莹　赵　薇
黄艺珊　沈小乐　李牧遥　吴丹琳　叶蕊茵　赵人慧　曾怡靓　邵琳琳　罗韶华
黄林冰　苏培珍　陈武略　潘氏香江

旅游学院：

郝　飞　冯晓兵　张　丹　周小曼　陈舒雅　李　梦　郝诗雨　吴新芳　林丽华
林佳青　杨　祎　赖红香　刘紫嫣　黄小惠　徐凯伦　何美玲　唐诗晨　马丹丹
徐　慧　曾李瑶　林宝欣　庞小娟　沈秀端　余　友

公共管理学院：

张憬玄　黄殷殷　陈怡萍　杨谨瑗　陈朱曦　蔡蓓蕾　严咏茵　齐婧文　余慈娇
彭　佳　张玉戎　赵　欢　刘　鹏　朱彩菊　陈　君

体育学院：韩志华　张蝶蝶　薄纯磊　李秋滢　吴晓彤

华侨华人研究院：刘光耀

数量经济研究院：汪　勇

厦门工程技术学院：

陈孝灿　蔡尧鑫　张建设　郑云芳　王培强　詹彬立　吴章生　魏桃林　张婷婷
林　枫　汤海明　黄萍萍

华侨大学优秀学生干部（287人）

国际学院：陈　楠

哲学与社会发展学院：邓　力　李洪辰　符明媚

经济与金融学院：

孙中浩　陈国华　姚　洁　方　真　陈　莹　叶彬欣　董　艳　何佳琦　郑菁妍
郭雪娇　王　建　张　毅　万雨寒　徐禛祺　傅一铮　陈怡雯　孔辉鸿　林董泉
冯卓婷

法学院：

孙　帅　郭剑明　苏　轲　王　琦　刘　璇　林星阳　马怡然　练逸潇　利健衔
吴晓斌

马克思主义学院：林丽敏

文学院：孙祥华　马德奎　周　玥　徐小棋　庄　艺　郭美卿　胡栩浩　丁天锋

华文学院：王英华　商　航　常宝文　赵慧琳　张　兵　饶嘉程

外国语学院：郑晓敏　周冬强　赖舒萍　马　骎　涂莉娜　王小茹　江秋月

美术学院：王　羡　王　亮　戴彬枫　郭二战　李天乐　任化龙　陈炳豪　李玮晧

音乐舞蹈学院：成　凤　李　贞

数学科学学院：黄丽丽　王潇晗　崔　璨　田茂宏　张特阀

机电及自动化学院：

黄扬海　黄智勇　严　丽　袁晓鹏　刘　芳　洪文城　彭子娟　朱之灿　邵铭剑
刘添华　陈非凡　王文琪　罗　勇　张　震　陈逸靖　郭必成　洪伟群　田子歌

材料科学与工程学院：

齐景娟　赵　聪　胡陈成　武露露　尹　强　何美娟　彭良溢　邱梓燊　潘伟楷
徐　哲　曾燊燊

信息科学与工程学院：

刘士伟　刘顺菁　何霄霄　刘兴云　陈晓芬　徐涌菲　沈栋辉　李全稷　向兴礼
吴思奇　陈惠芬　李文睿　林春霞　黄丹玲　冯传垚　郭小强　王炳钊　张　冲
罗　琛

计算机科学与技术学院：

洪小娇　彭丽针　赖德河　王　刚　林巧景　陈婷婷　林佳莹　许文忠　郑庆镆
吴佳萍　许　堆

建筑学院：

吴　岱　李依阳　李云霞　郑　珩　陈亦琳　俞心恬　王秋闲　张　睿　何成焰
陈意文　梁志权

土木工程学院：

田丝女　程　旺　蔡加忠　乔升访　池　欣　王旭森　吉　亭　彭　博　宋笑纯
洪依萍　刘榆萍　陈博文　焦瑞娜　许　祺　胡帅伟　万李玲　唐玲玲

化工学院：

吴志超　张博杰　袁秀梅　王金丹　孙　璐　刘　凡　王加宇　王园园　黄云香
冷　榕　李丹昀　赵　颖　李金徽

生物医学学院：秦　思　郭志英　雷心雨

工学院：苏云飞　陈　月　靳佳佳　葛钊成

工商管理学院：

谢琦君　赖红珍　苏雅英　许家豪　邹金串　肖丽珍　李晓雪　陈　静　陈逸飞
黄紫烟　林文婷　曾珊珊　卓秋莲　魏亚红　蔡文莉　姚明辉　樊金果　岳　倩
张梓翰　文成天　张政豪

旅游学院：

陈晴晴　殷　杰　刘静雅　王　旻　管红伟　李贵圆　李淑娴　聂凯敏　吴明苑
陈小艺

公共管理学院：李正卫　柳晓瑜　常　睿　卓密密　徐　鹏

体育学院：钟　帅　陈海桥

华侨华人研究院：刘　洋

数量经济研究院：吴峻明

厦门工程技术学院：林　萍　郑晓丹　邱洪川　黄凤丽

校研究生会：

夏之垚　沈　姮　王潇斌　蒋玲凤　尚　清　李丽影　康　伟　江芳彬　李春浩
张　丹

校学生会：

宁梦羽　黄桂花　朱了莎　陈毓欣　傅泰友　杨倩倩　白　霖　陈　蓉　李　唯

郑洁仪　孙玮婷　张舒宁　肖　杰　牛晓佳　张媛凤　韩笑宇　罗　婕　康　勘

徐小尘　林杰民　朱金婧　吴吉鹏　王婧艺　邵杭飒　余秀珍　徐　婷　黄海云

连慧琳　罗明菊　莫君珊　秦　亨　余章源

校学生艺术团： 施星琳　杨婧妍　杨华青　岳家荣　沈宇星　李雨蓁

校学生团体联合会：

谢朝阳　李玮麟　王舜淋　廖涛敏　黄天舟　王林林　王　晨　刘亚华　曲　格

平晨晔　蔡宇航　刘志杰　李科容　邱豪侨

校广播台： 尹伟欣　刘雪莹　陶星宇　王艺萌

华侨大学先进班级（55个）

哲学与社会发展学院： 2012级社会学1班

经济与金融学院： 2012级电子商务1班

经济与金融学院： 2012级金融学1班

经济与金融学院： 2013级国际经济与贸易1班

经济与金融学院： 2012级国际经济与贸易2班

法学院： 2012级法学2班

法学院： 2013级法学1班

文学院： 2012级汉语言文学2班

文学院： 2012级广播电视新闻学1班

文学院： 2013年汉语言文学2班

华文学院： 2011级对外汉语2班

华文学院： 2012级华文教育三上C班

华文学院： 2012级研究生班

外国语学院： 2012级英语1班

外国语学院： 2013级英语3班

外国语学院： 2013级英语4班

美术学院： 2012级艺术设计5班

美术学院： 2013级环境设计（室内设计1班）

美术学院： 2013级视觉传达设计（摄影摄像方向）

音乐舞蹈学院： 2011级音乐学（海外教育）1班

数学科学学院： 2013级信息与计算科学1班

机电及自动化学院： 2011级测控技术与仪器班

机电及自动化学院：2013 级材料成型及控制工程班

机电及自动化学院：2013 级机械工程 2 班

机电及自动化学院：2013 级机械工程 3 班

材料科学与工程学院：2013 级高分子材料与工程 2 班

材料科学与工程学院：2011 级功能材料班

信息科学与工程学院：2012 级通信工程 2 班

信息科学与工程学院：2012 级电气工程及其自动化 2 班

信息科学与工程学院：2013 级自动化 2 班

信息科学与工程学院：2013 级电子科学与技术 1 班

计算机科学与技术学院：2012 级计算机科学与技术 1 班

计算机科学与技术学院：2012 级软件工程 1 班

计算机科学与技术学院：2013 级数字媒体技术 1 班

建筑学院：2010 级建筑学 1 班

建筑学院：2013 级建筑学 2 班

土木工程学院：2012 级给水排水工程 2 班

土木工程学院：2012 级土木工程 5 班

土木工程学院：2013 级土木工程 3 班

化工学院：2011 级环境科学 1 班

化工学院：2012 级生物技术 1 班

化工学院：2013 级环境科学 1 班

生物医学学院：2012 级药学 1 班

工学院：2013 级光电信息科学与工程班

工商管理学院：2011 级工商管理 1 班

工商管理学院：2011 级财务管理 1 班

工商管理学院：2013 级信息管理与信息系统 1 班

工商管理学院：2012 级财务管理 1 班

工商管理学院：2013 级工商管理类 1 班

旅游学院：2012 级资源环境与城乡规划管理 1 班

旅游学院：2012 级酒店管理 1 班

旅游学院：2012 级旅游管理 2 班

公共管理学院：2011 级土地资源管理班

体育学院：2012 级体育教育班

厦门工程技术学院：2013 级汽车检测与维修技术班

全国第四届大学生艺术展演艺术作品类甲组一等奖（1 个）

艺术作品：微电影《泉州味道》（5人：黄柏清　殷斯麒　张国庆　张睿骞　韩壮壮）

全国第四届大学生艺术展演艺术表演类甲组二等奖（2个）

1. 器乐节目：二十四节令鼓《下南洋》

（14人：廖雪莉　傅丽妹　洪宇霜　萧郡盈　林雁虹　温婉吟　林靖勇　陈诗旎
　　　　吴宛洁　黄文轩　陈冠宏　陈永豪　杨鸿森　曾长伟）

2. 戏剧节目：短剧《青冢记·出塞》

（10人：陈孟欣　蒋宣念　吴　炫　范嘉树　张　珺　张舒宁　康彦泽　杨欢琛
　　　　丁启杰　谢抒丹）

全国第四届大学生艺术展演艺术表演类乙组二等奖（1个）

舞蹈节目：《南音舞韵》

（24人：陈念灵　吴婉瑜　胡丹蕾　付　晓　刘　慧　齐佳林　武　璐　王婷婷
　　　　李佳施　白雪晗　李英杰　张　然　费玲玲　逯　晴　王笑笑　李紫瑾
　　　　刘子源　夏　梦　金　曼　姜　漫　刘玉洁　宋　頔　叶芷曦　张懿心）

福建省第四届大学生艺术节甲组一等奖（2个）

1. 合唱《闪亮的日子》《走向复兴》

（经济与金融学院40人：叶彬欣　许婉萍　黎明良　刘　曦　林欣璐　林臻葳
　　　　　　　　　　屠琦琦　陈冉然　涂宇恒　王　涵　潘少强　罗文樊
　　　　　　　　　　林嘉彬　赵　昭　李世熊　孙麒峻　张　烽　周　杨
　　　　　　　　　　李　星　郝英琦　包其东　董　航　刘婷婷　何亦婷
　　　　　　　　　　沙乐天　张　凯　朱　舟　罗雨晴　叶玉姣　黄婷妍
　　　　　　　　　　何佳琦　张　越　赵　硕　王　凯　谢润秋　万　爽
　　　　　　　　　　傅立玫　单　青　王思敏　邢明烩）

2. 合唱《阳关三叠》、《我们在太行山上》

（化工学院41人：刘　禹　王　健　何　爽　王园园　虞巧婕　王洲娅　杨慧珊
　　　　　　　陈星桦　吴佳芮　金　钰　杨　倩　王碧琪　邓德文　何似萤
　　　　　　　熊奕琳　李致远　林　一　李晓宇　杜晶笛　胡靖文　陈　曦
　　　　　　　陈　楠　徐　勇　李雪凡　李欣燃　吴　玫　赵秉臣　陈文凯
　　　　　　　张兰星　欧南希　张　馨　林安安　林　峰　贺雯琪　杨　莹
　　　　　　　赵　璇　宋逸贤　叶东川　余泽朴　刘华青　郭浩然）

福建省第四届大学生艺术节乙组一等奖（1个）

合唱《把我的奶名儿叫》、《茨冈》

（音乐舞蹈学院43人：缪海伦　徐　冉　卫亲苗　刘梦欢　周凡卓　单　梨
　　　　　　　　　卢玉甘甜　张　宇　尹　强　刘　振　赵秉乾　庄青青
　　　　　　　　　李旺利　吴　凡　史可心　胡艳梅　吴梦思　吴诗雅

徐　晗　王　汀　吴美莲　蔡逸凡　张艳辉　官　尧

余东朋　庞　凌　吴璐瑶　蔡震涛　余　杰　段青青

田晓娜　林胜男　蒲羽翔　杨铭皓　安　博　赵岱斌

高子湉　李　想　邹运来　李毓音　赵一聪　姚健男）

福建省第四届大学生艺术节甲组二等奖（1个）

合唱《海峡情》、《祖国不会忘记》

（40人：蔡聪奇　谭梓健　黄慧施　刘凯婷　蔡震涛　蔡舒宇　梁俊杰　毛桂姿

苏敏儿　黄宝莹　何俊达　魏佳敏　陈璿智　张海龙　赵仁松　杨富昌

许桂针　陈晓婷　徐　婷　唐嘉琪　张诗慧　陈惠敏　余秀珍　邱思维

丘慧怡　胡佩桢　阮诗琪　梁嘉媚　陈意文　林志祥　陈龙祥　陈泽媚

刘冠伶　岳永恒　苏婉婷　萧卓文　黄　彪　张建锋　陈彬英　赵兴绅）

福建省第四届大学生艺术节艺术表演类优秀创作奖（4个）

1. 器乐节目：二十四节令鼓《下南洋》荣获艺术表演类甲组优秀创作奖

2. 器乐节目：古筝合奏《骏马》荣获艺术表演类甲组优秀创作奖

3. 戏剧节目：短剧《青冢记·出塞》荣获艺术表演类甲组优秀创作奖

4. 舞蹈节目：群舞《南音舞韵》荣获艺术表演类乙组优秀创作奖

福建省第四届大学生艺术节艺术表演类甲组一等奖（3个）

1. 器乐节目：二十四节令鼓《下南洋》

（14人：廖雪莉　傅丽妹　洪宇霜　萧郡盈　林雁虹　温婉吟　林靖勇　陈诗旎

吴宛洁　黄文轩　陈冠宏　陈永豪　杨鸿森　曾长伟）

2. 器乐节目：《骏马》

（7人：谢琬婷　赵慧婷　薛　谧　郑雅尹　沈子淋　张　瑶　刘　斌）

3. 戏剧节目：短剧《青冢记·出塞》

（10人：陈孟欣　蒋宣念　吴　炫　范嘉树　张　珺　张舒宁　康彦泽　杨欢琛

丁启杰　谢抒丹）

福建省第四届大学生艺术节艺术表演类乙组一等奖（1个）

舞蹈节目：《南音舞韵》

（24人：陈念灵　吴婉瑜　胡丹蕾　付　晓　刘　慧　齐佳林　武　璐　王婷婷

李佳施　白雪晗　李英杰　张　然　费玲玲　逯　晴　王笑笑　李紫瑾

刘子源　夏　梦　金　曼　姜　漫　刘玉洁　宋　顿　叶芷曦　张懿心）

福建省第四届大学生艺术节艺术表演类乙组二等奖（2个）

1. 器乐节目：《一步之遥》

（5人：缪海伦　李　想　张晓蕾　严　涛　吴灵素）

2. 声乐节目：《问春》

（12 人：刘亚华　龙贵莲　刘梦欢　赵秉乾　段芊芊　庄青青　蔡震涛　余东鹏　龚雪松　林胜男　田晓娜　李　想）

福建省第四届大学生艺术节艺术表演类甲组二等奖（2 个）

1. 舞蹈节目：《姊妹》

（17 人：任亦玲　林　欣　刘　琪　周子凡　龙明莹　陈月缘　张盼盼　刘嘉欣　苏海英　穆巧巧　俞萧娴　丁　雪　杨程程　陈星早　乔思佳　杨美虾　罗双双　陈媛媛）

2. 舞蹈节目：《梦回海丝》

（26 人：潘志成　任亦玲　林　欣　刘　琪　潘少强　涂宇恒　董　航　杨小强　周子凡　李玉芳　龙明莹　陈月缘　陈华罗　穆巧巧　施　伟　丁　雪　陈星早　杨程程　许家豪　何　建　乔思佳　杨美虾　陈铭献　李志文　陈媛媛　范　挺）

福建省第四届大学生艺术节艺术作品类甲组一等奖（1 个）

微电影《泉州味道》

（5 人：黄柏清　殷斯麒　张国庆　张睿骞　韩壮壮）

福建省第四届大学生艺术节艺术作品类甲组二等奖（1 个）

微电影《从心·做最好的自己》（2 人：黄丽云　王怀斌）

福建省第四届大学生艺术节艺术作品类甲组三等奖（2 个）

1. 微电影《再见曼谷》（3 人：钟日辉　黄灿妹　纪健敏）

2. 微电影《华侨大学·梦想》

（12 人：庄智泓　钟日辉　魏　宁　何少伟　王少群　张晓蕾　刘瑞涛　薛　晨　林　弘　黄灿妹　纪健敏　张舒宁）

福建省第四届大学生艺术节艺术作品类甲组优秀奖（2 个）

1. 微电影《川藏千里行》（4 人：何志鹏　赵清彬　纪健敏　高俊鸿）

2. 微电影《学霸去哪儿》（6 人：朱晴辉　黄红萍　高嘉伟　陈斌国　王明科　刘思彤）

福建省第四届大学生艺术节艺术作品类乙组优秀奖（6 个）

1. 国画《点墨》（宫玉鹏）

2. 国画《气象万千·锦绣河山》（邓蔼雯）

3. 平面设计《中国梦·永续》（张秀园）

4. 立体设计《时光荏苒·圆梦此时》（张容）

5. 立体设计《PVC 中国风多功能椅》（王楠）

6. 立体设计《心智》（孙少博）

福建省第四届大学生艺术节"我和大艺展"征文比赛一等奖（1个）

《与中国梦共舞》（龙明莹）

首届福建省大学生戏剧节优秀演出奖（1个）

小剧场话剧《十三角关系》

首届福建省大学生戏剧节优秀导演奖（1人）

纪丽莹（话剧《十三角关系》）

首届福建省大学生戏剧节优秀表演奖（2人）

徐锦程（话剧《十三角关系》饰蔡六木）

纪丽莹（话剧《十三角关系》饰花香兰）

首届福建省大学生戏剧节表演奖（2人）

蒋圆圆（话剧《十三角关系》饰叶琳）

李让（话剧《十三角关系》饰安琪）

首届福建省大学生戏剧节舞美奖（1个）

穿越话剧社舞美部（话剧《十三角关系》）

首届福建省大学生戏剧节化妆造型奖（2人）

林弘、黄佳畅（话剧《十三角关系》）

首届福建省大学生戏剧节优秀组织奖

华侨大学

泉州市"党在我心中"校园歌手独唱比赛二等奖（1人）

张黎晓（旅游学院）

第六届福建省学生规范汉字书写大赛高校组硬笔一等奖（1人）

尹伟欣

第六届福建省学生规范汉字书写大赛高校组硬笔二等奖（4人）

张舒宁　林堤伟　董　彧　张　然

第六届福建省学生规范汉字书写大赛高校组硬笔三等奖（4人）

曹路茜　苏　雯　张婷菘　黄兆强

第六届福建省学生规范汉字书写大赛高校组软笔三等奖（4人）

徐佳佳　邓蔼雯　马　磊　周　时

泉州市首届东亚文化之都辩论赛高校组冠军

华侨大学辩论队（4人：吴程武　刘亚乔　叶妙荫　叶　子）

泉州市首届东亚文化之都辩论赛高校组个人演讲赛一等奖（2人）

李越开　马　桢

泉州市首届东亚文化之都辩论赛"优秀辩手"（1人）

刘治良

泉州市首届东亚文化之都辩论赛 "最佳辩手"（1 人）

叶妙荫

2014 年度境外生各类获奖情况

二十四节令鼓受表彰情况

国务院侨务办公室发文表彰华侨大学二十四节令鼓队

授奖单位： 国务院侨务办公室宣传司

2014 年度香港校友会优学奖学金

工商管理学院： 张遵义

2013~2014 学年黄仲咸华侨华人学生及海外留学生奖助学金

一等奖学金

土木工程学院

郑茗旺

经济与金融学院

张灵福　　王溢馨

工商管理学院

黄婉妮

美术学院

陈炳豪

二等奖学金

化工学院

杨慧珊

建筑学院

林浩文

建筑学院

郑少燕

经济与金融学院

邱凯仁　林欣然　鲁忠义　张　莹　钟慧玲　许婉琪　连慧琳　莫君珊　宋莉莉

工商管理学院

潘氏香江　钟衬喜

法学院

陈怡铭

文学院

钟慧虹

计算机科学与技术学院

刘文财

机电及自动化学院

张海龙

土木工程学院

金诚轶

建筑学院

岳永恒

音乐舞蹈学院

黄瑞婉

经济与金融学院

黄忠严　秦　亨　唐独如　黎金祥　阮氏明芳

工商管理学院

李淑香　王文杰　苏南达　许家豪

旅游学院

黎海英

文学院

胡杨凯

外国语学院

王月萍

美术学院

叶仪兴　陈佳铭　谢民辅

数学科学学院

张特阀

体育学院

黄千树

一等助学金

经济与金融学院

刘雪娟　段庆芬　唐佩诗　吴家贤　裴氏轩　罗明菊　胡静雅　赖慧敏　张庆祥
张丽春　她娜曼　潘安妮　罗明亿　许美娟

文学院

阮琳涵

二等助学金

经济与金融学院

吴文寅　赵荣吉　廖雪莉　连慧彬

工商管理学院

陈婷婷　赵德锁　林靖勇　杨振兴

旅游学院

黄氏红绒　林绍庆

法学院

孙晶晶　崔　剑

文学院

鲁继祝　孙美君　屈思华　陈嘉莹　时羽飞　韦盈盈

外国语学院

麦振河

美术学院

杨美饶　陈艳华　何安惠　杨萍仙　段菁菁　肖金美

2013~2014 学年王彬成优秀华裔留学生奖学金

一等奖

化工学院

杨慧珊

建筑学院

林浩文

经济与金融学院

张　莹　莫君珊

工商管理学院

潘氏香江

二等奖

信息科学与工程学院

陈舒凌

计算机科学与技术学院

张超阳

土木工程学院

郑茗旺

经济与金融学院

张灵福　钟慧玲　林欣然　许婉琪　鲁忠义　刘雪娟　余章源

工商管理学院

黄家成　李国善　陈诗旎

文学院

钟慧虹

美术学院

陈炳豪　周益宏　叶仪兴

三等奖

计算机科学与技术学院

张粉红

机电及自动化学院

张海龙

土木工程学院

何龙政

建筑学院

岳永恒

经济与金融学院

杨锦骉　佘慧娜　段庆芬　唐佩诗　吴家贤　罗明菊　黎金祥　阮氏明芳

工商管理学院

濮改娣　赵德锁　王伟俊　苏南达　许家豪

旅游学院

黎海英

法学院

郑劭如

文学院

傅丽妹　陈俊良

外国语学院

王月萍

美术学院

欧阳艳艳　钟征宏

数学科学学院

张特阀

体育学院

黄千树

单项一等

计算机科学与技术学院

谢思宗

音乐舞蹈学院

黄瑞婉

经济与金融学院

裴氏轩　郭亮星　黄福明　申光清

工商管理学院

阮玉梅　萧　声　邹红芬

美术学院

温　丝

单项二等

机电及自动化学院

王伟钊

土木工程学院

罗世昌

建筑学院

叶怡贺　陈艳华

经济与金融学院

张庆祥　唐独如　彭莉莲　陈小玉　胡静雅　赖慧敏　黄忠严　赵荣吉

工商管理学院

林靖勇

旅游学院

陈慧妮　林绍庆

文学院

胡杨凯　鲁继祝

外国语学院

麦振河

美术学院

林雁虹　温诗莉　王丽娜

体育学院

曾长伟

2013~2014 学年林伟柬埔寨学生奖学金

一等

经济与金融学院

黎金祥　钟慧玲

文学院

胡杨凯　钟慧红

二等

经济与金融学院

陈麒光

2013~2014 学年林秀华香港学生奖学金

优秀学生一等奖

信息科学与工程学院

林浩泉

建筑学院

卓逸诗

经济与金融学院

杨泽思

工商管理学院

吴阳斌

旅游学院

吴明苑

优秀学生二等奖

土木工程学院

劳智浩

建筑学院

邱思维

音乐舞蹈学院

陈婷钰

经济与金融学院

何晓如君

工商管理学院

危雪莹　廖春红

法学院

伍嘉林

文学院

刘强明

外国语学院

吴翠莲

美术学院

周淑瑞　蔡翠怡

单项奖

计算机科学与技术学院

陈焯浩

化工学院

张善彤

建筑学院

徐　婷

音乐舞蹈学院

刘凯婷　胡琳钰　苏晞雯

华文学院

余铭琦

经济与金融学院

林婷燕　冯卓婷　林晓茵　林董泉　蔡珊珊

工商管理学院

邱洪红　李艺翔　吴婷婷　李佳敏　张政豪

旅游学院

李月有　梁嘉怡

法学院

王雅婷

文学院

冯全瑛　陈家明　曹础文

外国语学院

卢琬翎　陈媛媛

美术学院

李凤娇　蔡蕴怡　邓蔼雯　张锦志　吴静薇

体育学院

陈海桥

2013~2014 学年海外学生助学金

一等

计算机科学与技术学院

叶广文

建筑学院

林晓颖　岳永恒　陈志全　李达胜

华文学院

李　福　张叶笛

经济与金融学院

裴氏轩　赵仁清　许婉琪　唐佩诗　吴家贤　段庆芬　阮氏明芳

工商管理学院

鲁立舒　邹红芬　萧声　苏南达　吴翊奴　郭薇思

旅游学院

吴明苑　何耀文

文学院

周仙雨　孙美君　鲁继祝

外国语学院

卢琬翎

美术学院

陈炳豪　周淑端　谢民辅　吴钻弟

二等

计算机科学与技术学院

郑和昌

化工学院

吕嘉杰

机电及自动化学院

双恩海

土木工程学院

郑茗旺　王伟伦

华文学院

杜玉谦　奥日格乐其其格　田雪芳　苏志新

华文学院

经济与金融学院

谢光宝　李翠玉　张明茂　李登娟　吴文寅　吴优德　鲁忠义　黄忠严　黎金祥

工商管理学院

张有丽　陈柯颖

旅游学院

梁玉定　宗瑞琪

法学院

苏文杨

文学院

陈嘉莹　时羽飞　梁梓健　江嘉琳　韦盈盈　吴筠蔚　张可霜

外国语学院

王月萍

美术学院

叶仪兴　杨萍仙　段菁菁

数学学院

张特阀

生物医学院

方乙超

2014 年度福建省高校台湾学生奖学金

计算机科学与技术学院

林品均

机电及自动化学院

陈璿智

建筑学院

刘冠伶　徐绢惠　刘晓燕

音乐舞蹈学院

蔡舒宇

经济与金融学院

张嘉萍　吴心怡　杨湞筑　王世民

工商管理学院

林语芊　蔡雨虹　柳世豫　吴永昌　施宪铭　吴宪明　黄慈慧

旅游学院

陆盈静

文学院

李冠霖

外国语学院

江秋月

美术学院

洪晨馨　陈思颖　林奕嘉　张彤

2014 年度教育部台湾学生奖学金

一等奖

建筑学院

刘冠伶　徐绢惠

经济与金融学院

张嘉萍　杨淯筑

工商管理学院

杨晴　柳世豫　梁宛晴

旅游学院

陆盈静

文学院

张　彤

外国语学院

江秋月

美术学院

洪晨馨　赖玟卉

二等奖

计算机科学与技术学院

林品均

化工学院

艾德轩

机电及自动化学院

陈璿智

土木工程学院

林臻

建筑学院

刘韦廷　陈意文　刘晓燕

音乐舞蹈学院

蔡舒宇

经济与金融学院

许智榕　吴心怡　纪欣铭

工商管理学院

罗志明　施宪铭　林语芊　黄米娸

工商管理学院

旅游学院

伍都萱

法学院

赵举钰

文学院

洪瑞妤　刘修齐

外国语学院

杨博雅

美术学院

王楚筠　张千惠　柯品莲

三等奖

计算机科学与技术学院

蔡侑廷

化工学院

堃浩涵

建筑学院

林采璇　黄厚渝　李　杰　葛哲均

音乐舞蹈学院

张誉怀

哲学与社会发展学院

王　君　王亭慧

华文学院

张玲嘉

经济与金融学院

林欣怡　张宗文　林世懿　罗　右　江冠瑛　叶劭航　王世民　林湘蓁

工商管理学院

李莺美　吴永昌　黄慈慧　蔡雨虹　陈家泰　谭友蓉　陈宥腾

旅游学院

李柏萱　王彦定　刘诗榆　蔡侑惟　宗瑞琪

公共管理学院

陈佩雯

文学院

陈欣楠　黄亭玮　罗崇语

外国语学院

林怡汝　黄崇信

美术学院

张方瑜　陈思颖　陈敬慈　黄珮菱　林奕嘉

2014 年教育部港澳及华侨学生奖学金

一等奖

信息科学与工程学院

林浩泉　戴梓浩　赵崇辉

计算机科学与技术学院

陈焯浩　苏耕民　洪佳劲　梁豪辉

化工学院

张善彤　吕嘉杰　佘光耀　孙健华

土木工程学院

刘仪珊　劳智浩　王大鸿　陈善文　李健龙　江柏豪　陈建城　邓岚　陈逸燊
钟沛荣　孙杰毫　金诚轶

建筑学院

陈有明　许文裕　邓展阳　董之文　陈璟璇　朱永良　卓逸诗　邱思维　何　敏
陈温杰　林晓颖　黄凯莹　张诗慧　唐嘉琪　曾晓彬　陈绍栋　徐　婷　李　杭
苏婉婷　梁志权　余秀珍　王荣梯　曾碧嘉　黄海云　郑少燕

音乐舞蹈学院

陈婷钰　胡琳钰　苏晞雯　余东朋

哲学与社会发展学院

吴飞强　何豪贤　陈奕雯

华文学院

谢鸿毓　姜欣宜　余铭琦

经济与金融学院

何晓如君　宋莉莉　谭颖诗　林晓茵　陈芷咏　黄玮俊　吕丽娜　周于琳　霍志文
王溢馨　杨泽思　连慧琳　张瑜萍　卢艳棋　邱凯仁　林婷燕　冯卓婷　潘安妮
潘少强　黄文源

工商管理学院

邹大鹏　卢科龙　苏川辉　张遵义　李凯怡　邓子敬　危雪莹　袁楚苑　吴阳斌
李志烽　邱洪红　吴婷婷　童港瑜　张焕宝　陈奕龙　李佳敏　何佳盈　杨怡桢
陈嘉昌　李泽东　张学艺　刘丽惠　李艺翔　曾旭昇　李伯昭　李毅敏　吕佳华
余　曦　卢茵茵　杨丽珍　林永杰　连李琼　侯雅婷　王　悦　黄婉妮　王文杰

旅游学院

李哲珑　吴明苑　张　堃　李月有　李如芊　徐子聪　郑仕伟　梁玉定　庞小娟
林宝欣　余　虹

法学院

何凯生　伍嘉林　余彦邦　陈怡铭　郑劭如

公共管理学院

梁耀俊　林嘉雯　郑苗冰

文学院

罗　静　余世豪　翁涵蓉　刘强明　张清霞　张翠儿　黄嘉俊　梁梓健　李姣姣
胡杨凯　朱惠兰　阮琳涵

外国语学院

吴翠莲　卢琬翎

美术学院

周淑端　张锦志　谭凯婷　何芍莹　梁静欣　邓蔼雯　蔡翠怡　蔡蕴怡　李凤娇
梁日初　李玮皓　何彦仪　曾嘉慧　马俊衡　关诗颖　梁敏仪　李淑娟　程　湘

体育学院

陈海桥　吴晓彤

二等奖

信息科学与工程学院

麦晓维

计算机科学与技术学院

叶广文　柯　扬　陈龙腾　何嘉涛　郭　洪　陈嘉炜　刘正阳

化工学院

余乐摇　陈业达　李蕴珊

机电及自动化学院

林柏宇　黄　艺　田佳成

土木工程学院

林智德　林斯逊　彭颖文　何建恒　许杰安　孙家铭　容惠敏　黎庆广　李有勇
黄嘉豪　梁家和　李家俊　方凯麟　杨荣富　郑嘉恩　袁世杰　李志明　陈启宏

建筑学院

梁敏仪　刘守文　张嘉才　李龙杰　何慧中　黄志杰　陈昭怡　张宝昌　何指晋
李健强　叶李骏　司徒德慧　招家扬　陈惠敏　云琳　赖鹏超　胡诗云　黄婉珊
陈曼菁　陈洁颖　李美芝　陈镇东　尹宗蕙　罗伟光　梁子行　陈晓婷　陈晓婷

萧　颖　　罗詠诗　　陈　颖　　许亦斌　　林怡安　　关思敏　　叶子颖　　吴家濠　　梁耀光
李成杰　　侯赠元

音乐舞蹈学院

刘凯婷　　梁俊杰　　张　宇　　叶芷曦　　苏珈莹　　李丹妮

哲学与社会发展学院

王　丰　　刘云龙　　潘安祺　　薄祥耀　　黄世豪

华文学院

曾　颖　　张　谋　　敖素娟　　苏雁凌　　丁　泽　　周思琪

经济与金融学院

庄稷伟　　徐静婷　　陆宝君　　李书敏　　欧耀明　　施少体　　韩润峰　　冯润明　　牛　晨
欧阳少鸿　莫迪丽　　孔辉鸿　　许歆莹　　林飘洋　　林海兰　　连慧彬　　林炯声　　胡伟荣
杨卿柔　　莫焯荣　　廖育美　　吴晓棠　　林启权　　王乙棠　　杨永盛　　陈思齐　　李家弘
梁弘泽　　陈炜华　　吴亦元

工商管理学院

孙　蕴　　黄建南　　梁东海　　黄慧芳　　黄荣峰　　李　玲　　熊　虹　　黄秀丽　　蔡雅瑜
廖春红　　李梓峰　　黄欣欣　　张倬华　　刁依然　　张政豪　　吴思琳　　吕荣虹　　叶家钰
郑　宜　　徐　盼　　郑杰锋　　陈巧雁　　洪震华　　王滢蔚　　叶思希　　黄家殷　　张志聪
谭伟州　　李嘉照　　吴柏聪　　邝彩燕　　许咏敏　　叶国辉　　彭卓岚　　冯家安　　吴颖斌
李蕾蕾　　黄智刚　　王小芳　　罗敏杰　　梁俊贤　　黄结敏　　刘宗雄　　包杭云　　冯凌毅
岑正杰　　方佳如　　王蕾　　林一帆　　李贤霞

旅游学院

俞丽梅　　梁嘉怡　　甄晓彤　　梁籍文　　魏　斯　　李　想　　萧向荣　　洪琪媚　　陈嘉雯
梁美娟　　黄嘉莹　　陆志峰　　黄浩远　　陈健杰　　成佳俐

法学院

郑华锦　　陈泽雄　　王雅婷　　杨文初　　杨嘉欣　　叶雅媛　　林天鹏　　林秀清

公共管理学院

吴辉煌家　刘鸿华　　甄珮芙　　陈琪琪

文学院

徐嘉琪　　黄嘉梨　　连颖宁　　洪煌灿　　陈加浚　　陶翠雯　　黄卓毅　　时羽飞　　周承德
陈伟扬　　高　莲　　冯全瑛　　李安亮　　郑伟见　　黄俊杰　　梁籍茵　　陈依彤　　陈家明
张　烜　　王丽莉

外国语学院

彭宝珠　　陈媛媛　　麦安迪　　吕诗颖　　梁雪怡　　陈健霖　　刘莹枝　　张　伟　　张　英
肖玉红　　王　琳

美术学院

陈秋桦	陈静雯	郑雅尹	郑 踊	吕汉良	余佳静	霍婉毅	吴得军	李健仪
闵瑞燕	谢嘉敏	吕汉旋	吴达海	杨 升	卢间芊	杜 炯	庄江锋	陶鑫立
林成辉	庄汉铮	杨朝婷	黎卓欣	江玲玲	梁慧怡	谈嘉浩	于金英	陈佳铭
龚晓攀	陈贵兰							

体育学院

陈詠琪　郑家荣　黄伟衡

三等奖

计算机科学与技术学院

| 麦文郁 | 王靖雄 | 劳沛华 | 黄嘉豪 | 梁嘉俊 | 梁永扬 | 郑建新 | 刘伟星 | 梁志辉 |

化工学院

罗晓韵　翁承孝　黄伟昌

材料科学与工程学院

张安妮

机电及自动化学院

朱志强

土木工程学院

刘远邦	梁美玲	黄 彪	陈泽汶	吴志豪	陆日正	詹焕冉	邱义兵	彭俊铭
黄曦乐	林兆康	陈乐文	刘伟强	梁嘉华	黄启麟	张少晖	吴东权	吴健辉
高振鹏	霍志伟	邝子浩	李志鹏	梁俊杰	熊明耀	吴国政	黄绿松	陈 昕
王 昆	杨骏然	吴志华						

建筑学院

黎佩欣	伍韦轩	黄童欣	卢美棋	胡佩桢	宗依伦	戴耀忠	許嘉婕	陈柏翔
黎俊朗	叶子岚	陈柏亨	王德华	朱靖媛	林凯嵘	刘嘉俊	刘家豪	张景瑞
叶 慧	李裕强	陈星融	阮诗琪	梁卓培	梁嘉媚	蔡小玲	廖满洋	蔡嘉翔
陈德祺	江永源	吴侨艺	黄晓颜	陈 量	陈伟文	江兆麟	汤焯言	邝伟强
陈淑玲	欧颖刚	梁文杰	黄培俊	施冠雄	谭凯欣	陈梦华	范世锋	黄华盛
雷成龙	郑嘉骏	余沃汶	徐家俊					

音乐舞蹈学院

| 毛桂姿 | 黄倬莹 | 凌家健 | 邓雅媚 | 吴雅姗 | 蔡震涛 | 吴茜茜 |

哲学与社会发展学院

| 梁发强 | 蒋曙光 | 吴志伟 | 李雄卫 | 蔡聪奇 |

华文学院

蔡惠民　张碧玲　吴秀秀　李冬梅　陈卓殷　任咏恩　罗静妮　李丽诗　郑康怡

经济与金融学院

陈家媚　秦　亨　林文熠　陈家麟　吴家辉　洪佳景　曾静敏　赵嘉豪　潘启力
何嘉云　陈榕斌　谢光宝　曾锋源　翁嘉豪　刘小盼　方晨旭　陈爱英　林欣晟
梁健樟　郑婕婷　李旭龙　许梓鸿　潘晓芸　梁家杰　杨嘉仪　黄孝洺　叶　晴
简浩志　孙武均　岑锦欣　吕荣增　蔡珊珊　朱　舟　杜俊彦　王昭杰　张茜茜
李少江　洪晓雯　钟俊达　许佳纯　林董泉　陈加豪　黄嘉裕　郭凯楠　杨永曦
陈毓峰　严紫鹃

工商管理学院

黄咏诚　黎志明　徐幸洁　巫瑞芬　区炎培　吕泳锜　陈家俊　冯倩倩　苏　晨
陈纹胧　黄丽华　蔡家伟　陈　鑫　杨振华　蔡文强　陈嘉浩　潘建文　彭佩怡
陈源森　薛纬伦　陈贵炳　邓权昌　郭靖儿　姚振朗　谭民锋　邓丽霞　王伟坚
蔡梓俊　吴蒨雯　李启勇　廖文杰　陈禄贤　黄俊曦　黄媛媛　王婷婷　李文渊
黄嘉迪　郑惠文　黄晓静　陈玮珊　李健业　杨雪芝　李振昌　邝文彦　何生华
林荧情　王熙怡　许丽红　陆嘉琪　蔡一鸿　徐惠妮　彭佩悠　邝嫚霞　陈子恒
吴家宝　李志辉　周绮婷　陈毅康　李健文　杨　艳　林美怡　方艺瑜　胡家兴
黄梦雪　周家俊　卢志恒　刘祖鹏　吴英杰　王宝芸　王爱鑫　韩丽丹　朴勇虎
俞栋霖　陈婷婷

旅游学院

罗健乐　黄淑冰　李阮儿　陈庆衡　黄奕翔　吴晓燕　吴晶晶　赖碧勤　饶梦瑶
赵嘉俊　黄林凤　叶舒莹　吴家熹　蔡咏杰　施柏浩　杨瑞欣　江晓曼　吴嘉俊
李绮聪　李飘雪　施能瑶　李志文　许家培　吴海衔　唐达翔　梁永声　黎铭聪
甘秀琼　陈惠敏　郑健环　朱启俊　黄　伟

法学院

刘　辉　张永兴　曾振坤　潘伟豪　王旭星　李宇贤　侯伟业　何国彬　崔　剑
孙　丽　李贤虎　孙晶晶　陈兆春　黄家明　梁淑文　陈文达　郭泽林

公共管理学院

李晓明　陈欣欣　林颖沁　陈迪威　陈元芬

文学院

王雨嫣　郭靖雯　黎紫滢　叶畅荣　何炜乐　聂慧仪　高骏鸿　欧阳文杰　蔡少训
吴靖宣　胡颖琳　曹础文　王安妮　郑慧姗　徐明越　黄菀思　邓清文　钟智龙
吴迪炜　张志雅　陈慧明　唐善君　王家濠　江嘉琳　许伊琳　吴雅琦　卓金鹏
徐雅伦　庄家鹏　吴依婷　伍嘉倩　关大军　余威廉　陈杏敏　何　熹　孙明惠

吕吉燊　叶多多　孙洲伟　李　铮　陈铭佳　黄子迅　刘浩达　施婉瑜

外国语学院

周欣薇　植家祺　姜元福　曲明星

美术学院

谢盟蕊　石智豪　潘　瑾　黄兴健　叶静雯　梁家辉　张文劲　陈啟超　董文建
郑柳枝　赖依成　余炜彤　陆茵怡　廖君怡　吕婉晴　叶浩龙　余佳思　钟文光
吴皓晖　吴静薇　赖玮滨　李均浩　何镇杰　黄苹苹　张建辉　吴志强　梁宝如
黄泽楠　曾宝凡　谢小丽　方向华　杨淑媚　黄嘉尉　华尔霆　林民燊　蔡威信
李幸儒　朱宇麒　谢嘉怡　黄锶溦　雷浩华　林嘉诚　谢国威　陈浩铭　曲美燕

体育学院

吕瑞祥　郑聪成　刘珈铭　杨嘉毅

华侨大学年鉴
2015

2014届毕业生

2014届本科毕业生名单

材料科学与工程学院

材料科学与工程

白 杨	陈昌照	陈 驰	丁嘉艺	何炳松	黄立群	黄培贤	黄盛杰	黄伟俊
姬海峰	姜琪妍	李浩林	李龙标	李 敏	李 松	李智锋	林冰城	林 杰
刘飞翔	刘国璋	刘宏升	刘良木	刘梁辉	刘雅敬	刘赟杰	卢 楠	吕慧娟
毛国栋	彭才茂	强钟瑞	申骏峰	苏山河	王多刚	王 富	王 雪	王 艳
吴金桥	许坤峰	许凌云	许清良	杨 理	袁 媛	张贤杰	赵 钰	郑文聪
郑逸滨	朱崇隆							

材料科学与工程（新型功能材料方向）

敖武兴	陈琼琼	高钰翔	郭 睿	韩明学	黄佳祺	姜雨桥	靖 哲	赖庆泰
赖世浅	李汉洪	李琳娟	刘柯江	刘文萍	刘孝东	吕烈鹏	马 洋	潘 伟
任德元	孙 蒙	孙 玮	陶明烨	汪少波	王继萍	王 菁	王坤永	王明龙
王秋斌	王晓连	王旭东方	王颖芳	王宇晨	温洁玉	吴小燕	吴雅各	夏 鹏
谢志成	徐银辉	余盛威	张玉成	赵祯政	周旭俊	朱慧丽		

高分子材料与工程

陈博文	陈 号	陈 健	陈 琦	陈盛杰	陈小岩	陈小宇	陈晓彬	陈耀滨
陈泽宇	褚 江	邓松涛	丁 胜	董妍睿	杜拥军	范鹏程	高 鹏	耿婵婵
胡芳娟	黄芸芸	蒋和金	景佳欣	瞿伦君	李春进	李 佳	李雅泊	梁腾辉
林丽铃	刘 涛	刘远兴	刘兆路	罗红英	罗 燕	马趁心	孟嘉奇	潘映娜
彭辉进	乔 丹	桑晓阳	史瑛楠	苏金勤	孙传懿	汤 朦	唐 平	王 健
王雅苓	王 粤	危平福	韦家德	闻 静	肖水明	谢 婷	辛立强	熊 阳
徐 静	徐 涛	闫文雯	杨广杰	叶苏萍	余剑辉	詹立稀	张光照	张礼海
张 丽	张南杰	张思帷	张 璇	张泽宇	周 娇	周婉琳	朱增林	

应用化学

蔡李娟	陈炳衡	陈 存	陈 权	陈艳利	程晓宇	董亚文	杜存林	高静远
顾 爽	何梦莹	何昭颖	洪 流	胡小青	黄永睿	柯健康	李 悦	连向南
梁 尧	廖 羲	林瑞涌	刘 丹	刘 典	刘 平	刘群凤	刘 旭	刘 岩
卢德鸿	卢 甫	陆含峭	罗 杰	马小茜	马正怀	年同一	钱金钰	邱 莹
渠明玉	沈璐蓓	施有洪	苏丽青	孙 睿	汪玉璟	王 成	王晓波	王艳艳
王玉英	温名山	吴周家	伍秀珠	徐 卉	徐玮键	杨焕成	叶雨晨	尹嘉齐
余梦雯	喻 剑	曾才祥	张 彬	张灿阳	张池芳	张虎台	张建昌	张青山

张振洪　赵　越　周小朋　朱思雨　朱　真

法学院

法学

白　洁　白亚芬　蔡彬彬　蔡美英　蔡荣荣　蔡淑婷　蔡渊靖　曹君莹　陈嘉豪
陈　洁　陈桔靖　陈亮吉　陈珮珊　陈　侨　陈舒曼　陈树锦　陈逸晴　陈志艺
陈钟毅　陈卓铿　陈子凡　代明芬　戴苏珊　戴莹莹　邓丽玉　邓晓敏　刁笑笑
丁汉钦　丁　季　杜婉茹　杜星燃　段　炼　范仁琪　方爱丽　方孙雅　冯小川
冯　燕　符启兰　傅　豪　傅家谋　高　鑫　葛　妍　韩梦雪　何莹虹　何珍奇
洪夏欣　胡士强　胡永观　黄法林　黄嘉炜　黄黎萍　黄　璐　黄　璐　黄梦奇
黄文兴　黄　昕　黄艳菲　黄　懿　黄钟越　江　丽　蒋　聪　蒋嘉娜　金　添
康　静　赖德栋　雷　永　李丙坤　李程龙　李　浩　李　晶　李　羚　李苗华
李　敏　李清池　李　睿　李珊珊　李思宇　李蔚然　李　玺　李晓峰　李晓曼
李雅婷　李　洋　李银苗　梁潇之　梁裕聪　廖文琦　林超男　林　峰　林利洪
林师永　林　婷　林婉霞　林玉丽　林韵濤　林泽升　林振科　林志杰　刘丹丹
刘　湃　刘　萍　刘思林　刘奕彤　刘昱倩　龙明莹　吕景路　羅震明　骆闻雄
马冰帅　马美玲　木慧洁　欧典江　秦　力　邱楚楚　邱小芳　邱志晶　区文俊
任慧燕　任旭阳　商洁璇　宋丽君　苏　航　苏浩文慧　苏雪冰　孙弘隆　孙　虎
孙　莹　孙　钰　汤小芳　汤卓云　唐　阳　田　璐　田孝明　童　瑶　涂淑敏
万增武　汪　亚　王　波　王潺药　王　晗　王嘉懿　王剑峰　王　岚　王乐乐
王琳琦　王浦璇　王世奇　王婉妮　王晓芳　王晓兰　王晓霞　王旭阳　王燕萍
王志强　魏梦怀　魏琬玲　魏学美　魏　云　文广威　文阳凯　吴海群　吴婉芳
吴燕妃　吴　洋　伍玉军　谢　晨　辛文武　邢　丹　徐飞博　徐雪纯　徐智敏
许泽汉　许照红　杨惠贞　杨佳容　杨进发　杨　柳　杨　敏　杨张玉　姚蜜蜜
叶佳林　葉建宏　易红梅　余劲毅　余卓林　俞雪芬　岳金洋　曾　丽　曾诗秦
翟奥涵　詹丽杨　张　畅　张济时　张江溥　张　磊　张连凯　张　灵　张玲玲
张路路　张梦洋　张明文　张倩云　张升月　张　文　张　瑜　郑弘楠　郑柯娜
钟海阳　钟良玉　钟自强　周晨宇　周　霞　周小娟　朱文君　庄凯旋　庄坤山
庄彦为

工商管理学院

财务管理

蔡能才　蔡晓梅　陈炳贵　陈灿章　陈华兴　陈　琳　陈　琦　陈　蓉　陈　施
陈　婷　陈　歆　陈奕冰　程永单　池双好　戴灿杰　戴　晓　邓冰洁　范培栋

范素华　冯现艳　付　聪　高清美　邰　阳　葛爱华　巩家慧　郭海芳　郭　靖
郭伟超　郭云清　韩慧茹　洪慈婷　胡　霄　黄海媚　黄华泽　黄慧珊　黄金城
黄兴达　籍晗荧　贾元凤　江明娇　江秋萍　江晓静　姜加园　蒋萍芽　蒋新星
金彩慧　靳为栋　赖丹艺　李爱清　李　卉　李健伟　李梦凌　李培佳　李晓柔
林碧婷　林　芳　林　锋　林惠婷　林　竞　林梅凤　林　倩　林炜玮　林晓瑞
林秀清　林燕红　林　郁　刘　俊　刘　倩　刘伟妹　芦若芸　毛　格　潘洁霏
潘明珠　彭巧迎　彭　雪　彭　哲　秦　铭　秦　怡　邱艺环　冉从平　上官羽
宋琳琳　苏锦润　苏雪苹　苏渊正　苏志清　孙凯昂　唐　婷　涂巧妮　王　芳
王建成　王君捷　王秋萍　王　昇　王文财　王雪声　王雨薇　魏高义　文　莎
吴爱恩　吴冰冰　吴崇蕊　吴富英　吴辉雄　吴丽丹　吴鹭飞　吴巧娥　吴小金
吴延艳　谢梦凡　谢永奕　熊宝珍　徐昌淼　徐锦芳　徐梦雪　薛　冰　薛福明
颜冰然　杨玲娇　杨世旻　杨苏芳　杨为冰　杨晓彬　杨　雪　姚凯林　叶聪丽
余洪炜　余金芳　曾明杰　曾源子　张楚婷　张慧敏　张琼瑶　张晓红　张秀琴
张　莹　张　云　张志程　赵　莉　赵学英　郑广宇　郑海霞　郑诗怡　郑淑娇
郑晓珊　郑一楠　郑滋婷　周　宁　周一杰　朱鸿洋　庄小蓉　卓敏秀　邹丽鑫
邹沁言　邹　欣

工商管理

蔡少钿　蔡自燃　陈　瑾　陈丽萍　陈柳虹　陈　琴　陈　群　陈书江　陈　铤
陈兴志　陈雅琳　陈嫣博　陈燕娜　陈燕茹　陈于知　池捷敏　代俊峰　戴珊妮
董晓燕　段赟婷　傅静雯　何　花　何龙伙　黄辉明　黄善林　黄少迷　黄学良
黄雅棠　霍叶嫦　康冰丽　雷宜清　李家贤　李　娟　李立群　李小龙　梁　洁
林　聪　林振星　林　智　林祝标　刘世铁　陆文杰　吕佳虹　马呈凌　彭永佳
邱　露　沙思婷　沈文骏　施鸿华　石　佳　史文扬　苏佳玮　苏丽萍　孙　琳
孙　悦　涂志杰　汪坤柱　王国兴　王君睿　王荣飞　王婷慧　王伊人　王宇晨
危梅芳　翁惠芬　翁铭佳　吴　栋　吴丽娟　吴诗晗　吴万武　吴炜琳　肖　鹤
肖轶群　谢昊志　徐丹华　徐国栋　徐晓晶　徐杨点点　许凤梅　许世伟　薛隆芳
杨冰冰　杨丹彤　杨静思　杨莉莉　杨小梅　杨沂涛　叶沐勇　叶晓银　易少挺
余传扬　余达明　余纪燕　余民航　俞　鸿　袁莎莎　詹庆丽　詹珊珊　张杰煌
张凯杰　赵　本　赵潍城　赵玮妍　赵　杨　周嘉祥　周　颖　朱丽琳　朱燕玲
庄荔彬

人力资源管理

蔡佳佳　蔡任航　曹君荣　曹　圆　陈溷贻　陈锦德　陈　娜　陈琼琼　陈舒祁
陈　婷　陈雯莉　戴灿峰　丁彩云　丁　祥　范秋叶　葛晓晖　顾梦琳　何东明
何玲玲　何　媛　洪晴雯　黄　红　黄婉萍　贾　如　江美华　姜　达　姜　娜

蒋舒童　李丝雨　李夏琳　李雪晨　李雅倩　李悦恺　李再兴　李梓召　梁嘉豪
梁诗颜　林莉云　林　琴　林小敏　林展萍　刘海洋　刘慧慧　刘丽雅　刘倩倩
刘晓溪　刘雅玲　刘　杨　刘宇楠　卢璜俊　吕宜家　罗晓宇　马之骅　聂茜茜
彭小妹　尚晓明　司徒健富　谭苑苑　王光烁　王家成　王　洁　王靓薇　王　萧
王婷婷　王希瑾　王燕玲　王雨谦　王志健　邬　琼　奚思雨　冼淑珍　项霁雯
谢福龙　徐志恒　严进凤　杨国富　杨万程　杨晓琳　姚兴婵　余　露　张本玲
张丹婷　张嘉雄　张　军　张玲玉　张书皓　张晓阳　张奕川　赵红艳　赵瑞青
赵　婷　郑燕君　周思淼　朱婷婷　邹伟杰

市场营销

卜元捷　蔡培珊　蔡杏斯　陈春明　陈培盛　陈炜乐　陈文倩　陈侠家　陈宇翔
陈真真　陈周虹　邓家海　方苏芹　高　莹　郭紫莹　贺晓靖　胡江海　黄柏林
黄东顺　黄子彦　蒋仕超　兰　昆　李　坤　李　想　连乐记　梁嘉瑜　廖嘉茹
林荣方　林婷婷　林玉凌　林谕彬　林　智　刘　甲　刘静雯　刘司晨　刘　行
刘雅莉　刘志威　柳世豫　卢江城　吕晓锟　吕燕洪　罗　俊　麦伟强　闵济与
欧阳淳鑫　彭　飞　彭康君　彭　媛　邱庆云　容达成　施少雄　石雯超　宋　语
苏耀荣　谭俊杰　唐子媛　王海榕　王　欣　王雪莹　魏婷婷　温伟江　吴华星
伍嘉杰　项俊茗　修相宏　徐美欣　杨　乾　杨卫亮　叶鉴策　叶　雨　余志民
虞湛康　袁玉珊　张翠清　张林烽　张敏杰　张小群　郑　欣　钟振辉　周　来
周　璐　朱义军　祝力伟　祝琪琦　邹豪辉

物流管理

蔡雨初　曹　晖　陈　滨　陈楚斌　陈泓伽　陈　明　陈秋霞　陈依琳　陈志成
陈　柱　陈宗鑫　崔　岩　丁浩宇　董秀伟　段若泓　冯倩缓　高　飞　高晴燕
桂　馨　郭端端　洪雪娇　胡安琪　胡南洋　花馨琳　黄炳聪　黄敏玲　纪　越
贾丰伟　江淦泉　姜　浩　蒋秋月　金　叠　黎浩然　李嘉威　李松林　李彦霖
梁伟健　廖丽芳　廖源媛　林海艳　林景平　林永亮　刘　彪　刘鸿权　刘盼盼
龙　雁　骆楚云　欧铭康　潘国阳　潘丽洁　曲　燕　容晓敏　沈晓敏　沈杨雯
石炜锋　谭　琴　唐文利　汪阿美　王伟华　王艳玲　王盈之　王　友　王智昊
未蕾蕾　魏绘琴　魏文博　吴诺敏　吴旖旎　夏小云　谢雅军　徐雪玉　许晓霞
薛　也　杨光梦茜　杨　路　杨子江　叶巧真　张　琴　张小欢　张　秀　张雪冰
张耀坤　张　莹　张　跃　张志鸿　赵晟昆　郑昌汉　周裕俊　朱潘进　卓小川
林玉钊　赵耀杰

信息管理与信息系统

蔡　清　丁南根　段腾霄　冯晓函　顾　婧　何世福　何玉山　黄　超　纪龙文
揭翠平　李江竹　李艺如　梁　叶　林靖虹　林锡深　林喜喜　林晓莉　林雅卿

卢秋静　孟　慧　苗　欣　苗永征　邱圆波　任志东　宋远征　速莹璐　汤晓霞
唐博书　唐　策　涂金珠　王迟归　王晓芸　王昱丹　王之远　吴　平　徐立梅
许　勇　许朕垚　薛诗凡　杨琛璐　杨　玲　杨　璇　郁敢攀　曾丽珊　翟　蒙
张爱玲　张飞波　张梦浩　赵　静　赵　鹏　周启涛

工学院

电子科学与技术（光电方向）

贾战强　凌　鹏

电子科学与技术（光电子技术方向）

蔡志鑫　曹晓剑　陈金顺　丁延龙　范文娟　甘　茜　郭　俊　何飞层　胡福盛
黄龙杰　黄育艺　姜　伟　蒋大振　康建杰　李晓露　林辉育　刘　升　刘　嫣
刘兆亨　吕欣源　潘　兴　秦　韵　丘福烜　阮秋君　石丽明　苏祺深　孙丁月
覃传宁　王　振　魏向伦　薛政云　杨　飞　杨　峰　杨立风　姚羿帆　袁列荣
张　星　张秀秀　朱清智　朱霞民

通信工程（微波通信方向）

曹国荣　陈丽霞　陈　扬　方志萍　甘佳霖　高婉璐　耿俞静　郭伟鹏　何兴旺
黄旭南　姜丹丹　雷文欣　李兴勇　梁庆文　林清凉　林秋月　林　盛　林顺兴
林腾峰　林艺明　刘长源　刘　涛　闵令清　曲玉瑶　阮素芹　苏金基　孙庭斌
王聪惠　王佳佳　王意培　杨远艺　要继光　余善军　张伟建　张小东　章　亮
郑玲玲　朱　万　庄超钒　庄瑞斌　左晓雅

网络工程（物联网技术方向）

白茂伸　蔡天鸿　陈　诚　陈　茜　谷樱彬　洪灿先　洪芳莹　胡娇娇　黄　波
黄焱福　黄　宇　蹇同德　蒋　强　李　鑫　李　阳　梁万仙　廖晓杰　刘嘉麒
刘顺喆　刘　越　卢　萍　卢祥祥　陆　昊　马　勇　潘骁健　申夏威　宋春红
孙向向　田少杰　汪先金　王　猛　王轶凡　谢国伟　许彬彬　许新生　杨浦音
叶金洲　尹劭杰　张　洪　张　凯　张　雷　朱宗焕　邹清凤

公共管理学院

公共事业管理

陈绮绚　封文许　冯丽娇　付　星　傅金龙　郭垚天　洪　炜　黄剑峰　姜晓彤
赖　超　赖娟娟　李　彪　李　红　李晓婷　李雪芮　林泽伟　刘金凤　刘志忠
吕秋萍　邱文涛　任柯柯　苏宝珍　王伟国　王乌品　位鸣玉　文春菊　吴　玲
吴　营　谢淑萍　许　宁　杨景惠　杨小凤　张丁杰　郑加莉　郑娜婷　钟常青
庄玮鞾

土地资源管理

陈 伟	崔 波	付婧伊	华裕杰	黄 荣	冷亚馨	李浩莹	马双懿	潘家浩
彭 飞	彭淏玥	孙国飞	王 开	魏明鑫	魏泰阳	谢宇龙	辛 雯	俞湘燕
袁立虎	袁情琴	袁一斌	张广政	张俊华	张萍萍	张 莎	张婷婷	庄婷婷

行政管理

波合丽且姆·阿卜力克木		蔡 衡	蔡鸿晔	陈鸿藻	陈嘉敏	陈晓东	陈修远	
陈亚林	陈 莹	陈玉丹	谌丽鹦	程守亮	戴雨婷	董雯雯	樊宗叶	费 腾
冯 超	高忆非	洪川凤	洪诗轲	胡 倩	胡唯一	黄发来	黄晓梅	黄雅瑜
荆亚璟	李婧榕	李 宁	李三妹	梁慧娟	廖 锋	林 丹	林靖楠	林星辰
刘骏峰	刘 拓	刘子健	柳 巧	娄萌萌	马蕙停	麦麦提萨力·艾尔肯		
毛小明	彭健乔	宋佳美	宋雨杭	唐 润	王 敏	王 烨	魏欣欣	温妍妍
吴春艳	谢筱青	徐振华	许艾程	薛慧莹	杨晶晶	易 敏	尹 迪	俞 香
袁 超	张光轶	张翰奇	张康荣	张林飞	张 倩	张 文	张兴昊	张徐琳
朱孝露	庄伟阳							

华文学院

对外汉语

包 蕾	蔡剑松	蔡亚霖	陈 昊	陈和川	陈惠玲	陈 婧	陈 琳	陈 英
成 奥	成书仪	丛飞飞	戴 威	邓曼丽	邓娅敏	杜嘉璐	范梦儿	范梦洁
冯晓鸥	高 芳	高佳囡	高梦珂	高天洁	高 翔	高 雅	古 娴	韩 立
韩旭颖	贺 媛	胡泓妍	胡巧芬	黄海川	黄 晶	黄石秀	黄 婷	黄 薇
黄小梅	黄欣倩	黄 予	黄越越	嵇益萍	季 琳	贾颖乐	江柠薇	姜 莱
姜 敏	蒋晓芳	焦依琳	金 静	经 晶	康家佳	孔宪蒽	李保明	李传旻
李婧妍	李静然	李 琳	李 晴	李睿君	李 爽	李思嘉	李 翔	李 响
李雪聪	李雨佳	廖春燕	廖新洁	林锦琼	刘 冬	刘华楠	刘 坛	刘文万
刘 珍	路文玮	罗黎黎	罗亚婷	马晓萌	马子杰	孟 津	宁颖琦	宁云霞
潘则平	普彦维	漆辰薇	钱 爽	乔 茜	乔 霞	谯经纬	秦其斌	裘丛蔓
全 秀	沈 越	施圣墨	史杰蔚	宋若溪	孙颢萌	孙思炎	孙 杨	谭 娟
唐郡阳	唐赛儿	田欣如	万 杰	王明月	王雪玉	王雨蓉	王园橙	魏雪枝
翁国富	吴 倩	吴莎莎	吴婷婷	吴语欢	伍国斌	项吉悦	许露月	杨 斌
杨曼丽	杨梦莹	杨 墨	杨 琴	杨 丝	杨晓辰	杨学静	曾良艺	张 荻
张 雷	张鹏志	张 琪	张茜楠	张 韬	张晓刚	张晓蕊	张一帆	赵蛟娥
赵晓红	赵玉馨	郑嘉莉	郑晓欣	周美君	周 妮	朱 玥		

汉语言（商务汉语方向）

陈希元　贾齐子　徐　辉

化工学院

化学工程与工艺

蔡加斌	高亚杰	何　刚	洪情如	姜　浪	康文文	李文然	李晓辉	廖　璐
林福娣	林武聪	刘渊博	刘宗帅	陆高位	毛晓晖	念珠恩	邱　晨	束天奖
谭礼亭	王佳丽	王嘉楠	王文钊	王一飞	吴　盈	向登权	徐淑娟	许唱唱
杨智荣	张维刚	郑贻芬	周志翔					

环境工程

安鸿彬	曹家幸	曹书平	陈敏怡	陈莎莎	陈　游	池映皓	董娟娟	方　凯
黄　东	黄璐晶	鞠含俞	康　乐	黎贵富	李金燕	李　顺	李鸶鸶	林聪伟
林淑雅	刘圣希	柳　婧	吕锶锦	马　蕊	沈芳芳	苏　芮	谭祖耀	唐智星
王　辉	王　蓉	王珊珊	温科淇	吴　妙	吴志坚	夏　天	徐印迪	颜廷华
杨　协	张　辉	张诗洋	张祥文	张宇君	赵阳阳	周　鑫		

环境科学

陈　璐	陈雅莉	邓　颖	郭倩月	韩　璐	侯开泰	华林建	黄诗云	赖小丽
李　婕	李尚惠	梁剑晖	廖骏辉	林彩漪	林承奇	林玉羡	刘　畅	刘　欢
刘利平	刘细平	刘颖果	龙阳可	卢珂宇	卢紫欣	陆　燕	欧　禹	庞亚楠
彭小芳	秦　策	邱其俊	沈　艺	苏　舟	王杰文	王　洁	王若诗	王雅韬
王英杰	魏　林	席瑞娇	肖佳晏	余智杰	袁　薇	占舒婷	张　政	赵娟娟
周楚凡	朱　岩	庄萌倩						

生物工程

艾德轩	蔡　砂	丁　颖	凡　周	冯曙光	郝自豪	黄少平	鞠翰雪	李峰峰
李梁坡	李林蔚	李晓彬	林建辉	刘芬芳	刘　巍	刘小云	罗崇凯	马继明
马　静	牛　浩	庞　然	屈海兆	冉　骞	盛琦雪	史晓卿	史秀娟	孙　端
孙志岗	王　斌	王　燕	王在军	巫秀珍	吴秋燕	吴希文	徐宏宇	徐　谦
徐　巧	闫　威	杨劲杰	姚晓宇	叶文祥	袁永莲	张辰旻	张慧星	张美楠
张慕娴	张曙伟	赵　晖	赵久宇	郑　菲	郑文理	支　驰	周　旋	

生物技术

陈　欢	董敬芳	傅　盈	何小成	蒋　梦	焦　硕	金　晨	康　宁	柯小清
李霍琛	李鲁威	刘　成	刘雪晖	柳　源	马晓青	全夏波	苏冬雪	唐　悦
涂嘉琦	王　蕊	王晓红	吴　镝	吴悦青	夏　渊	谢进腾	杨科峰	郑传楠

周亚飞　周　颖
园艺（观赏园艺）

安明晗　陈淑群　代　旭　董彦里　何　蓉　胡　冰　华科慧　黄蕙蕙　黄润慈
李程琛　廖明财　林雅娟　吕欣旸　欧阳昇　史萍艳　孙龙全　汪颖异　吴怡婧
肖祥壬　徐丹丹　荀天才　曾泽威　张记轩　张杨珽　周丹丹　周文晶
制药工程

陈嘉荔　陈丽丽　陈宪勇　陈　雄　陈　瑜　代晴蕾　傅金平　郭　康　韩旭凤
何　敏　何潇野　洪丹妮　洪晓靓　胡朝光　黄中寿　李建民　李　培　梁金霞
廖先勇　林　琳　刘　阳　罗惠婷　苗　晶　宁　琳　庞萌钰　沈仝仝　苏碧芳
王建威　王雅琼　吴彬彪　吴　宇　肖国荣　邢　雪　应玲玲　喻　杰　袁　丹
曾云珍　张豪菊　张嘉俊　张玲玲　张少枝　张　岩　张颜婷　郑华影　周　耀
周莹滢

机电及自动化学院

材料成型及控制工程

常学文　陈建成　陈瑭龙　陈永星　陈瑀博　党帅帅　樊　旭　郭　埼　黄　熠
黄泳珊　黄志鹏　赖杨杨　乐其河　林建鹏　林望嵩　刘德志　吕敬伟　史丽权
税国静　唐秀秀　王长雨　王文涛　温冰妮　肖正活　谢辉杰　熊诗良　徐晓龙
杨佳毅　杨　洋　袁　雪　张　滕　张育城　郑　霖　钟远香　朱　珂　庄朝帅
测控技术与仪器

常思源　陈　彬　陈思嘉　陈雯东　成名豪　邓云高　董　萌　董　文　付晓光
高付祥　耿梦雪　韩乐天　胡　欢　华　俊　黄昌容　黄伟波　江　超　江　春
雷丹琪　李春娟　李佳音　李清城　李瑞峰　李　洋　李兆祥　梁　玉　林晨辉
林立江　林书富　刘国栋　刘　龙　刘彦昌　罗　飞　马小开　马　玉　潘竹馨
钱云超　沈臻祺　师伟祥　石　峰　舒秀玲　孙汉良　王　冬　王　乐　魏丹清
吴　涛　武　斌　夏梓淇　谢香富　薛　成　严　翔　杨保鸿　杨顺刚　于　靖
於得奋　袁奶锋　袁青锋　曾富荣　曾兆蔚　张　平　张　野　郑任宝　周振源
朱俊涛　朱　威
车辆工程

敖长虹　白俊青　曹毅豪　陈　锟　陈　沈　崔宇婷　窦有敏　付　恒　傅明强
高　升　高　雅　葛平政　顾　远　何荣杰　何欣弘　黄鹤群　黄华蓉　黄琪皇
姜骏飞　李梦迪　李玉秀　林丽花　林目良　吝辉辉　刘　凯　刘星宇　鲁明皓
罗万友　马清华　马守国　秦　武　宋向斌　孙伦赫　覃　海　王化龙　王惠勤
王朋海　吴坤淑　武彦迪　颜奇佳　杨丽明　杨　睿　虞子真　张伟强　张秀路

张逸超　章　群　赵　超　赵洪杨　赵　研　郑建新　郑文彬

工业设计

蔡昊成　蔡颖杰　曹金龙　陈平安　陈天航　陈小艺　程万里　邓浩林　范义蓓
葛　琪　胡永花　黄佳伟　黄美子　黄　鑫　蒋皓宇　乐发祥　冷　皓　李零一
林晨昕　林昱川　林志超　刘馥源　刘晶晶　刘琳琳　刘　鹏　吕　巧　欧晓玲
秦奇慧　尚　鑫　邵　鹏　佘星翔　沈亚阳　宋晓鸣　苏勤健　苏志泉　孙　春
万珊红　汪小敏　王非毅　王　英　吴冰杭　谢梦玲　薛　航　杨沛汶　杨旗航
余宸铭　俞　珏　张德云　张汉林　张建文　张梅梅　张茉莉　张雅祺　赵昌皓
赵　琰　周晓敏　朱玮玮

机械工程及自动化

安峒峒　蔡东旭　蔡　鹤　蔡文鸿　蔡文强　蔡泽堃　蔡志斌　曹丙刚　曹昌实
陈长河　陈达伟　陈德飞　陈　帆　陈广坤　陈海冰　陈宏奎　陈华露　陈静思
陈开李　陈临湜　陈柳丹　陈明勇　陈南海　陈　宁　陈　睿　陈诗纯　陈世隐
陈思恺　陈　涛　陈维盛　陈伟翔　陈　炜　陈卫滨　陈文辉　陈袭涛　陈小卫
陈晓昇　陈新杰　陈　兴　陈性杰　陈　雄　陈　瑜　陈哲辉　程　鑫　崔锦涛
崔兴坤　戴晓丹　但加成　邓　倩　邓玉财　董寿平　董树尧　段东升　段门兴
范敦芳　范家轩　范建平　方俊伟　方志斌　冯　斌　付　杰　傅栋林　傅　强
高桂才　高俊杰　高　起　高唐玲　苟艳丽　顾荣荣　郭　峰　郭齐岳　韩浩宇
何恕预　何肖奎　贺建峰　洪海生　洪文丕　洪晓光　胡超超　胡华鸿　黄国平
黄国雄　黄煌斌　黄建亨　黄　杰　黄　威　黄伟军　黄伟平　黄文康　黄祥斌
黄永辉　黄永强　黄有斌　黄周首　黄梓俊　江方文　江乾春　姜文涛　蒋际友
金　炎　靳晓东　柯建勇　寇成林　赖　华　蓝永霖　乐长江　李佰树　李　琛
李丹红　李福平　李　赓　李　豪　李洪阳　李金刚　李君颢　李　乐　李　璐
李　鹏　李茜茜　李少波　李思春　李思萌　李婷婷　李文斌　李小伍　李晓刚
李兴华　李学宽　李亚龙　李阳川　李　杨　李振汉　李志煌　李治明　连美橙
廖晓全　廖信江　廖毅炜　林宝琳　林代立　林　笛　林飞强　林　湖　林建华
林良勇　林凌攀　林清凡　林　权　林莎露　林少鸿　林　伟　林伟宁　林伟然
林　武　林　萱　林永华　林振民　林志刚　林志桦　林卓远　林子鑫　刘　彬
刘灿华　刘昶贤　刘　枫　刘国华　刘瀚翼　刘　杭　刘　虎　刘金柱　刘瑞亮
刘珊珊　刘思琪　刘晓旭　刘修斌　刘育斌　刘　云　卢荣昌　卢　煜　陆炎华
路峰安　罗箭涛　罗文华　缪　骋　莫旺月　潘　冷　庞记明　彭友华　齐　威
邱荣熙　邱舜彦　邱宗建　饶　航　任鹏飞　任　雨　史晓冬　寿　炯　舒雪琴
司　晨　宋时雪　苏明南　苏少将　孙　飞　孙起升　孙象明　孙雨琦　谭秉劼
谭鸿劲　唐　博　唐付龙　唐小刚　童安夏　汪浩威　王富强　王鸿源　王华辉

王晶	王柯	王丽娟	王利杰	王彭	王晴玉	王秋实	王泰连	王涛
王文龙	王武	王兆华	王喆	王振杰	王振军	王志洋	王智通	魏永鑫
魏宇祥	温玉珏	文登圆	吴顺德	吴为伟	吴文兴	吴忠毅	武国鹏	武家恪
夏春林	肖晓杰	肖月	谢峰	谢文斌	谢吴峰	谢晓嵩	谢永强	辛春鹏
徐慧强	徐建喜	徐康	徐遥遥	徐玉菲	徐忠菲	许发兴	许浩丽	许佳伟
许文学	许旭明	许中秋	薛迎	薛志伟	严振兴	严志和	阳东平	杨柏荐
杨帆	杨高	杨杰	杨翔鹏	叶彬彬	叶宏祥	叶新佳	叶镇漳	殷胜胜
尹本志	于贤述	余建钧	余金清	余禧藁	余震	袁业民	岳蓬	曾庆
曾云	詹明耀	占洪	张崇俊	张冬冬	张恩泽	张洪彬	张华	张杰龙
张锦鑫	张俊鹏	张谋桂	张宁	张森	张胜	张天兴	张同杰	张维
张翔	张新超	张许杰	张亚雄	张勇贞	张余	张志雄	张壮举	赵彩邦
赵长磊	赵坤	赵明新	赵威威	郑晨熹	郑观东	郑国清	郑厚隆	郑新华
郑振强	郑振雄	钟国睿	周飞	周鹏	周荣洪	周正川	朱敏雄	朱石春
朱阳	朱志豪	庄伟东	庄文龙	邹广跃	邹智良			

计算机科学与技术学院

计算机科学与技术

蔡安琪	陈洪	陈嘉	段成金	古耀华	谷远鑫	郭丹萍	郭小勇	洪阿超
胡文华	胡晓丹	黄骏腾	纪新婷	姜欣	康远航	赖俊逸	黎邦辉	李婧阳
李铠君	李璐	李响	林德荣	林云川	刘必洲	刘桂华	刘桂莲	刘孟南
刘孟希	刘骁	楼悦添	卢江平	罗永梅	孟凡烨	苗亚飞	聂怡	潘红梅
彭婉玲	皮翎言	秦越	丘鹏	邱启展	任俊错	邵瑞	舒忠明	田品卓
王陈飞雪	王福松	王佳丽	王杰	王平	吴不可	伍容奇	杨超	杨苹
叶金鑫	易诗吟	应冰倩	俞悦	张楚	张迪	张立言	张迁	张玄
张宇霆	张智文	赵飔	郑惠元	郑洁	郑小诗	郑泽雨		

软件工程

蔡博谊	蔡江洋	蔡晓萍	陈国强	陈昆汉	陈婷婷	陈毓馨	池海霄	代其全
邓涛	范曾威	范宗文	傅艺辉	郭树鑫	洪镇宇	侯毅	胡桐生	黄东杰
黄飞	蹇举平	姜金稞	蒋朱丹	雷秀洋	李成	李枫	李嘉俊	李井鑫
李景辉	李荣波	梁梦夏	廖华	廖志伟	林莉	林琳	林友瑞	刘必山
刘贺强	刘晶晶	刘小刚	罗兴安	骆科华	彭梦影	尚辉辉	司胜昔	苏沛
苏伟江	孙常煜	汪康炜	王长江	王超	王冬铁	王幸	王钰	魏英富
吴成淳	吴素明	夏文斌	谢骏斌	徐方华	徐铭	徐烨磊	许辉荣	杨得烜
杨亚飞	姚源登	叶城宇	尹席	郁延书	岳娟	曾鹭辉	曾昭宇	翟利华

| 张定瑞 | 张锦彬 | 张　越 | 张圳林 | 郑　光 | 郑庆财 | 郑伟杰 | 钟　悦 | 种生祥 |
| 周　东 | 周士翔 | 朱　斌 | 朱俊龙 | 朱楠楠 | 朱　鑫 | 朱志刚 | | |

网络工程

安　艳	白家明	蔡滇新	蔡圣茂	曹群刚	陈航宇	陈　剑	陈绪群	陈钊懿
程瑶佳	丁殿成	丁晓青	董炳娟	董杰慧	董　宇	范祥和	郭汝南	洪晓华
胡　显	黄炳强	黄延池	雷丽楠	李冰林	李　超	李嘉琦	李　蹊	李伟萍
李　智	林加应	林振辉	刘　超	刘寿浩	刘　威	刘修洋	王子君	谢雨辰
谢振华	谢振生	许键树	许　威	闫茜如	杨　芳	杨立平	杨云珊	杨志刚
姚阿兰	姚　峰	袁海东	詹　皓	詹晓玲	张珊珊	张兴正	张一鑫	张振兴
郑丽容	朱金花							

建筑学院

城市规划

陈富兴	陈树远	陈　阳	池润漠	傅彬凤	郭斯蕤	何　浏	胡立博	黄作秋
解　煜	柯若凡	李　霄	李逸婷	林莹莹	刘昕语	骆钰恒	莫曙林	任天奇
王佳曦	吴乔松	谢嘉宬	谢　君	许甲琦	杨思桦	詹　舟	郑承于	郑嫣然
周　正								

建筑学

蔡建滨	蔡健雄	蔡静怡	蔡梦芸	曹林峰	陈博宇	陈昌活	陈　超	陈路路
陈小平	程　坦	单雨晨	邓　冬	邓文林	杜佳航	段晨光	高　翔	郭晨晖
韩智灏	黄富坚	黄河清	黄鹏龙	黄文君	黄泽霖	霍颜颜	姜　萌	姜懿航
李建晖	李　森	李亚星	李　盈	连伟昌	梁　垚	林冰冰	林海军	林瑞福
林顺发	林炜劼	林文杰	林玉慧	刘丹薇	刘建辉	刘珉宇	刘　勇	卢耀星
罗文杰	罗泳仪	罗子健	马益欣	倪博恒	聂珀江	全溢思	沈鸿翔	宋思亮
孙鉴州	汤沃沛	唐　捷	唐雅婷	汪东发	王国新	王鸿斌	王江鹏	王昕荟
吴晓敏	吴振兴	夏曙光	谢志勇	谢智康	辛　颖	徐梓钧	许建兵	许世伟
杨　冰	杨景斌	叶　滢	叶　子	詹佳佳	张定军	张健琳	张炜瑶	张　媛
张镇威	郑诚毅	郑　晴	朱世靖	庄泽毅				

艺术设计（建筑与城市环境艺术设计）

蔡丹怡	常　帅	陈高峰	陈建成	陈钧铭	陈丽明	仇文超	杜胜子	段格格
段慧群	范子豪	付　璇	高　钦	关好晨	郭　冉	郭韦麟	黄家健	黄家琦
黄旨蔚	黄智丽	简　俊	李锦铭	李蔓林	李政豫	连梦君	林晓琳	林紫苑
刘　闯	刘佳钰	刘嘉清	刘敏刚	刘惺憬	芦蔚宜	陆秋香	马华炎	马晶鑫
乔　靖	申　妍	沈　苗	施佩仪	陶　陶	王　健	王天成	魏美佳	吴盛辉

肖培飞　许桂针　叶　欣　于　悦　张　博　周煜智　朱煌林　朱志梁

经济与金融学院

电子商务

陈丽萍　迟善松　戴秋霞　杜以曼　附玉兰　郭　瑶　何佳宁　何嘉雯　何均鸿
胡　玮　黄桂鸿　黄汉栋　黄　荟　黄惠恒　黄跃宝　嵇浩翔　蒋祉玫　赖俊李
李佳慧　李建卿　李瑞峰　林丹丹　刘苏颖　刘晓倩　吕方杰　马　斌　潘丽萍
邱一鸣　冉　景　树　刚　苏　捷　苏佩纯　孙根璞　孙惠萍　孙如梅　田嘉美
王　霞　温小虎　项伟成　谢象聪　徐　彪　杨善峰　杨晓婷　俞文娟　负佼鹏
张珮玲　张素艳　张　薇　张纬国　张增华　张　振　郑建新　钟玉洁　朱　敏
朱顺菊

国际经济与贸易

白海成　白怡华　蔡嘉嘉　蔡少白　蔡盈佳　蔡宇航　曹　冲　陈　晨　陈海燕
陈汉祥　陈泓霖　陈晶音　陈璟鑫　陈静娴　陈铭泰　陈娜娜　陈榕青　陈少杰
陈绍良　陈亭佑　陈星森　陈焰平　陈轶男　陈　英　陈卓敏　陈俊豪　陈桢凯
池毓丽　崔雪源　邓倩影　杜文鑫　杜　颖　朵晓蓉　高如萍　高贤民　高玄哲
高杨影　顾　凤　韩林材　郝慧加　何俊庆　洪梅琼　洪艳艳　胡桂东　胡学智
胡雪洋　黄　君　黄　敏　黄墨雨　黄慕文　黄宿桐　黄　蔚　黄文杰　黄燕卿
黄莹莹　季秋菊　江明梅　姜　芮　蒋媛媛　金秀燕　康萍华　柯展豪　赖丽珍
赖梅芳　李传圣　李　飞　李吉羽　李美霞　李　敏　李荣进　李双跃　李蔚洋
李晓萍　李依雯　李　莹　梁贵梅　梁桂荣　梁嘉祥　梁　姚　林蓓蓓　林华伟
林嘉豪　林　静　林　强　林婷婷　林翔翔　林　洋　林宜臻　林艺馨　林永鉅
刘丹丹　刘帝郡　刘　芳　刘　娟　刘莉萍　刘梦璇　刘双巨　刘晓慧　刘　洋
刘瑶瑶　卢荣海　卢怡彦　卢翙萱　鲁　颖　陆嘉鸿　陆正青　吕作涛　罗　丹
罗圣坚　罗嗣远　马家骏　马军韬　毛文仪　莫杰群　聂力平　聂丽萍　宁　昕
欧阳光明　潘美虹　潘业勤　裴仁萍　彭耀立　蒲　燕　戚栋杰　钱　昊　丘昊安
邱琳婉　任覝玥　汝洲洋　阮　辉　商梅玉　尚雪萍　施莉莎　史文琰　苏清菊
孙　博　孙国逢　孙圆圆　唐蕊蕊　陶　歌　万巧霞　王海燕　王鸿晨　王惠惠
王建建　王俊杰　王思荣　王天洋　王　雪　王雨萌　王　钰　王　悦　王子维
魏昊琛　翁黎敏　翁晓丹　吴淑琪　吴肖吾　吴　莹　吴　优　吴雨凝　吴佐斌
肖海伦　肖晓云　谢岚清　谢文娟　邢文丽　幸奠燕　熊　飞　熊　英　徐龑潇
许崇鹤　许冬妮　许锦强　许清玉　许詠盈　薛　楠　薛　瑞　严　圆　杨　娇
杨　翎　杨　梅　杨儒锋　杨　薇　杨　颖　姚帝蓉　叶昌松　叶娜婷　叶原郎
尹　玮　尹以顺　原　权　袁　月　曾　沁　曾小琴　粘勋瀚　张国英　张立云

张婷婷　张小伟　张心洁　赵洪杰　赵慧祯　赵中续　郑高挺　郑湘芸　钟海明
周金燕　周向民　周雪雪　庄佳林　庄蓉蓉　邹黄艳

金融学

安栩生　奥布力塔伊尔·奥布力喀斯木　蔡岱恒　岑卓宏　车兆麒　陈冬萍
陈海阳　陈华展　陈惠珍　陈家福　陈健宇　陈　静　陈丽芳　陈诗韵　陈思颖
陈怡烨　陈义斌　陈义华　陈永山　陈元臻　陈中林　程　娜　邓晨曦　丁　雅
董　浩　杜晶纬　方中圆　冯雪姣　甘　欣　谷　雨　郭亨特　郭凌剑　何庆妍
何晓彤　侯云飞　胡安迪　华雪峰　华　毅　黄柏钧　黄丹婷　黄桂荣　黄佳琼
黄嘉裕　黄孟锦　黄麒儒　黄伟明　黄伟盛　黄子冠　姜豪杰　金　韩　金　梦
赖颖诗　黎柳棋　李芳盛　李丰达　李佳雯　李俊祥　李乐祎　李倩欣　李少伟
李书灵　李　伟　李伟杰　李泽鑫　梁均行　梁胜琪　林桂兴　林　婧　林静丽
林苏娟　林泽剑　林志成　刘潮文　刘　峰　刘佳韵　刘嘉悦　刘金英　刘仁劼
刘少毅　刘万波　刘　云　吕忠楠　罗姝晗　罗　颖　马　峥　毛丽珍　缪王伟
欧舒玮　欧斯恒　潘嘉星　潘文娟　潘燕彬　潘泽隆　邱梨鑫　区雄进　阮伟强
苏晶晶　苏　曦　孙　卉　孙晋钦　孙天骁　孙　燕　谭乐沛　谭　晓　唐志鹏
田　晗　王龚薇　王宏楠　王立彬　王森鸿　王　群　王　奕　魏慧玲　魏梦茜
吴骏鏵　吴国海　吴海涛　吴鸿森　吴　琼　吴舒益　吴晓威　吴宗萍　向　前
肖愈颖　谢清棋　谢诗卉　谢维东　徐木军　许　君　许小倩　许　炀　薛洁心
薛荔萍　薛巧贤　杨　博　杨佳颜　杨　岚　杨永强　杨　悦　叶珊娜　叶伟德
叶小祯　易振健　尹运鹏　俞力嘉　俞文荣　曾思涵　曾小平　张百卉　张冠鸣
张何源　张琳琳　张　能　张　萍　张少扬　张淑卿　张雪艳　张　芸　张志成
赵慧奇　赵诗梅　郑彬萍　郑锦燕　郑秋霞　郑　锐　郑小龙　周素琴　周夏萍
周耀铭　朱燕霞　朱　鋆　祝东波　庄雄伟　邹　锦　左　宇

经济学

陈大鹏　陈家雄　陈伍思捷　陈　熙　崔胜杰　丁河丰　方奇辉　费剑宇　龚　欢
何　畅　黄　丽　黄茂辉　黄唯毓　黄　细　黄小玲　江　丽　焦　悟　金　超
雷　洁　李婉玲　李　响　李　雪　梁佩环　廖偲倩　林伟强　林晓莉　刘　俊
刘　鹏　刘　勇　卢梦姝　鲁浙杰　骆伟彬　梅若水　莫安豪　聂　沙　潘江浩
邱顺菁　邱雪玲　荣黎明　宋　阳　王丁杰　王昊博　王　圣　王艳红　翁雪斌
吴达新　吴　静　吴思文　肖　洁　徐佳琪　徐振宇　闫佳园　姚民香　叶　昕
殷忠震　尤杰思　喻爱恩　曾春琼　张明麒　张文天　张曦文　郑顾城　郑梦雨
朱小兵　祝雨清

旅游学院

旅游管理

敖红琴　白辉玲　白莉婷　白晓燕　贝千里　蔡佩妍　曹素媛　常彦才　陈德昌
陈嘉瑜　陈娇嫒　陈　敏　陈　琴　陈箐颖　陈　婷　陈晓晓　陈　燕　陈芋杉
崔天依　邓雪芳　方姗姗　方文达　付　霞　高永祥　公诗雨　龚　颖　龚　悦
古扎努尔·买买提　谷萌萌　郭芳芳　何梦婷　何　新　贺超平　洪　玉　黄凯元
黄雅婷　蒋　燕　瞿　彪　康东红　李　丹　李德辉　李嘉敏　李　莉　李　玲
李婉钰　李湘怡　李怡灵　李颖心　李　苑　李中华　李宗阳　梁俊杰　梁玮珊
梁仲兰　林秋燕　林　艳　刘东梅　刘国平　刘俊忠　刘雯莉　刘雪儿　刘玉翠
刘紫阳　鲁称意　罗　颖　马红梅　马慧君　马　琳　马子杰　闵　瑞　莫子豪
聂玮琪　潘志勇　庞芳荣　彭　西　祁振宁　邱崧丽　冉　旭　任美婷　容明深
邵益源　沈子愉　史杭鑫　宋　丹　宋丽然　宋其霖　孙林强　孙铭锋　汤城发
唐蔚欣　腾雪莹　王　静　王晓容　王秀娟　王玉兰　吴玉婷　勿日罕　夏宇虹
肖　娅　辛偲榕　熊凤香　熊其玲　熊　思　熊艺琳　徐兆瑞　许雪婷　许　颖
薛　丹　杨　帆　杨　茜　杨书婷　杨　洋　杨　颖　姚雪芳　叶冬芹　叶　琴
游　娜　俞鹏炯　曾玟静　詹　慧　张嘉丽　张婕芸　张美蓝　张美丽　张　姝
张晓楠　张孝丽　张雨露　张　悦　赵文静　郑雪莲　钟奥杰　钟嘉涛　钟志雄
周超超　周剑星　周秋霞　周文婷　朱　苗

资源环境与城乡规划管理

蔡华苏　陈　吉　代　凯　范素萍　范　艺　傅欣婕　高　宇　郝海龙　何结华
胡日查　胡小荷　华东方　黄　娟　李庚午　李欢欢　林土严　林伟灿　刘　斌
刘文瑞　卢冠宇　吕双群　吕天彬　冉小超　沈婉琳　史鸿彬　宋瓦特　王胜男
王亚凤　王雨晴　王　征　吴源佳　向　军　徐　昕　徐泽臣　宣　言　余　陈
张　静　张千湖　张胜钰　赵晓彤　郑长辉　周　旋　朱丽君

美术学院

美术学（油画）

陈　琼　陈　泉　陈　伟　戴维普　顾文浩　李　菁　刘胜祥　刘颖歆　王　娟
王立安　闫　韬　阎倩楠

美术学（中国画）

柴一林　戴静云　宫玉鹏　季梦巧　蒋东旭　康　倩　陶海娣　王长浪　王荣福
鲜思钰　肖　枫　杨成东　杨　立　张涵翕

艺术设计（动画）

鲍冠廷　陈果　戴殊文　何家鹏　何建毅　梁沛樟　刘希存　鲁庆　罗华锋
时巍　王冠杰　王盛艳　伍仕严　杨艳　姚秦秋子　叶骏

艺术设计（工业产品造型设计）

曹策　岑嘉莉　陈榕浩　高代代　郭夏花　郭晓曼　郭玉洁　郭子钰　韩霁莹
韩壮壮　何梦妹　何晓东　何雨晴　黄梦竹　黄鸣娟　姜瑞聪　柯马键　李伟志
李文莉　李晓玲　李志豪　梁永健　刘衡生　刘娜　刘硕　刘昀豪　马良
牛颖超　庞清山　彭彩瑶　王慧慧　王俊宇　王鹏伟　王权　王思淮　王翼
文行芳　吴鸿吉　吴亚彬　项志鹏　谢小玲　徐铭　徐志超　杨碧珊　杨恒
杨馨之　杨泽鹏　岳进　曾先　粘本杰　张程

艺术设计（视觉传达设计）

边程淏　陈嘉丽　陈玲　陈梦澜　成之超　冯眾崇　洪晨容　洪江南　侯丹丽
黄莉娜　黄毅超　李贵甜　李进　廖广兄　林锋　林绮晴　林斯朗　刘莫凡
刘思雨　卢雪莲　陆碧莹　莫嘉进　彭志伟　邱霞樱　曲俊卫　舒尧　宋思媛
苏丹　蘇凯亭　王德林　王芳滨　王雅锦　王雅婷　王艺哲　翁嘉伟　许安怡
张如心　张玉　张志强　赵小雄　郑娟娟　郑凌驾　朱丹丹

艺术设计（室内设计）

蔡琪霖　蔡玉娴　蔡钟霖　陈冰　陈黄榆　陈剑霞　成瑞　程璐　代晓露
邓灿炎　邓从利　杜晓佳　范协杉　侯雪红　侯玉佩　黄德健　黄银珊　黄玥
黄志杰　贾均　姜超　瞿佳鑫　康伟鹏　康智鹏　李晓晓　林国　林海鸿
刘超　刘丹萍　刘小洁　卢沙沙　罗仕婷　马俊　马俊凯　缪汶嫣　欧晓梅
乔韵　阮选平　谭红艳　谭嘉瑶　仝玲　魏杨阳　文硕　吴丽君　吴世纯
项柯来　辛莹诗　叶伟骏　臧文丹　詹辛玲　张颀　张芬　张皓　张桦
张龙　张霓　张秋月　朱鹏飞

数学科学学院

数学与应用数学

安宇　包熹　曹培根　陈斌辉　陈思君　陈星洁　辜质涛　郭欢　贺洲
江汛洋　景茂轩　李熊飞　林景伟　刘海红　刘伟宏　毛建闪　南微风　牛一菲
齐晨皓　王桂花　王梓烨　吴方元　吴妩　西玉娇　闫格　杨祎　曾云
张涵钰　张鸿璐　张丽君　张悦舟　赵东东

信息与计算科学

蔡雅婷　陈纯博云　陈金坤　陈瑞雪　邓彩婷　封运旭　傅青榕　黄海芳　黄浩然
黄健　康丽丽　李丽平　李兴　梁祥兴　廖赛　林俊隆　刘婉婉　马松根

苏　艺　汪国强　王艳欣　谢太东　于　丹　张　坤　张　敏　张鹏程　张香萍

体育学院

体育教育

宝　健　陈华丽　陈同仁　陈言环　冯　涛　甘坤辉　高　猛　高延聪　巩青强
黄　焕　黄嘉炀　黄坼坼　鄺颂麒　赖小英　李德鹏　李锦海　李鹏虎　李松波
梁嘉偉　梁智源　梁子聪　林德力　林贵生　林文贤　刘文成　刘振星　马廷林
石少锋　苏　超　苏家田　唐浩枫　王　斌　王陆辰　王璐玮　王　鑫　王志龙
肖大涵　张　华　张秋聪　郑彩琴　郑开彪　钟晓辉　邹庆通

土木工程学院

给水排水工程

陈　凯　陈连飞　巩书涵　郭梓航　何伟德　侯小帅　华志强　黄晓飞　黄志鹏
蓝　杰　李瑞华　李文斌　林娇惠　林　清　林　榕　林杨光　刘　枫　刘　彤
卢红燕　鲁婷婷　罗　康　任林林　田　梦　万　锐　王　鹏　王天一　王志坚
文　静　吴　边　吴思妮　谢　蝶　谢文琪　徐丽红　严中一　杨　琪　叶云英
余万俊　俞金辉　袁日耀　张致炜　郑东贵　郑润键　周玲玲　朱　玉　邹如森

工程管理

查　毅　陈建斌　陈　珏　陈俊雄　陈　亮　陈明辉　陈少如　陈　亭　陈晓玲
池剑华　戴维真　单超翔　邓　超　邓　文　丁　亮　丁凌灵　范向荣　方　宁
方　舟　高　亮　高天威　高雯淼　郭瑜真　何　杨　何远彬　贺继鑫　洪鑫鑫
侯国庆　胡文瑾　黄亮宇　黄　睿　黄舒华　蒋世聪　焦占发　解立勋　靳萧夷
蓝勇锋　李　晗　李佳琦　李俊杰　李文伟　李玉霖　李　悦　李泽岩　梁晨辉
梁向荣　梁　骁　梁　阳　林　楠　林　蔚　林燕茹　林志跃　刘冰冰　卢　鑫
吕化明　吕坤灿　马　美　马映雪　莫宇杰　邱丽华　邱文龙　邱晓旭　邱欣萍
阮若琳　沈秋虾　盛乐天　司　骥　苏政旸　孙韵恺　王　凤　王怀天　王加兴
王佳灿　王锦根　王流超　王　平　王　岩　王艺凝　魏　忠　吴思如　吴泽邦
谢文东　谢　璇　修毓禧　杨静雯　杨　冕　杨义鹏　姚柯祺　叶泽鹏　殷仁如
于兴璞　曾静瑶　翟培东　张　帆　张礼伟　张　猛　张　敏　张　琪　张书恒
张思颖　张文莲　赵天一　郑安阳　郑书仁　郑云锦　钟小英　周美琪　朱东练
朱　亮　朱雪花　庄婷婷

土木工程

艾　魏　白长汀　陈博文　陈　川　陈福森　陈惠玲　陈加伟　陈嘉豪　陈　建
陈键楠　陈　君　陈敏荣　陈明忠　陈　鹏　陈起平　陈泉波　陈仕杰　陈腾鹏

陈文彬	陈文潮	陈雪圆	陈余滔	陈志锋	程晓强	邓尧	邓宜琴	邓雨浓
杜晋闽	杜振毅	方远水	冯光健	冯骏驰	傅威	高鸣阳	高永轶	辜明德
郭庆飞	郭文斌	郭永剑	韩永刚	何冠廷	何家明	洪其名	洪艺山	侯艺辉
侯作超	胡建士	胡侨	黄长炜	黄惠纯	黄剑锋	黄鹏	黄铁武	黄雪美
黄子华	吉筠筱	康少炜	柯荣潮	柯艺平	孔祥玲	赖丹翊	赖华林	赖鹏锋
赖斯杭	赖伟毅	郎子雪	雷裕霜	李国峰	李衡	李宏炽	李华乐	李家濠
李竞杰	李娜	李天媛	李翔	李鑫	李永祥	李振强	李志愿	李致远
李钟健	连守君	连顺贤	梁皓晨	梁梅	梁旗	林盖宁	林国庆	林浩
林洹丞	林小心	林永贵	林玉光	林则英	林泽骅	林泽阳	刘保腾	刘程炯
刘浩	刘泓波	刘鸿志	刘加榕	刘森森	刘学成	刘亚男	刘益	刘志伟
刘智利	柳苏琴	卢德健	卢泰霖	吕涛	吕智恒	罗琛	罗凡	马伟海
梅国辉	孟玉	宁颖嵩	牛浩	牛帅	潘璐璠	潘明亮	潘志昆	彭阿云
彭良勇	戚丹阳	邱诚	邱庆礼	阮耕牧	佘盛锚	申学捷	施益炜	石文鹏
苏建响	孙嘉岳	孙睿元	孙泳	唐胜兰	童广东	涂婉玲	汪鑫鑫	王朝桂
王聪	王珺	王立鹏	王霖杰	王巧芬	王荣峰	王蔚	王文兴	王昱宸
王泽鹏	王振炜	韦玉琯	文莎	文翔	翁蔚苃	吴桂煌	吴国栋	吴浩
吴靖	吴骏详	吴亮亮	吴寿昌	向邦才	肖寒予	肖龙斌	肖荫贵	谢神州
辛德平	徐伯文	徐琳	许玲玲	许思达	许秀林	颜琰	杨培成	杨胜庚
杨意	姚建华	叶远洋	依玛木江·吐孙	易子群	余彬	余海龙	余建伟
余伟	岳建宝	曾杰	张栢荣	张佳琦	张嘉棋	张江顺	张锦维	张俊
张培川	张桐	张万联	张晓天	张玉洪	章义	赵伟	赵朕	郑教惠
郑俊新	郑清龙	郑晓光	钟晓泓	周可	周利剑	周偉杰	周绪成	周学文
周雨晴	朱彬彬	朱侗	朱磊	朱梦琦	朱始盛	朱义平	邹秋霞	左宗刚

外国语学院

日语

蔡树彬	陈彩璐	陈聪雨	陈芳荣	陈玲	陈楠莉	陈琼	范莉华	古仲恒
何东陂	洪旋旋	华毅婧	黄语晨	黄知一	李晨	李佳佳	李曼曼	林丽茹
林巧梅	林巧贞	林瑜佳	刘岸峰	刘洛蓓	刘敏	刘庆达	刘奕闲	刘转弟
陆丽娴	罗莉萍	罗润钰	蒙小雪	蒲维	钱凯歌	秦成雪	曲显晶	史傲丽
苏榕星	田美玲	万程程	王嘉颖	王伟平	王雨	吴珊颖	吴晓芳	吴秀弟
吴雨晴	向雪莹	徐福江	杨璧梦	杨虹	余丹尼	袁方	曾祥凤	湛方舟
张红梅	张禄蓉	张妍	章信伟	郑咪	周海华	周玮冬	庄筱雯

英语

鲍 杨	蔡天硕	陈菲尔	陈 健	陈丽旋	陈利利	陈沛瀛	陈 璇	陈燕娥
陈艺苇	陈珍珍	陈铮铮	程志玲	董楠楠	冯晓燕	冯毓珍	付 柯	高 帆
高梦青	高燕程	高 媛	葛露雪	宫 艳	龚 婕	郝文荣	何王亭	黄婉霞
蒋夕霏	康韦韦	李安云	李利群	李万仙	李文雅	梁伟强	林丽玲	林绿梅
刘 卉	刘朦朦	刘淑芳	刘硕君	卢诵典	马海娟	裴佳莉	皮 强	邱育虹
任燕霞	施莎莎	石曲频	史杰环	宋家凤	苏 煜	孙 静	陶盈淳	万 婷
王 红	王明月	王晴雯	王 姗	王珊珊	王淑莹	王晓宇	王伊妮	魏亚男
吴凤琴	吴炜建	萧宇君	徐鸿涛	薛晓敏	杨 丹	杨 柳	杨青芹	于 鑫
云 杉	张 琳	张琳琳	张 璐	张婷婷	张 严	张艺池	赵曼玉	郑丹丹
郑婷婷	郑雨婷	钟兰花	钟 米	周闰妹	周 玲	周 晴	朱海源	朱美珠
朱天虹								

文学院

广播电视新闻学

白 扬	包雅萍	鲍 放	卜崇轩	陈家伦	陈锦秀	陈 菁	陈林森	陈 柳
陈珊珊	陈水晶	陈 婷	陈 晏	程年珍	冯 婧	冯雪霞	高瑞峰	高雄迪
葛星星	龚翠玲	龚娜林	龚文轩	顾晓东	郭兵兰	郭池池	韩开竹	何 欣
何耀莉	洪 琳	侯宝岳	侯梦娜	胡礼富	胡培芬	黄灿妹	黄 佳	黄佳畅
黄丽娜	黄星萍	贾 丹	江梦露	李斐斐	李格格	李瑾玲	李梦雪	李明慧
李楠楠	李 晴	李思嘉	李 文	李洋洋	廖济林	廖艳红	林 丹	林经纬
林 茏	林雅儿	刘 芳	刘 欢	刘韦纬	刘秀丽	刘志刚	龙德欣	骆瑞寅
马寒燕	毛小琴	蒙冬英	潘美晨	彭美玲	秦梦云	邱煜博	任双娟	沈逸之
史泽裕	宋 洋	谭鑫晶	唐 婷	王 丹	王 姣	王 姝	王晓萍	王越寒
王昭骅	文 东	吴丹仪	吴庆梅	吴一君	吴怡帆	熊雅洁	许惠森	严文敏
杨柳青	杨敏琼	杨青茹	杨旭东	姚姗姗	殷斯麒	尹文山	余红馥	余美君
俞 恬	曾 莉	张国庆	张 晶	张丽丽	张灵榕	张美景	张 萌	张鸣水
张 飒	张婉琪	张 煊	章梓涵	赵 玲	郑菁菁	郑雅莉	钟子怡	周抱璞
周莉君	宗世琪							

广告学

常 妮	陈 丹	陈鑫海	陈哲瀚	陈忠年	方煜增	郭凯丽	国 琦	黄泳媚
黄鸿婷	黄慧如	黄禄喻	黄文诗	贾娟娟	贾丽娟	寇晓彤	雷 拓	李剑丰
李子璇	李字成	梁玉峰	林 帆	林国栋	林文洲	刘思佳	刘竹梅	邱 晨
苏振华	孙丹娣	汪婵娟	王慧筠	王任娜	王婉珍	王文龙	王乙涵	谢曦华

熊　媚　颜含真　杨丝雨　杨婉龄　楊寶儀　余雪燕　张爱凤　张嘉仲　张婷婷
张　笑　张兴弟　张亚翔　郑　伟　周凯迪　莊永豪

汉语言文学

安靖国　白　凯　陈美如　陈　依　陈子平　陈宗祥　邓　波　董丹丹　董雪凤
范心怡　冯建军　高洪洋　高梦洁　郭小丽　郭心洁　胡曼萍　黄丽萍　纪晓东
建晶晴　孔婉婕　李　冰　李飞雨　李　欢　李　韧　李晓霞　廖　玭　刘　雷
龙　健　吕　璇　罗倩如　罗雪清　罗友萍　马晓雪　苗红霞　牛凤婷　欧维维
彭夏菊　邱　雪　沈　姣　宋居帅　苏　琳　孙晶莹　孙雪松　覃思薇　陶政江
涂洪义　王菊花　王　楠　王学磊　王愈奕　王　越　魏　倩　吴少娟　肖嘉敏
徐　静　杨心怡　姚　敏　于康敏　曾　健　旃小琳　张丽苑　张馨尹　张　铮
赵　旭　周瑞敏　周　颖　朱秋红　朱　文

信息科学与工程学院

电气工程及其自动化

阿不都杰力·塔伊尔　蔡盛鹏　曹春煜　陈　咪　陈日安　陈　森　陈述烜　陈思言
陈伟民　陈祥伟　陈雪亮　陈友坤　崔浩宇　崔昕晗　戴桂华　邓　铠　丁　弘
段阳柏　范贵鑫　范小杭　冯璐佳　龚兆峰　郭斯伟　郭伟东　郭泽华　何凯隆
何瑞军　赫　彬　洪少阳　洪志士　胡　洁　黄火明　黄　娟　黄礼森　黄龙华
黄　烨　简凡华　姜庆飞　康　帆　赖隆庆　雷飞强　雷泳涛　李　迪　李皓琨
李　华　李江辉　李惊涛　李晓彬　李衍征　林　保　林诚本　林建水　林佩鸿
林源泉　林振东　刘汪彤　刘云洲　柳阿祥　陆　伟　马亚萍　潘传清　潘家伟
潘文彬　彭　程　彭小亮　齐阿敏　任　通　盛子怡　史明捷　苏　乐　孙会伟
汤杰朋　唐　忠　王　刚　王何杰　王　乐　王　莉　王明伟　王瑞然　王　潇
王彦东　王永新　王征杰　望　琦　韦家科　魏登辉　魏幸榕　翁双双　吴敏玲
吴奕舒　武少哲　肖良江　谢浩煌　谢鸿福　谢旭泉　谢　越　熊亦正　徐昭枫
许景中　严艺芬　严志辉　晏　东　杨　杰　叶礼健　叶晓龙　曾培煌　曾小峰
曾扬龙　张维伟　张学阳　赵　建　赵建存　赵景槟　郑晓君　郑云升　周　高
朱小芬　庄才荣　庄铭滨

电子科学与技术

陈来才　陈　炼　陈良琪　陈　羚　陈晓露　陈子豪　揣涛涛　杜南宁　杜学文
范长江　范艳梅　方　裕　高　鹏　何　放　洪燕自　黄龙泉　黄闽敏　邝天明
赖传杜　李　成　李　健　李念吉　李志刚　梁东毅　林　强　刘　硕　罗　冲
马鸿超　欧阳玉梅　邱凯强　邵路瑶　宋小丽　苏孝强　王晨斌　王海鹏　王家口
王　霞　王雄伟　王鹭隆　吴冠鸿　吴景娴　吴思娆　徐乾量　阳　蕾　杨　佳

杨亦纯　杨宇航　张　淳　张　欢　张清海　张文伟　张晓婷　张召炳　赵　强
郑贵明　周　翔　庄达文

电子信息工程

鲍旭辉　曹　健　陈国锋　陈厚波　陈清泉　陈榕沛　陈桃安　陈忠阳　陈宗昱
丁叶丹虹　丁志雅　杜杭州　方　宁　冯梦媛　高凯荣　高　磊　郭　畅　郭　鹏
韩婷婷　贺志勋　洪泽扬　胡宇雯　黄锦标　黄弋云　贾存坤　江月萍　金　伟
康毅斌　匡　震　兰　强　李国华　梁胜广　廖启鸣　林金土　林　业　林昱均
凌世吉　刘　洁　刘佩佩　刘　奇　刘文楠　刘宗炎　柳龙杰　骆　鑫　马　硕
孟　宁　莫九玉　乔　石　全雅梦　阮　琦　沈晓东　苏琼玲　苏玉滨　孙伟志
唐　潇　唐子强　王斌贵　王　晖　王进龙　王书瑜　王宛云　王　旨　吴晓峰
向文君　肖　波　肖　河　肖杞元　徐杰顺　徐学军　许佳琦　杨　梅　杨　韬
叶焕亮　游秋霞　余佳蓉　曾彬杰　曾卫林　曾显彬　詹建通　张　楚　张慧娟
张锴铎　张　奇　张舒良　张钰婉　赵开荣　周　洁　周瑞炎　周　烨　邹　航
邹小敏

集成电路设计与集成系统

蔡洪臣　陈　聪　陈孔滨　陈　巧　陈亚福　崔　冰　范民优　蒋俊宇　李　宏
李少龙　连炳发　廖翌炳　林　彬　林克东　刘伟成　娄付军　马佳路　潘申欣
朴昱润　邵　磊　王小雨　吴威雄　吴耀隆　项传煜　熊梓淋　徐松华　许金明
严达磊　颜陶然　杨博新　杨沐宇　杨逸纯　张　超　张　杰　张瑞丰　张文杰

通信工程

陈佳会　陈玟玲　陈　明　陈晓鹏　陈周游　戴闽菲　都　赟　段云鹏　范国伟
符永彪　高仁阳　巩佳琦　官靖雯　郭霖存　何德晋　何佳丽　何　翔　洪　洪
洪　琳　黄呈灵　黄海燕　黄智杰　鞠景屹　李少伟　林飞翔　刘霁葳　刘铭宇
刘　妍　柳东旭　卢　擎　鲁春燕　陆丽云　吕笃良　罗志伟　茅建勇　莫　羽
倪璐珊　欧阳洪健　彭稣宇　邱丽鹏　施文桢　石巧利　石政昕　宋紫毓　孙兆勇
唐广清　陶玉成　田美忠　王冰冰　王丙丙　王　驰　王浩维　王　森　王少云
王文芳　王　一　王　喆　韦艳君　文吉成　吴金鑫　谢建福　谢喻霞　薛云雷
严家盛　杨　乐　杨丽梅　姚绵红　殷　苏　曾昭堃　张胜前　张　文　章炎炎
赵　阳　郑惠洁　钟永浩　朱阳海　邹胜福

自动化

柴长林　陈　超　陈　凤　陈善彬　陈文明　池　正　邓俊杰　丁　鹏　付木炎
高　旭　耿如月　苟祯亮　顾梦柯　郭忠宝　黄冬鸿　黄佳琛　黄金龙　黄丽凤
黄仕壬　蒋洪庆　鞠传川　李崇城　李　林　李林林　李　穆　李扬森　梁志龙

林朝晖	林德泓	林兴乐	林　忠	刘文进	陆永辉	吕冬冬	罗锦斌	罗小虎
罗孝雯	马晓飞	莫源明	聂岚容	宁　馨	牛兴卓	欧阳云松	彭祥祥	秦　禹
邱　琳	邱明华	饶龙杰	邵树炜	孙宏图	唐朝杰	王博涵	王寸思	王　梗
魏　翔	吴巧凤	吴文东	吴亚足	吴志成	肖开权	谢芳菲	辛梓侨	徐向威
许　磊	杨宽宽	杨耒州	杨舒萍	俞铃杰	袁　哲	张建磊	张杰勇	周舜珍
邹　涛								

音乐舞蹈学院

舞蹈学（海外教育）

冯　君	冯伟仓	郭　宁	郝晓敏	黄　婷	景丽娜	李　捷	李　容	李诗雨
李　霞	李秀妮	李颜婷	林晨露	刘博娟	刘静玮	刘瑞云	刘　婷	刘绪艳
乔　雪	唐　捷	唐　筝	陶　然	万佳乐	王超婕	王笑妍	王　永	徐　莉
杨海南	曾　祥	张华健	张　璐	张　锐	钟家欣	周晶晶		

音乐学

任　杰

音乐学（海外教育）

白旭阳	曹雪龙	陈文雯	崔璨璨	代廷娟	戴国强	樊　星	费思漪	郭茜茜
郭婉红	韩　荔	何子轩	黄幼美	李佳昱	李可欣	李万茹	梁广妹	刘璟颉
刘姗姗	马永杰	綦晓明	孙　陵	孙　玉	唐　亿	王雅楠	王　越	吴　凡
夏　薇	胥午丽	许　桃	杨学莲	曾雅兰	张楚欣	张　帆	张惠婷	张　梅
招纪彤	周雪梅							

哲学与社会发展学院

社会学

蔡佳君	陈凤萍	陈　岩	崔业林	段玲秋	宫梦婷	黄泰源	李亚宁	刘全敏
刘　维	孙　容	田佳茹	王芬媛	王锦富	王子月	位媛媛	翁娜娜	吴　丽
徐　璐	杨朝阳	杨倩倩	杨再宝	张春晖	张　妍	赵　丹		

2014届本科留学生毕业生

法学院

法学

朱一良

工商管理学院

财务管理

阮氏明芳

人力资源管理

王程豪

市场营销

何如芳　吴可馨　杨锦龙

华文学院

对外汉语

陈彦融

汉语言（商务汉语方向）

边振秀	蔡传幸	范垂娟	黄丹那	黎氏江	李菁菁	林辰妮	林金玲	林津弘
林敬寓	马王林	潘梦洁	齐德华	饶嘉娅	商丽蕴	邵飞榕	施琪琪	石川凉介
苏上诚	谭乔元	王佳淑	吴杰懋	吴万祥	许津萌	杨钦定	曾丰财	詹秀珍
张思敏	张仪尹	钟亚健	陈俊全	陈世兴	郭欣咏	何文山	黄炳南	赖辉贤
李惠华	林峰天	马素文	宋京娥	苏宝珍	温带兴	翁丽亚	吴秀华	徐英杰
许艳贞	杨洪飞	杨佳敏	杨思云	余代芳	张德群	张仲滨	甄美英	郑慧丽
郑丽南	中村静雄	周惜如	周苓倩					

华文教育

陈桂菁	陈慧芬	陈诗雅	陈仕虹	陈薇茜	陈潇情	陈忆婷	陈祖生	杜仁仁
范秋芳	方秀美	妃特丽	黄兰凤	江顺明	蓝秋虹	雷蕾	李正能	梁齐喜
廖伟雄	林妙妨	林瑞兴	卢婷婷	卢秀琴	莫晶婷	诺艳婷	皮中玲	饶芬妮
施秀琳	史仁仁	宋省速	孙秀莲	唐柳媚	王强柳	王素华	吴慧琳	吴蕙明
武玄绒	徐涵蓉	许丽雅	许晓菱	薛丽娜	杨莲花	伊美	尤如彦	余美美
俞慧妮	俞雪儿	曾绍辉	张瑛瑛	郑有成	周德明			

计算机科学与技术学院

软件工程

唐健鸿

建筑学院

建筑学

阮忠横　张宇寰

经济与金融学院

国际经济与贸易

陈天达　陈玉玲　戴甲富　黄明华　黎金祥　吕国皇　阮如恋　杨拾壹　周慧敏

旅游学院

旅游管理

陈丹凤

美术学院

艺术设计（动画）

钟采彤

体育学院

体育教育

陈盈朵　关明华　何嘉敏　骆良维

土木工程学院

土木工程

范阳维　刘文坚

文学院

汉语言文学

郭翊汉　罗依琳　魏嘉欣　郑康薇

2014 届研究生毕业生名单

华侨大学 2014 年春季博士、硕士毕业名单（27 人）

博士（4 人）

数量经济学： 陈家干　朱　晔

企业管理： 杨志军（香港）

材料学： 陈彰旭

硕士（23 人）

工商管理硕士：

陈若萍　陈水莲　陈乌桥　丁佳玲　吴佳清　杨思恩　陈灏昕（澳门）

邝美玲（澳门）　陈以新（澳门）　吴慧红（澳门）

公共管理硕士： 李云娅　吕秀清　施纯洲　王竞菲

企业管理： 劳建龙（澳门）　黄冠瑛（澳门）

电工理论与新技术： 连兵兵

机械制造及其自动化： 刘国华

建筑历史与理论： 梁美莲（澳门）

建筑设计及其理论： 谢永沛　黄玉平

微生物学： 胡碧惠

伦理学： 黄万滨（澳门）

华侨大学 2014 年夏季博士、硕士毕业名单（862 人）

博士（27 人）

结构工程： 叶　勇

企业管理：

郑琼娥　洪怡恬　庄招荣　林　玮　赵　岩　林炳坤　林　剑　陈秋萍
高展明（澳门）　刘达成（香港）　黄水晶（香港）

数量经济学： 魏世勇　刘　青　廖　迎　张敏锋

旅游管理： 付业勤　王　超

科学社会主义与国际共产主义运动： 王立华　陈晓燕　庄树宗　苏瑞莹

生物化工： 许　嵘　黄恺飞　黄晓平

材料学： 米普科

机械制造及其自动化： 李　鹏

硕士（835 人）

管理科学与工程：

陈日光　姬中凯　金　成　佘洁卿　闫亚庆　张涛军　余　恬　罗兴鹏　王　冰

工程力学： 黄　勇　张诚紫　郑伟伟

岩土工程： 白　冰　陈亚军　葛冰洋　张在晨

结构工程：

陈栋芬　胡翠平　胡舜娥　黄丽萍　黄田良　黄小燕　李立文　梁扬滨　林加惠
林俊龙　孙　辉　唐文勋　王阳杰　王梓懿　吴仕成　吴彦捷　杨丽丹　郑奕鹏
洪钧铭（香港）

防灾减灾工程及防护工程： 梁兰娣　林燕卿　王　振

会计学：

陈彩云　陈　璐　陈美容　陈倩雯　陈　雪　邓忠卫　洪雪茹　黄晓琴　黄颖佳

刘　菁　刘祝平　缪莲英　田巧珍　王　莹　钟晓英

企业管理：

何雨晴　邓　浩　杜銮燕　何水儿　李金荣　李贞贞　廖颖川　林子芬　刘晶晶
刘　伟　刘笑音　全　珍　王小锋　徐秋韵　叶燕兵　张　航　张慧菲　张建彬
张巧珍　周　会　周亮锦　周　兴　林永兴（澳门）

技术经济及管理：

付　强　葛　虹　胡　珊　胡婷婷　钱　坤　杨雅恬　叶舒航

区域经济学：

李　响　李晓奇　梁　超　刘　鑫　沈晓燕　孙梦颖　王　栋　吴丽双　钟卫平

金融学：

陈剑龙　陈小菲　贾晓珍　林　鹭　林智奋　刘　凯　陆焱平　潘丽凤　邱源嵩
许红妹　章志翔　钟　平　周灵娇

国际贸易学：

陈振源　洪　鑫　刘冬玲　刘姝姝　姚　玲　朱明明　邹晨珊　赖仙丽（老挝）
许顺丰（老挝）　黎小花（老挝）　蔡华杰（老挝）

数量经济学：

陈昌楠　葛　磊　何　丹　黄忠武　江　斌　林　莉　刘惠惠　帅雯君　孙迎潘
王　爽　王　祥　谢清凡　谢晓冰　张世国　钟小英

人文地理学：

方　晓　程　辰　龚华荣　郭延信　纪小美　蒋婧文　金艳方　李杰萌　李　洁
李淑娴　廖雅梅　刘聪超　刘　涛　刘雪玲　刘月红　吕雪雪　孙玉华　田慧然
王馨翀　王　雨　韦妮妮　吴杨梅　胥桂凤　杨文森　袁大伟　张清清　朱翠兰

旅游管理：

丁　鑫　关永玲　何　鑫　黄小凤　康艳昕　林　慧　任　晖　陶文静　田　华
张　慧　张　俊　邹巧柔

刑法学：

付　丽　欧占中　谢　静　许家汉　张灵原　张倩倩　赵　娟　郑培春

民商法学：

陈跃霄　王秀惠　陈伟玲　池必清　邓　晗　丁　超　窦　巍　段珊珊　付蓉蓉
郭彩汾　洪丽萍　李博仑　李祖山　刘　娜　宋继林　许辉丽　杨苗芬　叶凤华
余芯怡　曾雅芳　张　颖

经济法学： 陈建逾　林晓萍　肖红艳　杨欢庆

国际法学： 黄诗斯　赖丽华　宋晓飞　吴政权　薛佳宁　燕淑敏　邹佳丽

文艺学： 纪　君　刘培群　柳方委

汉语言文字学：

黄丽燕　马飞飞　盛　卉　吴继娟　吴月皎　张菊华　吕彩文（印尼华侨）

刘　情（印尼华侨）　许嘉琪（印尼华侨）　李迎银（印尼）

中国古代文学：

戴丽萍　洪　敏　惠梦丽　蒋克平　李　彤　刘婷婷　史哲文　孙铭晨　孙　秋

王安琪　危兰娣　肖晓会　郑巧芬　姚文坚（印尼）

中国现当代文学：

高欢欢　洪若晨　匡　琼　廖　静　刘莹莹　王　强　魏青云　谢天才（泰国）

林燕芳（泰国）　陈亮靓（泰国）　彭秀澄（泰国）　冯湘萍（泰国）　陈镇忠（泰国）

英语语言文学：

张晓莲　陈　静　程晓蓉　何菊英　李希萍　苏小凤　谭　敏　吴梅红

政治学理论：罗家旺　商晓冬　吴　滢　朱　平

科学社会主义与国际共产主义运动：李金花　罗雪珍　王桂华

行政管理：

程　雷　傅明玉　冷传铎　亓梦佳　沈　欣　张金丽　张连清　周佳琪

基础数学：

陈红梅　符稳联　黄雪冰　梁新峰　孙龙发　武模忙　徐沙凤　曾　乔　周　巍

高分子化学与物理：

范雪娇　高玉宇　王雪松　杨春雪　曾小宝　张　丹　林水森　陈会新　陈鹭义

陈汝盼　方江海　高素雯　李传辉　林意华　姚文杰　周　煜

微生物学：

陈　翔　贾东方　吕志民　王清瑶　肖桂清　班　珍　贾雅琼　蒋　鹏　林　檬

伍开亮　曾　理　张新华

生物化学与分子生物学：

段训威　雷　严　李文茂　李云振　林　锋　卢晓云　马　静　彭俊纯　王从阳

王礼兴　王雪玉　叶龙飞　余　浩　张如婧　张小鸿　章九云　曹雯静　黄可君

黄　敏　靳玉蕾　李　晶　梁杏秋　廖利民　乔爱敏　孙晴晴　万禁禁　徐护朝

徐　娇　杨　晨　杨兆壬

马克思主义基本原理：王瑞敏　赵　静　郑丽敏

思想政治教育：陈艺勇　丘洁宜　许　瑜　张阳明　郑少凤

工商管理：

李移林　吕小平　董子英　路姗姗　郑清晓　陈　虹　陈伟坤　陈小玲　陈一航

郭舒维　黄同霖　黄小明　黄娅碰　黄志纯　蒋小琦　金　鑫　李　方　李　凌

李文庚　李文星　李　震　廖伟成　林亚鹏　林银城　林映添　刘才庆　刘　峰

卢　珊　罗舒曼　马　腾　沈毅斌　石淑静　苏　清　苏婷婷　苏小胜　王建南
王明达　王玮琳　吴婧婧　伍家军　伍熙尧　谢　辉　薛志强　叶秋萍　银丽萍
张卓绮　章丽南　赵明永　周小燕　邹　琴　张　琳　林丽完　陈昭荣（香港）
帕娣娜（老挝）　林瑾（加拿大）

公共管理：

石作洲　白雅芬　蔡婉婷　蔡晓艺　陈建军　陈奇妮　陈庆煜　陈徐静　陈元元
陈振华　傅丹平　高群南　洪世昌　黄丹红　黄丽萍　李彬皇　李建军　李艺鹏
林汉鹏　林　洁　楼晋阳　马旭弘　潘培山　强新星　邱晓虹　苏　斌　苏　琳
王宏娥　王锦龙　王培珊　王胜蓝　王秀华　吴丹青　吴顺天　吴晓慧　杨　猛
曾晶莹　曾珊妮　张雅玲　张　颖　郑青萍　周苏明　庄忠庆

法律（非法学）：

陈宝珍　方晓鹏　胡少华　黄晓君　李　玉　林菊华　林培伟　刘阿芬　刘　慰
毛娟娟　闵　丽　舒静平　孙洪涛　汪　蕾　王立朝　吴　静　熊　颖　徐　婧
杨美霞　元俊群　张选举　邹志强

法律（法学）：

白　蕾　陈小兰　陈杨俊　付　洋　高加攀　耿甜甜　韩好好　洪　战　胡琼月
李美云　刘雪梅　任娅玮　宋璐璐　宋召远　孙嘉晖　檀亚媛　唐岸乐　王晓蔓
王颖颖　魏玉琪　薛敬尧　叶依妮　张　旖　赵　茜

金融：

胡华容　陈胡婕　陈思婧　陈一菁　凤　敏　李晓晶　石新香　孙建雅　魏莎莎
吴小清　颜宝珍　杨周真　姚瑜婷

建筑与土木工程：

李建锵　谌意雄　邓　斌　林　颖　苏江林　孙　宇　王　江　吴晶晶　徐　亮
袁瑰闵

光学： 陈　狮　陈雪琼　崔省伟　杜团结　苏道军　王　涛　曾茂进

电工理论与新技术：

樊　辉　黄佳乐　林晓海　罗　登　倪会娟　汪　亮　颜冰钧　杨　刚　周　博

物理电子学：

黄荣海　黄学业　蒋本福　赖丽萍　梁德娟　廖天军　蔺小梅　杨菲菲　周业鹏

通信与信息系统：

陈惠明　洪佳庆　黄　凯　李菊芳　李淼鑫　林　滨　刘艳英　吴晓龙　谢劲芳
许庆泳　郑　颖

信号与信息处理： 万　安　王　灿　吴煌鹏　袁继昌　张　俏　周旭坤

模式识别与智能系统： 温世刚　易　燕　余　婷　陈鹏飞　李倩影　宋凤菲

无机化学：洪振华　刘　璐　孙　平　夏九旭　张　昀　张泽铭

分析化学：李淑淳　刘鹏超　杨海冉　张煌博

有机化学：陈燕燕　江云兵　易　超　郑学建

物理化学：饶小金　沈　彪　王美清　张树金　周帅坤

材料物理与化学：富　好　李　洁　刘桂静　石　沫　童海斌　张彭风

材料学：

陈尚友　黄绍春　黄卫明　李坤璐　刘城中　刘　琴　蒙永明　时建成　苏　睿
王　伟　王　震　张国祥　周　毅

材料加工工程：康信仁　唐光道　刘增艺　祁杨停　叶玉梅　张云开

应用化学：陈　丹　范观铭　付宏权　胡永利　凌　杰　朱柏林

机械制造及其自动化：

陈　皓　代子阳　杜伟文　何　亮　贺　勇　侯　宁　黄燕华　黄　毅　金　琰
李　科　林俊锋　刘玉宝　卢炜良　钱　海　宋运运　王　胜　王　毅　向　鑫
邢延动　张水田　张　星　张玉兴　赵如意　郑　炜　朱　铮

机械电子工程：陈录根　高丽华　舒孝阳　王建涛

机械设计及理论：

黄志杰　赖晓琪　李　娇　刘　亮　潘　林　王　瑶　吴长伦　叶惠娟　邹驰宇

车辆工程：黄海瀚　江余东　柳　齐

测试计量技术及仪器：何远松　黄　莉　李　凯　杨　洋　占友雄

检测技术与自动化装置：高　琦　唐艳芳　吴其勇　张　邀　张　涛　赵文昌

建筑历史与理论：李纪翔　刘梅琴　易　笑

专门史：陈佩燕　林俊杰　许艺燕　张华阳

计算机应用技术：

柯良文　李　翔　刘　来　马新磊　王　飞　吴新亚　许晓璐　许兴旺　姚明煌
叶　培　余晓山　周红庆

化学工程：林文辉　卫文娟　许建明　许　静　袁　杰

化学工艺：李　贺　李　玉　熊　霜

生物化工：

程小霞　邓琼嘉　杜　钰　付乔明　康永强　李存存　李耀冬　刘　彬　王　海
王林林　叶世富

工业催化：李　强　杨文进

环境科学：程劲竹　何海星　苏光明

环境工程：

程　辛　贺　松　李吉安　林　冰　林添明　刘筱昱　汪可涛　温先华　袁柯馨

张　彬

马克思主义哲学：

陈建业　成　诚　李义唯　林奇兆　刘慧敏　谭志雄　徐芸芳　薛冬梅　于　璐
袁幸军　翟少聪　张学鹏　周新原　朱　红

中国哲学：傅齐纨　林丽娟　钟小康

伦理学：胡晓杰　刘旭楠　戎　融　杨　青　杨　阳

宗教学：何桂花　阚岱馨　宋喜顺　田　湖　魏婷婷　谢　飞

电气工程：李娇娇　叶海冬　曾　凯　高　岩

电子与通信工程：

陈　邦　陈志杰　黄　娴　马钰慧　强建龙　王立辉　王张欣　熊文强　许华滨
尤　玮　孙祥云

机械工程：蔡检明　郭广磊　瞿少魁　李志玮　沈志荣　徐　杨　张　磊

建筑设计及其理论：

吴少峰　温大航　安红光　陈家欢　陈运合　程　勤　单海军　方　芳　冯　扬
甘　路　何晓裕　胡　刚　黄心沛　江宗涥　李梦仑　李　茜　刘　莎　卢　媛
马　越　聂家鑫　潘乐思　童　巍　万小芳　王　觅　吴春妹　吴德龙　姚　迪
尹珊珊　尤舒蓉　张灿灿　张　钰

建筑学硕士：

陈荣彬　戴　偲　高艳英　郭　姝　韩沛蓉　何钧贤　胡　伟　黄雪源　赖柳萍
李　祥　林宁海　刘汉懋　刘世怀　钱　程　邵　立　孙　玄　王妍妍　韦奕然
文　超　吴　堃　熊泽群　余　倩　张　岚　张　蕾　张　沁　赵红利　周　可
周彦真

计算机技术：

陈远祝　黄　奕　刘基墙　吴芬琳　吴　星　徐　鹏　许　凌　朱胜平

2014届研究生授予学位名单

华侨大学2014年春季授予博士、硕士学位名单（242人）

博士学位（4人）

数量经济学：陈家干　朱　晔

企业管理：杨志军（香港）

生物化工：彭益强

硕士学位（238 人）

工商管理硕士：

黄泉民　刘春晓　林智期　李谋时　林志忠　冯　雯　陈洪霖　李艺伟　张永才
陈方芳　曾煜情　陈文亮　张冬柯　吴小斌　林　晖　黄　凯　杨嘉森　董弘毅
孙宝赢　陈慰云　陈瑜萍　朱晓帆　沈哲芬　林培新　邵　敏　许艺君　吴　星
尤金锑　石东龙　洪星炫　林宇华　王晓鸿　叶少君　蔡鲤毓　陈若萍　陈水莲
陈乌桥　丁佳玲　吴佳清　杨思恩　陈灏昕（澳门）　邝美玲（澳门）
陈以新（澳门）　吴慧红（澳门）

公共管理硕士：

李云娅　吕秀清　施纯洲　王竞菲　许文龙　蔡锦钟　陈欣欣　高燕燕　林慧贞
李文军　饶威治　周姗姗　韩圣兰　童雪娥　朱建彬　陈小玲　胡小邦　陈晓君
林琦芳　陈祥南　陈雅斌　陈远宏　陈　瑜　郭春乔　何　芳　黄生春　黄雪燕
黄　雯　林梅芳　林　森　卓兴良　郑仁炜　朱青南　吴培鑫　程　凌　吴秋燕
王锦斌　王洪龙　涂双滨　肖世妙　许泽润

企业管理：劳建龙（澳门）　黄冠瑛（澳门）

电工理论与新技术：连兵兵

电气工程领域工程：

文立菊　林洪贵　王晓杰　唐雪峰　林东海　魏　敏　谢志杰　彭长青

电子与通信工程领域工程：

安玲玲　陈建新　何燕阳　李炳煌　李智强　林　晖　吴　迪　吴俊杰　许奕帅
于　雷　郑亚玉　周伯萌

法律硕士：

余舟欢　李环晖　李婉梅　颜德安　黄玮鹏　曾琼婷　王卓炜　刘仲栋　陈国雄
郑茨莹　欧雅萍　蔡志习　黄东来　陈丹妮　赖珊珊　周芳芳　温云球　凌　艳
柳　英　余善根　林咚咚　寿华杰　张　黛　倪洁红　陈悦玲　杜桂兰　陈俊琴
马　骁　陈鸿水　曾海根　林清标　黄永星　王远恒　张惠虹　陈国枝　蒋武庆
吴庆芳　余卓立　姚婉萍　许侃侃　谢国军　林秀媛　洪琪琳　黄仲谋　林舒岚
丁盛立　李文质　钟　岚　张成宗　蔡达莉　谢文清　王伟坤　刘朝辉　谢丽丽
郑毓杰　陈　立　苏荣喻　叶建朝　许竟峰　张康安　郭晓晖　刘志骅　陈奕辉
林才英　廖丽娟　丁沙沙　王健新　黄庆明　林　铲　张劲劲　刘汉钰　林德军
王国权　郑冬伟　李前进　刘卫平　杨启荣　蔡自力　柯佩如　韦稻花　郑晨莉
李晓蔚　孙剑锋　林少军　吕木荣　张敏翔　欧阳明芬

机械制造及其自动化：刘国华　徐丽平（高校教师）

计算机技术领域工程：

李　影　梁松青　林　敏　沈　林　隋占丽　王书荣　吴伊萍　肖春梅　许戈静
郑燕娥　张朱玲　陈坚钊

建筑历史与理论：梁美莲（澳门）

建筑设计及其理论：谢永沛　黄玉平

建筑与土木工程领域工程：苏志兰　田　化　杨聪强　林　萍

微生物学：胡碧惠

伦理学：黄万滨（澳门）

会计学：朱丽华

项目管理领域工程：

陈东越　黄晶晶　李秋艺　陈晓华　徐诗乾　郑子瑜　陈　辉　钟美琦　戴炜璞
杨振铭　刘伟军　黄明峰　陈珊珊　洪　玲　郑王晶　齐　璟　洪艳媚　胡耀文
上官怀志

华侨大学 2014 年夏季授予博士、硕士学位名单（925 人）

博士学位（21 人）

结构工程：叶　勇

企业管理：郑琼娥　洪怡恬　庄招荣　赵　岩　林炳坤　林　剑

数量经济学：魏世勇　刘　青　廖　迎　张敏锋

旅游管理：付业勤　王　超

科学社会主义与国际共产主义运动：王立华　陈晓燕

材料学：陈彰旭

生物化工：许　嵘　黄恺飞　黄晓平　杨道茂　邓爱华

硕士学位（904 人）

管理科学与工程：

陈日光　姬中凯　金　成　佘洁卿　闫亚庆　张涛军　余　恬　罗兴鹏　王　冰

工程力学：黄　勇　张诚紫　郑伟伟

岩土工程：白　冰　陈亚军　葛冰洋　张在晨

结构工程：

陈栋芬　胡翠平　胡舜娥　黄丽萍　黄田良　黄小燕　李立文　梁扬滨　林加惠
林俊龙　孙　辉　唐文勋　王阳杰　王梓懿　吴仕成　吴彦捷　杨丽丹　郑奕鹏
洪钧铭（香港）

防灾减灾工程及防护工程：梁兰娣　林燕卿　王　振

会计学：

陈彩云　陈璐　陈美容　陈倩雯　陈雪　邓忠卫　洪雪茹　黄晓琴　黄颖佳
刘菁　刘祝平　缪莲英　田巧珍　王莹　钟晓英

企业管理：

何雨晴　邓浩　杜銮燕　何水儿　李金荣　李贞贞　廖颖川　林子芬　刘晶晶
刘伟　刘笑音　全珍　王小锋　徐秋韵　叶燕兵　张航　张慧菲　张建彬
张巧珍　周会　周亮锦　周兴　江健（高校教师）　张本华（高校教师）
黄江昆（高校教师）

技术经济及管理：

付强　葛虹　胡珊　胡婷婷　钱坤　杨雅恬　叶舒航

区域经济学：

李响　李晓奇　梁超　刘鑫　沈晓燕　孙梦颖　王栋　吴丽双　钟卫平

金融学：

陈剑龙　陈小菲　贾晓珍　林鹭　林智奋　刘凯　陆焱平　潘丽凤　邱源嵩
许红妹　章志翔　钟平　周灵娇

国际贸易学：

陈振源　洪鑫　刘冬玲　刘姝姝　姚玲　朱明明　邹晨珊　赖仙丽（老挝）
许顺丰（老挝）　黎小花（老挝）　蔡华杰（老挝）

数量经济学：

陈昌楠　葛磊　何丹　黄忠武　江斌　林莉　刘惠惠　帅雯君　孙迎潘
王爽　王祥　谢清凡　谢晓冰　张世国　钟小英

人文地理学：

方晓　程辰　龚华荣　郭延信　纪小美　蒋婧文　金艳方　李杰萌　李洁
李淑娴　廖雅梅　刘聪超　刘涛　刘雪玲　刘月红　吕雪雪　孙玉华　田慧然
王馨翀　王雨　韦妮妮　吴杨梅　胥桂凤　杨文森　袁大伟　张清清　朱翠兰

旅游管理：

丁鑫　关永玲　何鑫　黄小凤　康艳昕　林慧　任晖　陶文静　田华
张慧　张俊　邹巧柔

刑法学：

付丽　欧占中　谢静　许家汉　张灵原　张倩倩　赵娟　郑培春

民商法学：

陈跃霄　王秀惠　陈伟玲　池必清　邓晗　丁超　窦巍　段珊珊　付蓉蓉
郭彩汾　洪丽萍　李博仑　李祖山　刘娜　宋继林　许辉丽　杨苗芬　叶凤华
余芯怡　曾雅芳　张颖

经济法学：陈建逾　林晓萍　肖红艳　杨欢庆

国际法学：黄诗斯　赖丽华　宋晓飞　薛佳宁　燕淑敏　邹佳丽

文艺学：纪　君　刘培群　柳方委

汉语言文字学：

黄丽燕　马飞飞　盛　卉　吴继娟　吴月皎　张菊华　吕彩文（印尼华侨）
刘　情（印尼华侨）　许嘉琪（印尼华侨）　李迎银（印尼）

中国古代文学：

戴丽萍　洪　敏　惠梦丽　蒋克平　李　彤　刘婷婷　史哲文　孙铭晨　孙　秋
王安琪　危兰娣　肖晓会　郑巧芬　姚文坚（印尼）

中国现当代文学：

高欢欢　洪若晨　匡　琼　廖　静　刘莹莹　王　强　魏青云　谢天才（泰国）
林燕芳（泰国）　陈亮靓（泰国）　彭秀澄（泰国）　冯湘萍（泰国）　陈镇忠（泰国）

英语语言文学：

张晓莲　陈　静　程晓蓉　何菊英　李希萍　苏小凤　谭　敏　吴梅红

政治学理论：罗家旺　商晓冬　吴　滢　朱　平

科学社会主义与国际共产主义运动：李金花　罗雪珍　王桂华

行政管理：

程　雷　傅明玉　冷传铎　亓梦佳　沈　欣　张金丽　张连清　周佳琪

基础数学：

陈红梅　符稳联　黄雪冰　梁新峰　孙龙发　武模忙　徐沙凤　曾　乔　周　巍

高分子化学与物理：

范雪娇　高玉宇　王雪松　杨春雪　曾小宝　张　丹　林水森　陈会新　陈鹭义
陈汝盼　方江海　高素雯　李传辉　林意华　姚文杰　周　煜

微生物学：

陈　翔　贾东方　吕志民　王清瑶　肖桂清　班　珍　贾雅琼　蒋　鹏　林　檬
伍开亮　曾　理　张新华

生物化学与分子生物学：

段训威　雷　严　李文茂　李云振　林　锋　卢晓云　马　静　彭俊纯　王从阳
王礼兴　王雪玉　叶龙飞　余　浩　张如婧　张小鸿　章九云　曹雯静　黄可君
黄　敏　靳玉蕾　李　晶　梁杏秋　廖利民　乔爱敏　孙晴晴　万禁禁　徐护朝
徐　娇　杨　晨　杨兆壬

马克思主义基本原理：王瑞敏　赵　静　郑丽敏

思想政治教育：陈艺勇　丘洁宜　许　瑜　张阳明　郑少凤

工商管理：

李移林	吕小平	董子英	路姗姗	郑清晓	陈 虹	陈伟坤	陈小玲	陈一航
郭舒维	黄同霖	黄小明	黄娅碰	黄志纯	蒋小琦	金 鑫	李 方	李 凌
李文庚	李文星	李 震	廖伟成	林亚鹏	林银城	林映添	刘才庆	刘 峰
卢 珊	罗舒曼	马 腾	沈毅斌	石淑静	苏 清	苏婷婷	苏小胜	王建南
王明达	王玮琳	吴婧婧	伍家军	伍熙尧	谢 辉	薛志强	叶秋萍	银丽萍
张卓绮	章丽南	赵明永	周小燕	邹 琴	张 琳	王朝阳	高家玮	庄福生
程 华	张丽芳	苏淑毅	陈昭荣（香港）	帕娣娜（老挝）	林瑾（加拿大）

公共管理：

白雅芬	蔡婉婷	蔡晓艺	陈建军	陈奇妮	陈庆煜	陈徐静	陈元元	陈振华
傅丹平	高群南	洪世昌	黄丹红	黄丽萍	李彬皇	李建军	李艺鹏	林汉鹏
林 洁	楼晋阳	马旭弘	潘培山	强新星	邱晓虹	苏 斌	苏 琳	王宏娥
王锦龙	王培珊	王胜蓝	王秀华	吴丹青	吴顺天	吴晓慧	杨 猛	曾晶莹
曾珊妮	张雅玲	张 颖	郑青萍	周苏明	庄忠庆	陈旗恩	吴宝林	石作洲
陈 倩	郭惠珲	吕燕霖	苏洪梅	杨志建	张 婧	苏鸿斌	许煌伟	廖成熙
王铮楠	许向文	王艳冰	谢培清	蔡艺青

法律：

陈宝珍	方晓鹏	胡少华	黄晓君	李 玉	林菊华	林培伟	刘阿芬	刘 慰
毛娟娟	闵 丽	舒静平	孙洪涛	汪 蕾	王立朝	吴 静	熊 颖	徐 婧
杨美霞	元俊群	张选举	邹志强	白 蕾	陈小兰	陈杨俊	付 洋	高加攀
耿甜甜	韩好好	洪 战	胡琼月	李美云	刘雪梅	任娅玮	宋璐璐	宋召远
孙嘉晖	檀亚媛	唐岸乐	王晓蔓	魏玉琪	薛敬尧	叶依妮	张 旖	赵 茜
黄清福	许鲤燕	许蓉如	龚一士	唐君静	郑 平	高卫炬	郑新星	付立光

金融：

| 胡华容 | 陈胡婕 | 陈思婧 | 陈一菁 | 凤 敏 | 李晓晶 | 石新香 | 孙建雅 | 魏莎莎 |
| 吴小清 | 颜宝珍 | 杨周真 | 姚瑜婷 |

建筑与土木工程：

| 李建锵 | 谌意雄 | 邓 斌 | 林 颖 | 苏江林 | 孙 宇 | 王 江 | 吴晶晶 | 徐 亮 |
| 袁瑰闳 | 林晓星 | 林雅莲 | 吴祖达 | 陈 清 |

光学： 陈 狮　陈雪琼　崔省伟　杜团结　苏道军　王 涛　曾茂进

电工理论与新技术：

| 樊 辉 | 黄佳乐 | 林晓海 | 罗 登 | 倪会娟 | 汪 亮 | 颜冰钧 | 杨 刚 | 周 博 |

物理电子学：

| 黄荣海 | 黄学业 | 蒋本福 | 赖丽萍 | 梁德娟 | 廖天军 | 蔺小梅 | 杨菲菲 | 周业鹏 |

通信与信息系统：

陈惠明　洪佳庆　黄　凯　李菊芳　李淼鑫　林　滨　刘艳英　吴晓龙　谢劲芳
许庆泳　郑　颖

信号与信息处理： 万　安　王　灿　吴煌鹏　袁继昌　张　俏　周旭坤

模式识别与智能系统： 温世刚　易　燕　余　婷　陈鹏飞　李倩影　宋凤菲

无机化学： 洪振华　刘　璐　孙　平　夏九旭　张　昀　张泽铭

分析化学： 李淑淳　刘鹏超　杨海冉　张煌博

有机化学： 陈燕燕　江云兵　易　超　郑学建

物理化学： 饶小金　沈　彪　王美清　张树金　周帅坤

材料物理与化学： 富　好　李　洁　刘桂静　石　沫　童海斌　张彭风

材料学：

陈尚友　黄绍春　黄卫明　李坤璐　刘城中　刘　琴　蒙永明　时建成　苏　睿
王　伟　王　震　张国祥　周　毅

材料加工工程： 康信仁　唐光道　刘增艺　祁杨停　叶玉梅　张云开

应用化学： 陈　丹　范观铭　付宏权　胡永利　凌　杰　朱柏林

机械制造及其自动化：

陈　皓　代子阳　杜伟文　何　亮　贺　勇　侯　宁　黄燕华　黄　毅　金　琰
李　科　林俊锋　刘玉宝　卢炜良　钱　海　宋运运　王　胜　王　毅　向　鑫
邢延动　张水田　张　星　张玉兴　赵如意　郑　炜　朱　铮　林四连（高校教师）

机械电子工程： 陈录根　高丽华　舒孝阳　王建涛

机械设计及理论：

黄志杰　赖晓琪　李　娇　刘　亮　潘　林　王　瑶　吴长伦　叶惠娟　邹驰宇

车辆工程： 黄海瀚　江余东　柳　齐

测试计量技术及仪器： 何远松　黄　莉　李　凯　杨　洋　占友雄

检测技术与自动化装置： 高　琦　唐艳芳　吴其勇　张　遨　张　涛　赵文昌

建筑历史与理论： 李纪翔　刘梅琴　易　笑

专门史： 陈佩燕　林俊杰　许艺燕　张华阳

计算机应用技术：

柯良文　李　翔　刘　来　马新磊　王　飞　吴新亚　许晓璐　许兴旺　姚明煌
叶　培　余晓山　周红庆

化学工程：

林文辉　卫文娟　许建明　许　静　袁　杰　葛慧华　陈淑芳

化学工艺： 李　贺　李　玉　熊　霜

生物化工：

程小霞　邓琼嘉　杜　钰　付乔明　康永强　李存存　李耀冬　刘　彬　王　海　王林林　叶世富

工业催化： 李　强　杨文进

环境科学： 程劲竹　何海星　苏光明

环境工程：

程　辛　贺　松　李吉安　林　冰　林添明　刘筱昱　汪可涛　温先华　袁柯馨　张　彬

马克思主义哲学：

陈建业　成　诚　李义唯　林奇兆　刘慧敏　谭志雄　徐芸芳　薛冬梅　于　璐　袁幸军　翟少聪　张学鹏　周新原　朱　红　林青红（高校教师）

中国哲学： 傅齐纨　林丽娟　钟小康

伦理学： 胡晓杰　刘旭楠　戎　融　杨　青　杨　阳

宗教学： 何桂花　阚岱馨　宋喜顺　田　湖　魏婷婷　谢　飞

电气工程： 李娇娇　叶海冬　曾　凯　高　岩

电子与通信工程：

陈　邦　陈志杰　黄　娴　马钰慧　强建龙　王立辉　王张欣　熊文强　许华滨　尤　玮　孙祥云　尤丽萍　郑玮芬　张莹雪　洪宝惜

机械工程： 蔡检明　郭广磊　瞿少魁　李志玮　沈志荣　徐　杨　张　磊

建筑设计及其理论：

吴少峰　温大航　安红光　陈家欢　陈运合　程　勤　单海军　方　芳　冯　扬　甘　路　何晓裕　胡　刚　黄心沛　江宗淳　李梦仑　李　茜　刘　莎　卢　媛　马　越　聂家鑫　潘乐思　童　巍　万小芳　王　觅　吴春妹　吴德龙　姚　迪　尹珊珊　尤舒蓉　张灿灿　张　钰

建筑学硕士：

陈荣彬　戴　偲　高艳英　郭　姝　韩沛蓉　何钧贤　胡　伟　黄雪源　赖柳萍　李　祥　林宁海　刘汉懋　刘世怀　钱　程　邵　立　孙　玄　王妍妍　韦奕然　文　超　吴　堃　熊泽群　余　倩　张　岚　张　蕾　张　沁　赵红利　周　可　周彦真

计算机技术：

陈远祝　黄　奕　刘基墙　吴芬琳　吴　星　徐　鹏　许　凌　朱胜平　林火焰　林双钦　刘文霞　王　波　杨　岚　何冬冬　刘瑞冰

项目管理：

杜频湖　崔丽丽　续　刚　王金本　郑　花　刘为杰　游　江　郑建南　辜跃辉

| 蔡　斌 | 黄梅君 | 吴小兰 | 许少兰 | 林　亮 | 连恬恬 | 李　琳 | 谢菁菁 | 严律栋 |
| 祁　超 | 林幼筹 | | | | | | | |

2014届专科毕业生名单

华文学院

汉语言

艾　阳	蔡季珍	陈丽娜	陈双意	陈温香	陈演真	杜家辉	方严恺	郭东龙
郭和禄	洪汉强	洪明珠	李思立	李小麟	林玉兰	麦　思	梅雅姝	钠　蜡
苏惠娴	陶雪梅	巫晶莹	吴新珠	徐进烽	许宝云	许玳玮	许贵财	詹顺顺
张美琦	张美斯	张宜桦	钟桃圆	周慧琴	邹彩爱			

旅游学院

旅游管理

陈春燕	陈兰清	陈丽芳	陈丽萍	陈雪玲	陈艳红	董小芸	范　洪	洪　月
胡婷婷	黄秋云	黄志恒	江秋英	蓝水金	李龙珠	李雪玲	廖嫔嫔	林海莲
林　珊	林晓菲	刘玲玲	卢　彬	倪梦婷	孙华红	童　玲	王东梅	王金兰
王秋莲	吴铃爽	吴秋燕	徐岚岚	杨文宏	杨永清	姚南海	张　萍	张松钦
张小钦	张燕玉	周玲凤						

厦门高级技工学院

建筑工程技术

李汉杰

电气自动化技术

曹美智	陈业博	陈治审	池国群	黄修炎	康慧云	赖德华	赖滋坤	李贝忠
李超凡	廖伟民	林　锋	林华京	林俊艺	林绵钦	林重阳	林朱林	石春倩
童林辉	王炳祥	王志强	吴仕杰	吴文峰	伍文勇	肖春森	谢登辉	谢建煌
谢　耀	徐东晟	薛观文	杨国祥	游林英	郑力松	郑盛坤	卓　弘	

建筑工程技术

鲍速烧	蔡桂强	蔡萍萍	陈　菁	陈天旺	陈晓龙	陈兴尧	陈占煌	陈志勇
丁敦画	丁鹏伟	高孝子	郭伟昌	洪剑博	华伦彪	柯联对	赖长婷	赖梅秀
赖世孟	兰今潮	雷华明	李国华	李杰宏	李晓君	连伟强	廖承芳	廖华金
廖晓容	廖志明	林惠兰	林西玲	刘立宝	刘小飞	刘　奕	栾华伟	罗添财
邱育鑫	沈家生	沈立群	王　帅	王　炜	王虞文	吴奋达	吴伟煌	肖锦川

谢小龙　许兴众　严昌军　杨敏烨　杨志宇　叶德松　张隆隆　钟黄斌　钟晓建
周陈明

模具设计与制造

陈建桂　陈茂满　黄恩榆　黄小勇　康金福　雷亭平　李敏珊　林　康　林龙平
刘文忠　龙福清　卢林森　吕鹭鹏　罗志强　潘霞明　邱鸿阳　孙元滟　汤建斌
王天真　魏小青　吴长隆　吴更燊　吴伟林　许小燕　杨冬冬　杨慧君　张建敏
张炜斌　钟祥华　周少宇

数控技术

陈必金　陈嘉辉　陈锦安　方淑玲　韩宇岳　黄崇瑜　黄添水　江　伟　江志雄
蒋加鹏　赖铭林　梁荣柏　林小芳　刘仁彬　吕荣禄　欧敏樟　欧阳亮　王梦菲
吴志泉　杨唐阳　游初柱　余承伟　曾明涛　钟敦福　周志伟　朱鹭翔　朱振雄
庄小东

应用电子技术

陈文椿　陈梓杨　邓文禄　丁韩鸿　蒋正钦　李朝兴　林文堂　刘双木　刘媛媛
陆海洋　邱　凯　王炳章　翁祖凤　吴承斌　杨发展　余林群　余永裕　张德森
张祥辉　张兴趣　郑英杰

2014届专科留学生毕业生

华文学院

汉语言

艾　阳　蔡季珍　蔡佩芯　蔡子荣　陈家强　陈乐蕊　陈丽娜　陈美旦　陈美铃
陈　权　陈淑慧　陈双意　陈温香　陈演真　邓春富　邓氏映阳　杜家辉　方严恺
甘勇平　高文伟　郭东龙　郭和禄　何好辉　洪汉强　洪明珠　黄德喜　黄仁心
黄氏海燕　李俊炯　李美慧　李　宁　李思立　李小麟　李月瑛　林辉安　林俐妍
林述兰　林稳利　林玉兰　林志成　刘菲菲　刘熙媛　陆飞　吕欣慧　麦思
梅雅姝　钠　蜡　区绮丽　阮氏芳琼　阮战胜　沈英仪　苏菲娅　苏惠娴　苏康
苏美珍　苏明丽　苏仁迪　苏诗惠　泰歌　陶雪梅　王福安　温珍琴　巫晶莹
屋岛杏奈　吴春圆　吴芬妮　吴思华　吴新珠　吴越北　萧洁　谢秀英　邢美云
徐进烽　徐玉娣　许宝云　许玳玮　许贵财　许启善　许璇贝　许雅娅　许勇辉
许真真　姚顺勇　叶　丽　叶丽雅　尤世义　雨　婷　曾皓月　詹顺顺　张美琦
张美斯　张敏丽　张秀玲　张宜桦　郑　樑　钟桃圆　周慧琴　邹彩爱

2014 届继续教育学院春季毕（结）业生名单

财务管理（专科）

陈秋萍	胡真红	黄玉缘	廖奕娟	林秋妹	卢淑玲	阮家源	王素婷	吴秀玲
伍根平	谢玲虹	杨冰萍	杨锦铃	张玲娜	庄芯娥			

电气自动化技术（专科）

白俊芬	蔡伟飏	蔡亚双	陈春韧	陈福智	陈江海	陈景佳	陈凯	陈宁恒
陈鹏	陈世琴	陈伟皓	陈伟雄	陈小彬	陈晓婷	陈洋	陈志清	陈志毅
戴志敏	丁磊	高鸿	高志翔	龚遇潮	郭惠福	郭建伟	何亿丁	胡金涛
胡淑雪	黄松青	黄玮	黄永哲	康启彬	康秋沿	赖广智	李杭	林晖
林嘉瑞	林清峰	林翔	刘宾	刘琦	刘威鹏	刘兴平	缪永嘉	彭素银
彭晓妹	苏健斌	苏金荣	苏清鹏	苏赞琪	王坤山	吴韵鸿	吴镇松	邢洋
杨木华	杨文煌	杨晓斌	叶楚财	叶志伟	曾思泽	张灿鸿	张佳伟	张启明
张添增	张伟鹏	张月琴	张振煌	张智聪	郑德飘	郑继文	郑志宁	庄杰伟
庄志银								

工商管理（电子商务）（境外生）（专科）

陳靄茜	陳一興	陳玉龍	鄧敬驄	關立明	何成坤	勞綺平	李穎賢	廖泉好
廖淑燕	林慶良	陸達祥	麥松堅	蘇文傑	吳學權	吳友誼	吳志勇	叶光耀
葉世昌	張志森	趙冰	鄭佩嫻					

工商企业管理（专科）

曹水秀	常赛	陈阿宽	陈承婉	陈春兰	陈春霞	陈丽芳	陈丽梅	陈丽娜
陈良泉	陈瑞展	陈秀珠	陈炎山	杜节约	郭庆	郭世扬	何秋芳	洪雪妮
洪颖	胡火荣	黄海燕	黄蘭茵	黄丽红	黄丽华	黄励云	黄诗愉	黄素玉
黄月琼	简云英	柯金田	赖佛长	黎妮	李伟玲	李燕婷	廖建阳	廖秋萍
林春燕	林翠娥	林甘芬	林海玫	林莉	林路金	林雪兰	林玉宝	刘珊
鲁艳平	欧阳志斌	潘婉婷	潘艳萍	邱秋明	石小丽	宋志茹	苏梅婷	孙义长
田静	田米	涂晓慧	涂晓容	万永	王少伟	王晓琴	魏艳红	吴淑玲
吴婷	肖建萍	谢思思	谢小珠	谢晓瑜	谢燕	徐昌洁	徐芳	徐欢
许雅锦	颜爱瑜	颜芳	颜美婷	杨建立	叶丽纯	尹丽蓉	曾郭斌	曾岚岚
曾奇	曾雅蕊	张宏达	张建华	张清霞	张晓琴	周媛媛	庄美艳	

国际经济与贸易（专科）

陈惠玲	付林	黄海参	林雅莉	潘培仑	涂采花	吴冰冰	杨小篮	张舜贤
郑黎娥								

会计电算化（专科）

白细聪	蔡丽妮	蔡美玲	蔡佩芬	蔡小燕	蔡雪红	蔡雅真	蔡燕玉	蔡永志
蔡玉婷	蔡圆静	陈阿吟	陈斐	陈凤丽	陈晋希	陈静瑜	陈露露	陈妙新
陈宁英	陈秋燕	陈珊珊	陈舒婷	陈水珍	陈婷婷	陈小红	陈小丽	陈晓玲
陈秀吉	陈燕红	戴秋瑜	戴梓彦	邓飘爱	丁紫秀	方岁莲	郭婕	郭玲
郭天真	何梅琴	何沙	何珊珊	何珍	洪小涓	胡雪情	黄阿兰	黄阿李
黄翠玲	黄翠琴	黄二妹	黄芳	黄桂华	黄建滨	黄静红	黄明丽	黄倩红
黄秋兰	黄秋燕	黄小瑜	黄雪琼	黄艳	黄燕萍	黄玉美	黄月凤	黄珠华
姜阿珊	柯细梅	赖玲玲	李彩滨	李倩兰	李小娟	李新萍	李雪端	连丽松
梁津津	林爱珠	林春燕	林花	林慧姗	林丽明	林丽燕	林玲燕	林娜婷
林瑞棉	林素梅	林小红	林小英	林秀琛	林秀莲	林跃卿	林云霞	林昭英
林志频	刘莉云	刘小英	吕薇	罗清	罗莹	潘珊珊	潘艳燕	施养康
苏晖云	苏琦青	苏素凤	苏月娥	王翠仁	王惠蓉	王丽玉	王连杰	王巧玲
王秋红	王晓双	王雅婷	王远萍	魏锦利	魏智平	吴春燕	吴淑芬	吴婷婷
吴小燕	吴晓梅	肖海丽	谢佳蓉	谢秋仙	谢晓萍	徐英姿	许阿真	许梅梅
许小丽	许瑜玉	许玉油	杨冰冰	杨惠玲	杨丽娟	叶青虹	叶小娇	叶育敏
袁双燕	曾丽英	曾蓉丽	曾婷婷	张惠玲	张丽娟	张琳	张秋娥	张珊珊
张细玲	张秀玉	张亚珍	张艺玲	张玉芝	张缘配	张云燕	张志琼	赵春燕
郑海霞	郑虹娟	郑夏娥	郑小芬	郑晓盈	郑艳艳	郑燕红	郑燕红	郑燕玲
周美叶	庄丹红	庄佳玲	庄美婷	庄秋霞	庄莹莹	卓小幼		

计算机应用技术（专科）

蔡继隆	陈亮	陈秋萍	陈世晖	陈水明	陈文旭	陈雄	陈亚恒	陈英辉
陈志伟	程航	杜金枝	黄晓燚	黄毅雄	黄雨	江婷	赖昊	梁进财
林静	林伟迪	林文开	林小红	刘隆桂	刘维杰	潘炳耀	沈滨鑫	沈锐
沈晓东	石佳军	苏可巧	苏小妹	吴建华	吴珍妮	谢志刚	杨四妹	曾柳湘
曾霆	曾晓闻	张福海	张珑	郑智超	周杨铮			

建筑工程技术（专科）

白彩云	蔡宝惜	蔡景福	蔡旭辉	陈超锋	陈聪敏	陈谷丰	陈金翔	陈美评
陈鹏达	陈淑贞	陈舜泉	陈素娟	陈艺红	陈艺容	陈跃彬	方艳萍	公志钦
管晓莹	郭安全	郭伟铭	何爱露	何恒志	黄建亮	黄龙华	黄文火	黄献极
黄小池	黄印水	纪晓钦	纪雅妍	江伟锋	江梓新	康雅茹	李传贤	李春林
李小龙	林海飙	林佳鑫	林建蛟	林军锋	林麒	林伟中	林钧金	林晓锋
林雅玲	刘鹏杰	卢晓燕	任晓军	沈灿明	沈冠雄	沈静婷	沈晓立	沈炎雄
苏飚	苏彬	苏荣兰	苏莹	王小霞	王旭	王志龙	吴恒毅	吴文聪

谢玲玲　许仕斌　许细娟　许燕珊　杨珊珊　杨新涵　郑　筠　周科全　周　英
朱沧波　朱雅旋　庄河南

经济管理（专科）

黄俊毅　柯秀媛　林桂香　苏小棉　童艺瑜　王才祥　王丽香　吴惠玲　谢燕燕
张冬梅　张少杰　周冬菊　庄俊献　庄志明　邹　彬

模具设计与制造（专科）

蔡宏文　蔡贤付　蔡晓静　蔡永发　陈开翔　陈庆伟　陈细烽　陈烟东　陈跃进
范锦涛　洪志明　黄建翔　黄鹏程　黄晓翔　黄雅诗　纪海波　纪绿柳　康志平
李　俊　林春兴　林栋梁　林　峰　林钦贵　林　为　刘春蕾　刘　富　吕江波
邵雪琪　沈超君　沈　鹏　王金水　王　艺　王振生　魏添富　肖俊超　谢矫迪
徐初冠　徐锦春　徐少辉　许炳聪　许善友　许伟超　许永盛　晏骏驰　杨建华
杨柳斌　杨清源　杨胜利　杨艺作　杨毅杰　叶青周　叶跃斌　曾武明　张美艺
张　荣　郑乾炬　郑伟胜　郑文辉　郑宗锦　钟美华　庄家林

人力资源管理（专科）

蔡祥娟　陈阿雪　陈春燕　陈毓秀　陈真真　高珊珊　黄秀丽　黄玉莉　廖毅蓉
刘永镇　柳枫虹　潘雅云　王小珊　王晓芬　杨青珊　杨亚端　游碧萍　张惠燕
赵梦婷　庄小芳

商务英语（专科）

艾世琴　蔡冬梅　蔡惠琼　杜莲花　辜丽珊　何丽娟　黄冰冰　黄明华　江晓青
康晓云　赖文池　李艳芸　廖丽平　廖维萍　林娟秀　刘崇珍　刘莉莉　刘　幸
王爱姑　王彩玲　徐春美　许雅玲　曾晓婷　郑梅花　庄志洪

数控技术（专科）

蔡乔伟　蔡燕锋　陈　斌　陈晨欣　陈东辉　陈海上　陈　豪　陈剑南　陈亮亮
陈美云　陈梦辉　陈书腾　陈水源　陈太强　陈添勇　陈伟旗　陈晓军　陈银磊
陈泳东　陈钊阳　陈志敏　陈重阳　杜英武　范志聪　傅昌龙　高绍鸿　高正浩
郭伟钊　郭卫东　郭燕秋　郭元春　郭志平　郭志贤　洪虎虎　洪晓佳　洪艺红
胡　振　黄惠音　黄为斌　黄新发　黄尧昆　黄煜煋　纪武元　江锌洪　江亚鹏
康银航　康增加　赖真亮　蓝志鹏　李泉润　李盛杰　李宗贵　梁佳奖　林　峰
林净辉　林晓文　林燕婷　林燕真　林玉婷　林跃加　林泽淮　林宗仁　刘浩杨
刘立翔　吕贵煌　吕奕晨　潘艺辉　钱菱杰　秦永潇　邱毅强　沈镔彬　沈楚杰
沈杰明　沈木松　沈　鑫　苏锋伟　苏建民　孙大川　汤进生　王冬冬　王惠娟
王金钊　王　鹏　王友豪　王志铭　翁　翔　吴达军　吴　俊　吴仁杰　吴尚勇
吴书琼　吴舒铭　吴天尝　吴艺农　吴友生　吴育锋　吴志勇　谢冰思　谢胜行
谢思思　谢跃明　许炳辉　许家榕　许木盛　许小刚　许晓伟　鄂晓锋　杨海泉

杨清标　叶香辉　叶　向　余飞扬　曾华龙　占华敏　张奋强　张　鑫　张志芳
章　攀　郑进杰　郑鹏真　郑吴晗　钟志峰　周剑强　周鹭旻　周梓荣　朱渊鹏
庄凤菀　庄凌波　庄明惠　庄鑫辉

物流管理（专科）

陈巧明　傅丹棉　林爱珍　林燕平　卢晓军　吴雪峰　许　聘　杨阿香　杨雅洁
钟泽红

艺术设计（动漫）（境外生）（专科）

方愛華　李家進　李穎怡　李玉珠　林善祺　林樹基　羅志英　蘇偉賢　謝家怡
曾政延　張發昇　張雪琪

应用电子技术（专科）

蔡日出　蔡镇明　曹碰芬　陈丽丽　陈明暄　陈　锐　陈婉华　陈小凤　陈雅丽
陈云涛　陈在华　郭冬梅　郭显煌　郭亚妹　韩淑惠　洪宝玲　洪木兰　黄雅萍
江桂林　蒋秀月　康燕凤　康艺蓉　李媚媚　李少丰　李小红　李晓璐　李艺芬
李莹莹　林德仁　林桂繁　林惠真　林明铨　林晓茵　阮琳玲　阮潜杰　沈少茹
沈晓华　沈晓贞　沈志强　苏清清　苏泽强　田加钦　王　芳　温惠敏　温小雄
吴汉杰　颜美雪　颜羡心　杨艺玲　杨志超　张荣健　郑加羡　郑　强　郑雅婷
周　秀　庄婷婷

财务管理（专升本）

陈钱华　董玲玲　郭丽冬　何丽婷　何曲雯　黄文忠　康玉珊　林新切　刘梅兰
刘琼莲　刘婷婷　罗　曼　施凉凉　苏　婷　王艳红　吴巧莉　谢青娴　张丽春
庄幼玲

法学（专升本）

戴淑萍　董福彬　郭奕鸿　何　鸣　洪晓滨　黄生秋　黄中央　蒋国伟　李维健
林志松　施建乐　苏雅龄　涂铭浩　万　碧　王澄宇　王敏燕　王　燕　吴明剑
许夏琳　许小娜　杨镜清　杨燕清　张佳勇　庄平勇　庄小芳

工商管理（专升本）

蔡小玲　陈乐平　陈群燕　陈艳萍　陈英平　陈志峰　杜珊玲　甘　婷　郭良平
郭胜达　洪文颖　黄极龙　连志民　林艺惠　刘海涛　倪常山　石特伟　王景清
魏秋丽　吴伟升　叶晓娥　叶云娥　余荣军　张志文　张主鸿　钟银城　庄　妍

国际经济与贸易（专升本）

陈荣平　陈晓梅　陈奕志　黄伊雯　贾翠翠　骆妙榕　骆璇红　万连杰　吴珊虹
谢吉柳　郑梅妹　庄珑滢

会计学（专升本）

蔡碧芬　蔡良梅　蔡晓冰　陈惠彬　陈静华　陈丽云　陈玲萍　陈秋红　陈瑞珍

陈 行	陈乙航	戴东琴	丁梅环	傅绵绵	傅秋萍	何静婷	洪冲容	黄宝红
黄队英	黄海珍	黄佩玲	黄婷婷	黄文洁	纪丽秋	姜 诙	兰先凤	李思烽
连添坤	林爱婷	林桂姿	林焕梅	林鹏程	林毓琴	刘达琪	刘怀茵	刘双华
刘毅瑜	卢智雄	骆斌海	潘小珍	彭不变	邱慧婷	邱秀娥	施志梅	苏冰煌
苏凤玉	苏雪茹	苏燕瑜	汪威臻	王翠婷	王静雅	王美兰	王盛兰	王小耘
王晓玲	吴宝琴	吴端焕	吴凌志	吴艳清	吴玉君	吴泽阳	许 青	尤顺玲
游海娟	曾琼华	张丽玲	张小霞	张艳玲	张燕婷	张 英	张英芝	周 燕
朱玉华	庄梅红							

人力资源管理（专升本）

蔡燕清	陈丽丽	陈涌源	陈玉真	洪惠敏	黄虹燕	柯春福	李岳振	林美军
林秋寒	刘伟红	苗佳敏	王阿贞	王佳佳	王妮娜	王少宏	吴迪辉	吴 艺
薛素芬	杨晓莉	杨晓琼	尤 琳	詹慧卿	张若平	郑美婷	庄辉凤	庄 君

土木工程（专升本）

蔡建新	陈昌坤	陈建东	陈剑方	陈 路	陈明晓	陈青阳	陈清海	陈 榕
陈淑萍	陈晓泽	陈燕萍	陈泽强	池 航	方建武	傅小全	管先炜	郭丽英
郭志达	洪惠清	洪荣洲	黄炳伟	黄彩萍	黄海山	黄泉进	黄裕鹏	江水发
金 萍	李朝雄	李 露	李乙彦	梁远斌	林俊滨	林俊祥	林良平	林鹭生
林凝志	林昕亮	林亚琳	林艳阳	刘荔强	陆凤川	罗桃生	欧隆渊	彭灿辉
彭志远	任军平	沈小春	苏伟东	王立煌	王明山	王晓亮	王玉琼	王育德
王云芳	魏景峰	夏丽丽	谢艺婷	杨博超	杨少强	游立煌	余玲珑	曾桂霞
曾庆典	曾锡潘	张 烈	张明杰	张荣锋	郑春彬	郑雷鸿	郑晓彬	郑新栋
郑 毅	周 敏	朱文强	庄建良	庄俊彬	庄丽丽	庄伟农	庄晓红	

行政管理（专升本）

陈丽婷	冯丽琴	辜晓红	郭淑萍	郭文勇	何锋锋	黄淑钦	柯永平	李炜翔
李志民	林进益	林巧珍	刘文兰	舒 玲	苏慧娟	吴丹丹	吴丽芬	吴明革
肖晓虹	许春菊	许鑫师	曾煌波	张苗红	郑素群	庄晶晶		

2014届继续教育学院秋季毕（结）业生（境外生）

法学（专科）

陳健成	陳志濠	馮濠傑	關惠嘉	郭麗紅	何少瑩	何志超	黃德志	黃慧剛
黃家豪	李健業	李順成	梁偉奇	廖志清	林俊錕	劉銳成	盧維豪	盧志輝
羅福寧	羅卓偉	彭思甜	山中铁也	譚智敏	冼韻怡	謝輝榮	楊嘉華	楊雅婷
曾驥鵬	張韶峰	張韶強	鄭嘉樂	鍾文浩				

工商管理（会计学）（专升本）

蔡美奕　陳彩琴　陳金凉　陳立基　陳麗娟　陳燕琪　馮麗芬　關桂芬　郭桂好
郭煥琼　何金蓮　何麗梅　黃靜詩　鄺惠嫻　李寶嬋　李媚月　李明亮　梁潔瑩
梁佩雯　林景興　劉佩玲　劉小慧　劉玉琼　馬慧德　潘應妙　盛永來　施鳳慶
司徒玉華　楊惠珍　楊麗芬　楊柳英　楊祖明　張慧珊　鍾翠嬋

物流管理（专升本）

陳鳳璇　陳潔嫻　陳錦鐘　陳威霆　崔偉文　馮偉洪　黃彩順　黃雅杰　黎詠嫻
李熾森　林家明　劉潤限　盧伽麗　陸潤華　羅添好　吳秀琼　楊明廉　趙燕婷

华侨大学年鉴

2015

统计资料

2014 年在职教职工基本情况统计表

单位：人、岁

单位	教职工总数	教师人数小计	占全校专任教师数的比例(%)	职称结构					学位结构				年龄结构						
				高级			中级	初级及其他	博士	硕士	学士	无	≤35	36~40	41~45	46~50	51~54	55~59	≥60
				小计	正高	副高													
国际学院	8	2	0.14	2	2	0	0	0	1	0	0	1	0	0	0	1	0	1	0
哲学与社会发展学院	33	29	2.01	18	6	12	10	1	25	3	0	1	10	7	6	1	3	0	2
经济与金融学院	81	64	4.43	25	12	13	39	0	43	15	5	1	21	14	12	4	9	3	1
法学院	56	46	3.19	28	2	26	18	0	30	14	2	0	13	15	7	9	2	0	0
马克思主义学院/通识教育学院	32	29	2.01	18	5	13	11	0	18	6	4	1	7	6	6	6	2	2	0
文学院	75	62	4.29	23	10	13	38	1	41	13	6	2	21	13	12	2	7	5	2
华文学院	114	69	4.78	32	7	25	37	0	17	23	25	4	12	5	13	19	13	7	0
外国语学院	127	115	7.96	39	6	33	71	5	10	82	22	1	34	36	13	18	6	8	0
美术学院	64	55	3.81	11	3	8	35	9	3	36	16	0	26	16	6	3	3	1	0
音乐舞蹈学院	41	34	2.35	9	5	4	23	2	3	27	4	0	18	7	2	1	4	2	0
数学科学学院	92	84	5.82	31	3	28	52	1	35	43	6	0	37	24	7	5	4	7	0
机电及自动化学院	121	90	6.23	44	16	28	44	2	52	28	9	1	31	18	17	9	11	4	0
材料科学与工程学院	77	50	3.46	42	21	21	8	0	41	9	0	0	6	8	10	9	15	2	0
信息科学与工程学院	150	110	7.62	51	17	34	59	0	69	30	11	0	40	27	13	10	12	7	1
计算机科学与技术学院	89	71	4.92	29	6	23	42	0	42	22	7	0	25	27	10	3	3	3	0

续表

单位	教职工总数	教师人数小计	占全校专任教师的比例（%）	职称结构					学位结构				年龄结构						
				高级			中级	初级及其他	博士	硕士	学士	无	≤35	36~40	41~45	46~50	51~54	55~59	≥60
				小计	正高	副高													
建筑学院	99	83	5.75	28	7	21	52	3	25	39	19	0	20	26	10	13	8	6	0
土木工程学院	101	78	5.40	44	19	25	34	0	56	15	6	1	26	16	7	14	10	5	0
化工学院	87	66	4.57	42	19	23	24	0	53	11	2	0	16	24	11	10	5	0	0
生物医学学院/分子药物研究院	33	20	1.39	13	8	5	7	0	20	0	0	0	4	3	6	4	1	0	2
工学院	31	21	1.45	5	2	3	16	0	19	1	1	0	15	2	1	1	2	0	0
工商管理学院	107	87	6.02	41	19	22	45	1	53	23	10	1	21	25	18	12	9	1	1
旅游学院/高尔夫学院	48	34	2.35	20	6	14	13	1	19	11	2	2	10	7	7	4	4	1	1
公共管理学院	44	34	2.35	17	8	9	17	0	23	7	3	1	13	12	2	1	4	1	1
体育学院	55	48	3.32	19	4	15	24	5	4	23	19	2	23	9	1	3	6	6	0
泛华学院/厦航学院	5	0	0.00	0	0	0	0	0	0	0	0	0	0	0	0	0	0	0	0
继续教育学院	14	3	0.21	3	2	1	0	0	1	1	1	0	0	0	0	1	1	1	0
美国中文学院	1	1	0.07	1	0	1	0	0	0	0	1	1	0	0	0	1	0	0	0
华侨华人研究院/国际关系研究院	24	19	1.32	8	4	4	11	0	16	2	1	0	6	4	4	3	0	0	2
华侨华人信息中心	8	1	0.07	1	1	0	0	0	0	0	0	1	0	0	0	0	0	0	1
华文教育研究院	13	11	0.76	2	1	1	9	0	11	0	0	0	8	1	1	0	0	1	0

续表

单位	教职工总数	教师人数小计	占全校专任教师的比例（%）	职称结构					学位结构				年龄结构						
				高级			中级	初级及其他	博士	硕士	学士	无	≤35	36~40	41~45	46~50	51~54	55~59	≥60
				小计	正高	副高													
数量经济研究院	13	12	0.83	6	3	3	6	0	12	0	0	0	5	1	4	2	0	0	0
城市建设与经济发展研究院	3	1	0.07	1	1	0	0	0	1	0	0	0	0	0	0	1	0	0	0
厦门工程技术研究院	2	1	0.07	1	1	0	0	0	1	0	0	0	0	0	1	0	0	0	0
泉州科学技术与社会发展研究院/海上丝绸之路研究院	3	1	0.07	1	0	1	0	0	1	0	0	0	0	0	0	1	0	0	0
制造工程研究院	9	8	0.55	7	4	3	1	0	8	0	0	0	4	0	2	1	0	1	0
心理辅导中心	5	5	0.35	2	1	1	2	1	1	3	0	1	1	0	3	0	1	0	0
专任教师人数小计		1444	—	664	231	433	748	32	754	487	182	21	473	353	212	171	146	75	14
专任教师结构比例（%）		—	—	45.98	15.99	29.99	51.80	2.22	52.22	33.73	12.60	1.45	32.76	24.45	14.68	11.84	10.11	5.19	0.97
教师（思政）（学工系统）	158	14	—	14	2	12	64	80	0	114	43	1	123	19	10	3	2	1	0
教师数（专任教师＋教师（思政））	1602			678	233	445	812	112	754	601	225	22	596	372	222	174	148	76	14
教职工数	2552			832	248	584	1169	551	759	882	560	351	958	478	353	322	275	147	19

2014 年华侨大学在校本科生统计表

自主 专业名称	在校生数					
	合计	一年级	二年级	三年级	四年级	五年级及以上
材料化学	109	39	36	34	0	0
材料科学与工程	168	44	39	43	42	0
财务管理	334	61	66	79	128	0
测控技术与仪器	265	73	60	57	75	0
产品设计	139	0	70	69	0	0
车辆工程	237	61	58	50	68	0
城市地下空间工程	44	44	0	0	0	0
城市管理	126	45	39	42	0	0
城市规划	75	0	0	0	37	38
城乡规划	113	47	32	34	0	0
电气工程及其自动化	437	102	116	107	112	0
电子科学与技术	273	61	54	65	93	0
电子商务	285	75	68	76	66	0
电子信息工程	388	99	89	91	109	0
对外汉语	108	0	0	0	108	0
法学	769	173	172	208	216	0
翻译	32	32	0	0	0	0
风景园林	61	33	28	0	0	0
高分子材料与工程	324	78	78	83	85	0
给排水科学与工程	233	78	72	83	0	0
给水排水工程	87	0	0	0	87	0
工程管理	474	117	106	119	132	0
工商管理	551	138	142	115	156	0
工商管理类	9	0	0	5	4	0
工商管理类（会计学专业全英文教学）	22	22	0	0	0	0
工商管理类（旅游管理专业全英文教学）	26	18	8	0	0	0
工业设计	255	56	63	69	67	0
公共管理类	1	0	0	1	0	0
公共事业管理	170	51	61	28	30	0
功能材料	140	35	34	37	34	0

自主 专业名称	在校生数					
	合计	一年级	二年级	三年级	四年级	五年级及以上
光电信息科学与工程	163	58	57	48	0	0
光电子技术科学	37	0	0	0	37	0
广播电视新闻学	137	0	0	0	137	0
广播电视学	249	69	81	99	0	0
广告学	205	53	56	37	59	0
国际经济与贸易	856	183	188	243	242	0
国际商务	170	66	60	44	0	0
国际商务（全英文教学）	70	26	15	29	0	0
国际事务与国际关系	37	37	0	0	0	0
汉语国际教育	308	104	96	108	0	0
汉语言文学	389	111	97	86	95	0
化学工程与工艺	285	74	71	73	67	0
环境工程	212	54	55	51	52	0
环境科学	132	39	34	30	29	0
环境设计（建筑与城市环境设计）	59	0	0	59	0	0
环境设计（室内设计）	142	0	72	70	0	0
会计学	202	56	65	81	0	0
会展经济与管理	86	49	37	0	0	0
机械工程	522	141	145	236	0	0
机械工程及自动化	302	0	0	0	302	0
机械设计制造及其自动化	201	106	95	0	0	0
集成电路设计与集成系统	160	38	37	35	50	0
计算机科学与技术	213	54	55	43	61	0
计算机类（计算机科学与技术专业全英文教学）	16	16	0	0	0	0
计算机类（软件工程专业全英文教学）	36	17	19	0	0	0
建筑学	491	85	95	100	96	115
金融学	519	90	109	161	159	0
经济学	322	74	98	82	68	0
经济学类（国际经济与贸易专业全英文教学）	26	26	0	0	0	0
经济学类（金融学专业全英文教学）	25	25	0	0	0	0
酒店管理	276	75	76	48	77	0

自主 专业名称	在校生数					
	合计	一年级	二年级	三年级	四年级	五年级及以上
酒店管理（高尔夫学院）	72	0	0	37	35	0
酒店管理（厦航学院）	107	48	40	19	0	0
旅游管理	317	63	80	73	101	0
美术学	131	34	29	31	37	0
人力资源管理	454	82	110	109	153	0
人文地理与城乡规划	109	35	31	43	0	0
日语	310	88	76	74	72	0
软件工程	444	91	93	124	136	0
设计学类	203	202	0	1	0	0
社会学	157	42	39	34	42	0
生物工程	252	65	62	62	63	0
生物技术	134	33	35	33	33	0
市场营销	397	89	81	101	126	0
视觉传达设计	175	0	94	81	0	0
视觉传达设计（摄影摄像方向）	69	0	20	49	0	0
数学与应用数学	222	59	52	48	63	0
数字媒体技术	193	46	45	49	53	0
体育教育	209	46	62	49	52	0
体育教育（海外）	11	0	0	0	11	0
通信工程	385	100	92	88	105	0
通信工程（微波通信方向）	3	0	0	0	3	0
统计学	33	33	0	0	0	0
投资学	107	56	51	0	0	0
土地资源管理	142	37	27	37	41	0
土木工程	1037	193	248	284	312	0
网络工程	309	55	70	80	104	0
网络工程（物联网技术方向）	2	0	0	0	2	0
舞蹈表演	41	21	20	0	0	0
舞蹈表演（礼仪与航空服务）	69	44	25	0	0	0
舞蹈学	35	35	0	0	0	0
舞蹈学（海外教育）	92	0	29	32	31	0

续表

自主专业名称	在校生数					
	合计	一年级	二年级	三年级	四年级	五年级及以上
物联网工程	213	61	55	53	44	0
物流管理	312	60	64	60	128	0
新闻学	159	54	56	49	0	0
信息工程（微波通信方向）	40	0	0	0	40	0
信息工程（移动通信技术方向）	169	59	52	58	0	0
信息管理与信息系统	157	52	40	40	25	0
信息与计算科学	138	42	37	32	27	0
行政管理	246	47	50	73	76	0
药学	194	73	47	44	30	0
艺术设计	220	0	0	0	220	0
艺术设计（建筑与城市环境艺术设计）	95	0	0	0	95	0
音乐表演	62	24	38	0	0	0
音乐表演（礼仪与航空服务）	36	12	24	0	0	0
音乐学	35	35	0	0	0	0
音乐学（海外教育）	112	0	32	45	35	0
应用化学	94	0	0	28	66	0
应用化学（拔尖人才试点）	139	56	52	31	0	0
应用化学（试点）	31	0	0	0	31	0
应用物理学	114	0	35	36	43	0
应用物理学（拔尖人才试点）	40	40	0	0	0	0
英语	466	107	127	119	113	0
园艺（观赏园艺）	140	35	31	35	39	0
哲学	48	18	15	15	0	0
制药工程	195	47	52	39	57	0
工商管理类（1+2+1中美联合培养）	26	26	0	0	0	0
经济学类（1+2+1中美联合培养）	33	33	0	0	0	0
资源环境与城乡规划管理	51	0	0	0	51	0
自动化	284	56	57	64	107	0
汉语言	230	65	71	46	48	0
华文教育	536	208	148	119	61	0

2014 年各院系在校研究生统计表

培养单位	博士研究生	全日制硕士研究生	在职硕士研究生	合计
哲学与社会发展学院	40	89	2	131
经济与金融学院	29	139	4	172
工商管理学院	79	162	139	380
旅游学院	20	118	5	143
公共管理学院	15	68	0	83
土木工程学院	22	207	106	335
生物医学学院	16	105	7	128
机电及自动化学院	50	224	58	332
材料科学与工程学院	15	190	17	222
化工学院	20	190	21	231
法学院	0	98	0	98
文学院	0	140	0	140
华文学院	0	137	0	137
外国语学院	0	31	0	31
数学科学学院	0	40	0	40
建筑学院	0	247	26	273
计算机科学与技术学院	0	133	125	258
信息科学与工程学院	0	210	108	318
马克思主义学院	0	27	0	27
工学院	0	14	0	14
体育学院	0	2	0	2
华侨华人研究院	0	36	0	36
数量经济研究院	0	21	0	21
华文教育研究院	0	5	0	5
法律硕士教育中心	0	111	345	456
MBA 中心	0	341	291	632
MPA 中心	0	374	342	716
MTA 中心	0	43	0	43

2014 年华侨大学在校专科生统计表

自主专业名称	在校生数				
	合计	一年级	二年级	三年级	四年级及以上
电气自动化技术	89	42	37	10	0
电子工艺与管理	26	0	0	26	0
计算机应用技术	26	0	0	26	0
建筑工程技术	70	0	27	43	0
旅游管理（高职，高尔夫学院）	21	0	0	21	0
旅游管理（高职，厦航学院）	27	0	0	27	0
模具设计与制造	6	0	0	6	0
模具设计与制造（厦航学院）	113	44	32	37	0
汽车检测与维修技术	120	44	35	41	0
数控技术	4	0	0	4	0
应用电子技术	3	0	0	3	0
应用电子技术（厦航学院）	110	45	36	29	0
汉语言	619	395	204	20	0

（教务处供稿）

2014 年继续教育学院在校生人数

学习形式	层次	专业名称	学制（年）	在校生数（人）					总计（人）
				一年级	二年级	三年级	四年级	五年级	
函授	专科	工商企业管理	3	571	44	72	0	0	687
		会计电算化	3	462	48	83	0	0	593
		财务管理	3	207	33	23	0	0	263
		经济管理	3	0	0	13	0	0	13
		人力资源管理	3	180	17	21	0	0	218
		物流管理	3	68	0	16	0	0	84
		行政管理	3	5	0	0	0	0	5
		市场营销	3	46	14	0	0	0	60
		模具设计与制造	3	86	0	0	0	0	86
		模具设计与制造	4	0	38	9	130	0	177
		数控技术	3	59	0	0	0	0	59
		数控技术	4	0	27	20	145	0	192

学习形式	层次	专业名称	学制（年）	在校生数（人）					总计（人）
				一年级	二年级	三年级	四年级	五年级	
函授	专科	应用电子技术	4	68	0	0	52	0	120
		建筑工程技术	4	0	14	106	68	0	188
		电气自动化技术	3	115	0	0	0	0	115
		电气自动化技术	4	0	52	35	114	0	201
		计算机应用技术	3	62	0	0	0	0	62
		计算机应用技术	4	0	0	0	10	0	10
		机电设备维修与管理	3	63	0	0	0	0	63
		机电设备维修与管理	4	0	5	22	70	0	97
		汽车检测与维修技术	3	91	0	0	0	0	91
		汽车检测与维修技术	4	0	57	44	0	0	101
		机械工程及自动化	3	62	0	0	0	0	62
		电子工艺与管理	3	1	0	0	0	0	1
		文秘	3	1	0	0	0	0	1
		商务英语	3	5	0	0	0	0	5
		酒店管理	3	18	0	0	0	0	18
		连锁经营管理	3	133	0	0	0	0	133
		护理	3	544	0	0	0	0	544
		药学	3	123	0	0	0	0	123
		服装设计	3	3	0	0	0	0	3
		鞋类设计与工艺	3	1	0	0	0	0	1
		电子商务	3	11	0	0	0	0	11
		建筑工程技术	3	635	0	0	0	0	635
业余		会计电算化	3	138	143	160	0	0	441
		财务管理	3	146	0	0	0	0	146
		国际经济与贸易	3	0	0	18	0	0	18
		电子商务	3	115	75	103	0	0	293
		工商企业管理	3	178	121	50	0	0	349
		物流管理	3	36	0	0	0	0	36
		商务英语	3	15	28	20	0	0	63
		市场营销	3	4	26	0	0	0	30
		计算机应用技术	3	40	77	42	0	0	159
		建筑工程技术	3	181	0	0	0	0	181
		建筑工程技术	4	0	138	134	0	0	272

学习形式	层次	专业名称	学制（年）	在校生数（人）					总计（人）
				一年级	二年级	三年级	四年级	五年级	
业余	专科	法学	3	0	0	0	0	0	0
		艺术设计（动漫）	3	0	0	0	0	0	0
		人力资源管理	3	52	0	35	0	0	87
		模具设计与制造	3	1	0	0	0	0	1
		行政管理	3	1	0	0	0	0	1
		护理	3	3	0	0	0	0	3
		药学	3	1	0	0	0	0	1
		视觉传达艺术	3	4	0	0	0	0	4
		酒店管理	3	1	0	0	0	0	1
函授	高起本	工商管理	5	82	85	100	52	59	378
		会计学	5	18	0	0	0	0	18
		土木工程	5	9	0	0	0	0	9
		财务管理	5	4	0	0	0	0	4
业余		工商管理（会计学）	3+2	0	0	39	0	0	39
		工商管理（电子商务）	3+2	0	0	0	21	0	21
		物流管理	5	0	0	0	0	0	0
		财务管理	5	8	0	0	0	0	8
		工商管理	5	6	0	0	0	0	6
		会计学	5	13	25	28	37	32	135
函授	专升本	财务管理	3	109	9	19	0	0	137
		法学	3	9	0	19	0	0	28
		会计学	3	91	23	35	0	0	149
		人力资源管理	3	90	16	27	0	0	133
		土木工程	3	488	105	116	0	0	709
		行政管理	3	14	11	22	0	0	47
		工程管理	3	5	0	0	0	0	5
		建筑学	3	58	0	0	0	0	58
		工商管理	3	153	0	0	0	0	153
		物流管理	3	9	0	0	0	0	9
		旅游管理	3	1	0	0	0	0	1
		酒店管理	3	4	0	0	0	0	4
		电子商务	3	1	0	0	0	0	1
		市场营销	3	31	0	0	0	0	31

学习形式	层次	专业名称	学制（年）	在校生数（人）					总计（人）
				一年级	二年级	三年级	四年级	五年级	
函授		电子科学与技术	3	2	0	0	0	0	2
		计算机科学与技术	3	10	0	0	0	0	10
		电气工程及其自动化	3	13	0	0	0	0	13
		机械工程及自动化	3	4	0	0	0	0	4
		车辆工程	3	2	0	0	0	0	2
		广播电视新闻学	3	5	0	0	0	0	5
		英语	3	3	0	0	0	0	3
		药学	3	45	0	0	0	0	45
		国际经济与贸易	3	8	0	0	0	0	8
业余	专升本	法学	2.5	21	33	22	0	0	76
		法学	3	3	0	0	0	0	3
		工商管理	3	11	48	32	0	0	91
		国际经济与贸易	3	2	35	23	0	0	60
		会计学	3	0	60	50	0	0	110
		土木工程	3	2	0	0	0	0	2
		建筑学	3	6	0	0	0	0	6
		行政管理	3	3	0	0	0	0	3
		财务管理	3	6	0	0	0	0	6
		人力资源管理	3	1	0	0	0	0	1
		物流管理	3	3	0	0	0	0	3
		电子科学与技术	3	1	0	0	0	0	1
		计算机科学与技术	3	2	0	0	0	0	2
		电气工程及自动化	3	2	0	0	0	0	2
		车辆工程	3	12	0	0	0	0	12
		艺术设计	3	14	0	0	0	0	14
		音乐表演	3	4	0	0	0	0	4
		表演	3	15	0	0	0	0	15
		广告学	3	10	0	0	0	0	10
		英语	3	18	0	0	0	0	18
		药学	3	5	0	0	0	0	5
		艺术设计（动漫）	3	16	0	0	0	0	16
总计				5988	1407	1558	699	91	9743

2013 年继续教育学院在校生人数

学习形式	层次	专业名称	学制（年）	在校生数（人）					总计（人）
				一年级	二年级	三年级	四年级	五年级	
业余	专升本	会计学	3	60	59	43	0	0	162
		工商管理	3	48	32	26	0	0	106
		国际经济与贸易	3	35	23	12	0	0	70
	高起专	会计电算化	3	143	102	82	0	0	327
		国际经济与贸易	3	0	18	10	0	0	28
		工商企业管理	3	121	50	26	0	0	197
		物流管理	3	0	0	10	0	0	10
		电子商务	3	75	103	0	0	0	178
		商务英语	3	28	20	26	0	0	74
		市场营销	3	26	0	0	0	0	26
		计算机应用技术	3	77	42	0	0	0	119
		建筑工程技术	4	138	134	0	0	0	272
	高起本	会计学	5	25	28	37	32	0	122
函授	专升本	法 学	3	9	19	25	0	0	53
		土木工程	3	69	65	83	0	0	217
		行政管理	3	11	22	25	0	0	58
		财务管理	3	9	19	19	0	0	47
		会计学	3	23	35	31	0	0	89
		人力资源管理	3	16	27	27	0	0	70
	专科	财务管理	3	33	23	31	0	0	87
		会计电算化	3	48	84	87	0	0	219
		市场营销	3	14	0	0	0	0	14
		人力资源管理	3	17	21	20	0	0	58
		工商企业管理	3	44	72	65	0	0	181
		经济管理	3	0	13	15	0	0	28
		物流管理	3	0	16	0	0	0	16
		模具设计与制造	4	38	9	130	61	0	238
		数控技术	4	27	20	145	130	0	322
		应用电子技术	4	0	0	53	56	0	109
		汽车检测与维修技术	4	57	44	0	0	0	101
		电气自动化技术	4	52	35	114	73	0	274
		建筑工程技术	4	14	106	68	75	0	263
		计算机应用技术	4	0	0	10	42	0	52
		机电设备维修与管理	4	5	22	70	0	0	97
	高起本	工商管理	5	87	100	52	59	0	298

学习形式	层次	专业名称	学制（年）	在校生数（人）					总计（人）
				一年级	二年级	三年级	四年级	五年级	
业余（境外生）	专科	物流管理	3+2	0	0	0	0	18	18
		工商管理（会计学）	3+2	0	0	0	0	34	34
		工商管理（电子商务）	3+2	0	0	21	0	0	21
		艺术设计（动漫）	3	0	0	12	0	0	12
		人力资源管理	3	0	35	0	0	0	35
		法学	3	0	0	32	0	0	32
	专升本	法学	2.5	33	22	0	0	0	55
总　计				1382	1420	1407	528	52	4789

华侨大学年鉴
2015

2014年大事记

一月份

1月，华侨大学 61 项成果获泉州市第五届社会科学优秀成果奖表彰，其中一等奖 4 项、二等奖 9 项、三等奖 26 项、佳作奖 8 项、荣誉奖 14 项。

2 日，校长贾益民率团拜访澳门中联办副主任陈斯喜，并代表国务院侨办向陈斯喜颁授华侨大学第六届董事会副董事长聘书。

5 日，华侨大学校长、博士生导师贾益民教授做客香港凤凰卫视资讯台，就"华侨华人与中华文化传播"接受了《新闻今日谈》栏目主持人黄橙子的专访。

1月，华侨大学 19 项成果获福建省第十届社会科学优秀成果奖，其中二等奖 3 项、三等奖 16 项。

1月，第七届全国高校校园文化建设优秀成果评比结果揭晓，华侨大学《CUBA 八冠王实践青春中国梦——华侨大学打造 CUBA 文化为特色的校园文化品牌》项目获三等奖。

1月，福建省委教育工委、福建省教育厅公布了党的十八大精神进高校思想政治理论课"四个一百"评选结果，华侨大学共荣获 15 个奖项。其中，"精彩一堂课"一等奖 1 项、三等奖 1 项；"优秀论文"二等奖 1 篇、三等奖 1 篇、优秀奖 2 篇；"优秀课件"二等奖 2 项、三等奖 1 项、优秀奖 3 项；"优秀教案"二等奖 1 项、三等奖 1 项、优秀奖 1 项。

9 日，学校董事会董事陈捷中、陈蔡蝴蝶、庄永兴以及台湾佛光山如常法师一行到华侨大学访问，参观两校区校园并了解学校建设情况。

10 日，中共中央、国务院在北京人民大会堂隆重召开 2013 年度国家科学技术奖励大会。党和国家领导人习近平、李克强、刘云山、张高丽出席并为获奖代表颁奖。华侨大学机电学院徐西鹏团队荣获 2013 年度国家科学技术进步奖二等奖，这是华侨大学自建校以来获得的首个国家级科研成果奖，实现在该奖项上零的突破。

10 日，国务院侨办主任裘援平接见学校校长贾益民教授、副校长徐西鹏教授，祝贺由徐西鹏教授领衔的"石材高效加工用金刚石磨粒工具关键技术及应用"成果荣获国家科学技术进步奖二等奖。

1月，公共管理学院学生邱文涛在第七届金门国际马拉松比赛中勇夺两岸大学生路跑组男子总成绩第一名并打破赛会纪录。这是华侨大学自 2011 年参加该项目比赛以来的四连冠。

14 日，华侨大学教育工会荣获中华全国总工会"模范职工之家"称号。

16 日，《华侨华人蓝皮书：华侨华人研究报告（2013）》发布会在北京举行。国侨办副主任何亚非，社会科学文献出版社社长谢寿光教授，校长贾益民教授，蓝皮书主编丘进教授，清华大学华商研究中心主任龙登高教授等有关领导和专家学者出席发布会。

1月，学校党委宣传部荣获福建省委宣传部"全省理论宣讲先进集体"称号，为全省唯一获此殊荣的高校。

1月，学校机电学院特聘教授苏春翌入选福建省第三批引进高层次创业创新人才（"百人计划"）人选名单。

1月，学校出台科技创新能力提升计划，全面提升华侨大学科技创新能力，增强学校核心竞争力，推进基础雄厚、特色鲜明、海内外著名的高水平大学建设进程。

二月份

23日，中国新闻社在泉州举行"新世纪丝绸之路经济论坛"，同时启动"丝绸之路华媒万里行"活动。国务院侨办主任裘援平、副主任何亚非，中共福建省委常委、宣传部部长李书磊，副省长郑晓松等中央及地方政府相关部门负责人，各界专家学者、海外华文媒体代表、丝绸之路沿线国家使节代表、丝绸之路沿线城市代表，学校校长贾益民、党委书记关一凡、副校长张禹东出席会议。

25日，中国工程院院长周济，中国科学院院士、国家自然科学基金委员会副主任姚建年及国家"数控一代"专家组专家一行莅临学校泉州校区考察，福建省副省长洪捷序等省市领导陪同。

2月，学校共有2项主持完成和2项参与完成项目获2013年度福建省科学技术奖。

2月，第十二届福建青年科技奖评审结果揭晓，学校机电及自动化学院杨建红副教授、生物医学学院崔秀灵教授获奖。至此，学校已有八位教师获得该奖项。

27日，国务院侨办副主任马儒沛、人事司司长刘继坤，在校长贾益民、党委书记关一凡、副校长刘斌等陪同下，视察学校厦门校区音乐舞蹈学院大楼、土木学科实验大楼等在建工地以及新学期启用的紫荆餐厅。

27日，学校召开教育实践活动总结大会。国务院侨办副主任马儒沛、人事司司长刘继坤出席会议，学校全体校领导、校长助理、老领导，全体中层干部，各民主党派、群众团体负责人，无党派人士代表，各级人大代表、政协委员等参加会议。

三月份

1日，校长贾益民、党委书记关一凡拜访了学校校友、福建省副省长李红，并为其颁发华侨大学董事会聘书。

6日，西南政法大学教授、博士生导师龙大轩莅校讲学，并受聘学校兼职教授。

3月，学校2011级应化专业学生潘中华以第一作者身份在无机化学领域著名刊物 *Dalton Transactions*（《道尔顿会刊》）在线发表题为 "A simple BODIPY-aniline-based fluorescent chemosensor as multiple logic operations for the detection of pH and CO_2 gas"（8号位为苯胺连接的氟硼吡咯荧光化学传感器件可作为多个分子逻辑操作检测

较低 pH 范围及 CO_2 气体）的研究论文（DOI：10.1039/C4DT00395K）。

7 日，福建省人大常委会副主任刘群英一行莅临学校考察调研南安市水土流失治理工作开展情况。

8 日，泰中文化经济协会会长颇欣·蓬拉军率团访问学校，校长贾益民在厦门校区会见客人，双方进行了亲切友好的交谈。

3 月，华侨大学成立海上丝绸之路研究院，作为整合各方研究力量的校属科研机构，统筹开展海上丝绸之路的科学研究、学术交流，为"一带一路"建设提供决策咨询智库。

3 月，2014 年世界羽联超级系列赛全英公开赛排出座次，学校学生谌龙和李雪芮分别夺得男单亚军和女单亚军。

16 日，泰国农业大学孔子学院举办了 2014 年首届新 HSK 考试。

20 日，加拿大卑诗省议员叶志明一行访问学校，校长贾益民会见来访客人。

21 日，学校与惠安县人民政府签署《战略合作框架协议》和《建筑产业发展与人才培育合作框架协议》，同时举行华侨大学（惠安）建筑人才工作站授牌仪式。

22 日，华侨大学社会科学界联合会正式成立。

3 月，葡萄牙分子医学研究院副院长 Carmo 教授来校访问讲学。

3 月，学校生物医学学院特聘教授 Philipp Kapranov 博士成功入选国家第四批"外专千人计划"，并获批 500 万元最高额度的国家科研资助。

3 月，由中国教科文卫体工会举办的"知识女性与实现中国梦"论文征集评选结果揭晓，学校荣获一等奖 1 篇、二等奖 1 篇。

25 日，新华社福建分社党组书记、高级编辑新华社新闻研究所特约研究员汤华受聘为华侨大学兼职教授。

3 月，学校获教育部审批新增了投资学、风景园林、会展经济与管理等三个本科专业。至此，学校已有 84 个本科专业。

3 月，国务院侨办专门发文，通报表彰荣获国家科技进步二等奖的华侨大学徐西鹏教授团队。

3 月，福建省教育厅公布福建省第七届高等教育教学成果奖励项目名单，学校荣获特等奖 2 项、一等奖 4 项、二等奖 15 项。

28 日，校党委副书记朱琦环在厦门校区会见来访的泰国普吉府府尹麦德利·尹图素一行，交流探讨职业技能培训等方面的合作。

四月份

4 月，美术学院杨学太副教授入选科技部 2013 年创新人才推进计划名单，为泉州市首位入选该计划的个人。

2 日，国务院侨办副主任马儒沛在福州拜会了福建省副省长李红，双方就进一步启动新一轮共建华侨大学等重要事项交换了意见，达成重要共识。

3 日，由学校承办的第八届两岸宗教学术论坛在厦门校区召开。

4 月，学校辅导员蔡立强获得第三届福建省高校辅导员职业能力大赛决赛总分第一名，并将代表福建省参加 4 月下旬举行的第三届全国高校辅导员职业能力大赛华南赛区比赛。

4 月，2014 年美国大学生数学建模竞赛公布结果，数学学院张悦舟、林景伟、凌晓云参赛团队获得国际二等奖，这是学校自参赛以来首次获此荣誉。

9 日，福建省高级人民法院党组书记、院长马新岚一行莅校访问交流。

4 月，学校辅导员蔡立强荣获"福建省高校十佳辅导员"称号、王巍荣获"福建省高校优秀辅导员"称号。

4 月，工商管理学院苏朝晖教授申报的"海峡西岸经济区科技服务业发展研究"获批国家软科学研究计划重大合作项目，这是学校第一项也是迄今为止福建省第三个国家软科学研究计划重大合作项目。

12 日，中国高等教育学会体育专业委员会华人华侨学校体育研究会 2014 学术年会在厦门校区召开。

15 日，华侨大学为培养优秀境外生而设立的"菁英学堂"揭牌成立。

15 日，美术学院杨爱武老师在泉州策划发起全国首个瓶艺专场展。

17 日，全国政协在京召开双周协商座谈会，就推进海外华文教育发展座谈交流。全国政协主席俞正声主持会议并讲话，贾益民校长以专家学者身份在座谈会上发言。

17 日，福建省高级人民法院与华侨大学签订共同建设"法学教育实践基地"协议。

18 日，第四届泰国农业大学孔子学院理事会在厦门校区召开。

18 日，华侨大学董事会副董事长陈守仁博士带领家族一行 30 多人访问华侨大学。

19 日，第二届福建省《数学分析》课程建设研讨会在学校召开。

20 日，学校在"苏博特"杯第三届全国大学生混凝土材料设计大赛中表现出色，两支代表队分别荣获全国三等奖和设计创意奖，土木学院王海峰获"优秀指导教师"称号。

4 月底，副校长徐西鹏教授荣获全国五一劳动奖章。

24 日，美国华盛顿州立洛尔哥伦比亚学院校长 Chris Bailey 一行 6 人来校访问，与学校就继续教育方面开展国际合作达成初步共识。

25 日，学校举行隆重的敦聘仪式，聘请著名华人女中音歌唱家、美籍华人梁宁担任音乐舞蹈学院院长、特聘教授，聘请青年舞蹈家黄豆豆、女高音歌唱家郑咏担任音乐舞蹈学院兼职教授。

25 日，中共中央编译局副局长俞可平教授做客"华大讲堂"，深度解读国家治理体系现代化若干问题。

25~29 日，学校赴马来西亚参加由马来西亚华校董教总举办的 2014 年中国高等教育展。

29 日，第五届全国混凝土设计大赛在北京国际展览中心圆满落幕，学校代表队排名第六，荣获高校组三等奖。

五月份

5 月，华侨大学足球队以五战五胜的不败成绩勇夺 2013~2014 中国大学生五人制足球联赛福建赛区冠军，并将代表福建省参加 2013~2014 中国大五联赛南区比赛。

5 月，第六届全国高校辅导员年度人物评选活动揭晓，学校辅导员蔡立强荣获全国高校辅导员年度人物提名奖。

5 日，由教育部社会科学司指导、教育部高校思想政治理论课教学指导委员会和《思想理论教育导刊》主办的"高校思想政治理论课教师 2013 年度影响力人物"评选结果揭晓，学校教师林怀艺教授获评"年度影响力人物"，全省仅有 2 位教师获此殊荣。

5 月，学校博士后研究人员高毅超和刘源岗获得中国博士后科学基金会第 55 批博士后科学基金面上二等资助。

5 月，机电及自动化学院工业设计系 2009 级学生林祥应设计作品《节能淋浴器（Energy Saving Shower）》获得 2014 年 IF 概念设计特别奖"2014 年汉斯格雅奖：节水设计"，全球仅有 5 项作品获得该奖项。

8 日，厦门市长刘可清率领副市长国桂荣，市政府秘书长陈津，以及市政府办公厅、市委组织部、市发改委、市教育局、市科技局、市经发局、市财政局等相关部门负责人，集美区委书记李辉跃、区长黄晓舟等到华侨大学考察并现场办公，推动解决华大厦门校区校园建设用地问题。

9 日，福建省法学会诉讼法学研究会年会暨"深化司法改革与完善诉讼制度"研讨会在学校举行，这是该年会首次在华侨大学举办。

5 月，校董杜祖贻再次捐赠 100 万元人民币作为专项基金，支持学校文物馆建设。

11 日，学校学子在全国大学生英语竞赛福建赛区决赛中发挥出色，一举夺得 5 个全国特等奖和 8 个全国一等奖。

11 日，华侨大学湖南校友会在长沙正式成立。校党委书记关一凡、校友总会会长李冀闽，湖南省侨联主席朱道弘等出席成立大会并讲话。

12 日，华侨大学与泰国普吉市政府签署合作备忘录，在职业技术培训、华文教育、旅游管理、工商管理等领域开展合作。华侨大学校长贾益民、普吉市市长 Somjai Suwansupana 分别代表双方在备忘录上签字。

13 日，福建省委统战部副部长陈飞一行莅临学校调研，了解学校统战工作及非公有制经济人士统战工作理论泉州研究基地运作情况。校党委书记关一凡接待来访客人。

5 月，文学院讲师蒋晓光在《中国社会科学》2014 年第 5 期上以第一作者身份发表题为《宾祭之礼与赋体文本的构建及演变》的学术论文，这是学校教学科研人员在该杂志上以第一署名单位和第一作者发表的首篇文章，实现了学校社科研究人员在国内顶尖学术期刊上发表论文的历史性突破。

5 月，华侨大学足球队成功闯入 2013~2014 赛季特步中国大学生五人制足球赛（CCFL）南大区赛四强，首次闯进中国大五联赛八强，为福建省高校参加此项赛事获得的最佳成绩，也是学校足球队继 2011~2012 赛季进入大学生 11 人制足球联赛全国八强后，在大学生足球比赛中获得的又一佳绩。此外，工商管理学院学生梁焱获 2013~2014 中国大五联赛南大区最佳守门员奖。

19 日，副校长吴季怀率团访问美国托莱多大学，签订两校正式合作协议，双方就工程学科、商科、人文社会等多学科，博士、硕士、学士多层次全方位互动具体合作项目深入洽谈，就进一步深化合作路径、方法、期限等进行详细会谈。

同日，德化县县长欧阳秋虹一行访问学校，与校长贾益民、副校长刘斌等商讨合作事宜。

5 月，机电学院特聘教授 Ramin Sedaghati（加拿大肯考迪亚大学教授）和信息学院特聘教授 Sabino Chavez Cerda（墨西哥国家天体物理光学和电子研究所教授）获得国家外专局 2014 高端外国专家（文教类）项目资助。

20 日，党委副书记朱琦环率团访问新加坡集美学院，双方就目前合作的进展、下阶段工作要点等进行探讨，并实地考察了拟提供给双方合作专用的办学场所。

21 日，华侨大学美国（纽约）招生处在美揭牌成立。副校长吴季怀、美国侨商联合会主席郑棋代表双方在合作协议上签字，并共同为招生处揭牌。郑棋同时受聘为该招生处主任。

5 月，泉州市公布了首批泉州市"海纳百川"高端人才项目入选名单，学校十位教师入选。

23 日，副校长吴季怀应邀请率团访问加拿大康戈迪亚大学、蒙特利尔大学两所高校，商谈校际合作具体事宜并达成合作意向。

23 日~25 日，福建省第十五届运动会（大学生部）围棋比赛在厦门大学举行，学校一举夺得男子团体赛和男子个人赛两枚金牌，并获男女团体混合赛亚军。

24 日，党委书记关一凡在泉州校区会见了来访的太原理工大学校长吕明一行。

双方就两校区的建设、管理，人事制度与分配制度改革、后勤事业管理以及高校学科建设等问题进行交流。

24~25 日，华侨大学羽毛球队在第三届中国大学生羽毛球超级赛中战胜东道主湘潭大学队获得冠军，并获得"体育道德风尚奖"。

25 日，全国人大常委会委员、华侨委副主任委员令狐安带领全国人大华侨委有关领导一行莅校调研。党委书记关一凡在泉州校区会见来访客人。

同日，第十一届华东地区高校结构设计邀请赛在同济大学落下帷幕，由土木工程学院学生杨栓、周林蕊、章逸康组成的参赛队凭借作品"方穹"斩获三等奖。

26 日，华侨大学国际关系研究院在厦门校区揭牌，前外交部部长李肇星任名誉院长，国务院侨办副主任何亚非任院长。仪式结束后，何亚非院长作国际关系研究院首场讲座，为华大师生讲解《全球化新形势下中国的挑战》。

27 日，华侨华人与中国周边公共外交研讨会在厦门校区开幕，70 余名专家学者汇聚华大，围绕"华侨华人与中国周边公共外交"的主题，就中国侨务公共外交、中国周边外交、周边国家华侨华人的现状与趋势等议题展开深入探讨。

31 日，校友许文立、吴琳琳伉俪分别捐赠 100 万元人民币和 500 万港币设立"华侨大学康桥学生科技创新基金"和"华侨大学康桥教育基金"，用于支持华侨大学教育事业以及鼓励华侨大学学生进行科技创新。

六月份

6 月，《世界教育信息》2014 年第 6 期全文刊发了对华文教育学家、校长贾益民教授的访谈，题目为《以侨为本教研并举全面推动华文教育发展》，全文 17000 余字。

6 月，学校徐西鹏教授、苏春翌教授入选 2013 年度福建省高校领军人才资助人选名单，为学校教师首次入选该项目。

6 月，著名华文教育学家、华侨大学校长贾益民教授主持编撰的《世界华文教育年鉴（2013）》由社会科学文献出版社出版发行，该书是我国海外华文教育领域的首部年鉴，也是华侨大学海外华文教育与中华文化传播协同创新中心所取得的阶段性成果，其出版发行对华文教育的政府决策、学术研究等都具有重要意义。

4 日，福建省委老干部局副局长刘立成、副巡视员王象迪一行到学校调研离退休党支部建设情况和近年来老干部政策规定落实情况。

6 月，国家住房和城乡建设部组织召开了全国高等教育城乡规划专业评估委员会全体会议，经投票表决，学校城乡规划专业本科评估获得委员会全票通过，有效期四年。

5 日，"中国社会科学院世界宗教研究所海外华人宗教与闽台宗教研究基地"在学校厦门校区揭牌。

7 日，计算机学院学生在第一届全国高校物联网应用创新大赛华南区决赛中表现出色，荣获一等奖 1 项，三等奖 1 项。

9 日，党委书记关一凡在泉州校区会见来访的广西侨联主席韦干一行。

10 日，华侨大学男篮在第十六届 CUBA 中国大学生篮球联赛季军争夺战中以 93∶76 轻取北京工业大学，夺得联赛季军。

11 日，学校举行"华侨大学科技创新团队和领军人才支持计划"、"华侨大学哲学社会科学百名优秀学者培育计划"入选者任务书签订仪式，全校共有 15 个科技创新团队和 29 名哲学社会科学优秀学者获资助，总资助经费分别为 4600 万元和 1430 万元。

14 日，"教育部、文化部、财政部 2014 年高雅艺术进校园活动"走进华侨大学，中国国家话剧院为华园师生们演出现实主义话剧力作《这是最后的斗争》。

17 日，福建省省长苏树林视察了学校在第十二届"6·18"中国·海峡项目成果交易会展馆的展位，听取了学校参展项目的介绍，对学校科研项目成果表示极大的兴趣和赞赏，并鼓励学校科研团队继续努力，加快科技成果转化，提升学校服务地方的能力。

6 月，2014 年度国家社科基金项目立项结果公布，学校 19 个项目获得资助立项（其中重点项目 2 项、一般项目 11 项、青年项目 6 项），与福建师范大学并列福建省第二位，全国排名跃升至第 40 位，立项数与全国排名均创历史最好水平。

6 月，福建省教育厅公布了 2014 年度省高校"新世纪优秀人才支持计划"和"杰出青年科研人才培育计划"项目入选人员名单，学校共有 23 人入选，两个项目入选人数均创历史新高。其中，14 位教师入选"福建省高等学校新世纪优秀人才支持计划"，入选人数位列省内第二；9 位教师入选"福建省高校杰出青年科研人才培育计划"，入选人数为省内第一。

6 月，材料科学与工程学院 2011 级应用化学专业学生潘中华以第一作者身份在物理化学领域著名刊物 *Physical Chemistry Chemical Physics*（《物理化学化学物理》）在线发表了题为 "Experimental and theoretical study of enol–keto prototropic tautomerism and photophysics of azomethine–BODIPY dyads"（实验及过渡态理论研究烯醇 – 酮式质子互变异构调控席夫碱键合氟硼吡咯卡带的光物理性质）的研究论文（DOI：10.1039/C4CP02151G）。

6 月，华侨大学校园诗集《人生旅途》出版，共收录学校 47 位学生和 4 位老师近 200 首校园原创诗歌作品。诗集的出版，得到著名文学评论家、福建师范大学中文系教授孙绍振和中山大学中文系教授谢有顺，福建省作协主席、作家杨少衡的好评并倾情推荐。

17~18 日，学校"百人计划"专家代表许瑞安教授、苏春翌教授参加了第十二届中国·海峡项目成果交易会"百人计划"专家创新创业成果展和"6·18"虚拟研究院特聘专家的颁证仪式，苏春翌教授上台接受了福建省副省长徐钢、福建省人社厅厅长钟维平等颁发的证书。

18日，在第十二届中国·海峡项目成果交易会高校服务海西项目成果对接签约仪式上，材料学院李明春教授与雀氏（福建）实业发展有限公司就"新型多功能纸尿裤等卫生用品的开发"项目签署了产学研合作协议。

19日，泉州市人大常委会主任陈海基一行来校调研办学情况，校长贾益民、党委书记关一凡在泉州校区与调研团座谈。

21日，副校长张禹东在厦门校区会见了泰国华文教师公会主席、华大董事罗宗正和泰国皇室素博·巴莫亲王率领的泰国华文教师公会访问团一行。

23日，校长贾益民专程赴港，分别与香港中文大学教授麦继强、华大董事会副董事长李碧葱、陈进强签署捐赠协议。

24日，华侨大学董事会副董事长郑年锦家族一行访问华侨大学，党委副书记朱琦环在厦门校区接待了郑年锦家族一行。

6月，全球瞩目的2014德国IF概念设计奖揭晓，机电学院学生林祥应设计的作品"Energy Saving Shower"（节能淋浴器）荣获IF概念设计特别奖"汉斯格雅节水设计奖"。

27日，由旅游学院郑向敏、谢朝武等主编的《旅游安全蓝皮书：中国旅游安全研究报告（2014）》在陈嘉庚纪念堂科学厅发布，这是学校自2012年起编写的第三部旅游安全蓝皮书。

29日，国务院侨办任启亮副主任一行莅校视察，详细了解华侨大学办学情况。7月1日，贾益民校长在厦门校区向任副主任详细汇报了学校为侨服务、教学科研、人才培养、服务地方经济建设、校园规划建设等基本情况。

七月份

7月，副校长刘斌应邀率团访问了菲律宾和马来西亚，拜访了菲律宾菲华商联总会、菲律宾华教中心、马来西亚留华同学会等合作院校及机构。

7月，福建省第七届百花文艺奖评选结果揭晓，建筑学院姚波教授的水彩画作品《矛盾空间2：古城异筑》、美术学院金程斌副教授的油画作品《为国宣劳——陈嘉庚》分别荣获二等奖。

4日，华侨大学第九届外国政府官员中文学习班的77名学员顺利结业，其中泰国学员64名、印尼学员13名。

6日，全国人大常委、民革中央副主席、福建省人大常委会副主任、厦门国家会计学院院长邓力平教授应邀做客由学校城市建设与经济发展研究院承办的"闽南金三角论坛名家报告会"，作题为《中国特色社会主义财政与现代财政制度》的专题报告。

6~8 日，第二届福建省高校青年教師教学竞賽在厦门大学举行，学校教師楊默如获得人文社会科学组二等奖、韩雪获得自然科学基础学科组二等奖、王霏获得自然科学应用学科组三等奖。学校获得优秀组織奖。

7 月，国务院学位委員会正式下达 2014 年审核增列的硕士专业学位授权点名单，学校申报的"汉语国际教育硕士"和"艺术硕士"获批通过。

8 日，泉州信息工程学院董事长郭小平一行来校访问，校长贾益民、党委书記关一凡、副校长吴季怀、校长助理彭霈等在泉州校区会见客人，双方就进一步加深合作进行深入探討。

11 日，海外华人文化社团户外文化舞蹈培训班开班仪式在厦门校区举行，国务院侨办中华才艺（音乐·舞蹈）培训基地正式启动培训工作。

11 日，湖北文理学院校长李儒寿一行访问学校，考察学校厦门校区的规划建设。校长贾益民、副校长刘斌在厦门校区会见客人。

17 日，校长贾益民在厦门校区会见全国政协常委、广东省侨联副主席李崴，广东侨界人文学会秘书长任海鹰一行。

17 日，第十四届中国大学生游泳锦标赛在电子科技大学举行，代表华侨大学出战的黄伟鹏同学在男子 50 米蝶泳决赛中以 28 秒 54 的成绩夺得冠军，并打破了该项目的赛会纪录。

18~21 日，学校羽毛球队应邀参加第十届香港"敬发杯"羽毛球邀请赛，获得男单、女双、女团冠军以及男单、男双、男团、女单、女双亚军的优异成绩。世界冠军汪鑫应邀担任特邀嘉宾。

19 日，由学校承办的第三届国际东西方研究论坛暨 2014 年国际东西方研究学会年会在厦门校区召开，研究东西方哲学与文学的 30 多名中外专家学者齐聚华大。

19 日，第九届中文教学现代化国际研讨会在学校厦门校区召开，来自中国大陆、香港、台湾以及英国、新加坡、加拿大等国家和地区的近百位专家学者与会。

19 日，第四届"锐智杯"福建省大学生嵌入式及智能设计大赛决赛在福建师范大学举行，计算机学院参赛团队获二等奖 1 项、三等奖 1 项。

7 月，土木学院青年教師在首次参加"第十三届全国混凝土教学研讨会暨第三届全国混凝土结构青年教師教学竞赛"中表现出色，李海锋博士、侯炜博士荣获二等奖，王卫华博士荣获三等奖。

7 月，中国大学生体育协会篮球分会六届二次常委（扩大）会议在上海交通大学召开，华侨大学、北京大学、东北师范大学、西北工业大学等 21 所学校和单位被授予"中国大学生体育协会篮球分会 2013~2014 年度突出贡献奖"。

20~27 日，2014 年（第七届）中国大学生计算机设计大赛决赛在东北大学举行，学校学子获得全国一等奖 3 项、二等奖 3 项、三等奖 9 项，同时被授予优秀组織奖。

23~24日，第九届全国大学生"飞思卡尔"杯智能汽车竞赛（华南赛区）在武汉理工大学举行，信息学院六支参赛队分别获得华南赛区二等奖1项、三等奖5项。

25~29日，副校长吴季怀率团赴南美厄瓜多尔和秘鲁交流访问，推动学校国际交流和招生合作。华侨大学厄瓜多尔教学点、招生点宣告成立，同时与秘鲁特鲁希略国立大学签订了合作协议。

26日，国务院侨办宣传司司长许玉明视察学校厦门校区。

26日，教育部科技司组织专家对华侨大学"脆性材料加工技术与装备"教育部创新团队进行结题验收。专家组经过各个环节的考察和认真评议，一致认为创新团队完成了预期目标，成绩优秀，同意通过验收。

7月，全国高校思想政治教育研究会公布了纪念思想政治教育学科设立30周年优秀成果评选结果，学校土木学院陈捷教授论文《高校辅导员胜任力研究》获论文类优秀奖。

八月份

5~8日，由华侨大学和厦门理工学院联合承办的第十一届全国车辆工程领域工程硕士培养工作研讨会在学校厦门校区召开。

7日~9日，由泰国国家研究院、华侨大学、泰中文化经济协会、中国驻泰国大使馆联合主办的第三届中泰战略研讨会在泰国曼谷隆重召开。华侨大学副校长张禹东、泰国国家研究院秘书长 Soottiporn Chittmittrapap、泰中文化经济协会主席 Pokin Palakul 分别在开幕式上致辞。

8月，学校生活哲学研究中心顺利入选首批福建省社会科学研究基地立项建设名单。

14日，泉州市长郑新聪、副市长周真平率泉州市政府相关部门负责人一行到华侨大学考察。

8月，2014年度福建省社会科学规划项目立项结果公布，学校共有47个项目获得立项资助，立项数再创历史新高。其中，重点项目2项、一般项目29项、青年项目16项。

16日，第九届中国社会学博士后论坛暨首届社会学青年论坛在厦门校区开幕，来自中国社会科学院、清华大学、厦门大学、四川大学等知名院校的近50名社会学博士后和青年学者齐聚华大，畅论"新型城镇化与社会治理"。

8月，2014年度国家自然科学基金评审结果揭晓，学校共有45个项目获得国家自然科学基金资助，资助总经费1931万元，其中面上项目15项，青年基金项目30项。

8月，中国高等教育学会外国留学生教育管理分会2014年学术年会在沈阳召开，学校荣获"来华留学生教育先进集体"，曾路同志荣获"来华留学教育模范个人"。

8月，国家"十三五"科技规划前期研究重大课题遴选结果公布，工商管理学院张向前教授科研团队主持申报的"'十三五'适应创新驱动需要的科技人才发展机制研究"项目获立项。

20日，第八届全国大学生化工设计竞赛全国总决赛在江苏常州大学落下帷幕，由化工学院学子组成的"eXPert"团队历经4个月设计的作品"年产30万吨PX联产乙烯项目"荣获全国二等奖。

22日，校长贾益民专程拜访了全国政协常委、外事委员会主任，中国工程院常务副院长潘云鹤。

8月，第十三届世界大学生羽毛球锦标赛在西班牙科尔多瓦市举行，学校羽毛球队获混双和混合团体2枚金牌及女单银牌。

8月，第六届全国大学生广告艺术大赛福建（海南）分赛区落幕，文学院新闻传播系学生作品荣获二等奖1个、三等奖1个、优秀奖4个、入围奖2个。

8月，福建省总工会、福建省教育厅授予学校教务处"福建省教育系统五一先锋岗"称号。

26~29日，第十四届全国大学生田径锦标赛在北京体育大学举行，学校体育健儿取得一金三银三铜的优异成绩。

27~30日，校长贾益民赴澳门分别拜访了华侨大学董事会副秘书长唐志坚，董事马有礼、刘晓航、李沛霖、梁维特、王彬成、马志成以及澳门大学校长赵伟。

30日，全国政协副主席、华侨大学名誉董事长何厚铧会见了华侨大学校长贾益民一行。

31日，由台湾校友会组织的华侨大学台湾博士研究生座谈会在台北力丽哲园商旅酒店举行，副校长徐西鹏、台湾校友会会长许思政、台湾生源博士研究生和其他校友参加座谈。

九月份

1~3日，"2014'首届中国国际石墨烯创新大会"在宁波市召开，材料学院陈国华教授应邀担任会议分会场D8"石墨烯在聚合物领域的应用"的中方主席，并作题为《聚碳酸酯–石墨烯复合物韧性的新方法研究》的学术报告。

2~3日，第十七届海峡两岸机械工程技术交流会在厦门校区召开，来自海峡两岸的浙江大学、同济大学、上海交通大学、华侨大学，以及台湾成功大学、实践大学、"中央"大学及工研院机械所、山卫科技公司等高校院所及相关企业的130多位代表与会。

5日，由市委书记祁金立率领的开封市各区县以及部分市局负责人一行莅临学校，与学校校董企业展开座谈，共话投资与发展。

8日，央视中文国际频道中秋节当天推出大型直播特别节目"传奇中国节——中秋节"，节目对大陆、港澳台及境外等地的中秋节习俗进行直播报道。华侨大学作为全球首个直播连线点，于17：20~17：30出现在"传奇中国节——中秋节"特别节目中。

9月，学校出台《华侨大学关于加强学科建设的若干意见》，加强学科建设。

12日，中国侨联"第五届新侨创新成果交流表彰会"在京举行，生物医学学院和分子药物教育部工程研究中心许瑞安创新团队获2014年度中国侨联"中国侨界贡献奖"。

13日，中国国务院侨办主任裘援平在厦门校区会见了泰王国泰中文化经济协会会长颇欣率领的代表团一行。

13日，中国华侨大学与泰王国泰中文化经济协会签署了华文教育战略合作协议，以增进中泰交流，进一步加强中泰两国文化教育领域交流合作。

13日，华侨大学外国政府官员中文学习班第10期开学典礼在厦门校区举行，中国国务院侨办主任裘援平、泰王国泰中文化经济协会会长颇欣、校长贾益民等出席。

13日，中国国务院侨办主任裘援平在厦门校区会见了安哥拉教育部青年训练局局长路易萨女士、安哥拉总统基金会法律部部长阿维利诺先生。

13日，华侨大学安哥拉政府青年科技人才班第一期开学典礼在厦门校区举行。中国国务院侨办主任裘援平、安哥拉教育部青年训练局局长路易萨、校长贾益民等出席开学典礼并为首批学员佩戴华侨大学校徽。

14日，"21世纪海上丝绸之路高端论坛"在陈嘉庚纪念堂科学厅举办。国务院侨办裘援平主任出席并作主旨演讲。同时，由华侨大学、中国新闻社、福建省侨办、福建社会科学院、福建省社会科学联合会合作共建的"海上丝绸之路研究院"正式揭牌成立。

16日，学校在陈嘉庚纪念堂隆重召开庆祝教师节暨表彰先进大会。

16日，南京航空航天大学党委书记崔锐捷一行来校考察学校董事会制度，校长贾益民、党委书记关一凡，校长助理彭霈等与崔锐捷一行在陈嘉庚纪念堂二层接待室座谈交流。

16日，第十四届福建省科协年会主会场活动在福州举行，材料学院陈国华教授荣获"福建省优秀科技工作者"荣誉称号。

9月，第十一届福建省自然科学优秀学术论文评奖结果揭晓，学校参评的学术论文共27篇获奖，其中一等奖1篇，二等奖8篇，三等奖18篇。

9月，由国际著名光学专家、美国罗彻斯特大学埃米尔·沃尔夫教授所著，学校信息学院蒲继雄教授翻译的中文版《光的相干与偏振理论导论》一书日前由北京大学出版社出版。

9月，从中国博士后科学基金会获悉，学校博士后研究人员吴永辉、蔡奇鹏、张勇分别获得第7批博士后科学基金特别资助，获批人数为学校历年最高，位居福建省

17日~19日，2014年第三届国际大学生微电影盛典暨高峰论坛活动在北京举行，文学院选送的两部作品分别获二等奖和三等奖。

10月，福建省人力资源和社会保障厅、福建省教育厅发布《关于表彰福建省优秀教师和福建省优秀教育工作者的决定》，学校土木学院郭子雄、文学院马华祥、体育学院程一辉、附属中学黄秋玉等4名教师榜上有名，荣膺"福建省优秀教师"称号。

18日，国务院侨办秘书行政司司长赵昆、副巡视员舒志宏莅校调研学校厦门校区总体建设情况。

18日，华侨大学与中国科学院福建物质结构研究所（海西研究院）签订合作协议。

18日，由中国科学院数学与系统科学研究院和华侨大学数学学院主办的2014年全国复分析会议在学校厦门校区开幕，来自包括中国科学院、北京大学、清华大学、复旦大学、浙江大学以及新加坡国立大学、芬兰阿尔托大学、日本大阪大学、澳门大学等在内的海内外高校和研究所的近200位专家学者代表汇聚一堂，共同研讨复分析前沿问题。

18日，2014中国大学生方程式汽车大赛在湖北襄阳落下帷幕，华侨大学承志车队荣获"轻量化（燃油组）"单项冠军，刷新了华侨大学参加此项赛事的单项记录，并以490.15分的总成绩位列第16名。

21日，国务院侨办副主任庄荣文莅临学校厦门校区视察。

21日，物理化学家、中国科学院院士田中群做客"走近科学"院士专家系列讲座，在厦门校区为师生解读"科学精神、科技创新与大学生人文素质提升"。

21日，菲律宾青年政治家代表团一行来校访问。

21日，华侨大学人文与科学精神系列讲座第45讲在厦门校区举行，中共厦门市委党校巡视员、教授邓仕甯为师生作"钩沉历史　弘扬思想——习近平同志在厦门"专题报告。

10月，第六届中国建筑学会建筑教育奖评审工作会议在北京召开，学校副校长刘塨教授等11位建筑教育工作者荣获第六届中国建筑学会建筑教育奖。

22日，学校2014级华语与华文教育研究生班开班典礼暨中国华文教育基金会完美奖学金颁发仪式在昆明举行。

10月，副校长刘塨率领华侨大学教育交流团访问澳大利亚先后到访了迪肯大学、弗林德斯大学，与两校负责人就加强校际交流进行会谈，并签署协议。

10月，党委书记关一凡率团赴印度尼西亚访问，拜访校董并看望校友。

24~29日，校长贾益民、副校长曾路一行赴英国访问，与英国埃塞克斯大学、威斯敏斯特大学和阿尔斯特大学展开交流，并与英国埃塞克斯大学、阿尔斯特大学签署合作备忘录。

26日，校长贾益民、副校长曾路一行访问英国中文教育促进会，并出席英国华文教师节成立十四周年庆祝典礼。

26日，计算机科学与技术学院代表队在第四届海峡两岸信息服务创新大赛暨福建省第八届计算机软件设计大赛决赛中，共获得2个一等奖、2个二等奖、8个三等奖，获奖的团队数量及奖项名次均居省内高校前列，奖项总数居全省高校首位，一等奖奖项数列全省高校第二。

10月，计算机学院13级研究生王晓晓、冯良磊和12级研究生黄晓艳合作的项目《中央空调远程控制系统》在首届全国高校物联网应用创新大赛总决赛中荣获创意赛全国二等奖。

10月，学校四位教授成功入选福建省第一批福建省特支人才计划名单。其中，吴季怀教授和郭子雄教授入选福建省科技创新领军人才项目，杨楹教授入选福建省哲学社会科学领军人才项目，黄辉教授入选福建省百千万工程领军人才项目。

10月，福建省高等教育学会实验室管理专业委员会组织的"2011~2014年先进单位和优秀工作者"评选结果揭晓，学校实验室与设备管理处荣获"实验室管理先进单位"称号，实验室与设备管理处处长伍扬荣获"优秀工作者"称号。

30~31日，校长贾益民、副校长曾路率团访问爱尔兰国立梅努斯大学、都柏林理工学院，并与爱尔兰国立梅努斯大学签署合作协议。

31日，美国南佛罗里达大学副校长周树锋教授访问学校，副校长吴季怀、刘斌分别在泉州校区会见来访客人。

十一月份

1~2日，中国高等院校影视学会第十五届年会暨第八届"中国影视高层论坛"、第八届"学会奖"以及第五届"学院奖"颁奖活动在南京举行，学校作品《再见曼谷》（新版）获纪录片一等奖。

1日，由华侨大学澳门校友会主办，华侨大学校友总会、学生处、厦门校友会、建筑学院协办，福建高校澳门学生联合会承办的庆祝澳门特别行政区成立十五周年暨第四届澳门文化周在华侨大学厦门校区开幕，来自澳门校友会、部分在校澳门学子以及部分华大师生等100多人集聚一堂，联欢庆祝。

11月，学校美术学院2011级工业产品造型专业学生丁科斌作品《智能晾衣架》在2014第四届"芙蓉杯"国际工业设计创新大赛中获得智能产品与服务设计创新组金奖。

5日，华侨农场历史资料整理及数据化项目工作培训班在学校厦门校区开班。国侨办国内司副司长李民、学校副校长彭霈、福建省侨办巡视员叶康勇等出席开班仪式并致辞。

6日，泰国前上议长素春·差里科一行8人访问学校，党委书记关一凡、副校长曾路在厦门校区接待客人。

6日，著名刑法学家、中国刑法学研究会副会长、清华大学博士生导师张明楷教授应邀做客华大，在陈嘉庚纪念堂观众厅做了题为"犯罪的构造"的专题报告。

11月，2014年度全国人事人才科研工作研讨交流会在北京召开，会上表彰了"市场在人力资源配置中决定性作用研究"方面的优秀科研成果，学校工商管理学院教授张向前、研究生陈娜的《基于市场竞争理论的人力资源配置研究》获得二等奖。

11月，国家自然科学基金委公布2014年度"促进海峡两岸科技合作联合基金"项目评审结果，学校生物医学学院刁勇教授获资助，资助经费238万元。

11月，学校副校长吴季怀教授荣获第二届泉州市文创科技创新奖。

7~9日，福建省高校思想政治理论教学研究会2014年学术年会在泉州师范学院召开，学校马克思主义学院教师的参会论文共获得一等奖2个、三等奖3个。

7~9日，第十一届中国模拟联合国大会在南京举行，华侨大学荣获Best Organization Award（最佳组织奖），外国语学院2012级英语专业学生周倩获Best Communication Award（最佳沟通奖）。

9日，由华侨大学旅游学院、中国旅游研究院旅游安全研究基地联合举办的2014年中国旅游安全高峰论坛在华大召开。

11月，第八届泉州市自然科学优秀学术论文评奖结果揭晓，学校参评的学术论文共有22篇获奖。

10日，华侨大学经济发展与改革研究院正式揭牌成立。著名经济学家，学校特聘教授、博士生导师郭克莎任院长。

11日，由国务院侨办侨务干部学校主办、学校承办的第59期全国侨务干部培训班暨第5期侨务对台工作专题研讨班在厦门校区开班。

11月，第九届国际应急管理论坛暨中国（双法）应急管理专业委员会第十届年会在哈尔滨工业大学深圳研究生院举行，学校副校长彭湃当选第十届中国（双法）应急管理专业委员会副主任委员，研究生院院长王丽霞当选常务委员。

11月，学校机电学院特聘教授章明入选厦门市首批台湾特聘专家名单，成为厦门本科高校中入选的唯一一位教授。

14~16日，2014年（首届）中国大学生动漫游戏创意设计大赛决赛在福建农林大学举行，学校3件作品入围决赛，最终获得全国一等奖1项、三等奖1项、优胜奖1项。

11月，2014年中国土木工程学会高校优秀毕业生奖评选结果揭晓，学校土木学院2014届毕业生柳苏琴获此荣誉。

11月，第二届"美丽奖·世界园林景观规划设计大赛"评选结果揭晓，学校建筑学院获得金奖1项、优秀奖1项。

17~22日，第八届中国国际发明展览会在江苏昆山举办，学校材料、化工学院参选的四个项目收获三金一银。

18 日，禅画大师严一觉受邀在陈嘉庚纪念堂作《在绘画中受教感悟》专题讲座并受聘学校兼职教授，校长贾益民为其颁发聘书。

11 月，国务院侨办文化司副巡视员梁智卫、学校副校长吴季怀率团访问泰国，与学校在泰校董校友展开座谈交流。在泰期间，代表团访问了泰国曼谷、清迈等地，先后拜访了泰中文化经济协会、泰国农业大学、泰国国立发展管理学院、曼谷吞武里大学、中国驻泰王国大使馆以及崇华新生华立学校等单位。

19 日，中国工程院院士、华中科技大学原校长李培根应邀做客华侨大学人文与科学精神系列讲座，在厦门校区作题为"从文化看中国教育"的报告。

11 月，2014 高教社杯全国大学生数学建模竞赛落幕，学校数学学院参赛学生获全国一等奖 1 项、全国二等奖 4 项。这是学校近年来在该项赛事中第四次斩获全国一等奖。

20 日，由中国大学生体育协会、集美区人民政府、华侨大学联合主办的 2014 年世界华侨华人篮球赛在厦门集美杏林体育馆开幕，来自世界五大洲多个国家及地区的 8 支华侨华人球队参赛。

21 日，原中共中央政治局委员、第十一届全国政协副主席、华侨大学第七届董事会董事长王刚视察华侨大学。

22 日，华侨大学第七届董事会第一次会议在泉州举行。原中共中央政治局委员、第十一届全国政协副主席王刚出任董事长，第十二届全国政协副主席何厚铧连任名誉董事长。

22 日，福建省人民政府表彰了 9 位捐资帮助华侨大学办学的人士：华侨大学校董施天佑、郑年锦、杜祖贻、庄善春、陈进强以及校董陈芳女士的丈夫 Tim Leissner 先生、校董邱建新名下的华丰国货有限公司被授予"福建省捐赠公益事业贡献奖"荣誉；校董李朝耀被授予"福建省捐赠公益事业突出贡献奖"荣誉；校董魏腾雄被授予"福建省捐赠公益事业特别贡献奖"荣誉，同时被立碑表彰。

22~23 日，一批侨捐工程奠基、落成。林淑真体育馆奠基仪式、李碧葱音乐舞蹈大楼及李朝耀大楼落成仪式、四端文物馆新馆开馆仪式、石颖芝女士赠书仪式等先后在两校区进行。

23 日，2014 世界华侨华人篮球赛决赛在厦门集美杏林体育馆开打，华侨大学男篮以 115 比 78 轻取澳洲华人篮球队，夺得冠军。

23~24 日，学校主办的"中国海外利益与维护"国际研讨会在厦门校区举行。华侨大学"中国海外发展研究中心"同日揭牌。

24 日，国务院侨办副主任、华侨大学国际关系研究院院长何亚非做客华侨大学国际关系与华侨华人研究名家系列讲座，在厦门校区作题为《构建面向未来的中美新型大国关系》的讲座。

24 日，中国社会科学院院长王伟光，副院长李扬、李培林，文哲学部副主任、学部委员李景源等一行 7 人莅校参观考察。

11 月，教育部社科网站公布全国"第十八届安子介国际贸易研究奖"评选结果，学校法学院陈斌彬副教授学术论文《WTO"蓝箱"规则改革的新进展及我国的对策》获优秀论文三等奖，这是学校首次获得安子介国际贸易研究奖。

25 日，校长贾益民在陈嘉庚纪念堂会见来访的中国美术家协会党组副书记、华侨大学客座教授徐里一行，并向中国美术家协会一同到访的 7 位理事颁发了华侨大学兼职教授聘书。

25 日，世界华人杰出科学家讲堂首期在学校厦门校区举行，加拿大著名华裔理论物理学家蓝志成、美籍著名物理学家姚若鹏主讲。

26 日，国务院侨办机关服务中心主任张永文一行莅校调研学校后勤绩效薪酬改革情况。

26 日，中央电视台"书画系列公益活动"走进华侨大学，7 位来自中国美术家协会的国内知名美术大师与近 400 名美术学院师生在陈嘉庚纪念堂以问答交流形式，进行了一场精彩的美术公开课。

27 日，著名艺术教育家、音乐评论家周荫昌受聘华侨大学兼职教授。

27 日，校长贾益民接待了来访的丹麦霍尔拜克市市长 Søren Kjærsgaard 一行 6 人。双方在陈嘉庚纪念堂座谈，并签署合作意向书。

27 日，由美因茨大学、特里尔大学、特里尔应用科技大学、美因茨基督教应用科技大学、美因茨应用科技大学等五所高校国际交流处负责人和莱法州 – 福州大学研究院院长组成的德国莱法州教育代表团访问学校。

十二月份

6~13 日，2014 "外研社杯"全国大学生英语演讲、写作决赛在北京举行，学校学生欧鹏辉荣获写作大赛全国二等奖、郑宗书荣获演讲大赛全国三等奖。

7 日，第九届全球孔子学院大会开幕式在厦门国际会议中心举行，学校副校长吴季怀及华文学院相关负责人参加大会。

7 日，学校文学院纪录片《南音·雅艺》在第三届国际大学生新媒体文化节中获得纪录片类特等奖，同时还获得最佳人文奖。

7~8 日，第三届世界华文教育大会在北京举行，来自 50 多个国家和地区的 500余位华文教育界代表参会。校长贾益民、副校长曾路率团出席大会。开幕式前，国务委员杨洁篪在人民大会堂金色大厅接见了与会代表。

9 日，广州大学副校长徐俊忠一行 6 人来学校考察交流，了解学校海上丝绸之路研究方面的相关经验。

11 日，副校长曾路在厦门校区会见了来访的香港特区政府驻粤经贸办主任邓家禧、香港特区政府驻福建联络处副主任何兆基一行。

12 月，学校机电学院学生刘馥源、林昱川作品《Urine cup 尿检杯》荣获 2014 年全国大学生工业设计大赛三等奖。

12 月，校党委副书记朱琦环率音乐舞蹈学院、建筑学院相关负责人一行赴英国、法国、意大利访问，与英国伯明翰城市大学、西伦敦大学，法国瑞尼维埃音乐舞蹈学院、梅特纳音乐舞蹈学院、巴黎塞纳建筑高等学院及意大利罗马第一大学交流，探讨今后进一步合作意向。

15 日，华侨大学工业设计研究院在陈嘉庚纪念堂科学厅举行揭牌成立仪式。第十二届全国政协常委、中国工程院院士潘云鹤，工业和信息化部产业政策司副司长辛仁周，福建省经济和信息化委员会副主任郑李亭，泉州市人民政府副市长陈灿辉，台湾设计创新管理协会理事长、国际工业设计协会台湾区顾问郑源锦，华侨大学校长贾益民共同为研究院揭牌。

15 日，第十二届全国政协常委、中国工程院院士潘云鹤应邀莅校讲学，在陈嘉庚纪念堂作《中国设计的创新与升级》专题讲座，并受聘学校名誉教授。

12 月，国家旅游局 2014 年优秀旅游学术成果奖评选结果公布，学校《中国旅游安全报告》荣获调研报告类一等奖，张慧副教授《我国旅游上市公司经营业绩的评价与比较——基于因子分析和聚类分析的综合研究》荣获学术论文类优秀奖。

16 日，美国德保罗大学商学院金融系主任 Eli Brewer 一行来校访问。

17 日，"华大讲堂"第 47 讲在陈嘉庚纪念堂科学厅举行，交通运输部水运科学研究院副总经济师、研究员汤震宇作《建设 21 世纪海上丝绸之路 构筑对外开放新格局》专题报告。

17 日，美国北亚利桑那大学国际事务副教务长 Harvey Charles、弗兰克商学院院长 Craig Van Slyke、国际教育中心中国事务主任 Daniel Palm、国际教育中心中国事务副主任王峰，中教国际教育交流中心 121 项目总监王颖一行到学校访问。

22 日，第四部华侨华人蓝皮书——《华侨华人研究报告（2014）》发布会在北京举行。

12 月，民政部官方网站公布 2014 年"中国社会组织建设与管理"理论研究成果的评奖结果，学校教师张向前申报的成果《社会组织对经济社会贡献力研究》荣获一等奖。

22~25 日，由台湾中原大学和华侨大学等联合主办的第四届海峡两岸高校文化与创意论坛在台湾中原大学举行。副校长彭霈出席论坛并受邀访问台北科技大学和台湾元智大学。

22 日至 28 日，由国务院侨办主办，华侨大学承办的第三届海外华裔青少年中华文化大赛总决赛在厦门举行。

25~28 日，由台湾世界华语文教育学会、台北教育大学联合主办的第十一届世界华语文教学研讨会在台北召开。学校校长贾益民出席会议并作大会主题演讲。

12 月，中国宋庆龄基金会官方网站公布第七届"孙平化日本学学术奖励基金"评选结果，学校华侨华人研究院教师游国龙的学术成果《序列意识与"大东亚共荣圈"——对二战时期日本国家行为的心理文化学解读》荣获优秀论文一等奖。

12 月，福建省教育厅、财政厅公布了 2014 年"闽江学者奖励计划"特聘教授和讲座教授入选名单，学校易定容入选闽江学者特聘教授，张丹、吴杰、谢介仁、林瑞超入选闽江学者讲座教授。

28 日，土木工程学院在厦门校区举行土木工程学院（系）成立五十周年庆典大会，来自海内外的 600 多名校友及社会贤达参加庆典。

28 日，中国工程院院士谢礼立、龚晓南等学者莅临学校，在厦门校区王源兴国际会议中心为学校师生做学术报告。

12 月，由中宣部、中央文明办、教育部、共青团中央、全国学联等联合开展的 2014 年全国大中专学生志愿者暑期"三下乡"社会实践活动评选结果揭晓，华侨大学校团委荣获先进单位称号，"甘肃积石山支教团"荣获优秀团队称号。

12 月，校长贾益民率团访问台湾，先后参访了台北教育大学、台湾中原大学、淡江大学、台湾师范大学、辅仁大学以及世界华语文教育学会等高校和科研机构，与各方就学生交换、教师交流和科研合作等方面展开深入探讨。

31 日，学校环境友好功能材料教育部工程研究中心顺利通过教育部验收专家组的评估验收。

华侨大学年鉴
2015

附　　录

2014 年十大新闻

一、2014 年 1 月 10 日，由华侨大学副校长、脆性材料加工技术教育部工程研究中心主任、博士生导师徐西鹏教授领衔，华侨大学作为第一完成单位的"石材高效加工用金刚石磨粒工具关键技术及应用"成果荣获国家科学技术进步奖二等奖。

二、2014 年 2 月 18 日，华侨大学出台《华侨大学关于全面加强和推进华侨华人研究的若干意见》，将举全校之力全面加强和推进华侨华人研究。

三、2014 年 5 月，全球首部"华文教育年鉴"《世界华文教育年鉴（2013）》出版。该书由著名华文教育学家，华侨大学校长、华文教育研究院院长贾益民教授主持编撰，社会科学文献出版社出版发行。

四、2014 年 5 月 26 日，华侨大学国际关系研究院揭牌成立，前外交部部长李肇星任名誉院长，国务院侨办副主任何亚非任院长。

五、2014 年 6 月 11 日，华侨大学加大力度支持哲学社会科学的发展和科技创新能力的提升，投入 6030 万元支持和培育首批 15 个科技创新团队、29 名哲学社会科学优秀学者。

六、2014 年 8 月 22 日，"华大讲堂"五周年座谈会在北京召开，国务院侨办副主任任启亮、何亚非，中国社科院副院长李培林、蔡昉等领导和专家出席，畅谈"华大讲堂"未来发展之路。

七、2014 年 9 月 8 日，央视中文国际频道举办大型直播特别节目"传奇中国节——中秋节"，华侨大学作为全球首个直播连线点亮相。

八、2014 年 9 月 14 日，华侨大学海上丝绸之路研究院揭牌成立，国务院侨办主任裘援平任名誉院长，校长贾益民兼任院长。研究院由华侨大学、中新社、福建省侨办、福建社科院、福建省社科联合作共建。

九、2014 年 11 月 22 日，华侨大学第七届董事会第一次会议在泉州举行。原中共中央政治局委员、第十一届全国政协副主席王刚出任董事长，第十二届全国政协副主席何厚铧连任名誉董事长。

十、2014 年 11 月 25 日至 26 日，由华侨大学董事杜祖贻先生首倡并资助的"世界华人杰出科学家讲堂"首讲，加拿大著名华裔理论物理学家蓝志成、美籍著名物理学家姚若鹏应邀为师生带来前沿性的研究动向与报告。

后　记

　　《华侨大学年鉴（2015）》是《华侨大学年鉴》编辑部组织编写第三部学校年鉴，在校内各单位的大力支持下，在充分总结和吸收前两部年鉴的编写经验的基础上，组织专人进行了组稿工作，经过一年的努力，现已问世。在这本年鉴的组稿编写过程中，各单位指定了专门的撰稿联系人，全体撰稿人和编辑部人员一起为学校年鉴的编撰工作付出了大量的辛勤劳动，在此谨致以衷心感谢。

　　各单位撰稿联系人名单如下（排名不分先后）：

　　胡丹（董事会办公室/校友工作办公室）、刘红光（国际交流合作处/港澳台侨事务办）、张丽萍（发展规划处）、陈永煌（人事处）、詹儒章（财务处）、孙小语（研究生院）、李金杰（教务处）、崔丽丽（华文教育处/汉语国际教育办公室）、陈竹林（学生工作处/学生工作部）、吴洋（招生处）、李鹏（科学技术研究处）、卢建华（社会科学研究处）、黄文豪（实验室与设备管理处）、王刚（信息化建设与管理处）、李强/赖天能（后勤与资产管理处）、詹志博（基建处）、陈建志（保卫处/政治保卫部）、许持（审计处）、黄青山（离退休工作处）、黄挺（组织部/机关党委）、朱考华（宣传部/新闻中心）、刘杰（统战部）、饶际源（纪检监察办公室）、黄孔雀（教育工会）、黄炳超（校团委）、陈俊杰/张进军（国际学院）、饶丹晶（哲学与社会科学学院）、郑颖莉（经济与金融学院）、乔彦军（法学院）、吕毅辉（马克思主义学院/通识教育学院）、苗民（文学院）、黄乌密（华文学院）、唐建林（外国语学院）、芦超（美术学院）、陈婷花（音乐舞蹈学院）、陶娟（数学科学学院）、林伯钦（机电及自动化学院）、雷水清（材料科学与工程学院）、陈久国（信息科学与工程学院）、陈娴娜（计算机科学与技术学院）、王黎（建筑学院）、高菲/王烨（土木工程学院）、林碧丹（化工学院）、徐韬（生物医学学院）、杨应强（工学院）、骆峤嵘（工商管理学院）、张少平（旅游学院/高尔夫学院）、李闽生（公共管理学院）、魏昭平（体育学院）、叶泉鹏（泛华学院）、王明芳（继续教育学院）、赵新城（美国中文学院）、吕挺（华侨华人研究院）、蔡晓宇（华文教育研究院）、杨海坪（数量经济研究院）、李兵（城市建设与经济发展研究院）、林亮（厦门工程技术研究院）、王强（泉州科学技术与社会发展研究院）、黄美英（图书馆）、任智勇（档案馆）、程彩霞（学报编辑部）、雷宇鸣（资产经营有限公司）、郭镇建（校医院）、黄秋玉（华大附中）、叶炎珠（建筑设计院）、许魂霖（尤梅幼儿园）、陈奕静（海上丝绸之路研究院）、伍伯妍（制造工程研究院）等，以及法学院硕士研究生赵元凯同学、文学院硕士研究生刘源同学、万润玲同学为校稿做了大量细致辛苦的工作，此外还有其他参与撰写和校稿等人员众多，恕未能在此——列入，在此表示歉意。

在年鉴的编辑过程中，我们力求做到资料翔实、数据准确，专门召开了全校年鉴编撰工作会议，编辑部对文稿进行了长达 5 次的大修改，形成了初稿提交出版社。在这里我们要特别感谢在编辑过程中给我们莫大帮助的各位领导、同事和离退休老同志，感谢社科文献出版社以及社会政法分社王绯社长、张建中编辑等的辛勤工作和耐心指导，为我们年鉴的顺利出版提供了宝贵的支持。由于《华侨大学年鉴（2015）》牵涉面广、文字工作量大，加之编写人员学识有限，难免有疏漏不当之处，在此谨致歉意，敬请读者不吝指正。

《华侨大学年鉴》编辑部

2018 年 5 月

图书在版编目（CIP）数据

华侨大学年鉴.2015 /《华侨大学年鉴》编辑部编
-- 北京：社会科学文献出版社，2018.9
ISBN 978-7-5201-2892-6

Ⅰ.①华…　Ⅱ.①华…　Ⅲ.①华侨大学 - 2015 - 年鉴
Ⅳ.①G649.285.73

中国版本图书馆CIP数据核字（2018）第126158号

华侨大学年鉴（2015）

编　　者 /《华侨大学年鉴》编辑部

出 版 人 / 谢寿光
项目统筹 / 王　绯
责任编辑 / 张建中

出　　版 / 社会科学文献出版社·社会政法分社（010）59367156
　　　　　地址：北京市北三环中路甲29号院华龙大厦　邮编：100029
　　　　　网址：www.ssap.com.cn
发　　行 / 市场营销中心（010）59367081　59367018
印　　装 / 三河市东方印刷有限公司

规　　格 / 开　本：787mm×1092mm　1/16
　　　　　印　张：37.5　插　页：1　字　数：740千字
版　　次 / 2018年9月第1版　2018年9月第1次印刷
书　　号 / ISBN 978-7-5201-2892-6
定　　价 / 298.00元

本书如有印装质量问题，请与读者服务中心（010-59367028）联系